Ricarda Huch
Die Geschichten von Garibaldi

Insel Verlag

Mit einem Nachwort von Christfried Coler

Diese Auflage erscheint innerhalb des
Weißen Programms: Im Jahrhundert der Frau
im Suhrkamp Verlag

Erste Auflage dieser Ausgabe 1987

Druck: Wagner GmbH, Nördlingen
Printed in Germany

DIE VERTEIDIGUNG ROMS

DER GESCHICHTEN VON GARIBALDI

ERSTER TEIL

Wir wollen alte Lieder singen, um den Toten der Insel zu beschwören. Eine Äolsharfe wollen wir zwischen die Klippen spannen: wenn der Wind darüberfährt, wird sie von heiligen Erinnerungen tönen: von wehenden Fahnen und rasenden Schwertern, von Opfern und Triumphen. Wenn wir von Italiens Begrabensein und Auferstehen singen, wird Garibaldi hören: er steigt aus dem flutenden Schoße des Weltengottes und träumt in die weiten Akkorde der meerdurchhallenden Harfe. Seht, über den Felsen türmt sich sein Leib, sein Haupt umkreisen Wolken, des Ozeans blauer Ring fließt um seine Füße.
Wir wollen alte Lieder singen, um den Löwen der Insel zu beschwören.

Im Sommer des Jahres 1846 bestieg der Kardinal Mastai unter dem Namen Pius IX. den Stuhl Petri. Das stumpfsinnige Regiment seines Vorgängers, Gregors XIV., hatte im Volke die Neigung erregt, von der Zukunft das Höchste zu hoffen, und da unter den patriotischen Männern, die damals Ratschläge gaben, wie das zerrissene und namenlose Land des Apennin zu heilen sei, einer war, nämlich Vicenzo Gioberti, der den römischen Papst als den ältesten und volkstümlichsten Fürsten der Halbinsel für den erklärte, der bestimmt sei, die vielen kleinen italienischen Staaten in seiner Hand zusammenzufassen und Italien zu nennen, war das Ergebnis der Wahl mit größerer Erregung als je erwartet worden. Von Giovanni Mastai-Ferretti war nicht viel mehr bekannt, als daß er ein freundlicher, das Gute wollender Mann sei; zunächst indessen hoffte die Partei der Jesuiten ebenso, sich seines Willens zu bemächtigen, wie die der Patrioten. Zu den letzteren gehörte der Barnabitenpater Ugo Bassi; er eilte nach Rom und erhielt die Erlaubnis, im Kolosseum zu predigen; aber die gregorianische Partei, die noch herrschte, riet dem Heiligen Vater, wenn er dem einen Anhänger der Revolution, als welcher Ugo Bassi galt, das Wort gestatten wolle, ihn durch einen gegebenen Vorwurf der Rede, wie zum Beispiel die Süßigkeit der Armut oder die Wunderkraft des heiligen Namens Maria, zu binden. Ugo Bassi wählte die Süßigkeit der Armut. Die vielen jedoch, die um die Zeit des Ave-Maria nach dem Kolosseum wanderten, erwarteten unter dem gemeinplätzigen Titel etwas ganz andres, das, was in den Herzen wühlte und nicht ans Licht durfte, auf irgendeine Weise zu hören: Freiheit, Vaterland, Größe und Auferstehung.

Der aus Bologna gebürtige Bassi galt auch bei Andersdenkenden als außerordentlicher Redner, weil er jedem Gegenstand Tiefe und Fülle zu geben wußte, nicht nur durch Inhalt und Form seines Vortrages, sondern durch die in jedem Worte spürbare Gegenwärtigkeit seiner Seele. Er war sparsamer an Gebärden, als seine Landsleute zu sein pflegen, und im Beginne seiner Reden war es ihm anzumerken, daß er furchtsam, ja fast mit Widerwillen aus der reichen Verborgenheit seines Innern hinaus unter das Volk trat; allmählich vergaß er seine Zuhörer über den Phantasien, die ihm aufgingen, und ließ sich von Eingebungen der Minute hinreißen. Er stand, als das Publikum sich versammelte, auf der Kanzel, die Benedikt XIV. zum Schutze des heidnischen Gebäudes hatte anbringen lassen, stützte sich mit dem linken Arm auf die Brüstung und betrachtete ein paar bunte Blumen, wie sie zwischen den Steinen hervorwuchsen und die er im Hinaufsteigen gepflückt hatte. Päpstliche Wachen waren rings um die Mauern verteilt und blickten gleichmütig auf das Zuströmen der Menge; dagegen hörte man die dröhnende Stimme des Angelo Brunetti die Eintretenden hierhin und dorthin weisen und diejenigen, die sich um Plätze stritten, zur Ruhe mahnen, worauf sich das Lärmen und Brausen jeweilen senkte.

Es gab damals keinen bekannteren und beliebteren Mann in Rom als Angelo Brunetti. Sohn eines vermögenden Fuhrwerkhalters, hatte er das Geschäft des Vaters fortgesetzt und Reichtum damit erworben; er war gesund und stark, gutmütig, freimütig, schlagfertig und herzlich, er besaß eine ebenso schöne wie gute Frau und wohlgetane Kinder, Ansehen und Zuneigung bei allen Ständen und wurde, da er eine gewisse Vollkommenheit des menschlichen Zustandes mehr durch die Gnade Gottes und der Natur als durch Arbeit erreicht hatte, der König von Rom genannt, ohne bei seiner Freigebigkeit und Hilfsbereitschaft viele Neider zu haben. Das Volk, dem er selbst angehörte, pflegte sich ihm unterzuordnen, weniger weil das, was man sich von seiner ungemeinen Körperkraft erzählte, einschüchterte, als weil es wußte, daß er in ehrlicher Meinung zu seinem Besten handelte. Sein Gesicht mit den dicken Lippen, der kleinen Nase und den tierhaft großen und guten, strahlenden Augen erinnerte an den Typus der Neger; es spiegelte die Kraft und Lust eines üppigen Naturwesens wider, zugleich auch die Würde eines verantwortungsvollen Daseins. Er war fast immer in Begleitung seines ältesten Sohnes, des sechzehnjährigen Lorenzo, zu sehen, der außen und innen von seinem Vater verschieden war; seine Gestalt war schmal und geschmeidig, seine dunklen Augen lagen tief, und während er im Grunde ehrgeizig und hochfahrend, heiß in Haß und Liebe war, zeigte er sich nach außen herb und verschlossen. Sie waren häufig uneins, unbeschadet blutstreuer Zusammengehörigkeit.

Als alle saßen, schien es, als wäre ganz Rom in den Mauern des alten Theaters zusammengedrängt: Frauen aus dem Volke waren da mit Kindern auf dem Schoß und solche, die ein säugendes an voller Brust hielten, Damen in hellen Kleidern und mit nickenden Federn auf dem Hute, und dazwischen brannten die feuerroten

und violetten Mäntel der Geistlichen, die sich beflissen um die Frauen zeigten und hinter ihren Fächern mit ihnen flüsterten, ohne deswegen den berüchtigten Mönch aus den Augen zu lassen.
Dieser überblickte die Versammlung, grüßte Brunetti, den er kannte und der jetzt stramm wie ein Wächter am Fuße eines Strebebogens stand, mit einem Lächeln und fing an. Er schilderte die Armut, eine Pilgerin mit mütterlichen Händen, die geben und liebkosen, der die Waldtiere sich anschmiegen, unter deren bestaubten Füßen Quellen springen, die mit Himmel und Erde vertraut ist und den gottgeschaffenen Menschen der jungen Erde; dann das künstliche Dasein der Menschen zwischen entseelten Dingen, in unzugänglich aufgetürmten Verhältnissen, fern von den tiefen Paradiesesflüssen allgemeiner Qual und Wonne, die lebenstrunken machen. Dann sagte er, daß Gott nach seiner unerforschlichen Weisheit den Menschen den Trieb nach Reichtum eingepflanzt habe; daß der Reichtum gut sei, wenn er Gutes wirke; daß im Tumulte des Marktes die stille Pilgerin, die er geschildert habe, nicht leben könne; daß, wer sich nicht ohne Anspruch absondern könne von der Welt, mit ihr drängen und streben müsse; daß jeder im andern die Spur göttlicher Abkunft verehren, daß das Leben nicht einem Rennen gleichen sollte, wo der Vordere nach dem Gestürzten nicht zurückblickt und das Publikum den Schnellsten bejubelt, den im Staube vergißt. Danach machte er eine Pause und fuhr langsamer und in verändertem Tone fort: »Ich sah einst eine Bettlerin in Lumpen und mit verstümmelten Gliedern, den marmornen Göttern ähnlich, die Barbaren zertrümmert haben. Sie streckte stumm bittend die Hand aus, und weil sie so herrlich und so ganz verlassen war, kniete ich vor ihr nieder und gab ihr, was ich besaß, alle die Almosen, die fromme Mildtätigkeit mir gereicht hatte; aber ihre trauernden Augen sagten: es ist nicht genug. Ich gab ihr meine Seele, mein Fleisch und mein Blut; doch sagten ihre Augen immer noch: es ist nicht genug. Ich möchte euch, euch alle, zu dieser Bettlerin führen, damit ihr alles, was ihr hättet, hingäbet, bis sie genug hätte.«
Die Blicke der Zuhörer, die anfangs mit Spannung an dem kühnen Manne gehangen hatten, von dem man wußte, daß er in Sizilien die Pestkranken gepflegt hatte und daß, wo er auch sprach, ein Hauch der Freiheit durch seine frommen Worte wehte, dann aber sich von ihm verloren hatten und zerstreut den steinernen Bogen

gefolgt waren, die schwer und weich am grauen Abendhimmel hinwallten, kehrten hastig zu ihm zurück, als er die Bettlerin erwähnte, in der alle mit vertrautem Verständnis ein Bild Italiens erkannten. Man beugte sich hoffend vor oder horchte lauernd, fast flüsterten unbewußt sich lösende Lippen schon, was er verhüllte, den Namen des Vaterlandes, an dessen Auferstehen aus Knechtschaft und Verkommenheit die schaffenden und schwärmenden Geister des Jahrhunderts ihr Leben wagten; aber der Prediger ließ das angefangene Gleichnis fallen und ging unvermittelt zu der weiteren Ausführung seines Gegenstandes über, wobei er gleichmäßig bis zum Schlusse blieb. Als er aber geendet hatte und einige schon von ihren Plätzen aufgestanden waren, teils um den Mönch besser zu sehen, teils um Bekannte zu begrüßen, machte er ein paar Schritte von der Kanzel bis zu einer freien Stelle des Umgangs, ließ sich auf ein Knie nieder, zögerte noch einen Augenblick und sagte dann, die Arme nach oben ausbreitend, mit warmer Stimme in die bebende Stille hinein: »Gott, segne Italien!« Beim Erklingen des geliebten und verhängnisvollen Namens erstarrte die Menge; plötzlich aber stürzten Tausende auf die Knie, und wie wenn der Frühling mit einem alten Zauber die Erde segnete und Wasser lebendig aus den erweichten Schollen quölle, antwortete ein tiefes Schluchzen dem Gebete der Revolution.

Nach einer Weile bewegte sich die genannte Masse und ergoß sich die hohen Stufen hinunter, Ugo Bassi entgegen; seine Hände wurden ergriffen und von brennenden Lippen berührt, sein Name hallte von den ungeheuern Mauern wider, und diejenigen, die noch oben standen, rissen Büschel wilder Reseda und Stränge wuchernden Schlingkrauts ab, die über das Gemäuer hingen, und warfen sie unter Jubelrufen auf ihn hinunter. Es gelang Brunetti, sich zu dem Gefeierten durchzudrängen, und als er dicht an seiner Seite stand, flüsterte er ihm ins Ohr: »Auf hundert, die Euch anbeten, ehrwürdiger Vater, sehe ich einen, der Euch den Dolch ins Herz stoßen möchte. Solange Ihr in Rom seid, müßt Ihr erlauben, daß ich Euch begleite. Ich habe einige von diesen Leckermäulern erkannt, auch solche, die sich in schwarze Mäntel vermummt hatten, die Übelkeit und Magenkrämpfe bekommen, wenn eine italienische Suppe auf dem Speisezettel steht.«

Ugo Bassi fürchtete sich durchaus nicht; er fühlte sich wohl, wenn das Leben in Gefahr und Abenteuer hoch um ihn her wogte, und obwohl er sich für einen rechten Mönch hielt, für den eintönigen Dienst in Zellen und Klostergängen geschaffen, war ihm sein Stand im Grunde deshalb teuer, weil er ihm ermöglichte, einem irrenden Ritter gleich zu wandern, frei von der Fessel eines Berufes, auf den Zufall jedes Tages angewiesen. Er liebte das Leben und alles Lebendige mit Inbrunst und eigentlich abgöttisch, und weil er aus diesem Grunde mehr, als für gewöhnlich im menschlichen Gefühle liegt, unter der Vergänglichkeit aller Dinge litt, verfiel er oft aus überschwenglichstem Genießen in ebenso leidenschaftliche Todessehnsucht. Das kinderhafte Verhältnis zum Leben, daß er nämlich eigentlich keinen andern Zweck darin verfolgte als eben den, so innig wie möglich zu leben, prägte sich auch in seinem Äußeren aus. Er war siebenundvierzig Jahre alt, aber seinem Gesicht gaben die weit auseinanderstehenden Augen und der träumerische Blick erwartungsvoller, fast staunender Empfänglichkeit etwas Kindliches, und die Schlankheit seiner Gestalt ließ ihn von fern einem Jüngling gleichsehen, in Augenblicken der Trauer und Müdigkeit jedoch schien er ein alter Mann zu sein.

Aus den tiefhängenden Wolken floß jetzt weich und lautlos wohlriechender Regen, unter dem die Menschen zu Fuß und in offenen Wagen in froher Unruhe hin und her wogten. Brunetti führte den Mönch, den er in seinen Schutz genommen hatte, in sein Haus vor der Porta del Popolo und hätte sich gern in der Wirtsstube, die er zu ebener Erde hauptsächlich für seine Fuhrleute hatte, mit ihm gezeigt, sowohl um mit dem edeln Gaste zu prahlen, wie damit er beiläufig die richtige patriotische Gesinnung verbreiten helfe, doch verzichtete er darauf, als Bassi sagte, er sei müde und wolle lieber den Abend mit ihm allein in der Familie zubringen. Brunettis Frau, Lucrezia, stammte, wie er selbst, von einem altangesessenen Geschlechte; ihre Augen und Brauen und die starken Haare waren von schwarzer Farbe, sie hatte große und regelmäßige Züge und hätte herrisch ausgesehen, wenn nicht die Wärme mütterlichen Liebens sie umgeben und die Fülle ihrer stattlichen Gestalt ihr einen Ausdruck von Behaglichkeit verliehen hätte. Sie hatte außer Lorenzo einen zwölfjährigen Sohn namens Luigi, der ihr Liebling war, und ein kleines Mädchen von vier Jahren, das dem Vater glich, sowohl äußerlich als insofern es ein sicheres und wohlgemutes Temperament hatte und die widrigen Dinge mit einem spaßhaften Einfall abzulenken wußte. Lucrezia regierte das Haus und die Kin=

der und die armen Leute, die von ihr abhingen, mit Liebe und Gerechtigkeit und hörte nicht ungern, wenn man sie die Königin von Rom nannte; aber wie sehr sie sich auch ihres Wohlstandes und des Ansehens, das sie mit ihrem Manne besaß, erfreute, so legte sie doch, als von Kind auf daran gewöhnt, keinen allzu großen Wert darauf, und der Stolz, der ihre schönen Brauen hob, ruhte zum größeren Teile auf dem glücklichen Besitze des geliebten Mannes und der vergötterten Kinder. Die Ansichten und Bestrebungen ihres Mannes teilte sie in bezug auf die Kirche, indem sie den Papst verehrte, von den Pfaffen im allgemeinen aber nichts wissen wollte und, obwohl sie fleißig zur Kirche ging, sich die Geistlichen mit Würde vom Leibe zu halten wußte, außer wenn sie ihrer aufrichtigen Gesinnung gewiß war; in bezug auf das politische Wesen, insofern sie einsah, daß üble Zustände im Kirchenstande herrschten, daß es mit der Regierung schlecht bestellt sei und alles von Grund aus müsse geändert werden; jedoch für die übrigen Länder der Halbinsel hatte sie kein Interesse, weder für Neapel noch für Piemont und die Lombardei, und fand es zwar natürlich, daß diese, wie alle Reiche der Welt, zu Rom als zu ihrem herrschenden Haupte aufblickten, nicht aber, daß die Römer sich mit ihnen einließen, und etwa gar in Formen, die der Heilige Vater mißbilligte. Es kam vor, daß sie darüber mit ihrem Manne und besonders mit Lorenzo, der noch weit revolutionärere Meinungen hatte als sein Vater, Streit bekam, aber während Brunetti dabei nicht selten in einen lärmenden, wenn auch kurzlebigen Zorn geriet – er hatte schon als Kind sowohl wegen der blinkend roten Farbe seiner Wangen wie wegen seines leicht zum Aufflammen geneigten Temperamentes den Beinamen ›das Feuermännchen‹ erhalten –, gehörte es zu der Würde ihrer Natur, daß die Äußerungen ihrer Gefühle nicht über ein ziemliches Maß hinausgingen, ohne daß sie sich sonderlich zu beherrschen brauchte.

Die Männer waren kaum in die Wohnstube eingetreten, als sich ein Wortwechsel zwischen Angelo Brunetti und Lorenzo entspann, weil dieser noch ausgehen und einen etwas älteren Freund namens Locatelli besuchen wollte, einen Mosaikarbeiter, der nach seiner Person den Eltern genehm gewesen wäre, aber einer Vereinigung vom blutigsten Charakter angehörte, weswegen Lorenzo nicht mit ihm verkehren sollte. Es war kürzlich ein Brief von Locatelli an Lorenzo aufgefunden, auf welchem in einer Ecke das kleine Bild

der römischen Wölfin mit einem Dolch im Rachen angebracht war als Symbol des Vereins, und ein heftiger Auftritt hatte sich daran geknüpft; es brachte Brunetti und seine Frau besonders auf, daß Lorenzo nicht einmal ein Hehl daraus zu machen versuchte, daß er den Umgang trotz des Verbotes fortsetzte.
Jetzt hielt Brunetti seinem Sohne, drohend vor ihn hingestellt, nochmals das schon oft Gesagte vor; daß die Pfaffen allerdings Heuchler, Faulpelze und Wüstlinge seien, die der Teufel allesamt holen könne, daß aber mit Verschwörertücke nichts Gutes begründet werde; der Römer müsse immer das Gesetz achten, und wenn es schlecht sei, dahin wirken, daß ein besseres aufgerichtet werde, mutig und unbeugsam, aber offen unter der Sonne. Mord sei die Waffe der Sklaven und der Pfaffen, freier Römer unwürdig; im erklärten Kampf einen Gegner töten oder den auf böser Tat ertappten Frevler niederstoßen sei der Ehre gemäß, Mord aus Parteihaß schändlich. Lorenzo stand dem Vater stramm gegenüber, blickte ihm fest in die Augen, die Mienen weder zum Lächeln noch zum Zorn verziehend, so daß sich in seiner Haltung ein wenig mehr Ehrerbietung als Trotz ausprägte, und antwortete nur das Notwendige mit knappen Worten: Ohne Gewaltsamkeit könne man eine schlechte Regierung nicht stürzen; durch Priestertücke seien zahllose menschliche Opfer gefallen; ob Vernunft und Ehre erfordere, daß man sich scheren und schlachten lasse wie Schafe? Blut müsse fließen, aus Blut wachse das Leben. Übrigens wolle er in den Verein nicht eintreten, bevor er mündig sei; er besuche nur einen Freund, der der Freundschaft wert sei. Das Benehmen Lorenzos pflegte seinen Vater jedesmal zum Äußersten zu bringen; helles Feuer sprühte aus seinem runden, festen Gesicht, er gestikulierte heftig mit den Armen und brüllte: »Geh! Fahr hin in deiner gottlosen Bosheit! Aber wenn ich höre, daß du etwas tust, was meine Ehre befleckt, so wisse, daß ich dich zusammensteche wie ein störrisches Kalb!« Lorenzo sagte mit demselben ernsten und bescheidenen Gesicht und einer anmutigen Verneigung des Kopfes: »Du bist mein Vater!«, küßte dann seine Mutter, die sich in der Küche zu tun gemacht und scheinbar nicht um die Streitenden bekümmert hatte, grüßte den Mönch und entfernte sich. Luigi, der kleine Blonde, der während des Streites bald seinem Vater, bald seinem Bruder zwinkernde Zeichen zu geben versucht hatte, die jedem bedeuten sollten, daß der andre es nicht böse meine, flüsterte jetzt

seinem Vater ins Ohr, er sei sicher, Lorenzo werde bald wieder=kommen und vielleicht den Locatelli gar nicht sehen, sondern tue nur des Grundsatzes wegen so, als ob er ihn besuche, wofür er einen Kuß auf den frischen Mund erhielt. Brunetti hatte seine Fröhlichkeit bereits wiedergewonnen, wischte sich den Schweiß von der Stirne und lud Bassi, der inzwischen eine große rotgelbe Katze auf dem Schoße gehalten und gestreichelt hatte, mit herz=haften Worten ein, zu Tische zu kommen, da das Essen schon auf=getragen sei. Da der Mönch den reichlichen Speisen nur mit mäßi=gem Hunger zusprach, bemerkte Brunetti unmutig, ihm gefielen solche Gäste nicht, die es sich nicht schmecken ließen, worauf jener lachend erwiderte: »Und schimpft doch die Geistlichen Dickschwein und Vielfraß, wenn sie es tun.« Brunetti besann sich ein wenig und sagte dann: »Es ist so, der Gehaßte kann es einem nicht recht machen, und dagegen ist nichts einzuwenden; das Warum und Weil ist eben der Haß.« Es begann nun ein Gespräch über den neuen Papst und was nach seinem bisherigen Leben von ihm zu erwarten sei, ob er dem allgemeinen Verlangen nach Verbesse=rungen im Staate nachgeben und wie er sich zu Österreich stellen werde, wenn die Lombardei aufstände und sich losrisse. Sie saßen noch am Tische, als Lorenzo wieder eintrat und sich neben seinen Vater setzte, als ob nichts zwischen ihnen vorgefallen sei, der ihn seinerseits liebevoll um die Schulter faßte und zum Essen nötigte. Nachdem noch eine Weile über die allgemeinen Angelegenheiten geredet worden war, woran sich auch die Hausfrau beteiligte, führte Brunetti den Gast in das für ihn bestimmte Zimmer, das eine Treppe höher gelegen war. Ugo Bassi öffnete ein Fenster und beugte sich weit hinaus; es regnete jetzt stark, und durch die dunkle Nacht hörte man das leidenschaftliche Rauschen der Ulmen und Weiden auf den Pariolischen Bergen, die man nicht sehen konnte; kaum waren die Umrisse der gegenüberliegenden Häuser zu er=kennen. Indem er sich halb auf das Fensterbrett setzte, sagte Bassi zu seinem Wirt, er wolle ihm einen Traum mitteilen, den er vor einigen Nächten geträumt habe und an den er beständig denken müsse; und nachdem Brunetti sich dicht zu ihm gestellt hatte, er=zählte er folgendermaßen: »Ich befand mich neben einer edeln Frau, die wie eine Gefangene oder Kranke schmerzhaft hingestreckt lag, und es war mir bewußt, daß dies Italien sei. Ich fühlte mit der Unglücklichen heftiges Mitleid und konnte doch, ich weiß nicht warum, nichts tun, um ihr zu helfen. Auf einmal drang aus ihrer verfallenden Brust ein Wehruf: ›Wer errettet mich?‹, der meine Gefühle aufs äußerste erregte, so daß ich ihr mein Blut zu trinken gegeben hätte, wenn sie dessen bedurft hätte. Ich wollte Menschen rufen, damit andre ihr beistehen könnten, aber der Ort, wo wir uns befanden, war ein Raum ohne Weg und Steg, Richtung und Grenze, in dem meine Worte nicht weitergetragen wurden, sondern lautlos tot von den Lippen fielen. Nach einer Weile rief sie zum zweiten Male: ›Wer errettet mich?‹ Und als sie es zum dritten Male gerufen hatte, antwortete eine Stimme: ›Ich!‹ Es war eine Stimme, die den wüsten Raum mit Glanz und Klang füllte, eine solche, wie die Gottes gewesen sein mußte, als er sprach: ›Es werde Licht!‹ und es Licht ward. Meine Angst, die Einsamkeit und das Gesicht selbst verschwanden, und es blieb in mir nur ein Zustand schwingender Erfülltheit, womit ich erwachte.« Brunetti, der mit wachsender Spannung zugehört hatte, beugte sich ganz zu dem Freunde hinüber und fragte flüsternd: »Wessen war die Stimme? War sie des Heiligen Vaters?«, worauf Ugo Bassi eine Weile schwieg und sann, dann aber mit Entschiedenheit antwortete: »Nein, nein, nein! Als er mich vor einigen Tagen empfing, zitterte auch ich vor Erwartung und Hoffnung, daß sie es wäre, aber obwohl angenehm und nicht ohne Musik, ist sie mit jener nicht zu vergleichen. Jene, die ich im Traume hörte, war wie ein goldner Pfeil, der die Mitte der Herzen trifft, ohne zu verletzen, weich wie Tauwind und gewaltig wie ein schmetternder Marsch, von Trompeten geblasen, der Tausende mit Lust in den Tod reißt; die des Papstes schmeichelt wohl dem Gehör, aber unterwirft sich die Seele nicht.«

Brunetti, der sich mit mehreren andern Persönlichkeiten von Gewicht nach allerlei Anzeichen und Gerüchten die Überzeugung gebildet hatte, der neue Papst wolle und müsse der Erlöser Italiens werden, schüttelte bedenklich den Kopf und warnte den Priester, sich nicht von seiner Phantasie irreführen zu lassen. Dieser lächelte und wiegte beruhigend die Hand; dennoch sagte er, als sie sich trennten und nachdem er seinem Gastwirte gedankt hatte, zwischen Ernst und Scherz: »Ich gehe jetzt nach Bologna und weiter nach Ravenna; sollte ich irgendwo die Stimme meines Traumes hören, würde ich ihr gehorchen, und wenn sie mir geböte, Feuer an Sankt Peter zu legen oder den Heiligen Vater zu verfluchen.«

Einige Zeit nachdem Pius IX. die große Amnestie erlassen hatte, nach welcher allen politischen Verbrechern, die in den Kerkern des Kirchenstaates lagen oder in fremde Länder verbannt waren, freie Rückkehr gestattet wurde, wenn sie versprächen, künftig nichts gegen die päpstliche Regierung zu unternehmen, sprach Angelo Brunetti auf der Piazza Navona zum Volke, um den ersten Amnestierten, die am folgenden Tage in Rom ankommen sollten, einen festlichen Empfang zu bereiten. Der geräumige Platz war voll von Menschen, unter denen sich neben Tagedieben und Herumtreibern auch viele Handwerker und Krämer, Herren und Damen der höheren Stände und Fremde befanden, nicht nur, weil der Gegenstand alle bewegte, sondern auch, weil es Sache des guten Tones war, den allbekannten Volksmann und König von Rom gesehen und gehört zu haben. Er stellte sich auf die zur Kirche der heiligen Agnes hinaufführenden Stufen, so daß er von überallher gesehen werden konnte, und sprach in ungesuchter, doch keineswegs kunstloser Weise mit musikalisch singendem Ton und starken, ausgiebigen Bewegungen, die besonders bei bedeutsamen Stellen, wo er sich ganz vergaß, außerordentlich machtvoll wurden. »Meine Freunde,« sagte er, »haltet euch ruhig und horcht aufmerksam in die Runde. Was hört ihr? Das Bimmeln der Gebetsglocken, das Rasseln der Karren und Wagen auf dem Pflaster, das Trompeten der Esel, das feilbietende Geschrei der Obstverkäufer und Wasserträger und Zeitungsburschen. Hört ihr nichts weiter? Ich ja. Ich höre aus der Ferne ein unruhiges Rauschen, wie wenn ein Sturm käme und die Mauern Roms umschlingen wollte, ein Schluchzen, wie wenn die Erde unter Rom weinte, einen pochenden Marsch von Trommeln und Pauken, ein Stürzen taumelnder Schritte auf zitternden Steinen: die Wiederkehrenden sind es! Rom, deine Wiederkehrenden, Rom, deine Kinder, die sich anbetend in deinen Staub werfen! Denkt es und fühlt es: Hier schwankten Rosengärten über kühlende Mauern; hier sprudelte lauterstes Wasser aus dem Gebirge der Brunnen; hier warfen dichtgelockte Bäume Schattengründe auf den heiligen Boden; hier thronte am Firmament Sankt Peters Kuppel und darüber die Sonne; hier begrüßten sich die Begegnenden in den schmelzenden Tönen unserer glorreichen Sprache; indessen jene in Kerkerzellen, wie tote Hunde in den Graben geworfen, faulten oder in Ländern jenseits der Berge und des Meeres ihr Fremdlingsherz von gleichgültig Geschäftigen mußten zertreten lassen. Gott, welche Heimkehr! Einst waren sie die Tapfersten und Trotzigsten und Besten und wagten ihr herrliches Leben an des Vaterlandes Freiheit; arm und siech und sterbend kehren sie wieder.«

Er nannte dann Namen und Taten derer, die erwartet wurden, und pries sie, namentlich Giuseppe Galletti aus Bologna, einen ernsten und kühnen Mann, dessen Leben im Wechsel von Kampf und Leiden und neuem Aufschwung verflossen war, und Felice Scifoni, einen Römer von so gelassener Freiheitsliebe und Tüchtigkeit, daß er der Verfolgung der Mächtigen zwar nicht entging, aber von Beifall und Bewunderung oft übergangen wurde; und forderte alle auf, ihre Häuser mit Kränzen und Teppichen zu schmücken und durch feierliche Gegenwart den Duldern Dank und Ehre zu erweisen. Nicht minder aber, sagte er zum Schlusse, sei dem Heiligen Vater als dem Urheber der Gerechtigkeitsakte zu huldigen. Päpste hätten auf dem Stuhle Petri gesessen, die im Namen Gottes geschwelgt und gebrandschatzt, gekreuzigt und verflucht hätten, die den Barbaren, der die eignen Kinder geknechtet und beraubt hätte, ›lieber Sohn‹ genannt und den Römer, der ihm hätte wehren wollen, in den Kerker geworfen hätten. Pius IX. habe, wahrhaft ein Gesandter des Himmels, die Begrabenen auferstehen lassen, er löse alle Ketten und kröne die Freiheit, die von den Fürsten bisher als brandstiftende Zigeunerin von Haus und Hof gejagt worden sei, zur Königin aus Gottes Gnade.

Nachdem er ausgeredet hatte, ging Brunetti die Freitreppe hinunter, hielt seinen krausen Kopf unter den Strahl des Brunnens der vier Weltströme, schüttelte sich laut prustend und ging, beständig gegrüßt und grüßend, nach Hause, wo ihn seine Frau, da er unterdessen vielfach verlangt und vermißt worden war, mäßig scheltend empfing. Sie war mit dem weitergreifenden politischen Treiben ihres Mannes nicht mehr ganz einverstanden, einmal, weil er immer häufiger außerhalb des Hauses war, besonders aber, weil er anfing, mehr Geld auszugeben, als dem Haushalte zu entsprechen schien, und zwar nicht wie früher, so daß es einzelnen zugute kam und man wußte, wo es blieb, sondern es verfloß hierhin und dorthin zu großen allgemeinen Zwecken und diente nicht Personen, sondern Begriffen, die ihrer Meinung nach des Geldes nicht bedurften. Auch ärgerte es Lucrezia, daß er die Gewohnheit angenommen hatte, wenn er Wohltaten erwies, sei es einem einzelnen oder einer

Körperschaft oder einem Vereine, sich dabei als Bevollmächtigter des Papstes auszugeben, und sie suchte ihn durch die Bemerkung zu reizen, er komme ihr vor wie der Sklave eines reichen Patrons, der von Haus zu Haus gehe und austeile und dabei stets wiederhole: »Von meinem gnädigen Herrn Pius IX.«; als ob nicht alles aus seinem guten Willen und seinem guten Geldbeutel fließe.
Waren ihr die Päpste bisher wie eine unantastbare Himmelsmacht vorgekommen, so fing sie an dem jetzigen zu zweifeln an, da er der Unterstützung seiner Untertanen zu bedürfen schien. Brunetti anwortete auf ihre Neckerei: »Eben, weil alles mein ist, was ich im Namen des Heiligen Vaters gebe und tue, tue ich es nicht als sein Sklave, sondern als sein treuer Dienstmann.« Pius sei ein Mann mit zwei Herzen, einem roten, warmen, tätigen und einem dunkeln und trägen, und man müsse sorgen, jenem guten eine Partei zu gewinnen, da leider auch das häßliche eine habe. Er hielt es für besser, nicht einmal seiner Frau zu sagen, daß alles, was er tat, die festlichen Veranstaltungen, die Huldigungen, die ganze zur Schau getragene Anbetung des Papstes nicht dem Gefühl allein entsprungen seien, sondern ebensosehr der Berechnung, daß er mit diesen Rosenschlingen an die vaterländische Partei sollte gebunden und berauscht und geblendet auf ihrer Bahn fortgezogen werden.
Es war in Brunettis Abwesenheit ein Brief von Giuseppe Mastai, einem Bruder des Papstes, überbracht worden, einem Edelmann ohne feine Bildung, der, in jakobinischen Ideen aufgewachsen, die Kirche haßte, den Grundsatz von der Freiheit und Gleichheit aller Menschen verfocht und vom verwichenen Papste als Carbonaro in das Mamertinische Gefängnis geworfen worden war; er schrieb, daß er von der Amnestie seines Bruders keinen Gebrauch machen, sondern als Flüchtling und Feind im unzugänglichen Gebirge hausen wolle. Er sprach seine Verwunderung darüber aus, daß soviel Aufhebens von der Amnestie gemacht werde; ob man noch nicht wisse, daß sein Bruder es liebe, beim Spazierengehen Zuckerwerk unter die Kinder zu verteilen, damit sie ihm zujubelten und seine Hände küßten? Ob er, Brunetti, nicht wisse, daß sein Bruder, wenn er ihn in Audienz empfangen und liebevoll und verständig mit ihm gesprochen habe, hernach Witze über ihn mache? Sein Bruder sei eitel, feige, unwahr und wollüstig und habe die Natur der Weiber, sich erst mit dem Blute edler Herzen vollzusaugen und dann unter die Faust eines Teufels zu kriechen und zu zittern.

Brunetti verstand den Sinn des letzten Satzes nicht und bemühte sich auch nicht darum, eher versuchte er sich den ganzen Inhalt des Briefes aus dem Sinne zu schlagen; aber er konnte sich einer unheimlichen Empfindung nicht erwehren. Wenn der Charakter des Papstes so unzuverlässig war, wie sein eigner Bruder sagte, so konnte es leicht geschehen, daß die Partei der Sanfedisten, welche im alten Unflat der unumschränkten Priesterherrschaft sitzenbleiben wollte, die Oberhand gewann und daß er dann diejenigen, die das Werkzeug oder gar die Triebfeder seiner anfänglichen Liberalität gewesen waren, verpönen, vielleicht sich ihrer ganz entledigen würde; Brunetti wußte viele Beispiele von der Grausamkeit päpst= licher Strafe und Rache. Während er unruhig im Zimmer auf und ab ging, lief ihm eine Reihe von Vorstellungen durch den Kopf, an deren Ende er seine Frau und seine Kinder, elend und gemieden, sich von Haus zu Haus betteln sah, ohne daß er helfen konnte; ein Gefühl von Übelkeit und Schwäche überlief ihn plötzlich, und er stieß die Fensterläden auf, um Luft einzulassen, mußte sie aber sogleich wieder schließen, weil das Sonnenlicht wie eine Flamme hineinschlug. Indessen verging das Grauen schnell: der innere Quell seines Frohmuts floß zu tief, als daß er sich so leicht hätte verschütten lassen; er zerriß den Brief in kleine Stücke und lachte über sich selbst, daß er sich durch die vielleicht im Unmut hin= geworfene Ansicht eines Mannes, der viele andere widersprachen, hatte beeinflussen lassen. Er hatte den Papst häufig gesehen und einigemal gesprochen und hielt ihn, wenn er auch seine Schwächen haben mochte, für einen edeln, liebenden Mann, was füglich Ge= währ genug war; überhaupt aber mußte man jetzt vorwärtsgehen, wollte man nicht den Augenblick, wo Italiens Geschick sich zum Heil wenden könnte, verpassen, und in der Entschlossenheit, mit der man es tat, lag die beste Bürgschaft des Gelingens. Er umarmte seine Frau, die ihn forschend betrachtet hatte, mit mutwilligem Ungestüm und zog sie behutsam in das große Schlafzimmer, wo ihr Neugeborenes, ein Mädchen von vier Wochen, in der Wiege lag. Neben der kleinen Maria, die gravitätisch schaukelte, nieder= kniend, staunte er das eingewickelte Wesen an, das nach ihm Angela benannt worden war, und berührte mit andächtigen Lip= pen ein paar Zehen, die sich aus den Windeln herausgearbeitet hatten und wie die rosigen Schnäuzchen weißer Mäuse hervor= guckten. Er hatte für dieses Kind nicht nur die unterwürfige Zärt=

lichkeit, die er jeweilen für das Jüngste empfand, es kam ihm besonders ehrwürdig vor, weil es geboren war, als Pius IX. die Amnestie erlassen hatte, und er glaubte, die kleine Angela müsse in eben der Vollendung und Begnadigung heranwachsen wie die neue Zeit, deren Morgenröte an den ersten Tagen ihres Lebens über der Erde aufgegangen war.

Es war bekannt, daß der Papst die Vesper in der Kirche der Heiligen Dreifaltigkeit auf der Höhe abhalten würde, deswegen hatte Brunetti den Spanischen Platz zu dem Orte bestimmt, wo ihm die Huldigung wegen der Ankunft der Amnestierten sollte dargebracht werden. Als nun Pius aus der großen Pforte trat, die auf die zum Platze hinunterführende Freitreppe geht, um in seinen Wagen zu steigen, sah er ein Volk zu seinen Füßen, aus dessen Summen und Brausen bei seinem Anblick ein einziger, langanhaltender Schrei des Jubels aufklang. Es überkam ihn ein leichter Schwindel, so daß er den Arm seines Begleiters, des Kardinals Lambruschini, ergreifen mußte; doch war dies Gefühl ebenso reizend wie ängstlich, und er gab ihm lächelnd nach. Anfänglich sah er nichts als eine große bunte Bewegung, die über die Treppenstufen, über die Häuser und Dächer schwankte und von rötlichem Goldfluß überall durchdrungen war, denn die Sonne stand gerade über dem Platze; dann unterschied er ungeduldig stampfende Pferde vor Karossen, in denen nach feinster Mode gekleidete Herren und Damen aufrecht standen, wehende Tücher und Hunderte von Armen, die sich in hingebender Begeisterung nach ihm ausstreckten. Auf beiden Seiten der Treppe standen von unten bis oben Frauen in der Gebirgstracht, die Körbe voll Rosen auf den Köpfen trugen, und er bemerkte, als er sie wohlwollend betrachtete, daß sein Wagen, anstatt oben vor der Kirche, unten auf dem Platze wartete, damit er sich gleichsam zum Volke herablassen und seine Huldigung in Empfang nehmen müsse. Der Ausdruck von Überraschung und Freude, der sich in seinen Zügen malte und den er mit Absicht steigerte, um dem Wunsche seiner Verehrer zu genügen, entzückte alle, die es sahen, um so mehr, als sein Gesicht von Natur, besonders wenn es Freundlichkeit ausstrahlte, hübsch und einnehmend war. Als er sich anschickte, die Treppe hinunterzusteigen, neigten die Frauen die Körbe, so daß die Rosen auf die Stufen stürzten und die besonnten Steine von ihrem Überfluß verhüllt wurden, und gleichzeitig wälzten sich die Rufe: »Evviva! Heil unserm Vater!

Heil unserm König, dem Erlöser Italiens!« ihm entgegen und schienen ihn stürmisch umschlingen und fortreißen zu wollen. Die Empfindung des Schwindels wurde in diesem Augenblick so stark, daß ihm war, als ob er sich in das laute Gewoge hineinwerfen müsse und als ob das eine Lust sein würde. Tränen strömten über sein Gesicht, und als er die Arme zum Segnen erhob, war er sich nicht deutlich bewußt, ob er dabei dieselbe Mischung von herzlicher Liebenswürdigkeit und weltmännischer Würde an sich hatte, womit er vor großen Versammlungen aufzutreten liebte. Im Weitergehen zitterten ihm die Knie, so daß er glaubte, es müsse ihm jeder ansehen; dennoch wies er ungeduldig den Arm des Kardinals zurück, der nun hinter ihm die Treppe hinabstieg, und vollendete den Weg allein.

Am Wagen stand Angelo Brunetti mit lachenden Augen, vergnügt über den glücklichen Verlauf des Festes und weil er zugleich sein eignes Glück und seine Herrlichkeit weithin konnte glänzen lassen. Sein Anblick war dem Papste erfreulich, denn Kraft und Gesundheit waren ihm an Männern, die er sich ergeben wußte, angenehm, und die einfältige Geradheit und Herzensgüte des Volksmannes, der von der Schlauheit, die er besaß, aus einem angeborenen Hange zur Größe nur selten Gebrauch machte, bewunderte er zwar nicht, aber sie flößten ihm ein gewisses Zutrauen ein, wie man es etwa zu der Unschuld eines Kindes hat. Er ergriff geschickt die Gelegenheit, Brunetti gleichsam als dem Vertreter des römischen Volkes für die Huldigung zu danken, worauf er ihm die Hand zum Kusse reichte; dann stieg er unter fortwährend erneutem Jubel in den Wagen, der sich nur langsam den Weg durch die Menge bahnen konnte. Als sie außerhalb des Gedränges waren, sagte Kardinal Lambruschini vorsichtig lächelnd: »Eure Heiligkeit glichen droben vor der Kirche unserm Heiland Jesus Christus, dem der Satan vom Berge herunter die Pracht der Welt zeigt.« — »Die Rosen hatten Dornen,« erwiderte Mastai schnell, »barfüßig hätte ich die Treppe nicht hinuntergehen mögen«; konnte aber trotz der gutgelaunten Antwort seinen Verdruß über die Bemerkung des Kardinals nicht ganz verwinden und lehnte sich mit geschlossenen Augen in den Wagen zurück, wie wenn der große Auftritt ihn ermüdet hätte.

Brunetti trug Sorge dafür, daß die Worte, die der Papst zu ihm gesagt habe, allgemein bekannt wurden, nämlich: treue und furchtlose Männer wären ihm in dieser schicksalvollen Zeit vonnöten, und legte sie selbst dahin aus, daß der Heilige Vater kriegerische Ereignisse voraussehe, sei es, daß das Ausland sich der Liga, die er mit andern italienischen Staaten abschließen wollte, widersetzen sollte, sei es, daß er an die Ausbreitung der neuen Freiheit über die ganze christliche Erde dächte. Zwar konnte sich der Papst nicht entsinnen, etwas andres zu Brunetti gesagt zu haben, als daß er ein treuer und zuverlässiger Mann sei, und hatte jedenfalls, was immer er gesagt haben mochte, dabei nur die Absicht gehabt, etwas verlauten zu lassen, was dem Volke angenehm wäre; aber die ihm in den Mund gelegten Worte waren ihm nicht zuwider, und er erkannte sie bald als seine eigenen an, da er mit Vorliebe von hohen Dingen und Taten, deren Mittelpunkt er selbst wäre, träumte und bis zu dem entscheidenden Augenblick, wo gehandelt werden muß, seiner Phantasie einen Tummelplatz ohne Schranken gönnte.

Unter den letzten, die aus den Gefängnissen heimkehrten, war Amadeo Desanto, ein junger Mensch von kaum zwanzig Jahren, der um 1844, zur Zeit als die venezianischen Brüder Bandiera bei dem unglücklichen Versuch, im Königreich Neapel die Revolution zu entzünden, den Tod gefunden hatten, mit seinem Vater von den Häschern des Papstes gefangen und wegen der Beteiligung an diesem Aufstande in den Kerker geworfen worden war. Sein Großvater war in der Revolution des Jahres 1831, die auch sein Vater mitgemacht hatte, gefallen, doch war er selbst, trotz dieser Überlieferungen, gleichgültig in politischen Dingen, überhaupt noch unreif und von kindlicher Sinnesart und spielte am liebsten törichte Spiele mit kleinen Kindern; einzig die Liebe zu seinem Vater, der sein Abgott war, hatte ihn bewogen, an allen Verschwörungen und Aufständen teilzunehmen, in denen jener mit Leib und Seele tätig war. Der Anblick des im Kerker dahinsiechenden Knaben bewog den Vater, einen Fluchtplan auszusinnen, den die meisten widerrieten, andere billigten und unterstützten; da er mißglückte, wurde Desanto als der Urheber getötet, nämlich gehängt, den übrigen Beteiligten ihre Strafe verschärft und verlängert. Seit dieser Zeit verfiel Amadeo, der, solange er seinen Vater in der Nähe wußte, sich bemüht hatte, heiter zu erscheinen, in stumpfen Trübsinn, so daß er kaum noch Speise zu sich nahm und keine andere Empfindung äußerte als Heimweh, während er Vater und Mutter und Freunde vergessen zu haben schien. Die, welche die Zelle mit

ihm teilten und ihn pflegten, trugen schwerer an dieser eintönigen Melancholie als an ihren Ketten, hatten aber den Jungen lieb und gaben sich Mühe, ihn zu zerstreuen und ihn zum Essen zu bewegen. Ihr erster Gedanke, als die Amnestie verkündet wurde, war, wie glücklich Amadeo sein würde, Rom wiederzusehen, wäre es auch nur, um dort zu sterben, denn daß er seine Gesundheit wiedererlangen würde, schien ausgeschlossen; anstatt aber sich zu freuen, verzog er bei der Mitteilung das Gesicht zum Weinen, klammerte sich ängstlich an die Kerkerwand, von wo man ihn, wie er sagte, zum Galgen reißen wollte, und es zeigte sich, daß sein Geist zu gestört und befangen war, um, was man ihm sagte, aufzunehmen. Er mußte mit Gewalt auf ein Fuhrwerk gebracht werden, um die Heimreise anzutreten, und ließ sich schließlich alles gefallen, nur daß er leise vor sich hin weinte; aber als man sich der Stadt näherte, seine Landsleute ihm die Gegend wiesen und, selbst hingerissen, riefen: »Siehst du die steinernen Bogen, die mit uns gehen? Siehst du die Zypressen vom Aventin und den Turm vom Kapitol? Siehst du es nicht? Das ist Rom!«, versteckte er das Gesicht in den Händen und jammerte: »Hättet ihr mich gelassen, wo ich war! Ihr führt mich zum Galgen!« und war von dieser schauderhaften Vorstellung nicht zurückzubringen.
Das Haus seines Vaters befand sich in der Nähe des Schildkrötenbrunnens, wurde aber jetzt von anderen Leuten bewohnt; denn die Mutter hatte auf die Nachricht vom Tode des Vaters selbst Hand an sich gelegt, und es war von der Familie nur noch eine alte, kindische Großmutter übrig, der die neuen Besitzer gegen allerlei kleine Dienstleistungen, die sie noch verrichten konnte, eine Kammer auf der Terrasse eingeräumt hatten. Diese nickte und lachte, als man ihr den Enkel herauftrug, pflegte und streichelte ihn, ohne zu begreifen, in welcher Beziehung sie zu ihm stand; nur manchmal wurde ihre Miene, indem sie ihn betrachtete, ernst, sie glich dann den uralten Heiligengesichtern voll starren Grames, wie sie halberloschen an den Mauern unterirdischer Kirchen sich noch finden, und man glaubte, sie würde den Mund zu furchtbaren Verkündigungen öffnen; aber es waren nur Augenblicke. Man bettete den Sterbenden auf die Terrasse, wo er am Morgen die Sonne und abends und nachts die lindernde Kühle genießen und wo er Rom bis zum Meere vor Augen haben könnte; aber seine gemarterte Seele hatte sich schon verhüllt wie eine Tote und nahm nichts

mehr wahr. Als er, am dritten Tage nach seiner Ankunft, im Sterben lag, holte die Alte einen Geistlichen, der zufällig in dem hohen, geräumigen Hause wohnte, damit er ihm die Sakramente brächte und die Sterbegebete spräche; der jedoch, ein älterer, verdrossener Mensch, als er inne wurde, um wen es sich handelte, weigerte sich, weil der Sterbende ein Ungläubiger und Feind der Kirche sei, der in seinen Sünden hinfahren solle, wie er gelebt habe. Einige der ehemaligen Mitgefangenen des Jünglings, die zugegen waren, stellten ihn scharf zur Rede, wie er sich solcher Beschimpfungen erdreisten könne, da der Heilige Vater selbst die wegen ihrer politischen Umtriebe Eingekerkerten für schuldlos erklärt und befreit habe, worauf der Priester feindselig entgegnete, man wisse wohl, daß die meisten das verlangte Versprechen, nie wieder etwas gegen den Kirchenstaat zu unternehmen, nicht gegeben hätten oder nicht zu halten gedächten, trotzdem aber von der Gnade des Papstes Gebrauch gemacht hätten. Es entspann sich ein heftiger Wortwechsel, während dessen der Knabe starb, was die Männer erst bemerkten, als ihnen nach einer Weile das Verstummen des röchelnden Atems zum Bewußtsein kam. Der Priester, der sich in der Nähe der Treppe gehalten hatte, benutzte den Augenblick, um sich davonzumachen; die Männer folgten ihm, und der Streit setzte sich auf der Straße fort, desto erbitterter, je mehr Menschen dazukamen. In den umliegenden Häusern wohnten kleine Beamte, die zum weiteren Haushalte des Papstes gehörten und mehr dem Geiste der Priesterschaft als der Person des neuen Herrschers anhingen; diese ergriffen die Partei des Geistlichen und verwünschten sogar die Amnestie als vom Teufel eingeblasen; dagegen liefen aus dem nahen Ghetto viele kleine schwarze Juden herzu, schrien mit gellender Beredsamkeit die Unanfechtbarkeit und Himmelsgüte des Heiligen Vaters aus und brachten dadurch andre, die sich sonst gegen den Priester gewendet hätten, aus Haß und Verachtung der eben befreiten Juden auf dessen Seite. Trotzdem geriet dieser, dessen Wut seine Furchtsamkeit allmählich überwunden hatte und sich in giftigen Reden Luft machte, in große Gefahr, geprügelt oder gar erschlagen zu werden, als plötzlich Angelo Brunetti auf dem Platz erschien, den Tumult mit der Kraft seiner Stimme schied und erreichte, daß ihm das Vorgefallene mitgeteilt wurde. Besonders die Juden, die wußten, wieviel sie ihm zu verdanken hatten, der die Abneigung der Römer gegen sie oft mit Ermahnungen zur

Einigkeit und Achtung der Freiheit, die sie für sich verlangten, auch in andern erfolgreich bekämpft hatte, umringten ihn mit eifrigen Huldigungen, deren er sich ein wenig ungeduldig zu erwehren suchte. Die Streitenden traten auseinander, einige machten sich aus dem Staube, andre wischten sich den Schweiß ab und lehnten sich an die Mauern, wo Schatten war, um Brunetti zuzuhören, der begann, ein jeder müsse jetzt sein Blut, seine Kraft und seinen Zorn sparen für den großen Kampf, der bevorstehe. Die Barbaren, die entmenschten Tyrannen und ihre Söldlinge, die sollten nicht geschont werden, Pius, der Priesterkönig, selbst würde sein Volk in den Rachekrieg führen, und die Rache sollte so schrecklich sein, wie die Qual der Knechtschaft gewesen wäre.
Nachdem er in dieser Art gesprochen hatte, ging er auf die Zinne des Hauses, um die alte Frau, wenn es nötig wäre, wegen des Begräbnisses zu beruhigen, für das er selbst sorgen wollte, und fand sie auf den Knien neben dem Lager des Knaben, Gebete murmelnd, übrigens unzugänglich, scheinbar verständnislos für das Vorgefallene. Der junge Tote, dessen Körper von langem Siechtum und Darben bis auf die Knochen abgezehrt war, lag in einer Stellung da, als hätte er furchtsam in die Säcke und Kissen, auf die er gebettet war, wie in ein Grab hineinzukriechen versucht, und Brunetti verspürte Neigung, ihn jetzt noch in die Arme zu nehmen und ihm Mut und Trost zuzusprechen. Er dachte an seine eignen Söhne, die schlank und zuversichtlich in ihrer frohen Jugend standen, und wiederum an jenen Vater, der sein geliebtes Fleisch und Blut in einem Kerkerloche hatte umkommen sehen und endlich allein lassen müssen; trotz des Mitleids mit solchem Jammer fühlte er in allen Nerven das Glück und die Weite seines eignen Daseins. Zu seinen Füßen loderte die Stadt, feierlich sich selbst in der untergehenden Sonne verbrennend, um wieder jung und lauter aus der Nacht in den neuen Morgen zu steigen. Er weidete sich einige Minuten an dem Feuerschauspiel, dann, da er sah, daß er für die alte Frau nichts mehr tun konnte, stieg er rasch die vielen Treppen hinunter auf die Straße, wo die Hebräer noch in einem Häufchen standen und sich tief und hastig verneigten, als er vorübereilte.

In den ersten Monaten des Jahres 1848 huschten die Schauder der nahen Revolution über die römische Erde. An einem Abend im Februar waren viele Menschen in einem Wirtsgarten am Aventin versammelt, wo eine fahrende Komödiantentruppe musikalische und deklamatorische Vorträge veranstalten sollte, wie das in der guten Jahreszeit nicht selten vorkam. Man hatte auf Frühlingswetter gerechnet, aber es wurde gegen Abend noch trüber, als der Tag gewesen war, die Sonne zog sich gelb und klein wie der Mond zusammen, und die Wolken liefen, vom Winde gejagt, wie eine Herde über dunkle Heide den Himmel entlang. Die meisten Besucher des Gartens waren nicht so sehr gekommen, um ein Theater zu sehen, sondern weil die innerliche Erregung sie ins Freie trieb; denn seit Sizilien und später Neapel sich siegreich erhoben und dem schlotternden König eine liberale Regierung aufgedrungen hatten, raste das Feuer vom Süden weiter, und Tag für Tag pflanzte sich erschütternder Nachhall aus Apulien, Kalabrien, den Abruzzen, aus Toskana, Modena und Venedig vom Schrei der fackelschwingenden Freiheit und Krachen alter Throne fort durch die Länder Italiens und Europas.

Die Leute verteilten sich auf den Bänken und Stühlen, die umherstanden, bestellten Brot, Wein, Kaffee und Limonade und hörten gleichgültig die Ouvertüre einer modischen Oper an, die ein kleines Orchester auf einer Bretterbühne spielte; der Wind in den unbelaubten Platanen, die sich über den Tischen verzweigten, und das schwere Sausen der Zypressen in einem verlassenen Garten auf der andern Seite der Straße verwehten die dünne Musik, auf die bald niemand mehr achtete. Viele, denen es zu kühl war, standen auf und gingen lebhaft plaudernd in dem geräumigen Garten auf und ab, andere betrachteten die Aussicht oder prüften gedankenlos die Windrichtung am Fluge der Wolken und am Rauch aus den Schornsteinen. Nach einer Pause trat ein Schauspieler im herkömmlichen Rokokoputz eines vornehmen jungen Mannes vor und führte in Form eines Monologs eine kleine Szene auf, die ihn in peinlicher Lage zwischen zwei Geliebten zeigte, von denen die eine eine Gräfin, die andre ihr Kammermädchen war, nämlich so, daß er von der einen im Stelldichein mit der andern überrascht worden war und nun durch Lügen beide zu täuschen versuchte. Niemand belustigte sich an den abgedroschenen Witzen, und da einer von den Zuhörern bemerkte, er wolle sich an den Überbleibseln des vorigen Jahrhunderts den Magen nicht verderben, fingen mehrere an zu pfeifen und zu zischen, und der Schauspieler mußte sich schleunig von der Bühne zurückziehen. Er versuchte sein Glück noch einmal, indem er eine Ode des Metastasio anfing, was in Rom als eine Huldigung des römischen Dichters aufgefaßt und mit Beifall aufgenommen zu werden pflegte; aber das Publikum schrie und lachte weiter und fuhr damit auch einem Sänger gegenüber fort, der eine hübsche Stimme hatte und stets mit Erfolg in Rom aufgetreten war. Der Unternehmer wagte sich erst nach einer längeren Pause, während welcher der Garten sich mehr und mehr füllte und die Stimmung trotz der zunehmenden Bewölkung des Himmels immer angeregter wurde, mit einer neuen Nummer hervor: ein schüchterner Mann mit einer Flöte zeigte sich und fing sofort an zu blasen, in der Besorgnis, man möchte ihn nicht einmal zum ersten Tone kommen lassen.

Der Zufall wollte, daß einer der Anwesenden auf dem angeschlagenen Programme den Namen des Vortragenden und welches Lied er spielen sollte las: es war ein Sizilianer und das Lied eine bekannte Arie aus einer ›Die sizilianische Vesper‹ betitelten Oper, die eine Episode des Mittelalters, die schrecklich glückliche Verschwörung der Sizilianer gegen die ihre Insel beherrschenden Franzosen, zum Gegenstande hatte. Die musikalisch nicht bedeutende Oper war durch ihren Inhalt im Laufe der letzten Jahre bekannt und berühmt geworden, und ganz besonders eine der Heldin in den Mund gelegte Arie, durch welche sie ihren Entschluß verkündet, ihren Geliebten, der als Franzose ein Feind des Vaterlandes ist, nicht zu retten, sondern, wie die Verschwörer es ihr zumuteten, zu töten und dann selbst zu sterben. Kaum war einer aufmerksam geworden, daß der Musikant eben dies Lied spielte, als die Nachricht, von Mund zu Mund laufend, sich unter allen Anwesenden verbreitete, von denen viele ohnehin schon die beliebte Melodie erkannten. Sofort, bevor noch das Lied beendet war, brach lauter und anhaltender Beifall los, in dem die schwache Flötenstimme unterging und der so überraschend war, daß der Spielende zweifelte, ob er ausgezeichnet werden sollte oder ob dies eine neue Form wäre, die Aufführungen zum Schweigen zu bringen. Er war weder alt noch jung und weder hübsch noch häßlich, ein harmloser Mensch, der, um seine bescheidene Kunst und seinen Broterwerb bemüht, sich nie um politische Dinge bekümmert hatte und nicht ahnte, was für eine verhängnisvolle Bedeutung die süß sangliche Arie, die er vortrug, in letzter Zeit erlangt hatte. Doch war er klug genug, sich aus dem Betragen des Publikums und seinen beredten Ausrufungen den Sinn des Vorgangs ungefähr zusammenzureimen, und betrug sich angemessen, nahm mit einer anmutigen Bewegung das Instrument vom Munde und dankte, indem er die Arme über der Brust kreuzte, sich ganz wenig verneigte und stolz lächelte. Als er das Lied von neuem beginnen wollte, spielte er es, von der stürmischen Teilnahme mitgerissen, rhythmischer als vorher, wurde aber sogleich wieder übertönt, denn nun sangen fast alle mit, da auch diejenigen, die es zuvor nicht kannten, wenigstens die Melodie bereits erfaßt hatten und angeben konnten. Besonders eine Strophe entsprach dem Geschmack und Bedürfnis der Zeit, welche lautete:

Ist das Blut der Verhaßten vergossen
Und die Erde gesättigt und frei,
Trinkt mein Herz mit euch Sieg, o Genossen!
Dann zerbrech' es – das Fest ist vorbei,

und diese wurde mehrere Male hintereinander gesungen, ungeachtet der Wind lauter geworden war und einzelne große Regentropfen fielen. Auch von den Kellnern, die mit fliegenden Rockschößen durch die Reihen eilten, um bei dem nahenden Wetter Teller und Gläser in das Haus zu bringen, blieben die meisten stehen und stimmten ein oder sahen zu. Die Damen waren auf die Bänke und Stühle gesprungen und ließen ihre Tücher in der wilden Luft flattern zur Huldigung des kleinen Virtuosen, der vergebens mit seiner klagenden Flöte durch den jubelnden Aufruhr, der ihn umtobte, zu dringen suchte. Losgerissen von seiner zierlichen Begleitung, die nach Art alter Opern die grausamsten Worte auf einer munter tanzenden Melodie wiegte, fuhr der Rachegesang im Sturme über den Garten hin und erschütterte die alten Kirchen, die seit Jahrhunderten unbeachtet in die Einsamkeit der verwilderten Gärten des Aventin versanken.

Am 22. März, dem fünften Tage, den das Volk von Mailand gegen Radetzkys Kroaten kämpfte, saß Pius IX. mit den Kardinälen Lambruschini und Bernetti in einem Gemache des Quirinals und hörte den Bericht des Fürsten Corsini, Senators von Rom, über die Ereignisse an. Es sei nicht möglich, sagte Bernetti mit ungeduldiger Schärfe, daß die Mailänder der Österreicher Herr würden; die plötzlich aus dem Hinterhalt hervorspringende Wut des Volkes möge sie zunächst verwirrt haben; hätten sie sich wieder gesammelt, so müßten Tausende bewaffneter Soldaten mit einer Meute von Arbeitern und Vagabunden leicht fertig werden. – Das Volk werde angeführt von zahlreichen mailändischen Edeln, entgegnete Fürst Corsini, von denen viele neben Metzgern und Maurern auf den Barrikaden ständen; auch der Klerus beteiligte sich nachdrücklich, nicht nur daß Priester den in den Kampf Ziehenden das Abendmahl reichten, sondern man sähe sie Waffen aus den Händen der Toten reißen, um sie selbst gegen den Feind zu schwingen. Bernetti verzog seine dünnen Lippen und sagte ärgerlich errötend: »Den Klerus haben sich die Deutschen selbst gezogen; bei uns hat eine so zügellose Gesinnung nicht aufkommen können.« – »Selten«, versetzte Corsini; »indessen zählt Pater Ugo Bassi für viele.« Der Papst fragte den Kardinal Lambruschini, der ans Fenster getreten war, wie es draußen aussähe; dieser drehte sich um und sagte lächelnd: »Fast als ob noch der selige Gregor statt Eurer Heiligkeit auf dem Stuhle Petri säße. Unsre Schweizer haben Raum und Muße, die Rosselenker des Phidias zu studieren.« Corsini sagte erklärend, die Menschen wären in den Kaffeehäusern und vor den Zeitungsausgaben, auf neue Nachrichten begierig, man flüstere und halte den Atem an, um womöglich den Sturm von Mailand zu hören, und Pius fügte hinzu, es sei sein Wille, daß die lärmenden Huldigungen, die das Volk sich gewöhnt habe ihm darzubringen, aufhörten, nicht weil er dadurch belästigt würde, sondern weil sie darüber zu Müßiggängern würden. »Ich habe der Polizei Auftrag gegeben,« bestätigte der Fürst, »dem Volke einzuprägen, daß es seiner üblichen Arbeit nachgehe und daß jeder Versuch, Eure Heiligkeit mit Ovationen zu verfolgen, als strafbare Zusammenrottung solle betrachtet werden.« Kardinal Bernetti lächelte nachdrücklich in Erinnerung daran, daß er den Mastai einmal in Tränen der Enttäuschung und Wut gefunden hatte, weil der jubelnde Zuruf des Volkes, als er sich zeigte, ausgeblieben war, nahm aber sogleich wieder eine unbefangene Miene an, als er sah, daß Pius erraten hatte, woran er dachte, und sich darüber ärgerte. »Unsre guten Römer werden froh sein, wieder arbeiten zu können,« bemerkte Lambruschini, »und Eure Heiligkeit in ihren Werkstätten desto eifriger segnen.«

Fürst Corsini hatte sich eben empfohlen, um, wie er sagte, neue Nachrichten einzuholen, als Antonelli eintrat, ein großgewachsener, starkgebauter Mann von schwarzgelber Gesichtsfarbe und

einem Ausdruck von Überlegenheit im Gesichte, der sich auf bewußtes, leidenschaftliches Wollen gründete. Er war keineswegs schön, sogar fast abstoßend durch die freche Roheit seiner Züge, doch ging die Kraft eines unzähmbaren tätigen Lebens von ihm aus und unterwarf ihm nicht nur viele Frauen, sondern auch die schwächeren und trägeren Männer. Er hatte sich schon dadurch in der Gunst des Papstes festgesetzt, daß er der arbeitsamste und entschlossenste unter den Kardinälen war und, während jene noch disputierten und ratschlagten, immer schon etwas getan hatte, wodurch er so unentbehrlich geworden war wie in großen Häusern die Dienstboten, die das Getriebe im richtigen Gange halten und denen man dafür herrische Anmaßung und mancherlei Verschuldung hingehen läßt. Ganz besonders wohltuend aber berührte es den Papst, daß, da es Vorurteile der Moral oder Ehre für ihn nicht gab, er Skrupel und Quälereien des Gewissens nicht kannte und seinen Vorteil schlechthin mit einer Sicherheit verfolgte, die in Pius' Augen etwas Heroisches hatte. Schien es ihm, daß der Papst die Anwandlung hatte, eine eigene Meinung durchzusetzen, gab er im Augenblick nach, um bald darauf wieder alles nach seinem Gutdünken zu lenken, wenn die Tatkraft des Mastai erlahmte; in seinem Benehmen war er immer gleich, nicht unehrerbietig, aber kurz und knapp wie einer, der nicht viel Zeit zu verlieren hat, erheiterte aber seinen Herrn von Zeit zu Zeit durch einen derben Spaß oder ein sparsames Zeichen persönlicher Anteilnahme, womit er ihn stets in seine Gewalt bekam.
Er meldete, nachdem er die Hand des Papstes flüchtig an die Lippen geführt hatte, daß nach einem eben eingelaufenen Telegramme die Österreicher Mailand in der Frühe des Tages geräumt hätten, und fügte einen Fluch über den teuflischen Draht bei, der, kaum daß es an einem Orte brenne, den Funken an alle Enden der Erde trage und das Feuer verbreite. Die Kardinäle fingen lebhaft über die unerhörte Wendung zu sprechen an, verstummten aber, als die große Glocke des Kapitols anschlug und gleich darauf sämtliche Glocken Roms mit einem Geläute einfielen, das wie die Brandung eines stürmischen Meeres an die Feste des Himmels schlug. Wer dazu Befehl gegeben habe? rief Antonelli ärgerlich; doch da der Papst die Hand hob und sagte: »Laßt sein, es gefällt mir!«, meinte er verbindlich: »So dürfte es auch mein Grabgeläute sein!« und verabschiedete sich, ohne die Bemerkung Lambruschinis: »Es

könnte leicht unser aller Grabgeläute werden« zu beachten. Mastai entließ auch die andern, setzte sich, als er allein war, auf einen Sessel unter dem geöffneten Fenster, wo er selbst von draußen nicht gesehen werden konnte, und horchte.

Während das Klingen und Wogen seine Seele hob, zogen Bilder der unerhörten Kämpfe dieser Tage an ihm vorüber: er sah die blonden Lombarden, seinen Namen auf den Lippen, bluten, sterben, siegen; in Mailand, in Venedig, in Padua und Treviso, ja in den Bergen des Friaul flammte sein Name wie ein heiliges Feuer von Altären und Höhen; ohne eine andre Waffe als seinen Namen stürzten Greise, Frauen und Kinder siegesgewiß und todverachtend gegen den geharnischten Feind. Eine große Zärtlichkeit quoll in seinem Herzen auf und spannte seine Brust bis zu einem leisen Gefühl reizender Qual. Unterdessen hatte sich der Platz belebt, und in sein Träumen hinein hörte er das Geräusch zuströmender Menschen, trabender Pferde und rasselnder Wagen, zögerte aber, aufzustehen und sich am Fenster zu zeigen. Kardinal Corboli Bussi, der jetzt eintrat, war ihm in diesem Augenblick erwünscht wie kein andrer, denn von ihm wußte er, daß er seine Gefühle teilte und zu bewundern bereit sein würde. Der edle Mann ging rasch auf den Papst zu, kniete vor ihm nieder und küßte seine Hand, ohne die Tränen zu verbergen, die reichlich aus seinen Augen strömten. Als er sah, daß auch in Mastais Zügen Rührung zuckte, rief er beschwörend: »Schämen wir uns dieser Übermacht der Gefühle nicht! Ich bin ein Diener Gottes, und Ihr seid sein Stellvertreter auf Erden geworden, aber geboren sind wir beide Kinder Italiens!« Er mußte innehalten, doch als er sich gefaßt hatte und die herzliche Begeisterung in dem weichen Gesichte des Mastai ihn ermutigte, fuhr er eindringlich zu sprechen fort: »Fragt jetzt den Verstand nicht mehr, nur das Herz hat heute recht mit seiner kindlichen Torheit und Weisheit. Gott hat zum ersten Male mit Italien gehalten; was geschehen ist, verkündigt seinen Willen. Verlaßt Italien nicht, verlaßt die Toten nicht, die, Euern Namen auf den Lippen, selig starben! Erfüllt, was ein gutes, unglückliches Volk von Euch erwartet!« Jetzt nahm die Bewegung auf dem Platze zu, und lautes Geschrei: »Krieg! Krieg! Nieder mit Österreich!« mischte sich in die üblichen Begrüßungen des Papstes. Gleichzeitig traten die Kardinäle, die den Palast nicht verlassen hatten, wieder ein, Lambruschini warf einen unwilligen Blick auf

Corboli Bussi und sagte: »Die Polizei kann die Masse nicht bemeistern. Das Unkraut hätte früher sollen gereutet werden, ehe es so üppig wurde.« Er sah sich herausfordernd um, ob jemand ihn wegen seiner Anmaßung zur Rede stellen wollte, dann, da niemand ihn anfocht, wandte er sich geradezu an den Papst, um ihm vorzustellen, daß er keinesfalls ein Bündnis gegen Österreich schließen dürfe; denn er argwöhnte, daß Corboli Bussi ihn bereits im entgegengesetzten Sinne beeinflußt hätte. Er müsse, so sagte er, die menschliche Weise zu empfinden und zu urteilen aus dem Busen reißen, wenn er Papst sein wolle; ob er mit jenen Fürsten verglichen werden wollte, die aus Gewinnsucht und Eitelkeit, um ihr Reich zu vergrößern, sich mit den Nachbarn blutig rauften? Ob es dem höchsten Priester der Christenheit anständig sei, unter die Gladiatoren in die Arena zu springen? An irdischem Streit und Wettstreit wie ein Partner teilzunehmen? Wo wäre jetzt die Kirche, wenn die Päpste ihren schwachen und arglistigen Herzen hätten folgen wollen? Allein in seinem Gemache, unbelauscht, möge er Mensch sein, vor der Welt müsse seine Rede lauten: »Ich bin gleich Gott, wer mich anbetet, sei selig, wer mich leugnet, sei verdammt«; für ihn dürfe es nur Gläubige und Ungläubige geben. Corboli Bussi entgegnete schnell: »Jetzt handelt es sich nicht um Sachen der Kirche; nicht der Heilige Vater soll sprechen, sondern der König von Rom!« – »Und was ist Rom?« antwortete Lambruschini scharf. »Rom ist der Felsen Petri. Was Ihr Italien nennt, geht Rom nicht näher an als China oder Sibirien.«
Obwohl der Papst in theologischen Streitfragen bewandert war und es liebte, den Schiedsrichter zu machen, wogte in dieser Stunde das Gefühl in ihm zu hoch, als daß er dem Gegensatz der Kardinäle hätte folgen mögen; eine unwiderstehliche Lust zog ihn zu dem Balkone, von dem aus er oft dem Volke, das nach ihm verlangte, die Arme entgegengebreitet hatte. Noch hatte er keinen festen Willen auf eins gesetzt; im Augenblick aber, als bei seinem Erscheinen der Schrei des Jubels und der Macht laut wurde, der ihm galt, verwarf er alle Erwägungen, mit denen er sich vorher getragen und die man ihm aufgedrängt hatte, und ließ die schönen Wellen des allgemeinen Dranges über sich zusammenschlagen. Seine Stimme tönte deutlich in das jähe Schweigen der Menschen und das Glockengeläute hinein und sagte: »Der Herr hat Italien gesegnet! Laßt uns miteinander für die Toten beten, die

um das Vaterland kämpfend gefallen sind. Gott gebe ihnen seinen Frieden!«, worauf die Menschen auf die Knie fielen und der eherne Chor seine Worte in die Ewigkeit zu tragen schien.
Als er wieder in das Gemach trat, sagte er mit Nachdruck, sowie der König von Sardinien, Karl Albert, seine Waffen zum Schutze der Lombardei erhebe, sei es sein Wille, sich mit ihm zu verbinden und die Sache Italiens durch Truppen, falls Freiwillige sich anböten, zu unterstützen; Corboli Bussi küßte ihm die Hand, während die andern sich stillschweigend verneigten. Da sich Antonelli ihm näherte und ihm vertraulich mit ernsthafter Miene zuflüsterte: »Welchen Palast wollen Eure Heiligkeit dem Savoyarden einräumen, wenn Rom Hauptstadt von Italien und er König von Rom wird?«, stutzte er, lächelte dann und drohte dem Kardinal scherzend mit dem Finger.
Es schien, als ob der vom Volke getragene Wille des Papstes obsiegen sollte; kaum hatte Karl Albert den Krieg gegen Österreich eröffnet, so strömte ein Heer Freiwilliger in Rom zusammen, das unter dem Befehl des Generals Durando und mit dem Segen des Heiligen Vaters ausgestattet ungeduldig die Stadt verließ und ins Feld zog.

An der Grenze des Kirchenstaates blieb das Heer liegen, und man murmelte, daß dies auf Befehl des Papstes geschehe, der den Auszug zwar zugegeben hätte, um durch den Schein der Nachgiebigkeit das aufgeregte Volk zu beschwichtigen, aber keineswegs die ernstliche Absicht hätte, sich in einen Krieg gegen Österreich einzulassen. Brunetti versuchte diesen Argwohn zu zerstreuen und den Glauben an das patriotische Herz des Heiligen Vaters zu erhalten, insgeheim aber grollte er demselben, daß er dem Zweifel nicht durch ein klares Willenswort ein Ende machte. In den letzten Tagen des April kam Ugo Bassi vom Süden her durch Rom auf dem Wege nach Venedig, das zu gleicher Zeit wie Mailand die dort durch den Grafen Zichy nur gelinde vertretene österreichische Herrschaft fast ohne Blutvergießen abgeschüttelt hatte und die leicht gewonnene Freiheit tapfer zu verteidigen willens war. Auf die Bitte des Angelo Brunetti und des Fürsten Canino Bonaparte, der ein Haupt der Demokratie war, sprach er, bevor er weiterging, noch öffentlich zum Volke vor der großen Kirche Santa Maria Maggiore, um es in seiner kriegerischen Stimmung zu bestärken, die eine gewisse Partei zu unterdrücken suchte.

Es war später Abend, denn er wollte sich nicht länger als einen Tag in Rom aufhalten; doch hatte sich die Kunde, daß er sprechen würde, schnell verbreitet und Zuhörer herbeigezogen, von denen viele auf der großen Freitreppe zu Füßen des Barnabiten lagerten. Indem er nach Süden wies, hub er an: »Wenn wir jetzt auf jene Höhe stiegen, dorthin vielleicht, wo über wuchernden Paradiesen die letzten Steine von Tuskulum aus dem Grase starren, oder auf den Gipfel der Volskerberge, wo zwischen Mauern, die Riesengeschlechter der Vorzeit aufrichteten, Räuber und Heimatlose sich verbergen, oder höher hinauf auf den Großen Felsen Italiens, dessen Stirne den Himmel stützt, würden wir unsre Herrin finden, der der Stern überm Haupte scheint. Er scheint durch die schwarzen Wolken, die der Sturm, der dort nicht ruht, über ihn hinjagt, und ihr Leib, um den das rote Kleid wie eine breite Fahne flattert, wankt nicht. Sie hält eine Geige auf dem Arm und spielt zum Tanz auf mit einem Bogen, der stählern durch die Nacht blitzt: es ist ein Schwert!« Der Mönch beugte sich bei diesen Worten vor, als ob er horchte, und die erregte Menge folgte seiner Bewegung; verworrenes Geräusch drang aus der Stadt und abgerissene Musik aus den Gängen des Pincio herüber. Dann fuhr er fort: »Die Töne fließen blutig von den Saiten, die das Schwert schneidet, und die Steine, auf die sie tropfen, und die Gebeine, die darunter liegen, entbrennen. Wer möchte nach dieser Musik nicht tanzen und sterben? Wehe dem, der den pfeifenden Reigen nicht hört! Wehe dem, der die rote Fackel, die von den Bergen flammt, nicht erkennt!

Wenn der Morgen graut, wird unsre Herrin das Schwert begraben, vielleicht in einem leeren Sarkophag unterirdischer Grüfte, vielleicht unter Zypressen und Rosen oder da, wo Meilen und Meilen nur das Gras der Heide wächst, damit wir es suchen und finden und sie erlösen. Es gibt Orden, die Männer ehren, und Ketten, die Frauen zieren, es gibt Ruhmeskränze und Reliquien, um die die Menschheit ringt, und das Kreuz ist heiliger als alles dies; aber wir wollen alles, alles lassen, um das Schwert zu suchen. Es ist schlank und schmal und gerade wie ein Strahl aus der Sonne! Unnahbar, wie die schwarze Zypresse aus der Erde schießt, durchbohrt es die Luft! Dem springenden Blitze gleich glänzt es, zuckt und trifft! Seine Reinheit spiegelt den Himmel, doch will es Blut wie ein junger Rächer seines Vaters. Gesegnet sei, der es findet, gesegnet sei, der es schwingt und in das Herz des Feindes stößt! Es wird einer kommen, unter dessen Füßen es klirrt, wenn er darüber hingeht, mag es noch so tief begraben sein; wäre er ein Räuber vom Gebirge oder ein Bettler von der Kirchenpforte, wir wollen ihn anbeten als einen Gesandten Gottes. Wer ihn aber verkennte oder sich von ihm abwendete oder ihm das Schwert entreißen möchte, der soll unser Feind sein, und wenn er unser Vater wäre, der Verachtung und Verfolgung und Rache soll er preisgegeben sein wie ein Verräter!«

Als der Mönch in dieser Weise geendigt hatte, waren diejenigen, die auf den Stufen der großen Treppe gesessen hatten, aufgestanden und blickten starr erwartend in sein bleiches Gesicht; denn sie glaubten verstehen zu sollen, daß seine letzten Worte gegen den Heiligen Vater zielten, falls er den Krieg gegen Österreich hintertriebe, schwankten unter neuen und furchtbaren Gedanken und verlangten nach deutlicheren, entscheidenderen Worten.

Ugo Bassi, der, als er anfing zu sprechen, kaum gewußt hatte, wohin es ihn treiben würde, erschrak über den Eindruck, den seine Worte gemacht hatten; die Türme und die Kuppel der Kirche, die Häuser und die Menschen ragten wie ein rätselhaftes Bild in die helle Frühlingsnacht, und es schien ihm auf einmal, als hätte er ihm durch verbotene Zaubersprüche Leben eingeflößt, dessen unbekannte Kräfte sich im nächsten Augenblick furchtbar verkündigen würden. Er dachte daran, daß er jetzt, wenn er wollte, diese Menge mit sich nach dem Quirinal ziehen und dem Papste durch Drohungen die Billigung des Krieges entreißen könnte; aber es graute ihm davor, daß diese Möglichkeit Tat werden müßte, wenn die Menschen, deren Augen unverwandt an ihm hingen, errieten, daß er sie erwog. Indem er die Kapuze tief über das Gesicht zog, eilte er durch die Menge, die ihm staunend Platz machte, die Treppe hinunter, dem Tore zu, um den Weg nach Venedig anzutreten.

Im April des Jahres 1848, vier Wochen etwa nachdem Mailand Österreichs Herrschaft abgeworfen hatte, erließ der Papst auf Antreiben der Jesuitenpartei und unter dem Einflusse Antonellis eine Enzyklika, in welcher er den Krieg gegen Österreich widerrief, indem er es für im Wesen des Stellvertreters Gottes begriffen erklärte, alle christlichen Reiche mit gleicher Liebe zu umfassen, woraus folge, daß er mit keinem derselben Krieg führen könne; die Truppen seien von ihm nur zum Schutze des Kirchenstaates bis an dessen Grenze entsendet worden. Bevor noch das verhängnisvolle Schreiben zur allgemeinen Kenntnis gekommen war, ging Angelo Brunetti mit einem Manne, der mehrere Gewerbe betrieben hatte und augenblicklich Hutmacher war, durch die Porta del Popolo quer über den großen Platz, der voll Sonne war, dem Pincio zu, in wichtigem Gespräche, wobei Brunetti nach seiner Weise laut und lebhaft redete, während der andre die Stimme behutsam dämpfte und aus pechschwarzen Augen pfeilgeschwinde Blicke nach allen Seiten schoß. Es handelte sich um eine Verschwörung der Sanfedisten oder Gregorianer, wie man die Anhänger des verflossenen Systems nannte, welcher Brunetti seit langem auf der Spur war und die der Hutmacher, Malanni mit Namen, in der letzten Nacht entdeckt haben wollte, so daß man das Nest mit einem Gewaltstreich aufheben könnte. Ein gewisses Haus im Borgo stand schon lange im Verdacht, der Schlupfwinkel der Verschwörer zu sein, doch hatte man bisher vergeblich versucht festzustellen, wer die Männer und Frauen, die dort bis in die späte Nacht hinein ein und aus gingen, waren und was sie dort täten. Einem Verwandten des Malanni war es nun gelungen, sich bis zum Abend in dem Hause versteckt zu halten und unter irgendeinem Vorwande in ein Zimmer einzuschleichen, wo er die Bestätigung des Verdachtes gefunden haben mußte; doch wurde er offenbar als Eindringling entdeckt, entfloh schleunig und kam glücklich bis auf die Straße, wo ihn von unbekannter Hand ein tödlicher Dolchstoß traf. Derselbe ließ ihm so viel Leben und Besinnung, daß er einem herbeieilenden Freunde, der in der Nähe Wache gehalten hatte, zuflüstern konnte, das Haus sei wirklich in der Hand der Gregorianer, und wichtige Papiere, ihre Machenschaften gegen Pius IX. und seine Anhänger betreffend, müßten sich darin finden; er sterbe gern für die gute Sache und empfehle seinen Freunden seine Rache.

Die beiden Männer setzten sich auf eine steinerne Bank, die oberhalb des Platzes unter schattenden Bäumen stand, und der Hutmacher sagte: »Es fehlt nicht an Leuten, die gern mit ihrem Leben zahlten, wenn sie nur den schwarzen Schlangen das Genick zertreten könnten; denn die Rache meines Verwandten, der letzte Nacht ermordet wurde, ist nicht die einzige. Ich weiß auch ein

Gesicht, wenn ich das nackt unter meinem Messer haben könnte, würde ich meinen Platz im Paradiese dafür geben.« – »Es muß etwas getan werden,« sagte Brunetti langsam, »aber so, daß es der allgemeinen Sache zum Nutzen geschieht. Wenn wir ein Blutbad unter den Schwarzen anrichteten, und selbst wenn wir beweisen könnten, daß es lauter Verräter und Spione und Schurken wären, was sie zweifelsohne sind, wäre keine Versöhnung mehr möglich, und es gäbe Krieg zwischen Rom und Rom statt zwischen Rom und den Barbaren.«

Indem sie so sprachen, näherte sich ihnen der Fürst Canino Bonaparte, ein großer, beleibter Mann mit hochmütig getragenem Kopfe, der sich laut vor jedermann Freund Italiens und der Freiheit nannte, überhaupt um so weniger mit seiner Meinung zurückhielt, je mehr er die herrschende dadurch abstieß, sowohl aus Vergnügen am Widerspruch wie aus einer Art Furchtlosigkeit, die darin bestand, daß er es für unmöglich hielt, jemand könne sich an ihm vergreifen. Man konnte leicht die wohlbekannten Züge seines abenteuerlichen Geschlechtes in seinem Gesichte wiederfinden, das schön gewesen wäre, wenn er nicht die Gewohnheit gehabt hätte, es besonders beim Sprechen in fratzenhafter Weise zu verziehen, wie er überhaupt das Bizarre liebte und es in seinem wunderlich verschrobenen Auftreten, an dem er, wenn er es auch nicht gerade ganz erkünstelte, doch seine Freude hatte, hervortreten ließ. Er verfügte über eine außergewöhnliche Fassungskraft und Leistungsfähigkeit und hatte sich als Naturforscher einen Namen gemacht, den die Gelehrten in ganz Europa achteten; doch behandelte er alle Dinge mehr mit zerlegendem Verstande als mit tieferer Einsicht in innere Lebensgesetze und war infolgedessen stets schnell mit entschiedenem Urteil bei der Hand, ohne das Unrecht im Rechte oder umgekehrt das Wahre im Irrtum zu erkennen. Er verkehrte mit den Ärmsten wie mit seinesgleichen, aber ohne den rechten Griff und Ton, so daß er mit keinem vertraut wurde, wenn auch die Partei im ganzen stolz war, den berühmten, hochstehenden Mann zu den Ihrigen zu rechnen, und viele sich an den Seltsamkeiten seines Wesens ergötzten. Sein einziger Sohn, der hübsch, fein und weichlich war, hing den Priestern an, und er pflegte in bezug auf ihn zu sagen, was er, der Vater, Gutes habe, gehe dem Sohne ab, nämlich der Verstand, das Schlimme dagegen habe er geerbt: ein kaltes Herz und heiße Sinne;

der Umgang mit verstandlosen Leuten sei ihm unerträglich, und er könne deshalb nicht mit seinem Sohne verkehren; und wirklich sah man die beiden nie zusammen noch in demselben Kreise von Menschen sich begegnen. Obwohl er sich selbst der Sinnlichkeit zieh und schönen Frauen gern den Hof machte, konnte man ihm doch keine Liebeshändel nachsagen, sei es, daß er sie gut verdeckte, oder daß er, wie er zuweilen andeutete, die Genüsse des Gaumens als die behaglicheren vorzuziehen begann.

Als er Brunettis ansichtig wurde, legte er ihm mit einem freudigen Ausdruck die Hand auf die Schulter und sagte, daß er ihn in seiner Wohnung vergebens gesucht habe, daß er mit seiner Frau, der schönen Lucrezia, zusammen fortgegangen sei, da sie sich in die Kirche begeben habe, um für ihren Sohn, der mit den Freiwilligen ins Feld gezogen war, zu beten, und daß er nun im Schatten des Pincio habe ausruhen wollen; er schob, indem er so sprach, den Hutmacher, den er gleichfalls kannte, ein wenig beiseite und setzte sich zu den beiden. »Ihr sitzt hier bescheidentlich«, fuhr er fort, »und wißt nicht, daß heute der größte Tag für Rom, Italien und die Welt, wenn anders Rom noch das Haupt der Welt genannt werden kann, aufgegangen ist, und eben um dir das zu sagen, Brunetti, bin ich zu dir gekommen: das Papstreich ist zu Ende, Rom wird Republik«; und er erzählte, der Papst habe eine Enzyklika ausgehen lassen, die an allen Enden der Stadt verlesen werde, des Inhalts, daß die Österreicher und Böhmen und Kroaten und Barbaren insgesamt, Radetzky, der Kaiser und sein Wasserkopf inbegriffen, seine lieben Kinder wären und getrost an seinem christlichen Herzen ruhen sollten; niemals werde er die Waffen gegen sie erheben, der Auszug römischer Truppen sei nichts als beklagenswerter Irrtum und Ungehorsam, der bestraft werden würde, auch werde er den Gebrauch des Wortes ›Italien‹ verbieten, da es nachgewiesenermaßen in den guten Wörterbüchern nicht stehe, eine gewaltsame Neubildung mit unanständiger Nebenbedeutung sei, die das Verständnis mit dem Ausland erschwere.

Während die Augen des Hutmachers in grimmigem Triumphe blitzten, sah Brunetti den Fürsten so zornig an, daß dieser lachend sagte: »Ich weiß, daß der Bote einer schlimmen Nachricht unwillkommen ist. Wenn du mich genug gestraft hast, daß ich dir das Übel zu Ohren gebracht habe, wird hoffentlich deine Wut auch die treffen, die es verschuldet haben.« – »Es ist nicht möglich!« rief

Brunetti, »es muß Irrtum sein oder Betrug oder Mißverständnis!« und stellte sich dabei vor den Fürsten, als wolle er ihn bitten oder zwingen, seine Worte zurückzunehmen. Dieser riet ihm, nach dem Platze von Venedig zu laufen, wo das Rundschreiben angeschlagen sei, worauf Brunetti schweigend die Anhöhe hinuntersprang und mit großen Schritten in die Stadt eilte.

Kaum hatte er sich entfernt, so redete Bonaparte in seiner Art auf den Hutmacher ein: »Nun,« sagte er, »so kommt also die Reihe an dich, zu regieren. Da wird es wohl vortreffliche und heilsame Gesetze geben! Da werden wir die Leute voll von schönen, neuen und teuern Hüten sehen! Keiner wird sonntags mit einem Hute ausgehen dürfen, den er mehr als einmal getragen hat. Sogar der Bettler, der Almosen in der Mütze sammelt, wird keine abgetragenen dazu benutzen dürfen. Es wird die feinste Mode werden, sich mit dem Hut ins Bett zu legen, und man wird einen neuen Hut mit ins Grab nehmen müssen, um sich Gott schicklich vorstellen zu können«; und er begleitete diese Reden mit grotesken Gebärden und heftigem Mienenspiel, so daß Malanni sich bald unbehaglich zu fühlen begann und das Weite suchte, worauf der Fürst es eigentlich angelegt hatte. Er blieb noch eine Zeitlang zufrieden lächelnd auf der Bank sitzen und begab sich dann, als es ihm schien, Brunetti könne inzwischen zurückgekehrt sein, in dessen Wohnung, wo er ihn allein in einem kleinen, nach dem Hofe gehenden Arbeitszimmer fand, das nur wenigen Freunden bekannt war. Es war ein sonnenloser, auch im Sommer kalter Raum, wo nur ein Tisch, ein paar Stühle und ein Bett standen und wohin sich Brunetti zurückgezogen hatte, um nicht gestört zu werden. Er saß vor dem Tisch und stützte seinen Kopf in beide Hände, betäubt von der unglücklichen Tatsache, die er sich, ohne weiterzudenken, fortwährend wiederholte, und warf nur einen kurzen, gleichgültigen Blick auf den Eintretenden. Dieser setzte sich zu ihm und sagte: »Freund, wenn du König von Rom sein willst, flenne nicht, sondern sammle deine Gedanken und deine Untertanen und lasse die Bestien das Reich der Vernunft begründen. Ich bin nicht zum Eseltreiber geboren, sonst täte ich's. Wenn ich lange mit diesen Hutmachern und Gevattern verkehren müßte, ich würde, Gott sei's geklagt, Bomben werfen wie der große Hanswurst von Neapel. Es mag wahr sein, daß Gott im Volke wohnt, wie unser Mazzini sagt, aber er wird es machen wie die andern

großen Herren auch, die fast das ganze Jahr in Paris leben und ihr leeres Haus einem alten blöden Diener oder einem Kobold überlassen. Wie Ochsen, denen ein roter Fetzen vor den Augen flattert, stoßen sie nach einem, dessen Großvater ihrem Großvater ein Ämtchen weggeschnappt hat, oder nach einem, der allzu galant gegen die Frau war, oder nach einem, der lachte, als ihr Vater am Galgen hing. Benutzen aber muß man ihren Blutdurst, und zwar ohne Verzug, denn noch vor der Morgensonne sollte die Revolution da sein.«
Brunetti, der nicht zugehört hatte, sagte langsam: »Ich habe es gelesen und glaube es doch nicht. Die Füchse müssen ihn wohl überlistet und eingefangen haben, die Jesuiten, aber vielleicht ist er noch zu retten; es wäre eines Versuches wert.« Anstatt zu antworten, seufzte Canino und stellte Betrachtungen über die Natur des Menschen an, der auch eine Kartoffel anbeten würde, wenn man ihm oft genug wiederholte, daß sie etwas Heiliges sei. Daß erwachsene Männer mit einem alten Priester Umstände machten, weil er ein besser bezahlter Schauspieler wäre als die übrigen! Es hätte sich bereits gezeigt, daß die Könige nicht auf den Thronen festgewachsen wären und die Throne nicht auf der Erde, auch der Stuhl Petri dürfte unter den Naturgesetzen stehen. »Einer muß seiner Sache sicher sein und Leber haben,« sagte Brunetti bedenklich, »um die Pistole loszudrücken, wenn er weiß, daß es ihm Tausende nachmachen.«
»Mensch,« rief Bonaparte ungeduldig, »fasse dich und deine Seele zusammen, die dir vor Schrecken auseinandergelaufen ist. Komm aus diesem häßlichen Loch in die Sonne, sie zeigt die Stunde des Untergangs der römischen Priesterkönige. Glaube mir, als Pius IX. seinen Namen unter diese Enzyklika setzte, hat er eine große Abdankung unterzeichnet. Wer das Licht seiner Augen hat, muß jetzt sehen, daß ein Papst nicht italienischer Fürst sein kann. Es mag einmal in Jahrhunderten aus allen Staaten der Erde ein Weltfriedensreich werden, dann mögen gute Hirten vor dem Stalle sitzen und die Schafe weiden; jetzt gibt es noch Wölfe, und wir brauchen die Revolution!«
Sie wurden jetzt durch Pietro Sterbini unterbrochen, einen kleinen Mann mit eifrig glotzenden Augen und gerade aufgesträubtem Haar, der Arzt war, seinen Beruf aber seit einigen Jahren nicht mehr ausübte, um sich ganz den öffentlichen Angelegen-

heiten zu widmen; denn abgesehen davon, daß er Patriot war und es gut meinte, glaubte er der Mann der Zeit und zu großen Dingen bestimmt zu sein. Doch traute er sich ohne Brunetti, der nun einmal die Masse des Volkes in der Hand hatte, nichts zu unternehmen und kam, um ihn zu holen; seiner Meinung nach war die Revolution da wie eine geladene und gerichtete Kanone, die der Kanonier nur zu entzünden brauche. Er erzählte begeistert allerlei, was er mit angesehen oder gehört hatte: Wie man einen Dominikaner, der über das Forum gegangen sei, bis aufs Hemd ausgezogen und ihm ein Bajazzokostüm hingeworfen habe, das er angelegt habe, um nicht splitternackt über den Platz gehen zu müssen; wie das große verschlossene Tor eines Palastes päpstlicher Aristokraten, die Rom verlassen hätten, in Brand gesteckt worden sei, weil der verhinderte Durchgang den Verkehr störe; daß man sich überall zusammenrotte. Die Leute seien dadurch zum Äußersten gebracht worden, daß man ihnen klargemacht hätte, nach dem Rundschreiben des Papstes müßten die römischen Soldaten entweder auf eigne Faust in Venedig und der Lombardei bleiben und kämpfen und dürften dann nie wieder in die Heimat kommen oder sie müßten sofort umkehren, um zu Hause eingekerkert zu werden; nun wollten alle, die Angehörige im Heere hätten, das Regiment umstoßen und eines von italienischer Gesinnung aufrichten.
Unterdessen war Brunetti im Geiste draußen im Aufruhr; er wußte, wie es anzufangen wäre. Er warf sich auf das Pferd, gab die Losung, ordnete, schlichtete und befahl. Er sah Äxte in die Balken zischen, ausgerissene Pflastersteine rollen, die Flamme aus den Dächern springen, er hörte es ächzen, pfeifen, heulen, jubeln; ihm nach stürzte das tobende Element, und er führte es vor die Burg des päpstlichen Gauklers, der ihn und alle betrogen hatte: auf einen Wink von ihm würde es darüber hinfluten. Dann würden die dunkeln Schwärme des blutsaugenden Ungeziefers fliehen, und aus Schutt und Blut würde sein Rom steigen, schön und stark, allen Menschen zur Verehrung. Er war darüber aufgestanden, seine Muskeln spannten sich bei der Vorstellung des schauderhaften Kampfes und unerhörten Sieges, aus seinen Augen funkelte die Lust zu wagen und zu spielen.
Der Fürst und Sterbini beobachteten seine veränderte Stimmung mit Genugtuung und gedachten sie auszunutzen, als Lucrezia ein=

trat, die inzwischen nach beendetem Gebete mit diesem und jenem gesprochen hatte und von allem wohlunterrichtet war. Zwar beunruhigten sie Lorenzos wegen die zweideutigen Äußerungen des Papstes über den Krieg, aber im Grunde fühlte sie sich durch das Bewußtsein des Rechtes gesichert und hielt dafür, daß alles aufs beste erledigt würde, wenn die Truppen aus jenen fremden Ländern, die sie nach ihrer Meinung ohnehin nichts angingen, friedlich nach Hause zurückkehrten. Offene Empörung gegen den Papst schien ihr Frechheit und Wahnwitz zu sein, und sie hatte beschlossen, mit ihrem Leben zu verhindern, daß ihr Mann in solche Umtriebe hineingezogen würde. Indem sie sich breit vor ihn hinstellte, wie wenn er ein Kind wäre, das sie beschützen müßte, sagte sie sprühend vor zorniger Verachtung zu den Herren: »Ihr glaubt also, ihr könntet den Papst aus der Welt schaffen! Versucht es meinetwegen mit euern Armen und euerm Blut und euerm Herzen! Angelo Brunettis Herz soll nicht für eure Torheit zahlen. Rom und der Papst ist eins und Rom ist ewig!«, wobei sie immer schneller und lauter sprach und ihre stolze Nase sich drohender zu biegen schien. Der Fürst fürchtete ernsthafte Auseinandersetzungen mit Frauen, besonders solchen, mit denen er bei einem Glase Wein zu scherzen liebte, und machte verzweifelte Grimassen, während Sterbini vergebens versuchte, den feurigen Schwall von Vorwürfen und Behauptungen aufzuhalten und zu widerlegen. Brunetti jedoch, dem die Freude des Aufruhrs schon wieder gesunken war, schob sie entschieden, wenn auch nicht unsanft zur Seite, hieß sie schweigen und sagte: »Genug! Hört auf, mich reizen zu wollen, ich tue es nicht. Es ist nicht, daß ich für mich oder die Meinigen besorgt wäre, denn ihr wißt, daß ich mich und sie dem Vaterland opfern könnte, wenn es sein müßte, obwohl ich sie, meine Frau und meine Kinder, gerne schonte; es ist aus einem andern Grunde, daß ich es nicht tue. Gerade eben, als ich im Geiste mitten darin war und den Rauch und das Blut schmeckte und es mich bis ins Eingeweide gelüstete, spürte ich, daß ich es nicht machen kann. Es mag sein, daß mein Gewissen der großen Sache nicht gewachsen ist, denn einen andern Grund weiß ich nicht. Also laßt mich ledig!«

Sterbini wiederholte wütend und fast weinend, es bedürfe nur eines Schusses, der fiele, es genüge ein Tropfen Blut, der flösse, dann wäre die Revolution im Gange; es müßte tückische Berech=

nung sein, daß die Päpstlichen sich so geduldig zeigten, sie machten eher gemeinsame Sache mit dem Volke, als daß sie sich zu einer Gewaltsamkeit reizen ließen. Indessen verflösse der günstige Augenblick! Auch Bonaparte wollte sich noch einmal mit überredenden Worten an Brunetti wenden, als dieser abwehrend und drohend zugleich den Arm erhob und mit gebrochener Stimme schrie: »Laßt mich! Packt euch! Habt ihr nicht gehört, daß ich zu schwach bin?«, so daß der Fürst unwillkürlich auswich im Gefühl, es könne ein Schlag auf ihn herunterfahren. Er warf dem Wütenden einen halb mitleidigen, halb ärgerlichen Blick zu, der, nachdem die Herren sich entfernt hatten, noch eine Weile vor sich hin starrte, dann in sein Schlafzimmer ging, sich aufs Bett warf und einschlief. Kurz vor Sonnenaufgang wachte er auf und eilte in die Stadt; sie lag unheimlich groß und still in der farblosen Helle. Wagen mit Gemüse und Geflügel rasselten in der Nähe des Tores, sonst waren die Straßen leer, die Türen und Fenster der Häuser geschlossen, es war alles beim alten.
Nun begann jene schleichende Revolution, die den Sommer lang grollte und pochte und im Spätherbst plötzlich einen mörderischen Stoß führte, unter dem der neue Minister Rossi, ein hochfahrender, unbeugsamer Greis, der Papst und Volk zugleich regieren wollte, verblutete.

Der Verein der ›Söhne der Wölfin‹ bestand schon vor dem Regierungsantritt Pius' IX. und zählte ursprünglich etwa dreißig Männer, die sich das Ziel gesetzt hatten, das Vaterland, das eines diesen stürmischen Zeiten gewachsenen Steuermanns entbehre, zu retten. Sie stellten die allerstrengsten Ansprüche an die Mitglieder hinsichtlich der Gesinnung, da nur die heroischen Charaktere, welche selten wären, sich für die bevorstehenden Ereignisse eigneten und die geringste Beimischung schwächlicher Elemente zielbewußtes Handeln vereiteln würde. Republikanische Überzeugung und Haß auf den Papst, die Geistlichkeit, die Kirche sowie die Religion war das erste Erfordernis, und zwar wurde hierbei wie überhaupt Halbheit, welche paktiert, Ausnahmen macht und persönlichen Gefühlen Raum gibt, ausgeschlossen. Es mußte ferner die Einheit Italiens mit Rom als Hauptstadt angestrebt werden, und infolgedessen war brüderliche Gesinnung gegen alle italienischen Staaten und ihre Bewohner mit Ausnahme der Verräter vor=

geschrieben. Bei den Sitzungen, die in einem großen Saale stattfanden, trug jedes Mitglied die rote phrygische Mütze, und mitten auf dem Tische, um den sie saßen, lag ein Dolch, um daran zu erinnern, daß, wer sich gegen die Gesetze des Vereins verginge, dem Tode verfallen sei.

Die Folge der strengen Grundsätze auf der einen und der menschlichen Hinfälligkeit auf der andern Seite war, daß viele Mitglieder nacheinander ausgestoßen werden mußten und ihre Zahl schließlich auf fünf herabsank. Es hatte zum Beispiel einer seine Tochter an einen päpstlichen Angestellten verheiratet, einer, ein Bäcker, hatte trotz dreimaliger Mahnung fortgefahren, einem Trappistenkloster Brot zu liefern, einer hatte sich verleiten lassen, an einem zur Huldigung Pius' IX. veranstalteten Feste teilzunehmen, ein anderer hatte sich mit einem Franziskaner betrunken, einer war sogar zu der sogenannten Konstitutionspartei übergegangen welche die päpstliche Regierung mit zeitgemäßen Reformen beizubehalten wünschte.

Träger der unerschütterlichen Tugend des Vereins war vor allem der Präsident Matteo Barba mit dem Gesellschaftsnamen Quiritus, Inhaber einer kleinen Mosaikfabrik, ein Mann von etwa fünfundvierzig Jahren, zierlich, schwarzhaarig, mit kleinen glitzernden Augen und einem freundlichen Munde, der in dem meist düster gefalteten Gesichte sich auf eigne Hand lustig machte, höchst beweglich vom Kopf bis zu den Füßen, so daß er, allein auf der Straße, es oft nicht unterlassen konnte, den Kopf hin und her zu werfen und zu gestikulieren. Durch seine Redegewandtheit wie auch durch seine Überzeugungstreue war er allen überlegen und in die herrschende Stellung gekommen, die er freilich niemals betonte; er nannte sich einen Ersten unter Gleichen und bediente sich namentlich während der Sitzungen und bei Erledigung der Geschäfte einer höflichen und bescheidenen Sprache, um so mehr, als es keinem einfiel, seine Würde anzutasten.

Die übrigen Mitglieder waren zwei Arbeiter aus Barbas Fabrik, von denen der eine Lorenzo Brunettis Freund Annibale Locatelli war, ferner ein alter Carbonaro mit dem Gesellschaftsnamen Mucius Scävola, der niemals lachte, viel trank und alles mißbilligte, und ein Kutscher, Numa Pompilius, von gemütlichem Äußern, aber äußerst blutdürstiger Sinnesart. Er hoffte beständig darauf, daß ihm die Ausführung der Todesurteile übertragen würde, welche zuweilen über verräterische Mitglieder gefällt wurden, wozu er sich als außerordentlich kräftig und gewandt, obwohl dick, besonders geeignet wußte; allein Quiritus pflegte diese Aufgabe sich selbst vorzubehalten, unter dem Vorwande, der Todgeweihte dürfe nicht ermordet, sondern müsse gerichtet werden, worauf sich nicht jeder verstehe, in Wahrheit, weil er es liebte, sich auf einsamen Spaziergängen die Tat auszumalen, wobei er das Gesicht und die Arme so leidenschaftlich bewegte, daß er das Gelächter der Vorübergehenden erregte; auch machte es ihm Vergnügen, die Opfer einstweilen durch vorbereitende Blicke in Furcht zu versetzen. Numa Pompilius hätte sich niemals eine offene Unbotmäßigkeit gegen den Präsidenten angemaßt und fügte sich schweigend; ließ dieser aber eine allzulange Zeit bis zur Ausführung des Urteils verstreichen, so kam es vor, daß ihn die Ungeduld übermannte und er den Betreffenden schnell und insgeheim auf seine Art vom Leben zum Tode brachte, was Quiritus absichtlich übersah, weil ihm im Grunde nur an der Vorfreude etwas gelegen war.

Als es nach der Flucht des Papstes verlautete, daß Garibaldi seine Legion nicht nach Venedig, sondern nach Rom führen würde, beraumten die Söhne der Wölfin eine Versammlung an, um darüber zu entscheiden, wie sie sich gegen ihn verhalten wollten. Der Präsident, welcher eine größere Bewunderung für den berühmten Soldatenführer empfand, als ihm selbst der Würde des Vereins gemäß schien, hielt eine vorsichtige Ansprache, in welcher er die Verdienste Garibaldis beleuchtete: daß er große Siege in Amerika erfochten und den italienischen Namen auf der ganzen Erde herrlich gemacht habe, daß er ein Mann aus dem Volke, einfach, arm, vorurteilslos, edel sei, daß Rom einen tüchtigen Feldherrn von erprobter Gesinnung brauche und daß man guttun würde, dahin zu wirken, daß die Regierung ihn festhielte und seine Fähigkeiten verwertete. Dagegen erwiderte der alte Carbonaro, Tapferkeit sei zu loben, genüge aber nicht; die Söhne der Wölfin müßten vor allem auf unentwegte Grundsätze sehen, die Garibaldi nicht hätte. Er habe zuerst von Amerika aus seine Dienste dem feigen, heuchlerischen Vaterlandsverräter Pius IX. angeboten, habe sich darauf persönlich dem treulosen Savoyer Karl Albert vorgestellt, dem Henker, der vom Blute seiner Untertanen triefe, und um eine Anstellung in seinem Heere gebeten; habe dann die löbliche Absicht,

das heldenhafte Sizilien zu unterstützen, aufgegeben, um sich in Toskana huldigen zu lassen und mit Guerazzi und Montanelli, untauglichen Leuten von verächtlicher Halbheit, zu verhandeln, und habe dann nach Venedig gehen wollen, das zwar republikanische Größe gezeigt habe, aber dem Daniele Manin, einem mehr einfältigen als braven Manne ohne die Löwenkraft des lateinischen Blutes, zuviel Einfluß einräume. Solle man nun, da die gröbste Arbeit getan und die heilige Fledermaus mit ihrer Brut ausgekehrt sei, sich einen neuen Götzen machen, anstatt selbst zu handeln und nur von sich selbst abzuhängen?
Numa Pompilius trat für Garibaldi ein, indem er darauf hinwies, daß derselbe mehrfach die Republik als die beste Staatsform bezeichnet habe und besonders eine vortreffliche Gesinnung gegen die Pfaffen immer bewährt habe, von denen ihm keiner lebendig entkäme und die er, wie man erzählte, oft mit eigenen Händen aufspieße, verbrenne oder ertränke. Auch sei es keineswegs an dem, fügte der Präsident hinzu, daß alle Arbeit getan sei; die Männer, die augenblicklich an der Spitze des Staates ständen, unterhandelten in schmählicher Weise mit dem Papste und würden ihm unversehens Rom wieder in die Hände spielen, wenn man sie nicht beizeiten durch eine wahrhaft volksmäßige und italienische Regierung ersetzte; dazu bedürfe man aber eines Mannes, der Ansehen bei den Soldaten genösse und das bewaffnete Europa nicht fürchtete. Gegen die Folgen etwaiger Untreue Garibaldis sei man geschützt durch den rächenden Dolch, der einem Blitze gleich auf das Haupt eines jeden Verräters falle.
Der kleine Mann sprach mit soviel Feuer und machte ein so böses Gesicht, daß die andern vier teils überzeugt wurden, teils nicht mehr zu widersprechen wagten, worauf beschlossen wurde, daß man zunächst Garibaldi einen angemessenen Empfang bereiten und je nach dem Eindruck, den er machen werde, das weitere Vorgehen einrichten wolle.

Als Garibaldi, der mit seiner Legion auf dem Wege nach Venedig war, erfuhr, daß der Papst seine Residenz verlassen und sich in den Schutz des Königs von Neapel begeben habe und die Abgeordneten des Parlaments, die mit ihm über Versöhnung und Rückkehr unterhandeln sollten, nicht einmal vor sich lasse, wendete er sofort um und ging auf dem geradesten Wege nach Rom, um dem aufgelösten Staat in diesem Schicksalsmoment seinen Dienst anzutragen. Den ersten Gang machte er nicht zu den Ministern, sondern auf das Forum, das er einmal in seinen Jünglingsjahren und seitdem nicht wieder gesehen hatte, und war dabei begleitet von dem Genuesen Luigi Montaldi, einem Kriegsgefährten aus Amerika, und dem Mohren Aghiar, welche beide mit ihm zusammen nach Italien gekommen waren. Montaldi war einige Jahre jünger als Garibaldi, schlank, schön und kräftig, immer tätig und heiter und dadurch erfrischend. In vielen Gefahren und aussichtslosen Kämpfen war er Garibaldis Genosse gewesen und ihm brüderlich nahegekommen, wenn sie auch nicht in allen Ansichten übereinstimmten; denn Montaldi hätte sich, wäre nur Genua eine unabhängige Republik wie ehemals gewesen, um Italien nicht bekümmert und folgte Garibaldi mehr aus Liebe zu ihm und aus Lust an Kampf und Wagnis, als um in die Geschicke der Halbinsel einzugreifen. Rom war ihm fremd, und er ließ Garibaldi führen, der stillschweigend, ohne sich umzusehen, scheinbar ziellos, durch viele kreuz und quer durcheinanderlaufende Gassen schritt, bis sie auf einmal an einer altertümlichen Kirche vorüber auf den ›Campo Vaccino‹ genannten Platz kamen, den Schutt von Jahrhunderten fast unzugänglich machte. Montaldi sah sich neugierig um, und da er zur Rechten die jähe Felsenmauer des alten Kapitols und zur Linken den unvertilgbaren Umriß des Kolosseums erkannte, reimte er sich zusammen, wo sie waren, und rief: »Das Forum der Römer!«, indem er vorauseilte, um die Stätte der Geschichte zu betreten. Er kletterte über aufgehäufte Steine, betastete die vereinzelten Säulenstümpfe und versuchte hier und da eine zerstückte Inschrift zu lesen, während Garibaldi auf ein erhöhtes Gemäuer sprang, das ursprünglich zum Vorhof eines Tempels und später zu einer nun längst nicht mehr benutzten Kirche gehört hatte und von welchem noch fünf gigantische Säulen mit gebrochenem Gebälke aufragten; er blickte von dort nach den Ruinen des gegenüberliegenden Palatins hinüber. Der Tag war grau und still, und die kaum merkliche Bewegung der dünnen Wolken sah aus wie Rauch, der immer noch seit den unvordenklichen Tagen ihres Sturzes aus den furchtbaren Resten der Kaiserburgen stiege. Als Montaldi sich nach seinem Freunde umblickte und ihn an eine der hohen Säulen gelehnt sah, den Mohren nicht weit von ihm auf dem Rande der Mauer sitzend, stutzte er und

betrachtete ihn nachdenklich; denn Garibaldi stand nicht wie ein Fremder da, der Denkwürdigkeiten anstaunt, sondern wie ein Heimkehrender vor den hohen Trümmern seines Vaterhauses, in dessen Brust über der Trauer das göttliche Bewußtsein aufsteigt, Erbe dieser gesunkenen Herrlichkeit zu sein. Er sprang auf, lief zu Garibaldi hinüber, umarmte und küßte ihn und sagte: »Ich begreife jetzt, warum du plötzlich, alle früheren Pläne umwerfend, so daß es einige und auch mich ärgerte, nach Rom gegangen bist; du gehörst hierher. Ich möchte wissen, was deine Gedanken waren, als du eben nach dem Palatin hinüberblicktest.« Garibaldi antwortete: »Ich erinnerte mich des Tages, als ich vor etwa dreiundzwanzig Jahren, als armer Schiffsjunge, zum ersten Male hier war und dasselbe sah, was ich jetzt sehe. Von dem wenigen, was mir von Lehrern beigebracht war, hatte ich das meiste vergessen und wußte nicht mehr von Rom, als daß es Sitz eines Volkes war, das die Welt beherrschte und dessen Nachkommen wir sind, die wir die italienische Sprache sprechen; von Italien verstand ich noch nichts. Dennoch hörte ich das unterirdische Schlagen eines begrabenen Herzens, das die römischen Bauern, die ihre Kühe an jene Pfähle banden und um das Vieh handelten, und die Prozessionen der lallenden Priester, die um die Kirche trollten, nicht hörten, und mir ahnte, daß es das Herz Italiens war und daß ich es befreien sollte. Meine Liebe strömte so mächtig in meinem Herzen zusammen, daß mir vor Lust schwindelte, und ich schwur mir, bis zum Tode nicht von jenem Gefühl zu wanken, das ich kaum nennen konnte. Wie viele Jahre ich seitdem auch fort gewesen bin, war doch der Schlag des Herzens, das hier begraben liegt, die Uhr, nach der ich meine Zeit gemessen habe.« — »Unterdessen«, sagte Montaldi, »sind die Liebhaber Italiens wie Pilze aus der Erde gewachsen, und die Nebenbuhler werden dir soviel zu schaffen machen wie deine Feinde, auf die man wenigstens keine Rücksicht zu nehmen braucht.« Garibaldi sah ihn erstaunt an und sagte: »Ich will es nicht besitzen, nur frei machen; wer ebenso denkt, ist mein Bruder, jeder andre mein Feind; so teilt sich mein Gefühl, bis Italien eins und frei ist.«
Er mußte indessen sofort erkennen, daß die Lage überall verwikkelter war als in seinem Herzen; als er sich nämlich dem Ministerium und Parlament, das seit der Flucht des Papstes an der Spitze des Staates stand, vorstellte, entging es ihm nicht, daß er fast

allen diesen Männern unwillkommen war, insbesondere dem Grafen Terenz Mamiani, den sich Pius IX. zum Schlusse noch als Minister hatte aufdrängen lassen müssen. Derselbe war ein zierliches Männlein, welches dichtete und philosophierte und in politischer Hinsicht die Priestertyrannei der römischen Lande in einen verfassungsmäßigen, aufgeklärten Kirchenstaat umwandeln wollte, weswegen er und seine Anhänger danach trachteten, den Papst nach Rom zurückzuführen und allgemach zu einem der Neuzeit angepaßten Regenten zu machen und alles zu vermeiden, was den Bruch zwischen ihm und seinem Volk unheilbar machen könnte. Sie glaubten aber, und nicht mit Unrecht, daß den Mastai nichts mehr entrüsten würde, als wenn sie sich mit Garibaldi einließen, dem Rebellen, der, nachdem der König von Sardinien Frieden mit Österreich gemacht hatte, auf eigne Hand wie ein Souverän den Krieg fortsetzte und dem die Geistlichkeit mehr Widerwillen als Achtung einflößte. Sie waren außerdem gewöhnt, ihn einen Matrosen und Seeräuber zu nennen, da sie wußten, daß er sich selbständig, zum Teil mit eroberten Schiffen in die wilden Parteikriege unentwickelter südamerikanischer Staaten gemischt hatte, und überhaupt aus der unaufhaltsamen Liebe des Volkes zu dem kaum gekannten Manne schlossen, er müsse ein gefährlicher Verführer zum Zweck allgemeinen Umsturzes sein. Zwar, als er selbst in Rom erschien, machte sein schönes Antlitz und der gelassene Blick seiner allmächtigen Augen die Vorurteile wanken, anderseits schien seine abenteuerliche Tracht sie zu bestätigen, noch mehr aber der Mohr, der, beträchtlich größer und breiter als Garibaldi, mit feierlichem Gange und unnahbarer Miene wie der eiserne Vollstrecker seines Willens neben ihm zu schreiten pflegte. Montaldi machte sich das Vergnügen, den Mißtrauischen zu erzählen, der Schwarze sei ein Kannibale und fresse die Pfaffen, die sein Herr für ihn einfange, weil er sie ihres Fettes wegen allem andern Menschenfleisch vorziehe; was, wenn es auch nicht eigentlich geglaubt wurde, doch das unbestimmte Grauen vor dem prächtigen Ungetüm erhöhte.

Im Rat äußerte Mamiani die Ansicht, Rom habe seit Jahrhunderten zu zwei Regierungsarten geneigt, Herrschaft des Papstes oder des niederen Volkes, wovon unbedingt jene vorzuziehen sei, und schwanke jetzt, nun der Papst fort sei, auf scharfer Kante über dem Abgrund; man müsse besorgen, daß es den ungezügelten

Massen anheimfalle, wenn ein glücklicher Häuptling sie anführe, und es sei deshalb notwendig, verfängliche Elemente, an denen wie an zündenden Stoffen das Brennbare Feuer finge, aus der Stadt zu entfernen. Da es nun aber auch nicht angezeigt schien, das Volk durch schnöde Abfertigung seines Lieblings zu reizen, erklärte er es für den besten Ausweg, Garibaldi zwar in Sold zu nehmen, aber mit irgendeinem Auftrag in möglichst entlegene Gegend zu verschicken, wo er womöglich in Vergessenheit geriete und wenigstens an der inneren Entwicklung Roms sich nicht beteiligen könne. Da der unbequeme Mann ihm persönlich gegenüberstand, entwarf er zunächst in umständlicher Weise eine Schilderung der Lage: wie sämtliche katholische Fürsten sich beeiferten, dem Heiligen Vater ihren Schutz anzubieten, wie selbst England sich mit offener Erklärung von Rom zurückziehe, wie der Präsident der französischen Republik, damals Cavaignac, das Oberhaupt der Kirche mit Heeresmacht nach Rom zurückzuführen drohe und was für eine heikle Aufgabe es sei, den innerlich erschütterten Staat durch alle diese äußeren Gefahren hindurchzuleiten.
Garibaldi bemerkte, als der Redner eine Pause machte, seiner Meinung nach habe die Regierung in solcher Lage nur eine Aufgabe, nämlich Geld und ein tüchtiges Heer zu sammeln, das allen diesen Feinden gewachsen wäre. Mamiani blickte eine Weile vor sich nieder und fragte dann mit vorsichtigem Lächeln, unter was für einem Titel und zu was für einem Endzweck er sich gedacht habe, das Schwert für Rom zu führen, worauf Garibaldi antwortete, das beste würde sein, wenn ihm unumschränkte Gewalt übertragen würde, wie die Römer in Zeiten äußerster Gefahr einen Diktator ernannt hätten, der, wenn der Staat gerettet gewesen sei, die verliehene Macht der volksvertretenden Regierung zurückgegeben habe; doch würde er auch als gemeiner Soldat sein Leben für Rom einsetzen. Er sei der Ansicht, Rom werde in Zukunft weder unter einem Papst noch unter Königen stark werden, sondern als Republik, für das Wichtigste halte er aber, daß es das freie Haupt Italiens werde.
Diese Erklärung war der gemäßigten Partei angenehm und nützlich, weil danach auch die Republikaner, die für Garibaldi eingetreten waren, ihn als einen Mann von rücksichtslosem Ehrgeiz zu fürchten anfingen und es billigten, daß er entfernt und unschädlich

gemacht würde. Infolgedessen wurde er als Oberstleutnant mit seiner Legion in den Sold der Regierung genommen und nach Macerata, einer hochgelegenen kleinen Stadt im adriatischen Küstengebiet, geschickt, wo er einstweilen im Winterquartier liegen sollte.

Am Abend seiner Ankunft versammelte sich das Volk vor dem kleinen Gasthof, in welchem Garibaldi abgestiegen war, um ihn zu sehen, und so waren dort außer einigen patriotischen Gesellschaften auch Brunetti mit seinem ältesten Sohne und Ugo Bassi, der seit kurzem, nicht unerheblich verwundet, aus Venedig zurückgekehrt war. Die enge Straße war nur durch Öllämpchen beleuchtet, von denen eines an der Tür des Gasthofes angebracht war, und es war nicht möglich, Garibaldis Züge deutlich zu erkennen, als er, um dem Wunsche seiner Verehrer zu entsprechen, auf einen kleinen eisernen Fenstervorsprung im ersten Stock trat; dennoch kam über die Untenstehenden ein Gefühl, als habe sich ein Adler dort niedergelassen und breite die Schwingen wie einen Schild über ihnen aus. Nachdem mehrere Redner ein langes und breites über das Vaterland, die verflossene Knechtschaft und die bevorstehende Befreiung, über das vergossene und noch zu vergießende Blut, die Barbarei der Päpste und die Heldentugend der Söhne der alten Römer vorgetragen hatten, was alles Garibaldi in ähnlicher Weise kürzlich in Livorno, Florenz und Bologna gehört hatte, antwortete er folgendermaßen: »Römer, ich bin glücklich, unter euch zu sein, und danke euch, daß ihr mir wohlwollt. Eure Ahnen, die die Welt beherrschten, waren karg mit Worten, verschwenderisch mit Taten; ahmt ihnen nach, so werden wir vereint Italien befreien und Rom, Italiens Haupt, aus dem Staube aufrichten. Dafür will ich leben und sterben.« Er dankte mit der Hand für den Beifall, der losbrach, und zog sich in das Haus zurück.

Während die Menge noch vor dem Fenster wogte, hinter dem er verschwunden war, griff Ugo Bassi den neben ihm stehenden Brunetti am Arme und zog ihn durch die nächsten Straßen, schweigend und lächelnd wie ein Verzückter; erst als der andre ihn fragte, was dies bedeuten solle, blieb er stehen und fragte, ob Brunetti sich jenes Traumes entsänne, den er ihm vor Jahren erzählt habe. Die Stimme, die er damals gehört habe, sei Garibaldis. Brunetti sagte staunend und nachdenklich: »Er hat eine edle Stimme, es ist wahr, die aus einer sonnenhaften Seele herauszustrah=

len scheint«; und Ugo Bassi fuhr fort: »Was für ein Tor und Träumer war ich! Ich glaubte an Gott und gelobte doch, wenn ein Räuber oder Schelm, ein blutbefleckter Tier mit der Stimme meines Traumes spräche, ihm nachzufolgen: anstatt dessen ist es Garibaldi, dessen Augen und Lippen dieselbe wohllautende Sprache eines harmonischen Instrumentes reden; so mußte es sein.« Brunetti fügte hinzu: »Wenn er aber auch kreischte wie eine verrostete Türangel oder knurrte wie ein Hofhund, so würde ich doch dafür halten, daß er der Mann ist, den wir brauchen und von dem wir nicht lassen sollen.« – »Er ist ein Werkzeug Gottes,« sagte der Mönch, »und ich will das seine sein.«

Es gelang ihm jedoch nicht, während der wenigen Tage, die Garibaldi noch, mit vielen wichtigen Geschäften überhäuft, in Rom verweilte, sich ihm persönlich bekannt zu machen, besonders auch, weil diejenigen, die in des Generals Umgebung waren, wußten, daß derselbe Geistlichen gern aus dem Wege ging, und den Priester deshalb von ihm fernzuhalten suchten.

Von Macerata wurde Garibaldi nach Rieti geschickt, einem Ort an der neapolitanischen Grenze, mit dem Auftrage, die südlichen Provinzen, die infolge der Umtriebe des Papstes und des Königs von Neapel in hellem Aufruhr gegen die vom Heiligen Vater verdammte Regierung in Rom standen, zu unterwerfen. Unter dem Einflusse fanatischer Priester erhoben sich ganze Dörfer und vereinigten sich zur Bedrohung der Patrioten mit den Räuberbanden der Abruzzen, die es wohl zufrieden waren, unter dem Segen des Papstes und dem Schutze des Königs dieselben Frevel auszuüben, die bisher ihr geächteter Beruf gewesen waren, und deren grausame Wildheit bald der allgemeine Geist wurde. Diese Horden bekämpfte Garibaldi mit schnellem Erfolge und erhielt durch seine Gegenwart und seinen Namen den Süden in leidlicher Ruhe und Unterwürfigkeit.

Eines Tages kam Ugo Bassi, als es schon dämmerte, vor Rieti an und fand unter den Mauern eine Abteilung Soldaten, von denen einige Fleisch an Feuern rösteten, andre ihre Waffen putzten, noch andre sich an der Flamme zu wärmen suchten, denn es war winterlich frisch. Da er sich einigen von ihnen näherte und nach Garibaldi fragte, fingen sie sogleich an, ihn zu necken und zu beschimpfen; sie hatten sich in dieser Gegend daran gewöhnt, in den

Geistlichen einen boshaften Feind und noch dazu der Zahl nach übermächtigen zu sehen, denn es stand hier Kloster an Kloster, und die Glockentürme vieler Kirchen ragten mit den Zypressen wie ein verzauberter Wald über die Mauern von Rieti, und fühlten sich deshalb im Rechte, alle Roheit und Unlust an einem jeden ohne Unterschied auszulassen. Einer fragte Bassi, ob er den bösen Blick habe, ein andrer, ob er ein Messer im Ärmel trüge, um den Augen nachzuhelfen, und mehrere schickten sich an, ihn in grober Weise daraufhin zu untersuchen, während von den übrigen einige lachten und ihre Kameraden aufreizten, gründlich zu verfahren. Wäre Ugo Bassi nicht nach mehrtägiger Fußwanderung erschöpft gewesen, hätte er seinen Quälern zureden und sie mit seiner Redegabe auf seine Seite ziehen können, nun suchte er sich ihrer nur zu erwehren; doch auch so gefiel sein unbekümmertes Wesen manchem, und da ohnehin nicht alle mit dem rücksichtslosen Angreifen eines keiner Schuld überführten Wanderers einverstanden waren, entstand unter den Soldaten Streit, der nach heftig gewechselten Worten anfing tätlich zu werden. In diesem Augenblick erschien der Befehlshaber der Abteilung, Leutnant Nino Bixio, ein junger Mann mit feinem Kopf auf ebenmäßigem, ungewöhnlich muskelstarkem Körper, bei dessen Anblick die Raufenden sich losließen, um sich vor ihm durch Begründung des Streites zu entschuldigen. Bixio hatte kaum von einer Seite gehört, daß es sich um einen spionierenden Priester handle, der sich zu Garibaldi habe drängen wollen, als er den Zorn, der bereits auf seinem Gesichte brannte, gegen Ugo Bassi losbrechen ließ und, ohne ein Wort von ihm oder einem andern Soldaten anzunehmen, befahl, den Elenden zu den gefangenen Räubern zu werfen, damit er bei seinesgleichen sei. Seine Untergebenen wußten aus Erfahrung, daß, wenn sich eine gewisse Falte auf seiner Stirn und ein gewisses Beben in seiner Stimme zeigte, man ihm stillschweigend willfahren mußte, widrigenfalls man sich des Äußersten zu gewärtigen hatte, und der Mann, den er dazu angewiesen hatte, führte deshalb den Priester ab, der sich seinerseits achselzuckend fügte, empfand aber soviel Mitleid mit ihm, daß er versprach, ihm Essen und Trinken und Stroh zu einem Lager zu bringen, und ihn auch wegen der Räuber tröstete, sie seien an Händen und Füßen mit Ketten zusammengebunden, so daß er sie nicht zu fürchten brauche. Ugo Bassi sagte: »Ich fürchte die Räuber so wenig, wie ich euch ge=

fürchtet habe«, und warf dabei einen gutmütigen Blick auf den Soldaten, so daß dieser lachen mußte und mit zunehmendem Wohlwollen versicherte, Nino Bixios Laune sei wie das Wetter in den Hundstagen, wo in einem Augenblick ein Gewitter zusammenlaufe mit Blitz und Donnerkeilen und im nächsten der Himmel wieder lache, und Garibaldi sei gerecht wie der Herrgott und werde ihn aus seiner peinlichen Lage erlösen, sowie er davon erführe.

Das Gefängnis der Banditen war ein Kellerraum in einem alten Kloster, das den Garibaldinern jetzt als Kaserne diente, wo um diese Jahreszeit eine wohltuende Wärme herrschte, und Ugo Bassi streckte sich, zufrieden, daß er ruhen konnte, auf das Strohlager, das der Soldat ihm bereitet hatte. Die Gesellschaft der Räuber war ihm zwar nicht lieb, aber keineswegs gefährlich, vielmehr beeiferten sie sich, seinem Gewande durch Kniebeugen, Händefalten und mannigfaltige Äußerungen zerknirschter Demut Ehrfurcht zu bezeigen; denn sie zweifelten nicht, daß er gewissermaßen zu ihrer Partei gehöre und als ein Getreuer des Papstes von dem Antichristen Garibaldi eingefangen und zu ihnen eingesperrt sei. Nachdem er sich ein wenig erholt hatte, fiel es ihm ein, diesen Umstand und daß er viel mit den untersten Volksschichten umgegangen war und sie zu nehmen wußte, zu benutzen und ihnen ins Gewissen zu reden; erstlich hielt er ihnen die Schändlichkeit ihres Gewerbes und allerart Untaten vor, von denen er annehmen konnte, daß sie sie begangen hatten, und nachdem sie sich dazu bekannt und als der Hölle würdige Sünder selbst beurteilt hatten, folgerte er, daß der Papst, wenn er ein heiliger Mann wäre, sich solcher Übeltäter nicht als Werkzeuge bedienen und noch viel weniger sie zu Räuberei und Blutvergießen selbst anstacheln würde, was sie einsahen, und bereitete auf diese Weise die Erklärung vor, daß die Republikaner bessere Christen wären als Pius IX. selbst und daß Garibaldi ein Sendbote Gottes sei, der Italien frei und alle Menschen glücklich machen werde.

Die Folge dieser Belehrungen Ugo Bassis war, daß einer der Räuber in der Frühe des folgenden Morgens vor Garibaldi geführt zu werden verlangte und diesem vortrug, es sei ihm und seinen Genossen nachts ein Engel erschienen, der ihnen offenbart habe, daß er, Garibaldi, der echte Papst, Pius IX. aber ein betrügerischer Fürst der Hölle sei, und sie wären nunmehr bereit, ihm zu dienen

und das Blut seiner Gegner vergießen zu helfen, wenn er ihnen ihre bisherigen Schandtaten nachsehen und ihnen die Freiheit wiedergeben wolle. Der Mann sah schwarz, häßlich und stumpfsinnig aus, war mit einer Samtjacke, roten Bändern und goldenen Ohrringen geputzt und gutgewachsen; er sprach schnell und zudringlich, während er mit kleinen pfiffigen Augen Garibaldi vorsichtig belauerte. Dieser sagte, nachdem er sich einen Augenblick bedacht hatte: »Die Natur hat dich und deinesgleichen mit geraden Gliedern, scharfen Augen und offenem Verstande geschaffen zur Arbeit und zum Schutze der Schwachen; aber ihr entehrtet euch durch Müßiggang, Diebstahl und Mord. Ich glaube nicht, daß sich euer Herz so schnell von schändlichen Taten zu rühmlichen zu wenden vermag, doch will ich euch prüfen. Erweist ihr euch als tapfere und gehorsame Leute, so soll die Vergangenheit ausgelöscht sein, und ihr mögt euch brave Soldaten des Vaterlandes nennen; laßt ihr euch aber bei einer Widersetzlichkeit gegen eure Vorgesetzten oder bei einem Diebstahl betreffen, sei es auch nur, daß ihr einer Bäuerin ein Ei oder einen Kupferpfennig entwendet, so sterbt ihr infamen Tod am Galgen.«
Da nun Garibaldi sich nach dem Engel erkundigte, welchem die Banditen ihre Bekehrung verdanken wollten, erfuhr er, daß Ugo Bassi da war, der ihm nach seinem Rufe bekannt war, und eilte in den Klosterhof, wo Bassi sich, von Nino Bixio bei Tagesanbruch befreit, wartend aufhielt. Sie trafen sich im Säulengange, und Garibaldi sagte: »Ihr habt kein feines Gastzimmer bei mir erhalten, weil Ihr nicht gut eingeführt waret«, wobei er einen Blick auf das Mönchsgewand warf; »es wird nun künftig von mir heißen, wie es in der Heiligen Schrift steht: ›Siehe, er hat einen Engel beherbergt und wußte es nicht.‹« Ugo Bassi errötete und schüttelte den Kopf, um die Huldigung dieser Worte abzulehnen, indem er erwiderte: »Mein Benehmen war nicht biblisch, denn ich habe üble Behandlung noch übler vergolten, da ich Euch die Banditen beschert habe; ich begann die Sache aber nicht in böser Absicht, sondern im Übereifer und zur Kurzweil und dachte zu spät daran, daß man den gefangenen Wolf lieber nicht aus der Falle lassen soll, und wenn er hundertmal beschwört, er wäre ein Lamm geworden.« Hingegen sagte Garibaldi lebhaft, er habe gut gehandelt, ihn habe es geschmerzt, diese mißleiteten Menschen, die auch Italiener seien, als Feinde und Verbrecher behandeln zu müssen;

hätte er soviel Zeit, sie zu bessern, wie eine gottlose Regierung gehabt hätte, sie zu verderben, so könnte etwas Rechtes aus ihnen werden; denn es lägen in jedem Menschen Keime des Guten wie des Schlechten. Wenn es nur Krieg gebe! Bei dem bewaffneten Müßiggange, den sie jetzt treiben müßten, ließen sich schwerlich brave Männer aus Lumpenkerlen machen.

Von diesem Tage an blieb Ugo Bassi bei Garibaldi und erwies sich ihm oft dadurch nützlich, daß er zwischen der Legion und den übelwollenden Landbewohnern vermittelte. Obwohl er Garibaldis Willen fast immer erriet und, wenn er konnte, ausführte, gab er doch in einem nicht nach: daß er seine geistliche Tracht abgelegt hätte, was Garibaldi deshalb wünschte, weil es ihn an das faule, eigennützige und verstockte Mönchstum erinnerte, das er verabscheute, und weil es auf seine Soldaten wie das rote Tuch wirkte, das man vor den Augen des Ochsen flattern läßt, um ihn zu reizen, und sie verhinderte, den kühnen Priester so zu verehren, wie er es wünschte. Er entschuldigte seine Sinnesart damit, daß er erzählte, er habe als Knabe mehr kriegerische Neigung als mönchische verspürt, da sei ihm ein geliebtes Mädchen, reich und von adeliger Geburt, ihm zärtlich vertraut, noch in den Kinderjahren gestorben, und seitdem habe sich seine Sinnesart unglücklich verändert. Nicht das Mädchen hätte er nicht vergessen können, aber den Tod nicht, in allen Dingen der Natur, die er wahrgenommen, hätte er die Vergänglichkeit als etwas Süßes und zugleich untröstlich Trauriges empfunden und hätte sie lieben müssen wie kleine verfolgte Tiere, die in seinem Schoße Schutz vor den Geschossen des Jägers suchten. Durch diese Liebe und diese Trauer sei sein Herz empfindlich geworden, und er hätte sehr unter dem Leben gelitten, da wäre das Mönchskleid ihm wie ein geweihter Bezirk gewesen, wo er mit seiner einsamen Empfindung unbehelligt hätte bleiben können, und wenn er es ablegte, würde ihm zumute sein wie einem, der nackt den Pfeilen der Mittagssonne ausgesetzt sei.

Hierüber sprach er oft mit Garibaldi, der sagte, diese Trauer sei natürlich, doch müsse man sie überwinden und nicht wie hartnäckige Kinder mit der himmlischen Natur trotzen, die, unerschöpflich in Verwandlungen, Schöneres aus Schönem hervorgehen lasse. Verschmerze das Herz aber auch nie ganz, so achte der doch seines Wehs weniger, der um göttliche Dinge kämpfte, die

ihn selbst überdauerten. So sei es, gab Ugo Bassi zu, so habe er erst Leben gefunden, seit er es für Italien aufs Spiel setzte.
Eines Tages fand Ugo Bassi beim Erwachen statt seiner Kutte eine Uniform vor seinem Lager, nämlich eine scharlachrote Bluse und einen Kalabreserhut mit schwarzen Straußfedern, in allen Stücken der Garibaldis gleich, der bald darauf selbst eintrat und sie ihm zum Geschenk anbot; er selbst habe sie einige Male getragen, sagte er in der Hoffnung, die sonst unerwünschte Tracht werde ihm dadurch lieber werden. Nachdem er ihm beim Ankleiden behilflich gewesen war, hängte er ihm selbst die Kette mit dem Kreuz um, das Bassi immer auf der Brust getragen hatte, damit es ihm statt jeder Waffe diene und Freund und Feind ihn als einen erkannten, der sein Leben Gott geweiht habe. Die Legion begrüßte den soldatischen Priester mit Jubel, und er selbst fand bald Gefallen an seiner neuen Erscheinung; auch schienen mit der Uniform verkümmerte Triebe seiner Knabenzeit wieder aufzuleben, denn er zeigte Lust zu allen körperlichen Übungen, ritt mit Eleganz und Keckheit und bat sich die wildesten Pferde von Garibaldi aus, der ihn oft zu größerer Vorsicht ermahnte. Obschon Ugo Bassi fast fünfzig Jahre alt und etwa sieben Jahre älter als Garibaldi war, behandelte dieser ihn wie einen Jüngeren, an dessen dem Augenblick hingegebener Empfänglichkeit man sich erfreut; freilich lag in der Inbrunst, mit der er Lust und Weh sich aneignete, etwas von der Art des Abschiednehmenden, der bereit ist, von sich zu werfen, was seine Arme noch umschließen.

Rom! Über deinem untergegangenen Leibe schwärmte die Trauer der Erde und schüttete ihrer Schönheit Überfluß zerrissen in ewige Opferglut; nun steigst du aus deinem Grabe und erhebst dein unverwelkliches Haupt. Noch ist dein Antlitz dunkel von der Schwere deiner langen Versunkenheit und ihren versteinerten Träumen; aber die fernen Lichter deiner Seele schimmern morgenrot durch den allumfangenden Himmel deiner Augen. Herrin! Mutter! du erwachst; allen Völkern wird der Frühling wiederkehren!
Am 9. Februar des Jahres 1849 zogen die Abgeordneten der verfassunggebenden Versammlung vom Palast Monte Citorio auf das Kapitol und erklärten dort öffentlich, nach dem Beschlusse der Volksvertretung, Rom als Republik und die weltliche Herrschaft des Papstes für verfallen. Sie wählten eine oberste regierende Be=

hörde von drei Männern, deren einer Carlo Armellini wurde, ein alter Mann, der sich der großen französischen Revolution entsinnen konnte und seiner Familie zum Trotz, die ihn zum Priester hatte machen wollen, sich an ihren starken und einfachen Idealen entwickelt hatte; er war ein geborener Römer und tüchtiger Jurist und sowohl dadurch wie durch Reichtum, Kultur und bewußte Würde geeignet, an der Spitze eines Staates zu stehen. Zum Zeichen jedoch, daß die römische Republik sich nicht beschränken, sondern der Grundstein eines künftigen Italiens sein wollte, berief die Versammlung den Genuesen Giuseppe Mazzini, der beim Ausbruch der Revolution aus der Verbannung nach Mailand geeilt war und nach Mailands Fall sich nach Florenz gewendet hatte, in der Hoffnung, Toskana zum Zusammenschluß mit Rom zu bewegen, was ihm nicht gelang.
Als er an der Seite des Präsidenten Galletti zum ersten Male den Saal im Konservatorenpalaste betrat, wo die Versammlung tagte, erhoben sich die Abgeordneten, und vielen pochte die Brust vor Erregung; denn sie waren fast alle noch junge Männer, die ihren Glauben an Italiens Wiedergeburt in der Einheit und Freiheit aus seinen Schriften geschöpft hatten und ihn, den reifen Mann, auch darum verehrten, weil er seine Ideen nicht nur lehrte, sondern auch lebte, nie wankte und mit der Kraft seines selbstverleugnenden Geistes die Leitung und Verantwortung ihrer treibenden Jugend auf sich zu nehmen schien. Sie erblickten einen feingebauten Mann, der durch die Erlesenheit seiner Erscheinung und die einsame Luft unbeugsamen Denkens, die von seiner Stirn glänzte, ihre begeistert entgegenfliegende Neigung aufhielt; sowie er aber im Sprechen war, machte sich die kindliche Süßigkeit seiner Stimme und seines Lächelns geltend und lockte das verscheuchte Gefühl um so inniger zurück. Er fing damit an, daß er sagte: »Als ich ein Knabe war, träumte ich in den Stunden, wo ich mir gönnte, glücklich zu sein, daß ich als alter Mann Rom sehen würde, das dann die Hauptstadt des einigen Italiens wäre, und daß die ungebrochene Jugend jener sorglosen Zeit mich grüßen und zu mir sagen würde: ›Du hast für uns gelitten, ruhe nun aus inmitten unsers Friedens!‹ und daß ich dann lächeln und sterben würde; denn die Kinder lieben Blut und einfache, satte Farben. Damals ahnte mir kaum, wie weh der Schmerz tun kann. Ich hätte nicht geglaubt, daß man Jahr für Jahr das Sterben und den Abfall ge-

liebter Freunde, Einsamkeit, Not und Heimweh, die Schwachheit des gefolterten Gewissens, den Hohn der Welt erleiden und dennoch leben kann. Aber alles dies in beinah zwanzig Jahren der Verbannung Erduldete tilgt diese Sonne wie einen Tropfen! Ich, noch nicht alt, noch kräftig zum Kampfe, sehe Rom als Republik Italiens und darf mich ihren Bürger und einen ihrer verpflichtetsten Diener nennen. Nichts nimmt mir diesen Augenblick; er ist und wird sein, solange ich sein werde.« So, fuhr er fort, möchten alle das Erscheinen der römischen Republik auffassen; sie hätte ganz Europa zum Feinde, die Standhaftigkeit und der Mut ihrer Bekenner, so groß sie wären, könnten doch ihre Dauer nicht verbürgen: aber es genügte für die Geschichte, daß sie gewesen wäre. Wenn ein Erfinder eine Maschine erdächte, und sie würde gebaut und bewegte sich und ginge, wenn dann auch der nächste Augenblick sie zerstörte und den Erfinder mit seinem Geheimnis tötete, ihr Dagewesensein zwänge die Zeit, sie wiederzubringen. Er sage das aber nicht, schloß er, um sie zu entmutigen, sondern um jeden Zweifel, der auftauchen könnte und sollte, unschädlich zu machen; beleuchtete dann alle Hilfsmittel und Verbündeten, die in Betracht kommen könnten, und verwies vor allem auf die Kraft des Rechtes und den göttlichen Atemzug des Notwendigen in der Geschichte.
Er hatte, wenn er vor vielen stand, eine Art zu sprechen, als wollte er seine Meinung niemand aufdrängen, ja als ob er nur zu überreden fast mehr fürchte als wünsche; aber die Glut seines Wollens brach durch sein dunkles Auge und pflegte zusammen mit der Überlegenheit seines Geistes, die sein Duft war, besonders die Jüngeren in seiner Umgebung unbedingt zu beherrschen, während Eitelkeit und Schwäche sich ihm leicht widersetzte und Andersdenkende oder selbständig Gereifte ihn gern vermieden.
Nachdem er sich von allen, die ihn begrüßen und sprechen und kennenlernen wollten, frei gemacht hatte, ging er schnell, sich jeder Begleitung entziehend, in den belebteren Teil der Stadt, um sich allein der Gegenwart Roms bewußt zu werden. Es war ihm so ums Herz, daß er hätte niederknien und die Steine küssen mögen, auf denen er ging; aber er glitt nur mit zärtlicher Hand im Vorbeigehen über die Mauern der Häuser. Unverhofft sah er aus dem Gewimmel unscheinbarer Straßen, von ewigen Mauern und Säulen mächtig getragen, die erhabene Kuppel des Pantheons steigen; er stand still und trat aufatmend von dem sonnenwarmen

Platze in den Göttersaal. Ein paar alte Bettler saßen schlummernd oder gleichgültig auf den Bänken an der Wand, und er konnte seinem überwältigten Herzen genugtun, ohne sich kühler Neugierde preiszugeben. Vor einem der Altäre niederkniend, betete er: »Du, göttliches Bewußtsein, berührtest mich mit einem deiner Strahlen und gabst mir Kraft, dich anzubeten und aus dem Staube nach dir zu ringen. Um dir zu dienen, bekämpfte ich mein ungebärdiges Blut und opferte dir meine Liebe, meine Rache, ja meine Traumbilder und Schönheiten, ach, jede späte Blume, die meine Brust noch tragen wollte, nachdem ihre Rosen längst zertreten waren, riß ich aus, um nur deine Saat zu empfangen. Allgegenwärtiges Licht, den ganz Entblößten führst du zur Höhe und weisest ihm an den Küsten das goldene Wogen deiner reifen Ernte. Laß mich aus deiner Wahrheit denken, führe mich deinem unfehlbaren Gange näher, an Sternen, die irren und täuschen, vorüber.«

Wie die Schiffe, wenn es Nacht wird, der Wind ins Horn stößt und die Wellen wie ungeduldige Hunde über den glatten Jagdgrund laufen, nach dem Stern des Leuchtturms streben, der unbewegt durch das Getümmel strahlt und den Hafen anzeigt, so eilten die Patrioten nach Rom, als Mazzini das Haupt der Republik geworden war, während in allen andern Ländern Italiens die Hoffnungen wankten. Es kamen Erstlinge der irrenden Ritter Italiens, Maurizio Quadrio und Nicola Fabrizi; jener hatte im Jahre 1821 die verhängnisvolle Täuschung derer geteilt, die Karl Albert von Sardinien, den entnervten Abkömmling fürstlichen Hochmuts und fürstlichen Taumels, zum Könige der Revolution machen wollten, und hatte seitdem das Elend der Verbannung tapfer ertragen, ein einfacher und getreuer Mann, der, mehr seiner als andrer Pflichten eingedenk, niemals prahlte noch klagte und ebenso willig war, andre anzuerkennen, wie die Verkennung seiner selbst zu verzeihen. Nicola Fabrizi von Modena hatte mit Ciro Menotti, dem hochsinnigen Opfer des aufgeblasenen Tyrannen Franziskus, gewagt und verloren, und nach vielen Fahrten suchte sein düsterer Blick vom Exil in Malta aus die blauen Gestade Italiens. Dieser war ein Mann wie ein Felsen in der Hochflut, der sich vom stärksten Drange des Blutes nicht zu unbedachten Opfern verführen ließ, aber nicht zögerte, sich ganz zu geben, wenn es dem Vaterlande nötig war und nutzte, schweigsam, ernst, nicht leicht ver=

trauend, wo er traute, unerschütterlich, als Republikaner geboren, da er der Menschen nicht bedurfte, weder als Beispiel noch als Stütze, noch zur Huldigung. Verschieden von diesen war der unglückliche Carlo Pisacane, Sohn des Herzogs von San Giovanni in Sizilien, den heißes Blut und bange Leidenschaften auf nicht unedeln, aber unsicheren Wegen zum Untergange führten. Zum Offizier erzogen, wäre er in seiner Heimat einer ansehnlichen Laufbahn gewiß gewesen; aber zu stolz, sich bloßen Titeln unterzuordnen, haßte er den brutalen König, dessen Plumpheit und Unwissenheit seinem Adel und seiner Bildung ein Greuel waren. Liebe zu einer Frau, die von ihren Eltern einem von ihr nicht geliebten Manne vermählt war, vollendete sein Geschick; er entriß sie dem Nebenbuhler und entfloh mit ihr, ebenso krank aus Groll gegen die Heimat wie aus Sehnsucht nach ihr. Mazzini ersetzte ihm den schützenden Wurzelgrund eines ehrenvollen Lebens im Vaterlande; dennoch wogten unter der Zuversicht, die er zur Schau trug, trübe Unruhe, Ehrgeiz, Heimweh und nie begnügtes Verlangen. Er war jung, schlank und blondhaarig und hatte die Züge eines von jeher in Wohlstand und im Genusse der Kultur lebenden, noch nicht herabgekommenen Geschlechtes.
Ein Sohn des Volkes war der Bolognese Giuseppe Petroni, von Kindesbeinen an Verschwörer und unversöhnlicher Rebell wie viele in der Romagna. Die Natur hatte seinen Geist reich begabt und seinen Körper entstellt; er war häßlich von Gesicht, schielte und hatte einen buckligen Rücken. Anstatt sich darüber zu kränken, pflegte er sein Schicksal zu rühmen, daß es ihn dadurch von der Liebe ausgeschlossen hätte, die ohnehin ihre Anhänger mehr plagte als vergnügte und viel Tatendrang und Willen an sich zöge, der für das geknechtete Vaterland nutzbar gemacht werden könnte. Zwar sagte man ihm nach, daß er mehr Glück bei Frauen habe, als er verriet, doch lag ihm nichts daran, ja es hieß, er verjage die Zudringlichen wie Fliegen; das Feuer seines Geistes, das desto lustiger brannte, je älter er wurde, widmete er ungeteilt der italienischen Republik, wie Mazzini sie lehrte, und den Genossen, die sie mit ihm ins Werk setzen wollten. Als erprobter Rechtskundiger war er dem Justizministerium beigeordnet.
Aurelio Saffi, ein junger Edelmann aus Forli, guter Sohn guter Eltern, der es nicht anders wußte, als daß sein Stand, seine Bildung und sein Vermögen ihn verpflichteten, dem Vaterlande die

schwersten Dienste zu leisten, die größten Opfer zu bringen und das geringste Entgelt für sich zu fordern, hatte sich ganz am Geiste Mazzinis erzogen und gab sich ihm ohne Vorbehalt hin, sowie er ihn gesehen und gesprochen hatte. Er trug ihm seine Freundschaft mit dem Bewußtsein an, gegen die Gabe seines ganzen Herzens nur empfangen zu können, was Hunderte, ja alle, die es wollten, mit ihm teilen konnten; obwohl mehr im fremden als im eignen Lichte lebend, besaß er doch die zurückhaltende Würde des feinen Menschen, die für das fehlende Gewicht der Persönlichkeit entschädigt.

In einem Punkte wichen die meisten Anhänger Mazzinis von ihm ab: er wollte, daß der neue Staat dem Papste seine Rechte als Vater aller Christen und Oberhaupt der Kirche nicht nur ließe, sondern verbürgte, wie er überhaupt das Gebäude des Glaubens nicht umgestürzt, vielmehr befestigt, wenn auch gereinigt wissen wollte. Dies wollte er nicht, wie andre, aus Klugheit, um die herrschenden Mächte des Lebens nicht durch Mißachtung der ältesten Überlieferung gegen sich aufzubringen, denn er verwarf die Berechnung in der Diplomatie, die der Überzeugung Schaden tat, sondern weil er an den das Weltall tragenden Gott glaubte und sich nicht getraute, bessere Formen für das ewige Geheimnis zu erfinden, als die Menschheit im Umschwung der Geschichte sich gebildet hatte. Dagegen vermochten besonders die Italiener des Kirchenstaates, welche das Unwesen der Papstregierung stets vor Augen gehabt hatten, unter dem Unrat und der Verwesung der Zeit die Idee der Kirche nicht mehr zu erkennen und begriffen nicht, warum der Mann des schneidenden Gedankens, der Eroberer der neuen Zeit, der das hungrige Volk an die Majestät seiner Arbeit mahnte, an der schwersten und dunkelsten Vergangenheit nicht rütteln wollte. Es ärgerte sie, daß er sich des Wortes ›Gott‹ nicht nur als Bild bediente, sondern Gott für eine Wesenheit hielt, die er in Zusammenhang mit den irdischen Angelegenheiten brachte. Dennoch siegte nach hitzigem Streit der Wille Mazzinis, und der Schutz des Papstes als Oberhaupt der Kirche wurde in das Grundgesetz der Verfassung der Republik aufgenommen.

Der März dieses Jahres war schwül und regnerisch. An einem früh dunkeln Abend traf Mazzini im Gasthofe der ›Minerva‹, wo er mit Freunden die Mahlzeiten einzunehmen pflegte, mit Luigi Mi=

celi, einem jungen Kalabresen, zusammen, der nach Rom gekommen war, um die Hilfe der Republik, die ihr Banner über ganz Italien wehen ließ, für seine Heimat in Anspruch zu nehmen. Sein Geschlecht, das im sechzehnten Jahrhundert um der Reformation willen aus Toskana in das Neapolitanische ausgewandert war, hatte dem neuen Vaterlande Blut der Seinen verschwenderisch geopfert; die Väter vererbten den Söhnen Haß der bourbonischen Könige, Mut und Todesverachtung. Luigi hatte vor fünf Jahren an dem unglücklichen Aufstand teilgenommen, dessen Ende der Fall der Brüder Bandiera besiegelte, und seitdem danach getrachtet, diesen Tod zu rächen. Da nun die jüngste Erhebung, die eine Zeitlang mit dem Glück Siziliens und Neapels glücklich gewesen war, der Übermacht des Königs erlag, warf er seine Hoffnung auf Rom, entrann mit Not dem Gemetzel und langte flüchtig als Schutzflehender in der freien Stadt an. Um ihn nicht mit vergeblichen Aussichten hinzuhalten, eröffnete ihm Mazzini einen Einblick in die Lage der Republik: hätten sie Geld und Truppen genug, was könnte Rom Lieberes und Größeres unternehmen, als den Süden befreien? Aber es fehle dem eignen Bedürfnis. Das Land hinge zum größeren Teil dem Papste an, die Städte brauchten ihr Volk, um die Grenze und sich selbst zu schützen.
Petroni bemerkte, es wäre besser gewesen, das Feuer in Kalabrien zu schüren, als dem König von Sardinien Truppen zuzuschicken, der an Geld und wohlgeübter Mannschaft Überfluß habe, der Republik, die er verachte, die Hilfe nicht danke, ja, wenn er siegte, das erprobte Heer vielleicht im Namen des Papstes gegen Rom wenden würde. Mazzini erwiderte, er wisse wohl, daß die Römer mit wenigen Ausnahmen seiner Absicht, Karl Albert mit Truppen zu unterstützen, entgegen gewesen wären; er könne nicht bereuen, es dennoch durchgesetzt zu haben. Wenige hätte die grausame Schwäche des unseligen Königs so tief und unheilbar ins Herz getroffen wie ihn, er könne ihn nicht lieben, er halte es für möglich, daß er nur deshalb den Krieg gegen Österreich erneuert habe, um den Republiken von Rom und Venedig den Ruhm zu entreißen, die einzigen gewesen zu sein, die für Italien eintraten; aber wie dem auch sei, er habe es getan; er kämpfe gegen Italiens Erzfeind und tue es im Gegensatze zu der Hälfte der Bevölkerung seines Landes, die ihm am nächsten stehe; er sei jetzt für ihn keine Person mehr, sondern ein italienischer Staat wie Rom, und Rom

müsse ihn achten, wie es von ihm geachtet sein wolle. – Mit dieser Logik, rief Gustavo Modena, der berühmte Schauspieler, könne Rom zugrunde gehen. Wer nicht zuallererst leben und bestehen wolle, sei nicht wert zu leben. Er hasse Österreich, aber noch mehr Karl Albert, den kalten Verräter, den neidischen Schwächling, das blutsaugende Gespenst. Ein Sieg seiner meineidigen Hand würde Italiens Fluch werden. Möchte lieber die Zahl der Feinde wachsen, als daß Italiens Zukunft mit diesem König ohne Seele verbunden sei. »Der Bombenwerfer von Neapel«, sagte er, »hetzt Hunde auf die, die an seine Krone fassen, was ein unwillkürliches Reagieren erschrockener Könige ist, und wird schließlich auf seiner Dummheit zur Hölle fahren; aber jener mordet die, die er hegen würde, wenn er sie verdunkeln könnte, weil er ihnen nicht einmal ähnlich sein kann. Er ist dem Himmel zu schmutzig und der Hölle zu zimperlich; wenn die Erde ihn endlich ausstößt, fällt er in das Nichts.« Es antwortete lärmender Beifall. Gustavo Modena stand auf und rief: »Bringen wir seinem Untergang ein volles Glas!« Die Gläser klangen schnell und scharf gegeneinander, nur Mazzini trank nicht. Obwohl er im Gespräch leicht unduldsam war gegen solche, die seine Ansichten bestritten, versuchte er doch, wenn er über Menschen urteilte, gerecht zu sein und sich nicht von Gefühlen des Hasses oder der Rachsucht bestechen zu lassen. Er sagte mißbilligend: »Wer weiß, ob ihr dem Könige nicht wünscht, was er selbst sich sucht. Ein Mann, der das Große fühlt und tun möchte und doch nicht fähig ist, sich vom Niedrigen loszumachen, ist freilich von Gott verworfen; richtet er aber sich selbst, indem er sich opfert, so überwindet er den Fluch, der auf ihm lastete, und macht seinen Namen hell und ehrwürdig.«
»Ja, so spiegeln sich die Dinge in deiner tragischen Seele«, sagte Modena. »Du solltest mir glauben, daß ich die Könige, die ich studiert habe und, wie man sagt, meisterlich darstelle, besser kenne als du. Woher kommt es denn, daß ich, der Schauspieler, als Urbild des Königs auf die Bühne treten kann? Weil die Könige Schauspieler sind! Die Maske, die dem Königskinde in der Wiege angelegt wird, wächst mit ihm, und es gewöhnt sich an sie, daß es sie nicht mehr bemerkt, wie auch andre sie nicht mehr bemerken. Sie wächst fest, und das ist sein Glück; denn würde er sie in einem Augenblicke der Zerstreutheit einmal ablegen, so würde er sehen, daß kein menschliches Gesicht mehr dahinter ist, sondern eine

Höhle. Der Schwund ist über seine Seele und sein Gesicht gekommen, das immer hinter der Larve steckte, und die schönen Sentenzen, die von seinem künstlichen Munde abschnurren, werden desto hochtrabender, je mehr er zum Gespenste wird, damit der Betrug nicht ans Licht komme. Du, Pippo, der du erscheinst und verschwindest, ungreifbar und unverwundbar bist wie ein Gespenst, mit deinem Blut und Leben aber Italien, das jener Franzose das Land der Toten nannte, lebendig speisest, du passest nicht zu den Königen und hättest nicht mit ihnen anbinden, dich nicht mit ihnen vertragen sollen!«

Die andern stimmten ihm bei und fuhren fort, sich in beschimpfender Weise über den König zu äußern. Lachend sagte Modena: »Vielleicht hat die Rache den Verdammten ereilt, und aus den Sümpfen seines Lebens schleicht sich sein Geist zu uns und vergiftet unsre Worte!«; da er aber sah, daß das Gespräch Mazzini zuwider war, lenkte er es mit der Gabe witzigen Plauderns, die ihm eigen war, unvermerkt auf einen andern Gegenstand.

Immer nach Ruhe und Behaglichkeit begierig und immer auf abenteuernden, gefährlichen Wegen, hatte Gustavo Modena lange als Flüchtling in der Verbannung irren müssen, um zwischendurch als Begründer einer neuen Schauspielkunst gefeiert zu werden. Gegen Beifall und Bewunderung zeigte er sich unempfindlich, teils weil er nicht eitel war und den Wert des Publikums nicht überschätzte, vielleicht auch, weil den von niemand geahnten, ihm selbst fast unbewußten Ansprüchen seines Herzens doch die überschwenglichste Huldigung nicht genügt hätte. Einzig die Liebe Julias, seiner Frau, einer Schweizerin, die sein Leben begleitete, wie eine Quelle zu Füßen des Wanderers unermüdlich, heiter und erquickend hinfließt, füllte mit ihrer unwandelbaren Liebe und Ergebenheit sein Herz aus.

Es war etwa eine Stunde später, als Mazzini gerufen wurde, da der Gesandte des Königs von Sardinien, ein gewissenhafter Mann, der nicht verhehlte, daß die Republik, der der König und sein Land tatsächlich übelwollten, ihm Achtung abnötigte, ihn allein zu sprechen wünschte: er brachte die Nachricht von der gänzlichen Niederlage des piemontesischen Heeres bei Novara, wodurch Österreich wieder unbeschränkter Herr der Lombardei wurde und seine gesammelte Macht zur Wiedereroberung Venedigs und Unterdrückung aller italienischen Erhebung südlich seines Gebietes ver=

wenden konnte. Daran dachten im ersten Augenblick die wenigsten: einige eiferten, sie hätten dies vorausgesagt, man hätte ihnen glauben sollen, nie hätte Karl Albert ehrlichen Krieg mit Österreich im Sinne gehabt, er selbst hätte dem Feinde den Sieg in die Hände gespielt, ein so zahlreiches und tüchtiges Heer wäre nicht geschlagen worden, wenn die eignen Führer es nicht in die Falle gelockt hätten; andre frohlockten, daß es so gekommen sei und Italien zu den goldnen Ketten Österreichs nicht noch die eisernen Piemonts tragen müsse.

Nach Mitternacht ging Mazzini nach Hause; er war noch ohne Schlaf und setzte sich an ein offenes Fenster der kleinen Wohnung, die er auf dem Kapitol innehatte. Die feuchte dunkelwolkige Nacht verhüllte die Formen der Häuser und Bäume, auf die er blickte, und es sah aus, als tauchten sie selig in eine schöne, ihm unerreichbare Welt; zuweilen flutete Veilchengeruch durch die warme Luft. Wenn Mazzini die Augen schloß, sah er die Ebene, wo Gott gegen Italien entschieden hatte, voll von Toten: braven Piemontesen, die, ihrem König gehorsam, in den Streit gezogen waren, heimatlosen Lombarden, Tapferen aus allen Gauen seines Vaterlandes. Er glaubte das Stöhnen und Seufzen der Sterbenden, das weit und breit niemand hörte, zu hören, und ihre letzten zuckenden Gedanken, Fluch, Verzweiflung, Sehnsucht, Ergebung, jagten wie Pfeile mit einer Blutspur durch seine entblößte Seele. Kurze schwarze Wolken flogen hastig dicht über das verlassene Schlachtfeld und verwandelten sich in Geier und Raben, die niederstießen und mit triefendem Schnabel wieder auf und weiter flogen, dem Süden zu. Sie zogen mit der siegreichen Heerschar, gegen die jene Toten ein Wall gewesen waren und die nun unbezwingbar, grausam und verachtend vorwärtsstürmte gegen Rom. Der Tag fiel ihm ein, als er in die freudenvolle Stadt eingezogen war und ein halbnackter brauner Junge, der auf einem der Löwen am Obelisk der Piazza del Popolo saß, jubelnd eine kleine rote Mütze geschwenkt hatte; er mußte an einen Tag denken, wo alle diese Leute, die er damals nur mit halbem Bewußtsein gesehen hatte, aus den Trümmern ihrer Häuser flüchtend, bergauf und bergab durch die Straßen irren würden, flüchtig vor der Wut barbarischer Soldaten, die das Angstgeschrei hilfloser Kinder zum Morde reizte.

Nach einer Weile stand er auf und versuchte die grauenvollen Bilder, die sich ihm anhängten, abzuschütteln. Er sagte sich: ›Der

König hat den Gang verloren, nun treten wir in die Schranken; der nächste Augenblick der Geschichte ist unser, und wenn er auch weder Frucht noch Lorbeer für mich oder einen der Meinigen trägt, so wollen wir trachten, wenigstens Samen in seine Tiefe zu säen, der unverloren den Späterkommenden aufgeht.‹

Viele Geistliche fügten sich scheinbar dem neuen Zustande, andre folgten dem Papste nach Gaëta, einige blieben in Rom und suchten heimlich das Volk in ihrem Sinne zu beeinflussen. Es wurde bekannt, daß ein Kanoniker von Sankt Peter, mit Namen Don Silvio, in einem kleinen Wirtshaus im Borgo feindselige Reden gegen die Republik halte und, da er witzig sei, viel Beifall finde, worauf sich sogleich mehrere Republikaner mit Hintansetzung ihrer Berufsgeschäfte dem Aufspüren des sanfedistischen Verschwörers widmeten, indem sie in allen Schenken der bezeichneten Gegend die Runde machten und dabei ein vergnügtes Leben führten. Schließlich entdeckten sie den Übeltäter, wie er im verräucherten Winkel einer Taverne mit seinen Anhängern beim Weine saß und fröhlich das Wort führte. Don Silvio war ein mittelgroßer dicklicher Mann, dessen grauer Haarkranz einen struppig kecken Wuchs hatte, wie bei einem Pinscherhunde, und dessen Augen, wenn er listig blinzelte, im umgebenden Fett verschwanden, wenn er erschrocken war, wie glänzendschwarze, runde Knöpfe hervorsprangen; seine Lippen waren so dünn, daß sein Mund einer langen, das Untergesicht durchschneidenden Spalte glich. Die Bedrohungen der Republikaner, die mit groben Schimpfwörtern nicht zurückhielten, versetzten ihn dermaßen in Angst, daß er, heftig zitternd, kaum um Gnade zu bitten vermochte, was bei seinen Feinden kein Mitleid erregte, vielmehr ihre Rachsucht steigerte. Sie fingen schon an, ihm gefährlich zu Leibe zu gehen, als einer von ihnen auf den Einfall kam, zu verlangen, er solle nun ebenso eine Rede für die Republik halten, wie er zuvor gegen sie getan hätte, widrigenfalls sie ihm den Beweis ihrer Gerechtigkeit auf die kürzeste Art liefern wollten, und ließen dabei ein paar blanke Messer vor seinen Augen spielen. Don Silvio warf einen wehmütigen Blick darauf und sagte, er sei gern bereit, über einen so trefflichen Gegenstand zu sprechen, der nur vielleicht größer als seine Beredsamkeit sei, aber an seinem guten Willen solle es nicht fehlen. Dann fing er sogleich geläufig zu reden an und sagte unter anderm: »Vorüber sind nun die abergläubischen Zeiten, wo die Priester das Volk regierten: sie saßen auf den guten Weideplätzen, sie hatten die fettesten Pfründen, die höchsten Ämter ohne Zoll und Steuer, sie sogen die Armen aus, übervorteilten die Reichen und teilten mit den Mächtigen ihre Beute. O Barbarei! o Greuel! Heil der Republik, die nach unten gekehrt hat, was oben war, in ihrer Gerechtigkeit. Jetzt sitzen auf allen Thronen und Stühlen, in allen Ämtern und Stellen die Laien und besteuern und verfolgen und übervorteilen die Pfaffen. Das ist Ordnung! Das ist Weisheit! Das ist die Lösung aller Fragen! Wieviel mehr Wohllaut liegt im Winseln blutender Pfaffen als im Jammern geplagter Laien! Wieviel saftiger und fetter sind sie, wieviel ausgiebiger! Ist es nicht billig, daß sie die Maschine des Staates speisen, anstatt sie zu drehen? Dazu gehören starke Knochen und schwielige Fäuste von Leuten, die arbeiten. Die Pfaffen sind fett, sauget sie aus, das Volk hat Muskeln, es regiere!« Er mischte ergötzliche Beispiele und Anspielungen dazu, und schon der weinerliche Ausdruck seines schlauen Gesichts war in Anbetracht der festlichen Stimmung seiner Rede so komisch, daß die Männer lustig wurden und er schließlich vor Beifall und Gelächter kaum weiterreden konnte. Dabei legte sich der Groll, und es entfaltete sich ein brüderliches Zechen im Wirtshause; immerhin schworen die Republikaner, als man sich trennte, wenn sich Don Silvio noch einmal antreffen ließe, daß er das Volk gegen die Regierung aufwiegle, würden sie ihn ohne Umstände an die nächste Laterne hängen.

Aus Imola, Forli, Lugo, Ancona und andern kleinen Städten des Kirchenstaates wurde von Untaten berichtet, die im Namen der Republik begangen wurden, denen zum Teil Anhänger des Papsttums, zum Teil auch andre zum Opfer fielen, bei denen von politischer Gegnerschaft keine Rede sein konnte. In Imola war es hauptsächlich eine große, verzweigte Familie, die von den Republikanern verfolgt wurde. Diese Leute, die sehr reich waren und namentlich viel Land besaßen, setzten sich dadurch dem Übelwollen aus, daß ihre Häuser der Sammelplatz aller derer waren, die dem alten Regiment anhingen, seien es Geistliche oder Laien; auch führte man den erbitterten Haß auf ein bestimmtes Vorkommnis aus nunmehr etwa dreißig Jahre entfernter Zeit zurück. Damals hatte ein Ehepaar aus dieser Familie einen jungen Mann, der mit einer seiner Töchter ein Liebesverhältnis angeknüpft hatte, dem es dieselbe aber, da er arm und vielleicht auch von revolutionärer Gesinnung war, nicht geben wollte, mittels einer Anklage wegen geheimer Umtriebe gegen die Regierung unschädlich zu machen versucht, was zu dessen Tod am Galgen führte. Das Mädchen starb bald hernach, andre behaupteten, sie sei nicht tot, sondern werde von den Eltern, in einem Zimmer eingeschlossen, verborgen gehalten, wo sie, verwildert wie ein Tier, bis zur Unkenntlichkeit verkommen, nur zuweilen durch ein sinnloses Geheul ihr Dasein verrate.

In Ancona hatte sich eine Bande von Männern gebildet, die sich nachts in die dunkeln Häuser schlichen und mordeten. Man hörte sie nicht kommen, wußte sich auch nicht zu erklären, wie sie eintraten und wohin sie verschwanden; am Tage war keine Spur von ihnen aufzufinden, und hatte man auch Verdacht gegen den einen oder den andern, so wagte man ihn doch nicht geradezu anzuklagen oder gar festzunehmen. Der Ursprung dieser Frevel war folgendes: Zu einer kleinen frommen Handwerkerfamilie gehörte eine alte Frau, die ihr beträchtliches Vermögen einem ihrer Neffen, einem guten einfachen Knaben, für den Fall vermachte, daß er in ein Jesuitenkloster einträte, wozu er denn auch von seinen Eltern, die arm waren und in der Aussicht auf die Erbschaft lebten, bestimmt wurde. Die Väter, denen das Vermögen, wenn das Kind stürbe, zufallen sollte, verbrauchten dasselbe für sich und ihre Zwecke und waren damit schon fertig, bevor der Knabe mündig war, weshalb sie Anstalt machten, ihn durch ein langsames Gift aus dem Wege zu räumen, damit ihr räuberisches Vorgehen nicht an den Tag käme. So wenigstens wurde erzählt, nachdem der früher gesunde Junge kränklich und nach längerem Siechtum, wenn auch körperlich einigermaßen wiederhergestellt, schwachsinnig geworden war und nun die Veruntreuung des Geldes dennoch mußte zugestanden werden. Den Vater des verblödeten Knaben wußten die Jesuiten so zu bearbeiten, daß er glaubte, er würde sein Seelenheil verscherzen, wenn er das mindeste von dem, was er wußte und zu vermuten Ursache hatte, laut werden ließe; er blieb ein stiller, scheuer Arbeiter, der alle kirchlichen Obliegenheiten noch ängstlicher als früher erfüllte; doch hatte er noch einen andersgearteten Sohn, einen robusten Menschen, der die Geistlichkeit haßte und nicht unzufrieden war, einen Grund zu persönlicher

Rache zu haben. Dieser begrüßte die in Rom verkündete Republik als den Anbruch der Zeit, wo die Gerechten, die bisher gelitten hätten, die ungerechten Urheber ihrer Leiden bestrafen dürften, ja sollten, und bildete mit Gleichgesinnten eine Gesellschaft, die sich als eine Art Tribunal betrachtete und Geldbußen oder Tod über die Gehaßtesten unter den Gegnern verhängte. Sie hatten mit den meisten Häusern irgendwelche Verknüpfung, sei es durch ein Glied der Familie oder durch Bedienstete oder andre, die ein und aus gingen, so daß sie heimlich Eintritt gewinnen und den Gerichteten, der sich sicher wähnte, lautlos niedermachen konnten.
In Rom fehlte es nicht an solchen, die jubilierten, daß die Stunde der Vergeltung gekommen wäre, dagegen sahen die Verständigen ein, wie häßlich der Name der Republik befleckt würde, wenn solche Verbrechen ungeahndet blieben, und Mazzini betrieb mit höchstem Eifer die Schlichtung des gefährlichen Aufruhrs. Es hatte das aber bedenkliche Schwierigkeiten; denn die Abgeordneten der Republik, die beauftragt waren, die Schuldigen ohne Verzug und ohne Ansehen der Person nach strengem Gesetz zu bestrafen, fanden ihre Urteilskraft aufgehoben: in diesen kleinen Orten, zwischen alten kahlen Mauern, wo sich die Menschen so nah und so allein mit ihrem heißen Blute waren, wütete Flamme gegen Flamme, und niemand konnte sich dem Umkreis, wo die Glut wehte, nähern, ohne mit zu entbrennen und, statt zu richten, an den tödlichen Leidenschaften teilzunehmen.
In dieser Verlegenheit kam Mazzini auf den Gedanken, Felice Orsini zu entsenden, einen der schönsten und unerschrockensten Männer des römischen Volkes, den nur ein unbändiger Stolz, der ihn schwerfällig im Umgang machte, von manchem Erfolge ausschloß, den seine Kenntnisse und seine Tatkraft ihm sonst verdient hätten. Er hatte mehrere Jahre wegen Beteiligung an Aufständen gefangen gesessen und war durch die Amnestie befreit worden, ohne sich vor dem Papste gebeugt zu haben. Die republikanische Gesinnung war ihm angeboren, und wer ihn kannte, wußte, daß nichts eine Überzeugung, die er einmal gefaßt hatte, würde erschüttern können; auch hätte der Mann, der keinen über sich ertragen konnte und doch nicht als Herrscher geboren war, sich nur mit einem Staatswesen befreunden können, wo alle wenigstens dem Titel nach einander gleich waren. Mazzini hatte keine Vorliebe für ihn; die Roheit vieler Romagnolen, die durch einen An=

flug mittelalterlich=scholastischer Bildung, wie sie oberflächlich auf den Schulen beigebracht wurde, notdürftig zugedeckt wurde, etwa wie der Faltenwurf eines wallenden Gewandes einen un=schönen Körper verhüllt, widersprach in verletzender Weise der feinen Kultur seines eignen Geistes. Anderseits war er vorein=genommen für alle, die sich zu seinen Ansichten bekannten, be=sonders wenn sie entsprechend handelten, was Orsini in tapferer und selbstloser Weise getan hatte. Obwohl nicht ohne Überwin=dung gestand Orsini, wenn auch nicht ausdrücklich in Worten, so doch in seinem Bewußtsein, Mazzini einen gewissen Vorrang zu. Als Mazzini ihm sein Ansinnen vorgetragen hatte, antwortete er nach kurzem Bedenken, daß er ein solches Amt nicht gern über=nehmen würde, wo es gälte, die mit harter Hand niederzudrücken, die endlich sich das Recht selbst suchten, das eine gewissenlose Regierung ihnen vorenthalten hätte, dagegen Leute zu beschützen, die seine Feinde wären. Feinde dürfe er allerdings, entgegnete Mazzini, als Beamter der Regierung unter den Bürgern des Staates nicht haben, als solcher dürfe er in diesem Falle nur Schuldige und Unschuldige kennen und jene rücksichtslos bestrafen. Auch er, setzte er hinzu, leide darunter und wünsche, es wäre zu diesen Verirrungen nicht gekommen; aber das neue Rom müsse zeigen, daß es die Gerechtigkeit besitze, deren Mangel es dem päpstlichen vorgeworfen habe. Eines Mannes bedürfe man, der unbestechlich, unerschütterlich, unbeugsam sei; er wisse, ein solcher sei er, Orsini, er möge sich dem Vaterlande, das seiner bedürfe, nicht entziehen. »Es ist mir zuwider,« sagte Orsini abweisend, »die Epoche der Freiheit mit Häscherdiensten zu beginnen.« »Auch Garibaldi hat sich nicht zu gut gedünkt, Räuber zu fangen und zu strafen, weil die Republik es forderte«, warf Mazzini ein. »Mag sein, Gari=baldi«, sagte Orsini kurz, ohne daß eine Miene in seinem schönen Römergesichte spielte. Mazzini errötete leicht. »Er trägt freilich Lorbeeren, die nichts und niemand ihm nehmen kann«, sagte er scharf. Orsini schien sich durch die Zurechtweisung nicht gekränkt zu fühlen, vielmehr sagte er einlenkend: »Es gibt nichts, was ich im Namen der Freiheit nicht täte, außer eben diejenigen einkerkern, die ihr zu rasch und trotzig dienten.« Mazzini fuhr ungeduldig auf mit den Worten: »Gäbe es doch ein Gebot gegen diejenigen, die den Namen der Freiheit unnützlich führen! Freiheit ist kein Genuß, Freiheit ist eine Aufgabe. Sie bringt und gibt nicht, sie verlangt. Es gäbe nicht so viele Tyrannen auf der Erde, wenn es nicht leichter wäre zu gehorchen und zu leiden, als frei zu sein. Wären diese Morde unter Gregor geschehen, ich würde die Täter wie die Opfer beklagen und die Schuld denen zuschieben, die sie regieren; da sie sich Republikaner und freie Männer nennen, kann ich keine Nachsicht üben. Wenn wir nicht tüchtigere Männer und geordnetere Zustände in Rom haben, als in jedem andern Staate Italiens sind, haben wir nicht das Recht zu dauern.« In seinem Wesen, das für gewöhnlich weich und liebenswürdig war, kam leicht eine zurückstoßende Schärfe zum Ausdruck, wenn er widerstreitenden Ideen begegnete, zumal bei denen, die auf derselben Grundlage standen wie er, so daß die Möglichkeit vollen Verständnisses vorhanden schien. Orsinis Hochmut war durch seinen tadelnden Ton verletzt, trotzdem machte ihm die Größe von Mazzinis Standpunkt, wofür er Sinn hatte, Eindruck, und er sagte freimütig: »Ich habe Euch verstanden und muß Euch recht geben. Es ist mir darum nicht minder unlieb, zu tun, was Ihr verlangt, aber wenn Ihr es keinem andern und kein andrer es sich zutraut, will ich mich zwingen und es tun.« Mazzini dankte lebhaft mit warmen Worten der Anerkennung und machte Orsini mit allen Einzelheiten der Vorgänge und mit dem, was bisher in der Sache geschehen war, bekannt. »Ihr könnt nun wegen dieser Dinge ohne Sorge sein«, sagte Orsini, als sie sich trennten; »denn da ich es übernommen habe, werde ich ohne Verzug so handeln, daß dem Rechte Genüge geschieht und ähnliches sich nicht wiederholen kann.«

In diesen Tagen kam ein Franziskaner nach Rom, der durch den ganzen Kirchenstaat wanderte, um das Volk gegen die Republik aufzustacheln, und predigte vor der Laterankirche, die einsam außerhalb des Verkehrs lag, so daß er darauf rechnen konnte, von den Bürgerwachen, die meist die besuchteren Plätze und Straßen abgingen, weniger bald bemerkt zu werden. Er war ein alter Mann von einiger Bildung, besonders aber von Überzeugung und Aufrichtigkeit, wodurch es seinen Reden nie an Wirksamkeit fehlte, wenn er auch in Rom selbst, wo die Anwesenheit vieler Patrioten und eine kluge Regierung die Stimmung zugunsten der Republik entschied, einen nennenswerten Zulauf nicht hatte. Er stand auf der Treppe der Kirche gegen die grasbewachsene Steppe außerhalb

der Stadt gewendet und kam im Verlaufe seiner Predigt zu folgender Stelle: »Ein Engel des Zornes steht über den sieben Hügeln. Die Kirchen sind verlassen, die Heiligen Gottes haben ihr Antlitz abgewendet und hören die Anbetung der Armen nicht mehr. Denkt an die Tage, als der Heilige Vater in eurer Mitte war, euch speiste und kleidete und segnete; das waren Tage milder Sonne, wo eure Felder trugen und die Trauben an euern Bergen reiften; jetzt zerstampft die Saaten das Ungestüm raubender Soldaten, und was dieses nicht zerstört, vernichtet der Nachbar dem Nachbarn in unnatürlicher Fehde. Die sich vorher liebten, kennen sich nicht mehr, zielen auf ihre Herzen. Blut rinnt in die Erde, nicht von Fremden, von Brüdern, die Wurzeln trinken es, es steigt in die Stämme, die Halme, die Früchte und Körner, das Brot, das wir essen, ist voll davon. Alle Völker der Erde, die Christen heißen, waffnen sich gegen euch, Neapel, Österreich, Frankreich, Spanien und die von Norden werden kommen, werden eure Männer verstümmeln, eure Kinder töten, euer Gut verprassen, um euch für die Schmach zu strafen, die ihr dem Vater der Christenheit angetan habt.«
Zufällig kamen Mazzini und Maurizio Quadrio vom freien Felde her auf die Kirche zu, als der Mönch mitten in dieser Rede war, und traten näher heran, um zu sehen, was der Zusammenlauf von Menschen an dieser Stelle zu bedeuten hätte, so daß der Franziskaner ihrer ansichtig wurde. Er erkannte sofort den geistesstolzen Kopf Mazzinis, den er oft auf Abbildungen gesehen hatte, und anstatt zu erschrecken, daß er von ihm bei einer so aufrührerischen Handlung betroffen wurde, wendete er sich ihm ganz zu und richtete, mit ausgestrecktem Zeigefinger auf ihn weisend, die Rede an ihn: »Da bist du, Luzifer, Empörer gegen Gott! Fluch dir und wehe euch, die sich von ihm mitreißen lassen in die teuflische Rebellion! Der Blitz des beleidigten Gottes trifft alle, die sich von deinen lügnerischen Worten umgarnen lassen, im Augenblick, wo sie sich dir ergeben, verläßt sie der Herr. Wie geschlachtete Kälber sind sie gefallen, schöne Jünglinge, Kinder liebender Eltern, die du vor dir her schicktest, und liegen stumm vor deinen Füßen. Wo du hinkommst, schwinden Friede, Wohlstand und Liebe, wo du hinkommst, bewegen sich die Schwerter in der Scheide und klirren. Deine Farbe ist bleich, weil du bei Nacht umgehen und mit den Toten ringen mußt, die ihre Seele von dir wollen. Glaubst du, dein beladenes Herz könne ein Volk glücklich machen? Glaubst

du, du könntest so viel Glück schaffen, daß es das Unglück aufwiegt, das du über unser Land gebracht hast? Was weißt du von dem Gesetz, nach welchem Gott Glück und Unglück, Reichtum und Armut, Freiheit und Dienst verteilt hat? Du unterfängst dich, die Welt nach den Plänen deines Kopfes umbauen zu wollen, der Staub ist, nein, eine Luftblase vor den Atemzügen des göttlichen Verhängnisses! Glaubt mir, ihr Betrogenen, die unter euch, die Gott arm geschaffen hat, wird euer Abgott nicht reich machen, diejenigen, die Gott krank geschaffen hat, nicht gesund. Wenn er mit eurer Hilfe den alten Gott gestürzt hat, wird er euch vor den Pflug spannen, damit ihr das Brot aus der Erde grabt, und wenn ihr euch weigert, werdet ihr Steine essen müssen, wie es bisher gewesen ist.«

Während der ganzen Anrede stand Mazzini ohne sich zu rühren und starrte in das drohende Mönchsgesicht. Es hatte nicht gemeine Züge: die nicht großen Augen lagen tief unter der vorspringenden Stirne, die Backenknochen waren wuchtig gebaut, aber am auffallendsten waren Kiefer und Kinn, die dem barbarischen Gott eines wilden Riesengeschlechtes anzugehören schienen. Mit dem, was er sagte, schnitt er in die wundeste Stelle von Mazzinis empfindlichem Herzen, das alles, was, seit er die Leitung der italienischen Revolution in seine Hand genommen hatte, an Leiden und Sterben kühner Patrioten geschehen war, auf sich geladen hatte, auch wenn er nicht unmittelbar daran beteiligt war. Hatte er auch die Überzeugung von der Notwendigkeit der Opfer, so litt er doch nicht geringere Qual darum, ja, er hatte unsäglich trostlose Stunden, wo er zweifelte, ob jemals ein Errungenes das Verlorene aufwiegen würde. Auch Quadrio hatte sich anfangs dem Eindruck, den der Mann und seine Sprache machte, nicht entziehen können, aber bald überwog das Mitleid mit dem Freunde, dessen bittere Empfindung er mitfühlte, und die Besinnung, daß ein solcher Angriff gegen das Haupt der Regierung augenblicklich unterdrückt werden müsse, und er sah sich schleunig nach Wachen um, die nun auch sogleich zu mehreren herbeieilten und den furchtbaren Mönch ergriffen, um ihn in Gewahrsam zu bringen. Bei diesem Anblick kam Mazzini zu sich, drängte sich rasch durch die Menge, verabschiedete die Polizeisoldaten durch einen Wink und sagte zu dem Mönch, der trotzig stehenblieb: »Dieses Mal, weil ich selbst gegenwärtig bin, sollst du frei ausgehen; sprächest du noch einmal so zum Volke, würdest du als ein Aufwiegler bestraft, wie das Gesetz es verlangt. Ich zürne dir nicht und will dir nur dies sagen: Ich bin ein Mensch, der in Gottes Hand steht wie du, irren kann wie du und dem vergeben werden kann wie dir.« Der Mönch warf einen düsteren Blick auf Mazzini, aus dem nicht abzulesen war, ob und wie er die Worte aufgenommen hatte, und entfernte sich langsam; die Soldaten standen unschlüssig wartend, allein Mazzini bedeutete sie nochmals, daß sie den Mann unbehelligt sollten ziehen lassen, worauf sie sich zurückzogen. Während Quadrio dem Davongehenden eine Strecke folgte, um achtzugeben, daß das Volk ihm nicht nachliefe, und auch den Wachen winkte, ihn zwar nicht anzugreifen, aber doch zu beobachten, blieb Mazzini auf dem Flecke stehen; seine Augen hingen, ohne daß er es wußte, an den steinernen Heiligenfiguren auf der Zinne des Laterans, deren gigantische Gebärde über ihn hinaus in das Unendliche starrte. Er fuhr aus Gedanken auf, als Quadrio zurückkam und ihm gutmütig Vorwürfe machte, daß er den Mönch habe gehen, anstatt dem Gesetze seinen Lauf zu lassen. Allenfalls hätte er vorübergehen können, ohne scheinbar etwas zu bemerken, da er aber einmal stehengeblieben wäre, hätte er eine solche Aufsässigkeit nicht ungestraft lassen dürfen. Die, welche dabei gewesen wären, würden nicht glauben, daß Großmut oder eine hohe Gerechtigkeit seine Handlungsweise veranlaßt hätten, sondern würden denken, er hätte nicht gewagt, Hand an einen Mann Gottes zu legen, dessen Wort ihn getroffen und niedergeschmettert hätte. Mazzini gab dem Freunde recht und entschuldigte sich damit, daß er in diesem Augenblick nicht anders hätte handeln können und daß er der Sache keinen großen Wert beigelegt hätte, da die Zuhörer nur ein Haufen Müßiggänger, die dem Zeitvertreib nachgingen, gewesen wären. Der gequälte Ausdruck verschwand aus seinen Augen, und er sagte, indem sie weitergingen: »Ich dachte vorher mit Entsetzen, wie es um mich stände, wenn jener recht hätte und ich unrecht; aber ich kann nichts andres tun als nach meiner Einsicht handeln und die Entscheidung Gottes erwarten. Vielleicht,« fügte er lächelnd hinzu, »sollte er mir auch nicht recht geben, läßt er mich doch ohne Strafe laufen wie ich jenen, weil ich es ebenso ehrlich gemeint habe.«

In Rieti hatte ein Soldat aus Garibaldis Legion eine alte Bäuerin erschlagen, woraus ein Aufruhr entstanden war, und Bauern und Soldaten, in deren Mitte der Täter trotzig einherging, ohne sich führen oder gar binden zu lassen, kamen vor Garibaldi gelaufen, der, wie gewöhnlich des Abends, mit Ugo Bassi, Montaldi und einigen andern Offizieren auf seinem Lieblingsplatze in der Nähe des Klosters saß. Es standen dort auf einer hügelartigen Erhöhung Feigenbäume mit glutstarren Zweigen hinter steinernen Bänken um einen Brunnen, zu dem über einer breiten flachen Treppe Frauen und Mädchen kamen, um Wasser zu holen, mit ernsten Gesichtern und steilem Halse, hochaufgerichtet und feierlich unter der Last der schweren Kupfergefäße, die sie auf dem Kopfe trugen. Garibaldi gebot den Bauern, die durcheinanderschrien, und den Weibern, die laut heulten und beteten, zu schweigen und hieß den Beschuldigten selbst sagen, was geschehen sei; der, ohne zu leugnen, erzählte, er habe der Alten Eier abkaufen, sie ihm keine geben wollen, er habe ihr Geld gereicht, um zu zeigen, daß er bezahlen könne, eine neugeprägte republikanische Münze; darauf habe sie ihm das Geldstück aus der Hand gerissen, darauf gespien und ihm ins Gesicht geworfen, dazu in unverständlicher Sprache gegen ihn gezischt, auch mit den Händen Zeichen gemacht, so daß ihn die Wut und noch mehr der Abscheu vor ihrem geifernden Hexengesicht übermannt und er mit dem Kolben seines Bajonetts nach ihr geschlagen habe. Er habe nicht die Absicht gehabt, sie zu töten, doch bedauere er auch nicht, daß es geschehen sei; er wisse, daß er sterben müsse, und sei dazu bereit. Die Soldaten und Offiziere, die anwesend waren, schwiegen beklommen und blickten ängstlich und einige trotzig bittend auf Garibaldi, der auf das fließende Wasser des Brunnens starrte und endlich sagte: »Du warst immer ein braver Soldat und hast nie Schändliches begangen; die Strafe mußt du leiden, die das Gesetz will, aber du sollst durch die Kugeln deiner Kameraden einen ritterlichen Tod sterben.« Der Mann rief mit fester Stimme: »Es lebe Garibaldi!« und machte kehrt, von den andern blieben mehrere, unschlüssig, ob sie noch um sein Leben bitten sollten, aber vor dem verdüsterten Gesicht des Generals wichen sie gesenkten Hauptes zurück. Den Bauern, die mit verbissenen Gesichtern noch dastanden, während die Weiber zu heulen fortfuhren, vielleicht in der Hoffnung, Almosen zu erhalten, befahl Garibaldi drohend, wie es sonst seine

Weise nicht war, nach Hause zu gehen und ihre Tote in der Stille zu begraben, worauf sie erschraken und wie böse mutlose Tiere, blutige Blicke rückwärts wendend, davongingen. Ugo Bassi stand auf, um den Verurteilten auf seinem letzten Gange tröstend zu begleiten; die Legionäre hatten sich an ihn gewöhnt, und so widerspenstig sie auch im allgemeinen gegen religiösen Zuspruch waren, ließen sie sich doch seine Predigten, in denen nur von Gott als der großen Selbstverständlichkeit des rätselhaften Daseins und sonst von nichts Kirchlichem die Rede war, und seine brüderliche Anteilnahme an allen ihren Angelegenheiten gern gefallen. Montaldi, der allein bei Garibaldi zurückblieb, ging mit schnellen Schritten auf dem Platze auf und ab und schalt mit zornig gefalteter Stirn auf die Bevölkerung der Gegenden, durch die sie während dieses ruhm- und freudlosen Feldzuges gekommen waren. Die Soldaten, sagte er, könnten unmöglich begreifen, warum sie Räuber niederschießen dürften und diese nicht, da sie doch allesamt Gauner wären, Wölfe, dazu abgerichtet, den Rosenkranz durch die Zähne zu ziehen. Warum brave Bursche aus Mailand oder Modena oder Bologna ihr Blut vergießen sollten, um dies Gesindel als Brüder umarmen zu können, das die Gelegenheit nur benutzen würde, um ihnen während des Kusses die Börse aus der Tasche zu ziehen. Ein besserer Dienst würde Italien geleistet, wenn man sie ausrottete, und es wäre richtiger, Belohnungen auf die Vertilgung solcher Bestien zu setzen als Strafe.
Da Garibaldi nicht antwortete, fing er an, von dem Soldaten zu sprechen, der zum Tode geführt wurde, und sagte: »Dieser Mann war ein braves und tapferes Herz. Er kam zu meiner Zeit nach Montevideo, war Matrose gewesen und hatte Briefe von Mazzini aus Marseille nach Genua und Livorno befördert, darum mußte er fliehen. Gelernt hatte er nicht viel, aber er war ein treuer Kamerad und besonders deswegen bei allen so beliebt, weil er viele Geschichten, die er Gott weiß wo aufgefangen hatte, zu erzählen wußte.« — »Auf dem Meere mußte man ihn sehen«, fiel Garibaldi ein; »wenn Sturm war und das Schiff von Welle zu Welle stürzte, kletterte er auf den höchsten Mast und stieß gellende Schreie aus, der Möwe ähnlich, die durch Mark und Bein gingen und einem das Herz hoben.«
Die Sonne ging unter, und während die nahen Gipfel der Apenninen dunkler wurden und näherrückten, erglomm die Einöde des

fernen Hochgebirges in rötlichblauen Farben, die erst immer süßer und röter wurden, dann grau und zuletzt den Stein und die Schneestreifen tonlos und kalt zurückließen. Das war die Stunde, wo die Frauen zu dem Brunnen zu kommen pflegten; aber an diesem Tage blieben sie aus, vielleicht eines Tanzes wegen, denn man hörte von irgendwoher schwirrende Musik von Flöten und Geigen. Plötzlich fielen ein paar Schüsse, die anzeigten, daß das Urteil an dem Soldaten vollzogen sei, und ein verlängerter Widerhall rollte wohllautend durch die Berge. Montaldi warf sich aufatmend auf die niedrige Steinbank unter den Feigenbäumen, und da gleich darauf Ugo Bassi zurückkam, begann er mit diesem, wie er gerne tat, zu streiten, indem er sagte: »Ich glaube, der brave Mann hat ein fröhliches Sterben von Euch nicht zu lernen brauchen, eher könntet ihr Pfaffen es von ihm lernen, die ihr das Leben in Ewigkeit verlängern wollt. Ein rechter Mann muß es mit dem Leben halten wie mit den Frauen: sich hinein schicken, wenn sie grausam sind, sie genießen, wenn sie einem lächeln, ohne ›warum?‹ und ›wie lange?‹ zu fragen, und ihnen nicht nachblicken, wenn sie einen verlassen.« Ugo Bassi entgegnete lächelnd: »Ihr habt recht, euch Heiden müßte man eher lehren, das Leben zu lieben, als den Tod nicht zu fürchten. Denn freilich ist es mit dem Leben wie mit den Frauen: je zärtlicher, leidenschaftlicher und getreuer wir sie anbeten, desto mehr Überfluß an Süßigkeit und Heiligkeit werden sie uns geben.« Der andre machte eine ungeduldige Bewegung und sagte: »Sie sind wert, was ich daraus mache, und ich hüte mich wohl, sie meiner Herr werden zu lassen.«
Es war inzwischen Nacht geworden, und die Truppen zogen mit ihren Signalen in die Kaserne; über einem schwarzen Bergrücken stand noch ein Flecken dunkle, traurige Abendröte. Garibaldi hatte an dem Gespräch der beiden nicht teilgenommen, auch nicht zugehört, da er eignen Gedanken nachhing; jetzt ließ er sich von dem Brunnenrande, auf dem er gesessen hatte, herunter, näherte sich den Freunden und sagte: »Ich bin des Lebens in diesen Gegenden nie froh geworden und habe mich jetzt entschlossen, ein Ende damit zu machen. Es war gut und nützlich, daß wir dies Volk in Ordnung und Gehorsam erhalten haben; aber was hilft es? Ehe nicht hüben und drüben ein andres Regiment herrscht, werden diese armseligen Menschen Schmuggler und Banditen sein wie seit alters und mit jedem Feinde des Staates zusammenspielen. Sollen

wir deshalb bis an das Ende unsrer Tage hier Wache stehen? Ich habe gesehen, daß unsre Leute, die in der Mehrzahl gutartig und willig waren, bei diesem tatenlosen Leben und zwischen anrüchigem Volk, das sie schonen sollen, träge und aus Unlust lasterhaft werden; denn der Mensch ist so, daß ihn seine schwere Natur in den Schlamm zieht, wenn ihn nicht ein stärkerer Wille oder die Schwungkraft großer Zeiten emporhebt. Das darf nicht weitergehen, weil ich feste und reine Herzen für größere Zwecke brauche. Es gibt Soldaten genug, die uns hier ablösen und die Räuber jagen können, aber ich muß fürchten, es gibt niemand, der das Volk aufruft, um den fremden Räuber zu vertreiben, der Italien nach dem Leben stellt. Mailand ist gefallen, Piemont streckt die Waffen, die Männer ducken sich, wenn der verfluchte Tiger auf Italiens Nacken tritt. In Umbrien, in der Romagna, in den Marken ist mein Name nicht unbekannt; sie werden mir in Scharen folgen, wenn ich ausrufe: ich schenke österreichisch Blut! Der Augenblick muß endlich kommen, wo wir sie Gnade flehen hören und ihnen das Eisen ins Herz stoßen, wo wir unsre Pferde über ihre Leichen jagen, daß sie sie mit ihren Hufen zertreten. Kann ich den Kampf im Namen der römischen Republik führen, so ist es mir lieb, hat sie nicht Mut zu dem Krieg, so führe ich ihn im Namen des Volkes und mit dem Volke; statt des Schwertes mögen sie mit den eisernen Zähnen des Pfluges töten. Wer mit gutem Hasse haßt, findet die Waffe, um den Feind zu erlegen.«

Bis in die tiefe Nacht hinein erklärte er Ugo Bassi, wie er sich den allgemeinen Volkskrieg vorstellte, den er im Geiste schon mit allen Einzelheiten entworfen hatte, und beauftragte ihn, sich in aller Eile nach Rom zu begeben und der Regierung seinen Plan vorzulegen. Vor Tage verließ der Gesandte Rieti und ritt nach Rom.

Nicht lange nachdem Ugo Bassi das Lager verlassen hatte, traf dort eine Botschaft der Regierung ein, die Garibaldi nach Rom rief, da in den nächsten Tagen schon der Angriff eines französischen Heeres müsse erwartet werden. Nachdem nämlich Pius IX. eingesehen hatte, daß sein Volk ihm freiwillig die Tore nicht öffnen werde, wählte er betrübt und mißtrauisch unter den Mächten, die ihm die Hilfe ihrer Waffen antrugen, ohne sich entscheiden zu können; denn die schwächeren, so Spanien, verbürgten keinen Erfolg, und von den stärkeren mußte er annehmen, daß sie ihren Sieg ebensosehr gegen ihn wie gegen die Republikaner ausbeuten würden. Da ihm aber die Anmaßung Österreichs, das die Wiedereinsetzung entthronter Fürsten in Italien als sein herkömmliches Recht betrachtete, vor allem unleidlich war und er auch fürchten mußte, jeden Anhang in seinem Reiche zu verscherzen, wenn er auf der Spur der berüchtigten Kroaten zurückkehrte, ließ er sich Frankreichs Schutz aufdrängen, freilich mit saurer Miene, denn der Name der französischen Republik war ihm so zuwider wie der ihres Präsidenten Napoleon Bonaparte. Die Wahl war dem Papst insofern günstig, als die Römer nicht glauben wollten, Frankreich, das ihnen bisher als Lehrmeister und Muster der Freiheit erschienen war, das die Unantastbarkeit der Freiheit andrer Länder zu einem Grundgesetz seiner Verfassung gemacht hatte, könne sich zum Häscher des Priestertyrannen gegen sein Volk erniedrigen, und verabsäumten in ihrem eigensinnigen Vertrauen, rechtzeitig Maßregeln gegen den zweizüngigen Feind zu ergreifen. Es kam dazu, daß von Bonaparte, dem Präsidenten, der Jahre seiner Jugend in Italien verbracht hatte, die Rede ging, er sei Carbonaro gewesen und habe nach den furchtbaren Gesetzen dieses Bundes geschworen, für Italien zu leben und zu sterben, widrigenfalls er der Rache der Genossen wolle verfallen sein, und daß er tatsächlich in der Revolution des Jahres 1833 eine bedeutende Rolle gespielt hatte, weswegen man eher für möglich hielt, er werde für Mazzini als für den Papst eintreten. Immerhin gab es einige, die den Neffen des Oheims, wie man den jüngeren Napoleon nannte, und seinen weibischen Ehrgeiz durchschauten und voraussagten, daß er die europäischen Verhältnisse verwirren wolle, wie sein großer Vorfahr, um sich leichter zur Größe aufschwingen zu können, aber mit kleineren Zielen und unechtem Glanze. Fürst Canino sagte, er habe seinem Vetter nie getraut, weil er sich selbst nicht traue und seine Zukunft nicht beherrsche. Er habe Verstand und könne ein feiner Gelehrter sein, klage auch zuweilen darüber, daß ihm der stille Platz am Schreibtisch bei Büchern nicht vergönnt sei, doch vertreibe ihn niemand von dort als seine eignen Träume, denn er sei Phantast, obwohl er Staatsmann sein möchte. Seine Phantasie habe indessen nicht den Hochschwung des Adlers, sondern das ungewisse Stoßen der Fledermäuse, die erst, wenn es dunkelte, heimlicherweise zu kreisen anfingen, auch schwärme sie häufiger in den

Busen einer nackten Frau als nach Gipfeln in Wolken und verlange nach Krone und Zepter nicht viel anders, als ob es eine Vorstecknadel, sich zu zieren, wäre. Ob er Carbonaro gewesen sei, wisse er nicht, halte es aber für möglich und meine, wenn ihn damals ein Gelüsten oder Zweck zur Rolle eines patriotischen Verschwörers gelockt hätte, würde ihn kein Bedenken zurückgehalten haben, so wenig wie ihn jetzt eins abhalten würde, Rom der teuflischen Dummheit der päpstlichen Reaktion auszuliefern, wenn es seinen Plänen diente. Grundsätze habe er nicht, nur Wollust, Gefühl und Berechnung. Italien liebe er, aber mit der schnöden Liebe des eiteln Schwächlings, der die starke Leidenschaft einer hochherzigen Frau fürchtet, indem er sie anbetet und sie gelegentlich einer buhlerischen Dirne aufopfert, die er verachtet.
Trotz des Glaubens an Frankreich und der Erwägung, daß es unklug sein würde, die einzige Nation, von der noch Beistand zu erwarten war, gegen sich aufzubringen, war die Versammlung stolz genug, den Abgesandten des französischen Heeres, der freien Einzug in Rom für dasselbe forderte, damit es verhindern könne, daß eine andre Armee, etwa die österreichische, unter dem Vorwande, die Rechte des Papstes zu wahren, sich dort festsetze, mit der Antwort abzuweisen, daß sie jedem Versuch irgendeiner Macht, Rom zu besetzen, mit Waffengewalt entgegentreten würden, und es war demnach geboten, die Stadt schleunig in Verteidigungszustand zu setzen. Es war eine der wichtigsten und schwierigsten Fragen, wer zum leitenden General der gesamten Heeresmacht ernannt werden sollte; denn so wenig es an tüchtigen Offizieren fehlte, die sich an ihrer Stelle schon bewährt hatten, so sehr mangelte es an einem Manne, welcher die Feldherrngabe des Überblicks und der Verteilung großer Massen besessen hätte; Garibaldi wurde sie gleichlebhaft abgestritten wie zugeschrieben. Mazzini wußte, daß er in soldatischen Kreisen außerhalb Roms als der einzig Geeignete angesehen wurde, und neigte zu derselben Ansicht; aus andern Gründen war er unsicher, ob die Wahl nicht schlimme Folgen haben könnte. Es war kürzlich vorgekommen, daß Garibaldi Gefangene, die aus Ancona nach römischen Gefängnissen transportiert wurden, weil sie bei jenen Ausschreitungen der republikanischen Partei beteiligt gewesen waren, die erst Orsini hatte unterdrücken können, willkürlich befreit hatte, um sie bei einer kriegerischen Operation zu verwenden, was eine peinliche Auseinandersetzung

zwischen ihm und der Regierung zur Folge gehabt hatte. Diese Nichtachtung der Regierung und seiner Grundsätze machte Mazzini Bedenken, und er fragte sich, ob es angehe, einen Mann mit militärischer Gewalt zu bekleiden, der sein Ziel, die Besiegung der Feinde, verfolge wie die ungeheuer waltende Natur, deren Gewitter Häuser niederbrenne und Menschen erschlage, um die Saat fruchtbar zu machen, und Geschlechter hinraffe, um einem neuen Keime Raum zu schaffen. In einer Versammlung, wo darüber endgültig sollte beschlossen werden, nahm er das Wort und sagte: Im Kriegsministerium sei der Oberst Roselli vorgeschlagen, der, ein gebildeter Offizier und vortrefflicher Mensch, ihm selbst vollkommen genehm sei; doch müsse er darauf aufmerksam machen, daß noch ein Mann in Frage komme, der vielleicht mehr Anwartschaft auf eine so hohe und verantwortliche Stellung habe als Roselli oder irgendein andrer: Garibaldi. Dies sage er nicht wegen der Siege, die Garibaldi mit seiner Legion jenseits des Meeres erfochten habe, so staunenswert sie wären, denn die dortigen Verhältnisse wären von den hiesigen zu verschieden, als daß man von jenen auf diese schließen könnte. Hier habe er noch keine Gelegenheit gehabt, große Schlachten zu schlagen; aber man sage oft, die schwerere Kunst sei, einen Rückzug geschickt auszuführen oder sich nach einer Niederlage schnell zu erheben, und es sei ihm gelungen, aus dem schmachvollsten Feldzuge als der einzige nicht ohne Ehre und Glanz hervorzugehen.

Avezzana, ein Genuese, der am Tage zuvor flüchtig in Rom eingetroffen war, nachdem die Erhebung seiner Vaterstadt gegen Piemont wegen des Friedens mit Österreich unglücklich geendet hatte, gab seine Stimme nachdrücklich für Garibaldi ab. Giuseppe Avezzana hatte die Jahre der Verbannung in Amerika zugebracht; er besaß mit fünfzig Jahren noch die Gläubigkeit der Jugend und hätte Außerordentliches leisten können, wenn seine Geistesgaben seiner Redlichkeit und seinem Opfermut gleichgekommen wären. Er hob rühmend hervor, daß Garibaldi allein, nur auf sich selbst gestützt, im Felde geblieben sei, nachdem der König von Sardinien entmutigt oder verräterisch das Schwert weggeworfen hätte.

Das könne nur verblendeter Eifer der Partei loben, warf Pisacane ein, im Dienste des Königs hätte er dem Könige gehorchen müssen. Ob man glaube, er werde im Dienste der Republik nicht derselbe Mann voll Trotz und Willkür sein? Auch als römischer Ge=

neral werde er angreifen oder zögern, Waffenstillstand halten oder brechen, wie es ihm, nicht wie es der Regierung beliebe. »Italien hat diesen göttlichen Ungehorsam gesegnet,« rief der junge Caldesi, »sollen wir ihm eine Falle daraus machen?«
Man könne es dem Menschen zum Ruhme, dem Feldherrn müsse man es als schlimmsten Fehler anrechnen, wenn er seinem Herzen folge, beharrte Pisacane. Garibaldi sei tapfer, ausdauernd, tatkräftig wie andre Offiziere, oder mehr, und was mit diesen Eigenschaften ausgerichtet werden könne, leiste er; aber Kriegführen sei eine Wissenschaft, und die habe er nicht gelernt. Er könne Glück haben, und der Zufall könne ihn begünstigen; einen Plan, der durch die Klugheit seiner Berechnungen den Sieg herbeiführen oder im schlimmsten Falle eine Katastrophe verhindern müsse, könne er nicht ersinnen oder durchführen, da er wie alle ursprünglichen Menschen der Macht des Augenblicks unterliege. Die Mehrzahl der Abgeordneten fiel dem Redner lebhaft bei. Einige gaben zu, daß Garibaldi wohl ein glänzender Krieger sein und Gewandtheit und Erfahrung sich angeeignet haben möge, bezweifelten aber, ob er deswegen auch zum Befehlshaber einer regelmäßigen Armee tauge. Andre fanden, daß, da er als Schiffsmann geboren und seine besten Erfolge mit der Flotte erzielt habe, er allenfalls Admiral, doch nicht Führer zu Lande werden könne, noch andre betonten, daß er aus Nizza gebürtig sei und daß nur ein Römer römische Soldaten regieren könne. Er kenne die Eigenart des römischen Volkes nicht, und es sei gefährlich, wenn Mißverständnisse zwischen dem Feldherrn und seinen Leuten entstünden, schon seine Kleidung, der weiße Mantel, die wallende Straußenfeder am Hut wirke fremdartig, er gleiche einem Helden auf der Bühne, nicht einem Offizier von europäischer Kultur. Auch seine Persönlichkeit, hieß es, erwecke nicht das Vertrauen, das eine Regierung zu dem Manne haben müsse, dem sie ihre Macht in die Hand lege. Ob einer bürgen könne, daß er sie niemals gegen sie brauchen werde? Eine dunkle Kraft elementarischer Natur scheine in ihm verborgen zu sein, sie könne sich gegen diesen oder jenen entladen, er selbst wisse es vielleicht heute noch nicht, was zufällig zwischen seinem Wollen und seinem Ziele stehe.
Mazzini widersprach: Er kenne Garibaldi nicht näher, habe aber bei der ersten Begegnung einen bestimmten Eindruck von ihm empfangen, den er auch jetzt noch für richtig halte; danach sei er

allerdings im einzelnen unberechenbar, er sei von einem undurchdringlichen Mantel unsichtbarer Kraft umgeben, so daß er gleichsam in seiner eignen Welt lebe und mit ihr in die Welt der andern eintrete, die ihm nie völlig nahekommen könnten. Aber obwohl auch er, Mazzini, ihm im Grunde fremd geblieben sei, so sei er doch dessen sicher, daß er Italien über alles liebe, unfähig sei zu lügen und zwischen zwei Handlungen immer die größere tun werde.

Die, welche ihm die größere sei, wandte Aurelio Saliceti ein, sei vielleicht die schlimmste und gefährlichste für die Republik.

In früheren Zeiten hätten sich die Republiken von solchen Männern die Länder erobern lassen und sie nachher ermordet, meinte Fürst Bonaparte behaglich. Danach sei die Zeit nicht mehr, auch würde es schade um Garibaldi sein. Was nun zu tun sei? Übergehen könne man ihn nicht, ihn unter einen Höheren stellen? Wer solle der sein? Vielleicht könnte man ihm einen Wächter zur Seite stellen, einen Getreuen der Regierung, der sie warnen könnte, wenn es in dem großen Krater zu rumpeln beginne.

»Das ist die Politik der Schwächlinge«, rief Sterbini herausfordernd, »und eines Mannes wie Garibaldi unwürdig. Er ist Republikaner und ehrlich, wie jeder von uns es zu sein glaubt. Daß er siegen kann, hat er bewiesen, und das wollen wir eben. Oder wollen wir etwas andres? Wollen wir eine Prüfung in der Kriegsschule bestehen? Wir können Garibaldi nicht zum General machen, er ist es. Die Geschichte wird über uns hohnlachen, wenn wir mit einem preisgekrönten Biedermanne untergehen, wo wir mit einem Garibaldi siegen konnten.« Zambianchi, ein schlüpfriger Gesinnungsprahler, der niemandem geheuer war und mit dem doch niemand anbinden wollte, sagte mit anzüglichem Grinsen: »Käme nur endlich eine entschlossene Hand, die den alten Unrat ausräumte! Wir haben den Namen einer Volksrepublik auf den alten Stall geschrieben. Da gehen die Wölfe aus und ein wie früher, die Jesuiten und die Österreicher, die Spione, die den Mantel auf beiden Achseln tragen, die Diplomaten, die es mit keinem verderben wollen; und die guten Schäferhunde sind angekettet und werden zur Ruhe verwiesen, wenn sie knurren und die Zähne zeigen. Wenn die Verräter sich ins Fäustchen lachen und die Braven feiern müssen, haben wir noch Pfaffentum und Fremdherrschaft, wie wir uns auch mit unserm echten Gott und unserm freien Volke brüsten.«

»Die Bonaparte haben gezeigt, wie es diejenigen machen, die den alten Wust auszukehren versprechen; sie fegen die Freiheit mit aus und setzen sich die blankgeputzte Krone auf«, entgegnete Pisacane kühl.

Canino sagte, er glaube nicht, daß der brave Garibaldi Salböl für seinen eignen Kopf brauchen würde, eher sei zu fürchten, daß er sich in kindlicher Treue seines alten Landesherrn, des Savoyers, erinnere. »Man begreift,« fiel Zambianchi boshaft ein, »warum gerade der Fürst Bonaparte einen solchen Abfall fürchtet. Wir sind alt genug, uns der Zeit zu erinnern, wo er ebenso despotisch das Recht des Papstes verfocht wie heute das der Republik.«

Mit diesen Worten war die Losung zu verletzenden Feindseligkeiten gegeben, mit denen mehr aus persönlichen Gründen als wegen abweichender Meinungen gegeneinander gestritten wurde, bis endlich, da der Präsident Galletti nicht vermochte, Ruhe herzustellen, Mazzini noch einmal das Wort nahm und die Aufgeregten daran mahnte, daß, wie sie sich auch zueinander verhalten möchten, die Liebe zu Italien sie doch vereinigte; daß sie einander Redlichkeit der Gesinnung zutrauen müßten, wenn anders sie erfolgreich zusammen arbeiten wollten, und daß sie schließlich, wenn kein andrer Grund verfinge, aus Not sich einig zeigen müßten, um dem sich ansammelnden Feind widerstehen zu können. »Wir streiten jetzt«, sagte er, »wie Brüder eines Hauses, die im Übermut einer glücklichen Gegenwart und in der Sicherheit der Liebe ihre Gegensätze schärfen und auf ihr Eigenwesen pochen, sich entzweien und mit Willen gegeneinander verblenden, die aber, wenn die Zeit sie zerstreut, diese Zwiste kindisch nennen und mit bitterer Sehnsucht des gemeinsamen Lebens im Vaterhause denken. Es könnte auch für uns ein Tag kommen, wo wir aus unserm Vaterhause auswandern müßten und wo wir, ein jeder fern vom andern und fern vom Strahl unsrer schönen Sonne, wieder die ziellosen Wege der Verbannung gehen müßten, die wir kennen.« Seine Stimme bebte kaum merklich; diejenigen, die lange Jahre in der Fremde zugebracht hatten, dachten schaudernd des erlebten Elends, die, welche zu jung waren, um schon für ihre Sache gelitten zu haben, überlief die Ahnung künftiger Schmerzen. Er wolle sie, fuhr er nach einer Pause fort, mit seinen Worten weder schrecken noch rühren, nur an den Ernst ihrer Lage erinnern. Er hoffe mit ganzer Seele darauf, daß sie sich, sei es durch Klugheit

oder Gewalt, der vielfachen feindlichen Bedrängung entziehen könnten; nur möchten sie nicht, wie es allzu leicht in Italien geschähe, den Sieg aufs Spiel setzen, weil jeder dem andern die Früchte des Sieges mißgönnte. Dann kam er noch einmal auf Garibaldi und sagte, man solle ihn und sich selbst weder durch Mißtrauen noch durch Vergötterung entehren; er habe, nach seinem Urteil, Kraft, Willen und Glück, das müsse man nützen.
Auch Mazzini bestand indessen nicht darauf, die ganze römische Heeresmacht unter Garibaldi zu stellen, und so ging ein vermittelnder Vorschlag durch, nach welchem Garibaldi zwar General wurde, Roselli aber die Oberleitung des gesamten Heeres erhielt und also Garibaldi übergeordnet wurde. Diese Anordnung führte viele Unzuträglichkeiten herbei, da es infolge der Teilung des Kommandos vorkam, daß Garibaldis Offiziere widersprechende Befehle von beiden Seiten empfingen, überhaupt aber, weil ein Widerspruch in der Tatsache lag, daß Garibaldi dem Roselli untergeordnet sein sollte, einem makellosen, uneigennützigen, das Beste wollenden Manne, dem er wie der Löwe dem Hunde überlegen war.

Für den Fall eines Straßenkampfes in der Stadt bildete die Regierung eine Kommission für den Barrikadenbau, an deren Spitze drei junge Männer standen. Enrico Cernuschi, ein Mailänder, Vincenzo Caldesi aus Faënza und der Römer Cattabeni glichen einander darin, daß sie gesund, kräftig und mutig waren, den Genuß liebten und keine Gefahr fürchteten, vielmehr in ihr mehr noch als eine Würze, die Grundlage der Freude suchten. Cernuschi war, etwa fünfundzwanzig Jahre alt, von allen der Jüngste, aus dem Volke gebürtig, aber geschaffen, den feinen Herrn zu spielen, witzig, munter und oberflächlich, schlank und geschmeidig, im Gesicht hübsch wie ein Mädchen, mit zierlichen Händen, die er sorgfältig pflegte; er war stets nach der letzten Mode gekleidet, mit Benutzung ihrer geheimsten und elegantesten Schnörkel. Caldesi hingegen, der urwüchsiger und weniger berechnend war, vernachlässigte seine äußere Erscheinung, die trotzdem immer gefiel und die Phantasie anregte. Er betete den Augenblick an, der ihm alles gewährte, wie er in ihm aufging; ohne sich um die Gewogenheit der folgenden Stunde zu kümmern, schwelgte er in der Gunst der gegenwärtigen, die ihn dankbar zum Helden, Dichter oder

Maler machte, wie die Gelegenheit es eben wollte. Cernuschi hatte sich während der fünf großen Mailänder Tage einen Namen gemacht, wo er sauber und elegant unter Blut und Rauch, mit spitzen Lackschuhen auf den Barrikaden kämpfte; Caldesi war infolge der Amnestie Pius' IX. aus der Verbannung zurückgekehrt. Cattabeni machte, weil er ein gemäßigtes Temperament hatte, weniger von sich reden.

Die drei pflegten in einem kleinen Zimmer, das weit über die flachen Dächer der Stadt hinsah, die Mitteilungen und Aufrufe an das Volk zu verfassen, die sie an den Mauern anschlugen; denn es fiel ihnen auch zu, die zuversichtliche Gesinnung in Rom zu unterhalten, damit nicht die Opferfreudigkeit erlahme und Verzagen am guten Ausgange der Kriegsgefahr die Niederlage vorbereite. Cattabeni liebte, daß alle Dinge rasch und sachgemäß vorwärtsgingen, und verfaßte Schriftstücke, in denen das Notwendige mit den wenigsten, einfachsten und eindringlichsten Worten ohne Zutat gesagt wurde, weswegen seine Entwürfe von den beiden andern als zu simpel und geschmacklos, Wurst ohne Speck und Knoblauch, verworfen wurden. Wenn zum Beispiel der Papst ein neues Rundschreiben erlassen hatte, in welchem er die Republik und ihre Anhänger verfluchte, und es sich darum handelte, den Warnungen und Bedrohungen, die die Geistlichen, wo sie konnten, daran knüpften, entgegenzutreten, schrieb er etwa so: ›Volk von Rom! Pius IX. hat abermals einen Fluch über die Republik und die Republikaner ausgesprochen. Die Republik, die sich keiner Schuld bewußt ist, nimmt keine Notiz davon und erwartet dasselbe von euch‹, worüber Cernuschi und Caldesi nicht genug lachen konnten. Sie erfanden unter mutwilligen Späßen andre Machwerke, von denen das abgeschmackteste trotz der entrüsteten Proteste Cattabenis ausgewählt wurde; es war in folgendem Stile gehalten: ›Die große Kreuzspinne von Gaëta‹ — das nämlich war der Aufenthaltsort des Papstes — ›hat neuerdings alle Fliegen verflucht, die nicht in ihr Netz laufen wollen. Ihr Abtrünnigen, so geifert sie, ihr Vatermörder, ihr Gottesleugner, die ihr euch nicht von mir einfangen und anbeißen und aussaugen lassen wollt! Hiermit verdamme und verfluche ich euch und wünsche euch die Pest und den Tod und den Krebs und das Sterben und die Hölle an den Leib. Solltet ihr je wieder in mein Netz geraten, so werde ich euch mit meinen liebenden Armen väterlich umklammern und christlich er=

würgen, wie das heilige Beispiel meiner Vorspinnen es mich lehrt! – Ich denke, wir werden uns hüten. Der Putztag ist vorbei, der Festtag ist da, sorgen wir nun, daß sich keine Spinngewebe wieder in den Ecken bilden.‹

In den letzten Tagen des April, als der französische Gesandte Leblanc die Mahnung der Triumvirn, Frankreich lade durch sein Vorgehen die Verantwortung eines Krieges zwischen zwei nahverwandten Nationen auf sich, mit der prahlerischen Herausforderung beantwortet hatte: »Die Italiener schlagen sich nicht!«, kamen Cernuschi und Caldesi auf den Gedanken, die dadurch im Volk entstandene kriegerische Stimmung zu der Aufführung einer Barrikadenschlacht zu benutzen, was eine nicht überflüssige Übung und zugleich eine Belustigung sein würde. Caldesi schlug vor, das Manöver dadurch kurzweiliger zu machen, daß man die Frauen, die, im Fall es Ernst würde, sich auch beteiligen würden, die Römer vorstellen und auf den Barrikaden kämpfen ließe, während die Männer den anrückenden Feind spielten, wovon Cattabeni, der überhaupt gegen ein solches Theaterspielen war, vollends nichts wissen wollte; er wurde aber wie gewöhnlich mit Scherz und Gelächter überstimmt und fügte sich grollend. Der Aufruf, durch welchen die Bevölkerung zur Teilnahme an dem Kampfspiel eingeladen wurde, lautete so: ›Römer, euch, das wehrhafteste Volk der Erde, hat schnödes Pfaffentum verweichlicht. Schnell werdet ihr die angeborene Titanenkraft zurückgewinnen, wenn Rom euer bedarf. Erproben wir es heute! Sehen wir, ob wir noch schlagen könnten, wenn ein Gegenstand da wäre, der es verdiente! Nicht nur zu Männern spreche ich, auch zu Frauen: sie, die uns Tapfere und Edle gebären, werden ihren Söhnen nicht nachstehen. Ich nenne Römerin nur eine solche, die ebensowohl ein Herz mit dem Schwerte zu durchbohren wie mit den Augen zu entzünden weiß!‹

Zum Schauplatz des Kampfes war eine in der Nähe der Porta del Popolo verlaufende Straße bestimmt, und der dort befindliche Neubau eines Klosters, der seit dem Beginne der Republik unterbrochen war, wo aber Gerüste und Verschläge noch standen, lieferte Holz und Bretter in verschiedener Größe für die Barrikaden. Die Errichtung derselben ging unter Anleitung der Kommission und mit Hilfe mehrerer, die schon Revolutionen in Paris mitgemacht hatten, flink wie die Vorbereitung zu einer Lustbarkeit voran. Während die Frauen sich hinter den beweglichen Mauern

verschanzten, pflückten die Männer in einem nahen Garten Narzissen und Hyazinthen, um sich die Mützen und Jacken zu schmücken, worauf sie, den spöttisch entstellten Text der Marseillaise singend, vorrückten. Der Kampf, der sich nun entspann, bestand hauptsächlich darin, daß die Männer die Frauen von ihren gesicherten Plätzen zu vertreiben und gewissermaßen gefangenzunehmen suchten; diese hatten harmlose Waffen, die sie zu ihrer Verteidigung benutzten, und im Schwung und Eifer des Kampfes kam es zu erheblichen Püffen und Schlägen, was den festlichen Lärm nicht wenig vermehrte.
Unter den Mädchen fiel eine durch die fröhliche Emsigkeit auf, womit sie schleppte und hantierte, obwohl sie durchaus nicht an schwere Arbeit gewöhnt zu sein schien; denn nach ihrer zweckmäßig einfachen und doch eleganten Kleidung und nicht zum mindesten nach der sicheren Grazie, mit der sie auf das tolle Spiel einging, gehörte sie den höheren Ständen an. Sie war von mittlerer Größe und strahlte in reinen starken Farben; das Gold der Haare, das Rot der Wangen, das weiße Glänzen der Zähne erweckten trotz des lieblichen Ernstes in ihrem regelmäßigen Gesicht den Eindruck lachender Heiterkeit. Kaum hatte Caldesi sie gesehen, als er Feuer fing, wodurch Cernuschi aufmerksam wurde und sie nun gleichfalls mit Feindseligkeiten bestürmte, unter denen die Huldigung des Liebhabers sich neckend verbarg. Sie entschlüpfte den beiden Gegnern mit so viel Anmut und Laune, daß sie nur immer heftiger entbrannten und schließlich die lästige Rolle abwarfen, um ihre Leidenschaft offen zu äußern, wobei sie sich gegenseitig zu übertrumpfen suchten. Das Mädchen suchte sie hinzuhalten, indem sie behauptete, nicht zum Schlusse darüber kommen zu können, welcher von beiden ihr besser gefalle, doch sagte das den Ungestümen nicht zu; sie fingen an, miteinander zu streiten, und waren im Begriff, auf der Stelle durch Zweikampf über den Besitz der Frau zu entscheiden, als diese plötzlich ausrief: »Glaubt ihr ernstlich, eine Römerin würde sich einem Vaterlandsfeinde ergeben?« und gleichzeitig einem eben herantretenden jungen Manne die Hand reichte, um von dem Bretterhaufen, auf dem sie stand, herunterzuspringen. Es zeigte sich, daß das vermeintliche Mädchen eine neuvermählte Frau war, Antonietta Colomba, die später an den Mauern Roms, neben ihrem Manne kämpfend, den Tod fand. Cernuschi und Caldesi fluchten, lachten und ver-

söhnten sich untereinander und befreundeten sich mit den jungen Eheleuten.
Inzwischen hatte der Kampf aufgehört, allerwärts fanden sich Paare zusammen und bildeten Gruppen um Vorräte von Wein und Brot, die herbeigeschafft worden waren. Die Frauen, die sich sehr angestrengt hatten, waren erhitzt und schöner als sonst, in allen Augen war Begierde und Wonne, die zum Teil nicht unerheblichen Wunden wurden flüchtig verbunden oder nicht beachtet. Cernuschi und Caldesi, die um ihren Kampfpreis gekommen waren, gingen von einer Gruppe zur andern und neckten die Glücklicheren, wobei sie auf Cattabeni stießen, der gemächlich, als wäre er es nicht anders gewöhnt, zwischen zwei wunderschönen Frauen saß, einer dunkeln mit überschwenglichen Madonnenaugen, die mitten aus dem üppigsten Leben hervorglühten, und einer derben, deren unbedenklichen Blicken man ansah, daß sie ergriff und wegwarf, was ihr gefiel und verleidet war. Nachdem sie sich von ihrem Erstaunen über das entdeckte Nest gesammelt hatten, versuchten sie dem Freunde die Frauen abspenstig zu machen, mußten sich aber, obwohl Cattabeni sie gleichmütig gewähren ließ, ohne Erfolg zurückziehen. Als nach Mitternacht der Tau fiel, leerten sich die Barrikaden, und das Lachen und Flüstern verstummte.
In der Frühe des folgenden Morgens meldete ein Maueranschlag den bevorstehenden Angriff der Franzosen. ›Der Augenblick ist nahe,‹ hieß es, ›wo die Römer sich als Söhne des Kriegsgottes erweisen können. Leider ist es nicht Hannibal, der vor den Toren steht, sondern ein aufgeblasener Pfaffenknecht, General Oudinot, der sich mit Verrat in unser Land eingeschlichen hat und den wir mit Mut und blanken Waffen daraus vertreiben werden.‹

Garibaldi war kaum in Rom angekommen, als er wieder zu Pferde stieg und, nur von dem Mohren begleitet, einen Rundgang um die Stadt machte, um sich von der Beschaffenheit des Bodens in Hinblick auf die Verteidigung zu überzeugen und zu sehen, was zur Befestigung geschehen wäre. Oberhalb der Engelsburg stieß er auf eine hölzerne Brücke, die, um dem Feinde nicht zum Übergange zu dienen, abgerissen werden sollte und an welcher auch schon gearbeitet war; doch waren mehrere der größten Pfeiler stehengeblieben, sei es, daß man für unnötig gehalten hatte, sie zu entfernen, oder daß die Arbeiter, der dringenden Umstände un=

geachtet, um die Nachmittagsstunde schon Feierabend gemacht hatten. Garibaldi sah sich nach Leuten um, die zugreifen könnten; da aber niemand in der Nähe war, fragte er mit den Augen den Mohren, ob er allein damit fertig würde, worauf dieser das Gerüst, das noch stand, mit einem hochmütigen Blick maß, nickte und zugleich den schwarzen Umhang, den er trug, abnahm und auf die Erde warf. Garibaldi stieg in das seichte Wasser des Ufers, fing an, die Schrauben loszudrehen, die das Holzgefüge zusammenhielten, und rüttelte versuchsweise an einem großen Balken, der widerstand. Der Mohr lächelte, schlang beide Arme um das Holz und zog mit dem ganzen Gewicht seines riesenhaften Körpers, wobei er ein dumpfes, langsam anschwellendes und ausrollendes Brüllen ausstieß, bis der Balken ächzend nachgab. Dann reckte er sich, trocknete den Schweiß ab, der ihm vom Gesicht lief, und watete tiefer in den Fluß hinein, um weiterzuarbeiten; sein Oberkörper stieg wie ein nasser, schwarzer Felsen, an dem das Licht sich spiegelt, aus dem gelben Tiberwasser. Während sie noch an der Arbeit waren, kam der Leutnant Nino Bixio, der am selben Tage aus Genua zurückgekommen war und Garibaldi begrüßen wollte, und da er von weitem sah, bei welcher Beschäftigung der General und der Mohr waren, beschleunigte er den Schritt, zog im Laufen schon den Rock aus und sprang mit einem Satze in den Fluß, um sich zu beteiligen. Garibaldi lachte und lobte ihn wegen seines Talentes, zur rechten Zeit zu kommen; nicht so stark wie der Mohr, doch robust genug, hantierte er mit so viel Sachkenntnis und Geschick, daß bald alles weggerissen war, was noch zum Vorteil des Feindes hätte dienen können.
Während Garibaldi den Lauf des Tiber verfolgen wollte, beauftragte er Bixio, von ein paar Soldaten, welchen er zuerst begegnen würde, die Porta Fabbrica nächst der Peterskirche verbarrikadieren zu lassen, wenn es nicht schon geschehen wäre, und da die Stadt von Truppen voll war, stieß Bixio bald auf ein Häuflein Legionäre, die er nach dem bezeichneten Tore mitnahm. In der Nähe desselben kamen ihm drei junge Offiziere entgegen, die denselben Rang wie er hatten, und da er nicht wußte, wieviel und welcherlei Arbeit es geben würde, rief er ihnen zu, sie möchten sich anschließen. Einer von den dreien war ein Neapolitaner, dessen Vater ein hoher Offizier in der bourbonischen Armee war und zu dem er in unversöhnlichen Gegensatz getreten war, als er sich in den

Dienst der Republik Rom begab, wobei es unklar blieb, ob ein feindseliges Verhältnis zum Vater diesen Schritt veranlaßt hatte oder ob die Entzweiung eine Folge der abweichenden politischen Richtung war. Er war mit dem Anspruch nach Rom gekommen, von den Freiheitsmännern mit besonderer Rücksicht oder gar Bewunderung behandelt zu werden, weil er mit Verzicht auf äußere Vorteile aller Art auf ihre Seite getreten wäre, hatte aber auch Anwandlungen, wo er überzeugt war, daß man ihn als verächtlichen Überläufer ansähe oder den Haß gegen seinen Vater auf ihn übertrüge, was ihm eine Unsicherheit gab, die er aus Eitelkeit hinter kleinlichen Anmaßungen versteckte. Seine ganze Person, Haar, Augen, Stimme und Wesen hatten einen öligen Glanz, seine Gesichtszüge waren fein, aber schwächlich in die Länge gezogen und drückten meistens Langeweile, zuweilen eine müde, zärtliche Grausamkeit aus. Er wirkte im allgemeinen leicht abstoßend, nur die bezaubernden Formen seiner Höflichkeit und eine unabänderliche Traurigkeit, die von einem guten Beobachter unschwer als Grund seines Wesens zu erkennen war, konnten mit ihm versöhnen.
Da er feinfühlig, ja überempfindlich war, hatte er bei dem ersten flüchtigen Bekanntwerden bemerkt, daß Bixio ihn nicht leiden mochte, und sagte jetzt, in der Absicht, ihn zu reizen, kaum die Augen aufschlagend, mit einem nachsichtigen Lächeln: »Ihr sprecht vielleicht im Auftrage des Generals?«, um anzudeuten, daß Bixio sein Ansinnen nicht fein eingekleidet und daß er ihm nichts zu befehlen habe. Die Art, wie diese Bemerkung gemacht wurde, hätte Bixio in jedem Falle geärgert; da ihm aber der Neapolitaner ohnehin zuwider war, stieg der Zorn ihm jäh in den Kopf, und er entgegnete kurz und unhöflich, er hoffe, jener wolle nicht die Moden der bourbonischen Armee in Garibaldis Heer einführen, worauf dieser wiederum, in demselben Geiste vornehmen Mitleids wie vorher, mit einem Spott über die Ungeschliffenheit der genuesischen Seeleute antwortete. Nun war Bixio so weit, daß er nichts mehr als den eignen oder den Tod des Gegners vor den siedenden Augen sah, und er schleuderte ihm das Gehässigste, was ihm einfiel, ins Gesicht, damit es nur schnell zu Handgreiflichkeiten käme: In Neapel gäbe es nur Räuber, Henker oder Spione, infolgedessen könnten die Neapolitaner und die Bewohner andrer italienischer Provinzen nichts miteinander gemein haben. Der andre erbleichte und griff nach seinem Säbel, und es wäre trotz der Einmischung

der beiden andern auf der Stelle zum Schlagen gekommen, wenn nicht in diesem Augenblick Garibaldi erschienen wäre, bei dessen Anblick die Streitenden auseinanderwichen. »Was muß ich sehen!« rief er. »Zwei meiner Offiziere, die Italien gegen die Völker Europas verteidigen sollten, ziehen am Vorabend der Schlacht den Säbel gegeneinander! Wenn ich das Vergehen nicht bestrafe, geschieht es, weil ich hoffe, daß ihr morgen die Gelegenheit nutzt, es zu sühnen. Jetzt reiche der, der sich schuldig an diesem Auftritt fühlt, dem andern die Hand zur Versöhnung!« Er richtete bei diesen Worten die Macht seines Blickes auf Nino Bixio, der ihn trotzig eine Weile aushielt, ohne sich zu rühren; plötzlich aber nahm er sich zusammen, machte hastig einen Schritt auf den Neapolitaner zu und streckte ihm die Hand hin, die jener mit der seinen, einer länglichen, etwas behaarten Hand, vorsichtig wie etwas Unsauberes berührte. Garibaldi enthielt sich jeder weiteren Bemerkung, erteilte, als wäre nichts geschehen, den drei Offizieren in liebenswürdiger Weise einen Auftrag und wendete sich mit Bixio der Porta Fabbrica zu.
Unterwegs sagte er zu Bixio, der düster neben ihm herging: »Nino, Nino, dein Herz ist ein junger Bluthund, der an der Kette liegen muß; beeile dich, es abzurichten, damit ein edles Tier daraus wird, das frei ohne Maulkorb laufen darf und vor dem nur die Schlechten zittern.« Bixio antwortete bescheiden: »Ihr habt recht, mein General; aber mir wäre wohler, als mir jetzt ist, wenn ich dem Skorpionsgesicht einen Säbelhieb durch sein niederträchtiges Lächeln gezogen hätte.« Garibaldi hielt sein Pferd an und rief entrüstet aus: »Ihr heillosen Zornteufel! Wenn man euch zusieht, muß man sich einen Narren schelten, daß man Blut und Schweiß vergießt, um einen gemeinsamen Stall für euch zu bauen. Er wird euch nur dazu gut sein, daß ihr um so besser miteinander raufen könnt.« Bixio wurde durch diesen Vorwurf beschämt und sagte kleinlaut, aber doch mit einer Hartnäckigkeit: »Mein General, immerhin werdet Ihr mir zugeben, daß ich auch gegen die hitzig werde, die von Rechts wegen meine Feinde sind.« Garibaldi erinnerte sich besänftigt daran, daß ihm berichtet worden war, Bixio sei vor einigen Tagen, als er, in Civitavecchia ankommend, dort die Franzosen gefunden hätte, aufgebracht über die Tücke, mit der sie sich eingeschlichen hätten, mitten in ihren Kriegsrat gestürmt, den sie gerade abhielten, und habe dem General Oudinot vor allen seinen

Offizieren das unehrliche Verhalten vorgeworfen. Als Garibaldi ihn fragte, was daran wahr sei, bestätigte er es und sagte: »Oudinots Augen traten noch dümmer und größer hervor, während ich redete, und nachdem er sich lange genug besonnen hatte, nahm er meine Jugend zum Vorwand, um mir meine Keckheit zu verzeihen.« Und verlegen fügte er hinzu: »Hätte ich meinem Zorn Zeit gelassen, sich zu legen, hätte ich es unterlassen, denn im Grunde war es nur das ohnmächtige Kläffen eines gereizten Hündchens«, worauf Garibaldi ihn tröstete, er werde bald Gelegenheit finden, den Franzosen zu zeigen, daß er auch beißen könne.

Bixios Jugendgeschichte war wild und trübe. Er war einem elternlosen Kinde zu vergleichen; denn sein Vater, ein schwer zugänglicher Mann, dessen Brust vielleicht sorgfältig versteckte Träume mit mühelosem Leben füllten, beachtete seine Familie wenig und brach nur dann und wann, wenn ihr Dasein mit seinen Bedürfnissen ihn störte, rücksichtslos hart aus seiner Verborgenheit hervor; seine Mutter, die ihn liebte, Colomba Caffarelli, die jüngere Freundin der Mutter Mazzinis, starb jung in seinen ersten Kinderjahren. Seine Geschwister, die ungeleitet ihre Wege gingen, bedienten sich des Jüngsten nach Gelegenheit als Knecht, Spielzeug und Zeitvertreib, wodurch er sich gewöhnte, stets auf der Hut und von vornherein widerspenstig zu sein. Weil seine Welt in Unordnung war, denn es fehlte nun bald an Geld im Haushalt, da niemand sorgte und sparte, weil in seiner Welt das Faustrecht herrschte, wo jeder tat, was er durchsetzen konnte, sammelte sich gegen die ganze Welt in seiner Brust Haß und Verachtung. Auch die Schule bot ihm kein Beispiel der Ordnung und Gerechtigkeit; denn dafür, daß er ohne seine Schuld die vorgeschriebenen Bücher nicht hatte, mußte er sich von den Lehrern bestrafen und von den Mitschülern verlachen lassen.

Als sein Vater sich die zweite Frau nahm, war Nino, schon ehe er sie gesehen hatte, entschlossen, sie zu lieben, so warm und zärtlich war sein Herz. Die junge Frau ergriff die schwere Aufgabe, ein Haus voll halb erwachsener, verwilderter Kinder zu regieren, vielleicht nicht mit genug Klugheit und Güte; Nino hatte sie nur um so lieber, weil sie die ungebärdige Bande oft mit hilflosen Augen ansah. Das gute Verhältnis des Jüngsten zu seiner Stiefmutter ärgerte die Geschwister, und sie neckten und reizten ihn damit, bis er zornig wurde. Er hatte nämlich die Eigenheit, daß er, im allgemeinen gutmütig, hilfsbereit und dabei anspruchslos, wenn er bis zu einem gewissen Grade gereizt wurde, in krampfartige Wut ausbrach, so daß er sich blindlings auf den Neckenden warf, ohne die Folgen seines Angriffs zu berechnen. In diesem Zustande, wo seine Kraft verdreifacht war, konnte er auch Älteren und Stärkeren gefährlich werden. Von dem Augenblick an, wo die Erregung anfing nach außen überzulaufen, war jeder Versuch, ihn zurückzuhalten, nutzlos und diente nur dazu, die Anwandlung bösartiger zu machen; man mußte sie wie eine Naturerscheinung vorübergehen lassen. Ihren Grund hatte diese Reizbarkeit in einer inneren Zaghaftigkeit, die sich mit leidenschaftlichem Streben schlecht vertrug; da er sich selbst mißtraute, überspannte er leicht die Kräfte und verlor dadurch das Gleichgewicht. Solange er klein war, hatten sie es als ein komisches Schauspiel angesehen, wenn er knurrte und gegen sie sprang wie ein wütender Affe, allmählich aber fingen sie an, solche Ausbrüche zu fürchten, und verklagten ihn nun bei seinem Vater. Sie schämten sich nicht, seine Eifersucht auf den fünfzehnjährigen Jungen zu lenken, und der Umstand, daß die arme Frau, um niemand zu kränken, ihre Zuneigung zu ihm zu verbergen suchte, bestärkte den übelberatenen Mann in seiner törichten Leichtgläubigkeit. Es kam dazu, daß er sie und Nino bedrohte und daß dieser im Jähzorn seinen Vater angriff und ihn umgebracht hätte, wenn die Mutter selbst sich nicht dazwischengeworfen hätte. Nach einem solchen Auftritt verstieß der Vater, anstatt sich auf sein eignes Unrecht zu besinnen, den Jungen, der nichts gelernt hatte, keine Einsicht hatte, ja nichts glaubte und wollte. Der lebte nun das wilde Leben eines Vagabunden und verschlang das Essen, das seine Mutter ihm heimlich auf die Schwelle setzte, wie ein kranker Hund, den niemand bei sich leiden will. Er träumte Haß, Rache, Blut und Mord, dürstete nach großen, schrecklichen Verbrechen und hätte wohl welche begangen, wenn das Meer nicht gewesen wäre; kam er auf seinen scheuen Wegen dorthin, so hielt es ihn fest, er lag stundenlang lauschend, und sein Herz wurde dabei still und frei. Wie er viel in der Nähe des Hafens umherlungerte, wurde er Schiffsjunge, kam in fremde Länder und erlebte vielerlei Abenteuer mit Flucht, Todesgefahr, Rettung und abermaligem Entweichen; mehr als unter der rohen Strenge der Vorgesetzten litt er unter dem Spott der andern Schiffsjungen, die den Herrensohn in ihm witterten und ihn nicht als ihresgleichen wollten gelten lassen. Er hatte keine Erziehung genossen und nur als Kind, solange seine Mutter lebte, das Beispiel anmutiger Sitte vor Augen gehabt, daher war er in seinem Benehmen unausgeglichen und ohne die freie Gelassenheit der Menschen, die sich zeitlebens in den durch gewisse äußere Formen ausgezeichneten Kreisen bewegt haben. Dennoch erkannte man an der eleganten Bildung seines Kopfes seinen Ursprung aus verfeinerten Schichten; alle Linien in seinem Gesicht waren bestimmt, bedeutungsvoll, kühn und zart zugleich, wie mit Silberstift von der Hand eines Künstlers gezogen, sie zeigten Verstand und Rücksichtslosigkeit ohne Roheit, ja sogar ohne robuste Veranlagung, vielmehr mit kindlicher Empfindung verbunden. Kaum war er heimgekehrt, als sein Vater, der ihn in die piemontesische Marine bringen wollte, die Polizei auf seine Spur brachte, und er versteckte sich eine Zeitlang, ließ sich dann von Gasse zu Gasse, von Winkel zu Winkel, von Dach zu Dach jagen, verhungert, knirschend, schäumend, um endlich doch dem verhaßten Geschick ausgeliefert zu werden, das ihm wohltat, indem es ihn zähmte und bildete. Zum ersten Male lernte er sich als Mensch mit Pflichten und Rechten fühlen, der vertrauen durfte und dem andre vertrauten, für den es Aussichten und Hoffnungen gab; er ahnte hinter dem wüsten Durcheinander unruhig umgetriebener, qualvoll kämpfender Geschöpfe große, verzweigte Beziehungen, gewaltige Zwecke. Zeit, diese Fragen zu ergründen, hatte er nicht; aber das Bewußtsein schon, einem Volke anzugehören, das seine Dienste forderte, in einer Welt zu leben, die im Gesichtskreise großer Menschengeister schön und fehlerlos durchdacht erschien, hob und befestigte ihn. Gerade deswegen aber genügte ihm nach einigen Jahren das eintönige Dienen auf der sardischen Flotte nicht mehr; er lernte Mazzinis Schriften kennen, schwur auf seinen Namen und weihte sein Leben dem zu befreienden, eigentlich zu erschaffenden Italien. In Genua, wohin er ging, nachdem er die savoyische Uniform abgelegt und neuerdings allerlei abenteuerliche Meerfahrten bestanden hatte, waren seine Tage rebellischer Jubel, wahnsinniges Erkühnen um ein Nichts, um den Namen Pius' IX. oder um ein verbotenes Lied, Triumphe vor der Schlacht. Er gewann in diesem Jahre einen Freund, Goffredo Mameli, der, ein Sohn des berühmten Admirals und der einer vornehmen Familie

angehörigen Adele Zoagli, im Genuß heimischen Wohlstandes und heimischer Ehre aufgewachsen war und ebensoviel feine Sitte, harmonisches Wesen und Bildung besaß, wie Nino trotzig und ungleichmäßig war. Er war als kränkliches Kind von seiner Mutter in verzärtelnder Weise gepflegt worden, aber seine Phantasie zog ihn zum Kraftvollen und Heroischen. Seine dichterische Veranlagung schätzte er nicht hoch ein, und er war nicht stolz auf den Ruhm, den seine patriotischen Verse ihm eingetragen hatten; dies alles hätte er gern hingegeben, wenn er anstatt dessen in einem Kriege oder sonst durch verwegene Taten zur Befreiung Italiens sich hätte auszeichnen können. Selbst seine Liebenswürdigkeit, das Weiche und Einschmeichelnde, was sowohl in seinen Zügen wie in seiner Weise sich zu geben lag und ihn beliebt machte, war ihm verdächtig als ein Zeichen von Schwäche, die ihn zu etwas Heldenhaftem untauglich mache. Mameli bewunderte an Bixio die Kraft, mit der er sich ohne Schutz und Hilfe aus Untiefen und Wüsten heraus zu den Höhen des Lebens kämpfte, seine kindliche Ahnungslosigkeit und Dreistigkeit vor den Gewundenheiten der Zivilisation, und schmiegte sich glücklich an die durch nichts zu erschütternde Felsenmasse seiner ungeteilten Liebe; Nino dagegen verehrte die reiche Kultur, die des jungen Patriziers Erbteil war, die Phantasie, die sein weiches Gesicht hundertfältig, immer anmutvoll bewegte, und das Vertrauen, das er in seine, Ninos, hohe Zukunft setzte. Da sie sich eins in ihren Hoffnungen und Zielen fühlten, wirkte ihre Verschiedenheit wie ein Zauber, der sie mehr in der geheimnisvollen Zärtlichkeit Liebender als in der selbstbewußten Zuneigung von Freunden oder Brüdern verband.
Als Garibaldi, mit Bixio von der Porta Fabbrica zurückkehrend, auf den Petersplatz kam, traf er mehrere Offiziere von der Legion und Angelo Brunetti, die sich ihm anschlossen, um den Monte Mario zu besteigen und von dort aus die Stadt zu überblicken. Auf der halben Höhe, da wo die Straße sich um den Hügel biegt und der Blick, gleichmäßig angezogen, zwischen der festlich blühenden Anhöhe und dem unendlich ausgegossenen Leben drunten auf und ab schwankt, begegneten ihnen mehrere von oben kommende junge Männer, Mailänder Offiziere, die ebenfalls an diesem Tage in Rom angekommen waren und vom höchsten Gipfel der Umgebung aus sich eine Ansicht von der ihnen unbekannten Stadt hatten bilden wollen. Es waren Luciano Manara, derselbe,

der während der fünf Tage von Mailand den entscheidenden Kampf an der Porta Tosa geleitet hatte, und seine Freunde, die Brüder Enrico und Emilio Dandolo, Emilio Morosini, Signoroni, Mancini und andre, die alle die Uniform des neugegründeten Regiments der lombardischen Bersaglieri trugen, nämlich dunkelgrünen Rock und ebensolche Hosen mit karminroten Kragen, Aufschlägen und Streifen, goldene Epauletten und einen schwarzen Filzhut, über dessen breite Krempe auf einer Seite lange grüne Federbüsche herunterhingen. Da Goffredo Mameli Manara kannte, ihn begrüßte und alle stehenblieben, sprang Garibaldi vom Pferde, denn jene waren zu Fuß, bot Manara die Hand und sagte zuvorkommend: »Es möge für Rom ein gutes Zeichen sein, daß Ihr, der so jung schon Heldenruhm errungen hat, kurz vor dem Kampf hier eintrefft.« Manara grüßte höflich, aber seine blauen Augen blieben kalt und sein schmales, gebieterisches Gesicht schien Garibaldis gütige Worte gleichgültig zurückzuwerfen, indem er sagte: »Man kämpft leicht gut und glücklich für sein Vaterland; ich habe das meinige verloren.« Was ihn denn nach Rom geführt habe, fragte Garibaldi ruhig. »Die Not«, antwortete er hart; »Rückkehr nach Mailand gab es für uns nicht, auch in Piemont war unsers Bleibens nicht, hier finden unsre Soldaten Sold und Beschäftigung, und wo gekämpft wird, ist Leuten unsers Schicksals am wohlsten.« Jetzt nahm Brunetti das Wort und sagte halblaut zu Daverio und Montaldi, doch deutlich genug, um von allen verstanden zu werden: »Sie werfen ihr Almosen beileibe nicht aus Mitleid oder Liebe, sondern weil es sie drückt und sie es sonst nicht loszuwerden wissen.« Manara drehte sich rasch nach dem Sprecher um und sagte: »Wir brauchen hier wenigstens nicht bange zu sein, ob wir es loswerden, in einer Stadt, wo nur Bettler und Faulenzer einheimisch sind«, vielleicht ohne zu wissen, daß er mit einem Römer sprach, vielleicht gerade in der Absicht, ihn zu verletzen. Indes verzog Brunetti seine dicken Lippen zu einem belustigten Lächeln, warf sich in die Brust, um die natürliche Majestät seiner Haltung komisch zu übertreiben, und sagte, mit der Hand auf Manara weisend, zu den andern: »Wenn wir ein Geschichtsbuch zur Hand nehmen, können wir lesen, daß seine Väter erschrocken den Buckel krümmten, wenn die Väter der ärmsten Fischverkäufer in Trastevere niesten.« Der Scherz und der Mann gefielen Manara, so daß er mit Mund- und Augenwinkeln

zu lächeln anfing, während er ihn mit unverhohlenem Wohlgefallen betrachtete; allein es kamen ihm sogleich wieder trübe Vorstellungen, und er sagte bitter, wenn auch ohne Unfreundlichkeit: »Jetzt niest es im Norden statt im Süden, aber krümmen und dukken müssen wir uns wie damals.«
Unterdessen hatte Garibaldi sein Pferd wieder bestiegen, grüßte die Mailänder Herren und sagte mit Bezug auf die ersten Worte, die gewechselt waren: »Ich bedaure für euch, daß es ist, wie ihr sagt; es muß etwas Trauriges sein, für eine gleichgültige Sache zu kämpfen«, worauf die beiden Gruppen sich trennten und Garibaldi mit den Seinigen weiter den Monte Mario hinaufritt. Es entspann sich sofort ein erregtes Gespräch über Manara, dessen Benehmen und Reden Daverio und Nino Bixio entrüstet hatten, während Mameli ihn zu verteidigen suchte, das aber Garibaldi mit den Worten abschnitt, Manara sähe aus wie ein Edelmann und wäre es sicherlich; das Unglück seines Vaterlandes und sein eignes hätten wohl sein Gemüt verdüstert, man solle mit Leidenden nicht rechten.
Auf der Höhe des Berges angekommen, betraten sie den Park, der seine Stirn wie eine schwarze Krone umschlingt, und gingen durch Alleen von Zypressen und Steineichen bis zu der Plattform, von welcher aus der Blick das Meer der Stadt in seinen Grenzen umfaßt. Garibaldi trieb sein Pferd bis zum Rande vor und weidete seine Augen an dem Bilde Roms, das, die letzte Glut der Sonne verschlingend, in Purpur starrte. »Wer dieses Gipfels Herr ist, dem gehört Rom«, sagte er zu den übrigen, die, nachdem sie sich umgesehen hatten, sich einige Schritte zurückzogen, weil sie wußten, daß Garibaldi es liebte, wenn große Entscheidungen bevorstanden, allein sich die Gestaltung des voraussichtlichen Schlachtfeldes einzuprägen. Sie holten aus einem nahegelegenen kleinen Wirtshause Wein, Brot und Käse und fingen, auf einem freien Platz gelagert, zu essen an, währenddessen Montaldi erzählte, in Amerika sei der Glaube allgemein gewesen, daß in der Nacht, die einer Schlacht vorhergehe, ein Dämon Garibaldi auf das Schlachtfeld führe, ihn alle Bewegungen des Feindes sehen lasse und ihm zeige, wie er sich halten müsse, um zu siegen. Bixio erzählte sein Erlebnis mit dem Neapolitaner und wie Garibaldi ihn zurechtgewiesen habe und sagte, er liebe Garibaldi am meisten, wenn er gegen ihn zürne, obwohl er sich gleichzeitig dadurch vernichtet

fühle; es gehe ihm insofern mit Garibaldi wie mit dem Meere, das er immer schön finde, wenn es mit sich selbst spiele wie ein Kind, wenn es den schäumenden Mantel seiner Gottheit entrolle, aber am schönsten, wenn er vor seinen Stürmen zittre. »Seine Augen sind wie das Meer,« sagte Mameli sinnend, »ich habe mich oft gewundert, wie sie, in ein so schmales Bett gedrängt, so unermeßlich wirken können. Sie haben keine und alle Farben, das Licht phantasiert darin, sie sind kalt, grausam, barmherzig, undurchdringlich, allmächtig; wenn man sie anschaut, ahnt man die letzten Dinge, die man sonst nicht nennen kann.«
Es verging eine geraume Zeit, bis Garibaldi sich wieder zu den Offizieren gesellte, die inzwischen ihren Imbiß beendet hatten; er aß noch etwas, wobei er nicht viel Zeit zu verlieren pflegte, und dann traten sie den Rückweg an in der Weise, daß der General, der schweigsam geworden war, voranritt und die andern langsamer folgten. Auf dem steinernen Treppenvorsprung vor der hochgelegenen Kirche Maria del Rosario saßen zwei augenscheinlich zur Kirche gehörende Geistliche, Männer mit dunkeln, scharfgeprägten Gesichtern, die die angenehme Lauheit des späten Abends genießen mochten und beim Anblick der vorüberreitenden Offiziere mit der Hand grüßend riefen: »Es lebe die Republik! Es lebe die republikanische Armee!« und ihnen aufmerksam nachsahen. Die Luft war weich vom Geruch der Akazien, die weißlich aus den schwarzen Baumgruppen am Wege schimmerten, der wolkenlose Himmel schien einen schönen Tag zu versprechen. Da aus dem dunkelblauen Dunste ein großer Stern wie ein Geharnischter des himmlischen Heeres in glitzernder Rüstung hervortrat, sagte Mameli hinaufdeutend: »Der Stern Italiens!«, worauf alle mit dem Gefühle einer glücklichen Vorbedeutung nach oben und dann auf den weißen Mantel Garibaldis blickten, den die vom Ritt erregte Luft gelinde hob und lautlos bewegte.

Die Offiziere der mailändischen Bersaglieri waren meist untereinander befreundete vermögende junge Herren, die sich aller glücklichen Kräfte ihrer Jugend erst recht bewußt geworden waren, seit sie nach Manaras Beispiel die Anstrengungen und Gefahren des Kriegslebens unter unglücklichen Umständen auf sich genommen hatten; der Feldzug gegen Österreich im Jahre 1848 war schlecht geleitet, das Heer mit dem Notwendigsten nicht versorgt, die unerfahrenen Offiziere fast ganz auf ihre Talente und Eingebungen angewiesen, mit unverhältnismäßiger Verantwortung belastet. Wie nun aber die aus Mailand und Savoyen ausgestoßene Truppe sich über die Apenninen nach Rom durchschlug ohne Mittel und Unterstützung, das war eine Leistung, die zeigte, wie erfolgreich die jungen Anführer, namentlich der Hauptmann Manara, sich selbst erzogen und die Soldaten geschult hatten.

Dem Luciano Manara ordneten sich alle unter, obwohl er nicht der älteste war, nicht nur in militärischen Dingen, wo es seine Stellung mit sich brachte, sondern auch im bürgerlichen Leben. Das war nicht dem Umstande zuzuschreiben, daß er verheiratet war und Kinder hatte, während die andern fast alle Junggesellen waren, vielmehr einem seelischen Übergewichte; in ihm war kindlich arglose Gemütsart mit einem energischen Pflichtbewußtsein verbunden, dem er sich unbedingt opferte, und zwar hielt er für seine Pflicht, was nach seiner Lage und den Zeitverhältnissen das Schwerste war. Ein Trieb, von dem ihm selbst nichts bewußt war, zog ihn vom behaglichen Genusse fort dahin, wo Kampf und Mühe um etwas Großes war; während aber andre zwar im Drange des Augenblicks Opfer auf sich nahmen, aber bald erlahmten und sich wieder zu entziehen suchten, ließ er nicht nach, sondern eben das Herzblut, das eine Sache ihn kostete, band ihn immer fester an sie. Doch war er, wie seine Freunde, keineswegs leicht zu begeistern, außer für das, was herkömmlicherweise in seinem Umkreise lag, nämlich die Unabhängigkeit Mailands und etwa noch ein in edeln Formen ausgeprägter Gottesglaube, welcher letztere freilich hinter den gegenwärtigen Bedürfnissen der ringenden Vaterstadt zurücktrat. Ohne im mindesten ehrgeizig zu sein, hatte er, was ihm irgend erreichbar war, getan, um seinen Geist auszubilden, im Gefühl, daß seine Leistungen mit seinem Glückszustande im Gleichgewicht sein müßten. Als Offizier von fünfundzwanzig Jahren, denn er war erst so alt, als Mailand sich von Österreich losriß, traten oft Aufgaben an ihn heran, denen er bei seiner geringen Erfahrung nicht gewachsen war; in solchen Fällen scheute er sich nicht, begangene Fehler einzugestehen und, wenn möglich, wieder gutzumachen. Nach der stetigen Anspannung der Willenskraft war in den Stunden der Erholung seine Fröhlichkeit die eines Knaben, der die karg zugemessenen Ferien glücklich genießt, und sein Gesicht, das meist einen streng gefaßten, stolzen Ausdruck

hatte, veränderte sich dann bis zur Unkenntlichkeit, harmlosen Übermut ausstrahlend. Er verstand es, mit den Untergebenen lustig zu sein, ohne das Ansehen bei ihnen einzubüßen.
Die Brüder Dandolo waren zarte Söhne einer frühverstorbenen Mutter und eines gelehrten Vaters, die Klugheit, Geschmack und Empfindung, aber weniger Kraft und Geschlossenheit besaßen. In der Luft eines vornehmen Daseins aufgewachsen und zu hohen Zielen erzogen, dachten und strebten sie niemals unedel; aber wie die Schiffer, die ein gebrechliches Fahrzeug haben und keine kühnen Steuerer sind, sich stets dicht an der heimischen Küste halten, so schreckten sie mißtrauisch vor fremdem und stärkerem Leben zurück, weil sie fürchten mußten, bei der Berührung sich selbst zu verlieren oder unterzugehen. Enrico, der ältere, hatte die Schönheit eines reizenden Mädchens, die, obwohl nur sich selbst und nichts andres bedeutend, auf unerschöpfliche Schätze der Seele schließen läßt. Er war tapfer und pflichttreu ohne Begeisterung, nur so, als ob es zum Spiel gehöre, wie er überhaupt alles, was er tat, in einem gefälligen, zwecklosen Spiel, das ihm Vergnügen machte, zu tun schien. Gefühl verriet er selten, doch lag zuviel davon in seiner Erscheinung und seinem Wesen, als daß er kalt hätte wirken können. Auch sein Witz, in dem viel Spottlust war, konnte nicht kränken, weil er im Grunde nur um der Anmut seines flüchtigen Daseins willen gemacht zu werden schien. Mit seiner zierlichen Eigenart erschien er jünger als Emilio, der sich auch als der ältere fühlte und betrug; er war ernster und sehr erregbar und leicht zu verstimmen, wie seine Gesundheit schwächer und empfindlicher war. Er liebte Manaras wunderschöne Frau, die, wie er selbst, den Keim einer tödlichen Brustkrankheit in sich hatte, ohne auf Gegenliebe zu hoffen und ohne das unglückliche Gefühl zu bekämpfen, das sie ahnte und das Manara völlig durchschaute. Alle drei hüteten das glühende Geheimnis, das sie eher inniger verknüpfte als trennte, da jeder dem andern uneingeschränkt vertraute; es kam vor, daß Emilio sich gereizt und unwillkürlich ungebärdig gegen Manara zeigte, dessen schonende Liebe dadurch nicht erschüttert wurde. Rosagutti, Signoroni, Mancini gehörten gleichfalls wohlhabenden Familien an, die seit dem ersten unglücklichen Versuch Mailands, sich unter dem Schutze Savoyens von Österreich loszureißen, eine große patriotische Verschwörung bildeten, deren Ziel zunächst war, eine Gelegenheit abzuwarten

und inzwischen an Österreich vorbeizuleben. Der jüngste von allen war der achtzehnjährige Morosini; seine Seele schwebte noch in einer goldenen Kindheitssphäre, die die Freunde als etwas Heiliges hüteten, in der sie sich nur mehr von außen spiegeln konnten, deren ungetrübte Vollkommenheit sie aber mit den guten und glücklichen Mächten des Daseins zu verknüpfen schien.
Unzertrennlich zu ihnen gehörte Alessandro Mangiagalli, Manaras Kutscher, der den Feldzug als gemeiner Soldat begonnen und bald den Unteroffiziersgrad erreicht hatte und von dem man bei seiner Umsicht, Pünktlichkeit und Tapferkeit glaubte, daß er eine noch steigende Laufbahn vor sich habe. Er hatte von jeher ein besonders vertrauliches Verhältnis zu Manara und seinen Freunden gehabt, was teils in dem Umstande lag, daß er einige Jahre älter als sie war, sodann in seinem Wesen; er war zu allem zu gebrauchen, wußte immer Rat und Hilfe und war nie übler Laune, so daß er den jungen Männern fast unentbehrlich geworden war. Bildung besaß er keine, aber sein gefälliges Temperament und seine mannhafte Erscheinung kamen bis zu einem hohen Grade dafür auf. Er liebte Manara mit unbedingter Treue, aber tyrannisch und eigensinnig, wogegen Manara sich durch scharfes Hervorkehren seiner Herrschaftsstellung nicht immer erfolgreich zu wehren suchte.
Nach der Begegnung mit Garibaldi aßen die Freunde im Gasthof ›Zum Pavian‹ zu Nacht und sprachen von ihm, den keiner von ihnen zuvor, außer im Bilde, etwa in den groben Holzschnitten revolutionärer Blätter, gesehen hatte. Mangiagalli, der die Herren beim Essen bediente, machte, während er Wein einschenkte, die Bemerkung, er hätte nicht geglaubt, daß Garibaldi so schön wäre; er wäre unter den Menschen, was der Löwe unter den Tieren, die die Nase in den Sand steckten, wenn sein Haupt wie die Sonne am Rande der Wüste aufginge. »Der Mann ist schön, aber sein Kleid ist mir zu bunt«, sagte Manara kühl, und Enrico Dandolo fügte mit süßlächelnden Augen und sanfter Stimme hinzu: »Mir gefällt der Mohr am besten; er ist zweifelsohne aus Afrika oder Amerika, während Garibaldi nur aus Nizza ist, geht halb nackt und hat vielleicht schon Menschenfleisch gefressen. Wäre noch eine Affe und ein Papagei dabei, so würde ich an dem Aufzuge nichts vermissen; das können die roten Jacken des Generalstabes nicht ganz ersetzen.« Während die andern lachten, fuhr Mangiagalli unbe=

kümmert fort: »Vor ihm sind alle andern Knechte, denn was er zu ihnen sagt, ist immer Befehl, wenn er auch höflich bittet, und was man zu ihm sagt, klingt immer wie ›zu dienen!‹, wenn einer auch ›zum Teufel!‹ sagte.« Manara wendete den Kopf nach ihm herum und sagte gereizt: »Du bist zum Bedienen da und nicht zum Reden«; indes Signoroni meinte gutmütig: »Laß ihn doch, er redet besser, als er bedient, und wenn er an einem verhaltenen Worte erstickte, so hättest du zwar nur einen störrischen Diener, aber das Vaterland hätte einen angehenden Helden verloren.« – »Meinetwegen mag er sprechen, soviel er kann,« sagte Enrico Dandolo, »wenn er nur uns und keinen andern lobt.« Auf diese Aufforderung fiel Mangiagalli sofort ein und sagte: »Ich müßte nicht ein Mensch, sondern ein Spiegel sein, wenn ich Eure Vorzüge schildern wollte, ohne hinter der von der Natur erschaffenen Schönheit zurückzubleiben. Aber die Bemerkung kann ich nicht unterdrükken, daß ich an keiner Tafel einen Herrn und nicht einmal eine Dame gesehen habe, die einen Hühnerknochen mit so schmalen Fingern so edel gehalten und mit so glänzenden Zähnen so anständig benagt hätte.« Es war bekannt, daß der junge Dandolo seine Schönheit wie ein liebes Wesen, das ihm anvertraut wäre, pflegte, sie auch ebensogern rühmen hörte, und alle belachten den Scherz. Manara konnte, obwohl er auf die Heiterkeit der andern einzugehen versuchte, die Verstimmung, die ihn drückte, nicht verbergen. Es waren nämlich die Bersaglieri in Civitavecchia durch die Franzosen, die dort die Herrschaft an sich gerissen hatten, festgehalten und nur gegen das Versprechen freigelassen worden, vor dem 4. Mai in keinen Kampf gegen die Franzosen einzutreten, bis zu welchem Zeitpunkt Oudinot siegreich in Rom zu sein rechnete. Jetzt gestand Manara, daß er sich überlistet fühle: »Es hätte mich gelockt,« sagte er, »neben diesem Garibaldi zu kämpfen, der allen Ruhm der Tapferkeit, der in Italien aufgeht, an sich zieht und mit einer Hoheit erscheint, als müsse es so sein, und ihm und allen zu zeigen, daß es bei uns auch Soldaten gibt, die Mut und Ehre haben. Vielleicht habe ich nichts andres gegen ihn, als daß ich ihn beneide, weil er das Recht hat, sich zu schlagen, und ich zusehen muß. Ein blinder Narr war ich, dem Franzosen mein Wort zu geben; er hätte uns doch müssen ziehen lassen! War es nicht klar, daß er am 4. Mai schon alle Arbeit getan glaubte?« – »Mir war es klar,« brummte Mangiagalli, »und ich sagte es auch; aber weil ich schweigen muß, wurden meine Worte zwar gehört, aber doch auch wieder nicht gehört, nämlich nicht in Betracht gezogen.« – »Schweig,« rief Manara zornig, »du bist auf der Stelle entlassen!«, worauf Mangiagalli sich schnell auf den Hacken herumdrehte und der Tür zueilte, indem er rief: »Hurra! Ich laufe zum Garibaldi und kämpfe morgen mit!«, aber von den jungen Leuten unter Gelächter ergriffen und zurückgebracht wurde. »Wärest du auch aus meinem Dienst entlassen,« erklärte Manara, »so wärest du es doch nicht aus meiner Truppe. Aber du magst in Gottes Namen noch einmal bei mir bleiben, wenn ich auch froh wäre, der Verantwortung für einen so unzähmbaren Menschen ledig zu sein.« – »Ich fände auch wohl einen bequemeren Herrn,« erwiderte Mangiagalli, »aber ich habe der gnädigen Frau bei meiner ewigen Seligkeit geschworen, für Euch zu sorgen und über Euch zu wachen; darum bleibe ich.« Er konnte es nicht vertragen, wenn die häufigen Wortwechsel mit seinem Herrn abschlossen, ohne daß er als der letzte gesprochen hätte, und da Manara diese Eigenheit kannte und nicht dagegen aufkommen konnte, hatte er sich angewöhnt, den unausbleiblichen letzten Satz zu überhören.

Wie vor dem eilenden Schiff her sich Wellen ausbreiten, bebte die Luft vor der nahenden Sonne, als am 30. April des Jahres 1849 die Türen der Häuser sich öffneten, Männer und Knaben mit allerhand Waffen auf die Gasse heraustraten, nach den Fenstern zurückblickten, aus denen ihnen Gruß und Segen nachklang, und nach den Wällen liefen. Angelo Brunetti ging mit seinen beiden Söhnen, von denen auch Luigi, der jüngere, eine zierliche Flinte trug, damit er nicht wehrlos sei, und seiner Frau, die das jüngste Kind auf dem Arme trug und die kleine Maria an der Hand führte, den Korso hinunter. Auf der ›Piazza Venezia‹ blieben sie stehen, um Abschied zu nehmen, denn es war ausgemacht, daß Lucrezia dort umkehren und die beiden kleinen Mädchen nach Hause zurückbringen sollte. Sie empfahl ihrem Mann und ihren Söhnen, in der Peterskirche ein Gebet zu sprechen und noch vor dem Kampfe von Vater Ugo Bassi den Segen zu erbitten, und küßte sie dann nacheinander, indem sie sagte: »Ich weine nicht!« und sie fest aus ihren strahlenden Augen ansah, die dennoch feuchter und milder als sonst waren. Brunetti umarmte die Kleine, beugte sich über das schlafende Kind, dessen Kopf auf der Mutter Schulter lag, und küßte seine Hand, die wie ein winziger brauner Hügel aus allerlei buntem Zeug hervorguckte; dann gingen sie nach entgegengesetzter Richtung auseinander.

Nun stürmte die Sonne an den Hügeln hinauf in den Äther und entzündete das feurige Spiel des Lebens: Roms göttlicher Leib hob und wölbte sich in Licht und Schatten und übergoß sich mit dem Balsam seiner immergrünen Gärten. Dem Tore von San Pancrazio gerade gegenüber lag, höher als alle andern Häuser am Janiculus, Villa Corsini, die auch ›Das Haus der vier Winde‹ genannt wurde und die, weil sie der wichtigste Punkt im Umkreise war und die weiteste Aussicht ermöglichte, Garibaldi zu seinem Standquartier gewählt hatte. Die leichte Pracht des reizenden Palastes sprach von dem Kunstsinn und der vornehmen Üppigkeit seiner Erbauer; das Innere war mit Wandgemälden geschmückt, das Treppenhaus und die Gänge mit alten Bildwerken, die zum Teil in den Gärten des Hadrian waren ausgegraben worden. Wenn man über die breite Freitreppe in die Eingangshalle trat, fiel das Auge auf eine große Marmorgruppe, die nach der Meinung der meisten Kunstkenner Achilles darstellte, der den toten Patroklos beklagt; die Formen waren kaum noch kenntlich; aber der leidenschaftliche Gegensatz in der Bewegung des Lebens und des Todes, die der Geist eines unbekannten Künstlers vor Jahrhunderten wie einen Blitz in den Stein geschleudert hatte, war durch die Zertrümmerung erst befreit und völlig sichtbar geworden.

Von dem eleganten Turme der Villa sah Garibaldi die französische Armee über die Aurelianische Straße heranziehen und sich gegen den Vatikan und den Janiculus verteilen. Er dachte daran, daß das die Armee war, auf die noch ein Leuchten von dem untergegangenen Namen des großen Napoleon fiel, an die er nie anders als mit Bewunderung gedacht hatte, in deren Mitte zu kämpfen er früher stolz gewesen wäre. Er wußte und sah als geübter Feldherr, wie überlegen diese Truppen den seinigen waren, nicht nur durch die Zahl: sie waren erfahren, ausdauernd und tapfer nicht aus der Leidenschaft der Begeisterung oder des Hasses, sondern aus Gehorsam, Gewohnheit und Ehrliebe, Tugenden, auf die man sich verlassen konnte. Anstatt aber durch den Anblick einer solchen Kraft des Feindes erschreckt zu werden, fühlte er sein Bewußtsein gehoben; es hätte ihn nicht befriedigt, sich vor den Toren Roms mit einem geringen Gegner zu messen. Langsam ging

er die Treppen hinunter, warf einen Blick auf die Gruppen der Marmorbilder und sprengte dann nach dem Tore von San Pancrazio zurück, wo sein Stab und seine Regimenter ihn erwarteten. Es waren ihm zu seiner Legion noch die Kohorte der Studenten unter dem unentwegten Zamboni, die Freiwilligen, welche noch mit dem Segen Pius' IX. ausgezogen waren und im Venezianischen gekämpft hatten, und schließlich die Abteilung der Finanzieri unter jenem Zambianchi zugeteilt, dem Gutes nachzusagen niemand wußte und Böses niemand wagte. Von den aus Venedig Heimgekehrten abgesehen, kannten diese Körper den Krieg noch nicht und kämpften heimlich gegen das Grauen der Schlacht, mit dem Unterschiede, daß die Finanzieri sich mehr vor der Gefahr, die Studenten mehr vor der Pflicht zu töten oder dann vor den Tücken ihrer unbefestigten Natur fürchteten. Aber wie Kinder, die allein im Dunkel verirrt sind und vor dem struppigen Haupt der alten Weide und vor dem Flüstern unsichtbarer Nachtgesichte zittern, aufatmen, wenn sie den Schritt des Vaters hören, der sie sucht, so verschwand die Beklemmung, als Garibaldi erschien und mit heller Stimme, aus der vor dem Beginn des Kampfes schon die Glorie des gewissen Tages strahlte, ihre jubelnde Begrüßung erwiderte. Seine Seele breitete sich gegenwärtig über dem ganzen Heere aus wie ein neues Element, in dem man siegt.
Der Verlauf des Tages war so: die Franzosen griffen zuerst den Vatikan an, wo sie von einem römischen Linienregiment unter General Galletti und den Kanonen des Ludovico Calandrelli empfangen und aufgehalten wurden; zugleich versuchten sie mit ihrem rechten Flügel die Villen im Parke Doria, der den Monte Verde krönt, zu nehmen, und es gelang ihnen, die Villa Valentini, nicht aber die Villa Corsini zu besetzen. Das Feuer der römischen Kanonen erwiderten sie durch Geschütze, die sie auf den Resten der Aurelianischen Wasserleitung aufstellten. Ihr Ziel, das sie kühn und hartnäckig verfolgten, war, von zwei verschiedenen Seiten, vom Vatikan und vom Janiculus aus, in Rom einzudringen und beide Flügel auf dem Petersplatz zu vereinigen. Erst am späten Nachmittage, als Garibaldi aus den Toren Pancrazio und Cavalleggieri zugleich ausfiel, den Angriff selbst leitend, mußten sie weichen, gaben alle ihre Stellungen auf und versuchten nicht mehr, den Kampf zu erneuern.
Etwa um die dritte Nachmittagsstunde kam Goffredo Mameli mit

einer leichten Wunde zu dem Torgebäude von San Pancrazio, wo die abgelösten Truppen sich mit Wein und Brot erfrischen und wo auch kleinere Verwundungen verbunden werden konnten; es hatte ihn ein Schuß, der sein Pferd tödlich getroffen hatte, am Fuße gestreift. Wenn auch bekümmert über den Verlust des Tieres, freute er sich doch der ersten Wunde, die ihm endlich das Gefühl gab, sich wie ein rechter Soldat geschlagen zu haben; denn bisher war ihm immer zumute, als spiele er nur, während die andern arbeiteten, ja als erteile ihm Garibaldi absichtlich Aufträge, bei denen er keiner Gefahr ausgesetzt sei, weil er ihm wohl Begeisterung zutraue, aber nicht Geistesgegenwart und vernünftiges Tätigsein. Der alte Doktor Ripari, Garibaldis Leibarzt, ein Cremonese, kam bald hernach, untersuchte Mamelis Wunde und erzählte, während er sie verband, von einem jungen Genuesen namens Ghiglione, der soeben in seinen Armen verschieden sei und ihm sein Pferd vermacht habe; es war eine Blesse, ein großes schwarzes Tier mit weißen Flecken an der Stirn und an einem Hinterfuße. Der junge Mann, sagte er, sei kurzsichtig, aber sehr verwegen gewesen, Garibaldi selbst habe ihn gewarnt, sich nicht zu weit vorzuwagen, worauf er lachend geantwortet habe, er müsse das seines kurzen Gesichts wegen tun, da er den Feind sonst nicht erkenne; da habe ihn denn bald darauf der Tod ereilt. »Ihr jungen Leute«, sagte scheltend der Alte, der seinen Kummer über das Leiden und Sterben des tapferen jungen Blutes, das er mit ansehen mußte, durch Brummen über die wirklichen oder vermeintlichen Ursachen desselben zu äußern pflegte, »führt den Krieg auf eine besondere und nicht die rechte Weise. Ihr meint, er wäre für euch da, damit ihr Wundertaten verrichtet und euch auszeichnet, und anstatt sie klug zu vermeiden, sucht ihr die Gefahr; die Wunden tun ja erst hernach weh. Wir brauchen keine Zweikämpfe, keine Keckheiten, die später der Daheimgebliebene kopfschüttelnd bewundern muß! Ordnung und Plan brauchen wir, gehorsame Soldaten, nicht waghalsige Heldenjünglinge, die sich gebärden, als ob der Krieg ein Theater wäre!« Mameli, der aufmerksam zugehört hatte, sagte nachdenklich: »Ihr habt gewiß recht. Wir bilden uns viel ein und schaden wohl mehr, als wir nutzen. Ich will nicht leugnen, daß ich mich seit meinen Knabenjahren danach sehnte, der Krieg gegen Italiens Feinde möchte losbrechen und es möchte mir vergönnt sein, nach vollbrachten Heldentaten den Heldentod zu ster=

ben, und über meinem Trachten nach außerordentlichen Leistungen habe ich vielleicht Naheliegendes unterlassen, das zweckmäßig gewesen wäre.« – »Seht Ihr!« triumphierte Ripari. »Ich dachte mir's, daß Ihr auch einer von denen wäret! Seid Ihr nicht jener Dichter Mameli? Ihr hättet friedfertig und bescheidentlich zu Hause bleiben können, da die Phantasten ohnehin mit dem Schwerte nicht umzugehen wissen. Man sieht es Euch an, daß Ihr nicht viel aushalten könnt. Was für Arme, was für eine Brust! Da ist nichts Robustes, da sind keine Muskeln, das Ganze taugt nichts. Mein Rat ist, daß Ihr augenblicklich diese Jacke da auszieht, nach Hause geht und weiter dichtet, wozu Ihr Euch besser eignen mögt und was Euch nicht schaden wird.« Mameli sagte demütig: »Ich hatte vielmehr gehofft, Ihr würdet mir das Pferd meines verstorbenen Landsmanns überlassen, das Euch augenblicklich nicht von Nutzen sein kann, mir aber aus der Not hülfe, da ich mit meinem Fuße unberitten nicht in den Kampf zurück kann.« Ripari fuhr entrüstet auf und zankte, Mameli gehöre ins Bett, er würde nicht dulden, daß er heute noch ins Gefecht gehe, und ein andrer mischte sich ein, indem er ihn warnte, Blessen seien unglückbringende Pferde und trügen den Reiter ins Verderben; doch kam in diesem Augenblick eine Anzahl Soldaten, von Montaldi geführt, der dem Alten die Hand auf die Schulter legte und ihn erinnerte, daß er ihn vor einer halben Stunde gesehen habe, wie er den sterbenden Ghiglione gegen einen übermächtigen Feind verteidigt und sich damit auch ohne Zwang dringender Gefahr ausgesetzt habe. Sie wurden durch Ugo Bassi unterbrochen, der einen Schwerverwundeten vor sich auf dem Pferde trug; Ripari entschied, nachdem er einen Blick auf ihn geworfen hatte, daß er sofort nach der nahen Kirche San Pietro in Montorio getragen werden müsse, wo ein notdürftiges Lazarett eingerichtet war. Schon nach wenigen Minuten kam Bassi zurück, da der Mann unterwegs verschieden war; er sah traurig vor sich nieder. »Seid Ihr der Ugo Bassi, der den Krieg so predigte, daß die Blinden und Lahmen ein Messer ergriffen und ihm nachhinkten?« rief Montaldi ermunternd. »Ich würde es wieder tun,« erwiderte der Priester, »wenn es sein müßte; aber ich sage doch: der Krieg ist Sünde, die Sünde austreibt.« Montaldi füllte ein Glas mit Wein, trank ihm zu und reichte es ihm, indem er ausrief: »Es lebe der Krieg! Es lebe der Ruhm! Das Leben ist nur die Form aus Ton, die zerbrochen wird,

der Ruhm das Erzbild, das glänzt und dauert!« – »Heide«, sagte Ugo Bassi lächelnd und gab das Glas zurück, worauf er wieder dem Parke zuritt, wo gekämpft wurde.
Von den Bastionen her kam gleichzeitig Garibaldi und sagte zu Montaldi, der ihm entgegenritt: »Jetzt muß es entschieden werden. Du führst die besten Truppen, die kampffähig sind, gegen den rechten Flügel, Sacchi fällt aus Porta Cavalleggieri aus, so fassen wir sie von beiden Seiten und müssen sie von ihrem Lager abschneiden können.« Da sein Auge auf Mameli fiel, rief er ihm zu, er solle, verwundet, wie er sei, am Tore in seiner Nähe bleiben; der hatte aber die Gelegenheit benutzt, um sich an das Pferd des Doktors Ripari heranzuschleichen, schwang sich eben auf und jagte davon, mit spitzbübischer Miene nach dem drohenden Alten zurückblickend. Montaldi sammelte in Eile die verfügbaren Truppen und sprengte den Soldaten voran gegen den Feind, der gerade eine frische Abteilung gegen Villa Corsini führte. Diese mußte sich, flüchtend vor dem Schwung des Angriffs, zurückziehen; allein zugleich mit seinem getroffenen Pferde stürzte Montaldi und war im Nu von den schnell zurückkehrenden Franzosen umringt. Er erwehrte sich ihrer eine Weile, auch als er nicht mehr aufrechtstehen konnte, auf den Knien den zerbrochenen Säbel schwingend; so fand ihn Ugo Bassi, der herbeieilte und sich neben ihm auf den Boden warf, um den mehr von der Todesohnmacht als vom Feinde Überwältigten aufzufangen. Montaldi erkannte den Priester, lächelte und wollte sprechen, aber sein Kopf fiel zurück, und der Körper wog mit lebloser Schwere auf Ugo Bassis Brust; die Franzosen wurden von Legionären beschäftigt, die zu spät ihren Anführer zu befreien herbeigekommen waren. Garibaldi befand sich auf der höchsten Stelle des Walles, von wo aus der Blick den Teil des Parkes übersieht, in dem die wichtigsten Stellungen der Schlacht waren; als er sah, daß Montaldi fiel, der Angriff dadurch abgeschwächt wurde und der Kampf stockte, gab er seinem Pferde die Sporen, stellte sich an die Spitze von etwa fünfzig Reitern, die außer Tätigkeit waren, sammelte die Zerstreuten und stürzte sich selbst in das Gefecht. Aus seinem Blick empfingen die Soldaten eine Schwungkraft, die sie wie unfehlbare Werkzeuge seines Willens gegen den Feind schnellte; er wankte, gab nach, und auf beiden Flügeln gleich bedrängt, mußte das ganze französische Heer unter fortwährenden Verlusten sich zurückziehen.

Nachdem Ugo Bassi den Leichnam Montaldis einigen Soldaten übergeben hatte mit dem Auftrage, ihn aus dem Gewühl an einen geschützten Platz zu bringen, ließ er sein Pferd traben, wie es wollte, bis er plötzlich bemerkte, daß er allein jenseits der Linie des römischen Heeres zwischen Weinbergen war, die französischen Truppen als Schlupfwinkel dienten. Wie er das Pferd wendete, hörte er einen Schuß fallen, sah, daß sein Tier sich bäumte, und stürzte gleich darauf mit ihm zu Boden; er selbst war nicht verletzt, aber das Pferd tödlich getroffen; es versuchte mit krampfigen Bewegungen sich aufzurichten, wobei es seinen Herrn inständig ansah, und starb. Ugo Bassi legte den Arm um den Hals des schönen Tieres und weinte. »Ach, verlasse mich doch nicht,« klagte er, »mein Liebling, mein stummgeborener Bruder. Deine Blicke aus unergründlicher Seele waren reicher als unsre Worte. Dein tanzender Schritt, das Beugen deines Schlangenhalses, das Schnauben deiner Nüstern sprach schöne und stolze Gedanken der Natur aus. Wie warest du zärtlich, aufmerksam und ungestüm, wie warst du mir vertraut! Wie die Welle das Schiff trägt, zu den Wolken hebt und wieder ins Meer reißt, so trugest du mich durch die Elemente, und wie im Rauschen der Welle witterte ich den Dunst des Weltgeists, wenn ich dein Wiehern hörte oder wenn dein warmer Atem feucht um meine Wange blies.«

Seiner Trauer hingegeben, hatte er nicht darauf geachtet, daß französische Soldaten sich ihm genähert hatten, die ihm nun zuriefen, er solle sich ergeben. Er nannte seinen Namen, zeigte das Kreuz, welches er am Halse trug, und daß er ohne Waffen war, und bat, sie möchten ihn sein friedliches Amt weiter verrichten lassen. Einer der Franzosen entgegnete mit Bezug darauf, daß er den Hals des toten Pferdes umschlungen gehalten hatte, ob er etwa dem Gaul die Sterbesakramente gereicht habe, und ein andrer sagte, es gehe sie nichts an, wer er sei, übrigens sei ein Priester im Lager Garibaldis schlimmer als der Teufel, er sei ihr Gefangener und müsse ihnen folgen. Da er einsah, daß jeder Widerstand und jedes Widerwort vergeblich sein würde, fügte er sich schweigend; er wurde von den Franzosen mit absichtlicher Roheit behandelt und wäre vielleicht erschossen worden, wie sie es später mit einem Geistlichen vor der Kirche Santa Maria del Rosario machten, der sich zur Republik hielt, wenn nicht eine beträchtliche Anzahl Franzosen in die römische Gefangenschaft geraten wären, die sie

durch eine namhafte Persönlichkeit, wie Ugo Bassi war, auszulösen dachten.
Ein absonderlicher Fang war Nino Bixio geglückt, er war nämlich bei der Verfolgung der flüchtenden Franzosen auf eine abseits gelegene, von dem französischen Oberst Picard besetzte Meierei gestoßen, der nicht ahnte, daß die Hauptmasse seines Heeres bereits im Rückzuge begriffen war. Nino Bixio, der keinen Feind in fester Stellung mehr zu finden vermutet hatte und seinen Truppen um eine gute Strecke voraus, also ganz hilflos war, erschrak heftig, als er sich ohne Rettung der Übermacht preisgegeben sah; aber der Schreck äußerte sich bei ihm als Wut, mit der er auf den französischen Oberst zusprang, ihn am Kragen faßte, tüchtig schüttelte und anschrie, er solle sich ergeben. Oberst Picard hatte das Aussehen eines Wüterichs, war aber ein unentschlossener, leicht zu erschütternder Mann, der sich seine Lage und das Benehmen des rasenden Italieners nicht zu erklären wußte und in der Verlegenheit seinen Soldaten gebot, die Waffen zu strecken. Dem Bixio brach der Angstschweiß aus, als er sich von fünfzig Gefangenen umringt sah; zu seinem Glück erschien aber jetzt eine Abteilung Soldaten, die ihm gefolgt waren, nahmen die Franzosen in ihre Mitte und führten sie in die Stadt.

Als Garibaldi von der Verfolgung des abziehenden Feindes zurückkam, war der Janiculus voll von Menschen, die das Gerücht des Sieges herbeigelockt hatte. Er machte sich Bahn durch das Gedränge, um von der Bastion aus, die den weitesten Blick ins Land gab, die Bewegungen des französischen Heeres zu beobachten, und das Volk, das ihn erkannte, wich ehrerbietig zurück; doch zuckte sein Name, von einem zum andern geworfen, durch die erregte Menge und schlug plötzlich aus der Glut unzähliger Herzen wie eine Flamme in die Luft. Da er dem freien Felde zugekehrt stand, wendete er sein Pferd, um die Begrüßung anzunehmen, worauf das Rufen: »Heil Garibaldi! Schwert Italiens! Stern Italiens!« sich erneuerte. Die hellen, stürmischen Glocken Roms fingen in diesem Augenblick zu läuten an, anschwellend wie eine Flut, die mit seinem triumphierenden Namen zum Himmel stieg. Auf den Mauern, auf den Geschützen, auf Dächern und Bänken, überall waren Menschen. Garibaldi sah Soldaten seiner Regimenter, lombardische Bersaglieri, die nicht hatten mitkämpfen dürfen, Männer, Frauen und

Kinder, die Hüte und Tücher schwenkten; auch die Gleichgültigen und die Vorsichtigen, die sich zurückgehalten hatten, weil sie einen guten Ausgang der Sache nicht für möglich hielten, kamen auf die Nachricht von der Flucht der Franzosen herbeigeeilt. Indem sie seinen Namen riefen, staunten sie auf den wundervollen Mann, aus dessen Händen sie das freie Vaterland empfangen sollten; er stand ehern gegen den feurighellen Abendhimmel, nur sein weißes Pferd bewegte den hohen Hals auf und nieder und schnaubte leise. Der Platz, auf dem er sich befand, war gegen die Stadt zu von Akazien umgeben, die blühten und deren süßer Geruch seine tiefste Seele erfüllte, zugleich mit dem starken Bewußtsein, daß er Italien machen werde und daß das Volk um ihn her es wisse und auf ihn baue; ja auf einmal schien es ihm, als sei er weit fort, einsam auf rollendem Meere, und als sei das übermenschliche Werk lange, lange schon vollendet und er frei, ganz durchdrungen von dem schwebenden Geiste getaner Taten.

Als der Jubel der Menge nachließ, richtete er sich auf, blickte um sich und sagte: »Soldaten! Eure Tapferkeit hat den Sieg über die tüchtigste Armee Europas davongetragen: ich danke euch! Heute, Heer und Volk, habt ihr Rom mit Blut in Italiens Fleisch eingegossen. Wehe dem, der eins vom andern reißen wollte!« Dann, da er grüßte und mit einigen Offizieren dem Vatikan zu ritt, löste sich die zusammengedrängte Menge, und von der Anhöhe stürzte sich der Jubel des Sieges hinunter und überflutete Rom. Er wälzte sich durch die Gassen und über die Hügel wie ein Schwarm von Bacchanten, deren trunkener Schrei von den schwarzen Ruinen widerhallt und deren goldene Becken glühend wie Schwertergeklirr durch die laue Dämmerung dröhnen.

Luciano Manara, der von den Galerien der Peterskirche den Gang des Kampfes verfolgt hatte, suchte Garibaldi auf und fand ihn, auf der Lafette einer Kanone sitzend, im Gespräch mit dem Obersten der Artillerie, Ludovico Calandrelli; es war nämlich vorgekommen, daß den Feind verfolgende römische Soldaten von den Geschossen der eignen Geschütze getroffen worden waren, wie es sich zeigte, ohne Calandrellis Schuld infolge des zwiespältigen Oberbefehls, der einheitliches Handeln erschwerte. Manara näherte sich und sagte zu Garibaldi, er befürchte, seine Achtung durch sein Benehmen am vergangenen Tage eingebüßt zu haben, Garibaldi möge jene Begegnung vergessen; es sei sein Wunsch,

daß es ihm trotz des heutigen Sieges noch vergönnt sein möge, mit seinen Truppen unter Garibaldi zu fechten, damit er sähe, daß, welches ihre Gesinnung auch sein möchte, sie tapfer zu kämpfen und zu sterben wüßten. Garibaldi reichte ihm die Hand mit dem Lächeln, das, ohne daß er es wußte, auch seine Gegner bestrickte, und sagte: »Das weiß ich und möchte das letztere nicht sehen müssen. Meine Achtung konntet Ihr, Hauptmann Manara, nicht verlieren: man soll die Menschen nicht nach ihren Worten, sondern nach ihren Taten beurteilen.« Dann sprach er in froher Erregung von seiner Hoffnung, den Franzosen eine völlige Niederlage zu bereiten und das erprobte Heer gegen Italiens Erzfeind Österreich wenden zu können. Der Zwist mit Frankreich sei nur etwas Zufälliges und Vorübergehendes, das Werk einer ränkevollen Partei, die bald gestürzt werden würde. Das Notwendige sei, daß Mailand befreit und Österreich über die Alpen zurückgeworfen werde. »Das wäre möglich?« rief Manara aus, indem er Garibaldi ungläubig, fast erschrocken ansah. »Wie denn?« fragte dieser erstaunt. »Dachtet Ihr, Mailand sollte allezeit in dieser Knechtschaft bleiben?« – »Nein«, antwortete Manara und lächelte traurig; »aber ich habe mich gewöhnt zu denken, daß ich den Tag der Befreiung nicht sehen werde.« Garibaldi sprang ungeduldig auf, indem er ausrief: »Soll denn immer der größte Ruhm der besten Söhne Italiens ein tapferes Sterben sein? Leben und leben wollen müßt Ihr! In Euern Jahren glaubte ich mich noch unsterblich!« – »Ihr seid es vielleicht«, lachte Manara und fuhr ernster fort: »Was mich entnervt hat, waren nicht die Entbehrungen und Leiden dieses Jahres, sondern die Einsicht in unsre Ohnmacht. Unsre Kette zerreißen wie ein wildes Tier, das haben wir können, nicht unsers Feindes Herr werden, weil wir es unser selbst nicht sind.« Garibaldi schwieg und sann eine Weile, dann sagte er ruhig: »Wer unterliegt, scheint immer unrecht zu haben; mich soll das nicht irremachen. Wenn meine Mutter oder meine Brüder und Kinder im Elend sind, grüble ich nicht, ob sie es verschuldet haben, sondern versuche ihnen zu helfen und helfe ihnen hundertmal, wenn sie sich hundertmal wieder verderben, weil ich sie liebe.« Nach einer Pause sagte Manara: »Ich möchte so fühlen und handeln können wie Ihr, und wenn ich Euch ansehe und mit Euch spreche, scheint mir fast, ich könnte es.«
Garibaldi sah es als eine Gunst des Schicksals an, daß er an dem

Tage, wo Montaldi gefallen war, zwei Männer fand, die diesem an militärischer Begabung und Hochherzigkeit gleichkamen, nämlich außer Manara den Reiterführer Angelo Masina aus Bologna, der sich bei dem letzten, den Ausschlag gebenden Angriff hervorgetan hatte. Er hatte sich in Bologna den Namen eines Patrioten, in Spanien Kriegsruhm erworben, war infolge der päpstlichen Amnestie in die Heimat zurückgekehrt und hatte, als äußere Feinde die Republik bedrohten, aus seinem eignen bedeutenden Vermögen fünfzig Reiter ausgestattet und nach Rom geführt. Er pflegte im Feuer der Schlacht so energisch zu leben, daß, wer ihn sah, meinte, Gefahr und Anstrengung seien das Element, in dem er sich heimisch fühle und sein ganzes Wesen könne spielen lassen, zwischen den Schlachten aber sich ganz der Muße des friedlichen Lebens hinzugeben und glich dann einem weichlichen Schwelger, den weder Pflicht noch Ehre von seinem Lotterbett würde reißen können. Sowie er Garibaldi sah, entschied er sich für ihn und hing ihm an, wie wenn er durch Eideskraft gebunden wäre; denn während er die Frauen ebensoschnell vergaß, wie er ihnen häufig und in ehrlicher Meinung ewige Liebe schwur, schloß er sich Männern selten, dann aber unverbrüchlich an und hatte wenige Überzeugungen, an denen er niemals irre wurde. Durch diesen Mann fühlte sich Garibaldi glücklich bereichert; es war ihm, als hätte er in ihm eine neue, vernichtende Waffe gefunden, mit der er gegen Österreich kämpfen könnte.

Beim Einbruch der Nacht waren die Höhen still und menschenleer geworden: die Soldaten füllten die Schenken der Stadt und erzählten, was sie getan und erlebt hatten. Garibaldi ging nach der Kirche San Pietro in Montorio, um den Leichnam Montaldis zu sehen, der dort lag. Der alte Ripari hatte ihn erwartet und zeigte ihm traurig und stolz die neunzehn Wunden, mit denen der Tapfere gefallen war; sein Gesicht war klar und unentstellt. Lange betrachtete Garibaldi den schönen schlanken, festen Körper, der das Siegel des Todes wie einen hohen Orden trug, in dessen Besitz er zum erstenmal die Augen schließen und in seiner eignen Seele ruhen möchte. Dann hieß er den Arzt heimgehen und setzte sich zu dem Mohren, der ihn auf der zur Kirche führenden Treppe erwartete, um mit ihm die Totenwache zu halten. Es wollte ihm nicht in den Sinn, daß er den Mann, der zwanzig Schritte von ihm lag, nicht wecken konnte, damit er ihm den

Kummer verscheuche; denn er hatte ihn nie krank, nie müde, nie verzagt oder hilflos gesehen. Während die andern Licht, Kraft und Hoffnung aus ihm, Garibaldi, sogen, hatte Montaldi seiner nicht bedurft, außer daß er ihn liebte; er hatte bei keinem andern jemals Zuflucht gesucht als bei sich selbst, auch bei Gott nicht. Keine Gefahr war ihm zu groß, keine Arbeit zu schlecht gewesen; er hatte die Seele des strömenden Wassers, das Mühlen und Schiffe und Fabriken treibt und mit Schaum und sprühenden Tropfen, den Überschuß seiner Kraft verspielend, über die Räder stürzt.

In den Häusern unten ging Licht an Licht auf, und die festliche Stadt flammte prahlerisch gegen die Sterne. Garibaldi sah es ohne Bewußtsein: er dachte an die wilde Weite der Neuen Welt und den riesigen Wurf ihrer zügellosen Schöpfung, wo er und Montaldi sich in verwegener Jagd die Augenblicke des ungebändigten Lebens fangen mußten. Er dachte an silberne Nächte, wo sie ohne Weg, ohne Nahrung, allein mit den Gefahren der Wildnis, doch festen Herzens durch die Steppe geritten waren, zwei feurig lebendigen Welten gleich, die durch die Unendlichkeit schwärmen; an eine Fahrt, die sie mit meuternder Mannschaft über das Meer machten, als wären sie im Käfig mit Raubtieren, die gähnend, mit fegendem Schweif, den Menschen umkreisen und sich auf ihn stürzen, sowie sein Blick, der sie bändigt, die Spannkraft verliert. Er hätte es auch ohne ihn bestanden, aber mit ihm wurde das Mißgeschick ein Abenteuer und selbst der Verlust ein Anlaß, sich auf eigne Schätze zu besinnen.

Mit Aghiar tauschte er Erinnerungen aus und hörte ihn die Taten und Eigenschaften des Toten loben: Er war wie ein Palmbaum mit glattem Stamme, der im Sturme sich singend biegt, aber die Blätter und Zweige festhält und, wenn der Sturm sich legt, dasteht wie zuvor, ohne einen Riß in der Rinde, als wäre der Himmel heiter gewesen. Sein Herz war kühl wie die Quelle des Gebirges, sein Haß und sein Schmerz waren stark und schnell, die Vergangenheit gärte nicht in seiner Brust. Er liebte nichts wie die Freiheit; der Tod hat ihn gefangen, aber er wird sich losreißen und auf glänzendem Schiff die weiten Meere jenseits des Himmels befahren.

Eine tiefe Traurigkeit kam über Garibaldi; es schien ihm, als könne er diesen Freund nicht verschmerzen, obwohl ihm noch viele andre blieben und obwohl er schon manchen Verlust verwunden hatte. Auch Gaëtano Sacchi hatte die kriegerischen Tage Amerikas mit ihm geteilt, er war tapfer, treu und verschwiegen, ein eiserner Ritter für ihn und Italien; der junge Medici scheute keine Gefahr, auch er war edel geartet, unternehmend und willig, den Weg der Zukunft zu gehen; aber sie hätte er nicht vermißt wie Montaldi. Dieser nahm seine Jugend mit weg, die grenzenlose Zeit der Vorbereitung und Hoffnung. ›Diese Nacht‹, dachte er, ›soll dir und unsrer Jugend gewidmet sein, dann gehe du und ringe mit den Geheimnissen des Todes, und ich will Schlachten des Lebens schlagen; wenn unsre Geister sich je begegnen, sollen sie sich ohne Wehmut grüßen.‹

Er saß träumend an die dunkle Schulter des Mohren gelehnt, bis den Osten das Licht erregte, dann suchten beide einen kurzen Schlaf in dem kleinen Gasthof, den Garibaldi bewohnte.

Garibaldi hatte die flüchtenden Franzosen verfolgen und womöglich vom Meere abschneiden wollen, aber die Regierung, von der er abhing, billigte den Plan nicht und hintertrieb ihn. Mazzini äußerte sich den beiden andern Triumvirn gegenüber folgendermaßen: Garibaldi, dem vor allem der Erfolg des Tages zu danken sei, habe die erste Stimme in Angelegenheiten des Krieges; auch leuchte ihm selbst wohl ein, daß der Feind im Augenblick, wo er verwirrt und betäubt sei, einem vernichtenden Schlag nicht ausweichen könne, daß er aber, wenn man ihm Zeit lasse, sich sammeln und mit verdoppelter Streitkraft und Kampfesmut zurückkehren könne. Dennoch müsse er dies Bedenken äußern, ob mit einem solchen Schlage viel gewonnen sein würde? Ob Frankreich nicht ein neues, größeres Heer, als dieses sei, gegen Rom senden könne, wenn es wolle? Er glaube, Rom könne nur dann gerettet werden, wenn es gelinge, Frankreich sich aus einem Feinde zum Freunde zu machen. Ob das möglich sei, wisse er nicht, wolle man es aber versuchen, so könne man es nur, wenn man die Eitelkeit und Ehrliebe der Nation schone und sie nicht noch mehr demütige, um ihnen nicht die Versöhnung allzu schwer und Rache zur scheinbaren Pflicht zu machen. Armellini billigte lebhaft, was Mazzini gesagt hatte. Er zweifle nicht daran, sagte er, daß Garibaldi ein mutiger Anführer sei, und das Heer möge seinen Abgott haben; aber dem Soldaten eine Stimme in Staatsgeschäften einzuräumen würde törichte Schwäche sein. Er hätte von jeher die Entzweiung mit Frankreich beklagt und freundliche Vereinbarung herbeiführen wollen; vielleicht wäre es gelungen, wenn man Vertrauen gezeigt und sich nicht durch die Bravaden eines unbedachten Schwätzers hätte beirren lassen. Dem römischen Stolze sei nun genug getan, jetzt gelte es sich weise zu mäßigen. Frankreich müsse in kurzem zu einer Politik der Unabhängigkeit und des Freisinns zurückkehren, ein störender Einfluß, der mit trüben Mitteln herrsche, müsse überwunden werden, die beiden lateinischen Republiken würden sich verbinden und der Welt das Licht der Kultur vorantragen.

Mazzini hörte unruhig und ungeduldig im Innern zu; er überschaute klar, was in Armellinis Geist an Begriffen und Wünschen, eine kleine, enge, geordnete Welt, beieinander war, es reichte nicht aus für die Zeit, die Lage und die Menschen, und es war ihm unlieb, seine Neigungen für sich zu nützen; dennoch widersprach er ihm nicht. Er glaubte weder an Frankreichs noch an einer andern Macht uneigennützige Freundschaft und Hilfe, aber er sah keinen Ausweg für Rom als eine Verständigung mit dem zweideutigen Gegner. Es gab Männer im französischen Parlament, die unaufhörlich den pfäffischen Feldzug bekämpften; täglich konnten sie den Sieg davontragen, und bitter wäre es dann für Rom, den Frieden durch Siege verscherzt zu haben. Zugleich indessen fühlte er alles, was seiner Einsicht Lebendiges widersprach: Es war ein großes Auferstehen in allen Herzen, das naturgewaltig vorwärtsdrängte, und er fühlte, wie den Soldaten die Hand auf der Waffe zucken und wie es den Mann, der sie beherrschte, dahin ziehen mußte, wo die unerbittliche Göttin winkte. Aber er glaubte diese persönlichen Gefühle nicht betonen zu dürfen, und so wurde nach seinem und Armellinis Vorschlage entschieden. Im Parlament war sowieso im allgemeinen der Grundsatz angenommen, daß Rom sich auf die Verteidigung beschränken solle, um immer im Rechte zu sein und die großen Mächte, deren Beifall retten und deren Ungunst vernichten könne, nicht zu reizen. Auch fiel in die Waagschale, daß der Ruhm Garibaldis die Republikaner ängstigte, die den Verdacht hatten, das niedere Volk würde im Grunde froh sein, wieder einen Herrn zu haben.

Indessen daß Garibaldis Absichten in solcher Weise durchkreuzt wurden, verstärkte nur die Gefahr, die das Parlament fürchtete.

Hauptmann Daverio, der als ein einfacher, der Verstellung unfähiger Mann ausgeforscht wurde, sprach es ohne Bedenken aus, daß fast alle Offiziere Garibaldis der Ansicht wären, Rom könne nur gerettet werden, wenn er die Diktatur erhielte. Es hätte sich am gestrigen Tage gezeigt, wieviel Unzuträglichkeit es hätte, daß das Kommando nicht in seiner Hand läge. Keiner außer Garibaldi hätte mit so knappen Mitteln den Sieg erringen können: sie würden ihm zugeteilt, als wolle er sie nicht zur Verteidigung der Republik, sondern gegen sie gebrauchen. Von ihm hänge aber die Dauer der Republik ab, darum dürfe er von niemandem abhängen.

Die Abgeordneten, die anwesend waren, fuhren auf. »Wenn das geschähe,« rief Sterbini, »wenn Garibaldi Diktator würde, gäbe es keine Republik mehr, und es wäre nichts mehr zu verteidigen. Jedermann weiß, wie hoch ich Garibaldi schätze, aber ich täte es nicht mehr, wenn ich ihn für keinen guten Republikaner mehr halten könnte. Die Sachen liegen nicht immer zwischen Heer und Heer, sind nicht immer mit dem Säbel zu durchhauen. Im Heer soll er herrschen, er allein, das ist das Recht seiner Feldherrngröße und seiner Vaterlandsliebe; wenn er höher hinaus will, verscherzt er sein Ansehen, anstatt es zu vermehren.« Das ängstliche Sichverwahren des Parlaments machte keinen Eindruck auf Daverio, um so mehr was Mazzini, den er verehrte, sagte. Zwar schien auch das ihm darauf hinauszulaufen, daß er Garibaldi nicht genügend kenne und verstehe oder die Bedeutung der kriegerischen Dinge unterschätze; aber er war ein Mann, der das Gute und Große fühlte und hochhielt, ohne daran zu kritteln, und wagte deshalb seine Ansicht gegen Mazzini nicht gewaltsam durchzusetzen. Auch sah er ein, daß die Versammlung einer Diktatur Garibaldis niemals geneigt zu machen sein würde; befragt, wie er glaube, daß Garibaldi die Nichtbeachtung seiner Ansprüche aufnehmen werde, sagte er grollend, das wisse er nicht, es könne leicht sein, daß er ihnen sein Brevet vor die Füße würfe.

Inzwischen war Garibaldi einer Einladung des Angelo Brunetti gefolgt, dessen Frau sich die Ehre nicht nehmen lassen wollte, den Sieger zu bewirten; denn auch die Weiber und alle Leute, die sich unheimisch und gottverlassen in Rom gefühlt hatten ohne Papst, söhnten sich am 30. April mit der Republik aus, an deren Spitze sie nun Garibaldi als einen neuen Heiligen Vater sahen.

Der gefeierte Gast plauderte galant mit der schönen Frau, aß und trank wenig und wendete sich bald ganz den Kindern zu, die sich Schritt für Schritt näher an ihn heranwagten. Lorenzo und Luigi erzählte er von Schiffbrüchen und Seeschlachten, der kleinen Maria, die noch nicht schreiben konnte, malte er Buchstaben vor, unermüdlich ihr planloses Kritzeln verbessernd und das runde Fäustchen mit dem Stift behutsam herauf- und herunterführend. Bei dieser Beschäftigung trafen ihn einige ihm besonders ergebene Abgeordnete, die es auf sich genommen hatten, dem Gefürchteten gelinde zu unterbreiten, daß er aus Gründen innerer Politik auf eine Vermehrung seiner Gewalt verzichten möge. Ohne sich stören zu lassen, ging er auf ein gemächliches Gespräch mit ihnen ein, als er aber merkte, daß sie zu ihrem Auftrage kommen wollten, unterbrach er sie etwas unwirsch, indem er sagte, sie möchten ihre Worte sparen, die Regierung habe eine andere Meinung als er, die Folge würde zeigen, wer recht gehabt habe; jetzt wolle er nichts mehr von der Sache hören.
Die Versammlung war zufrieden, daß es so abgelaufen war; doch glaubten die meisten, Garibaldi habe die Fassung, die er gezeigt habe, nur erheuchelt und warte auf eine Gelegenheit, wo er, vielleicht der Volksmasse noch sicherer als im Augenblick, die Ansprüche seiner Herrschsucht erneuern und durchsetzen könnte.

An einem der ersten Maitage versammelte Garibaldi seine Truppen im Parke der Villa Borghese vor der Porta del Popolo, um auf täuschenden Umwegen in den Süden zu gelangen und den König von Neapel, der mit seiner Armee die Grenze überschritten hatte, zurückzuwerfen.
Steh wieder auf, totes Heer, gleite noch einmal wie ein Echo stolzer Märsche über die veilchenblauen Hügel, die Zypressen und Rosengewinde schwärmerisch umkränzten! Steige aus deinen Gräbern, den versunkenen und vergessenen in der Heide, und tauche deine entseelten Hände in den Frühling, mit dem du siegtest und starbest!
Wie Trompetenstöße fährt Garibaldis Legion vorüber. Die schwarze Feder nickt auf das braune Gesicht, der Mantel weht, die Hand späht am Degen; es sind Verbannte und Fremdlinge und Abenteurer, welche die Heimat suchen. Sie sind schweigsam und haben wilde Träume und rasen vor Mut in glücklichen Schlachten; wie

dunkle Wolken mit goldenen Rändern am Feuerhimmel jagen sie durch die gewitternde Zeit.

Die mit hellen Hörnern marschieren, sind die Bersaglieri. Kühn und lustig und getreu klopfen ihre Herzen, flink und leicht fliegen ihre Füße. Wie sind sie voll Mutwillen und Leichtsinn und Jugendblut! Kein Geschick ficht sie an, ihr Lachen fliegt an heiteren und wilden Tagen und läßt sich nicht fangen, bis der beinerne Pfeil des dämonischen Schützen es trifft und welk in den Staub tritt.

Herrlich wie Wasserstürze aufrauschen, galoppieren die Reiter Masinas. Lange Mähnen wallen spiegelnd über den blanken Hals der Pferde. Die Söhne der fetten Bologna halten sich festlich; sie haben wuchtige Arme und ein starkes Herz und glauben nicht, daß ihre Sonnen untergehen. Die mit wehenden Locken um leuchtende Stirnen, welche die Brust mit der dreifarbigen Schärpe umwunden haben, sind die Studenten. Sie drängen sich glühend zum Opferaltar, wirbeln die Fackel ihres Lebens hoch in der Luft und werfen sie mit großem Schwunge nieder, die fallend erlischt. Ein Haufen ungeselliger Fratzen streicht vorbei, mit Banditenhut und gezacktem Bart, das Messer im Gürtel. Sie haben Lust am Blut und keine Freude am Leben, wie wilde Tiere lauern sie dem Gegner auf und schleichen knirschend am Freunde vorüber. Aber dort, was für eine behende Schar sind jene, die den Säbel stolz und feierlich wie Knaben ein Spielzeug tragen? Kinder Italiens! Sie schlagen sich furchtlos wie Helden und grimmig wie fauchende Katzen, und wenn die Schlacht aus ist, wetten sie in Spielen und lachen zu Schelmenstreichen; nachts träumen sie von der Schule und denken heimlich an das Weinen einer armen Mutter.

O Heer des Frühlings! Er liebte dich, weil du mit ihm sterben solltest! Er kränzte deine Stirn mit Rosen und Lorbeer, die sich mit ihm neigen und in Feuer verzehren sollte. Er überschüttete die quellende Erde mit Narzissen und Lilien, die dich begraben sollte, und entblätterte Tag für Tag die Krone der Sonne, damit deine Wege von rotem Ruhme rauschten. Er sang in Pinienhainen Lieder der Liebe und Heldengesänge, damit du melodischen Schrittes mit ihm hinunterstiegest in die Nacht. O Heer des Frühlings, er berauschte dich mit Sieg und Freiheit, ehe er dein Herz zerriß, um mit dir zu verbluten!

Im Stabe Garibaldis befand sich ein Schwabe, Gustav von Hofstetter, der in seiner Heimat an der liberalen Revolution teilgenommen hatte und nach ihrem Niedergange erst in die Schweiz und dann nach Italien ausgewandert war, um unter der Fahne der Freiheit, wenn auch im Auslande, zu kämpfen. Er hatte ein nachdenkliches Gesicht und beobachtete die Welt mit Liebe aus ernsten Augen, die einem von schwarzen Tannenwäldern umgebenen tiefen Weiher glichen; man konnte sie für unveränderlich sanft und heiter halten, bis einer seine Empfindlichkeit reizte, dann wehrte er sich so bissig, daß man sich hütete, ihn wieder anzugreifen. An diesen wandte sich Masina, als die Truppen abzumarschieren begannen, mit den Worten: »Ihr seht wie ein verschwiegener und träumerischer Mann aus, mit dem sich ernstlich von Liebessachen reden läßt. Wollt Ihr der Not eines aus Liebesflammen wehklagenden Herzens beispringen?« Der Deutsche antwortete gutmütig: »Warum nicht? Soll ich einen Guß kalten Tiberwassers darüberschütten?«, worauf Masina, die Brauen hochziehend, erwiderte: »Das Mittelmeer würde kaum genügen!« und folgendes erzählte: Er war kurz nach seiner Ankunft in Rom eines Abends am Theater Metastasio vorbeigegangen, wo Gustavo Modena aufgetreten war. Ein Schwall von Menschen drängte den Ausgängen zu, wo die Wagen unter dem Geschrei der Kutscher vorfuhren; in diesem Wirrsal sah er eine Dame stehen, deren schwaches Rufen unbeachtet verhallte. Gerührt von ihrer Gestalt, die, schmal und sehr elegant, doch etwas hilflos Kindliches hatte, machte er sich Bahn zu ihr und führte ihr einen offenen Wagen zu, in den sie nach kurzem Zögern einstieg, obwohl, wie es schien, die eigne Karosse sie erwartete. Der eine Blick, den sie dabei wechselten, spann ein Band zwischen ihnen, das sie nicht sogleich zerreißen mochten, und sie verwehrte ihm nicht, neben ihr zu reiten. In der warmen Nacht, die sie umgab, schmolzen die Formen und Masken des gemeinen Lebens: sie fühlten sich allein miteinander auf einem Zauberfeste, wo Träume reifen und Sehnsucht Gesetz ist. Er fand den Mut, sie zu fragen, ob sie ihn lieben könne, sie fand keinen, nein zu sagen; seitdem trafen sie sich fast jede Nacht. Sie verschwieg ihm ihren Namen, ihren Stand, ihre Verwandtschaft und Lebensweise, um, wie sie sagte, ihm gegenüber eine nackte, heimatlose Seele zu sein, die demütig die ganze Aussteuer des Lebens von seiner Liebe empfange; deshalb nannte er sie Trovata, das Findelkind. Da er nicht wußte, wie sie hieß, noch, wo sie wohnte, konnte er ihr keine Botschaft schicken, auch hatte sie ihm verboten, ihr mehr zu schreiben, als sich auf ein Blatt ritzen ließe; doch sehnte er sich, ihr ein Zeichen zu geben, und meinte, daß er sie in einer gewissen Kirche, wo sie jeden Morgen die Messe hörte und wo sie sich auch schon getroffen hatten, einen Brief könnte finden lassen, ohne daß es ihr gefährlich würde.

Da sie gerade an einer Gartenmauer entlangritten, über die hinaus Aloe und die felsgrauen Blätter und Strünke der Agave starrten, deutete Hofstetter darauf hin und sagte, er möge ein solches als Brief benutzen, es hätte ein ganzes Sonett darauf Raum, und niemand würde es bemerken, nur ihr Auge würde vielleicht die Ahnungskraft der Liebe anziehen. »Ich hätte nicht geglaubt, daß ein Schwabe einen so glücklichen Einfall haben könnte!« rief Masina froh verwundert, indem er mit dem Säbel ein fleischiges Aloeblatt herunterhieb; nun möge Hofstetter ihm auch raten, was er darauf schreiben solle, nicht viel, zwei oder drei Worte, gleichsam ein Blutstropfen aus seinem Körper auf das grüne Pergament gefallen. Der Deutsche besann sich eine Weile und schlug dann die Worte vor: ›O meine Gefundene, mögest du mir nie Verlorene heißen!‹, die Masina, obwohl sie ihn zuerst befremdeten und ihm seiner Empfindung nicht zu entsprechen schienen, billigte. Er zog einen kleinen spitzen Dolch aus seinem Gürtel und ritzte den Satz, den Hofstetter ihm langsam vorsprach, mit ungefügen Lettern auf das Blatt, so daß sie es ganz ausfüllten.

Im freien Felde, wo sie sich jetzt befanden, trafen sie einen berittenen Hirten, der Masina als Bote geeignet erschien; der Mann, der finster und blöde aussah, schüttelte den Kopf und sagte, er dürfe seine Herde nicht verlassen, doch hätte er einen Buben, mit dem sie reden könnten. Der Junge kam in scheuer Neugierde unter dem Strohzelt hervorgetreten und hörte aufmerksam an, was Masina ihm einprägte. Ob das etwas Unheiliges sei? fragte er, ängstlich auf das Blatt deutend, während seine Augen mit funkelnder Habgier über ein Goldstück huschten, das Masina aus der Tasche gezogen hatte. Der zeigte sich entrüstet: ob er glaube, daß er ein Heide, ein Kirchenschänder, ein Republikaner sei? Es handle sich vielmehr um ein hochheiliges Gelübde, und der Junge werde für das Heil seiner eignen Seele arbeiten, wenn er bei der Ausführung desselben behilflich sei. Das schwarze Gaunergesicht glänzte auf, er versprach, den Auftrag pünktlich auszurichten, verbarg das Blatt ehrfürchtig in seiner Tasche, steckte das Goldstück nachlässig in eine andre und machte sich auf den Weg. Masina rief ihm noch einmal den Namen der Kirche und der Kapelle nach, wo er das Blatt niederlegen sollte, und eine Mahnung, das gegebene Versprechen zu halten. »Hier auf der Stelle soll mich der heilige Blitz des Himmels niederschlagen, wenn ich dich betrüge!« rief der Junge, winkte lächelnd mit der Hand und schlängelte sich behend durch das hohe Gras der Heide. Hofstetter meinte, dem Burschen nachblickend: »Wenn wir ihm aufgetragen hätten, Mazzini umzubringen, hätte er das auch, vielleicht um dasselbe Geld, besorgt.« — »Möge er nur nicht zur Hölle fahren,« rief Masina vergnügt, »bevor er das Blatt an seinen Ort besorgt hat.«

Im Weitergehen erkundigte sich Masina, was den Deutschen bewogen habe, die römischen Kämpfe, die ihn seiner Meinung nach nichts angingen, mitzumachen. Es sei das nicht anders, antwortete Hofstetter, als wenn ein Italiener in Venedig, Sizilien, Spanien oder Griechenland kämpfe, wie viele getan hätten. Auch habe jeder Deutsche außer der Heimat, die ihn geboren habe, eine zweite, Nährmutter seines Geistes, das Land der Griechen und Römer; wenn er zum erstenmal dorthin komme, glaube er wiederzukehren, wie in einen Kindergarten, aus dem er zu früh hinaus gemußt, um die Erinnerung daran im Bewußtsein zu tragen, die dennoch unverloren in ihm mitschwinge und dufte. Da er nun seiner natürlichen Heimat durch die Härte der Zeit entfremdet sei, habe er die zweite aufgesucht und werde nun wohl sein Leben lang ruhelos zwischen zwei gleich starken Polen schweben.

Masina blickte mit stolzen Augen um sich und sagte, sein Pferd zügelnd: »Hier ist der Ruhepunkt des Herzens! Hier liegt das Kind still zwischen Himmel und Erde eingebettet und staunt gesättigt in das schaffende Licht. Seht, wie die amethystene Kette der Berge leicht am gebogenen Himmelsrande fließt! Seht, wie die Reben sich von Baum zu Baum winden, wie hochgeschürzte Kleider tanzender Mädchen! Seht, wie der Silbermantel des alten Ölbaumhains königlich müde von jenes Abhangs Schulter herabwallt! Dies Land ist ein schöner Leib, den brünstige Götter mit Liebeszauberzierat behängten.«

Sie hatten sich mittlerweile einer Gruppe von Reitern genähert, unter denen Garibaldi war, dessen Schönheit, wie er, ganz Nerv und Feuer, marmorn unabänderlich auf einem ausgreifenden Pferde ruhte, Masina so betroffen machte, daß er seine Betrachtungen unterbrach und ausrief: »Wer weiß, ob Italien nicht allen Schmuck von sich täte wie die Mutter der Gracchen und sagte: ›Es genügt mir, die Mutter Garibaldis zu sein!‹« Damit spornten die beiden Nachzügler ihre Tiere, um sich mit den Kameraden zu vereinigen.

Um die Abendzeit lagerte das Heer auf einer Lichtung in den Albaner Bergen, wo zwischen vereinzelten Eichbäumen und brennenden Ginsterbüschen das edle Geschlecht der Asphodelen blühte. Einer der Herren hatte einen Hasen durch das Gras laufen sehen und schlug eine Jagd vor, an der sich Masina, Manara, Hofstetter und viele andre Offiziere beteiligten; Garibaldi, obwohl ein ausgezeichneter Jäger, machte nicht mit, sei es, daß er ausruhen oder daß er etwas bedenken wollte. Als die Truppen wieder im Marsche waren, bemerkte er im niedrigen Buschwerk ein Häschen, das sich hinkend mühsam fortzubewegen suchte, fing es ein, und da er sah, daß es an einer Pfote verletzt war, nahm er es mit sich, damit es nicht den Jägern oder einem Raubvogel wehrlos zur Beute fiele. Nach einer Stunde zog sich der Weg in einen Laubwald, dessen breite Zweige luftige Wölbungen bildeten und aus dessen Blättern und Stämmen heilsam belebender Wohlgeruch strömte. Beim Aufgange des Mondes, der noch nicht voll war, erhob sich nach und nach das Flöten der Nachtigallen, und es schien, da ihrer viele waren, die man nicht sah, als finge die Luft, von magischem Licht getroffen, zu tönen an. Garibaldi ritt allein, da die meisten Offiziere seines Stabes noch beim Jagen waren; nur der Mohr, der sich immer in seiner Nähe aufzuhalten pflegte, folgte ihm. Er hatte anfänglich die Ereignisse des kommenden Tages im Sinn, an welchem er auf den Feind zu stoßen rechnete; allein das flaumige Fell des kleinen Hasen und das furchtsame Herz, das gegen seine Hand klopfte, erinnerten ihn wieder und wieder an etwas weit Entferntes, Liebliches und Trauriges, und es fiel ihm endlich ein, daß dies eine Nacht in Montevideo war, wo er mit seinem erkrankten kleinen Kinde durch waldige Gegend zu einem Arzte geritten war. Es war ein kleines vierjähriges Mädchen, das er über alles geliebt hatte und das bald nach jener Nacht gestorben war, während er

vom Hause und der Familie entfernt im Felde lag. Wie damals fühlte er einen zarten, weichen Leib an seinem Arm und seiner Brust, in dem geheim und leise wundervolles Leben spielte. Er stellte sich das runde Gesicht vor mit den meerblauen Augen, die zuweilen, wenn sie ihn betrachteten, einen zärtlich listigen Ausdruck hatten, wie wenn sie über ihn lächelten, die Berührung des Mundes, der süß und kühl wie eine betaute Rose war, und das Trüppchen kurzweiliger Finger, mit denen sie schwatzte und allerhand träumerische kleine Aufführungen machte. Dann dachte er an das winzige Grab in der grenzenlosen Raumesferne, in das der Körper, den er so oft geherzt hatte, gelegt worden war, und eine bitterliche Traurigkeit, als wäre nichts mehr erstrebenswert, da er das Kind nicht wiederhaben könnte, legte sich drückend auf sein Herz. Aber er sagte sich, daß das geliebte Geschöpf, das Seele von seiner Seele war, nach den allweisen Gesetzen der gotterfüllten Natur nicht unerreichbar weit und nicht auf immer von ihm getrennt sein könne; vielmehr müsse das Verwandte beieinander sein, nicht so, daß kurzsichtige Sinne es erkennten, aber durch einen Zusammenhang gleichartiger Kräfte, deren Leben die Welt wäre. Es könne sein, dachte er, daß sie nah bei ihm wäre und ein Anschmiegen ihres Wesens an ihn mache, daß er an sie denken müsse; sie wäre vielleicht eine flinke Eidechse, die lautlos durch das feuchte Kraut glitt, vielleicht eine von den Nachtigallen, die im Gebüsche schlügen, vielleicht auch das braune Häschen, das warm und jetzt ganz still in seinen Arm geduckt saß. Das Weh, das er gefühlt hatte, verging allmählich in diesen Vorstellungen, als ob das Kind in Wirklichkeit wieder bei ihm wäre; er atmete ruhig den Dunst der steigenden Säfte und des mächtigen Blühens der Mainacht ein.
Am folgenden Abend wurden auf einem unbebauten steinigen Acker unweit Palestrina die Hasen zugerichtet, wobei Masina die Leitung übernahm, da er seine Kochkunst der Mangiagallis, die Manara anrühmte, überlegen hielt. Er schickte Soldaten nach Zitronen, Salbei und andern Kräutern aus, um das Wildfleisch zu würzen, und half inzwischen die Spieße zuschneiden, an denen es sollte geröstet werden. Währenddessen tadelte er Manara und die Brüder Dandolo, daß sie von der Küche nichts verständen; denn ein Mann und vorzüglich ein Soldat dürfe nichts von einem Untergebenen besorgen lassen, das er nicht selbst besser machen könne.

Er gehöre nicht zu denen, die vorliebnähmen, sagte er, schlechte Küche sei barbarisch, auch wenn er in den Schluchten der Abruzzen oder in der Verlassenheit der Sümpfe sei und seine Mahlzeit mit der Degenspitze von der bloßen Erde essen müsse, sie müsse würdig sein, auf den Tisch des schlemmerhaftesten Pfaffen zu kommen. Freilich könne er alles selbst zubereiten, wie es sein müsse: er wisse die Reiskörner glatt, blank und durchsichtig zu machen und bis zu dem Grade anschwellen zu lassen, wo sie nicht hart und nicht weich wären; er könne dem Spargel das innerste Aroma aus den Fasern locken und den Geschmack des Wildes gleich entfernt von kälberner Nüchternheit und anrüchiger Fäulnis halten. Unterdessen waren die Hasen abgezogen, kleine Feuer angefacht und Stecken zur Aufnahme des Bratspießes darüber aufgerichtet. Masina ging vom einen zum andern und paßte auf, daß weder zu rasch noch zu langsam gedreht wurde, nicht ohne daß Mangiagalli hineinredete und widersprach, was zu lärmenden Auseinandersetzungen führte, bei denen Masina recht behielt und Mangiagalli sich an dem Triumph, das letzte Wort vor sich hin zu brummen, genügen ließ. Die Truppen brieten sich Schaffleisch; der Rauch kroch zwischen den Steinen hin wie heißer Atem aus glimmenden Drachenmäulern. Aus der nahen Stadt kam auf Wagen Brot und der Wein des Landes, mit Jubel von den Soldaten begrüßt.

Garibaldi hatte die Einladung der Offiziere angenommen, lehnte es aber ab, von den Hasen zu essen, und ließ sich anstatt dessen geröstetes Schaffleisch reichen, weil er die einfachere Kost vorziehe. Während sie aßen und plauderten, schob Garibaldi von Zeit zu Zeit Blätter, die er vorher gesucht hatte, unter seinen Mantel und erregte dadurch die Neugierde der Offiziere, bis sie das Häschen entdeckten, das geschäftig kaute und seine runden Augen erschrocken herumgehen ließ, als es plötzlich viele Blicke auf sich gerichtet sah. Garibaldi lächelte lustig und sagte: »Das Häschen habe ich euch gestern weggefangen und mir deshalb kein Recht auf den Braten zugemessen; da ihr nun doch alle satt werdet, getraue ich mich, es zu verraten.« Sie wetteiferten, das kleine Waldwesen zu streicheln, und Masina sagte: »Bei Gott, wir sind ruchlose Störenfriede, daß wir so unschuldige Gesellen umbringen. Es ist gut, daß ich genug gegessen habe, für heute wäre mir der Leckerbissen verleidet.« Garibaldi untersuchte die verwundete

Pfote und fand sie genügend geheilt, um das Tier laufen zu las= sen; er könne es nicht wohl, meinte er, mit in die Schlacht neh= men. Immerhin wollte er es nicht auf dem unfruchtbaren Acker, wo sie sich eben befanden, aussetzen, sondern trug es bis zu einem bewachsenen Saatfelde, das weiterhin an ein Gehölz grenzte; es spitzte die Ohren, schnupperte in der Luft und huschte mit langen Sprüngen in den Ährenwald.
Am nächsten Tage fand das Gefecht bei Palestrina statt, in wel= chem Garibaldi die Neapolitaner besiegte und bei dem er zum ersten Male die treffliche Schulung, die elastische Beweglichkeit und das pünktliche Funktionieren der Bersaglieri Manaras kennen= lernte.

In die steile Stadt Velletri hatte sich der König von Neapel zurück= gezogen, nachdem seine Truppen unter den Felsen von Palestrina von Garibaldi geschlagen worden waren, und beharrte laut dar= auf, dem Papst eine Straße nach Rom eröffnen zu wollen; allein im Grunde trachtete er danach, sich so eilig wie möglich diesem Feldzuge zu entziehen, weil er irgendein Unglück für seine Person befürchtete, insbesondere, in die Gefangenschaft Garibaldis zu fallen. Als in der Frühe des 19. Mai die ersten römischen Truppen in der Ebene sichtbar wurden, gebot er dem General Lanza nach= drücklich, es solle unter allen Umständen zum Gefecht kommen und die aufrührerische Rotte vernichtet werden, worauf er sich mit seinem Gefolge in die Kirche der Maria am Kreuzweg begab, um zu einem wundertätigen Muttergottesbilde zu beten, wel= ches, vom Schwerte durchbohrt, an gewissen kirchlichen Feiertagen aus der Wunde blutete. Es fand sich aber, daß das Bild, welches noch am Tage zuvor von mehreren Personen gesehen wurde, von seiner Stelle verschwunden und allem Anschein nach geraubt war. Die Aufregung, die deswegen in Velletri entstand, war nicht so groß wie der Schrecken des Königs, welcher das Verschwinden des Bildes an eben diesem Tage auf sich und sein drohendes Un= glück bezog und in seinen Beichtvater drang, ihm Kasteiungen und Pönitenzen aufzuerlegen, durch welche er das Geschick von sich abwenden könne. Nachdem ihm ein längeres Beten aufge= tragen war, zog sich der König in ein hohes, mit rotem Damast bekleidetes Schlafzimmer zurück und kniete unter heftigen Be= klemmungen an dem Betpult nieder; doch schien ihm diese Buße nicht zu genügen, und er verlangte zu beichten, obwohl er dies erst vor einigen Tagen getan hatte. Er hatte kaum damit begonnen, als ihm von den ersten Bewegungen des Gefechtes Mitteilung gemacht wurde, was ihn bewog, die fruchtlose Stubenweisheit des Generals zu verwünschen, der stets ungünstige Stunden und verhängnisvolle Orte zum Kampfe wähle. In wachsender Unruhe eilte er durch die weiten Gemächer des Schlosses von einem zum andern Fenster, so daß einer seiner Adjutanten ihm den Rat unterbreitete, aufzubrechen und sich unvermerkt nach Neapel zurückzuziehen; hierüber indessen zeigte sich der König entrüstet und bedrohte den Ehrlosen mit zornigen Worten, der ihm eine so feige Handlung zuzumuten wage. Die ersten Nachrichten, die vom Kriegsschauplatze eintrafen, lauteten überaus günstig, indem es sich bemerkbar machte, daß Garibaldi, der die Vorhut führte, ohne Wissen des Obergenerals Roselli hatte angreifen müssen und nicht unterstützt wurde; um die glänzende Tafel, an der der König mit seiner Begleitung im hellen Säulensaale die Mittagsmahlzeit einnahm, verbreitete sich üppige Laune. Er speiste noch, als gemeldet wurde, daß einem Priester von der Marienkirche auf geheimem Wege ein Zettel überbracht worden sei, des Inhalts, der berühmte Räuber Vendetta habe das Muttergottesbild entwendet und werde es gegen eine gewisse Geldsumme zurückstellen; er bewahre das unvergleichliche Heiligtum mit schuldiger Ehrfurcht, so daß es in den Händen des Heiligen Vaters selbst nicht besser vor Unbill geschützt sein würde. Der Schreiber des Zettels machte den Vorschlag, daß das vereinbarte Geld auf dem Standorte des Bildes niedergelegt werden, die Kirche von Sonnenuntergang bis Sonnenaufgang unverschlossen und unbewacht bleiben sollte; verbürge sich der Geistliche schriftlich und eidlich dafür, daß den Räubern nicht aufgelauert würde, so würde in der Frühe des nächsten Morgens die Mutter Gottes wieder auf ihrem Platze stehen und weder Person noch Habe in Velletri angetastet werden.

Der König war über dies wunderbare Wiederauftauchen des Bildes hocherfreut und wies den Pfarrer an, sogleich auf alle Forderungen des Vendetta einzugehen, damit die Madonna so schnell wie möglich wieder an ihren Ort käme; bei sich aber war er der Meinung, daß der Pfarrer mit dem Räuber unter einer Decke spiele, und gab Befehl, eine Abteilung Soldaten solle sich in der Kirche verstecken, sich des Geldes bemächtigen, über die Räuber, wenn sie kämen, herfallen und ihnen das Bild entwenden, und zwar so, als ob sie es ohne Auftrag aus Habgier, auf eigne Faust täten. Am folgenden Tage sollte dann eine Feier in der Kirche stattfinden und womöglich das wunderbare Blut fließen, wozu bereits Vorbereitungen getroffen wurden; doch wurde dies alles durch die Wendung, welche das Gefecht nahm, unterbrochen, infolge welcher die Möglichkeit, von der republikanischen Armee eingeschlossen zu werden, in Betracht gezogen werden mußte. Der König wütete, er habe es vorhergesehen und vorhergesagt, er versuchte durch das Fernrohr den Gang der Schlacht zu verfolgen, vermochte sich aber nicht zu sammeln und kam endlich auf den Einfall, als Mönch verkleidet oder dann mit Hilfe der Räuber, die in der Nähe sein müßten, zu entfliehen. Die Botschaften vom Schlachtfelde klangen jedoch insofern beruhigend, als der General es für durchaus tunlich hielt, daß das gesamte Heer Velletri räume und sich zurückziehe, was auch bei hereinbrechender Abendstunde ins Werk gesetzt wurde. Besonders ermutigte den König die Nachricht, die von seiner Umgebung vielleicht absichtlich, um ihn zu trösten, verbreitet wurde, daß Garibaldi verwundet sei; denn diesen fürchtete er um so mehr, als er ihn für einen Söldner des Teufels und letzteren im Grunde für viel freigebiger und pfiffiger hielt als die Heiligen, von denen er selbst abhing.

Der Obergeneral Roselli, welcher die Expedition gegen den König von Neapel leitete, hatte einen Feldzugsplan entworfen, in welchem ein Zusammenstoß mit dem Feinde bei Velletri nicht vorgesehen war; auch dachte Garibaldi nicht daran, zu schlagen, doch als er Bewegungen des feindlichen Heeres bemerkte, die einen Konflikt zu bezwecken schienen, und nachdem ein Umblick vom höchsten Punkt der Ebene aus ihn in dieser Ansicht bestärkt hatte, entschloß er sich zum Angriff, um nicht zurückweichen zu müssen. Dem Hauptmann David, einem Bergamasken, befahl er, eilends zurück zu Roselli zu reiten und ihm die Lage, in der er sich befinde, vorzustellen; er möge ihm zu Hilfe kommen, da es sonst leicht um den Erfolg des Tages und um seine Truppen geschehen sein könnte.

Hauptmann David galt als ein Mann von großem Mute und war es auch in der Schlacht, wo er sogar mit einer gewissen Wildheit auf den Feind ging; aber er pflegte weder vorher noch nachher mit Genugtuung davon zu erzählen, wie viele andre taten, sondern sprach von allem, was zum Kriege gehörte, als von einer fürchterlichen Notwendigkeit, unter der man zweifelsohne zugrunde gehen würde, die man aber nicht von sich abwälzen könne. Auch sah er, ein großer, aber schmal gebauter, mit den Schultern etwas nach vorn gebeugter Mann, immer so aus, als ob er gewöhnt wäre, übermäßige Lasten zu tragen. War ein Gefecht in Aussicht oder auch während desselben erging er sich gegen seine Kameraden in kummervollen Betrachtungen, nun gehe das Schießen und Stechen wieder los, wenn er nur viele Meilen weit entfernt wäre, er käme gewiß nicht lebendig davon, seinetwegen könne der Großmogul ganz Europa erobern, ihm solle es gleich sein, wenn er nur wieder Ruhe hätte. Er nahm Garibaldis Auftrag in dienstlicher Haltung entgegen, verabschiedete sich von den Umstehenden mit einem Blinzeln und Achselzucken, welches andeutete, daß er auf Erfolg weder im besonderen noch im allgemeinen rechne, und galoppierte dann blindlings davon.

Während Garibaldi noch Befehle ausgab, eröffnete Masina mit seinen Reitern die Schlacht, die aber, sei es daß sie selbst oder daß die Pferde den Krieg noch nicht genügend kannten, von einem plötzlichen Schreck ergriffen, flohen und ihren Anführer schutzlos vor den feindlichen Reihen ließen. Garibaldi, der es sah und sich ihrer Flucht entgegenwarf, wurde von ihrer Wucht zu Boden gerissen und hätte, unter seinem Pferde liegend, in die Gewalt des Feindes geraten können, wenn nicht das Knabenbataillon flink zur Stelle gewesen wäre, um den General zu decken, der sich selbst nicht schützen konnte. Obwohl Masina seine Reiter inzwischen wieder gesammelt und in das Gefecht zurückgeführt hatte, sah Garibaldi den Augenblick sich nähern, wo die erschöpfte Minderzahl die gewonnenen Stellungen würde wieder freigeben müssen; da ertönten die Signale der Bersaglieri, die das Getöse der beginnenden Schlacht hergezogen hatte. Zwar hatte Manara geschwankt, ob er ohne Weisung Rosellis und eigentlich dem von ihm empfangenen Befehle entgegen sein Regiment in den Kampf führen dürfe, und als Mangiagalli sich zur Stimme der ungeduldigen Soldaten machte und ungestüm den Wink zum Vormarsch von ihm erbat, glaubte er vollends das Gesetz vertreten zu müssen und gebot zu warten, indem er Mangiagalli seine unbotmäßige

Keckheit verwies. Da er indessen selbst nichts anderes wünschte und auch für richtig hielt, als Garibaldi zu Hilfe zu kommen, bereute er bald darauf, daß er seinen Stolz den Ausschlag hatte geben lassen, und führte nun doch die dankbar jubelnden Soldaten auf den Kampfplatz. Ihm folgte bald darauf Ludovico Calandrelli, der nicht lange zögerte, als er bemerkte, daß für Rom und die Republik geschlagen wurde; dennoch zweifelte Garibaldi, ob ohne den Zuzug der Hauptmasse des Heeres der Feind aus seiner vorteilhaften Stellung würde geworfen werden können. Hauptmann David kam mit der Meldung zurück, Roselli habe diese Antwort gegeben: Er habe keine Schlacht gewollt; warum Garibaldi seine Pläne durchkreuze? Jetzt wären seine Soldaten beim Speisen. Wenn das erledigt sei, würde er kommen. Garibaldi sagte nichts dagegen, hieß David für sein zitterndes Tier sorgen, winkte Ugo Bassi, der in der Nähe war, und bat ihn, Roselli zu größerer Eile anzutreiben. »Das Volk hält Euch für einen Engel,« sagte er, »nützt also Eure Flügel und Eure Feuerzunge, das Glück des Tages steht auf dem Spiele.«
Bassi traf das Heer mit den Vorbereitungen zum Abmarsch beschäftigt; doch hatte es den Anschein, als bemühe sich Roselli mehr, ihn zu hintertreiben als zu beschleunigen. Die erneute Botschaft Garibaldis verdroß ihn sichtlich, was Ugo Bassi nicht beachtete; vielmehr fing er an, den Verlauf des Kampfes zu schildern, ohne dazu ermutigt worden zu sein, mit lauter Stimme und so, daß es nicht nur der General und sein Stab, sondern auch die Soldaten hören mußten. Er sprach von Masina, wie er herrlich, als stürme ein Gott gegen zusammengerottete Titanen, allein dem frischen Angriff der geordneten Feinde entgegensprengte; von dem Sturze Garibaldis, wie es mit einem Male war, als lege sich eine zermalmende Wolke auf die mittelste Sonne, so daß nun alle Sonnen und alle Sterne, die sie hält, verwaisen: die Sterne schwanken wie bunte Lampen in Bäumen, die der Wind hin und her weht, viele erlöschen, in unermeßlichen Wellen zittert der Äther, durch den im nächsten Augenblick die entfesselte Welt stürzen soll, so stockte die Schlacht, als Garibaldis helles Haupt im Gewühl verschwand. Dann sprach er von den Knaben: eine Meute kleiner tapferer Hunde, die, mit den Zähnen in das Fleisch des Gegners geklammert, sich nicht abschütteln lassen, bis er nachgibt und flieht, drangen sie auf den übermütigen Feind ein und beschäftig-

ten ihn mit ihrem hingebenden Ingrimm, bis Garibaldi wieder Herr seiner Kraft geworden war. »Dann«, sagte er, »stand die Schlacht; ein einziger Mann mit Schwert und Fahne, stand Garibaldis Legion vor den Mauern von Velletri, aus denen immer neue Scharen gegen sie fluteten. Kameraden, verlaßt ihr Garibaldi? Der rote Mittag siedet um sein kämpfendes Herz, zwischen heißen Steinen kauern Feigenbäume wie böse Tiere mit aufgesperrten Rachen, stürmende weiße Wolken über seinem Haupt erstarren in der feurigen Luft und bewegen sich nicht mehr. Kameraden, laßt ihr Garibaldi untergehen? Da klingen Schritte und klingen Hörner: so kommen die lombardischen Bersaglieri zur Schlacht!«

An dieser Stelle unterbrach Roselli den Barnabiten, indem er in gereiztem Tone sagte: »Sie hatten dazu keinen Befehl von mir!«, worauf Ugo Bassi fortfuhr: »Das sagte Manara. Garibaldi antwortete: ›Gott schickt euch!‹ Wie ein erlöschendes Feuer, das leise raschelnd am Boden kriecht, in großen Flammen aufschlägt, wenn es neues Holz ergreifen kann, belebt sich nun die Schlacht; der Feind weicht erschreckt, Italiens Schwert lacht über seiner Flucht. Aber unter Velletris Mauern empfängt er neue Kraft und kehrt verdoppelt zurück. Für Rom streiten Helden: einer hohen Welle gleich, die, hundertmal vom Felsen zurückgeworfen, hundertmal wieder heranrollt, mit hochgehobenem Haupte erneuert Masina unermüdlich den Angriff; ein Turm im Meere, der unbeweglich aus dem Schwall und Strudel der Wellen steigt, steht Manara aufrecht zwischen seinen geduckten Schützen. Aber die unbesiegbare Masse des bourbonischen Heeres überschüttet die Tapferen. Kameraden, laßt ihr Garibaldi untergehn? Da krachen Kanonen: so melden sich Calandrelli und seine Braven.«

»Auch er hatte keinen Befehl von mir«, sagte Roselli, die Stirne faltend. Ugo Bassi fuhr unbekümmert fort: »Er hörte die Schlacht rufen und gehorchte. Seine Kugeln pfeifen wie laute Grillen durch den singenden Mittag. Hoch flammt Italiens Fahne; über dem rauchenden Altar, wo die Opfer verenden, wallt sie leuchtend von goldenem Blut und flattert stürmisch unter dem eisernen Himmel. Garibaldi siegt! Kameraden, was tatet ihr, als Garibaldi siegte?«

Die Bataillone, die in wachsender Unruhe die Erzählung des Predigers angehört und von Augenblick zu Augenblick lebhaftere Zeichen von Kampflust gegeben hatten, setzten sich tumultuarisch in Bewegung und folgten unaufhaltsam dem Priester, der ihnen voran zum Schlachtfelde eilte. Als Roselli mit seinem Stabe in Velletri anlangte, war die Schlacht geschlagen, und die bourbonische Armee zog sich in die Stadt zurück. Garibaldi führte den Obergeneral auf eine Anhöhe, von der aus er die Schlacht geleitet hatte, erklärte ihm die Lage und seinen Plan, dem Feinde den Rückzug nach Neapel abzuschneiden, was er für leicht ausführbar hielt; allein Roselli, der die plötzlich veränderten Verhältnisse nicht so schnell übersehen konnte und außerdem wegen der Vereitelung seiner eignen Absichten grollte, behauptete, was Garibaldi für Flucht des Feindes hielte, wären nur Scheinbewegungen, um irrezuführen, und sprach sich drohend über die Ereignisse des Tages und die Meuterei der Truppen aus, die gegen seinen Willen sich in das Gefecht eingelassen hätten; er werde, sagte er, über das Vorgefallene nach Rom berichten. »Eine Schlacht ist vorgefallen und ein Sieg gewonnen«, sagte Garibaldi trocken; Roselli antwortete nicht und entfernte sich, um gelegenes Nachtquartier für sich und seine Umgebung zu suchen.

Die Sonne des heißen Tages ging in roten Dämpfen unter, aus denen in Nähe und Ferne die schroffen Zacken der Felsen und Burgen stiegen. Ein Herr aus Velletri, Graf Ginetti, kam, von einigen Dienern begleitet, die Körbe mit Obst, Wein und allerlei Leckerbissen trugen, auf das Schlachtfeld, um Garibaldi und seinen Offizieren eine Erfrischung anzubieten; Garibaldi nahm dankbar an, und man lagerte sich auf der Stelle zu einer Mahlzeit. Nachdem der General, der auszukundschaften wünschte, was der Feind vorhatte, fortgegangen war, blieb der Graf mit Manara, den Brüdern Dandolo und Goffredo Mameli allein, zu denen ihn sofort das vertrauliche Gefühl gleicher Lebensformen und Lebensgewohnheiten gezogen hatte. Er sagte in verbindlichen Worten, es sei ihm eine Genugtuung, zu sehen, daß italienische Tapfere nicht notwendig Vandalen sein müßten; sogar Garibaldi, den er sich als einen derben Kriegshauptmann vorgestellt habe, sei ihm durch seine edle Haltung nicht nur heldenmäßig, sondern auch von schöner Natur erschienen. Seine Art zu essen habe ihn zur Bewunderung hingerissen; es habe sich darin weder Verachtung der Speise noch Wollust und Behagen ausgedrückt, anstatt dessen die Gleichgültigkeit gegen das verhältnismäßig Untergeordnete, verbunden

mit einer liebevollen Verehrung für die wunderbaren Hervorbringungen der Erdmutter; dergleichen könne einer, der von Kindesbeinen an sich in den Sälen der aristokratischen Gesellschaft bewege, nicht lernen, wenn es nicht in seiner Seele gelegen habe. Um so weniger, sagte er, könne er begreifen, was solche Männer zu so erschütternden Unternehmungen antreibe. Es ließe sich etwa begreifen, daß die Lombarden die Österreicher verjagen möchten, obwohl sie das Geschäft des Regierens mit Weisheit besorgt hätten und es ungewiß sei, ob die Eingeborenen es ihnen darin gleichtun könnten. Vollends die Päpste könnten sich rühmen, ein friedliches, die Kultur förderndes Regiment geführt zu haben. Es hätte kürzlich der Abgeordnete Sterbini eine Rede in Velletri gehalten, wie der Kirchenstaat einer verlorenen Insel im befahrenen Meere gleich sei, an deren Küste der Wellenschlag des Lebens nicht gelange. In allen andern Ländern habe der Mensch durch Luft und Erde zahllose Straßen geführt für das wirkende Licht, für den allbeweglichen Äther, für alle Elemente, die Kräfte und Sinne der Menschen unabsehbar steigerten, und verknüpfe so Länder und Erdteile und Völker. Auf den Flügeln gebändigter Naturgewalten dehne sich Leib und Seele der Menschen grenzenlos über die Welt aus. Ausgeschlossen aus diesem Netz tätiger Blitze sei Rom, das mit der Menschheit nur durch Gräberstraßen verbunden sei, auf denen Esel und Ochsen hölzerne Karren hin- und herzögen. »Während das zappelnde Volk«, sagte der Graf, »entrüstet nach dem neuen Leben verlangte, das ihm vorenthalten werde, betete ich bei mir zu den alten Göttern, daß sie unsre heilige Insel beschützen. Ist es nicht billig, daß unter vielen Rennbahnen und Märkten ein stiller dunkler Hain stehenbleibe, wo Andächtige vor goldenen Bildern knien und trunkenen Weissagungen lauschen können? Unsre Väter haben die Schönheit geschaffen, wir sind die Erben und Hüter; die frische Kraft der Barbaren machte sie von jeher zu Söldnern geeignet. Sollen wir zerstören, was unsre Ehre war? Die Völker lernen von uns, und wenn wir weniger Freiheiten haben als andre, so teilen wir das Gebundensein mit den mächtigsten Königen und mit Gott selbst, dessen Wesen Gesetz ist; nach Freiheit dürsten die Kinder, die sich räkeln und austoben müssen; der gereifte Mensch bedarf ihrer nicht mehr.«
Manara fragte, ob die Bettler und Krüppel vor der Kirchentüre und die Räuber auch zu der Schönheit gehörten, die gehütet wer-

den sollte; worauf der Graf erwiderte, sie zierten die Landschaft immerhin mehr als Arbeiter an Dampfkesseln und Maschinen und wären auch zufriedener mit ihrem Lose. ›Gott und das Volk‹ hätte Mazzini auf seine Fahne geschrieben. Ja, er hätte ebensogut sagen können ›Gott und das Tier‹; hätten doch die weisen Ägypter und Inder Gott in den Tieren gewittert. Was aber daraus werden sollte, wenn Ochsen und Schweine sich nicht mehr wollten schlachten lassen? Ihm scheine, entgegnete Manara, in Mazzini etwas Erhabenes zu sein, und er überlasse ihm die Lösung solcher Fragen, von denen er selbst wenig verstehe; und Mameli, der seinen berühmten Landsmann aus vertrautem Umgange kannte, rühmte lebhaft, daß in seinem Geiste die Unerbittlichkeit des Rechtes und Zweckes und der Überfluß der Schönheit vereinigt wären und er sich somit als Vorbild der Lebensordnung setzen dürfe.

Jetzt kam Doktor Ripari, um Mameli auszuschelten, weil er während der Schlacht seine Blesse geritten hatte, dasselbe Pferd, das ihm von jenem sterbenden Genuesen am 30. April vermacht worden war und das er selbst in den letzten Tagen, weil es krank war, nicht gebraucht hatte. Mameli entschuldigte sich damit, daß sein eignes Tier störrisch geworden sei und er sich der Blesse schon sicher gefühlt habe. »Warum ruft Ihr nicht Euern Pegasus,« sagte Ripari grollend, »anstatt Euers Nächsten Vieh zu entwenden? Ich kann mir freilich denken, daß ihr jungen Dichter euer Reitpferd mit Zuckerwerk und Schmeichelworten anlocken müßt und daß es auch dann nur kommt, wenn es bei Laune ist.« Er schloß damit, daß er das umstrittene Pferd dem Gescholtenen schenkte, damit er nicht zur Schande des Vaterlandes aus einem Sänger zum Schelmen wurde, worauf der Graf, der mit Vergnügen zugehört hatte, sich beeilte, dem Leibarzt Garibaldis ein Tier aus seinen Ställen anzubieten.

Unterdessen stand Garibaldi auf einer Anhöhe und blickte über die verblassenden Hügel weg, zwischen denen Feuer glommen und dunkle Gestalten behutsam die Verwundeten und Toten trugen. Er dachte daran, daß die, über deren vergossenes Blut er heute triumphierte, Nahverwandte waren, die seine Sprache redeten, die zu befreien er aus der Ferne hergekommen war; das hohe Gefühl des Sieges schwand ihm darüber; er versank in tiefe Traurigkeit. Es schien ihm, als habe ihn das Schicksal, seit er wieder nach Italien zurückgekehrt sei, mit vorgespiegelten Feinden ge=

äfft, an denen er sich heiß und müde kämpfe, um am Ende zu sehen, daß, was er getroffen habe, leere Schatten oder denn ungehaßte Brüder wären. So dürfe es nicht ferner gehen, sagte er zu sich, dieser Tag müsse ihm freie Bahn gemacht haben gegen den wirklichen Feind, den einzig innigst verabscheuten, Österreich; so dürfe er sich seiner doch freuen. Er überdachte den Gang der Schlacht, das Verhalten der Offiziere und Soldaten und berechnete mit Genugtuung das Maß von Talent und Tapferkeit, über das er verfügte, wobei Manara und Masina im Vordergrunde standen. Mit diesen meinte er die Mittel des Sieges in der Hand zu haben; zuvor gelte es nur, den Bourbonen auf eine Zeitlang unschädlich zu machen, und er verwünschte die Umstände, die ihn verhinderten, die Gelegenheit dieses Tages gründlich auszunutzen. Die ausgesandten Patrouillen brachten das Gerücht zurück, der König von Neapel sei im vollen Abzuge aus Velletri begriffen, und da bereits abgespeist war, strömten Schwärme von Soldaten ausgelassenen Mutes in die dunkle Stadt, wo sie die Nachricht bestätigt fanden und die Bevölkerung halb scheu, halb neugierig die berüchtigten Garibaldiner die öden Gassen hinaufsteigen sah.

Unter den Mauern eines weißen Palastes auf der Höhe von Velletri war ein alter Garten, den seit langem niemand mehr pflegte, so daß der ungehemmte Wuchs verwildernder Bäume dunkel über die einsamen Wege schwoll; dort wartete der Tod. Er kam mit der Nacht, zog, wie ein Raubvogel suchend, große Kreise über dem Garten und senkte sich langsam auf einen Orangenbaum, der neben vielen andern, die blühten, oberhalb einer breiten steinernen Treppe stand. Zwischen den Zweigen sitzend, warf er ein mondfarbiges Netz aus, das sich wie Spinngewebe über die Stufen der Treppe, eine flache, steinerne Bank, die, vom Fuße derselben nach beiden Seiten ausgehend, einen runden Platz umgab, und über einen Brunnen in der Mitte des Platzes legte. In dem Brunnen stand totes, grünes Wasser, und aus dem Gefüge seiner Steine krochen langsame Käfer und schleimiges Moos; der flachgewölbte Rand sah aus wie eine Schlange, die auf der runden Brunnenmauer läge. Der Tod hatte über eine Stunde gewartet, als aus den Straßen der unteren Stadt Lärm heraufönte; bald darauf erschien Masina über der Treppe des verlassenen Parkes und rief, zurückgewendet, andern, die hinter ihm waren, zu, sie möchten ihm folgen, er hätte einen geeigneten Platz gefunden. Angelo Brunetti, der ihm nachkam, wandte ein, die Orangen dufteten zu stark, allein da Masina sagte, das gefalle ihm eben, desto schneller würden sie berauscht werden, gaben sich alle zufrieden und lagerten sich auf den Treppenstufen und auf der Bank: es waren Ugo Bassi, Manara, die Brüder Dandolo, Morosini, Goffredo Mameli und viele andre. Zunächst wurden einige unter der Führung Brunettis abgeschickt, um Wein herbeizuschaffen; sie trafen den Mohren, wie er gerade ein Faß in den Schloßhof rollte, und beredeten ihn, damit in den Park zu kommen, wohin sie auch den General einladen würden. Garibaldi war im Begriff, mit Nino Bixio den Tagesbericht zu verfassen, versprach aber, der Einladung zu folgen, wenn das Geschäft beendigt wäre und er sich hätte verbinden lassen; denn er war bei seinem Sturz an mehreren Stellen gequetscht worden. Niemand hatte vorher bemerkt, daß Garibaldi verwundet war. »Er ist in Wirklichkeit unverwundbar,« sagte Mameli bewundernd, »da er die Wirkung der Wunden aufheben kann, bis es ihm Zeit scheint.« – »Und nicht nur,« fügte Leutnant Bonnet von Ravenna bei, »daß er selbst einen stärkeren Geist des Lebens besitzt, er teilt auch denen davon mit, die um ihn sind, wie Erde und Meer eine elementare Kraft ausdünsten, die unsre Seele ermutigt.« Inzwischen hatte Brunetti das Faß geöffnet, und die mitgebrachten Gläser füllten sich mit dem schwarzen Saft von Velletris kahlen Hängen. »Der ist auf kochender Erde gewachsen; man könnte eine Liebesbrunst in den Steinen damit entzünden«, sagte Masina, indem er spielend die letzten Tropfen aus seinem Glase über die Treppe fließen ließ, auf der er lag. Hauptmann Laviron, ein Belgier, erzählte, was er von der Schönheit der Frauen von Velletri und der feurigen Natur ihrer Gefühle gehört habe, die sie nicht nur in der Liebe, sondern auch in unerbittlich schneller Rache zeigten, worauf Rozzat ein Abenteuer schilderte, das er eben, durch die steilen Gassen stürmend, erlebt habe, von einem aufklingenden Fenster, einem trotzigen Mädchenkopf und flüchtig gewechselten bedeutungsvollen Worten. Man lachte und neckte ihn; denn seine Freunde wußten, daß er, an die bürgerliche und kirchliche Strenge seiner Vaterstadt Genf gewöhnt, einen gewissen Hang nach Üppigkeit und Überfluß, ja Liederlichkeit hatte, obwohl er, auch mit ernstlichem Willen, den Ernst und die Reinheit, die in seinem Blute waren, nicht hätte von sich tun können. Er sehnte sich nach Liebe und verlor sein Herz leicht an reizende Mädchen, die, so teuer ihnen seine uneigennützige Sinnesart sein mochte, ihm niemals Gegenliebe schenkten, ob nun seinem Wesen die tierische Inbrunst fehlte, die bezaubert und beherrscht, oder ob sein Schicksal es aus irgendeinem allgemeinen Grunde so forderte. Er pflegte über dies Ungemach gegen vertrautere Freunde zu scherzen, so daß auch sie sich erlaubten, einen Gegenstand ihrer Späße daraus zu machen.

Brunetti erzählte, daß viele von den Männern in Velletri, besonders aber die Frauen, es mit den Räubern hielten, und wußte eine seltsame Geschichte von der Gattin eines päpstlichen Beamten; diese, Meladura mit Namen, sei die Geliebte des großen Räubers Straziante gewesen, was niemand bekannt gewesen sei, nur ihre Untreue habe man vermutet und hauptsächlich daraus geschlossen, daß sie in gewissen Nächten nicht nach Hause gekommen sei; denn ihrer Behauptung, ein heiliges Gelübde halte sie fern, habe niemand Glauben geschenkt. Seit der Zeit, wo sie sich verdächtigt fühlte, habe sie immer einen Dolch im Gürtel getragen, und niemand habe sich getraut, ihr ins Gesicht zu lachen oder zu spotten, selbst ihr Gatte sei ihr vorsichtig ausgewichen, anstatt sie auszufragen und ihr zu drohen; sie sei auch über alle Maßen schön gewesen. Doch habe der Mann sich hinter den Priester gesteckt und diesen gebeten, das Geheimnis der Frau herauszubringen, für welchen Fall er, so sei behauptet worden, ihm freie Hand gelassen und in die Rechte des unbekannten Nebenbuhlers einzutreten gestattet habe. Dieser Geistliche habe dann angefangen, bei der Beichte die Frau auf alle Art zu bedrängen und ihr, da sie seinen Listen unzugänglich geblieben sei, die Absolution verweigert und schließlich die Kirchentüre vor ihr geschlossen, worauf sie nachgegeben und den Namen des Straziante genannt habe. Darauf sei der Pfarrer heftig erschrocken, habe ihr mit beiden Händen Absolution für alles Vergangene und alles Zukünftige erteilt und dem Gatten empfohlen, er solle aufhören, die Frau zu belästigen, die zum Heile seiner Seele mühevolle Wallfahrten und andre heilige Übungen anstelle und unter dem Schutze des Allerhöchsten stehe, seit welcher Zeit Meladura mit kaltem Lächeln und hohem Haupte unangefochten ihrer Wege gegangen sei.

Während die Römer lachten, ohne durch das Bild der stolzen Frau gerührt zu werden, bestürmten Laviron und Rozzat den Erzähler

mit Fragen, wie lange die Geschichte her sei und ob die Wunderschöne noch lebe. Die Mailänder baten Goffredo Mameli, das Siegeslied vom 30. April vorzutragen, das er zum Gedächtnis hatte dichten wollen; aber er sagte, er habe es noch nicht machen können, weil, solange der Geruch von Blut und Frühling noch so stark um ihn lebendig sei, ihm nur Worte einfielen, die sich wie Taumel oder Wahnsinn läsen, wenn er sie niedergeschrieben hätte. Anstatt seiner sprach Ugo Bassi Verse aus einem Heldengedicht vom Siege des Kreuzes, das er als Jüngling gemacht hatte; denn er hatte Dichtungen und auch Musikstücke verfaßt, die er selbst auf der Geige mit unfehlbarer Wirkung, wie berichtet wurde, spielen konnte, hatte aber diese Künste, in denen er niemals Meister gewesen war, seit Jahren ganz vernachlässigt. Die Strophen, die er vortrug, enthielten einen Gesang zum Tode verurteilter Christen, die in ihrer letzten Marter eine Vision dem Schmerz entreißt: ihr von der Liebe durchzucktes Blut wird ein Meer, das rächend die heidnische Welt verschlingt und aus dessen befruchtetem Abgrund ein neues Rom wächst, ein ambrosischer Tempel, der alle Völker sammelt und unverrückbar wie die Sonne im Mittelpunkte der Menschheit steht.
Der kleine Luigi war während des Vortrages, an der Seite seines Vaters sitzend, eingeschlafen, der ihn nun mit Lorenzos Hilfe bequem auf die Steinbank legte, so daß sein Kopf auf Brunettis Schoße ruhte. Manara betrachtete den blonden Jungen und glaubte in seinem schlafenden Gesichte Ähnlichkeit mit einem seiner eignen Söhne zu finden, die freilich noch um vieles jünger waren. Lorenzo und andre von den Jüngsten gingen umher und füllten die Gläser; triefend von der Blume des Weines schwankte die Luft um die verschlungenen Baumkronen, die weich und dunkel wie Wolken über dem Garten hingen. Als Masina nach Musik verlangte, sang der Mohr ein Lied aus seiner Heimat von der Sonne, dem grausamen Löwen des Himmels, vor dem sich Menschen und Tiere zitternd verbergen, von seinem Kampf mit dem Meere, das ihn endlich verschlingt, und vom Tanz der weißen Rehe, der Sterne, über seinem unermeßlichen Grabe. Die Weise war eintönig und grell und erinnerte an das Gedröhn entfernter Trommeln. Im Anschluß daran fing er an zu tanzen mit wunderlich übertriebenen Gebärden, und Rozzat, der sich in allen körperlichen Übungen hervortat, gesellte sich zu ihm und versuchte, seine

Sprünge und Bewegungen nachzuahmen und zu steigern. Dem Wilden gefiel der kecke Partner, der, klein und zierlich, mit der Behendigkeit einer Wasserwelle um die felsige Masse seines unerschütterlichen Körpers herumschlüpfte. Aus dem Tanz wurde ein Zweikampf, bei dem die Gewandtheit des Genfers nicht übel gegen die Wucht des Schwarzen bestand; dieser machte sich das Vergnügen, zuweilen den ernstlich Ergrimmten zu spielen und mit Zähnefletschen und brüllenden Lauten auf den Gegner loszugehen, dessen unwillkürliches Erschrecken ihn jedesmal zu Ausbrüchen riesenmäßiger Lustigkeit veranlaßte. Im zunehmenden Übermut sprang Rozzat auf den hohen und schlüpfrigen Rand des Brunnens und lief geschwind und geschwinder im Kreise darauf herum, verfolgt von dem Mohren, im unsicheren Gleichgewicht über der modernden Tiefe schwebend, bis Manara, der ihn liebhatte und seinen Hang, in gefährlichen Kunststücken zu glänzen, mißbilligte, ihn mit Gewalt herunterzog.
Dann mußte Manara singen; er stand im Rufe, eine schöne Stimme und meisterhafte Kunst des Vortrags zu besitzen, und man wußte, daß er die erlesensten Gesellschaften Mailands durch seine Musik verherrlicht hatte. Er sprang die Stufen der Treppe hinauf und sang, oben stehend, ein kurzes Lied von starkem tragischem Zauber, dasselbe, das er, wie man in Mailand wissen wollte, unter dem Fenster seiner Geliebten gesungen, wodurch er sie bewogen hatte, ihm trotz des Verbotes ihrer Eltern anzugehören, und das aus diesem Grunde das Lied von Carmelita Fé genannt wurde. Er hatte es seit den großen Tagen von Mailand nicht mehr gesungen, vermutlich, weil er sich durch solche Erinnerung an die zu Hause zurückgebliebenen Seinen zu erweichen fürchtete, und die Brüder Dandolo und Morosini blickten überrascht zu ihm hinauf. Es folgte dem Liede ein so gewaltsamer Beifall, daß er es wiederholen mußte; er sang es noch vollendeter als vorher, und es klang wie eine unentrinnbare Verführung, die Mond und Sterne vom Himmel herunter in den Schoß der Erde ziehen müßte. Man hatte den Eindruck, daß auf diese melodische Beschwörung etwas Wunderbares sich begeben müsse, und was nun geschah, erschien als ihre natürliche Folge: es trat nämlich auf den schmalen Balkon vor einem Fenster des Palastes, dessen Rückseite an den verwilderten Garten stieß, eine Dame im weißen Gewande, von der nichts zu erkennen war als die schmachtenden Bewegungen ihres

hohen Körpers. Einer flüsterte Manara zu, das sei der Preis seines Gesanges, er solle gehen und ihn in Empfang nehmen, andre dagegen baten ihn, weiterzusingen, was er, ohne sich sonderlich um die Dame zu kümmern, tat. Dagegen bemerkte Masina gegen den Hauptmann Laviron, der ihm zunächst saß, er habe noch niemals eine so schöne Frau gesehen, ihre Erscheinung habe sein Herz blitzartig entzündet, er müsse sie kennenlernen, stand auch wirklich auf und sah sich nach einem Wege um, auf welchem er zu dem Palast gelangen könnte. Die es sahen, lachten, auch Manara unterbrach sein Singen; Laviron, den das Feuer Masinas begeisterte, füllte sein Glas, rief laut: »Es lebe die Schönheit!«, trank es leer und warf es gegen den Rand des Brunnens, an dem es zersprang. Es schien, als ob die Dame den Ruf und daß er ihr galt, verstanden habe, denn sie hob einen Arm wie zum Gruß und neigte sich ein wenig über die Brüstung des Balkons herab.

In diesem Augenblick klang durch die laubüberwölbten Wege des Gartens die Stimme Garibaldis, und alle horchten auf; auch der Tod rührte sich, so daß aus den Zweigen, zwischen denen er saß, vergilbte Blüten stürzten, und schwand ungesehen wie ein dunkler Rauch, der sich auflöst, über den Garten weg. Die Offiziere begrüßten den General, luden ihn zum Sitzen ein und boten ihm Wein an, doch lehnte er alles ab, da es zu spät geworden sei. Er sprach mit Manara über einige Beförderungen und Auszeichnungen bei den Bersaglieri, die er für tunlich hielt; vor allen Dingen aber wollte er Masina zureden, seine Reiter mit der italienischen Legion zu vereinigen und ihre Führung zu übernehmen, wovon er sich, nachdem er die schwungvolle Unerschrockenheit und Sicherheit des üppigen Mannes an diesem Tage wiederum kennengelernt hatte, außerordentliche Erfolge versprach. Allein es zeigte sich, als man Masina suchte, daß er nicht mehr da war, und auch der Balkon, wohin sich unwillkürlich alle Blicke richteten, war leer; das konnte freilich ein Zufall sein, wurde aber natürlicherweise mit Masinas Verschwinden in Zusammenhang gebracht. »Das ist ein Mann!« sagte Garibaldi zufrieden, als er hörte, um was es sich handelte, »nachdem er den Tag über sich geschlagen hat wie ein rasender Hirsch, geht er nach Mitternacht noch auf Raub aus.« Bald darauf verließen alle den Platz, und das raunende Atmen der Erde unter den brütenden Bäumen wurde wieder hörbar.

Während Garibaldi den König von Neapel über die südliche Grenze zurückwarf, kämpfte Mazzini auf diplomatischem Wege um das Dasein der Republik, indem er den französischen Gesandten, dem aufgetragen war, die Römer hinzuhalten, bis General Oudinot die erlittenen Verluste ergänzt hätte, zum Abschluß einer friedlichen Vereinbarung zu bringen suchte. Der Gesandte war ein Mann von Bildung und ungewöhnlicher Intelligenz, dazu besonders im menschlichen Verkehr von kindlich vornehmer Sinnesart, die nur gerade und ungerade Wege kennt und für welche die letzteren nicht einmal in Betracht kommen. Während der ersten Tage hatte er sich dem Zauber einer edeln Leidenschaft, die von Mazzini ausging, sorglos hingegeben; denn scheinbar auf seine Ideen einzugehen gehörte zu seiner Aufgabe, und er konnte demnach seine Freude an außerordentlichen menschlichen Existenzen mit dem, was seine Pflicht war, vereinigen. Dabei jedoch wurde sein Gefühl für den großen Genuesen unvermerkt wärmer, und was noch schlimmer war, überzeugte sich seine Einsicht täglich mehr, daß alle Gründe, die seine Regierung vorbrachte, um ein bewaffnetes Einschreiten für den Papst zu rechtfertigen, hinfällig waren und ein solches nur als Gewaltakt und Rechtsbruch in heuchlerischer Einkleidung durchgeführt werden konnte. Mazzini hatte ihn aufgefordert, sich nach Gefallen selbst in Rom umzusehen, ob die Republik eine wenigen von vielen aufgedrungene Gewaltherrschaft sei, ob Unordnungen und Unzuträglichkeiten herrschten, die das Eingreifen fremder Mächte für irgend jemand wünschbar machten, und der Gesandte mußte sich überzeugen, daß die Stadt gesunder Ruhe genoß, die nicht häufiger als in andern großen Städten gestört wurde, ja daß im ganzen die Bevölkerung durch ein starkes, einmütiges Wollen beseelt und erhoben schien, wie das in früherer Zeit in Rom nicht beobachtet worden war. Fand er sich Mazzinis Augen gegenüber, so kam es ihm selbstverständlich vor, auszusprechen, was er dachte, das Wahre wahr und das Schlechte schlecht zu nennen, und er machte alle die Zugeständnisse, die jener haben wollte; war er dann wieder allein, so wurde ihm unbehaglich zumute, und er fragte sich, was daraus werden würde, wenn er den ihm von seiner Regierung angewiesenen Standpunkt so weit verließe. Schließlich aber blieben derartige Bedenken aus; er fühlte sich nun in Rom heimisch und empfand es als etwas Unerhörtes und Frevelhaftes, dies auf opferfreudigen Aufschwung und umfassende Gedanken begründete Gemeinwesen dem Pontifex und seinem rachsüchtigen Anhang auszuliefern. Zwar hielt er es nicht für wahrscheinlich, daß es dauern würde, doch erschreckte ihn der Gedanke, es könne sein Vaterland sein, das sich dazu hergäbe, und durch seine Vermittlung, Henker der schutzlosen römischen Freiheit zu sein. Auch sagte er sich, daß in Frankreich eine verkehrte Ansicht von dem Charakter der römischen Republik wirklich bestehe und Voraussetzung bei allen Handlungen gewesen sei, und tat sich sogar etwas darauf zugute, das Urteil berichtigen zu können und die Regierung vor schamloser Ungerechtigkeit zu bewahren. So setzte er denn mit Mazzini als Ergebnis langen Beredens und Abwägens einen Vertrag auf, nach welchem Frankreich auf eine bewaffnete Vermittlung zugunsten der Rechte des Papstes endgültig verzichtete.

Am Abend dieses Tages besuchte Mazzini die Fürstin Cristina Trivulzio, die nach dem Sturze Mailands Italien in Rom zu suchen gekommen war und den Mann, der in ihrer Jugend ihr Freund, Lehrer und Gefährte der Verbannung gewesen war, wiederzusehen wünschte. Aus sehr altem und ruhmvollem Mailänder Geschlechte stammend, fühlte sie gegen Österreich wie Macht gegen Macht, zum Hasse des herrschenden Fremdlings verpflichtet, und wie sie durch ihre Natur gezwungen war, alles, auch ehrlich Gefühltes, laut und weithin bemerkbar zu äußern, hatte sie infolge ihrer patriotischen Gesinnung mit ihrem Gemahl, der ebenso dachte, in die Verbannung ziehen müssen. Zwischen diesem und ihr hatte niemals ein inniges Verhältnis bestanden, vielleicht weil es beiden darauf ankam, von andern geliebt und bewundert zu werden. Sie besonders hatte die Sehnsucht, die eigne Kälte durch von außen dargebrachte Huldigung zu überwinden, und mußte, da dies unmöglich war, stets unbefriedigt bleiben. Konnte sie sich bei großen Aktionen zu großen Zwecken beteiligen, wo heroische Haltung und Gebärde angebracht war, fühlte sie die größte Genugtuung, deren sie fähig war, und schon das hätte sie in das Lager der Revolution getrieben, dem sie aber auch aus angeborener Gesinnung gehörte. So kraftlos ihre Beziehungen zu einzelnen ihr gleichstehenden oder überlegenen Menschen waren, ebenso aufrichtig war ihre Liebe zur Menschheit, zu großen leidenden Massen und zu einzelnen Unterdrückten, wenn sie Gelegenheit hatte, sich hilfreich zu ihnen herabzulassen; in solchen Fällen war ihr uneigennützige Großmut natürlich. Diese Hilfsbereitschaft für die Notleidenden verband sie mit Mazzini, dessen Geist und Charakter sie außerdem als außerordentlich anerkannte. Auf der Terrasse des Palastes, den sie bewohnte, erzählte er von dem Erfolge seiner diplomatischen Verhandlungen und gab sich ausgelassen seiner Freude hin, während die Fürstin ihm gegenüber einsilbiger und starrer wurde; denn sie litt darunter, wenn jemand seine Stimmung aus einer andern Quelle als aus ihr schöpfte, und vor allem die Heiterkeit eines im Gleichgewichte schwebenden Gemütes verletzte sie unerträglich. Mazzini erriet, was in ihr vorging, und gab dem Gespräch eine Wendung nach der gemeinsam durchlebten Vergangenheit; er erinnerte sie an einen schweizerischen Beamten, mit dem sie wegen der beständigen Schwierigkeiten, die die österreichische Regierung ihr im Auslande bereitete, viel zu verkehren hatte und der stets die Augen niederschlug, wenn er mit ihr sprach, und sorgfältig vermied, sie auch nur mit den Fingerspitzen zu berühren, weswegen ihre Freunde sagten, daß er sie für eine Teufelin halte, die ihn behexen könne; an einen Jüngling aus Mantua, der sie anbetete und dem sie klagte, daß sie ihn nicht lieben könne, weil sein Geist dem ihren nicht gewachsen sei, was er ihr auszureden suchte, und an die Abende, wo sie zur Mandoline sangen und nach dem Gebirge blickten, das wie ein silberner Vorhang die schöne Bühne verhängnisvoller Leidenschaften, an der ihr Heimweh hing, verhüllte. »Erinnern Sie sich noch«, fragte Cristina Trivulzio, »an ein Mädchen, das Sie den ›Gast aus dem Paradiese‹ nannten, die nichts von unsern aufgeregten Kämpfen und Hoffnungen wußte noch wissen wollte und glücklich war, wenn Vögel, Hunde, Katzen und Kinder sich um sie drängten und das Futter aus ihrer Hand nahmen? Und an ein Gedicht, das Sie damals machten, in dem Sie sich einem vergleichen, der an geöffneter Pforte steht, aus der ein Weg an silberblauen Kornfeldern und Rebengärten voll schwerer Trauben vorüberzieht und in einem kühlen Haine schwindet, wo die Geheimnisse der alten Götter sind, der dorthin möchte und zitternd seinen Genius fragte, ob er nicht dürfe?« Mazzini entgegnete mit erzwungenem Gleichmut: »Seither habe ich nie mehr ein Gedicht gemacht; aber wenn der Tag kommt, an dem Italien sein wird, will ich mich glücklich preisen, daß ich alle meine Kraft einem

Werke gewidmet habe, an dem mein Volk mit mir schafft, wenn es sich auch von unserm Fleisch und Blut nährt und wächst und leuchtet.« Er bemühte sich, den Schatten zu verscheuchen, den die Erinnerung auf seine Seele geworfen hatte, aber es wollte ihm nicht gelingen. »Was kann es Ihnen ausmachen, Fürstin,« fragte er wehmütig, »daß Sie den Schmelz von den Flügeln meiner Freude greifen?« Seine Klage riß sie sofort zum feurigsten Mitleid hin, so daß sie die Mandoline wegwarf, auf der sie die Lieder aus der Zeit der Verbannung hatte zusammenbringen wollen, ihm beide Hände hinstreckte und mit mütterlichem Blick seine feine Gestalt umfaßte. »Wenn ich es wüßte!« sagte sie. »Vielleicht wollte ich Sie traurig sehen, weil Sie so am schönsten sind und ich das Schöne liebe. Ich darf es sagen, weil ich nicht zu jenen vielen Frauen gehöre, die sich in verliebter Andacht vor Ihrer unerschütterlichen Herrlichkeit winden; Sie werden es der Unglücklichen glauben, die verflucht ist, nicht lieben zu können, weil ihr um ein brennendes Herz eine kalte Schlange geschnürt ist.« — »Sie haben doch ein Kind«, sagte Mazzini. Sie machte eine müde Handbewegung und sah ihn mit einem Blick voll schneidender Traurigkeit an, indem sie sagte: »Ich habe geküßt und mich küssen lassen, ich habe das Rasen der Leidenschaft nachgemacht, wie ich es von andern gesehen habe; aber meine Seele stand dabei und gähnte vor Langerweile. Am wenigsten empfand ich den Hohn und die Leere des Lebens, wenn ich Bücher schrieb, Dürftigen half, Kranke pflegte, die Wohlfahrt des Volkes und des Vaterlandes beförderte; doch habe ich Tage, wo ich mir mit meiner Beflissenheit vorkomme, als führte ich dem Teufel Seelen zu in der Hoffnung, selber von ihm frei zu werden.« Sie erzählte von ihrem Gatten, dem Fürsten Belgiojoso, der die Frau eines andern aus Paris entführt und auf ein altes Schloß am See gebracht habe, wo er allein mit ihr und einem zuverlässigen Diener seit über einem Jahre sich aufhalte. Da lebten sie einer im andern, seine schöne Stimme, die die große Welt Europas bewundert hätte, sänge Liebeslieder, die nur sie hörte, die nur ihr gehörten; wie zwei Schwäne, die langsam mit steilem Halse über ein blaues Wasser rudern, glitten ihre Seelen wunschlos über den glatten Spiegel der gefangenen Zeit. Das Vaterland habe sich zum großen Kampf erhoben; aber vergebens hätten die Freunde an seiner Tür gerüttelt, seinen Namen gerufen, ihn an die Schwüre und die großmütigen

Begeisterungen seiner Jugend gemahnt; er hätte das Blut seiner Gefährten jenseits der Mauern des immergrünen Gartens fließen lassen und, das Haupt in ihrem Schoße, zu ihr emporgelächelt und zu dem stillen Glanze der Gestirne, die sich wie Spiegelbilder ihres Glückes im ewigen Äther unveränderlich über ihnen drehten.
Die Fürstin sprach ohne Eifersucht und mit Verachtung des Mannes, der sich während der Heldentage seines Vaterlandes in einer Schäferei verborgen hatte; dennoch malte sich in ihren großen Augen etwas wie Neid oder Sehnsucht, die ihre strengen und scharf gewordenen Züge weicher machte und ihr einen Schein der allzu heißen Schönheit ihrer Jugend wiedergab. Es hatten sich inzwischen mehrere Patrioten eingefunden, die zum Teil den Fürsten Belgiojoso in vergangenen Jahren gekannt hatten oder doch von seinem wunderlichen Lebenslauf Bescheid wußten. »Wer seine Kraft in der Liebe verliert und Taten versäumt, um unter dem Monde zu schwärmen,« sagte Graf Campanello, »den soll man liegen und faulen lassen und nicht mehr von ihm reden. Im Leben ist jeder Soldat, und, wer die Waffen wegwirft, des Todes würdig!« Mazzini sagte, es habe ihm in den letzten Jahren zu denken gegeben, daß von den Jünglingen, die sich vor fünfzehn Jahren mit überschwenglicher Hingebung um ihn geschart hätten, so viele abgefallen wären, einige, um dem einst verfluchten Gegner zu dienen, die meisten, weil sie den Glauben an sich selbst oder an ihre Ideale verloren hätten oder im Sumpfe des täglichen Lebens oder Wohllebens steckengeblieben wären. Dies sei eine natürliche Erscheinung, da dem leichten Aufschwung des drängenden Jugendsaftes eine dauernde Erhebung nicht notwendig folge; doch habe es den Anschein, als zeige sie sich bei den Italienern, die Gott mit eignen Fingern geformt, denen er aber seinen Hauch einzublasen vergessen habe, häufiger als bei andern Völkern. Die Fürstin entgegnete: »Einem andern ließe ich diese Worte nicht hingehen, aber da wir unter uns sind, will ich zugeben, daß ich schon ähnliches gedacht und erfahren habe. Wir sind wie die Schauspieler, die große Geschichten tragieren mit Dolch und Schminke und Tränen und, wenn sie sich genug erhitzt haben, die Perücke abwerfen, sich mit ihresgleichen an die volle Tafel setzen und schmausen und über die großartigen Redensarten, die sie vorher gemacht haben, Witze reißen.« Es wurde davon gesprochen, wie die Eigenart der Italiener mit der Natur ihres Lan-

des und ihrer Geschichte zusammenhänge, daß sie sich sowohl zu elendester Nichtigkeit und Schlechtigkeit wie zu höchster Tugend und Fülle entwickeln ließen und daß auf die die Kraft erstickende Verweichlichung der Sklaverei die Wiedergeburt im Feuerbade der Freiheit folgen werde.

Mazzini vergaß, indem er den Freunden die Wege seiner Hoffnungen bezeichnete, den quälenden Eindruck, den er vorher empfangen hatte. Wenn er gesellig unter guten Bekannten war, kam gern seine spielende Jugend hervor, die in der eisernen Zeit des Kampfes und der Arbeit hatte abseits stehen müssen, und scherzte mutwillig ohne Anlaß mit sich selbst, auf dunkelm Grunde leuchtend. Als er nach Mitternacht heimging, floß durch die Gassen Roms, versteinerte Adern des uralten Herrscherhauptes, Mondschein wie unversiegbares Götterblut; es war ihm eine schauerliche Wollust, in der träumerisch spülenden Lebensumflut mitzuströmen.

Langsam fühlend, streiften seine Hände die Mauern und tauchten zärtlich in das kühle Wasser der Brunnen, an denen er vorbeikam. Er fühlte sich nicht mehr als Fremdling, sondern als Kind des Hauses, das mit geschlossenen Augen seiner Wege sicher ist.

Als der französische Gesandte mit dem Vertrage, der der römischen Republik Frankreichs Schutz in Aussicht stellte, im Lager Oudinots erschien, weigerte sich der General, denselben durch seine Unterschrift zu bestätigen, und gab ein höfliches Erstaunen zu erkennen, daß jener ernstlich auf eine Verwirklichung desselben gerechnet habe. Der Gesandte, welcher glaubte, daß Oudinot nur aus Eitelkeit den Kampf zu erneuern und bis zum Äußersten zu treiben gedenke, damit seine Niederlage über einem großen Siege vergessen werde, versuchte ihm zuzureden, indem er ihm ausmalte, wie schmachvoll es für Frankreich sei, sich mit salbungsvollen Heuchelworten zum Schergen päpstlicher Habgier zu machen; allein Oudinot schnitt seine Rede kurz ab und berief sich auf den Befehl der Regierung, die Republik auf alle Fälle, mit List oder Gewalt, umzustürzen und dem rechtmäßigen Herrscher, welcher der Papst sei, die Bahn zur Hauptstadt freizumachen. Das sei nicht möglich, rief der Gesandte wieder und wieder, da es dem Auftrage, den er empfangen habe, sich mit Rom unter gewissen Bedingungen freundschaftlich zu vereinbaren, widerspreche; mußte sich aber doch endlich vom Augenschein überzeugen lassen. Der unglückliche Mann fing an zu begreifen, daß er die Rolle eines geschickten Betrügers gespielt hatte und von denen, die er hatte ehren und lieben müssen, künftig als einer angesehen werden könne, der mit tückischem Schwatzen ein gefürchtetes Opfer beredet, sich selbst auszuliefern. Infolge seiner Behauptungen und Versprechungen hatte Mazzini es geschehen lassen, daß die Franzosen den Monte Mario nahe am Gebiet der Stadt besetzten, um nicht den Friedensschluß, der vorbereitet wurde, durch kriegerische Sprache zu hintertreiben, und somit, wie nun die Dinge lagen, Rom, das sich ihm anvertraut hatte, dem Feinde preisgegeben. In erster verzweifelter Ratlosigkeit fing er an zu bitten, wie er nie zuvor einen Mann gebeten hatte, daß Oudinot seine Ehre schonen und nicht angreifen, wenigstens warten möge, bis er selbst in Paris die römischen Verhältnisse geschildert habe; aber der General bat ihn ungerührt, nicht umsonst so viele Worte zu verschwenden. Außer sich, rief der Gesandte: »Wenn Ihr jetzt angreift, entgegen dem, was ich versprochen habe, bin ich entehrt und kann nicht länger leben!«, worauf Oudinot geringschätzig antwortete: »Das ist Eure Sache, meine ist es, Rom um jeden Preis zu unterwerfen. Ihr habt mir gut in die Hände gearbeitet, und die Regierung ist Euch zu Danke verpflichtet, auch wenn Ihr es ohne Absicht getan hättet.«

Oudinot war ein Mann von regelmäßigen, groben Gesichtszügen, in denen sich eine gewisse Tüchtigkeit, Hochmut und gänzlicher Mangel an höherer Vernunft aussprach; er trug den Kopf so, daß sein Hals stets in einem kleinen runden Wulst über den steifen Kragen hervorquoll. Der Gesandte begriff, daß nichts ihn würde bewegen können, von einer Unternehmung abzustehen, die ihm Lohn und Mehrung seiner Ehren versprach. Ganz still verließ er die Villa, die der General bewohnte, und begab sich nach Civitavecchia; nachdem er dort eine Weile durch die kleinen Straßen des Ortes auf und ab gegangen war, trat er, um dem Anblick seiner Landsleute zu entfliehen, die sich fast allein draußen zeigten, in ein Kaffeehaus, wo kein Verkehr zu sein schien. Es war ein großer hoher Saal mit Wänden, in die fleckige Spiegel eingelassen waren und an denen sich Sofasitze, mit schäbig gewordenem rotem Samt gepolstert, hinzogen; die Decke war mit Göttergeschichten bemalt. Er setzte sich in eine Ecke und ließ Kaffee und Wasser vor sich hin-

stellen; dann bemerkte er, daß in einer Ecke ein einzelner Mann saß, der eilig und aufmerksam Karten spielte und dabei zuweilen leise vor sich hin murmelte.
Diesen beobachtete er eine Weile; dann ließ er den Kopf in die Hände sinken und weinte. Er stellte sich Mazzini vor, wie er Oudinots Botschaft vom Wiederbeginne des Krieges erhielt und, an ihn denkend, ausrief: ›Ein Spion! ein Betrüger!‹ Dann dachte er an seine Frau, seine Kinder, an Paris, an viele wichtige und gleichgültige Menschen und Dinge, wie ein Übermüder vor dem Schlafengehen noch in allen Zimmern etwas rückt und richtet ohne Ursache und Nutzen. Während er so saß, trat ein ihm bekannter Offizier ein, der ihn erkannte, aber erschrocken zweifelte, ob er einen Mann, der augenscheinlich mit verzweifelten Gedanken allein sein wollte, grüßen dürfe; doch hatten sie bereits einen Blick gewechselt, und der Gesandte stand unwillkürlich auf, jener setzte sich zu ihm, so daß es zu einem Aussprechen über die letzten politischen Ereignisse kam. Das Gespräch beschwichtigte den Aufgeregten, und er beschloß, sofort nach Paris zu reisen und der Regierung die Gründe zu erklären, warum sie von einem Angriff auf die römische Republik absehen müsse, was er auch tat, ohne die Entwicklung der Angelegenheit im mindesten dadurch zu beeinflussen.

An den Platz, wo die altberühmte Kirche Maria in Trastevere mit goldenem Stirnschmuck erglänzt, stößt das Kloster zum heiligen Calixtus, das von der Republik aufgehoben und den Soldaten zur Kaserne eingeräumt wurde, und von diesem aus verbreitete sich das Gerücht heimlicher Greuel und Blutgeruch. Es war dort nämlich eine Truppenabteilung einquartiert, deren Anführer Zambianchi war, ein eitler Mann, der von Kindesbeinen an nach Ansehen unter den Menschen trachtete, aber unscheinbar blieb, ja zuweilen verlacht wurde. In den letzten Kriegszeiten indessen hatte er sich hervorgetan, nicht sosehr durch schlichte Soldatentüchtigkeit wie indem er Priester oder Bauern und Hirten aufjagte, ängstigte und quälte und auch wohl tötete unter dem Vorwande, daß sie Feinde der Republik wären, wobei er sich bald hochtrabender, bald gemeiner, mit grausamen Witzen gewürzter Reden bediente, die viele rohe und schwache Seelen vor Begeisterung und Mordlust taumeln machten. Er hatte auch Verbindungen mit den Republikanern in der Stadt, die der Ansicht waren, es müsse gründlich aufgeräumt werden, und diese pflegten ihm alle anzuzeigen, die sie für verdächtig hielten, nämlich solche, die das von der Republik geprägte Geld nicht annehmen wollten, oder solche, die sich ab=fällig über das neue Wesen geäußert hatten, namentlich aber die Priester, und diese ohne Unterschied, wenn sie nicht beweisen konnten, daß sie das Papsttum verabscheuten und der Republik er=geben waren. Die Schuldigen, deren man sich bemächtigen konnte, was nicht leicht war, da es in großer Heimlichkeit vor der Regie=rung geschehen mußte, wurden in eine unterirdische Kirche ge=bracht, die unter dem Kloster war, in welcher die ersten Christen Gottesdienst gehalten und ihre Toten begraben hatten, dort bei Nacht von Zambianchi und einem kleinen Gerichtshof, den er aus seinen Anhängern bildete, verhört und, im Falle sie zum Tode verurteilt wurden, sogleich gerichtet. Es befand sich unter der unterirdischen Kirche noch ein Raum, der der Überlieferung nach einem heidnischen Bacchustempel angehört haben sollte und zu dem aus der Krypta eine Treppe hinunterführte; ehemals, wollte man wissen, wäre derselbe mit herrlichen Wandbildern von Göt=tern, Mänaden und Panthern geschmückt gewesen, und es lebten noch Menschen, die einen rätselhaften unvergeßlichen Kopf dort gesehen hatten, aber seit Jahrzehnten war Grundwasser hinein=gestiegen, so daß die versunkene Schönheit erloschen sein mußte, und ließ nur noch zwei Stufen von der Treppe sehen, auf der einst die Fremden mit Fackeln hinuntergeführt worden waren, um die Merkwürdigkeit zu sehen. Der Zugang zu der Treppe war durch eine schwere Falltüre verdeckt, und durch diese Öffnung wurden die Verurteilten in das pechschwarze Wasser gestoßen, worauf die Türe wieder geschlossen wurde. In der ersten Nacht, nachdem Zambianchi wieder in der Stadt war, brachte jener Kutscher aus dem ›Vereine der Söhne der Wölfin‹, der sich Mucius Scävola nannte, einen gefangenen Priester, nämlich Don Silvio, den Ka=nonikus von der Peterskirche, der sich vor Jahresfrist einmal durch einen Witz aus drohender Todesgefahr gerettet hatte und seither eher verwegener in seinen Ausfällen gegen die Republik als vor=sichtiger geworden war. Als Don Silvio, der in den Katakomben, wohin man ihn sofort versteckt hatte, die Angst des Sterbens schon hundertfach erlitten hatte, sich dem Zambianchi gegenüber=sah, schöpfte er neue Hoffnung, denn dieser sah freundlich und sanftmütig aus, ein kleines spitziges Bärtchen am Kinn kleidete ihn drollig, und er lächelte häufig, während er die Augen unsicher umhergehen ließ oder niederschlug. Er setzte sich hinter einen alten steinernen Altar, wie wenn es ein Tribunal wäre, und begründete zuerst, warum er sich die Gerechtigkeit angemaßt hätte, nämlich weil Mazzini zwar ein gutes, ehrliches Männchen sei, aber zuviel auf die Diplomatie halte, zuviel Rücksicht auf diesen und jenen nähme, vor allen Dingen aber zu abergläubisch sei, um der guten Sache zum Siege zu verhelfen. Also müsse das Volk, das niemand fürchte, nichts wolle als die Republik und nichts anbete als die Freiheit, selbst über seine Angelegenheiten wachen, und im Namen des Volkes handle er. Darauf fing er an, Don Silvio zu verhören, wobei er im Flüstertone sprach und die Worte betrübt in die Länge zog, was in dem dunkeln und kalten Gewölbe einen schauerlichen Eindruck machte. Da er überführt war, bunte Bildchen an Frauen und Kinder verteilt zu haben, auf welchen der Papst hübsch und rosig, aber weinend in großer Bedrängnis dargestellt war und welche die Umschrift trugen: ›Betet für euern armen Vater in der Verbannung‹, leugnete er dies nicht, sondern sagte, indem er seinen schlauen Äuglein den Ausdruck kläglicher Dummheit zu geben suchte, er habe im guten Glauben gestanden, daß der Papst wirklich ein armer, hilfloser Mann sei, weil man ihn so gelehrt habe, wolle sich aber gern eines Bessern belehren lassen, wenn es sich anders verhalte. Man habe ihn wohl auch gelehrt, die Republikaner seien Teufel und Teufelssöhne und Höllenbraten, und wer einen umbringe, erwerbe sich einen Platz im Himmel, fragte Zambianchi lächelnd und bot dem Priester eine große Schnupftabaksdose an. Dieser bediente sich mit eifriger Höflichkeit und sagte, es sei wahr, gesagt habe man ihm das, er wisse aber nicht, was daran sei; wenn er, Zambianchi, ihm sagte, der Papst sei ein Teufelssohn und Höllenbraten und die Republikaner Christen oder Engel oder Türken oder Heiden, so wolle er alles miteinander glauben und weiterverbreiten, denn er scheine recht zu haben; wobei ihm die angeborene Pfiffigkeit und Schelmerei wider Willen aus dem zitternden Gesicht herausblitzte. Zambianchi wiegte den Kopf und sagte, es tue ihm leid, er hätte sich das Gesetz gemacht, Dummheit und Schwachsinn ebenso zu bestrafen wie das Verbrechen, denn mit dem dummen Bürger sei der Staat am meisten geplagt, er hindere den Fortschritt und beflecke die Kultur.

Doch wolle er aus besonderer Mildtätigkeit den Versuch machen, ihn durch ein kaltes Bad zu kurieren, wenn die übrigen Richter damit einverstanden wären, worauf diese unter Kichern und wilden Späßen ihre Zustimmung erteilten.

Plötzlich veränderte Zambianchi seine Miene, die nun Schadenfreude und Wut ausdrückte, und rief mit erhobener Stimme: »Ersäuft die feige, lügnerische Pfaffenseele!« Im selben Augenblick packte Mucius Scävalo, der Kutscher, der während der ganzen Zeit auf dem Sprunge gestanden hatte, damit ihm kein andrer zuvorkäme, den zeternden und zappelnden Don Silvio um den Leib und warf ihn mit gewaltigem Schwunge in das schwarze, hochaufspritzende Wasser, über dem zwei andre Männer die Falltür, die sie inzwischen offengehalten hatten, wieder schlossen. Nachdem dies geschehen war, lagerten sich alle um ein Faß Wein, das in einer Grabeshöhlung verborgen gehalten wurde, tranken und ergingen sich in ausgelassenen Gesprächen, deren Gegenstand hauptsächlich die Frösche waren, wie sie die im unterirdischen Wasser Ertränkten nannten; diejenigen, die noch gebunden in einer Ecke der Krypta des Gerichtes harrten, hießen Maulwürfe.

Zuweilen fiel es Zambianchi ein, den großen und gerechten Mann spielen zu wollen, und er ließ dann irgendeinen Gefangenen laufen, der einen Schwur tun mußte, nichts von dem, was er erlebt hatte, zu verraten; trotzdem drang manches von dem Treiben des Mörders in die Außenwelt, auch dadurch, daß manche von den Beteiligten, die ihre Scheußlichkeit für etwas Rühmliches hielten, sich prahlerischer Andeutungen andern gegenüber nicht enthalten konnten.

Aus dem Süden in die Stadt zurückgerufen, weil man des Angriffs der Franzosen gewärtig sein mußte, ritt Garibaldi allein, ungeduldig seinen Begleitern voraus, die Neue Appische Straße herauf gegen Rom. Der Tag war trübe und farblos, Himmel, Wolken, Erde und Steine schienen in unendlicher Müdigkeit erloschen; wie Kinder, die schlafen möchten und ihr Bett nicht finden und weinen, wankte die Luft über den steilen Grabtürmen und den langsam rückenden Schafherden. Da, wo, von drei Pinien umgeben, ein Brunnen stand und von der alten Straße her die Zinnen des Denkmals der Cäcilia Metella über die flachen Hügel starrten, ließ Garibaldi sein Pferd trinken und betrachtete unterdessen durch seinen

Feldstecher die graue Stadt. Auf dem Monte Mario, wo die Franzosen sich festgesetzt hatten, sah er etwas, was vorher nicht dort gewesen war, nämlich die französische Flagge, die sie aufgehißt hatten, und obwohl er wegen der trüben Luft nicht erkennen konnte, was es war, fiel ihm eine beunruhigende Ahnung aufs Herz, und er ritt schnell auf einen bewaffneten Posten zu, der nicht weit entfernt bei einem kleinen Wirtshause seinen Standort hatte. Von den Soldaten erfuhr er, daß während der Verhandlungen, die Mazzini mit dem französischen Gesandten führte, Oudinot den Monte Mario gerade oberhalb der Stadt besetzt habe, ohne daran verhindert zu sein, grüßte und ritt rasch weiter. Als er sich jedoch eine kleine Strecke entfernt hatte, hielt er sein Pferd an und blieb still mit dem Begriff des unvermeidlichen Schicksals, das ihm und Rom bereitet war, stehen. Da die Höhe, die die Stadt beherrschte, in der Hand des Feindes war, wußte er, daß nichts sie retten könne, und es war ihm zumute, als stände er nicht vor den Mauern der Republik, um sie zu verteidigen, sondern vor dem Grabe Roms und nähme für immer Abschied. Was nun kommen mußte, sah er klar, als wäre es schon geschehen: Kampf und Blutvergießen und Sterben der tapfersten Männer, Wehklage des Volkes, endlich das Unterliegen und die Rache des Siegers. Bisher hatte er nie anders gerechnet, als daß er, wie oft auch aufgehalten, sein Heer, das sich zu siegen gewöhnt hätte, gegen Österreich führen, Bologna und Mailand befreien würde; nun wußte er auf einmal, daß er wieder würde fliehen müssen, ein Heimatloser, mit Weib und Kind ein Bettler auf dem Meere.

Noch niemals war es ihm bange gewesen vor irgendeiner Aufgabe, vielmehr je schwieriger und aussichtsloser die Lage war, desto entschlossener hatte er seine Kräfte zusammengefaßt, um die äußersten Möglichkeiten der Rettung zu erkämpfen; aber den großen Untergang der Hoffnung seines Volkes aufzuführen, fühlte er kein Herz in sich. Das liebste wäre ihm gewesen, mit seinem Pferd in eine der leeren Grabhöhlen unter der Erde hinunterzusteigen, die hier und dort zu seinen Füßen das Gras überwuchs, und dort zu schlafen, bis es wieder Tag über Rom würde. Vor ihm war die Laterankirche mit den Steinfiguren der Märtyrer, deren titanische Leidenschaft in den aufgelösten Himmel starrte wie die großartige Gebärde überflüssiger Helden, die niemand braucht und niemand beachtet; er blickte daran vorüber auf die schwer im Feuchten schwimmende Stadt, die man ihm entreißen wollte. Er hätte sie gegen Frankreich und Österreich und Europa verteidigt und nichts gefürchtet; die Schwäche der Torheit derer, die seine Freunde sein sollten, überwand ihn. Bitterster Unwille zog seine Stirn zusammen; er hätte Mazzini die furchtbare Anklage ins Gesicht schreien mögen, daß er, der sich als Italiens liebendster Sohn, ja im Grunde als Italiens Schöpfer gebärde, Rom dem Feind in die Hände gespielt habe durch seinen hochmütigen und kindischen Wahn, einen kriegführenden Gegner durch hochherziges Vertrauen entwaffnen zu können. Das Herz schwoll ihm, er fühlte ein Brausen in allen Adern und wurde sich bewußt, daß er noch nicht alle seine Kräfte ausgeschöpft habe; das Gefühl war in ihm, daß, wenn er Roms Herr sein wollte, er es war und so, Roms Herr, es zu halten wissen würde. Da er das Traben von Pferden hinter sich hörte, drehte er sich um und erkannte mehrere seiner Offiziere, darunter Manara, Hofstetter, Nino Bixio und Mameli. Er teilte ihnen mit, was er soeben über das doppelzüngige Verfahren der Franzosen erfahren hatte, ohne sie aber merken zu lassen, für wie verhängnisvoll er es hielt, daß sie sich vor den Toren Roms eingenistet hatten; denn er wollte nicht, daß diese Jünglinge ohne Hoffnung in den bevorstehenden Kampf gingen. Selbst Manara, den die Mitteilung erschreckte, beruhigte sich wieder, als er in Garibaldis Gesicht sah; es blitzte von der Kraft seines verdichteten Willens. Schwer sei es, sagte er, eine Stadt zu halten, auf die der Feind gleichsam schon die Hand gelegt habe; aber es zieme sich nicht, an einem Siege zu zweifeln, der notwendig sei. Sie müßten Rom befreien oder mit Italien untergehen, leben oder sterben; in solcher Lage dürfe man nicht fragen, was möglich sei, nur den eignen Untergang für unmöglich halten.

Sie hatten sich inzwischen dem Tore von San Giovanni genähert, an dem eine Menge Volk zusammengeströmt war, um den Sieger von Velletri zu empfangen; sowie sein Atlasschimmel sichtbar wurde, strömten sie ihm jubelnd entgegen. Daß seine Miene ernst und gebietend war, vermehrte die Begeisterung; sie hätten sich unter die Hufe seines Pferdes geworfen, um mit einem Male alles hinzugeben, was er verlangen könnte, wenn seine strenge und geheimnisvolle Hoheit sie nicht gebändigt hätte. Der Nebel verzog sich jetzt, und es fing an zu regnen; es schien, als stürzten sich die Wolken auf ihn herunter, um dem Herrn der Elemente gewärtig zu sein, dessen Gang Erde und Himmel erschütterte. Anstatt durch das Wetter verscheucht zu werden, sammelten sich mehr und mehr Menschen; sie wogten noch lange durch die rauschenden Straßen, nachdem der General schon in dem kleinen Gasthof, den er bewohnte, verschwunden war.

Angelo Masina hatte, nach dem Wunsche Garibaldis, den Befehl der italienischen Legion übernommen und wollte sich vom Petersplatze, wo er das Regiment hatte aufziehen lassen, zum General begeben, um ihm Bericht zu erstatten, als ihm ein geschlossener Wagen begegnete, aus dem ihm die Hand jener Dame, die er ›Trovata‹ nannte, winkte, worauf er ohne Besinnen zu ihr einstieg und mit ihr weiterfuhr. Sie fuhren nach einem am Abhange des Aventin gelegenen Palaste, der seit Jahrhunderten im Besitze der Könige von Neapel war, von diesen aber weder bewohnt noch verwaltet wurde und zu dem sie, er wußte nicht auf welchem Wege, Zutritt hatte. Sie gingen die letzte Strecke zu Fuß, und sie öffnete selbst das Gartentor mit einem Schlüssel, den sie in der Tasche getragen hatte. Als sie die breite Treppe hinaufgestiegen und in einen weiten Saal gelangt waren, in dem nur ein großer Tisch aus Porphyr in der Mitte stand, warf sich Masina der Geliebten zu Füßen, zog sie an sich und bedeckte ihren Leib, der zitterte, mit Küssen. Dann führte sie ihn in ein andres Gemach, das kleiner und mit dunkelm Damast verhängt war und in welchem Wein, Brot, Fleisch und Früchte durcheinander auf einen Tisch gehäuft waren; denn sie habe sich gedacht, sagte sie, daß er nach den Übungen an dem heißen Tage müde und hungrig sein werde. Sie setzten sich an den Tisch und aßen und tranken, dazwischen leise flüsternd, bis es dunkel geworden war, und gingen dann in den Park, der die Glut des untergegangenen Tages in schweren Gerüchen auszuhauchen begann. Sie wanderten langsam die schmalen Wege, wo sie kaum nebeneinander gehen konnten, auf und nieder, er bestreute ihr braunes Haar mit Orangenblüten und sog den Duft der Blumen von ihrem Haupte, sie pflückten reife Früchte und ließen sie spielend vor sich her rollen. Plötzlich blieb sie stehen und fragte, ob er ihr treu gewesen sei; er schwieg betroffen und sagte dann mit zaghaftem Lächeln wie ein Kind, das unsicher ist, ob es mit einem Scherz der Strafe entrinnen wird: »Einmal hat es mir geträumt, daß ich eine andre liebte.« Sie sah ihn sinnend an, indem sie die

Hände auf seine Schultern legte, preßte sich gewaltsam an seine Brust und küßte ihn unersättlich. Lange blieben sie still, als wenn sie zwischen den erhabenen Bäumen auch zwei wurzelnde Stämme wären, in denen das goldengrüne Blut der Erde, von Lebenskeimkraft überströmend, mit unmeßbarem Umschwung kreise. Mond und Sterne waren inzwischen aufgegangen und standen über einem kleinen viereckigen Teich, den trümmerhafte Marmorfiguren umstanden. Das laue Wasser lockte sie, die Kleider abzuwerfen und zu baden; sie tauchten unter, ließen die Tropfen von Armen und Händen rinnen und verglichen ihre leuchtenden Glieder mit dem kühlen Blinken der schönen Steine. Nach Mitternacht trennte sich Masina von seiner Geliebten und eilte in den Gasthof, wo Garibaldi wohnte, um ihn trotz der späten Stunde noch zu sprechen.

Die Ordonnanz wollte ihn nicht vorlassen, da der General schlafe; allein Garibaldi war aufgewacht, erkannte Masinas Stimme und rief ihn an sein Bett. Bis vor kurzem, sagte er, sei Angelo Brunetti bei ihm gewesen und habe vieles und Wichtiges mit ihm beredet; es seien ungenügende Vorkehrungen getroffen, die Regierung verließe sich immer noch auf die Franzosen; er wollte mehr sagen, hielt aber ein, weil es ihm schien, daß Masina nur zerstreut zuhöre. Der gab es zu. »Wißt, General,« sagte er, »ich habe diese Nacht entdeckt, daß alles außer der Liebe Traum und Täuschung ist. Solange wir lieben, leben wir in Fleisch und Blut; was wir sonst tun, ist graues Schattenspiel, das in hastiger Verzerrung über kahle Wände zuckt. Ich begreife nicht, warum Manara, der eine wunderschöne Frau hat, wie man sagt, und jünger ist als ich, sie verläßt, um Kriegsabenteuer aufzusuchen, die ihn das Leben kosten können.« Garibaldi faßte ihn fest am Arme und sagte lachend: »Habt Ihr vergessen, daß Ihr jahrelang in Spanien wart und die Kämpfe eines fremden Volkes kämpftet? Und es ist acht Tage her, daß ich Euch mitten durch feindliche Kugeln reiten sah, als ob es Konfekt wäre, das schöne Frauen im Karneval Euch zuwürfen.« – »Damals schien der Krieg mir herrlich, es ist wahr«, sagte Masina gedankenvoll. »Weiß Gott, was für ein Sturm einen treibt! Aber glaubt es mir, Garibaldi, ich wünsche mit aller Kraft meiner Brust, daß Oudinot seinen neuen Besuch noch eine Weile hinausschiebt, damit ich diesen vollen Becher, den ich angesetzt habe, nicht von den Lippen reißen muß.« Nachdem er den General noch um einige

die Legion betreffende Dienstsachen gefragt hatte, sagte er, er wolle nun schlafen gehen, es sei die zweite Nacht, daß er kein Bett sähe, und morgen früh um neun Uhr erwarte ihn die Geliebte in einer entlegenen Kirche zu flüchtigem Gruße. Er halte dafür, es sei besser, wenn auch der Waffenstillstand erst am folgenden Tage ablaufe, in dieser Zeit nicht zu fest und nicht zu lange zu schlafen, meinte Garibaldi, indem sie sich trennten.
Um diese Stunde besetzte das verräterische Heer der Franzosen den Garten Doria vor dem Tore von San Pancrazio, um die ahnungslose Besatzung der Villen zu überfallen, von denen nur wenige entkamen und ihr Entsetzen in die schlafende Stadt trugen.

Garibaldi hatte Pietro Ripari geweckt, damit er ihm die Wunden von der Schlacht bei Velletri verbände, was er seitdem jeden Morgen und jeden Abend tat, und dieser kramte zwischen seinem Werkzeug, ein wenig brummend, daß der General sich nicht ruhig halte und dadurch das Heilen der Wunden verzögere, als ein fernes Rollen im Westen der Stadt, wo der Kampf schon begonnen hatte, Garibaldi auffahren machte. In diesem Augenblicke stürzte Hauptmann Daverio zur Tür herein, das gute Gesicht in Flammen, und rief: »Die Fahne! Wo ist die Fahne?« Und Garibaldi, schon in den Kleidern, entgegnete: »Eile du zu Sacchi und Manara!«, wendete sich dann zu Ripari, der erschrocken und böse sein Verbandzeug zusammenpackte, mit dem Auftrage: »Bringe die Fahne dem Masina, er führt heute die Legion an!« und sprang die Treppe hinunter und aufs Pferd. Der wilde Takt des sprengenden Tieres, dessen Hufschlag auf die Steine laut durch die Enge der Straßen hallte, schreckte die Schläfer aus den Betten; viele öffneten hastig das Fenster und blickten schaudernd dem unheilvollen Reiter nach.
Die jungen Offiziere von der Legion belustigten sich in der Kirche des Klosters, wo sie im Quartier lagen. Einer von ihnen hatte sich eine priesterliche Stola umgehängt, sich an den Altar gestellt und gebärdete sich, als ob er das Abendmahl austeilte; es war ein junger Mann von etwa achtundzwanzig Jahren, der Guido Vidomi hieß, aber mehr unter dem Namen ›der Herzog von Aquileja‹ bekannt war, weil er, nach einer in seiner Familie bewahrten Überlieferung, in gerader Linie von den Fürsten abstammen sollte, die in den ersten christlichen Jahrhunderten dort herrschten. Sein Vater besaß ein kleines Bauerngut im Friaul und hatte seinen Sohn

zu den landwirtschaftlichen Geschäften erziehen wollen; aber dieser hatte ein unruhiges Temperament und fand keinen Gefallen an der schweigsam dumpfen Tätigkeit, um so weniger, als sein Vater sie ihm mit kurzsichtiger Härte aufzwingen wollte. Guido konnte es ebensowenig unterlassen zu widersprechen, wie sein Vater Widerspruch vertragen konnte, überhaupt hatten beide eine eigentümlich reizbare Veranlagung, infolge welcher sie, obwohl sie einander leidenschaftlich liebten, nicht miteinander leben konnten und der Junge schließlich, kaum zwölfjährig, fortlief, um sein Glück in der Welt zu suchen. Die Sehnsucht nach der großen Stadt führte ihn nach Mailand, wo er Hunger, Not und Einsamkeit litt, nach verschiedenen verfehlten Versuchen Barbier wurde und als solcher seinen leidlichen Unterhalt fand. Um die politische Bewegung bekümmerte er sich nicht sonderlich, kämpfte aber doch während der fünf großen Tage auf den Barrikaden mit, wie er behauptete, aus keinem andern Grunde, als weil er sich gern schlüge und sonst keine Gelegenheit, wenigstens keine Erlaubnis dazu hätte. Als er einmal Garibaldi gesehen hatte, ließ er sich sofort für die Legion anwerben und gab seinen Bekannten als Grund an, da er seine Gefühle nicht gerne merken ließ, daß sein Geschäft nichts mehr eintrüge, seit die Revolution gesiegt habe und jeder sich den Bart wachsen lasse; es bezeichnete nämlich damals das glattrasierte Kinn den Anhänger des Alten, der Vollbart den Patrioten, so daß ein solcher oft genügte, einen Mann den Regierungen verdächtig zu machen. Im Dienste tat Vidomi seine Pflicht und zeigte sich in der Schlacht oft tollkühn; aber er war unberechenbar und vereinigte maßlosen Ehrgeiz mit spöttischer Gleichgültigkeit, so daß seine Vorgesetzten, obwohl sie ihm besonders wohlwollten, ihn nur bis zum Korporal hatten bringen können. Er war bei allen beliebt, so wunderlich er war; zunächst zog sein gefälliges Äußere an: der feine Schnitt des Gesichtes, der Mund, der ebensosehr kindlichen Liebreiz wie harmlose Schelmerei ausdrückte und ein unschuldiges Herz verriet, das er meistens hinter kecken Reden zu verbergen suchte. Durch sein Talent, mit Holzpuppen komische Aufführungen zu veranstalten, verkürzte er den Kameraden oft die Zeit, überhaupt war er in Gesellschaft immer unterhaltend und unerschöpflich an überraschenden Einfällen, nur allein war er melancholisch; freilich wollte niemand daran glauben, auch nicht daran, daß er jung sterben werde, wie er zuweilen sagte. Er habe

keinen andern Grund, davon überzeugt zu sein, sagte er, als daß Gott, wenn er erst einmal aufmerksam auf ihn geworden wäre, ihn zu sich kommen lassen würde, um sich vom Herzog von Aquileja die Haare besorgen zu lassen. »Das wird endlich eine Stellung sein,« sagte er, »die meiner Art und Herkunft würdig ist. Wenn ich eure Köpfe bearbeite, ist es im Grunde ebenso, als ob ich Rüben rodete, wenn ihr auch die Herablassung nicht empfindet, die darin liegt, daß ich euch frisiere; aber auch Herkules diente und wurde dabei immer größer, bis er als Halbgott in den Olymp ragte.«
Nun spielte er die mäßige Salbung eines gewiegten Pfaffen mit so viel Witz, daß eine ganze Schar sich um den Altar gesammelt hatte, die lachend zuhörte und Beifall klatschte. Mameli, den sein gelocktes blondes Haar und die empfindungsvolle Beweglichkeit der Züge dazu geeignet machten, kniete als Nonne vermummt in einem Beichtstuhl, aus dem Nino Bixio, der den Beichtvater vorstellte, allerlei Unfug hervorpredigte. In dies Getöse donnerte die Orgel, die Gaëtano Bonnet aus Ravenna gewaltig spielte, eigentlich aus Übermut, um die Tollheit zu steigern, aber immer wieder von der Pracht des Instruments so hingerissen, daß er aus chaotischem Brausen reine Fugen oder Choräle hervorgehen ließ.
Wie die Trompete des Meergotts, der dem Getümmel unbändiger Wellen Ruhe gebietet, durchdrang Garibaldis Stimme das Lärmen: »Nach Sankt Peter. Der Feind ist vor Rom!« Im Nu flogen die Umhänge und Kapuzen von den flinken Jünglingsgestalten, und die Kirche blieb leer und still, nur daß etwa noch ein Knistern durch den Brokat der Priestergewänder lief, die, achtlos weggeworfen, auf dem Boden rutschten.
Garibaldi ritt weiter, allen voran, dem Petersplatze zu; aber unterwegs fing er an zu zweifeln, ob ein Überfall in die Flanke des Feindes noch Erfolg haben könne, und kaum dort angekommen, kehrte er wieder um und riß die Legion, der er begegnete, mit nach dem Tore San Pancrazio, um den verzweifelten Sturm in die Stirne des Siegers zu wagen. Auf der Höhe des Janiculus sah er, daß das Schlimmste, was er gefürchtet hatte, geschehen war: das ›Haus der vier Winde‹, das den Park beherrschte, und alle andern Villen vor dem Tore bis auf das Vascello waren vom Feinde besetzt; es galt also zugleich, dieses zu halten und jene zurückzuerobern; und beides auszuführen, hätte es einer weit größeren Truppenzahl bedurft, als ihm zu Gebote stand. Masina, der fast gleichzeitig mit

Garibaldi zur Stelle war, strahlte vor Zuversicht wie ein Gott aus den Wolken, der die Schlachten der Menschen mit seinem Wink entscheidet; indessen als er sich fragend gegen den General, der eben die Befehle ausgab, wendete, stutzte er über den strengen Ausdruck in dessen Gesichte. »Wir müssen die Corsini zurückerobern und das Vascello halten, sonst ist Rom verloren«, sagte er ruhig und betraute Sacchi mit der Verteidigung, Masina mit dem ersten Angriff. Dieser versuchte mit ein paar scharfen Blicken sich die Lage klarzumachen, dann sammelte er seine Reiter und einen Teil der Legion, stellte sich an ihre Spitze und ritt galoppierend den etwas ansteigenden Weg zum Palaste hinan. Hinter den Büschen und Bäumen hervor, die den Weg bekränzten, pfiffen Kugeln, das Haus selbst schien in einen nach allen Seiten feuerspeienden vulkanischen Berg verwandelt zu sein: an den Fenstern und auf den Terrassen standen Soldaten, die fast ungestört zielten und schossen. Draußen diente eine steinerne Balustrade, die sich zu beiden Seiten der Villa hinzog und auf welcher in Töpfen Zierpflanzen standen, Palmen, Hortensien und Tuberosen, vielen Schützen zu bequemem Versteck. Je näher die Angreifenden kamen, desto dichter sausten die Kugeln um sie; in die Tür des Hauses einzutreten war nicht anders, als wollte man in die Mündung einer geladenen Kanone hineingehen. Vor der breiten Freitreppe angekommen, drehte Masina sich um, rief mit lauter Stimme: »Mir nach!« und gab seinem Pferde die Sporen, worauf es stolz und prächtig wie ein Pfau die flachen Stufen hinaufstieg. Gegen die Jäger, die aus ihrem Versteck hervorkamen und sich ihm entgegenwarfen, verteidigte er sich eine Weile mit dem Säbel; aber währenddessen trafen ihn mehrere Kugeln so, daß er, augenblicklich tot, auf der Schwelle des Palastes vom Pferde stürzte. Die Legion drang in das Haus und brachte mit der Heftigkeit ihres Angriffs die Besatzung ins Wanken, doch da ihre Zahl gering war und Zuzug nicht kam, mußten sie sich wieder zurückziehen, um nicht aus Siegern zu Gefangenen zu werden; nicht einmal der Leichnam Masinas wurde dem Feinde entrissen.
Nachdem der Angriff zurückgeworfen war, ließ Garibaldi ihn durch die Bersaglieri erneuern, die eben anrückten, verspätet, weil ein Befehl Rosellis ihnen erst einen andern Platz angewiesen hatte; er verlief wie der erste. Auf das wiederholte Nachsuchen Garibaldis um mehr Truppen antwortete der Obergeneral, daß er keine

entbehren könne, weil auch an der Milvischen Brücke gekämpft werde; so mußte Garibaldi sein Heer opfern. Er hielt am Tore und entsandte die Scharen, die verfügbar waren, gegen die uneinnehmbare Festung; keiner zögerte, keinem graute, sie waren nichts als die Atemzüge der mächtigen Seele, die mit dem verhängten Schicksal rang. Um Mittag schlug eine Flamme aus der Villa Valentini, die auch in den Händen der Franzosen war, wahrscheinlich durch kühne List der Römer entzündet, und Garibaldi wollte die Verwirrung, die infolgedessen unter dem Feinde entstand, zu einem nochmaligen Sturm gegen die Corsini benutzen. Da es sich zeigte, daß die Mehrzahl der Offiziere kampfunfähig waren, Daverio tot, Gaëtano Bonnet, Dandolo tot, Marochetti, Mameli und Nino Bixio, Rozzat und viele andre verwundet, stellte Garibaldi selbst sich an die Spitze des Haufens; sie warfen sich über die gefürchtete Straße mitten in das Haus des Todes, das der entsetzte Feind preisgab, und noch einmal wehte Italiens Fahne vom Turme der Vier Winde, aber sie waren zu wenige, um das erstrittene Gebäude verteidigen zu können, und verließen es, bevor die Übermacht des Gegners sie ganz vernichtet hätte.

In vielen Kirchen lag das Volk auf den Knien und betete.

Der Mai ist aus, die Sonne tritt auf das Schlachtfeld, um das Heer des Frühlings zu töten. Mit kupfernen Sohlen zertritt sie die Anemonen, die Narzissen und Lilien auf den Wiesen, mit rotdampfendem Atem haucht sie den Flor der Akazie und die Blume der Orange von den Zweigen. Sie saugt mit metallenen Lippen den Saft aus den Adern der Erde, das Gras auf den Hügeln, über die sie schreitet, verdorrt, das Gelock der Bäume ergraut. Die Löwin reckt sich zur Jagd, sie schlägt die Zähne in die Brust der Männer, Wunden springen auf mit roten Kelchen, aus denen schwarzer Nektar fließt. Da entbrennt sie vom Blute des Frühlings und der Freiheit, es trieft aus ihrem donnernden Rachen, von ihrer lodernden Klaue, sie dürstet. Wer gebietet dem rasenden Sterne Halt?

Dein Herz, Garibaldi, ist fest und groß und warm wie die Sonne, du hast das Meer und den Sturm nicht gefürchtet, du streitest um Italien gegen den Himmel. Die Luft dröhnt vom Zorne der ringenden Löwin, die ihre Beute nicht lassen will; satt und müde neigt sich die Unbesiegbare in die Tiefe der Wüste, langsam verbleicht der gelbe Schein ihrer Mähne am Horizonte.

Am Tore Roms steht Garibaldi und wacht. Wenn der Tau der Nacht versiegt ist, wird sie wieder heranschleichen, die Raub=lüsterne, Tag für Tag, und ihre Feuerzähne in die Brust der Tap=feren schlagen, bis das Heer des Frühlings zerrissen ist.
Unsre Sonne warest du, Garibaldi, gegen die Sonne: du stehst fest, während die Sterne rings um dich auf= und untergehen. Du gehst nicht unter, du gehst nicht unter, wir nur versinken; wenn wir uns wieder erheben, werden wir dein Herz von Roms Hügeln strahlen sehen: es liegt wie ein Löwe über dem Grabe Italiens und hält Wache.

Am Nachmittage setzte das Kämpfen aus, weil die Franzosen es aufgaben, das Vascello zu erobern, und Garibaldi keine Mann=schaft mehr hatte, um die Corsini anzugreifen. In dem schmalen Schatten der Mauer des Vascello stand mit mehreren Freunden Emilio Dandolo, der noch nicht wußte, daß sein Bruder Enrico gefallen war; beim ersten Angriff verwundet, war er längere Zeit vom Kampfplatz fern gewesen, hatte, zurückgekehrt, ihn gesucht, nach ihm gefragt, ohne Antwort zu erhalten, und versuchte dann sich damit zu beschwichtigen, daß er vielleicht in Gefangenschaft geraten sei. Da nun die Waffenruhe benutzt wurde, Verwundete und Tote in die nächsten Spitäler zu schaffen, und der Leichnam des Enrico jeden Augenblick konnte vorübergetragen werden, gaben sich Manara, Hofstetter und Ugo Bassi Zeichen, daß man den noch Hoffenden auf das gewisse Schicksal vorbereiten müsse, doch zögerte jeder noch, das Wort auszusprechen. An Hauptmann David, der gerade zu ihnen trat, richtete Emilio wie an alle, die er antraf, die Frage, ob er Enrico nicht gesehen habe, worauf David, der Bescheid wußte, erst einen unbehaglichen Blick auf die andern warf und dann verneinend den Kopf schüttelte. Er bemerkte, daß Emilio verwundet war, und riet ihm, in die Stadt hinunterzugehen und sich zu Bette zu legen. »Ich versichere Euch,« sagte er, »daß ich es täte, wenn ich nur die geringste Wunde hätte. Heute kommt keiner davon, am wenigsten einer, der durch Blutverlust ent=kräftet ist. Ich wundere mich, wenn ich einem von uns begegne und wenn ich mich selbst antaste und mich noch sinnlich anwesend fühle. ›Armer Tropf,‹ sage ich zu mir, ›was suchst du hier? Warum stecktest du deine fürwitzige Nase in so gefährliche Konflikte? Du hast lange Beine, aber die Kugeln haben Flügel und dazu den

Teufel im Leibe, sie holen dich ein.‹« Er sprach mit hohler Stimme und tiefstes Mißtrauen ausdrückendem Mienenspiel.
Emilio entgegnete schnell und aufgeregt, dies allgemeine Sterben sei so wenig notwendig, wie es nutzlos sei. Sie würden wie Glas gegen einen Felsen geworfen, an dem sie zerschmettern müßten; ob das Kriegskunst wäre? Nicht einmal Wilde würden in dieser Weise, ohne Plan und Berechnung, die nächste beste Mannschaft zusammenraffen und einem übermächtigen Feinde mitten ins Feuer jagen. An der unüberlegten, ehrgeizigen Tollkühnheit eines Mannes gingen sie alle zugrunde. Hofstetter gab sich Mühe, zu beweisen, daß Garibaldi durch die Umstände zu einem solchen, allerdings verhängnisvollen Verfahren gezwungen gewesen sei, doch Emilio unterbrach ihn ungeduldig und gereizt: er wisse wohl, daß sie ihren Götzen in allem verteidigten und es als eine Annehmlichkeit erachteten, sich für ihn abschlachten zu lassen. Ihm graue vor Garibaldi, er erscheine ihm heute wie jener Feldherr der Vorzeit, den seine Soldaten tot aufs Pferd gebunden hätten, damit die entseelte Hülle noch den Feind besiege; so führe er, ohne Empfindung, durch nichts zu rühren oder abzuschrecken, die warme Jugend in den Tod, der ihm selbst nichts antun könne. »Er weiß, daß wir den Tod weniger fürchten als Sklaverei und Schande«, sagte Manara ernst und würde mehr hinzugefügt haben, wenn ihn nicht die nahe Enthüllung des großen persönlichen Schmerzes beschäftigt hätte. Eben jetzt sah Hofstetter, daß eine Bahre näherkam, neben welcher der junge Morosini herging, woraus er schloß, der darauf läge, müsse Enrico Dandolo sein, drehte sich kurz um und entfernte sich, so schnell er konnte; denn er fürchtete sich vor ergreifenden Auftritten. Emilio sah ihm erschrocken nach, weil er glaubte, er hätte ihn durch seine Reden gekränkt, und zugleich bemächtigte sich seiner schon die Ahnung des Unglücks; er sah die Träger, die einen mit dem dunkelgrünen Mantel der Bersaglieri bedeckten Toten trugen, und Manara, der ihm unter Tränen die beiden Hände entgegenstreckte. Morosini, der neben der Bahre ging und die herabhängende Hand des Toten hielt, schluchzte laut und leidenschaftlich und sah niemand, Emilio ging ihm nach, von Manara und Ugo Bassi begleitet. »Ihr solltet Euch nicht so viel daraus machen,« sagte Hauptmann David düster zu Dandolo, »da wir alle des Todes sind. Einer geht voran, die andern kommen nach, das ist der ganze Unterschied. Wir speisen am andern Ufer

zu Nacht, und jene bestellen einstweilen den Schlaftrunk.« Indem er mehrmals die Achseln zuckte und mit einer nachsichtigen Handbewegung das Leben in den Wind zu schlagen schien, trennte er sich von den Leidtragenden.

Nach einer Stunde kam Emilio Dandolo nach San Pancrazio zurück, wo ihm mehrere junge Mailänder, Signoroni, Mancini und Rosagutti, entgegenkamen und ihm teilnehmend die Hand drückten. Die Sonne stand jetzt dicht über dem Janiculus, und die Hitze fing an nachzulassen; aber den aufs äußerste ermatteten Soldaten kam sie unerträglicher vor als am Tage. Die Offiziere wollten ihre Kameraden aufsuchen, als sie Garibaldi auf sich zukommen sahen, aufrecht im Sattel, das Gesicht grau wie Eisen, der, wie er sie erkannte, rief: »Habt ihr noch ein paar tapfere Leute, mit denen ihr einen Streich wagen könnt? Wir müssen die Corsini wiederhaben!« Die Freunde starrten den unbegreiflichen Mann an, für den der Tag endlos und das menschliche Vermögen unerschöpflich zu sein schien, und schwiegen betreten, da sie sich nicht zu sagen trauten, daß sie die Hoffnung für unsinnig hielten, wenige Entkräftete könnten jetzt erreichen, was den frischen Truppen am Morgen nicht gelungen war; auch war ihnen seine Ruhe unheimlich, wie wenn Raserei darin läge. Emilio Dandolo indessen, der stark fieberte, fühlte seiner Stimmung genuggetan und rief übermäßig laut und betont: »Mein General, ich räche meinen Bruder! Folge mir, wer noch Blut zu vergießen hat!« Es fanden sich außer den Offizieren etwa zwanzig Mann, die noch einmal versuchten, durch jähen Anprall den wohlbefestigten Feind zu erschüttern, und von denen weniger als die Hälfte zurückkam; die Offiziere waren sämtlich verwundet, Dandolo hatte infolge des zweiten, nicht unerheblichen Blutverlustes und der vorangegangenen Erregung das Bewußtsein verloren.

Die Sonne war untergegangen, der Himmel brannte noch hinter dem Parke, es sah aus, als hingen karminrote Blutstropfen an den Zweigen der schwarzen Eichen. Die Soldaten waren auf ihren Posten und in ihren Quartieren, nur Garibaldi ritt noch hin und wider und starrte starr nach dem weißen Hause; er schien zu überlegen, ob er nun allein den letzten Sturm versuchen solle. Als endlich Sacchi sich ihm näherte und ihn bat, sich Ruhe zu gönnen, sah er ihn an, wie wenn er aus Träumen zu sich käme, und wollte sprechen; statt dessen drang ein brüllender Laut heiser aus seiner

Kehle. Sacchi wendete sich ab, weil ihm der Anblick der ohnmächtigen Klage in Garibaldis unzugänglichen Gebieteraugen das Herz zusammenschnürte, und murmelte etwas der Art, das menschenmögliche sei getan, niemand könne Rom wider Roms Willen retten. »Sie haben mich um den Sieg gebracht!« sagte Garibaldi; es klang nicht wie von menschlicher Stimme gesprochen, sondern wie entferntes Rollen einer Sturmflut, die kommen und das Ufer mit allem Leben darauf verschlingen wird. Dann verstummte er und folgte Sacchi in das Vascello, wo er von Manara und Medici ehrerbietig empfangen wurde. Während er etwas Wein und Brot zu sich nahm, das man vor ihn hinstellte, unterhielten sich die Offiziere über den Verlauf des Tages und die erlittenen Verluste, nur Masinas Namen erwähnten sie nicht, da sie wußten, wie teuer er dem General gewesen war. Allmählich besann sich Garibaldi auf seine Umgebung; er warf wieder und wieder zufriedene Blicke auf Sacchi, Manara und Medici, indem er sich überzeugte, daß sie heil und frisch waren. Es sei die Ehre des Tages, sagte er plötzlich mit fester Stimme, daß das Vascello gehalten sei, er danke den Offizieren und Truppen, die es mit unvergleichlicher Ausdauer verteidigt hätten. Als es Nacht wurde, begaben sich Manara und Medici in die Stadt, um ihre verwundeten Freunde aufzusuchen, Sacchi blieb im Vascello, Garibaldi ging wieder ins Freie, um sich über das Vorhaben des Feindes Sicherheit zu verschaffen.

Die Sommernacht überströmte Rom und sog sich wie Balsam in die verbrannte Erde. Die Wege, wo die Schlacht gewütet hatte, glichen einem offenen Grabe; denn viele Verwundete und Tote waren von ihren Verwandten und Freunden fortgetragen worden, um andre hatte sich niemand bekümmern oder dicht unter den Kugeln des Feindes sie nicht holen können. Die innerhalb der Corsini gefallen waren, wurden ohne Zeichen vom Feinde begraben. Jetzt ging Ugo Bassi allein über das Schlachtfeld, und wo er einen toten Mann liegen sah, kniete er neben ihm nieder, schloß ihm die Augen, legte ihn gerade hin und betete bei ihm. Es war so hell, daß er eines jeden Züge deutlich unterscheiden konnte: einer hatte dichte schwarze Brauen, die wie in äußerster Anstrengung zusammengezogen waren, seine Hand griff noch, er schien auf ein Zeichen zu warten, um aufzuspringen und weiterzukämpfen; ein andrer, fast noch ein Knabe, lag in einem Beete, auf dem rote Pelargonien blühten, und hatte das Gesicht in die lockere Erde gedrückt, wie Kinder, die mit ihrem Kissen im Arme einschlafen; ein andrer hatte geballte Fäuste und starrte gräßlich gegen den schimmernden Himmel. Einer schien sehr alt zu sein, hatte ein Gesicht voll Runzeln und Falten, die immer erneuter Kummer langer Jahre eingegraben haben mochte, und so welke Hände, daß man nicht begriff, wie sie noch eine Waffe hatten regieren können; doch mußte er wild gekämpft haben, denn er hatte viele frische Wunden, und neben ihm lag ein junger Franzose, den er sterbend getötet zu haben schien. Mitten auf einer Wiese stand ein uralter marmorner Altar, auf dessen Wänden kleine rundgliederige Kinder dargestellt waren, die Traubengewinde trugen, zwischen denen tragische Masken standen; dort lagen drei Tote, die sich wohl hinter dem ungenügenden Schutze bis zum Äußersten gegen eine Übermacht verteidigt hatten. Einem von diesen hatte eine Kugel die obere Hälfte des Gesichtes so zerrissen, daß an Stelle der Augen nur eine schwarze starrende Wunde zu sehen war; offenbar hatte er einen zweiten tödlichen Schuß in die Brust empfangen, als er mit der Hand nach den Augen gefahren war. Der Mund dieses Mannes, den kein Bart verdeckte, war voll und herrlich geschwungen, doch ein wenig wie zum Weinen verzogen, und die ebenmäßigen Zähne waren krampfhaft aufeinandergepreßt; auch seine Beine waren vor Schmerz gekrümmt.

Viele lagen mit nach vorn ausgestreckten Armen auf dem Gesicht, als wären sie im eiligen Laufe gestrauchelt und gestürzt, und Ugo Bassi zitterte, indem er sie umwendete, in der Hoffnung, sie möchten leben; aber diese, Bersaglieri, die beim Rückzuge nach dem zweiten Sturm auf die Corsini am frühen Morgen gefallen waren, waren schon lange kalt. Der Priester glättete ihnen gelinde das Haar, das oft mit Blut verklebt war; zuweilen richtete er sie auf, wenn er sie zurechtlegte, und hielt sie an seine Brust gelehnt, als ob sie wieder anfangen könnten zu atmen oder damit sie noch einen Augenblick an einem liebevollen Herzen gelegen hätten.

Garibaldi, der von der höchsten Bastion aus nach den Gärten hinüberblickte, erkannte die jünglingshafte Gestalt Ugo Bassis und folgte ihm mit den Augen; er sah, wie er sich niederbeugte, sich wieder aufrichtete, lange stillstand und den Kopf in die Hände zu bücken schien, und diese lautlos zwischen den stillen Baumstämmen gleitende Bewegung machte ihm den Eindruck rinnender

Tränen. Er dachte nicht daran aufzustehen, ein Lager aufzusuchen und zu schlafen; er schien im Anblick des Hauses, das seinem Willen geisterhafte Unantastbarkeit entgegensetzte, zu versteinern. Er dachte an die Eingangshalle, an die Figur des Achilles, der den toten Patroklos beklagt, und an ein Bruchstück, das sich seinem Gedächtnis zufällig eingeprägt hatte, einen schönen großen zermalmenden Fuß in Sandalen, über den der Saum eines faltigen Frauengewandes fiel; er stand jetzt vielleicht in einer Lache Blut. Unter diesen feiernden Gestalten dachte er sich Masina liegen, mit gebrochenen Augen in den Hohn der Sieger starrend.
Garibaldi versuchte sich vorzustellen, daß dieser einzige Tag nicht gewesen und noch gestern wäre, ein mächtiger Herzschlag und ein starker Strom Blut noch im Schwunge der Erde mitklopfte, der jetzt fehlte; da war er so reich gewesen, wie er jetzt arm war. Er saß auf den Mauern Roms einsam wie auf einer wilden Klippe im Raum ohne Anfang und Ende, er konnte sich nicht vorstellen, daß er je wieder ein Pferd besteigen, je wieder eine Schlacht kommandieren würde. Es hätte anders werden können, wenn er die aufgeblähte Tugend der Republik vom Throne gestoßen und gesagt hätte: ›Rom ist mein, bis es frei ist.‹ Warum er es nicht getan hatte, wußte er nicht, denn die Überlegung, daß er damit sich einzelnen als Italien gegen ganz Italien gestellt hätte, war nicht gewesen, was ihn wirklich hinderte, sondern die fehlende Notwendigkeit in seiner Seele; deshalb zürnte er nicht sich, sondern denen, die seine Macht gebunden hatten. Sie hatten ihn einsam und arm gemacht, indem sie ihn zwangen, sein Heer aufzuopfern; es war von ihm weggeströmt wie das Blut von seinem Herzen. Lange saß er still und ließ die Toten einen nach dem andern vorüberreiten und sich in die mitternächtige Heide verlieren, die Italien in Völkerschlachten hätten befreien sollen; er starrte den Schatten seiner Traurigkeit mit kalten Augen nach.
Wie er an Masina dachte, kam ihm Lust zu weinen; aber den Groll vergaß er allmählich darüber. Weit hinten am Saume der Ebene stand eine Reihe von Pinien, deren regelmäßiges durchsichtiges Geäst so zueinander stand, daß es sich in gleichen Bogen zu berühren schien und man die stillen Bäume für die Trümmer einer alten Wasserleitung hätte halten können. Sein Blick blieb auf dieser schönen Linie am Horizonte ruhen, die ihn wie ein sympathischer Ton zu reinen Gedanken stimmte und ihm wohltat. Ein sü=

ßes Bewußtsein durchdrang ihn, als ob er denen, die vor Jahren, und denen, die vor Stunden gestorben wären, an Leben und Tod ganz gleich wäre und als wäre es ein kindisches Mißverstehen gewesen, daß er um sie trauerte. Die Müdigkeit, die in ihm war, ging langsam in Schlaf über, doch fühlte er noch das leise Strömen der Bäume, die Luft und das Mondlicht liebkosend in seinem Körper; als seine Gedanken schon Träume wurden, fiel ihm ein, daß zwischen ihm und den Sternen Weltraum wäre, der nach Tausenden und Millionen gemessen würde, und viele von ihnen vielleicht in dem Augenblick schon erloschen wären, wo sie zu ihm hin wirkten wie gegenwärtiges Leben, und daß für Blicke von entfernteren Systemen, die unsern Sinnen unzugänglich wären, seine Sterne sich mit ihren Strahlen zu berühren scheinen könnten, wie für seine Augen die Zweige der Pinien die Zweige ihrer Nachbarn in leichten Bogen zu berühren schienen. Dies verstand er als das Bild einer alles ausgleichenden Wirklichkeit. Er fühlte sich in den Mantel der Gottheit, dessen tiefste Schluchten leuchteten, mit allem Verlorenen und allen Erfüllungen aufgenommen.
Nach einem kurzen tiefen Schlaf erwachend, sah er den Mohren Aghiar neben ihm an die Mauer gelehnt, der ihn bewachte. Sie suchten zusammen das Strohlager auf, das jener ihm in einem kleinen Hause dem Vascello gegenüber bereitet hatte, wo er noch einige Stunden, bis der Himmel hell wurde, schlief.

Bald nach Sonnenaufgang ließ Garibaldi den Oberst Manara zu sich auf den Turm der Villa Savorelli rufen, die er zum Hauptquartier bestimmt hatte, weil sie dem Tore am nächsten lag, und wies ihm die Stellungen des Feindes, indem er sagte: »Ich glaubte, sie würden Rom heute erstürmen, indessen arbeiten sie an den Werken zu einer Belagerung.« Manara sah durch den Feldstecher, den der General ihm reichte, und rief erstaunt: »Bei Gott, sie gebärden sich, als ob sie vor Tyrus lägen, da wir doch kaum mehr als die Mauer haben, über die Remus, seinem Bruder zum Hohne, hinübersprang.« – »So huldigt Frankreich dem neuen Italien«, sagte Garibaldi, fügte aber hinzu, daß man die Ordnung, Zucht und Tüchtigkeit der Franzosen bewundern müsse, ohne sie leider nachahmen zu können. »An Seiltänzern und Akrobaten leiden wir keinen Mangel, aber stehen und gehen können wenige.«
Um die neunte Morgenstunde war die Hitze schon drückend; das

Licht lief dick wie Honig über die Mauern der Häuser und Gärten. Von Trastevere her kamen Volkshaufen den Janiculus herauf, die Garibaldi ihres Anhangs versichern wollten, wenn er die Diktatur ergriffe; denn es hatte sich verbreitet, daß die Regierung ihm aus Mißtrauen wegen seiner allzu volksgünstigen Gesinnung die Mittel zu siegen versagt habe und daß er die Sache Roms nur mit Glück führen könnte, wenn er uneingeschränkt waltete. Garibaldi hatte die Leute kommen sehen, setzte sich aber, als ginge es ihn nichts an, an einen Tisch und fing an zu schreiben und hob den Kopf fast geärgert, als Angelo Brunetti, der die Bewegung leitete, zu ihm eintrat. Auf der braunen Stirn und dem bloßen Halse des Römers standen Schweißtropfen, er sah aus, als ob er stundenlang in der Sonne Holz gehackt oder Korn gemäht hätte, doch frisch und unternehmend. Die Stimmung, sagte er, wäre so gut wie wünschbar, was zur Regierung hielte, wäre unschlüssig und bedenklich, man erwarte nur seine Befehle. Garibaldi zog unmutig die Brauen zusammen: »Es ist zu spät,« sagte er, »beruhigt die Leute und macht sie auseinandergehen.« Brunetti stand betroffen und wußte nicht, wie er die Worte des Generals deuten sollte; wenn das Volk jetzt zurückgewiesen und enttäuscht würde, meinte er, könnte er es so leicht nicht wieder zur Aktion bringen. »Es ist für heute und immer zu spät«, sagte Garibaldi; »ich hätte es getan, um zu siegen, nicht um des Titels und der Macht willen. Rom braucht keinen Diktator, um sich ein Weilchen belagern und endlich erstürmen zu lassen.« Da er den Eindruck sah, den seine Worte auf Brunetti machten, stand er auf, legte ihm liebevoll die Hand auf die Schulter und sagte: »Verschweige, was ich dir gesagt habe, Brunetti, und vergiß es; die Hoffnung standhafter Herzen ist das Blut, das Italiens Leben fristet.« — »Wir werden hoffen«, sagte Brunetti nach einer Pause mit fester Stimme, doch Tränen im Auge. Nachdem er sich vollends gefaßt hatte, fügte er hinzu, da es nun so sei, freue er sich, daß es nicht zum Zwist oder Bruch mit der Regierung gekommen sei; das Volk zu beruhigen vermöge er aber nicht allein, sie wären nun einmal auf etwas Gewaltsames vorbereitet und würden sich nicht hineinfinden, ohne Sang und Klang wieder an ihr alltägliches Geschäft zu gehen. Garibaldi trat an das Fenster, musterte die Menge, die ihn lärmend begrüßte, und sprach in kurzen Worten ein Lob der Republik und der Einigkeit aus; dann dankte er den Leuten, daß sie gekommen wären, um ihm ihre Kraft zur Verfügung zu stellen, er bedürfe ihrer in der Tat, seine ohnehin überanstrengten Soldaten genügten nicht, um brauchbare Verteidigungswerke herzustellen. Solche mühselige und gefährliche Arbeit erfordere ebensoviel Mut, wie in eine Schlacht zu gehen; sie hätten sich heute um das Vaterland verdient gemacht.

Anstatt des üblichen Beifalls folgte dieser Rede längeres Schweigen; plötzlich sagte einer mit hörbarem Seufzer: »Da haben wir die Diktatur!«, worauf ein Gelächter entstand und die meisten sich gutwillig eine Arbeit bei den Verschanzungen anweisen ließen.

Nachdem auf diese Weise die Bewegung unschädlich abgelenkt war, traf ein Brief Mazzinis ein, der Garibaldi ermahnte, den Aufruhr, von dem Gerüchte auf das Kapitol gedrungen waren, nicht zu ermutigen. Garibaldi betrachtete die zierlich unbeugsamen Buchstaben des Genuesen ingrimmig, ballte das Blatt in seiner Hand zusammen und sagte zu Manara, mit dem er allein war: »Er schreibt, ich dürfe ein trübes Gesindel, das jeder Regierung, die Ordnung und Gerechtigkeit handhabe, aufsässig sei und jedem diene, der es von der Last täglicher Pflicht erlöse, nicht würdigen, sich Verteidiger und Retter des Vaterlandes zu nennen. — Ich bin kein Schulmeister, der fragt: ›Bist du ehrlich? bist du aufmerksam? bist du fleißig?‹ Ich frage: ›Habt ihr Mut und Waffen?‹ und würde Rom mit Hunden verteidigen, wenn sich Menschen nicht fänden.« Manara sagte ernsthaft: »Gestattet, mein General, daß wir und kein andrer diese Hunde seien.«

Garibaldi lachte nicht, sondern sah Manara scharf aus zusammengekniffenen Augen an: »Ihr denkt auch wie Mazzini,« sagte er forschend, »und doch müßt Ihr gesehen haben, wie Unverstand und Engherzigkeit jener Weisen uns um den Sieg brachten. Unser Traum und Ziel, das Herz unsers Lebens war ein freies Vaterland; nun fürchten sie mehr, Mazzini zu widersprechen, als Rom und Italien zu verlieren.« Manara sagte: »Da Ihr mich fragt, mein General, gestehe ich, daß ich furchtsam bin, seit ich Mailand, das wir durch einmütiges Opfer erobert hatten, durch unsre Zwietracht verlorengehen sah.« Er schwieg bescheiden, und Garibaldi dankte ihm zwar für seine freimütige Erklärung, forderte ihn aber nicht auf, sich weiter auszulassen. Er stieg wieder auf seinen Turm, lehnte sich an die Balustrade und blickte hinübergebeugt in das dicke Blättergrün, aus dem die weißen Mauern der Villa

auftauchten; er fühlte sich aller Menschen müde und überdrüssig. Er konnte nicht verstehen, daß dieselben, die durch Jahre unter Gefahr ihres Lebens nach Italien getrachtet hatten, ihn, der es machen konnte und wollte, nicht ließen, und zum ersten Male drückte ihn seine Arbeit, die den Preis nicht erreichen würde.
Am heißen Himmel standen dicke weiße Wolken wie geballter Staub um goldene Wagen, in denen vergötterte Helden, der rühmlichen Hantierung froh, sich mit strahlenden Waffen bekämpften. Garibaldi schloß die Augen, von der Mittagsonne umdunstet, und stellte sich vor, daß der Turm der Villa, auf der er stand, ein Felsen im Meere wäre, den das selige Element von den Menschen und ihren Angelegenheiten trennte. Da würde er mit tiefer Lust die Sterne erscheinen und die Einöde des kalten Raumes leuchtend umzirken sehen, wie ein Triumphbogen würde der einsame Heldenlauf und Untergang der Sonne über seinen Tagen stehen. Die wilden Ziegen würden das Gras aus seiner Hand nehmen, die nistenden Meervögel würden sich an seinen Schritt gewöhnen, seine Frau und seine Kinder würden auf den blanken Steinen liegen und die Wellen wie junge Hunde und Hasen über sich wegspringen lassen. Er glaubte die warme Stimme der lieben Frau und das unbändige Aufjauchzen der Kleinen zu hören; ein inniges Wohlbehagen erfüllte ihn ganz. So stand er lange ohne einen Gedanken an die Wirklichkeit, bis die Besatzungen der Valentini und Corsini das Feuer begannen und das schnelle Krachen der Schüsse ihn zurückrief.
Nach dem Essen, das Garibaldi im Lager nahm, während viele Offiziere in die Stadt gingen, kam Mazzini und wurde vom General in einem Zimmer empfangen, wo dieser im Begriff war, dem Sekretär Fumagalli einen Plan zur Verteidigung des Vascello zu diktieren. Gleichzeitig trat ein zigeunerhaft gekleidetes hübsches Mädchen ein, das Kaffee brachte, schwärmende Blicke auf Garibaldi warf und sich nur zögernd entfernte. Die Herren waren noch beim Kaffeetrinken, als Hauptmann David sich melden ließ mit einem Rapport des Obersten Sacchi, der noch das Vascello kommandierte: ein Anfall der Franzosen sei glücklich abgeschlagen mit geringem Verlust der Seinigen; als sehr lästig mache sich bemerkbar, daß der Weg zwischen dem Vascello und dem Tore, der stark von den feindlichen Kugeln bestrichen werde, keine Deckung habe. Dafür wäre bereits gesorgt, sagte Garibaldi, ein

Ingenieur wäre beauftragt, zum Schutze des Verkehrs einen bedeckten Weg herzustellen; übrigens äußerte er seine Zufriedenheit und fügte hinzu: »Ich erwartete etwas Schlimmes, als ich Euch sah, Hauptmann, denn Ihr macht ein Gesicht, als überbrächtet Ihr eine Unglücksnachricht.« – »Es ist noch das von gestern«, antwortete David erklärend und verzog es langsam und sorgfältig, bis er einen Ausdruck wehmütiger Heiterkeit hervorgebracht hatte. Garibaldi und Mazzini lachten, der letztere herzlich bis zu Tränen. »Es ist wundervoll, innezuwerden,« sagte er, als er sich wieder gesammelt hatte, »daß das Irdische, auch die ernsteste Trübsal, die wie schwere Berge vor uns liegt, ein Stoff ist, den die Strahlen des menschlichen Geistes vollkommen durchdringen können, so daß sie plötzlich verschwindet und die Aussicht in das Freie wieder da ist.« Dann ersuchte Garibaldi den Hauptmann, Sacchi mitzuteilen, daß er in der Frühe des folgenden Tages durch Medici würde abgelöst werden, um selbst den Befehl der Legion und der Studenten, welche den rechten Flügel ausmachten, zu übernehmen, ferner sich über den Zustand einer Wasserleitung zu erkundigen und ihm zu berichten, welche unterhalb des Vascello führen und wenn möglich als Mine benutzt werden sollte, womit sich David entfernte.

Auf Mazzinis Wunsch führte Garibaldi ihn auf den Turm, um ihm einen Überblick über den Schauplatz der Kämpfe zu geben; sie sahen zu Füßen die Rosenpracht des Gartens Savorelli, die wie Wein in einer allzu vollen Schale über die Mauern schwankte, weiterhin die Burg Vascello, gegenüber den Marmorschimmer der Corsini und dahinter die dunkeln Kronen edler Bäume. Eine Schar von Soldaten war in emsiger und augenscheinlich sorgloser Tätigkeit am Bau einiger Barrikaden zwischen dem Vascello und ein paar kleinen, noch von den Römern besetzten Nebengebäuden, obwohl sie den Kugeln, die fortwährend flogen, ausgesetzt war. Die Nähe des feindlichen Heeres, die er nun mit Augen sah, erschreckte Mazzini: »Ist keine Hoffnung?« fragte er flehend. – »Hoffnung muß sein,« erwiderte Garibaldi, »mehr ist nicht zu sagen.« Sie sahen wieder schweigend hinunter, wo eilige Bewegung war: Soldaten trugen Körbe mit Schießvorräten in die Häuser, und von Lastwagen, die am Tore hielten, wurden Fässer mit Wasser abgeladen und hierhin und dorthin geschafft. Plötzlich richtete sich Mazzini gerade auf und sagte mit vollem Blick auf Garibaldi: »Du weißt, weshalb ich gekommen bin. Ich bitte dich, verzichte auf eine Macht, die du erzwingen müßtest. Daß du es könntest, daran zweifle ich nicht, aber glaube mir, es würde das Ende der Republik und der Freiheit sein. Rom würde sich selbst zerfleischen, und die Feinde könnten unter Hohn die Selbst=mörderin begraben; das würde dein Werk sein.« Garibaldi entgeg=nete: »Oder das deine, da du mir vorenthältst, was ich brauche, um zu siegen. Denkt ihr, ich sei ein Bonaparte? Was fürchtet ihr von mir? Will ich Herrschaft, um die Republik zu zerstören? Ich will sie schützen!« — »Das meinst du«, rief Mazzini, indem er die Augen mit flammender Beschwörung auf Garibaldi richtete; »die Soldaten, die dich kennen, beten dich an, aber die vielen, die du nicht kennst, mißtrauen dir. Und die dich lieben, wie ich, wissen, daß du wie ein Sturm bist, der hoch dahinbläst, den Menschen un=erreichbar und unzugänglich, ein Element, das mit übermensch=licher Arbeit dient, um sich auf einmal zu entfesseln und zu zer=stören, was es bauen half. Ja, so bist du, und glaubtest du es selbst nicht, und glaubte es keiner.« Ferner, sagte er, Garibaldi werde kaum wissen, was für Leute seine Diktatur forderten oder be=günstigten: aufgeregte Schreier, romantische Bummler und Ko=mödianten, denen das neue Regiment zu methodisch wäre, vor allem Sklaven, die es wieder nach der Peitsche gelüste; er sprach ihm von Zambianchi, von dessen verbrecherischen Taten er, Garibaldi, gewiß nichts ahne, der sich aber mit seinem Namen decke, um sich hundertfach verdienter Strafe zu entziehen. Er sprach leise, aber leidenschaftlich, während Garibaldi unerschüt=tert blieb. »Das Kind zerreißt den Leib seiner Mutter, wenn es ans Licht kommt«, sagte er abweisend. »Wir sind nicht wie Gott, daß wir Italien machen könnten, indem wir sagen: Es werde Licht. Uns kostet es Blut, edles und unedles.« Dem entgegnete Mazzini mit Hoheit: »Wir haben auf unsre Fahne geschrieben ›Gott und das Volk‹, und Gott ist Geist, nicht Fleisch und Blut. Woher schöp=fen wir das Recht, Tausende zu opfern, alten Besitz und Anspruch zu stürzen, wenn wir nicht besser sind, als unsre Gegner waren, und gerechtere und glücklichere Reiche gründen?« Über Gari=baldis schönes Gesicht flog dunkles Feuer: »Zu meinem Hasse brauch ich kein Recht«, rief er zornig. »Erwürgen möcht ich alle mit meinen Händen, die unser Land verachtet und erniedrigt haben; wer mir dazu nützt, ist mir gut, wer mich daran hindert, ist mir

schlecht.« Hernach setzte er gelassener hinzu: »Wenn der Dorn aus dem Fleisch ist, wird der Körper von selbst gesund und schön werden.« In diesem Augenblick entstand auf dem freien Platze vor dem Tore lebhaftes Zusammenlaufen, das augenscheinlich einem Unglücksfalle galt, und es zeigte sich, daß Hauptmann David, als er vom Vascello zum Hauptquartier zurückkehren wollte, von einer Kugel in den Unterleib getroffen und sterbend zusammengebrochen war. Garibaldi ließ den Feldstecher, durch den er hinuntergesehen hatte, mit einer unwilligen Bewegung sinken und sagte: »Der Gang hätte fast fertig sein können, und noch ist nicht damit angefangen. Dem armen David kommt es nicht mehr zugute.« Er eilte hinunter an das Tor, um Anordnungen zu treffen, und Mazzini ging ihm nach in den Garten, wo er ihn auf einer halbrunden, von Lorbeergebüsch umrahmten Steinbank erwartete. Als er zurück war, sagte Mazzini: »Wir können uns nicht ganz verstehen, das weiß ich wohl. Laß mich dich dies einzige Mal daran erinnern, was ich dir war, als ich dir zuerst, in Marseille war es, von Italien und unsern großen Schicksalsplänen sprach. Damals nahmest du Rat und Weisungen von mir an. Jetzt bist du ein Mann und ein Held geworden, dennoch folge mir heute noch einmal, um jenes Andenken zu ehren, wenn du es nicht aus Überzeugung tun kannst.« – »Italien liebe ich doch mehr als dich«, sagte Garibaldi mit grollender Stimme. Sie saßen sich schweigend gegenüber, während der Wind, der sich in kleinen Stößen regte, die harten Lorbeerblätter rascheln machte. Der Himmel war über und über grau geworden, die Sonne verschwunden, und in Augenblicken, wo die Luft stillstand, schien es, als ob das einförmige Gewölbe sich langsam tiefer herabsenkte.
Mazzini bedeckte die Augen mit der Hand und sagte schmerzlich: »Sollen wir, von denen Italien Hilfe erwartet, die unsre Feinde schadenfroh belauern, Gegner werden und uns bekämpfen?« Indessen sah Garibaldi mit mächtigem Blick geradeaus und mochte die Klage überhört haben, denn er gab keine Antwort. Nach einer Weile wendete er sich Mazzini zu und sagte ruhig: »Die Bewegung dieses Morgens ist schon beigelegt und wird sich, soviel an mir liegt, nicht erneuern. Ich will Rom nicht gegen Roms Willen erretten. Die Republik hat nichts von mir zu fürchten, und wir brauchen keine Worte mehr über diese Sache zu wechseln.« Mazzini reichte ihm in großer Bewegung die Hand, in die Gari-

baldi kalt und ohne Druck die seine legte; damit trennten sie sich.
Garibaldi ließ Manara rufen und sagte zu ihm: »Wir müssen uns auf eine lange Belagerung einrichten. An Euch habe ich die Bitte, daß Ihr als Haupt meines Stabes, der durch die Verluste des gestrigen Tages aufgelöst ist, in meiner Nähe bleibt. Euer Regiment ist durch Euch mit so gutem Geiste erfüllt, daß auch ein anderer und geringerer, als Ihr seid, es führen kann.« Manara errötete heftig, erschrocken über die Aussicht, als junger Mann älteren Offizieren im Stabe vorangestellt zu werden, und unfähig, sich in eine Trennung von seinem Regiment hineinzudenken. »Ihr bringt mir ein Opfer, Manara,« fuhr Garibaldi fort, »aber ich hätte es nicht gefordert, wenn ich nicht glaubte, daß es der Sache, der wir dienen, zugute käme. Wenn Selbstsucht dabei ist, kommt sie aus dem Herzen, und mit dem Herzen müßt Ihr sie entschuldigen. Wollt Ihr jedoch nicht, soll alles bleiben, wie es ist, und dies Gespräch vergessen sein.« Manara war ergriffen: »Ich will nichts, als mich der Ehre würdig machen, die Ihr mir antut«, sagte er. Jetzt fiel der erste Blitz in einem langen, zackigen Sprunge, und ein schwerer Donner folgte, aber es regnete nicht. Garibaldi stieg zu Pferde, um Vorkehrungsmaßregeln zu treffen und die Soldaten zur Aufmerksamkeit zu ermuntern, denn er hielt für möglich, daß die Franzosen doch die einbrechende Dunkelheit und das Unwetter zu einem Sturm auf die Stadt benutzen würden.

Nino Bixio und Goffredo Mameli waren so schwer verwundet, daß sie nicht wieder in das Heer eintreten konnten, der Genfer Rozzat dagegen erschien schon nach einigen Tagen, wenn auch nicht ganz geheilt, wieder im Lager. Er sei, sagte er, unglücklicherweise in ein Klosterspital geraten, wo die Pflege in den Händen von Mönchen liege, und da er auf Befragen gesagt habe, daß er Protestant sei, hätten sie beschlossen, ihn zu bekehren, was er sich anfangs wohl hätte gefallen lassen in der Meinung, es komme auf ein ehrliches Disputieren über Glaubenssätze an, worin er leidlich beschlagen sei und sich den Gegnern standzuhalten getraut hätte. Indes hätten es die Mönche nicht so gemeint, sondern hielten alles für ausgemacht und jeden für störrisch, der es nicht glauben wollte, weswegen sie ihm denn unter dem Vorwande, daß er doch sterben müsse und sie nur noch schnell vor dem Ende seine

Seele in Sicherheit bringen wollten, Pflege und Speise mehr und mehr entzogen hätten. Bei dieser Behandlung hätte er durch Durst und Wundfieber außerordentlich gelitten und schließlich eine Gelegenheit benutzt, um zu entwischen, und er bedauerte nur, die Genugtuung der Mönche nicht mit ansehen zu können, die ohne Zweifel glaubten, der Teufel sei mit ihm zur Hölle gefahren.

Manara freute sich zwar, den Freund wiederzusehen, riet ihm aber doch, in einem andern Spitale zu bleiben, bis die Wunde völlig geheilt sei, aber Rozzat weigerte sich durchaus und erklärte mit verlegenem Lachen, er sei verliebt, und nächst dem, daß er wünschte, bei jedem Kampfe mit dabei zu sein, hielte ihn die Liebe unter den Mauern fest. Die er liebte, war Antonietta Colomba, die mit ihrem Manne in Garibaldis Legion eingetreten war und den Feldzug gegen Neapel mitgemacht hatte. Er hätte nicht geglaubt, sagte Manara, daß der treue Schweizer sich als ein frecher Weltmensch enthüllen könnte, der dem Kameraden die Frau abspenstig macht. Rozzat erwiderte niedergeschlagen, es habe keine Gefahr, er werde so wenig bei dieser Glück haben wie bei andern. Wahrscheinlich sei er ihr gleichgültig, aber, ob es Zufall oder Berechnung oder unbefangene Güte sei, was sich so lieblich offenbare, es falle aus ihren Augen ein warmer Schein auf ihn, in dem er sich sonnen wolle und müsse. Übrigens fiele es auch andern auf, daß die schöne junge Frau zwar meist in der Nähe ihres Mannes gesehen würde, aber wenig mit ihm rede, keinen Blick mit ihm wechsle noch sonst je eine Zärtlichkeit austausche, so daß es den Anschein habe, als sei er ihr gleichgültig. Ob sie einen andern liebe? Ob sie überhaupt nicht lieben könne?

Da die Colomba unter denen war, die freiwillig an der Verstärkung der Schanzen arbeiteten, veranlaßte er Manara, ihn dorthin (es war nach dem Aventin zu) zu begleiten. Eben war eine Kanone gerichtet worden, die das feindliche Feuer beantworten und die Belagerungsarbeiten stören sollte, und Manara, den die Soldaten lebhaft begrüßten, sprang vom Pferde und bat die Artilleristen um die Erlaubnis, den ersten Schuß tun zu dürfen. Er hatte edelgeformte, sehr gepflegte, ein wenig fleischige Hände; die Umstehenden sahen sie mit Bewunderung und Vergnügen in eleganter Bewegung an dem Geschütz hantieren. Lauter Beifall begleitete das Losgehen des Schusses, und alles blickte gespannt nach der gegnerischen Seite, wo Staub aufflog und eine gewisse Unruhe entstanden zu sein schien. Manara erkundigte sich nach diesem und jenem und ritt weiter, allein Rozzat blieb zurück, weil er, um nur einmal wieder die Flinte zu gebrauchen, wie er sagte, den Feind mit ein paar guten Schüssen necken wollte; es waren nämlich die Stellungen einander so nahe, daß man diejenigen, die sich an ungedeckten Plätzen zeigten, erkennen und auf sie zielen konnte. Zunächst indessen begrüßte er die Colomba und weidete seine Augen an ihrer kräftig bewegten Schönheit. Sie nickte ihm treuherzig zu, erkundigte sich nach dem Zustand seiner Wunde und ließ sich gern hilfreiche Hand von ihm bei der Arbeit leisten, ohne daß die Liebe, die wie eine Flamme aus seinem Herzen schlug, sie erhitzte; sie spielte munter und kühl wie ein Salamander in der Glut, mit der er sie umgab, obwohl auf ihren Wangen der Widerschein eines Feuers zu liegen schien.

Es diente außer der Colomba noch eine Frau in der Legion, Constanza Mencaro, ein Mädchen von siebzehn Jahren, bekannter unter dem Namen Spronella, auf deutsch Rittersporn, den sie trug, weil sie eine trotzige Art und etwas Unnahbares hatte und deswegen schon als Kind mit der gerüsteten Blume verglichen worden war. Sie hatte bräunliche Hautfarbe und schwarzbraunes Haar, das bis an ihre Knie reichte, wenn sie es hängen ließ; sie trug es aber an den Schläfen heruntergekämmt und auf dem Scheitel zu einem breiten Flechtennest übereinander gekrönt. Ferner hatte sie feine schwarze Brauen über schmalen langbewimperten Augen, eine feine schlanke Nase und einen sehr roten Mund, der nicht leicht lächelte und sehr wenig sprach; ihre Gestalt war mittelgroß und hatte noch die Magerkeit der Jugend, während die Colomba hochgewachsen und dabei von vollendeter, ebenmäßiger Schönheit in allen Gliedern war. Beide trugen scharlachrote Jacken und Spronella ein ebensolches Barett auf dem Kopfe. Die Kameraden waren anfangs verliebt in sie, da sie aber keinem die geringste Annäherung noch irgend Scherz mit ihr zu treiben gestattete, sagten sie sich, sie sei noch ein Kind, und ließen sie wohlwollend in Ruhe. Nur Lorenzo Brunetti, der zum erstenmal liebte, konnte sie nicht vergessen; aber da er sofort bemerkte, daß seine Leidenschaft sie erschreckte, und es ihm, abgesehen davon, auch unziemlich erschien, einem eigennützigen Verlangen nachzugeben, solange um Italiens Tod oder Leben gestritten wurde, mied er gewaltsam ihre Nähe und folgte ihr nur von ferne mit anbetenden Augen.

Das aufgeputzte Mädchen, das die Marketenderin spielte und die bunte Lina genannt wurde, brachte Wein zur Erfrischung, wobei Blicke und Flüsterworte getauscht wurden. Trotz der Hitze, der harten Arbeit und der gefährlichen Lage herrschte fröhliche Stimmung. Es gab mehrere Spaßmacher, um die herum immer Gelächter war: der Herzog von Aquileja und ein Gastwirtssohn aus Padua, mit Namen Margutti, ein junger Mann mit melancholischen Augen und aufgeworfener Nase, den seine schwerfälligen Bewegungen und sein bequemes Wesen um vieles älter erscheinen ließen, als er war. Er konnte stundenlang schweigen und dann wieder ohne Ende schwatzen, wenn er einmal angefangen hatte. Es machte ihm Vergnügen, zu sagen, daß die Österreicher durchaus nicht so schlimm seien, wie man das Volk glauben machen wollte, daß sie im Gegenteil die Italiener an Freigebigkeit, Bildung und allgemeiner Lebenskunst weit überträfen. Besonders lobte er die österreichische Küche und erklärte aus ihr die Oberherrschaft dieser Nation über Italien als unausbleiblich und im göttlichen Erziehungsplane liegend, da die Italiener nicht eher aus Schmarotzern und Spitzbuben zu Menschen werden würden, bis Polenta, Knoblauch und Salami der schmackhaften und gesitteten Mehlspeise gewichen seien. Der entrüstete Widerspruch, den er stets erregte, pflegte seine Einfälle zu steigern und im Flusse zu halten.

Ein ebenso beliebter Gesellschafter war ferner Spavone, ein Tunichtgut, der nicht aus Begeisterung für die Freiheit Italiens, sondern um drohender Gefängnisstrafe und zürnenden Eltern zu entgehen, Sold von Garibaldi genommen hatte. Er war immer reichlich mit Leckerbissen versehen, die ihm, wie er verbreitete, von verliebten Frauen zugesteckt würden und von denen er seinen Kameraden großmütig mitteilte; dazu war er ein Witzbold und Erzähler drolliger Geschichten, aber sein hauptsächlichstes Talent war, Leichenreden zu halten, und er widmete eine solche zu ausnehmender Belustigung der Zuhörer jedem irgendwie namhaften oder bekannten Gefallenen.

Auch Rozzat war guter Dinge, obwohl ihm seine Wunde nicht geringe Schmerzen verursachte, machte der Colomba in übertriebener Weise den Hof und lachte unmäßig, wenn ihr Mann, um gesellig auf den Scherz einzugehen, den Eifersüchtigen spielte. Als eine französische Bombe in die aufgeworfenen Erdschanzen einschlug, so daß Staub und Steine aufflogen, aber kein Schaden angerichtet wurde, sprang plötzlich Rozzat mit einem starken Anlauf von einer Erhöhung aus auf die Mauer und schwenkte lachend den Hut, um den Feind zu verhöhnen. Die meisten klatschten zu dem kühnen Sprunge Beifall, Colomba warnte ihn, sich der Gefahr auszusetzen, und Antonietta selbst bat ihn, so waghalsige Stücke, die peinlich anzusehen wären, zu unterlassen. Trotzdem wiederholte er das Kunststück, durch Lob und Warnung mehr gereizt als zurückgehalten, wurde aber sogleich von ein paar Schüssen begrüßt, da seine Herausforderung drüben bemerkt worden war. Nun sprang er von der Mauer hinunter, nahm einem neben ihm stehenden Soldaten die geladene Flinte fort und trat an eine Lücke in der Mauer, um den Nachbarn ihre Unhöflichkeit wiederzugeben. Von denen, die ihn von der gefährdeten Stelle wegzerren wollten, machte er sich ungeduldig los, pflanzte sich breit in den Zwischenraum und war im Begriff loszudrücken, als er, von einer feindlichen Kugel ins Auge getroffen, lautlos zu Boden stürzte. Er war ohne Bewußtsein, und es schien fast wünschenswert, daß er nicht wieder zu sich käme; diejenigen, die den traurigen Fall mit angesehen hatten, standen erschrocken und starrten dem guten Kameraden nach, der wie ein Toter davongetragen wurde.

Die Träger mit der schnell zusammengerichteten Bahre waren noch in Sicht, als Spavone hervortrat und sagte, seiner Meinung nach werde Leutnant Rozzat nicht wieder aufkommen, er wolle ihm jetzt gleich eine Leichenrede halten, demnächst würden wieder andre fallen, und sie hätten vielleicht keine Zeit, nochmals auf ihn zurückzukommen. »So bist du denn, Bartolommeo Rozzat,« begann er, »hinübergeturnt vom Schwungbrett des Todes in das berühmte Jenseits. Deine Tugenden, ehrlicher Schweizer, haben dich dem Himmel empfohlen, eine Stelle als Hausknecht wird dein Streben belohnen. Du warest bescheiden, keusch, flink, anspruchslos, fleißig, redlich und gehorsam, fröne nun unter den Engeln unbeschränkt diesen Trieben. ›Bartolommeo,‹ wird es heißen, ›putze mir die goldenen Sohlen; Bartolommeo, stäube mir die Flügel aus; Bartolommeo, es pochen ein paar an die Pforte, wirf sie hinaus oder laß sie herein; Bartolommeo, trage der heiligen Katharina das Lämpchen voran, sie will ihren Seelenbräutigam, den heiligen Franziskus, besuchen; Bartolommeo, rüste dem König Salomo das Bad und stimme seine Harfe, er will vor Sulamith singen‹; da kannst du dich nach Herzenslust tummeln.« Es bildete sich eine Zuhörerschaft um den Redner, die jede Anspielung und jede Frechheit mit Gelächter begrüßte und unermüdlich Fortsetzung des Unsinns verlangte.

Das Feuer war jetzt auf beiden Seiten eingestellt, es wurde gekocht und gegessen, und die Lust nahm zu. Einer hatte eine Mandoline und spielte bekannte Lieder, die andre im Chore dazu sangen. Die bunte Lina, die anfangs langsam und zimperlich, bald aber ohne Maß von dem Weine trank, den sie kredenzte, schmiegte sich in gefühlvollem Rausch an die Männer, die nicht ohne Spott auf ihr schmachtendes Wesen eingingen. Spronella und Morosini, die gerade nebeneinander standen, sahen sich entrüstet und erschrocken an, wendeten den Ausgelassenen den Rücken und zogen sich in die Vorhalle einer kleinen alten Kirche zurück, wo ein altrömischer Sarkophag stand, auf den sie sich setzten. An der Wand lehnte ein ungeheures marmornes Männerhaupt, so zertrümmert, daß man nur die starren Augen und die herrische Nase erkennen konnte, während der Mund wie durch einen Steinwurf auseinandergerissen war, daneben lag unter Rümpfen und Gliedmaßen verschiedener Bildwerke ein runder Kinderarm mit einem schattigen Grübchen im Ellbogen. Das Mädchen und der Jüngling verzehrten ihr Brot, und zwischendurch erzählte sie ihm, daß ihre Eltern eine Bude am Petersplatze hätten, wo sie Rosenkränze, Heiligenbilder und kirchliches Gerät verkauften, daß sie fast nichts gelernt hätte als beten, daß sie mehrere Male am Tage zur Kirche hätte gehen müssen, daß sie lange die schwarze Figur des Petrus für den lieben Gott gehalten hätte und daß sie gewohnt gewesen wäre, jeden Mann im Priesterkleide als einen Heiligen anzusehen. Ferner, daß ihre Eltern sie angewiesen hätten, die Republikaner zu hassen, und allabendlich mit ihr zu Gott gefleht hätten, er möge die Stadt vor Garibaldi schützen und diesem womöglich das Ende eines tollen Hundes oder eines Ketzers bereiten. Als dann Garibaldi nach Rom gekommen wäre und seine Truppen auf dem Petersplatze hätte paradieren lassen, hätten ihre Eltern den Kramladen geschlossen und die Fenster vermacht; aber sie hätte aus Neugierde, um den Antichrist zu sehen, durch eine Ritze gelugt.

Vom ersten Augenblick an, wo sie seiner ansichtig geworden sei, wäre das frühere Leben von ihr abgefallen; verzaubert hätte sie gestanden und geschaut, bis der Platz leer gewesen und die Sonne untergegangen sei. Seit dem Tage hätte sie mit ihren Eltern nicht mehr reden und die alte Weise nicht mehr finden können, und als der große Krieg begonnen hätte, sei sie von zu Hause fortgelaufen zu den Mauern und habe gebeten, mit kämpfen oder irgendwie helfen zu dürfen; Garibaldi, vor den sie geführt worden sei, habe entschieden, sie scheine ein tapferes Mädchen zu sein, man solle sie gewähren lassen. Sie fragte Morosini, ob es große Sünde sei, seine Eltern zu verlassen und so gegen ihren Willen zu leben, wie sie es täte, und er antwortete, nachdem er eine Weile nachgedacht hatte, er glaube allerdings, es sei Sünde, aber er begriffe, daß sie so gehandelt hätte. Dann erzählte er, auch er habe einen Freund, der es ihm verarge, daß er sich ganz Garibaldi gelobt habe, und vielleicht würde seine Mutter traurig sein, wenn sie wüßte, daß Garibaldis Namen ihm heilig geworden sei wie früher der Gottes; er könne aber nicht anders und sei entschlossen, bei Garibaldi zu bleiben, möge es enden, wie es wolle. Sie beratschlagten miteinander, welches der Ausgang des Krieges sein könnte und wohin sie ziehen würden, wenn die Franzosen besiegt wären, und sie hörte staunend zu, als er ihr von Mailand und Venedig und dem einen großen Italien erzählte, das zu machen viele edle Männer ihr Blut vergossen hätten. Ihnen gegenüber, auf grünlichgrauem Grunde, schwebte als ein zartes Bildchen die Kuppel Sankt Peters, unter deren Macht Spronellas Kinderseele traumlos tief geschlafen hatte, und hoch darüber stand im Bogen rotes Gewölk wie eine leichte Rosengirlande aus überirdischen Rosen; die beiden Kinder überlief ein Schauer, wie die geheimnisvolle Erscheinung an ihnen vorüberging.

Ungesehen von beiden lag Lorenzo Brunetti im hohen Grase, die Hände geballt und Gras und Erde zwischen den Zähnen zermalmend, als müsse er eine hungrige Bestie, die in ihm sei, mit vorgespiegeltem Futter hinhalten; er war nicht eifersüchtig, da er die arglose Reinheit der Freundschaft von Morosini und Spronella wohl erkannte, vielmehr schämte er sich seiner wilden Sinne und rang mit ihnen, bis er sich wenigstens äußerliche Ruhe erkämpft hatte.

Bei den Schanzen tauchte jetzt der braune Leib des Mohren Aghiar auf, und die Zechenden, die ihn kommen sahen, tranken ihm zu, winkten ihm und boten ihm Wein an. Er leerte ein Glas, lächelte stolz über die Scherzreden, die man ihm machte, ging mit langen Schritten auf die bunte Lina zu, die vor Angst und Lust zitterte, packte sie um den Leib, lud sie auf seine Schulter und ging, ohne sich um ihr Geschrei und das Toben und Lachen der Soldaten zu kümmern, gemessenen Ganges mit ihr davon gegen den Tiber hinunter.

Rozzat war in das Spital jenseits des Tibers gebracht worden, wo Manara ihn am folgenden Tage aufsuchte; die Fürstin Trivulzio empfing ihn und sagte ihm, daß der Verwundete ihn nicht erkennen würde, daß man stündlich seinen Tod erwarte, ja um seinetwillen erhoffe, da er unmenschlich leide, daß sie aber trotzdem bereit sei, Manara zu ihm zu führen, damit er sähe, daß, was möglich sei, für ihn getan werde. Der Unglückliche lag halb aufrecht an die Schulter und Brust eines jungen Fräuleins angelehnt, das sich bemühte, ihn zu halten und zu beschwichtigen; in ihren kindlichen Zügen war die Willensanspannung ausgedrückt, die sie aufwenden mußte, um das Übermaß des Mitleids und des Grauens zu ertragen. Stirn und Augen waren ihm verbunden, aber im Rasen von Schmerz und Fieber hatte er versucht, die Tücher abzureißen, so daß die schreckliche Wunde zum Teil sichtbar war. Er klammerte sich laut stöhnend an das Mädchen, schien sich aber auf Augenblicke seiner Umgebung bewußt zu werden und suchte sich zu beherrschen, bis die verstörte Natur seine Kraft wieder überwand. Manara stand eine Weile vor dem jammervollen Schauspiel und ließ sich dann von der Fürstin in ihr kleines Sprechzimmer führen, wo sie ihm Wein vorsetzte und ihn einlud, sich von dem traurigen Eindruck zu erholen; sie fühle mit ihm, sagte sie, wie es niederdrücken müsse, einen Freund, einen Mann voll Mut und Heiterkeit, so wiederzusehen als eine Masse bäumender Nerven in zerrissenem Fleische. Sie erzählte ihm, daß das Fräulein, das Rozzat pflegte, Tochter einer vornehmen römischen Familie sei, ein verwöhntes Kind, und nun schon zwanzig Stunden lang fast ununterbrochen den fremden Mann in ihren Armen halte, den sie nur als einen in Todeskrämpfen zuckenden, kaum noch Menschenantlitz tragenden Körper kennengelernt habe. Die mütterlich-liebevolle Art, in der die Fürstin von dem

Mädchen sprach, gefiel Manara; überhaupt fand er ihre Erschei=
nung und ihr Wesen würdig, während er sie nach den Gerüchten,
die über die vielberedete Frau umgingen, sich allzu theatralisch
auffallend vorgestellt hatte. In der Unordnung und dem Elend des
Krankenhauses hatte ihre hohe, in ein schwarzes, antikisch flie=
ßendes Gewand gehüllte Gestalt etwas Edles und Heroisches, das
ihm Bewunderung abnötigte. Sie waren bald in einem lebhaften
Gespräch über Mailänder Zeiten und Persönlichkeiten, wobei sich
ihr Witz und ihr überlegenes Urteil zeigte. Da sie nach seiner
Mutter und seiner Frau fragte, fing er an, vertraulich von seinen
häuslichen Angelegenheiten zu erzählen, obwohl er im allgemei=
nen so zurückhaltend war, daß er selbst zu Freunden nur selten
von Dingen und Zuständen sprach, die seine Gefühle angingen.

Es gab kaum jemand in der Mailänder Gesellschaft, der nicht
wußte, daß Manara, eben zwanzigjährig, die junge, durch ihre
Schönheit bekannte Carmelita Fé entführt und dadurch die Ein=
willigung ihrer Eltern zur Heirat erzwungen hatte. Die Fürstin
Trivulzio, die das Regelwidrige liebte, wurde davon angezogen,
wogegen sie freilich das Ergebnis des Abenteuers, die Eheschlie=
ßung, als etwas bürgerlich Gemeines gleichgültig ließ.

Manara sprach davon, wie er im Glücke selbst, das der Besitz der
Geliebten ihm verschafft hätte, sich vom Glücke fortgesehnt hätte,
wie eine unerklärliche Schwermut ihn vom Quell des Lebens, dem
er so nah gewesen wäre, weggedrängt hätte, bis er sich denn ent=
schlossen hätte, ohne Rücksicht auf die Einsprache seines Her=
zens ganz dem Vaterlande zu leben. Damals, sagte er, habe er
nicht geahnt, daß die Ereignisse ihn so weit, so gänzlich von den
Seinigen fortreißen würden. Seine Frau habe sich nicht an ihn ge=
hängt, um ihn zurückzuhalten, er wisse, daß sie ihr schönes Ge=
sicht den Kindern freundlich zeigen werde, was auch geschehen
möge. Er handle, wie der Augenblick gebiete; zuweilen, wenn die
Erinnerung in ihm aufklinge, das Gefühl des früheren Lebens,
wie ein süßer Ton, so sei ihm zumute, als habe er ein andres Herz
in der Brust als ein. Er habe sich vorgesetzt, nicht seitwärts und
rückwärts, nur vorwärts zu blicken; das Schicksal könne seinen
Weg so wenden, daß einmal, nachdem er lange genug gewandert
sei, die Heimat, die jetzt hinter ihm liege, wieder vor ihm er=
scheine.

Die Trivulzio sagte, er habe wohlgetan, Mailand zu verlassen, das sich in beschränktem Dünkel für den Kern und Stern Italiens oder auch Europas halte; die Familie sei der bequeme Käfig, in dem der göttliche Menschengeist flügellahm und leibeigen werde, ihn habe der Genius der Freiheit gelockt, damit er unter dem Himmel sich dehnen und ein Held werden könne. Manara antwortete ablehnend, sie möge für sich und andre recht haben, er sei wohl zu unbedeutend, als daß ihre Worte sich auf ihn anwenden ließen. Er fühle als Mailänder, und wenn er auch jetzt für Rom und Italien kämpfe, weil die Folgen seines Tuns ihn hierhergeführt hätten, so werde es doch immer sein Ziel bleiben, nach Mailand zurückzukehren und seine Kräfte Mailand zu widmen. Er sei anders, als er selbst wisse, entgegnete die Fürstin lächelnd, er sei stolz und halte sein Herz geheim; aber wie der Künstler ein Bildwerk mit Tüchern verhänge, bis es vollendet sei, so werde auch der Tag kommen, wo er den Schleier abtun und das Antlitz eines freien Mannes allen Augen enthüllen werde. Während sie so sprach, fühlte er den gewaltsamen Blick ihrer schwarzen Augen brennend auf sich ruhen, und auf einmal hatte er das Gefühl, als säße er einer Sirene gegenüber, die ihn mit dem Gesang ihrer Worte einschläferte, um ihn einzufangen und auszusaugen. Er sprang auf und verabschiedete sich ohne Übergang, so durchaus unleidlich war ihm ihre Nähe geworden, und er bereute, ihr so viel von seinem innersten Leben, was er selbst Freunden verschwiegen hatte, mitgeteilt zu haben. Doch löste sich diese fast Abscheu zu nennende Empfindung bald auf, als er auf der Straße war, und er konnte wieder mit Anteil an sie denken; immerhin freute er sich des Gedankens, heil und gesund zu sein und ihrer Pflege nicht zu bedürfen.

Es war die Ansicht der Regierung, Garibaldi müsse einen Ausfall gegen die Franzosen unternehmen, und der Kriegsminister Avezzana besuchte ihn in der Villa Savorelli, um ihn dazu zu bereden. Er sagte: »Ich glaube an Euch, Garibaldi. Ich bin ein nüchterner Mann und habe schon als Knabe Gott verloren, weil ich ihn nicht mit den Sinnen und dem Verstande erfassen konnte; aber mit Euch geht es mir so, daß ich Wunder von Euch erwarte, und obwohl ich sehe, daß wir nicht siegen können, gebe ich doch die Hoffnung nicht auf, solange Ihr da seid.« Garibaldi antwortete, retten könne Rom nur ein Umschwung in Paris, wo die

Partei der Demokraten immer noch für ihre eigne Ehre und das Dasein der Republik kämpfe; er könne nichts tun, als die Belagerung hinziehen, damit Rom noch frei sei, wenn jener Umschwung etwa eintrete. Eben dazu, meinte Avezzana, wäre ein Ausfall gut, jedenfalls würden die schnell fortschreitenden Arbeiten des Feindes dadurch unterbrochen, wenn es nicht gelingen sollte, ihn zurückzudrängen oder ihm große Verluste beizubringen. Garibaldi sagte: »Man vergesse nicht, wie sehr die französische Armee der unsrigen überlegen ist, nicht nur an Zahl, sondern auch an Schulung und Bewaffnung.« Hierdurch schien der andre unangenehm berührt, er wollte Einwände machen und Fragen stellen, aber Garibaldi blieb erst eine Weile still, ohne darauf einzugehen, und berief dann die Offiziere seines Stabes, von denen die meisten für einen Ausfall stimmten, worauf denn in diesem Sinne beschlossen wurde.

Am Abend des 9. Juni versammelten sich die italienische Legion, die Fremdenlegion der Polen und eine Abteilung der Bersaglieri auf dem Petersplatze, der von Pechkränzen flackernd beleuchtet war. Sie standen zwischen den Brunnen und zu ihren beiden Seiten bis an die Säulenreihen den Platz anfüllend, und Garibaldi, Manara, Hofstetter und einige andre Offiziere gingen die Reihen entlang und teilten halblaut die Befehle aus. Garibaldi wartete mit dem Aufbruch bis zum Aufgange des Mondes; denn er wollte lieber, daß der Zug von feindlichen Schildwachen früher gesehen würde, als daß die Schauer des nächtlichen Dunkels auf seine Truppen wirkten. Durch das Tor Cavallegeri, das sich langsam lautlos öffnete, zogen die Kolonnen aus der Stadt, den weißen Mantel des Generals, der voranritt, im Auge. Sein Plan war, den Franzosen in die linke Flanke zu fallen, zu welchem Zweck zuerst die lange und schmale, zwischen ummauerten Weinbergen hinunterführende Straße Gelsomino durchschritten werden mußte, bis man in eine offene sumpfige Ebene gelangte, aus der sich, auf Hügeln gebaut, ein Kloster und weiterhin ein altes, seit langem unbewohntes und verfallenes Schloß erhoben. Dieses war der feindlichen Linie nahe, und es war mit der Möglichkeit zu rechnen, daß es dem Gegner als Vorposten diente; freilich hatten Bauern auf Befragen ausgesagt, daß dort kein Mensch wäre, aber auf diese konnte man sich nicht verlassen, da sie meistens durch Priester beeinflußt oder denn durch die Franzosen eingeschüchtert

waren. Beim Eingang ins Freie hielt Garibaldi an und ließ die italienische Legion an sich vorüberziehen, an deren Spitze Oberst Bueno ritt, ein Amerikaner, in dem sich das Blut eingewanderter Spanier und einheimischer Wilder seit Generationen gemischt hatte. Er hatte gelbbraune Haut und scheue, gierige Augen wie die eines Wolfes, und obwohl er nicht ohne Grazie war, wenn ihm an Erfolgen gelegen war, sprach sich doch die schamlose Roheit seines Gemütes in seiner Erscheinung und seinem Wesen aus. An Garibaldi band ihn ein Gefühl tierischer Unterwürfigkeit so sehr, daß er ihm nach Italien gefolgt war, einem fremden Lande, dessen Name ihm kaum, dessen Geschichte und Bedeutung gar nicht bekannt war; da er aber bald Heimweh bekam, große Waffenerfolge nicht errungen wurden und um den General sich mehr und mehr Landsleute scharten, die ihn nicht verstanden und mit denen er sich nicht vertrug, wurde er mißmutig und reizbar, und sogar Garibaldi erschien ihm nun manchmal als einer, der ihn verräterisch aus der Heimat ins Elend gelockt habe. Im Kriege hatte er den grausamen Mut eines Raubtiers, überhaupt scheute er keine Gefahr oder Anstrengung, da er gesund und kräftig war; aber außer der Schlacht war er zu nichts zu gebrauchen und entzog sich mit eigensinnigem Hochmut jedem Auftrage.
Um das Kloster herum, das in seinem steilen Mantel von Mauern einer Burg glich, wuchs hohes Schilf, dessen helles Rauschen, als die Soldaten anfingen hindurchzugehen, in der Stille der Nacht und da jedes Geräusch nach Möglichkeit sollte vermieden werden, Schrecken erregte; doch blieb nichts andres übrig, als dem Führer, der Weg und Steg dieser Gegend kannte, zu folgen. Das Schilf war so hoch gewachsen, daß es über die Köpfe der Männer hinausging und sie wenig voneinander und sonst überhaupt nichts sehen konnten, wohl aber immerwährend das beängstigende Rascheln vernahmen. Dies konnte ebensowohl wie von ihnen selbst vom Feinde verursacht sein, der durch Spione von dem Ausfall unterrichtet sein konnte und vielleicht schon im nächsten Augenblick die Verwirrten überfiel, die nicht wußten, wohin sie sich wenden sollten. Nachdem sie eine Viertelstunde oder länger in dieser Weise gegangen waren, verließen die ersten das Schilf und sahen im Mondschein das steile Kloster mit dem Glockenturm und die lange Mauer, die den Felsenhügel umgürtete, ebenso über sich wie vorher, woraus offenbar wurde, daß sie im Kreise gegangen

und zum Ausgangspunkte zurückgekehrt waren. Der Führer gestand, daß er die Richtung verloren habe; Bueno stieß einen Fluch aus und hätte dem Manne etwas angetan, wenn er sich nicht hilflos in der fremden Gegend gefühlt hätte; es mußte nun der Marsch neu angetreten werden, ohne daß die, welche hinten waren, den Zusammenhang begriffen hätten. Bueno kam der Gedanke, daß der Führer ein Verräter und im Einverständnis mit dem Feinde sein könnte und daß sie alle vielleicht dem Tode oder der Gefangenschaft entgegengeführt würden; von einem unheimlichen Gefühl beschlichen, hielt er sich dicht neben dem Manne, der bis jetzt ein Stück vorangeritten war, um ihn nicht aus den Augen zu verlieren. Als sie um ein Gebüsch von mäßiger Ausdehnung gebogen waren, sahen die vordersten das Schloß vor sich liegen, zu dem sie, dem Plane gemäß, gelangen sollten; es lag frei im blauen Mondschein da, ein zackiges Gemäuer aus alter Zeit, und hatte in seiner Regungslosigkeit ein starkes verhaltenes Leben. Alle wußten, daß diese Mauern vielleicht vom Feinde besetzt waren, und empfanden bei ihrem Anblick etwas wie Neugier und Unruhe. Plötzlich sahen die, welche Bueno zunächst waren, daß sein Pferd sich aufrichtete, schnob und schauderte, daß er selbst mit einem Ausdruck des Entsetzens in den Mienen nach dem verfallenen Schlosse starrte, dann jäh sein Tier herumriß, und ließen sich, durch ein so unerklärliches Verhalten mit Grauen erfüllt, in die tolle Flucht mitziehen. Die rückwärts Stehenden und zum Teil noch im Marsch Begriffenen konnten nichts andres glauben, als daß die vorderen vom Feinde überfallen wären, und stürzten sich gewaltsam auf ihre Hintermänner, wodurch die Flucht vollends sinnlos und unaufhaltsam wurde. Als Garibaldi die Masse sich rückwärts ihm entgegenwälzen sah, ohne daß irgendwo eine Spur des Feindes sich zeigte, und urteilen mußte, daß blinder Schrecken, wie er nachts sich wohl verbreitet, die Leute ins Weichen gebracht habe, versuchte er die Flucht aufzuhalten, worin ihn die Offiziere, die zugegen waren, unterstützten; Manara wurde vom ersten Anprall der Besinnungslosen umgerissen und hatte Mühe, sich wieder vom Boden zu erheben. Garibaldi, dessen Gesicht vor Entrüstung flammte, zog die Peitsche, die er im Gürtel zu tragen pflegte, und schwang sie über den Köpfen der Fliehenden, sie mit schrecklichen Worten beschimpfend; auch gelang es ihm und den Anstrengungen der andern Offiziere, allmählich die Flucht zum

Stehen zu bringen. Manara dachte, nachdem die Ordnung wiederhergestellt und Ruhe eingetreten war, den Marsch fortzusetzen, allein Garibaldi sagte hart: »Mit Feiglingen, wie diese sind, kämpfe ich nicht.« Auch mußte er annehmen, daß der Lärm, den die Flucht und ihre Folgen verursacht hatten, bis zu französischen Vorposten gedrungen war, und konnte demnach nicht mehr darauf rechnen, sie zu überraschen. So schnell und leise wie möglich bewegte sich der trübe Zug in die Stadt zurück; als sie wieder auf dem Petersplatze anlangten, war der Mond untergegangen, er stand kalt in der grauen Morgennähe. Garibaldi zog die Mütze tiefer ins Gesicht, band sein Pferd an eine Säule, zog seine Jacke aus, um sie als Unterlage für den Kopf zu benutzen, und legte sich auf die Steine; Manara folgte seinem Beispiel, Hofstetter, der auf dem harten Pflaster nicht liegen zu können glaubte, blieb, an sein Pferd gelehnt, stehen und überblickte betrübt den ungeheuern Platz, der Mittelpunkt der Welt genannt zu werden verdiente, bis er in einen unerquickenden Halbschlummer verfiel. Viele Soldaten schliefen nicht vor Kummer, den Zorn ihres Generals auf sich gezogen zu haben, und sannen dem ihnen selbst unerklärlichen Ereignis nach; Bueno weinte ungesehen Tränen der Wut.

Der General erfuhr nicht, daß der Amerikaner die Flucht veranlaßt hatte, überhaupt fand, was darüber geredet wurde, bei den Offizieren nicht viel Glauben. Bueno selbst ließ sich nur dunkel darüber aus, was ihn so erschreckt habe; zu einigen sagte er, Garibaldi selbst habe vor dem Schlosse gestanden, riesengroß, den Arm mit einer seltsamen, nie an ihm gesehenen Gebärde warnend erhoben, die Innenfläche der Hand nach außen gekehrt, andern hingegen, es habe ihn an dieser Stelle ein plötzlicher Schauer befallen, dem er hätte nachgeben müssen, und er halte es für ein Glück, daß das geschehen sei, da, wenn sie vorangegangen wären, schwerlich einer vom ganzen Heere lebend nach Rom zurückgekehrt wäre.

In der Frühe des 13. Juni ließ ein französischer Parlamentär sich auf das Kapitol führen, um die Regierung zur Übergabe Roms aufzufordern, widrigenfalls nunmehr das Bombardement der Stadt beginnen würde. Die Versammlung beschloß einstimmig ferneren Widerstand, was vom Volke, als das Vorgefallene zur öffentlichen Kunde gelangt war, mit Jubel aufgenommen wurde.

Geläut aller Glocken trug es bis unter die Mauern, daß in Rom eine hohe Feier begangen würde, und als die Ursache bekannt geworden war, verbreitete sich auch unter den Soldaten gehobene Freudigkeit. Kurze Zeit nach Mittag demaskierten die Franzosen ihre Batterien, und die ersten Bomben flogen hinüber, wobei sich sofort zeigte, daß die Geschütze hauptsächlich auf die Savorelli, als das Hauptquartier Garibaldis, gerichtet waren.

Manara hatte Garibaldi gebeten, einem Marionettenspiele beizuwohnen, das einer seiner Bekannten, nämlich jener Guido Vidomi, der der Herzog von Aquileja genannt wurde, um den Tag festlich zu begehen, veranstalten wollte. Das Puppentheater war die beliebteste Unterhaltung der Soldaten, die Manara jeder andern vorzog, besonders wenn der Unternehmer volkstümlichen Witz besaß und sich auf den altherkömmlichen burlesken Ton dieser Komödie verstand. Da sämtliche Offiziere, die zu der betreffenden Stunde dienstfrei waren, geladen werden sollten und auch Besucher aus der Stadt gegen Abend in das Lager zu kommen pflegten, wurde der große Speisesaal der Villa Savorelli zum Ort der Aufführung bestimmt, dessen Wände in der oberen Hälfte mit Fresken des Salvator Rosa bemalt waren. Es waren abenteuerliche Szenen im kalabrischen Gebirge darauf dargestellt: zwei Männer mit spitzem Hut und kurzem, flatterndem Mantel in wütendem Zweikampf, auf dessen Ausgang eine geputzte Frau mit zerrauftem Haar und Angstgebärde zu warten scheint; ein Einsiedler, der auf einem ausgebreiteten scharlachroten Mantel kniet und dessen wildzerfurchte Gesichtszüge von Freveln, die er einst begangen haben mag, erzählen; Gaukler, die an einer aus einem Felsen dringenden Quelle rasten, von denen einige beschäftigt sind, über einem Feuerchen einen Igel zu braten, andre sich mit fratzenhaften Kunststücken die Zeit vertreiben, noch andre mit kreischendem Munde und übertriebenen Bewegungen sich zanken; Räuber, die Frauen entführen und unter sich lachen, während jene in Verzweiflung schreiend die Arme ausstrecken; alle diese aufgeregten Gestalten eingebettet in eine undurchdringliche Wildnis wundervoller, schöngewölbter Bäume, die mit mehr bräunlichen als grünen Tönen gemalt waren. Die dunkle Farbe des Hintergrundes stimmte den Saal im ganzen ernst, aber die feurigen Flecke der Mäntel und Kleider lachten phantastisch daraus hervor.

Mit Hilfe einiger Kameraden richtete der Herzog von Aquileja aus

Brettern und Vorhängen, wie sie in der Villa zu finden waren, einen Theaterkasten auf; die Puppen hatte er zum Teil selbst aus Holz geschnitzt, teils fertig gekauft und durch Bemalung oder mit dem Messer verändert, wie sie seinen Zwecken dienten. Bevor das Spiel begann, betrachtete Manara die Figuren, ungeduldig und schon im voraus entzückt, und lockte durch sein helles Gelächter auch andre herbei, die Puppen in Augenschein zu nehmen. Man erkannte sofort den Papst, den König von Neapel, zu dem, da es in den Witzblättern üblich war, ihn als Hanswurst darzustellen, ein vorhandener Bajazzo hatte benutzt werden können, und den Kardinal Antonelli, der zum Kardinalsmantel den Hut und die Flinte des neapolitanischen Räubers trug; sehr bewundert wurde auch der General Oudinot, der, wie er zum Schimpf Kardinal genannt wurde, mit der Kardinalsmütze versehen und außerdem an den rund vorstehenden Augen und der grellroten Gesichtsfarbe kenntlich war.

Das Spiel begann mit einem Selbstgespräch des Papstes, das folgendermaßen begann:

»O fade Einerleiheit täglicher Makkaroni
Mit Käse, die der Bourbone unermüdlich verschlingt und verdaut auch;
Mir macht es übel.
Säß ich in Rom vor einem Teller gedünsteter Trüffeln,
Die mir, so fürcht ich, nun die Republikaner fressen,
Die Hundesöhne, die Schweinepriester, die Galgenfrüchte;
Daß in der Gurgel sie ihnen schwöllen und sie erstickten!«

Es erschienen hierauf nacheinander Spanien, als magerer Ritter Don Quichotte dargestellt, der König von Neapel und Ludwig Bonaparte mit Schnauz= und Spitzbart und untergeschlagenen Armen nach dem Muster des ersten Napoleon. Spanien sagte:

»Heiliger Vater, eine unbesiegbare Heerschar
Von vierzig Mann schon führ ich zu Schiff
Mit Unterjochung des Meeres an das Gestade,
Die heidnische Brut deiner Feinde in Stücke zu metzeln.
Seit dreißig Tagen schon knirschen die adligen Helden
Mit ihren Zähnen vor ungeduldiger Kampflust,
Aber sie finden, so eifrig sie suchen, den Feind nicht.
Steht Rede, wo verkriecht ihr euch, Bande von Feiglingen?«

Dann sprach Bonaparte:

»Mir kleinem Neffen des großen Oheims gewähre
Die Ehre, heiliger Vater, die römische Wölfin abzustechen.
Gewährst du es aber nicht, so tu ich es dennoch.
Denn ich, vom Blute des Cäsar, will mich auch cäsarisch aufspielen
Und in Frankreich und Italien die Republiken abschaffen,
Vielleicht zum Weltreich dann meinen Thron erweitern.
Dich, Haupt der Christen, setz ich heil auf deinen römischen Stuhl wieder,
Damit du mich dankbar salbst mit Öl, echtem, altranzigem,
Aus deinen bewährten Fabriken.«

Darauf der König von Neapel, heulend:

»Erlaube, Väterchen, daß ich mich vor dir auf dem Bauche wälze,
Denn nicht sitzen kann ich, wie man gemeinhin pflegt zu sitzen,
Allzu kräftig zerbleut von Garibaldi.
Auch du, Väterchen, wiewohl heilig, könntest nimmermehr,
So zerwalkt, auf dem Sammet deines Stuhles sitzen.
Meines eigenen Landes Rebellen hänge, kartätsche, füsilier ich,
Wie dir bekannt ist, spielend, so wie man Kegel wirft mit Kugeln.
Garibaldi, den Teufel, kann nur der Teufel holen.
Holt er ihn nicht, so gehe du, Väterchen, gefälligst
Etwas zur See und tummle dich dort, hierzulande
Schütz ich dich länger nicht, allzuviel Schmerz schon leidend durch Prügel.«

Aufs höchste geängstigt, rief der Papst nun Antonelli, machte ihm Vorwürfe, daß er sich seiner Sache nicht genügend annehme, klagte ihm, daß er den Teufel benötige, um Garibaldi loszuwerden, sich aber nicht traue, ihn zu rufen und ihm den Auftrag dazu zu geben.

Antonelli entgegnete:

»Rede nicht wie die Weiber, Mastai, die mich in solcher Weise verfolgen,
Immer mehr Dienstleistung verlangend, wiewohl ich mich redlich bemühe.
Was den Teufel betrifft, so lächern mich deine Bedenken!
Seine Exzellenz hatte von jeher zu meiner Familie lebhafte Beziehungen
Und holte erst kürzlich meinen Oheim, den Räuberhauptmann, frisch vom Galgen.

Hört er mich rufen, wird er, wie ein Geier, der Aas riecht, sofort erscheinen
Und Garibaldi den Hals umdrehen gegen ein mäßiges Handgeld.«

Auf einige Beschwörungen, wie sie in den Texten der Hanswurstkomödien seit alters üblich waren, machte der Teufel fauchend und prustend seine Erscheinung, weigerte sich aber, Garibaldi zu holen, wenn der Papst ihm nicht dafür seine Seele verschriebe, was dieser aus Furcht vor dem Höllenfeuer durchaus nicht wollte. Sein ängstliches Winseln unterbrechend, bot Antonelli mit scheinbar großartigem Opfermut seine eigne Seele an; der aber ließ sich nicht hinters Licht führen, sondern erklärte, an einem gewissen brenzligen Geruch zu spüren, daß sie ihm bereits gehöre. In der Verlegenheit bot ihm der Papst nacheinander die Seelen sämtlicher Kardinäle an; da aber der Teufel auf seiner Forderung beharrte, flüsterte Antonelli ihm zu, er verbürge sich dafür, daß die Seele Pius' IX. ihm nicht entgehen solle, und suchte laut seine Empfindlichkeit zu reizen, indem er die Vermutung äußerte, er fürchte sich vor Garibaldi. Während die übrigen Personen in reinem Italienisch sich gewählt, ja bombastisch ausdrückten, ließ der Herzog den Teufel im Mailänder Dialekt mit reichlicher Anwendung volksmäßig derber Redensarten sprechen, worüber Manara so herzlich lachte, daß die fröhliche Aufmerksamkeit der Zuhörer zeitweise von den Marionetten auf ihn abgelenkt wurde. Es wurde nun angenommen, daß der Teufel nach Rom komme, sich vor Garibaldis Quartier stelle und ihn herausrufe, worauf, nachdem er lange geschimpft und gehöhnt hatte, Garibaldi selbst auftrat, eine roh und eilig gemachte, doch völlig charakteristische Figur mit gewaltig ausgebreiteter gelber Mähne und schwarzem Federhut. Beim Anblick dieser Puppe brachen die Anwesenden in jubelndes Lachen aus, riefen Evviva und klatschten Beifall, als ob es Garibaldi selbst wäre, der seinerseits sichtlich belustigt war und sich freute. Den Abschluß des Stückes bildete, daß Garibaldi den Ruhestörer hart anließ, dann, als er den Teufel erkannte, ihm kurzweg den Rücken drehte und sagte, die kleineren Gegner pflege er seinem Sklaven zu überlassen. Gleich darauf kam der Mohr Aghiar, dessen Erscheinung den Teufel in höchsten Schrecken setzte, da er, mit Anspielung darauf, daß die Neapolitaner in der Schlacht bei Velletri, als sie den Mohren sahen, schrien, es sei der Teufel, und davonliefen, sich doppelt zu sehen glaubte. Der Mohr schlug ihn mit einer Keule tüchtig auf Kopf und Rücken, wie es im Kasperltheater der Brauch ist, bis er unter Geheul in die Hölle fuhr.

Im Verlaufe der Aufführung waren Mazzini, Pisacane, Gustavo Modena und auch Damen aus der Stadt gekommen und sahen in guter Laune zu. Manara ruhte nicht, bis einzelne Szenen, die ihm besonders gefallen hatten, wiederholt wurden. Dann folgte, auf allgemeines Bitten, ein andres Stück, die dramatische Geschichte eines Patrioten aus Ravenna, der vor einer Reihe von Jahren dem drohenden Tode dadurch entronnen war, daß er sich irrsinnig stellte. Das Komische lag darin, daß ihm die Art der Befreiung zugleich eine Genugtuung verschaffte; er fing nämlich während des Verhörs an, seinem Inquisitor, einem berüchtigten Kardinal, ins Gesicht zu sagen, was man, und besonders, was er über ihn dachte, geriet darüber, während er anfangs nur gespielt hatte, mehr und mehr in Feuer und schrie seinen Haß und seinen Glauben unaufhaltsam heraus, was nun wirklich als lichter Wahnsinn ausgelegt wurde, allerdings auch auf das Gutachten eines wohlmeinenden Arztes hin. Während aber, in der Vorstellung, der Angeklagte den Kardinal mit einigen auserlesenen Injurien überraschte, schlug eine Bombe in den Flügel der Villa, wo der Saal lag, ohne einen beträchtlichen Schaden zu verursachen außer dem Schrecken der Erschütterung. Der Herzog von Aquileja hielt den wankenden Puppenkasten fest und fuhr in seinen Deklamationen fort, ohne sich um den Lärm und die Unruhe, die in seinem Publikum entstand, zu bekümmern, wegen welcher Kaltblütigkeit ihn Garibaldi nach dem Schlusse der Aufführung belobte. Er lächelte mit dem Schelmenmunde, der wie ein Gaukler beständig in geschmeidiger Bewegung war, und sagte: »Ich habe das Krachen für den Donner des Beifalls gehalten.« Auf Garibaldis Frage, ob er ihm das Vergnügen, das er soeben genossen habe, nicht in irgendeiner Weise erwidern könne, sagte er, er sei Barbier und habe den großen Wunsch, daß, wenn der General sich einmal wieder wollte die Haare schneiden lassen, er sich dazu seiner Hände bedienen wollte. Nun drängten sich die Damen um ihn, die dem Gespräche zugehört hatten, um Locken von Garibaldis Haupte zu bestellen, und ließen sich daneben nicht ungern von der Anmut seines Witzes bezaubern.

Als an einem der folgenden Morgen der Herzog von Aquileja um die Zeit des Sonnenaufgangs der getroffenen Verabredung gemäß sich anschickte, Garibaldi die Haare zu schneiden, und eben, bevor er angefangen hatte, die weiche goldbraune Masse in der Hand wog, wurde er von einem einschlagenden Geschoß so unglücklich getroffen, daß er noch im Laufe des Tages nach standhaft ertragenen Schmerzen starb. Er blieb andauernd bei vollem Bewußtsein und heiter. »Gott will sich seinen langen Bart abnehmen lassen, darum hat er mich gerufen«, sagte er zu den Kameraden, die bei ihm waren. »Es tut mir leid für euch, denn es ist ein schlechtes Zeichen, und ihr müßt euch auf böse Zeiten gefaßt machen. Mit der Revolution und der Freiheit in Italien ist es aus, das glatte Kinn wird wieder Mode werden, wenn der Herr selbst das Beispiel gibt.« Und zum Doktor Ripari, der ihn behandelte, sagte er mit einer nachlässigen Handbewegung, die ihm eigen war: »Laß sein, ich kann den Alten oben nicht warten lassen. Die Pünktlichkeit ist die Höflichkeit der Könige, und ich bin es meinem Namen schuldig, auf die Minute zu kommen, wenn ich bestellt bin!« Der Tod dieses Kameraden erregte große Betrübnis bei allen Regimentern.

Lucrezia Brunetti hatte einen Traum: sie stand auf der Zinne ihres Hauses vor der Porta del Popolo und überblickte von dort aus ganz Rom, wie wenn sie sich auf dem höchsten Hügel befände. Es war dunkel, und sie glaubte, es wäre Nacht, da sah sie auf einmal, daß die Dunkelheit von einer schwarzen Fahne herrührte, die vom Turme des Kapitols herabhing; sie breitete sich wie ein niedriger schwarzer Himmel über Rom aus. Dieser Anblick erfüllte sie mit Angst, und sie spähte umher nach Menschen, die ihr sagen könnten, was geschehen sei und was die Fahne zu bedeuten habe; aber weit und breit waren Häuser und Gassen leer, und nun wußte sie es auch wieder wie etwas, das man bei Nacht im Schlafe vergessen hat: daß alle tot waren und Rom ein Grab. Plötzlich hörte sie das dumpfe Traben eines Pferdes und erblickte weit hinten in Trastevere – denn so weit konnte sie im Traume sehen – einen Reiter, der den Janiculus hinaufritt: es war Garibaldi. Die Mütze tief in die Stirn gezogen, ritt er langsam an der Kirche San Pietro in Montorio vorbei aus dem Tore von San Pancrazio in die Campagna hinaus, allein.

Angelo Brunetti, dem seine Frau ihren Traum erzählte, pflegte sie auszulachen, wenn sie ihren Träumen Beachtung schenkte, aber

im Herzen glaubte er, daß etwas daran sei, und wurde durch sie heiter oder trübe gestimmt. Es litt ihn an keinem Orte und bei keiner Arbeit; am Nachmittag entschloß er sich, nach Garibaldis Hauptquartier zu gehen und seinen Sohn Luigi zu besuchen, den er auf Bitten Manaras, weil er einem seiner Söhne gliche, dort gelassen hatte, wo er allerlei kleine Dienstleistungen verrichtete. Nachdem er eine Weile mit dem Jungen geplaudert hatte, begab er sich zu Garibaldi, der auf dem Turme seiner Villa war; eine Wand desselben war fast ganz eingeschossen, doch erklärte der General den Schaden für nicht so erheblich, daß er deswegen auf seinen Lieblingsplatz verzichten sollte. Garibaldi war in heiterer Laune und empfing Brunetti mit der Mitteilung, er habe einen Brief von seiner Frau, der Brasilianerin Anita, erhalten, wonach er sie in den nächsten Tagen in Rom erwarten könne. Er habe ihr geraten, in Nizza bei seiner Mutter und den Kindern zu bleiben, da sie aber aus den Zeitungen erfahren habe, wie gefährlich seine Lage sei, wolle sie sich nicht mehr zurückhalten lassen. Er sprach zärtlich von seinen beiden kleinen Söhnen und wie er sich darauf freue, seine Frau von ihnen erzählen zu hören. Unten in Nizza würde sie doch sicherer sein, meinte Brunetti; doch Garibaldi entgegnete, er schlage seine Frau nicht niedriger als sich selbst an, indem er sie zur Sicherheit verdamme, wo er für sich die Gefahr wähle. Stören würde sie nicht im Lager, denn sie sei tapfer und umsichtig wie irgendein Mann, dränge sich nie vor, greife aber zu, wo es gelegen sei. Übrigens, sagte er, denke er noch nicht daran, an Italiens Geschicken zu verzweifeln.
Brunettis Gesicht heiterte sich auf, und er faßte sich ein Herz, den Traum seiner Frau zu erzählen; wie wenn er es selbst geträumt hätte, schilderte er das ausgestorbene Rom und den einsamen Reiter, der die Totenstadt verließ. Garibaldi hörte aufmerksam zu und sagte am Schlusse fröhlich: »Eure Lucrezia hat jenes wundervolle Ahnungsvermögen, das nach den Aussagen der Alten im Herzen mancher Frauen leben soll, und Ihr müßt ihr in meinem Namen danken. Vielleicht werden wir wirklich bald ausziehen und Rom als ein leeres Grab zurücklassen, das Hyänen und Räuber vergeblich durchwühlen werden; daß sie mich allein sah, ist, weil Träume in Bildern reden: ich war ein Bild für mein Heer oder für die Republik, oder laß mich sagen, für alle, die Italien mehr als sich selbst lieben.«

Brunetti sah den General erstaunt an, ohne zu verstehen. »Heute melden die Zeitungen aus Frankreich«, erklärte dieser halblaut, »die Niederlage der republikanischen Partei und daß der Präsident den Vertrag der römischen Republik mit Lesseps für ungültig erklärte, dagegen alle Handlungen des Oudinot bestätigt hat; nun kann von außen keine Wendung zu unsern Gunsten mehr kommen. Ich habe lange gesonnen und eins gefunden, das uns retten kann: ehe die französischen Kanonen unsre Tapferen alle zusammengeschossen haben, müssen wir ihre Reihen durchbrechen und die Versammlung und Roms Heiligtümer in das freie Gebirge tragen. Dort können wir den großen Kampf wieder aufnehmen, und die Pfaffen mögen Roms leere Hülle in Ketten legen!« Sie besprachen die Möglichkeit der Ausführung eines solchen Unternehmens. Brunetti beteuerte, daß er alle Wege und Pfade um Rom wie die Gänge seines Hauses kenne und sich getraue, das Heer glücklich bis ins Gebirge zu führen. »Also, das wäre der Sinn des Traumes!« rief er mehrmals aus, nun völlig erheitert. »Wenn nur«, meinte er, »die Triumvirn es nicht anständiger finden, den Eroberer auf ihren Sesseln auf dem Kapitole sitzend zu erwarten.«
Unten im gemeinsamen Wohnraume fand Garibaldi Manara im lebhaften Gespräch mit einem schlanken Manne von gebieterischer Schönheit: es war Agostino Bertani, der Mailänder Arzt, von welchem man wußte, daß die Österreicher selbst das Krankenhaus, das er inmitten der Kriegswirren geschaffen und geleitet hatte, wegen der Ordnung und Zweckmäßigkeit, die dort herrschten, bewundert und alles Erdenkliche versucht hatten, um ihn in ehrenvoller Stellung festzuhalten. Garibaldi betrachtete ihn mit Beifall und begrüßte ihn herzlich; wenn er sein Talent und seine Tatkraft Rom widmen wolle, sagte er, werde er viel zu tun, viel zu nützen und zu bessern finden. Gegen den pfäffischen Schlendrian in den Spitälern könne Geschick und Liebe guter Frauen allein nicht aufkommen. Der Zustand sei allerdings schlimmer, als er erwartet habe, antwortete Bertani. Die Verwundeten stürben mehr an Vernachlässigung oder unverständiger Behandlung als an der Natur ihrer Wunden; er brenne darauf einzugreifen, doch habe Mazzini ihn ermahnt, vorsichtig schonend mit den ehemals päpstlichen Angestellten, insbesondere den Ärzten, umzugehen, auf welche Weise es denn schwer sein werde, etwas auszurichten. Garibaldi zuckte unmutig die Schultern und sagte: »Ja, so ist es: erst meine

Gerechtigkeit, mag Italien zugrunde gehen!« — »In diesem Falle glaube ich, daß er recht hat,« sagte Bertani, »und ich werde versuchen, soviel wie möglich Gutes mit der kleinsten persönlichen Unbill und mit Bitten statt mit Befehlen zu tun.« Bertani galt als stolz und befehlshaberisch und wurde wohl von seinen Kranken und Freunden geliebt, im allgemeinen aber gemieden; sein schweigsames und strenges Wesen stach von der Umgänglichkeit besonders der südlichen Italiener ab und wirkte auf viele seiner Landsleute abstoßend. Er fühlte leicht Geringschätzung gegen Eitelkeit, Geschwätzigkeit und große Gebärden, denen keine Tat entspricht, und war in seinem Innern nicht stark und reich genug, um nachsichtig zu sein. Eine zarte Gesundheit, die er, an sich selbst die höchsten Ansprüche stellend, so wenig wie möglich berücksichtigte, beeinträchtigte sein Leben und beschattete oft seinen Geist; überhaupt litt er zuweilen an tiefer Schwermut, die zum Teil darauf beruhte, daß ein Antrieb zu herrschen in seiner Natur lag und er sich selbst als dazu unzulänglich verurteilte. Einzig in seiner Stellung als Arzt trat er rücksichtslos gebietend und Unterwerfung verlangend auf, in allen andern Verhältnissen bemühte er sich, die Gleichberechtigung der andern anzuerkennen und zurückzutreten. Er war unverheiratet, da die Frau, die er über alles liebte, die Seine nicht werden konnte.

Bertani war erst am Abend vorher, von Florenz kommend, in Rom eingetroffen. Er erzählte von seinen Erlebnissen: von dem Auszuge der Mailänder, die vor den zurückkehrenden Österreichern flohen, weil sie ihre Rache fürchten mußten oder ihren Triumph nicht mit erleben wollten. Wie Kinder, die nicht zusehen können, wie der Henker die Mutter erwürgt, sie doch nicht lassen können und so, abgewendet und zurückblickend, sich selbst zerreißen, wären diese Unglücklichen aus der geliebten Stadt gezogen. In Toskana dann hätte er Schwäche, Lüge und hohle Ruhmredigkeit miteinander ringen sehen, gesehen, wie betrunkene Bauern die Freiheitsbäume niederrissen, auf die Fahne mit den drei Farben spuckten und mit Kreide auf alte Mauern, Zeugen vergangener Größe, schrieben: »Nieder mit Italien!« Da hätte er daran gedacht, auszuwandern und in der Fremde Italien als tot zu beweinen, lieber, als es mit eignen Augen verwesen zu sehen; fast wider seinen Willen und zufällig hätten ihn Gerüchte von den Taten um Rom dorthin gezogen. »Als ich nun gestern um die Zeit des

Sonnenuntergangs ankam«, erzählte er, »und die Götterstadt im himmlischen Feuer liegen sah, gegen die erprobte Kriegsmacht Frankreichs durch nichts als alte bröckelnde Mauern, besser durch die bloße Brust einer Schar von Römern, Lombarden und Sizilianern geschützt, da regte sich zum ersten Male wieder ein guter Geist des Glaubens in mir. ›Hier ist Italien,‹ dachte ich, ›und wenn alle diese gefallen sind, wird es aus ihren Gräbern wachsen.‹
Garibaldi drückte ihm die Hand. »Es fallen ihrer täglich sechzig bis siebzig,« sagte er, »wir haben genug geopfert.« Einem Gang durch die Verteidigungslinie, zu dem der General ihn einlud, schloß er sich gern an. Als sie eben aus der Villa in den Garten traten, schlug eine Bombe in den schon stark beschädigten Aussichtsturm, und große Mauerstücke stürzten krachend herunter. »Noch trägt er mich«, sagte Garibaldi, indem er prüfend hinaufblickte; allein Manara meinte bedenklich, sie würden sich bald nach einem andern Quartier umsehen müssen. Der Nachmittag brannte, dicke weiße Wolken standen wie erstarrte Lawinen über den Hügeln. Wenn man aus den Häusern ins Freie trat, war es, als stürze einem Blei auf den Kopf, und vielen brach sofort Schweiß aus. Der kleine Luigi kam mit einer erstickten Bombe gelaufen, wofür ihm Garibaldi oder Manara jedesmal einen Skudo zu zahlen pflegten; er hatte sich eine außerordentliche Fertigkeit erworben, in den paar Sekunden, die vom Einfall der Bombe bis zur Explosion verstreichen, die Brandröhre abzubrechen oder herauszureißen, und war durch keine Warnung von dem waghalsigen Experiment abzuhalten, da er, wie er vertraulich verriet, zu großen kaufmännischen Unternehmungen ein Kapital sammeln wollte. Garibaldi faßte ihn bei der Hand und nahm ihn mit, um ihn auf diese Weise an weiteren Wagestücken zu hindern. Von der ersten Bastion aus zeigte der General dem Gaste die beiderseitigen Stellungen, erklärte ihm die bisher vorgefallenen Kämpfe, besonders den verhängnisvollen Überfall des 3. Juni, und wies ihm die Stelle, wo Angelo Masina gefallen war. Bertani folgte aufmerksam mit leuchtenden Augen. »Ja, hier,« rief er, »wo der Tod herrscht, ist Italiens Leben. In jedem Augenblick verbrennt es hier in Feuer und aufersteht wie der unsterbliche Phönix.«
Auf der nächsten Bastion umstand eine Gruppe von Soldaten in munterer Bewegung einen Feigenbaum, der geschützt unterhalb der Mauer wuchs und in dessen Zweigen ein Papagei mit einem

Kettlein am Fuße heftig hin und her lief. Dieser Papagei, der den Namen Beppo hatte, war der verzogene Liebling des Heeres; sein hauptsächlicher Vorzug war es, daß er die Worte: ›Maledetto Pio Nono!‹, auf deutsch: ›Verdammt sei Pius IX.‹, deutlich und klangvoll sagen konnte, dazu belustigte er noch durch verschiedene andre Redensarten, die ihm beigebracht worden waren, und durch sein griesgrämiges, leicht zum Zorne geneigtes Wesen. Es hieß, er habe dem Doktor Ripari gehört, und dieser habe ihn den Fluch auf den Papst gelehrt und der Legion zum Geschenke gemacht, und obwohl dieser nichts davon wissen wollte, wurde behauptet, sie sähen sich sogar ähnlich; der Papagei war grau mit kleinen weißen Federn um die Augen herum und einigen schön grünen und karminroten Federn im Schwanze. In diesem Augenblicke waren infolge einer feindlichen Granate Staub und kleine Steine über den Feigenbaum geworfen, worüber der Papagei in leidenschaftliches Schimpfen ausgebrochen war, und zwar hatte er die beliebtesten Kraftwörter, die ihm von allen Seiten gelehrt waren, bunt aneinandergereiht, eine Auslese aus allen Gauen Italiens, wie sie in der Legion vertreten waren; dies war die Ursache des Gelächters. Garibaldi kraute dem Tiere das gesträubte Köpfchen, sprach ein paar Worte auf brasilianisch zu ihm und erkundigte sich, ob es auch gut gepflegt werde; worauf ein Kanonier erwiderte, dem Papagei werde Futter wie einem Moloch zugetragen, denn er gelte als ein glückbringendes Heiligtum im Heere, und wer irgend Zeit habe, gebe sich mit ihm ab und bringe ihm Leckerbissen. Sie standen noch im Gespräche, als eine Bombe zwischen ihnen in den Boden schlug: blitzschnell warfen sich die Soldaten zur Erde, während Manara Bertani hinter einen Vorsprung der Mauer zog; Garibaldi blieb ruhig stehen. Die Bombe krepierte, ohne, mit Ausnahme einer geringfügigen Verwundung, Schaden anzurichten; die aufspringenden Soldaten sahen, wie der General den Staub abschüttelte, mit dem er bedeckt worden war, und riefen, augenscheinlich erschüttert: »Evviva! Evviva Garibaldi!« Dieser sagte lächelnd gegen Bertani und Manara: »Ihr müßt nicht glauben, daß ich mich brüsten will; aber ich habe erfahren, daß es Liegende wie Stehende trifft, und bleibe darum, wie ich bin.«

Am Tore, durch das Bertani wieder in die Stadt hinunter wollte, trafen sie auf eine Abteilung Soldaten, die kommandiert war, einen Spion zu erschießen, der dabei ertappt war, wie er über die

Mauer Briefe ins feindliche Lager hinuntergelassen hatte. Der Mensch gehörte der sogenannten päpstlichen Familie an und befehdete die Republik auf seine Weise, weil er fürchtete, durch sie sein kleines Amt zu verlieren; von Politik verstand er nicht viel. Er war ein launiger Mann und auch in den letzten Augenblicken gut aufgelegt; eifrig gestikulierend ging er zwischen den Soldaten und erklärte ihnen, er habe etwas Löbliches getan, indem er versucht habe, seinen Kindern das Brot zu sichern, anstatt dafür belohnt zu werden, schieße man ihn tot, so sei die Welt, er fürchte, im Himmel werde er auch Enttäuschungen erleben, und dergleichen Geschwätz mehr. Garibaldis Stirne bewölkte sich, er blieb vor dem Tore stehen, betrachtete die Zerstörungen, die dem Gebäude durch die Beschießung bereits zugefügt waren, lobte seine guten Verhältnisse und die etwas steife, aber nicht überladene Pracht seiner Verzierung und erkundigte sich nach der Stilart, worüber Manara einige Aufklärungen zu geben wußte. »Was für ein Unsegen ist der Krieg,« sagte er, »der in Stunden vernichtet, was Jahre und Jahrhunderte mit Sinn und Lust geschaffen haben. Fluch denen, deren Habgier ihn über unser Land entfesselt hat!« Nachdem er dann angeordnet hatte, wie der Bogen durch Matratzen einigermaßen vor weiterem Schaden geschützt werden solle, trennte er sich von Bertani und Manara, der seinen Landsmann in die Stadt begleitete.
Garibaldi ging dem Vascello zu, schickte aber vorher den kleinen Luigi, der noch an seiner Hand ging, mit einem Auftrage in die Savorelli, um ihn keiner Gefahr auszusetzen. Bevor er ging, faßte sich der Kleine ein Herz zu einer geheimnisvollen Frage: ob es wahr sei, was die Leute sagten, daß er, Garibaldi, unverwundbar sei und deshalb den Geschossen nie ausweiche, als ob es Hagelkörner wären. »Glaube das nicht,« sagte Garibaldi flüsternd, indem er sich zu dem Knaben niederbeugte, »dir will ich sagen, wie es ist: die Kugeln tun mir nichts, weil meine Mutter für mich betet.« Luigi nickte wichtig verständnisvoll und sprang davon. Es war Abend geworden, ein leichter Wind zerteilte die Gewitterwolken, die sich jeden Nachmittag ansammelten, und verging dann wieder; die Wege schienen wie weißes Gestein durch die dunkeln Büsche. Dicht unter den Schanzen, die ausgebessert wurden, stand Spavone und hielt eine Leichenrede auf den Spion, der eben erschossen wurde; als Garibaldi näher kam, dämpfte er seine

Stimme, gestand aber doch auf Befragen dem General die Wahrheit. Der stand einen Augenblick überrascht, dann sagte er: »Du hast recht, er war unser verirrter Bruder und ist unsrer Teilnahme wert«, und steckte ihm ein Geldstück zu, das der Spitzbube, mit stummem Dank die Augen verdrehend, in die Tasche schob.

Die Hitze begann täglich mit dem Aufgang der Sonne und milderte sich nur wenig nach ihrem Untergange, wodurch die Erschlaffung, die infolge der langen Belagerung um sich zu greifen begann, vermehrt wurde; diejenigen, welche ihre freien Stunden nicht in der Stadt zubrachten, suchten den Schatten einer Kanone oder eines Baumes und blieben dort liegen. Noch kamen täglich Flüchtlinge aus verschiedenen Provinzen Italiens, denn Rom und Venedig ragten wie zwei hohe Klippen aus wachsender Sintflut aus dem wiederum unterjochten Lande und lockten die Trotzigen und Verzweifelten, die irgendwo unter einer aufrechten Fahne Italiens weiterkämpfen wollten. Freudig begrüßt wurde der Oberst Ghilardi, der die Stadt Livorno tapfer gegen Österreich verteidigt hatte, bis er der Übermacht hatte weichen müssen. Er bewarb sich, ungeduldig, den Kampf wieder aufzunehmen, um einen Platz unter Garibaldi und erhielt ihn; denn dem Überfluß an Offizieren war seit dem 3. Juni Mangel gefolgt. Seine Ankunft beglückte vor allen den Hauptmann Laviron, einen Belgier aus französischem Blute, der mit ihm befreundet war und in Paris mit ihm auf den Barrikaden gefochten hatte. Laviron, von Natur leichtlebig, ein wenig eitel und ruhmredig, gutherzig und gefällig, war in Rom kleinlaut und oft niedergeschlagen, weil das Vorgehen seiner Landsleute gegen das freisinnige Italien sein Gewissen bedrückte. An allem Leiden und Sterben, das er sehen mußte, fühlte er sich mitschuldig, das freundschaftliche Vertrauen, das seine Kameraden ihm entgegenbrachten, wagte er kaum anzunehmen und büßte jeden Anfall seines angeborenen Übermutes mit grundlosen Selbstvorwürfen. In dieser Stimmung, die an ihm doppelt trübe schien, weil sie seinem Temperamente fernlag, schloß er sich eng an Ugo Bassi, der es an sich hatte, daß man sich vor ihm keiner Empfindung und keiner Klage schämte.
An einem der ersten Tage, nachdem Ghilardi angekommen war, wurde er dazu bestimmt, eine Note der Vertreter der fremden Mächte in das feindliche Lager zu tragen, die darüber Klage führ-

ten, daß die Kunstdenkmäler des aller Welt heiligen Rom durch französische Bomben beschädigt würden, und Laviron und Ugo Bassi, der ein geheimes Geschäft in der Stadt hatte, begleiteten ihn hinunter, da er sich auf dem Kapitol seine Instruktion holen mußte. Ugo Bassi wollte in der Kirche der Bologneser beten, Gott möge sein Leben für Garibaldis annehmen; nicht daß er den Tod hätte suchen wollen, denn das hätte er für Sünde gehalten, aber wenn er unverhofft käme, wollte er ihn als ein Zeichen begrüßen, daß Garibaldi erhalten bleiben sollte.

Nachdem die Freunde zusammen nach Trastevere geritten waren und Ugo Bassi nach der Kirche Santi Giovanni e Petronio abgebogen war, glaubte Laviron zu bemerken, daß sie viel weniger vom Volke begrüßt wurden als vorher, und schob es darauf, daß Bassi mit seiner roten Bluse fehle, die ihn als Garibaldiner bekannt machte. Zum Erstaunen der Kameraden kam er in roter Bluse statt in Uniform in das Lager zurück; Ghilardi verriet den Grund und erzählte, scherzhaft übertreibend, wie sein Freund in der neuen Tracht sich kaum Bahn durch das zujubelnde Volk habe machen können. Lavirons treuherzig prahlerisches Gesicht strahlte von Genugtuung, er trug den Kopf hoch und ging mit schwungvollen Schritten, ohne sich durch die Neckereien der andern stören zu lassen. Wo er sich zeigte, wurde er mit Händeklatschen und Evvivarufen empfangen, und obwohl er wußte, daß es Scherz war, ging er hierhin und dorthin, um den Beifall immer von neuem hervorzurufen.

Ghilardi begab sich von der ersten Bastion in das französische Lager und hatte sich kaum hundert Schritte entfernt, als ein paar feindliche Kugeln, die augenscheinlich auf ihn abgefeuert waren, an ihm vorbeiflogen; man mußte drüben den Parlamentär nicht in ihm erkannt haben. Die Kameraden, die sich eben von ihm verabschiedet hatten, erschraken, Laviron stellte sich an einen ungedeckten Platz, um ihm besser nachsehen zu können. Man rief ihm zu, er solle von dort weggehen, seine rote Bluse biete den französischen Schützen ein Ziel, und Ugo Bassi war im Begriff, ihn, da er nicht folgte, mit Gewalt fortzuziehen; da stürzte er schon, getroffen, zusammen. Er stammelte einige Worte und versuchte Ugo Bassi, der bei ihm niedergekniet war und ihn umarmte, zu küssen, dabei lief ein krampfhafter Schauder über seinen Körper, und er starb. Ugo Bassi behielt ihn in den Armen und

betete über ihm, obwohl die Kugeln fortwährend die Stelle, wo er war, bestrichen; schließlich mußte er den dringenden Mahnungen nachgeben und den gefährlichen Platz verlassen.
Am Abend spielte die Regimentsmusik im Garten der Villa Spada, die der Savorelli gegenüber, aber etwas tiefer als diese lag. Die Töne waren weithin hörbar, in der Savorelli und auch im Vascello öffnete die Besatzung die Fenster, die nach jener Richtung lagen, um zuzuhören. Die Soldaten, die keinen Dienst hatten, tanzten nach der Musik oder sangen mit, wenn bekannte Melodien gespielt wurden. Unter einem breit auseinandergewachsenen, eine flache Laube bildenden Eichbaum saßen Morosini und Mangiagalli, der in einem kleinen Buche eifrig nachschrieb, was jener ihm vortrug. Mangiagalli, der seit dem 3. Juni Leutnant war, hatte sich das Ziel gesetzt, die geistige Ausbildung seiner nunmehrigen Standesgenossen zu erwerben, und seinen Wunsch dem jungen Morosini anvertraut, der sich freundlich bereit erklärte, dem Lernbegierigen sein eignes Wissen nach Möglichkeit mitzuteilen. Demzufolge erzählte Morosini in jeder freien Stunde die Geschichten der Griechen und Römer, erklärte das Götterwesen und beschrieb die Denkmäler des Altertums, trug Oden des Horaz und Stücke aus Dantes Göttlicher Komödie vor, und Mangiagalli hörte und notierte beharrlich, leidenschaftlich und unerschrocken, ohne ein Wort zu verlieren und ohne je zu ermüden. Meistens gesellte sich auch Spronella zu den beiden und lauschte glückselig dem, was für sie ungeahnte Wunder waren; an diesem Abend indessen sah sie dem Maler Girolamo Induno aus Mailand zu, der, auf einem freien Platze sitzend, die Villa Savorelli mit dem Turme zeichnete, von dem Garibaldi herunterblickte. Das Haus hatte fast das Ansehen einer Ruine, besonders der Turm war von drei Seiten zerschossen, so daß er einem hohlen Backenzahne glich; die jungen Leute, die um Induno herum saßen, sprachen davon, daß der nächste Kartätschenschuß ihn stürzen müßte. Nahe bei diesen, doch verdeckt durch eine Kanone, saß der Mohr Aghiar, eine zierliche Dame mit dicken Haaren von auffallend rötlicher Farbe auf den Knien haltend, die ihm mit koketter Gebärde Süßigkeiten zwischen die glänzenden Zähne steckte; er war so gesucht von den Frauen, Römerinnen und Fremden, daß er kaum für eine jede Zeit zu einem Stelldichein fand, und seine Handgelenke, sein Hals und seine Ohren waren mit Schmuck behängt, den er geschenkt

bekam. In der letzten Zeit hatte es den Anschein, als ob die Rothaarige alle andern aus seinem Herzen verdrängte, trotzdem überwog, als er den Maler an der Arbeit sah, die Neugierde seine Zärtlichkeit, und er ließ die Dame bei der Kanone sitzen, um das Bild entstehen zu sehen. Auch Mangiagalli und Morosini standen auf und kamen näher: der Gegenstand der Zeichnung fesselte alle. Die Sonne war eben untergegangen, und da nun die starke Blendung fehlte, traten die Figuren dunkelgolden aus dem hellen, ruhigen, vollkommenen Lichte, wie schöne Bilder außer Zeit und Schicksal. Indes seine Blicke zwischen der Savorelli und dem Blatt, auf dem er zeichnete, hin und her flogen, sagte Induno: »Wenn ich ihn gebeten hätte, mir zu einem Bilde zu sitzen, könnte es nicht besser sein als jetzt. Könnte ich ihn malen, so wie er dasteht, versunken in die Stille eines großen Gedankens, unendlich fern von der Schönheit und Vernichtung, die ihn dicht umgeben!« — »Was mag er denken?« fragte Spronella leise. »Was es auch sei,« sagte Carlo Gorini aus Mailand, »es ist wie das Himmelsgewölbe, grenzenlos in Tiefe und Weite wogend, aber scheinbar bestimmt und einfach.« — »Vielleicht denkt er an die Zukunft Italiens«, meinte ein andrer. Der Mohr, der das Gespräch aufmerksam verfolgt hatte, schüttelte den Kopf, zeigte in einem überlegenen Lächeln seine blanken Zähne und sagte: »Er denkt nicht, er hört das Meer rauschen.« Alle blickten erstaunt auf den Schwarzen, und obwohl sie lächeln mußten, kam es ihnen so vor, als habe er ein besonderes Wissen von dem rätselhaften Manne droben, so daß niemand etwas entgegnete.

In diesem Augenblicke bewegte sich Garibaldi, beugte sich über die zertrümmerte Brüstung des Turmes und verschwand dann nach innen, vermutlich durch eine Unruhe bewogen, die dadurch entstanden war, daß von den Soldaten, die auf der breiten Freitreppe lagerten, einer durch eine explodierende Bombe zu Tode getroffen war. Die übrigen blieben liegen, weil es ihnen dort bequem und kühl war, und widersetzten sich einem anwesenden Offizier, der sie mit Hinweis auf die Gefährlichkeit des Platzes entfernen wollte.

Um zehn Uhr verstummte die Musik und auch das Rollen der Geschütze. Alles schlief, bis auf die Wachen, die gespannt in die Stille horchten; denn in der letzten Zeit hatten die Franzosen fast in jeder Nacht hier oder dort einen Überfall versucht.

In der Nacht vom 21. auf den 22. Juni erstürmten die Franzosen die Villa Barberini und die erste und zweite Bastion neben dem Tore von San Pancrazio, worauf die erste Verteidigungslinie verlassen werden mußte.
Am Abend des 21. fiel zum ersten Male Regen; es entlud sich kein großes Gewitter, wie sich nach so lang andauernder Hitze hätte erwarten lassen, sondern es regnete sacht aus feuchtschwarzem Himmel, hörte wieder auf und begann wieder, ohne daß es stärker oder schwächer wurde. Die Dunkelheit war so groß, daß man ohne Licht keinen Weg sehen konnte, durch den dünnen Regen hörte man überall kleine Geräusche, als liefe oder ducke sich etwas, flüstre oder atme irgendwas. Um die Zeit der letzten Runde schickte Garibaldi Manara und Hofstetter nach den beiden Bastionen, welche ihrer Lage nach die wichtigsten und die waren, um welche die Entscheidung erkämpft werden mußte, damit sie der Besatzung äußerste Aufmerksamkeit einschärften. Sie fanden die Soldaten in guter Stimmung; die erste Abteilung des Regimentes, die zunächst hinter der Bastion lag, erklärte sich freiwillig bereit, wach und kampfbereit zu bleiben, so daß dieser Teil der Linie hinreichend gedeckt zu sein schien. Manara und Hofstetter kehrten müde und schweigsam in den Palazzo Corsini zurück, wohin Garibaldi eben an diesem Tage, da die Savorelli unbewohnbar geworden war, sein Quartier verlegt hatte. Sie hatten nur einige Stunden geschlafen, als ein Adjutant die Unglücksnachricht von der Erstürmung der Bastionen brachte: plötzlich, ohne vernehmbare Annäherung, sei der Feind auf der Bresche erschienen, habe die vordersten Posten, die ahnungslos ihr ›Wer da?‹ gerufen, gefangengenommen und die Besatzung durch den bloßen Schrecken ihrer geisterartigen, unerklärlichen Anwesenheit verjagt. Die Besonnenheit einzelner habe gegen die Panik, die unter den Soldaten entstanden sei, nicht aufkommen können, unaufhaltsam wären sie die Anhöhe hinunter nach Trastevere bis zum Kloster Cosimato und Calliste geeilt, das für den Fall eines notwendigen Rückzuges zum Sammelpunkt bestimmt worden war. Man meinte, die Franzosen seien durch eine Mine auf die Bastion geführt worden, und beschuldigte einen Ausländer, der im Heere gedient habe und, wie es hieß, plötzlich verschwunden sei, dieses Verrates; aber es konnte niemals nachgewiesen werden.
Garibaldi schickte sofort den Oberst Sacchi mit einem Teil der

italienischen Legion nach den verlorenen Bastionen, damit er die Lage untersuche; dann ließ er alle Regimenter kampfbereit machen, besetzte die zweite Linie, an der schon seit mehreren Tagen gearbeitet worden war, und beschleunigte ihre noch nicht vollendete Befestigung. Sein Quartier verlegte er aus dem Palazzo Corsini, der ihm zu weit von der Mauer entfernt war, in die Villa Spada, von wo aus er einen besseren Überblick über die ganze Linie hatte. Als die Mannschaft fertig war, drängte Manara zum Versuche, mit gesamter Macht die Bastionen zurückzuerobern; allein Garibaldi erklärte mit solcher Bestimmtheit, er wolle jetzt nicht angreifen, daß er seine Ungeduld unterdrückte und sich beschied. Die Sonne war noch nicht aufgegangen; Garibaldi saß auf einer Bank in dem Rondell, wo an schönen Abenden die Musik zu spielen pflegte; aus halb aufgelösten grauen Nebelwolken und von den Rosen, die an langen Zweigen aus den Bäumen herabhingen, tropfte der warme Regen auf ihn herunter. Er bedachte die sinnlose Flucht der Soldaten, wo so viel auf dem Spiel gestanden hatte, derselben, die tollkühn dem sichtbaren Tod entgegenstürzten, wenn er oder sonst ein Anführer, der Schwung und Kraft hatte, an ihrer Spitze stand, und sagte sich, daß sie nichts als unlebendiger Stoff wären, der von Augenblick zu Augenblick durch einen üppigen Willen beseelt werden müsse. Zorn und Trauer und Verachtung füllten sein Herz; er hatte gesehen, wie emsig die Franzosen schon auf den neu eroberten Plätzen arbeiteten, immer erschienen sie rege, tätig, gefaßt, obschon sie um eine gleichgültige, manchem vielleicht widerwärtige Sache ihr Leben wagen mußten. Doch versuchte er die Seinigen damit zu entschuldigen, daß sie sich in der übeln Lage des Verteidigers befanden, der immer munter, ohne zu handeln, sein sollte; während dieser langen Tage, wo jedermann fortwährend und überall wehrlos heimtückisch überfallendem Tode ausgesetzt war, wo man mit allen Sinnen auf heranschleichende Gefahr paßte, waren ihre reizbaren Nerven erschlafft; auch waren es nur die Übriggebliebenen nach einem furchtbaren Kampfe, Ersatz war wenig gekommen. Immerhin glaubte er noch mit diesem Reste, wenn sie sich draußen in herzhaften Unternehmungen stählten, etwas ausrichten zu können, aber bald, bald müßten sie aus dem Ring heraus, der sich immer enger um sie zusammenzog, bevor alle erdrückt wären.

Es war noch nicht Tag, als die Nachricht vom Verlust der Bastio=

nen sich in der Stadt verbreitete und die Glocke vom Kapitol das Sturmgeläute begann. Die Deputierten versammelten sich, Cernuschi und Caldesi eilten durch die Straßen, riefen das Volk auf die Barrikaden und verkündeten, daß im Palazzo Farnese Waffen an alle ausgeteilt würden, die Rom in seiner höchsten Not beispringen wollten; denn man hielt es für selbstverständlich, daß ein Ausfall zur Zurückgewinnung der entrissenen Linie ohne Verzug gemacht werden würde. Eine Schar von Männern und Frauen, Knaben und Mädchen zogen nach den Mauern, einige mit Waffen, andre nur mit irgendeinem Werkzeug in der Hand, das sie hastig ergriffen hatten, und erfüllten die engen Gassen am Janiculus in aufgeregter Erwartung, was sich zeigen würde. Garibaldi, dem die Ankunft des Volkes gemeldet wurde, stand auf, um sie anzureden und nach Hause zu schicken, als sich der Garten mit Menschen füllte: Avezzana, Mazzini, Pisacane und verschiedene Offiziere seines Stabes kamen auf ihn zu, Brunetti blieb zu Pferde im Hintergrunde. Garibaldi runzelte die Stirn beim Anblick der Ungeduldigen, deren Ansinnen er vorauswußte; er grüßte kurz mit abweisender Miene. »Was bedeutet es, General,« rief Avezzana, »daß Ihr nicht angreift? Das Volk ist bewaffnet, Roselli stellt Euch zur Verfügung, was er von seinen Regimentern entbehren kann, worauf wartet Ihr? Jede Minute, die verstreicht, ist Gewinn des Feindes!« Garibaldi antwortete: »Ich habe mich entschlossen, nicht anzugreifen. Sacchi, der gleich nach dem Verluste einen Versuch machte, wurde zurückgeworfen, inzwischen haben sie die Krönung der Bresche vollendet und sie befestigt. Würden wir uns aus solcher Stellung vertreiben lassen? Ich habe die Hälfte meiner guten Leute verloren, als ich am 3. Juni das Haus Doria wiedererobern wollte; die andere Hälfte will ich mir retten.« – »Ist es denn eine Frage, ob es gelingt, den Feind von den Mauern zu jagen?« rief Mazzini. »Es muß gelingen! Wir müssen obsiegen, so gut wie wir atmen müssen; denn atmen wir nicht, so leben wir nicht mehr!« Garibaldis Blick ruhte inzwischen auf der Menge, die außerhalb des Gartens wogte, zitternd und murmelnd, ein Wald vor dem Sturme, Männer in der Bluse oder im Hemde, mit bloßem Halse, Frauen mit fanatischen Augen in mageren, von Hunger und Überanstrengung entstellten Gesichtern, Mädchen, fast noch Kinder, deren kleine Hände ein Messer umklammerten und krampfhaft an die zarte Brust drückten; endlich wendete er

sich wieder zu den Herren und sagte fest in Blick und Stimme: »Ich habe es erwogen und mich entschlossen, nicht anzugreifen. Seit zwanzig Tagen halten wir eine unbefestigte Stadt mit unausgebildeten Soldaten gegen das beste Heer Europas, dem das Meer unaufhörlich Hilfe bringt an Menschen, Waffen, Pulver und Nahrung: es ist genug für die Ehre. Jetzt wollen wir daran denken, uns für Italien zu erhalten.« Während die andern schweigend über diese Worte nachdachten, rief Mazzini, außer sich: »Gott, welche Rechnung mit Blut und Vaterland und Ehre! Würdest du auch, wenn einer das Schwert gegen deine Mutter zöge, erwägen, ob es sich lohne, das Leben an sie zu wagen, deren Tage doch gezählt sind? Steh nicht da wie ein Heidengott aus Stein! Es ist Rom, das fällt! Siehst du das Volk nicht, das willens ist und das Recht hat, für seine Heiligtümer zu kämpfen und zu sterben?«
Garibaldi warf einen Blick auf die Menge und sagte: »Ich sollte die Lämmer da draußen zur Schlachtbank führen!?« Auf diese Worte hin wendete Angelo Brunetti sein Pferd und begab sich auf die Straße, um den Leuten zu erklären, daß es zu keinem Kampfe käme, und sie zur Rückkehr nach Hause zu bewegen. Mazzini, der es sah, trat Garibaldi näher und rief: »Verflucht das Volk, das nicht für sein Vaterland sterben kann! Wer von uns mag Rom überleben!« Tränen stürzten aus seinen Augen, er rang die Hände. Dicht vor Garibaldi stehend, sagte er mit gedämpfter Stimme beschwörend: »Wäre es möglich, daß du Rache an mir nehmen wolltest? Ich habe, bei Gott, der uns sieht, nie für mich und meinen Namen, nur für Italien gekämpft; tue du es auch!« – »Ich tue es«, sagte Garibaldi und blickte dem ganz Erschütterten ohne Mitleid in die nassen Augen.
Avezzana und Pisacane verrieten ihre Entrüstung in Ausrufen und Mienen, verschiedene von des Generals eignen Offizieren blickten traurig und nicht ohne Vorwurf auf ihn. Die Freunde Mazzinis suchten ihn, der verzweifelt nicht von der Stelle wollte, zum Weggehen zu bewegen; ob er nicht wisse, sagte Pisacane bitter, daß Garibaldi nicht umzustimmen sei, wenn er etwas wolle oder nicht wolle? Die Priester pflegten in der Kirche zu beten, daß es regne, wenn Dürre sei, oder daß der Blitz nicht einschlage, wenn ein Wetter sei, und Blitz und Regen führen hoch oben ihren Weg: so sei Garibaldi vernünftiger Berechnung oder Beeinflussung nicht zugänglich; sie zogen ihn endlich mit sich fort.

Während der Platz und die Straße sich leerte, behielt Garibaldi Manara zurück und sprach mit ihm, als sie miteinander allein waren, von seiner Absicht, den Krieg von Rom weg in die Berge zu tragen. »Warten wir,« sagte er, »bis die Franzosen die Stadt erstürmen, so ist nicht nur das Ende der Republik da, sondern der Revolution, wenn auch ein rühmliches. Sind wir hierhergekommen, um eine Theatertragödie aufzuführen? Wir wollen Italien machen. Kommt Ihr mit mir, Manara, mit den Eurigen, so getraue ich mir, auf andern Hügeln ein neues Rom zu gründen.« Es war das erstemal, daß Garibaldi seinen geheimen Gedanken gegen Manara äußerte, der, so scharf und dringend wie die Anforderungen eines jeden Tages waren, noch nie darüber nachgedacht hatte, was jenseits des Falles von Rom kommen sollte. Was Garibaldi plante, erschien ihm ungeheuer: wenn es gelänge, aus der Stadt auszufallen und durch den Feind hindurch sich ins Gebirge zu schlagen, sah er nichts andres mehr als eine Horde ohne Titel, abgelöst von Recht und rechtlichen Gemeinschaften, eine Rebellion Todgeweihter um einen rasenden Helden geschart. Es war ihm, als sähe er die traurigen Augen seiner Frau und seiner Kinder und ihre ausgestreckten Arme wie etwas Ertrinkendes, das noch einmal auftaucht, tiefer und tiefer hinabsinkt, untergeht und auf immer verschwindet; er erblaßte und fand keine Antwort. Garibaldi sah ihn bekümmert an, und die Lust wandelte ihn an, ihn nach Hause zu schicken, so wie er Goffredo Mameli manchmal in der Schlacht zu schützen versucht hatte; aber er gab dem Gefühl nicht nach, sondern sagte: »Manara, Ihr habt keinen Glauben an den guten Ausgang der Sache, weil Ihr keinen Glauben an Italien habt. Von Euch kann ich am wenigsten erwarten, daß Ihr zu mir haltet, doch brauche ich Euch. Wißt Ihr aber etwas, das Ihr lieber und mit leichterem Gewinn tätet, so sagt es mir.« Manara, der sich inzwischen gesammelt hatte, schüttelte den Kopf und sagte: »Ich glaube an Euch, das ist genug. Solange Ihr das Schwert führt, stecke ich meines nicht in die Scheide. Versuchen wir Mazzini und die Versammlung zu überreden, meiner seid Ihr gewiß.«
Die Sonne war allmählich durch die Wolken gedrungen, es war schwüler als zuvor. In der Nacht machte die Besatzung der verlorenen Villa Barberini, welche größtenteils aus Lombarden bestand, einen Versuch, dieselbe zurückzuerobern, doch mißlang er trotz hartnäckiger Tapferkeit. Die meisten der jungen Offiziere

wurden schwer verletzt in die Spitäler getragen, unter ihnen der Maler Induno mit siebenundzwanzig Wunden.

Giacomo Medici gab ein Fest im Vascello, um Agostino Bertani zu begrüßen, zu dem nur Oberitaliener, hauptsächlich Lombarden, geladen werden sollten. Medici, der ein Regiment Freiwilliger nach Rom geführt und in den Dienst Garibaldis gestellt hatte, war schon in Amerika Waffengefährte des Generals gewesen. Er hatte früh schon Mazzinis Lehren in sich aufgenommen, dafür gearbeitet und deshalb Italien meiden müssen. Was ihn zum Republikaner gemacht hatte, waren weniger in der Einsicht begründete Überzeugungen als Ehrgeiz und Empfindlichkeit, die ihm eine untergeordnete Stellung unleidlich machten, wozu er doch bei der Lage seiner Familie unter gewöhnlichen Verhältnissen bestimmt schien. Wer ihn als Offizier unter den Soldaten hatte kennen lernen, erstaunte über sein gutmütiges, gefälliges, leicht unentschiedenes Wesen im bürgerlichen Leben. Er schloß sich gern an Männer von festgegründetem Ansehen, nicht aus Eitelkeit oder um befördert zu werden, sondern um der öffentlichen Meinung gegenüber sich gedeckt zu fühlen. Während er im Felde schneller und kühner Entschlüsse fähig war und sich ohne Besinnen aussetzte, wenn es nötig schien, tastete er im Leben unsicher und fühlte sich durch das Urteil andrer behindert, wie einer, dem das Gehen schwerfällt, wenn er weiß, daß sein Näherkommen beobachtet wird. Seine äußere Erscheinung war mehr derb als elegant; seine Freunde hatten ihn gern wegen seiner Dienstfertigkeit, mit der er im täglichen Leben kein Opfer scheute, um ihnen gefällig zu sein, Garibaldi schätzte ihn als einen seiner selbständigsten Offiziere. Er hatte eine natürliche militärische Begabung, und die von ihm befehligten Regimenter zeichneten sich stets durch pünktliche Zucht und gute Verwendbarkeit aus. Seine Behauptung des Vascello, des ausgesetztesten Punktes der Verteidigungslinie, das der Feind wie das Postament unter einer Statue zusammenschoß, ohne ihn zu erschüttern, hatte seinen Namen in Rom rühmlich bekanntgemacht. Es stand nur noch das Erdgeschoß des massiven Palastes, und in diesem war ein großer Saal fast unbeschädigt, wo die Gäste sich aufhalten konnten. In den Ecken des Raumes standen auf schlanken Säulen schöngeschwungene Gefäße aus Alabaster, die die Soldaten mit Lilien und Rosen angefüllt hatten, von denen der Garten voll war; auf den

Tischen waren Pflaumen, Pfirsiche und Feigen aufgeschüttet. Bertani ließ sich von Medici durch das zerstörte Gebäude führen, soweit es möglich war; von den oberen Stockwerken stand noch Gemäuer als eine beständige Gefahr für die Besatzung, von der schon mehrere Leute durch zusammenstürzendes Mauerwerk getötet worden waren. Trotzdem waren die Soldaten guten Mutes und benutzten das letzte Tageslicht, um nach der Corsini hinüberzuschießen; an einem der geschützten Fenster saß einer und spielte auf der Mandoline, andre betrachteten das Abendrot. Über den Trümmern der Corsini und ihren schwarzen Eichen stand rosenfarbig ein stilles, weiches Feuer, dessen Widerschein auf langsam wandernden Wolken über den hohen Himmel zog; wie Gesang aus der Ferne erst laut, dann leiser und leiser tönt und verhallt, erbleichte die wehende Glut allmählich und erlosch endlich ohne Spur unter der einsamen Wölbung. Im Saale beschäftigten sich Manara, Morosini und Mangiagalli damit, Weinflaschen zu entkorken und die Gläser, die noch heil waren, vom Staube zu reinigen, wobei Manara Mangiagalli tadelte, daß er zu behende sei und sich den ehemaligen Diener anmerken lasse, Mangiagalli hingegen brummte, er könne dies ohnehin nicht vergessen, wenn Manara ihn beständig auszanke. Da Garibaldi hatte bitten lassen, man möge mit dem Essen nicht auf ihn warten, wurde begonnen, als alle übrigen versammelt waren; Soldaten trugen auf Mailänder Art zubereitete Gerichte auf, die mit begeistertem Zuruf empfangen wurden. Es wurde von Garibaldis Absicht gesprochen, den Krieg im Süden fortzusetzen, der sich Mazzini und die Versammlung widersetzte, und erwogen, ob es dazu kommen und welches der Erfolg sein könnte. Manara war schweigsam, weil er vorher mit Emilio Dandolo eine Auseinandersetzung gehabt hatte; dieser nämlich mißbilligte den Plan als tollköpfig und revolutionär, eines Abenteurers, nicht eines Generals würdig, und beschwor Manara, die Bersaglieri nicht hineinzuverwickeln, weil sie auf diese Weise jeden Zusammenhang mit Mailand und Piemont verlieren, vaterland- und rechtlose Vagabunden werden würden. Manara hatte entgegnet, er würde niemand zwingen, aber auch niemand zurückhalten, der ihm würde folgen wollen, er selbst würde, welches auch das Ende sein möchte, mit Garibaldi gehen; die Vorstellungen Dandolos hatten seinen Vorsatz nicht erschüttert; aber das Herz war ihm schwer darüber geworden. Dandolo vermied ihn anzusehen, auch mit den andern zu sprechen und betrachtete scheinbar aufmerksam den Marmorfries an den Wänden des Saales; er stellte den Tod des Adonis dar, um den Frauen klagen, eine Prozession gleichgekleideter, gleichgroßer, gleichschöner Gestalten, von denen die ersten die Arme gerade in die Höhe reckten und das verzweifelte Haupt mit gelösten Haaren so zurückwarfen, daß der runde Hals mit der starken Kehle einem im Sturm gebogenen jungen Weidenstamme glich; diesen folgten viele andre mit sanftem Gange und gesenktem Haupte, die Flöte blasend, und zogen sich so um den ganzen Saal hin, wodurch der Eindruck unersättlicher Trauer hervorgebracht wurde.

Medici sagte, er bezweifle, ob ein Wagnis, wie Garibaldi es im Sinne habe, glücken könne, allein er habe sich zur Regel gemacht, seiner Fahne zu folgen, selbst wenn er im Urteil abweiche, und werde davon ohne zwingende Gründe nicht abgehen. Dies sei nach einem gewissen Ereignis geschehen, das er folgendermaßen erzählte: »Als auf die Nachricht von der Amnestie des Papstes Garibaldi die Heimkehr beschlossen hatte und wir auf dem Meere durch begegnende Schiffe von dem wunderbaren Aufschwung Italiens unterrichtet waren, entwarf er einen Plan, wie wir uns nach der Ankunft verhalten sollten, wonach mir die Aufgabe zufiel, zuerst nach England zu reisen und mich mit Mazzini ins Benehmen zu setzen, dann nach Toskana zu eilen, wo Garibaldi landen und mich erwarten würde. Ich führte alles Punkt für Punkt aus und war zur festgesetzten Zeit an dem bestimmten Orte, wo ich aber weder Garibaldi noch eine Nachricht von ihm fand. Erst durch Zeitungen erfuhr ich, daß er in Nizza gelandet war und daran dachte, sich mit dem König von Sardinien zu verbinden, als ob nie eine andersgeartete Verabredung bestanden hätte. Unfähig, etwas auszurichten, und sehr aufgebracht gegen Garibaldi kam ich nach Genua, wo ich sogleich Anzani aufsuchte, einen teuern Freund, der während der Überfahrt erkrankt war und dessen Auflösung erwartet wurde. Anzani war ein Mann, wie ich wenige gefunden habe, gut, sicher und bescheiden. Er war ein Sterbender, als ich ihn wiedersah, doch nahm er alle seine Kräfte zusammen, um mir zu erklären, warum Garibaldi willens sei, in Karl Alberts Dienste zu treten, dessen Gegner er bisher gewesen war. Da ich mit meiner Entrüstung nicht zurückhielt, vielmehr geradezu aussprach, ich würde mir die nichtachtende Behandlung, die er mir zugefügt, nicht gefallen lassen, sondern mich von ihm trennen, faßte er mich mit beiden Armen, zog mich zu sich hernieder und flüsterte, denn er konnte nicht mehr sprechen: ›Mir weissagte das Herz, er sei der Retter, den wir suchten, darum bin ich in guten und bösen Tagen nicht von ihm gewichen. Trage ihm nichts nach: er hat ein Gesetz in sich, das wie ein Sturm ist, in dem unsre Lichter erlöschen. Versprich mir, ihm allewege zu folgen, wer mit ihm geht, wird Italien finden.‹ – Ich schwor ihm das, was er wollte, und verließ ihn auf der Stelle, ohne zu warten, bis er verschieden sei, um zu Garibaldi zu gehen und mich ihm zur Verfügung zu stellen.«

Medici hatte seine Erzählung eben beendet, als man die Soldaten draußen Evviva rufen hörte und Garibaldi eintrat. Er hätte, sagte er nach kurzem, heiterem Gruße, die Fahne auf dem Vascello nicht mehr gesehen, sie wäre wohl infolge eines Schusses, der die Mauer gelockert hätte, umgesunken, wer Lust hätte, sie mit ihm wieder aufzurichten. Man konnte auf Leitern zu der höchsten Mauerzacke gelangen, die noch stand und an welcher die Fahne befestigt war, die sich jetzt gesenkt hatte. Drüben wurde sofort bemerkt, daß an der Stelle gearbeitet wurde, und ein paar Schüsse strichen an Mangiagalli und Medici vorüber, in deren Händen die Fahne schwankte. Nach einer atemlosen Minute stand der dunkle Stamm siegreich auf der Mauer, die Offiziere riefen: »Es lebe Italien!«, und die Soldaten, die sich unten aus den Fenstern bogen, um hinaufzusehen, wiederholten es. Auf einem marmornen Stück Fußboden des oberen Stockwerks, das jetzt einer freien Terrasse glich, blieben die Männer stehen, um in den verwüsteten Park, der den Palast umgab, hinunterzusehen. Zwischen Beeten und Gebüschen, die verkohlt und zertreten waren, schimmerten Hortensien und Verbenen und ragte edles Grün in biegsamen Säulen und Bogen; aus dem Schutt einer Mauer, die, herabstürzend, ein Rosendickicht zerdrückt hatte, quoll ungestüm die leuchtende Blütenmasse hervor. Sommerblumengerüche wehten süß und mächtig über dem Dunst der blutbetauten Erde. »Wie bald«, sagte Medici, »werden auch diese Mauern gestürzt sein, und wenn einmal der Schutt weggeräumt ist, wird niemand wissen, wo sie gestanden haben.« Garibaldi legte ihm die Hand auf die Schulter und entgegnete: »Dahin soll es nicht kommen, Giacomo. Die Trümmer sollen stehenbleiben als ein Denkmal der Toten, die hier gefallen sind, und deines Ruhmes.«

Unten saß Gustavo Modena behaglich kauend an der Tafel und sagte zu den wieder eintretenden Freunden: »Gut, daß ihr so lange brauchtet, um die Fahne wieder aufzurichten, inzwischen habe ich mich satt essen können.« Sie lachten und fluchten über die leeren Schüsseln, begnügten sich aber schließlich mit Brot und Käse, wovon Vorräte in den Kellergewölben des Hauses waren. Gustavo Modena wurde nun gesprächig: er machte Cristina Trivulzio nach, wie sie, bleich und hager, ein schöner Vampir, an den Betten der verwundeten Jünglinge sitze und ihnen das wenige Blut, das die Schlacht ihnen gelassen, aussauge, dann seine Frau, die ihre Kranken mit Lieblingsspeisen füttere und ärger als Papst und Franzosen gegen die Eingeweide der Unglücklichen wüte, ferner wie die beiden sich zankten, indem Julia Modena, die Gute, Mütterliche, es für Sünde hielt, Wunde und Sterbende durch Kokettieren und ähnliche Wirtschaft zu erhitzen, wohingegen die Trivulzio ihr vorwarf, sie als Schweizerin verstehe die Glutseele der Italiener nicht, vernachlässige die ideale Seite der Pflege und verwechsle außerdem die heilige Flamme des Patriotismus mit gemeinen Trieben. Er wußte das Mienenspiel und die Sprechweise der beiden Damen so wiederzugeben, daß seine Zuhörer nicht aus dem Lachen kamen und in ihrer Ausgelassenheit den Eintritt der Anita überhörten, die eben angekommen war und, da sie ihren Mann in der Villa Spada nicht gefunden hatte, sich sogleich in das Vascello hatte führen lassen. Noch keiner von den anwesenden Freunden Garibaldis außer Medici, der aufsprang und ihr entgegeneilte, um sie zu begrüßen, hatte sie gesehen, und sie betrachteten sie, so gut es anging, mit verstohlener Neugierde. Sie trug den schwarzen Filzhut mit der schwarzen Straußenfeder der italienischen Legion, einen weißen Mantel, wie Garibaldi, über ihrem Reitkleide, ihre Gestalt war eher klein als groß, in dem braunen Gesicht fielen die dunkeln fragenden Augen und der leidenschaftliche Mund auf. Infolge ihrer Schwangerschaft erschien sie weniger zierlich und geschmeidig als sonst, aber sie bewegte sich mit der sinnlichen Anmut und dem unbewußten Stolze ihres Volkes. Sie erwiderte Medicis Gruß würdig und wendete sich dann wieder zu Garibaldi, der sie umarmte und in einen bequemen Sessel mehr trug als führte. Von allem, was man ihr anbot, denn sie gab zu, den Tag über fast nichts zu sich genommen zu haben, nahm sie nur einen Schluck Wein und ein Stück Brot und fing an zu essen. Währenddessen

wanderte ihr Blick langsam über die Herren, die ihr vorgestellt wurden, über die erhabenen Bilder an den Wänden, die breiten Fenster, die Vasen voll Blumen, bis ihr die Augen zufielen und sie plötzlich, das angebissene Stück Brot in der Hand, einschlief; Garibaldi rückte seinen Stuhl dicht an ihren und setzte sich so hin, daß sein Arm ihren Kopf stützte.
Orrigoni, ein zuverlässiger Legionär, der Anita von Genua bis Rom geleitet hatte, sprach von den Strapazen der Reise, die durch ihre Ungeduld und Sorge noch vermehrt worden wären und ihre vollständige Erschöpfung erklärten. Da die Herren verstummt waren, sagte Garibaldi, sie möchten sich im Gespräch nicht stören lassen, seine Frau sei gewohnt, mitten im Kriegslärm zu schlafen, und werde nicht aufwachen, doch meinte Medici, sie würden ohnehin gut tun, leise zu sprechen, denn jetzt, bei völliger Dunkelheit, müßten die Wachen auf das leiseste Geräusch horchen; allerdings sei erst gestern ein Überfall abgeschlagen, es würde kaum in dieser Nacht schon ein andrer erfolgen, trotzdem sei größte Wachsamkeit geboten. Die Mandoline draußen tönte schon seit geraumer Zeit nicht mehr. Einmal, erzählte Garibaldi, hätte seine Frau eine Schlacht verschlafen. Sie befanden sich damals in Feindesland und ritten, er und eine Schar Getreuer, seit mehreren Tagen durch brasilianischen Urwald, Anita den ein paar Wochen alten Menotti im Arme, Dolch und Revolver im Gürtel, denn bei den fortwährenden Neckereien und Überfällen der Eingeborenen durfte sie nicht allein auf den Schutz andrer angewiesen sein. Sie näherten sich gerade einer Lichtung, wo eine größere Ansiedlung war, als der Kleine vor Hunger so jämmerlich zu schreien anfing, daß sie ihn trinken lassen wollte, wozu Garibaldi ihr auch deshalb riet, weil man von den Bewohnern der Ansiedlung eines unfreundlichen Empfanges gewärtig sein mußte und sich darum vielleicht zunächst keine günstige Gelegenheit bot. Sie stieg vom Pferde und setzte sich in eine Moosgrube unter dicken Bäumen; er selbst bemerkte gleich darauf eine auffallende Bewegung in der Vorhut, ritt hin und erfuhr von den zurückgekehrten Kundschaftern, daß die Ansiedlung von zahlreichen Bewaffneten besetzt sei, die die herankommende Truppe einzuschließen hofften. Die Lage war so, daß einzig ein schneller Angriff retten konnte, wozu sich auch Garibaldi entschloß, und ein heftiges, sehr blutiges Gefecht fand statt, das glücklich mit vollständiger Flucht der Eingeborenen endete.

Während ein Teil seiner Schar den Feind, mehr zum Schein, als weil es notwendig gewesen wäre, verfolgte, eilte Garibaldi, zu sehen, was aus seiner Frau geworden wäre, und fand sie an derselben Stelle, wo er sie verlassen hatte, im tiefen Schlafe, das Kind an ihre Brust geklammert, von Sattheit schnaufend und schläfrig blinzelnd, dann und wann noch im Nachgenusse saugend und schluckend, dicht neben beiden das Pferd, das mit gespitzten Ohren dahin schnupperte, wo es den Kampf roch.

Die Offiziere ließen, während Garibaldi erzählte, verwunderte Blicke über die Frau gleiten, die sie sich groß, mit starken Knochen, als unnahbare Amazone vorgestellt hatten und die ihnen so, wie sie bewußtlos an ihres Mannes Arm gesunken dasaß, einen kindlich hilfebedürftigen Eindruck machte. Sie war gekommen wie eine Wallfahrerin, die sich auf Steinen zum Heiligtume schleppte und, da sie es erreicht hat, vor dem Bilde der Anbetung selig zusammenbricht. Bertani erhob sein Glas und schlug vor, auf das Wohl der Schlafenden zu trinken; das folgende, meinte Medici, indem er die Gläser wieder füllte, sollte jeder seiner Geliebtesten widmen. Aus den Augen des jungen Morosini strahlte ein so inbrünstiges Gefühl, während er trank und das geleerte Glas hinstellte, daß Garibaldi, an dessen Seite er saß, sich nicht enthalten konnte, über sein braunes Haar zu streicheln und zu fragen: »Ich möchte wissen, wem du zugetrunken hast?« Morosini antwortete, glücklich lächelnd: »Meiner Mutter!«, und es verriet sich in der schlichten Art, mit der er es sagte, daß es ihm nicht in den Sinn gekommen war, jemand könnte einen andern Namen erwartet haben. Da nun Garibaldi herzlich sagte: »Sie wird noch jung und eine schöne Frau sein«, wollte er etwas erwidern, aber unversehens fingen seine Lippen und sein Kinn zu zittern an, und er wendete beschämt sein Gesicht ab, um die Tränen zu verbergen. Für eine Weile sprach niemand mehr; endlich unterbrach Bertani das Schweigen und sagte: »Ich bin, soviel ich weiß, der einzige von euch, der keine Mutter mehr hat, darum kann ich ruhig von ihr sprechen«, und erzählte, wie er, achtjährig, in eine Erziehungsanstalt geschickt worden sei, wie die Trennung von seiner Mutter sein unerfahrenes Herz zerrissen habe, wie sie, nachdem der Abschied schon genommen gewesen sei, ihm noch einmal nachgelaufen sei, um ihm, da ein scharfer Frühlingswind geblasen hätte, ein seidenes Tüchlein, das sie selbst an sich getragen hätte, um den Hals zu binden, und wie er sich nicht hätte bewegen lassen, es abzulegen, bis er das erstemal in den Ferien heimgekommen sei. Seine Mutter hätte dies von den Lehrern der Anstalt erfahren, das Tüchlein aufbewahrt und es ihm später einmal gegeben, als er die kleine Begebenheit schon vergessen gehabt hätte; seit ihrem Tode, der bald darauf erfolgt sei, trage er es immer bei sich. Er zog ein kleines Tuch aus weicher, feuerroter Seide, mit grünen Streifen umrändert, aus der Tasche und zeigte es; während alle es ernsthaft betrachteten, glaubte Medici eine Bewegung unter den Soldaten im Nebenraume zu hören, sprang auf und eilte hinaus, kam aber bald lachend mit der Erklärung zurück, sie hätten ein Geräusch im Garten vernommen, das sie stutzig gemacht hätte, es sei wohl aber nur ein jagender Igel durch die Büsche gekrochen, denn rings sei nichts mehr zu hören und zu sehen. Unterdessen waren die andern, mit Ausnahme von Garibaldi, der sitzen blieb, um den Schlaf seiner Frau nicht zu stören, aufgestanden und an die Fenster getreten; die Nacht war still und sehr dunkel, ab und zu blitzten in weiten Bogen die Geschosse von einem Lager ins andre. Plötzlich machte eine einschlagende Bombe das Gebäude so heftig erzittern, daß die Herren erschreckt vom Fenster in den Saal zurücksprangen; infolge der Erschütterung war eine von den Säulen mit der alabasternen Schale umgefallen, die Schale zerbrochen und die Fülle der Blumen über den spiegelnden Boden verbreitet. Das Krachen weckte Anita, sie besann sich, und als sie Garibaldi neben sich sah, legte sie in unbefangener Freude, die ihr bräunliches Gesicht ganz mit Rosenrot überhauchte, beide Arme um seinen Hals und sagte: »Gelobt sei Gott, ich habe dich wieder.« Dann wurde aufgebrochen, und Orrigoni, der Anitas Begleiter von Genua her gewesen war, führte sie in das Gasthaus, das Garibaldi bewohnte, wenn er in der Stadt war.

Am 26. Juni kämpfte die Versammlung bis zum Abend um Garibaldis Willen, Rom zu verlassen und der Republik ein Asyl im Gebirge zu schaffen; aber die Mehrzahl war dem Vorschlage abgeneigt. Einige sagten, sie würden mit den Räubern verwechselt werden, die in den Schluchten des Gebirges hausten, andre betonten die Schwierigkeit der Verpflegung einer größeren Menschenmenge in der Wildnis, noch andre wiesen auf die Brüder Bandiera hin, die auch auf den Zulauf der Unzufriedenen im

Königreich Neapel gerechnet und jammervoll geendet hätten; man solle lieber darauf denken, beizeiten eine vorteilhafte Kapitulation mit dem Feinde abzuschließen, durch welche Leben und Besitz des Volkes, für welches sie verantwortlich seien, geschützt würde. Mazzini verwarf diese Begründungen: die römische Republik, sagte er, stände auf einem andern Rechtsboden und hätte andre Mittel als die Brüder Bandiera; aber wenn es auch so wäre, die Aussicht des Untergangs dürfe sie nicht abhalten, zu tun, was des Vaterlandes Not erfordere. Ob es nicht tausendmal leichter wäre, zu sterben, als den Feind in Rom einziehen zu sehen? Er erkennte es als die Pflicht der Triumvirn und der Versammlung, bis zum letzten Augenblick, nämlich bis die Franzosen das Kapitol besetzten und sie mit Waffen vertrieben, auf dem Posten zu bleiben. Pietro Sterbini hingegen unterstützte Garibaldis Vorschlag und sprach sogar aus, daß er für die Diktatur des Generals eintreten würde, da sich die Versammlung der Zeit nicht gewachsen zeige. Die Abgeordneten erinnerten ihn daran, daß gerade er, als Garibaldi nach dem 30. April sich zum Diktator habe machen wollen, sich ganz dagegen gesetzt habe, und er erwiderte, jetzt sei das Dasein des Staates in Gefahr, das Schwert möge herrschen, wenn das bürgerliche Regiment wanke, auch habe er damals die Regierung anders, höher eingeschätzt; er war redegewandt und hitzig und hielt den Anklagen und Vorwürfen der zahlreichen Gegner nicht übel stand.
Beim Einbruch der Dunkelheit kamen Cernuschi und Caldesi von einem Gange durch die Stadt zurück und meldeten, sie wären des Volkes sicher, es würde ihnen sowohl auf die Barrikaden wie zur Stadt hinaus folgen, es bedürfte nur eines beherzten Entschlusses, die Masse würde sich mitreißen lassen. Cernuschi, der immer rosig und nett aussah und mit Witz die Überlegenheit merken ließ, die er über jedermann zu haben glaubte, hatte viele Gegner in der Versammlung, die blindlings seinen Ansichten widersprachen; der Streit flammte noch einmal mit Erbitterung auf. Mazzini beteiligte sich nicht, sondern stand auf und stellte sich in einem Seitengemach an das Fenster, das auf den Platz ging. Er empfand, daß die Abgeordneten nicht eben aus Heldenmut bis zuletzt in Rom ausharren wollten, sondern aus Erschöpfung, um nicht noch einmal Taten zu tun und Verantwortungen auf sich zu nehmen; sie waren wie todmüde Wanderer, die lieber im Schnee erfrieren als

weitergehen wollen. Er mußte sich eines Gefühls der Erbitterung und Verachtung gegen allesamt erwehren. Ihnen gegenüber erschien ihm Garibaldi im Rechte, dessen erfinderische Unbesiegbarkeit er überhaupt bewunderte; aber er hatte es sich anders gedacht. Wenn die Republik, welche die Erscheinung seines Gedankens gewesen war, untergehen mußte, so sollte sie auf dieser heiligen Erde untergehen, als eine Vision, die nie aus dem Gedenken der Menschen verschwinden würde. Zu der Stätte ihres Daseins und Untergangs sollte ihr Geist in den Mitternächten der Geschichte zurückkehren, bis Mutige und Glückliche kämen und ihn erlösten. Verließen sie Rom, so trennten sie sich, schien es ihm, von diesem weltbeherrschenden Namen; wenn sie nicht siegten — und wie konnte man auf Sieg rechnen? —, würden sie sich vielleicht zerstreuen und entkommen, vielleicht gefangen werden, vielleicht in verzweifelten Gefechten das Leben enden. Das wäre nicht das große Scheiterhaufenfeuer, das in Rom die geopferte Republik vernichtete und ihren Sturz in eine Glorie verwandelte. Das, was Garibaldi wollte, bot freilich noch Möglichkeiten; er hatte das Ende gewählt aller Hoffnungen.
Sein Herz war unruhig und gepreßt, es war ihm, als müsse er heute schon Abschied nehmen, einen allerletzten Abschied, ohne Wiedersehen, in unendliche Nacht hinein. Draußen war es dunkel; er sah ungewisse Gestalten über den Platz und die breite Treppe hinauf und hinunter eilen, wie wenn es die Augenblicke wären, die kämen und gingen, auftauchten und verschwänden und rastlos etwas Gefürchtetes, Unnennbares näherbrächten. Von weit her hörte man den kurzen Galopp eines Reitpferdes auf dem holprigen Pflaster, der immer lauter wurde: es war Fürst Canino, der im Lager gewesen war und mit Garibaldi und Manara gesprochen hatte. Die Batterien des Feindes hätten heute geschwiegen, Garibaldi sei der Ansicht, er bereite sich zum großen Kampfe vor, bald würde es zu spät zu einem allgemeinen Auszuge sein. Manara stimme für diesen, vorausgesetzt, daß er im Namen und mit der Versammlung geschähe, Garibaldi sei ihm düster und drohend erschienen wie eine schwarze Wetterwolke mit glühendem Schoße, er denke wohl daran, daß Volk und Soldaten ihm auf ein Zeichen die Diktatur verschaffen und daß er dann seinen Willen gebieten könnte. Canino ließ durchblicken, daß er für die beste Lösung hielte, wenn die Franzosen bald zum Sturme schritten und das

unvermeidliche Ende beschleunigten. Bis Mitternacht blieb die Versammlung auf dem Kapitol und bestärkte sich in dem Beschluß, sich das Steuer nicht aus der Hand reißen zu lassen.

Mit der beginnenden Helle des Morgens gaben sämtliche Geschütze der Franzosen Feuer, nämlich die Batterien auf den Mauern der Corsini und eine Anzahl von Mörsern und Haubitzen, welche dahinter standen; auf römischer Seite die Batterie auf dem Pinohügel oberhalb der Kirche San Pietro in Montorio und einige Kanonen vor der verlassenen Savorelli. Vor dieser furchtbaren Kanonade stürzten die Schutzbauten der zweiten Linie zusammen, das Tor von San Pancrazio, das bisher die Bomben nicht ganz hatten zerstören können, barst, vom Dache der Kirche San Pietro, die Ferdinand der Katholische im fünfzehnten Jahrhundert hatte errichten lassen, wurde Stück um Stück abgerissen. Garibaldi, der den Angriff vorhergesehen hatte, verteilte die italienische Legion und die Bersaglieri so auf der Linie, daß hinter denen, die feuerten, Reserve war, für den Fall, daß die Franzosen zum Sturm übergingen. Der Verlust unter den vorderen war so groß, daß fast ununterbrochen neue Truppen nachrücken mußten, und die, welche verwundet aus dem Kampfe getragen wurden, und die, welche hineinstürzten, begegneten einander mit stolzem Zuruf. Wie mit der Sichel geschnittene Halme fielen die Kanoniere bei den Geschützen; die Übrigbleibenden ließen sich nicht Zeit, einen Blick auf die Sinkenden zu werfen, sondern feuerten weiter, bis es sie selbst traf. Wie unerträglich der Lärm auch schien, nahm er doch immer zu: der Donner mehrerer Gewitter, die, zwischen himmelhohe Felsen gepreßt, sich auf einmal entlüden, hätte nicht lauter rasen können; aber plötzlich stürzte der Turm von San Pietro durch das durchlöcherte Dach in das Innere der Kirche, und das Geprassel der brechenden Mauern übertönte eine Minute lang das Brüllen der Kanonenschlacht.
An den alten Mauern, wo sie mit andern beschäftigt war, die Löcher zu stopfen, welche die Kugeln rissen, fiel Antonietta Colomba. Als sie sich der tödlichen Natur ihrer Wunde bewußt wurde, rief sie ihren Mann, der, außer sich, neben ihr niederkniete, umschlang ihn mit beiden Armen und wiederholte, dicht an seinen Leib und Mund gepreßt, ein leidenschaftliches, unersättliches Lebewohl; ihre Stimme durchdrang das Krachen der Geschütze wie eine

schwingende Saite, die mit der magischen Gewalt des musikalischen Tones das Gehör beherrscht, dann plötzlich schluchzend zerreißt. Die Kameraden, die vom frühen Morgen an bei der gefahrvollen Arbeit waren, unterbrachen sich und starrten bestürzt auf die vielgeliebte Tote; einige trugen sie bis an den Fuß der Kirche San Pietro, wo Frauen von Trastevere sie in Empfang nahmen.
Etwa um zehn Uhr schien es Garibaldi, als ob die Geschütze der Batterie am Pino nicht mehr spielten, und er schickte Hofstetter ab, der in seiner Nähe war, damit er untersuche, was die Ursache davon wäre. Er kam mit der Meldung zurück, daß die Traverse, welche die Batterie deckte, so zerschossen sei, daß die Kanonen bloßlägen und die wenigen Kanoniere, die noch nicht verwundet wären, sich hätten zurückziehen müssen. Die Traverse müsse unverzüglich hergestellt werden, sagte Garibaldi, Hofstetter möge dafür besorgt sein und die ersten Soldaten, die er antreffe, dazu verwenden. Es war dies eine Abteilung Bersaglieri, die von einem Bataillon, das in der vorderen Linie gekämpft hatte, übriggeblieben war; Hofstetter unterrichtete sie von dem, was der General verlangte, und führte sie zu der Batterie, wo Garibaldi sie schon erwartete. Das Loch, welches die Traverse unbrauchbar machte, war sehr breit, und während die Soldaten es mit Erdsäcken auszufüllen versuchten, pfiffen die Kugeln und Kartätschen hindurch, wodurch die Arbeit überaus gefährlich gemacht war; allein sie griffen unter Hofstetters Leitung, der ihnen vorarbeitete, keck und richtig zu, während Garibaldi, auf der Lafette einer Kanone sitzend, dem schnell wachsenden Werke zusah. Noch war die Traverse nicht schußfest, als eine Bombe in eine Ecke schlug, wo etwa zwölf Mann zusammenstanden, die sich flink wie vom Blitze getroffen zur Erde warfen oder hinter Kanonen zu decken suchten. Als die Explosion vorüber war, ergab es sich, daß kaum die Hälfte der Leute wieder aufstand: sieben blieben liegen. Die Geretteten blickten entsetzt auf die Toten und zauderten; da füllte sich Garibaldi seinen Becher mit dem Wein, den er hatte herbeischaffen lassen, damit die Soldaten an dem heißen Tage und bei der gefahrvollen Arbeit Erquickung hätten, rief: »Es lebe Italien!«, trank, und von der Macht seines Blickes berührt, faßten sie sich sogleich, antworteten: »Es lebe Garibaldi!« und fuhren fort zu arbeiten, als ob sie noch vollzählig wären. Als die Lücke einigermaßen geschlossen war, holte Hofstetter die Kanoniere, es waren

römische und schweizerische, von denen die Schweizer sich weigerten, weil sie mit schwerem Batteriegeschütz nicht umzugehen verständen; da er ihnen aber die Heldentugend ihrer Ahnen vorrückte, kamen sie mit, und nach wenigen Minuten feuerten die Kanonen wieder so schnell und sicher, daß Garibaldis Augen glänzten und die Bersaglieri mit lautem Beifall ihre Bewunderung anzeigten. Nach einer Stunde waren von den schweizerischen Kanonieren nur noch zwei unverwundet, worauf sie um die Erlaubnis baten, sich zurückzuziehen, und sie erhielten.

Als Garibaldi sich davon überzeugt hatte, daß die Franzosen am heutigen Tage nur beschießen, nicht stürmen wollten, obwohl sie sich der zweiten Linie nunmehr hätten bemächtigen können, überraschte er die Herren seines Stabes durch die Mitteilung, die italienische Legion sei schon am vergangenen Tage übermäßig angestrengt worden und bedürfe einer Nachtruhe im Quartier, er wolle sie selbst hinführen, es sollten alle Abteilungen, die noch irgendwo beschäftigt würden, so bald wie möglich entlassen werden. Der größere Teil der Legion hielt bereits bei Villa Spada; als sie ganz versammelt war, stellte sich Garibaldi an ihre Spitze und verließ mit ihr die Mauern.

Die Straßen, durch die Garibaldi ritt, widerhallten von jubelnder Begrüßung; unaufhaltsam strömte das Volk der magnetischen Erscheinung nach und erfüllte wimmelnd die Treppe und den Platz vor dem Kapitol, wohin er sich begab. In der Versammlung empfing ihn nachdrücklicher Beifall einiger, die andern spannten sich auf Kampf und Widerstand. Er bat sofort um das Wort und sprach von der Lage des Krieges, schilderte den Kampf, der noch wütete und dessen donnernden Unglücksgang Rom zitternd belauschte. Noch wäre es Zeit zum Auszuge, bald nicht mehr. Alle Offiziere wären bereit und bürgten für ihre Soldaten. Er wage nicht mehr, als er vermöge: die bourbonische Armee und die Söldner des Papstes zähle er nicht, seit er sie bei Palestrina und Velletri habe fliehen sehen; die Franzosen würden zunächst Rom besetzen und halten, Österreich stehe noch im Toskanischen, also wäre die Straße nach Neapel frei.

Die klare Sicherheit seines Redens bannte den Widerspruch, nur die Zustimmung machte sich geltend. Die gedrückten Seelen spürten einen Geruch von Hoffnung und Willen und beugten sich unwillkürlich dem zu, von dem er ausging. »Ich hätte Rom vielleicht retten können,« fuhr Garibaldi fort, »wenn ihr zur rechten Zeit mir gehorcht hättet. Jetzt ist die Stadt verloren, ich kann nur einen Funken vom Herde entführen und ein neues Feuer damit anzünden. Im Süden muß die Tat entspringen, da müssen wir die Freiheit taufen, wo das heißeste Blut unsers Volkes fließt. Pflanzen wir unsre Fahne auf den höchsten Bergen auf, damit sich die Kinder Italiens darunter versammeln! Wohin der Schatten unsrer Fahne fällt, da ist Italien. Ihr wolltet keinen andern befehlen lassen, so habt den Mut, es selbst zu tun: ruft das Volk unter Waffen, vertraut euch mir an, ich führe euch, dies ist der letzte Augenblick.« Einer entgegnete, den Auszug nach dem Süden könnten sie auch noch beschließen, wenn Rom gefallen sei. Garibaldi warf einen kalten Blick auf den Sprecher und sagte: »Wir hatten von heute morgen bis heute mittag dreihundert Tote und Blessierte. Noch drei Tage wie dieser, und uns bleiben nicht Soldaten genug, um eure Flucht zu decken.« Die Deputierten befiel ein schauderndes Schweigen. Mazzini hatte während der ganzen Zeit bleich, mit abgespannten Zügen vor sich niedergesehen; er hatte sich vorgenommen, keinen Druck durch nochmaliges Betonen seiner Ansicht auf die Versammlung auszuüben, denn er wußte, daß man ihm vorwarf, er zwinge der Republik seinen Willen auf.

Nach einer längeren Stille erhob sich Aurelio Saffi und stellte die Gründe zusammen, welche die Mehrzahl der Abgeordneten bestimmten, das Ende der Republik in Rom zu erwarten, wobei er nur den einen verschwieg, daß sie befürchteten, draußen ohne weiteres unter die Militärgewalt zu geraten; auch verteidigte er die Versammlung gegen Garibaldis Vorwurf, daß sie ihm nicht gehorcht hätten, indem er von den republikanischen Idealen sprach, die die Deputierten zu wahren verpflichtet wären. Saliceti, dem Saffi zu behutsam redete, rief grob dazwischen: »Wenn wir Euch nicht zum Diktator gemacht haben, so haben wir Euch doch Gefängnis und Tod erspart, wozu ein Kriegsgericht Euch wohl verurteilt hätte, nachdem Euer Ungestüm bei Velletri den Feldzug gegen Neapel zerstörte!« Diese Beschimpfung rief Schrecken und Unruhe unter den Abgeordneten hervor, auf der Galerie, wo zahlreiche Anhänger Garibaldis waren, lautes Lärmen, so daß der Präsident keine Ruhe zu schaffen vermochte; doch Garibaldis Stimme bewirkte augenblickliches Schweigen. Er sagte ruhig: »Ich habe geschworen, für Rom und Italien zu kämpfen, und habe es getan und tue es. Stellt einen andern an meinen Platz, und dann verklage mich, wer will; ich bin bereit, der Republik Rechenschaft abzulegen.« Mazzini war schon von seinem Sitze aufgesprungen: »Was tut ihr, meine Freunde!« rief er, »verwirrt das Unglück eure Sinne? Der Mann, der unser Schwert und Schild ist, sollte in unsrer Mitte wie ein Heiligtum im Tempel sicher sein. Ach, wie sollen wir wagen, gegen Feinde und Barbaren zu streiten, wenn wir uns untereinander beschimpfen und zerreißen!« Er bat, wie er schon oft getan hatte, an nichts zu denken als an Italien und den verhängnisvollen Augenblick; zu Garibaldi gewendet, beschwor er ihn, die unüberlegte Kränkung nicht Rom entgelten zu lassen. Von seinen Worten ergriffen, mäßigten sich die Erregten, und als der Präsident Galletti den General des unbeschränkten Vertrauens der Versammlung versicherte und ihn bat, die Mauern nicht zu verlassen, schloß sich nur Beifall an seine Rede. Garibaldi schwieg. Er war im Begriff, den Saal zu verlassen, als Caldesi eintrat und die Nachricht von Unruhen in der Stadt wegen der Diktatur Garibaldis brachte; als er des Generals ansichtig wurde, dessen Anwesenheit er nicht vermutet hatte, stutzte er, doch Galletti winkte ihm mit feiner Gelassenheit, fortzufahren.

Auf der Piazza Navona, meldete er nun, sei ein Auflauf gewesen, ein Mann habe die Regierung als feige und unehrlich gebrandmarkt, sie sei für die wohlhabenden Bürger da, das Volk gebrauche sie nur als einen Fraß, den verfolgenden Wölfen vorzuwerfen, nämlich der Rache des Papstes, bis jene sich in Sicherheit gebracht hätten. Was denn anders und besser in Rom geworden wäre? Die Priester trieben ihr Handwerk weiter in der Kirche mit Götzenbildern und Zaubersprüchen für das Volk, während die Herren allein sich der Wahrheit erfreuten. Da wäre Garibaldi ein andrer Mann, der bezahlte für jeden toten Priester, den man ihm brächte, soviel wie für einen toten Maulwurf, er würde ihnen längst das Fett vom Wanst abgelassen und den Armen in ihre Pfanne getan haben. Dagegen sei ein andrer aufgetreten und habe jenen einen Verräter gescholten, der vom Feinde besoldet sei, Unfrieden zu stiften, und auch dieser habe seinen Anhang, aber geringeren, und sei im Begriff, ihn gegen jenen zu führen. Es werde nichts andres übrigbleiben, als die Bürgerwehr einschreiten zu lassen. Garibaldis Antlitz flammte: »Laßt die Bürgerwehr!« rief er,

»ich werde Ruhe schaffen!« und hatte den Saal verlassen, ehe noch jemand ihm hatte erwidern können. Zweifel oder Unwillen malte sich auf allen Gesichtern, verschiedene sprangen auf in der Meinung, man müsse ihm folgen und ihn beobachten; denn es schien nicht unmöglich, daß, selbst wenn er jetzt die Absicht hätte, den Aufruhr zu bändigen, wenn nun der ergebene Wille des Volkes sich ihm aufdrängte, sein tyrannischer Dämon ihn hinrisse und er als Herr von Rom die Republik seiner zügellosen Kriegswut und Machtbegierde opferte. Indessen trat Mazzini noch einmal auf und sagte, da Garibaldi es übernommen habe, die Unruhen, wie sie in einem von äußerster Not und Gefahr bedrängten Gemeinwesen gern zu entstehen pflegten, niederzuschlagen, könnten sie, nach seiner Meinung, zur Erledigung der wichtigsten Geschäfte zurückkehren, nämlich zur Ausarbeitung der Gesetze der Republik, womit die Sache beigelegt war.
Es war eine späte Nachmittagsstunde, und noch immer donnerte die Schlacht am Janiculus, aber schwächer als am Morgen. Aus Trastevere zogen in ununterbrochener Reihe Wagen mit den Habseligkeiten armer Familien, deren Häuser von den Bomben zerstört oder bedroht waren und die im Venezianischen Palaste oder in andern leerstehenden Gebäuden einquartiert wurden. Die wenigen Wagen, die den abendlichen Korso besuchten, fuhren hastig mit schweigsamen, von der Hitze ermatteten Insassen die übliche Runde entlang; bis zum Pincio hin schlugen verlorene Bomben und zündeten.

An dem Tage, als die große Kanonade begann, lag Manara krank in einem Gasthofe der Stadt; erst am Nachmittage konnte er wieder aufstehen und ritt sofort ins Lager. Bei der Villa Spada begegnete ihm Hofstetter und erzählte ihm, verstört und heimlich, daß Garibaldi mit der italienischen Legion das Lager verlassen habe. Er habe ihm und andern Herren am Vormittage befohlen, die Legion allmählich aus dem Kampfe zu ziehen, da sie ausruhen müsse; er sei darüber erstaunt gewesen, habe aber stillschweigend gehorcht. Da er während der Schlacht verschiedene Aufträge zu seiner Zufriedenheit habe ausführen können, habe der General ihm eine Flasche feinsten Weines zur Stärkung überbringen, aber nichts dazu sagen lassen. Als er dann, kurz nach Mittag, um dem General einen Vorschlag zu machen, in das Hauptquartier ge-

kommen sei, habe er dort den Obergeneral Roselli mit mehreren ihm unbekannten Herren gefunden, die ihn freundlich begrüßt hätten. Es sei ihm mitgeteilt worden, daß Roselli bis auf weiteres die Stelle Garibaldis einnehmen werde, der sich mit seinem Stabe in die Stadt begeben habe. Da er ihm nachgewollt habe als einer, der auch zum Stabe gehöre, habe Roselli ihn ersucht, dazubleiben und ihm verschiedenes zu erklären und zu berichten, was er denn getan habe. Wo Roselli sei? fragte Manara. Hofstetter antwortete, er sitze in seinem Zimmer der Villa Spada, studiere Pläne und höre Rapporte an.
Während dieses Gespräches standen die beiden Männer zwischen zwei Gewächshäusern, durch die ein schmaler Weg zur Villa führte und aus denen starke Gerüche von Tuberosen und Datura strömten. Manara, der noch angegriffen war, suchte sich das befremdende Ereignis zurechtzulegen, als plötzlich vor seinen und Hofstetters Füßen eine Bombe auf den Boden schlug und krepierte; keiner von beiden dachte daran, sich zur Erde zu werfen, doch wurden sie nicht verletzt, nur verdunkelte ihnen ein häßliches Gefühl von Schwindel und Ohnmacht die Sinne, und sie brauchten eine Weile, um sich zu sammeln. Manara beschloß, sofort in die Stadt zu eilen und Garibaldi aufzusuchen; er überlegte sich, daß der General ihm nur deshalb keinen Befehl und keine Mitteilung habe zukommen lassen, weil er den Kranken nicht beunruhigen wollte. In diesem Augenblick kamen Rosagutti, Morosini und Mangiagalli in großer Erregung: es sei unter den Truppen bekannt geworden, daß Garibaldi fort und durch Roselli ersetzt sei; sie fingen an, sich unzufrieden zu zeigen, ja sogar ihre Stellungen zu verlassen. Ein schnelles Zornrot flog über Manaras Gesicht, und er eilte voraus, um die Soldaten zur Ordnung zu weisen; unterwegs traf er auch eine Abteilung Bersaglieri, die ins Hauptquartier wollten, um sich zu erkundigen, ob es sich wirklich so verhalte, daß Garibaldi das Lager verlassen und den Oberbefehl niedergelegt habe. Ihr Anführer war Chiassi, Manaras Altersgenosse, ein junger Mann von Bildung, Mut und Charakter. Manara herrschte ihn an: »Du! Du lässest dich zu solchen Unbotmäßigkeiten verleiten, anstatt die Schwächeren in ihrer Pflicht zu stärken! Eure Aufgabe ist es, auf euerm Posten zu stehen und dort, wenn es sein muß, zu fallen, ob die andern das Ihre tun, ist nicht eure Sache. Muß ich es erleben, daß Leute von meinem Regimente ihre

Plätze verlassen ohne das Signal!« Chiassi wollte erwidern, aber vor Manaras gebieterischem und zugleich traurigem Blick unterdrückte er die Worte; aus herzlicher Achtung vor dem ehemaligen Hauptmann ebenso wie aus Gehorsam und weil er fühlte, was in ihm vorging, schwieg er, und das Häufchen zog sich gesenkten Hauptes zurück.
»Was soll daraus werden?« rief Manara den Freunden zu, die ihn unterdessen eingeholt hatten, »soll der große Kampf so jämmerlich enden?« Morosini sagte kleinlaut: »Mir fehlt der Mut, die armen Leute zu tadeln, denn ich habe selbst Kraft und Freude verloren. Ich fürchte, sie lesen aus meinen Mienen, daß ich keine Hoffnung mehr habe.« – »Wir sind von Gott verlassen, das Ende ist da«, sagte Mangiagalli. – »Das ist es, wenn wir uns so schmählich gehen lassen«, sagte Manara unwillig; es werde sich noch alles klären, fuhr er fort, er halte nicht für möglich, daß Garibaldi seine Kampfgenossen verlasse; aber selbst wenn er nicht zurückkäme: sollte es von ihnen heißen, daß sie wie Puppen wären, die leblos umfielen, wenn die Hand des Herrn den Draht nicht bewegte? An ihnen wäre es, die Truppen zu ermuntern und zu vertrösten, dafür zu sorgen, daß der Feind einen tapferen und geordneten Widerstand fände, wenn es zum letzten Sturme käme.
Nach einer Stunde trafen sich Manara und Hofstetter bei der Villa Spada und gingen, da der Feind die Beschießung eingestellt hatte, zum Nachtessen in die Stadt. In der Nähe des Blumenmarktes stießen sie auf das Leichenbegängnis der Antonietta Colomba; ihr Sarg war mit Kränzen aus weißen Rosen und der dreifarbigen Schärpe zugedeckt. Es folgte ein großes Trauergeleite, das die Straße verengte, die beiden Offiziere traten zurück und ließen den Zug an sich vorübergehen. Als sie ihren Weg wieder fortsetzen konnten, sagte Manara: »Ich habe es nie glauben können, heute fühle ich es, daß es aus ist. Vielleicht noch ein Tag, noch zwei Tage, dann herrscht hier der Feind, und wir wandern aus. Wohin? Ich zog freudlos ein in Rom und kann es nun nicht lassen.« – »Ja, durch diese lieben Straßen werden Pfaffen und Franzosen gehen,« entgegnete Hofstetter, »unser Name wird nicht mehr genannt werden dürfen. Auch wir werden uns trennen müssen und vielleicht nie mehr begegnen.« Manara schwieg. Sie wurden vom Volke begrüßt, aber es schien ihnen, als wäre in dem Zuruf kein Schwung und keine Freudigkeit wie sonst; häufig drängten sich

Männer und Frauen an sie und fragten angstvoll, ob keine Hoffnung mehr für Rom sei, worauf sie tröstlich antworteten. Im Saale des Babuino, wo viele Garibaldiner zu speisen pflegten, war es fast leer, Hofstetter und Manara aßen eilig und begaben sich sofort zu den Mauern zurück.

Am Brunnen Pauls V., wo das sprudelnde und stiebende Wasser Kühle verbreitete, lagerte ein Häufchen Soldaten um Spavone, der dem verstorbenen Papageien die Leichenrede hielt. Das arme Tier war am Vormittage nicht einem feindlichen Geschoß, wie wohl zu befürchten gewesen wäre, sondern der beständigen Überfütterung erlegen, ohne daß an dem stürmischen Tage Notiz davon hatte genommen werden können. »Beppo ist hin!« rief er, »unsern Gewaltigsten haben wir verloren! Kein Eisen zerriß seine Brust, heil blieb er im Hagel von Kugeln und Kartätschen, nur durch sich selbst konnte er sterben: Sein Herz war groß wie die Welt, mußte sein Magen so klein sein? O Liebling des Heeres! O Wunder zweier Welten! Scharlachbeschwingter, federnumwallter, leuchtender Held! Dein Kriegsschrei, den du laut vor uns her krähtest: ›Verflucht sei Pius IX.!‹, ist nun verstummt; wir wissen, was das bedeutet. Eine Weile noch wird es stumm bleiben, dann wird es schallen: ›Es lebe Pius IX.!‹, als ob du niemals gelebt und geflucht hättest mit deiner schnarrenden Stimme.«

Als er fertig war und die Kameraden noch eine Rede verlangten, schüttelte Spavone den Kopf und sagte, das Sterben würde jetzt zu gemein, für ihn wäre es Zeit, sich aus dem Staube zu machen und eine andre Gegend aufzusuchen, wo noch mehr Aufhebens von jedem einzelnen Todesfalle gemacht werden könne. Hier könne einen zu guter Letzt noch selbst ein nicht wieder gutzumachendes Übel treffen. Die andern hielten dies für Geschwätz nach seiner Art, doch nach einigen Stunden ergab es sich, daß er wirklich fehlte; wohin er entwichen war, ließ sich nicht ermitteln.

Um zehn Uhr war alles still; an allen Posten waren Wachen in doppelter Stärke verteilt, denn ein Überfall mußte besorgt werden. Manara und andre Offiziere wachten bei der Pino-Batterie, zu erregt, um zu schlafen, man tauschte Mutmaßungen über das Verschwinden Garibaldis aus. Auch Offiziere von Rosellis Stabe kamen dorthin, und mit ihnen waren Felice Orsini und Antonelli, ein Bruder des Kardinals, der ein fanatischer Republikaner und Pfaffenfeind war und in der römischen Bürgerwehr diente. Er war

seinem Bruder, den er haßte, nicht unähnlich, aber ebenso beschränkt und untüchtig wie jener gescheit, praktisch und tätig; voll Eigensinn und Leidenschaft, hätte er lieber zehnfachen Tod erlitten, als von seinem Bruder, der ihn gern zu sich herangezogen hätte, eine Begünstigung anzunehmen. Orsini war am Tage vorher aus Ancona, wo er die Republik mit unbeugsamer Gerechtigkeit vertreten hatte und das sich nun Österreich hatte ergeben müssen, wieder in Rom eingetroffen, nachdem er sich den feindlichen Heeren, die den Weg sperrten, mit staunenswerter Kühnheit entzogen hatte. Er beklagte, daß er sich von Mazzini habe überreden lassen, die Feinde der Republik zu schützen, die ihre Sicherheit nur dazu benutzt hätten, das Vaterland dem Feinde zu verraten, und jetzt, nach dem Falle Roms, die Gerechtigkeit, die sie erfahren hätten, nicht ebenso, sondern mit schadenfroher Rache vergelten würden. Antonelli sprach die Hoffnung aus, daß sich eine Hand finden würde, Oudinot, den niederträchtigen Pfaffengeneral, wenn er in Rom einzöge, zur Hölle zu senden; aber Orsini sagte wegwerfend: »Wozu? Er ist nur ein Werkzeug. Wir haben es mit einem andern. Über dessen Genick steht das kalte Messer, wenn es neunundneunzigmal fehlt, das hundertstemal wird es treffen.« Hofstetter fragte neugierig, ob es wahr sei, daß Napoleon in früheren Jahren Carbonaro gewesen sei, und ob ernstlich zu glauben sei, daß in seiner jetzigen hohen Stellung die ehemaligen Eidesbrüder sich an ihn wagen würden. Orsini streifte den Deutschen mit einem hochmütigen Blick und sagte: »Sein Schatten steht nicht so unvermeidlich hinter ihm wie der Rächer.« Die Schönheit des Mannes, der einem römischen Edeln aus der blühendsten Zeit des Weltreiches glich, nahm sich unter dem Ausdruck eines durch Selbstbewußtsein und Verachtung gemäßigten Hasses prächtig aus; er hatte eine gute, gewählte und schönklingende Sprache und hielt sich mit Würde wie einer, der eine faltige Toga um sich zu schlingen gewöhnt ist. Hofstetter betrachtete ihn nicht ohne Bewunderung; Manara und die übrigen Lombarden wußten nichts mit ihm anzufangen und hielten sich von ihm zurück.
Die Römer gingen nach einer Weile fort, die Garibaldiner hingegen konnten sich trotz ihrer Müdigkeit nicht entschließen, ins Quartier zu gehen. Zuweilen nickten sie ein, um bei irgendeinem leichten Geräusch wieder in die Höhe zu fahren. Drüben über Rom wetterleuchtete es; es war anzusehen, als ob ein rotes Schwert aus

dunkler Scheide zückte. Auf Sekunden schnellten die Dächer und Türme der geliebten Stadt aus der Nacht und versanken wieder; den jungen Männern wurde es so zumute, als wären sie schon längst wer weiß wo in fremden Ländern, und die großen Tage auf den heiligen Hügeln blitzten nur zuweilen, das Herz zerreißend, aus der Erinnerung auf.

Um Sonnenaufgang kam Garibaldi mit der italienischen Legion, der bewilligt worden war, künftig die rote Jacke als Uniform zu tragen, wie Garibaldi und sein Stab sie hatten, den Janiculus herauf, durch die dunkelgrünen Gärten stieg der lange Zug, blendend von Farbe, eine Feuerfahne, die Garibaldi nachschleppte. Die Einkleidung, die naturgemäß in der Stadt hatte geschehen müssen, diente dem General zugleich, um seine Abwesenheit zu erklären. Von seiner Stirn strahlte Güte und Freude. »Ich bringe frische Kräfte mit, um die müden abzulösen«, rief er Manara und Hofstetter zu, die ihm wie einem Erlöser entgegeneilten; »nachdem ich einen Tag lang mit Diplomaten und Politikern zu tun hatte, sehne ich mich nach den Bomben der Feinde.« Nachdem er sich in Villa Spada kurz mit Roselli besprochen hatte und dieser mit seinem Stabe abgezogen war, untersuchte er die ganze Linie und ermunterte die Kanoniere, die nicht mehr hinter Befestigungen, sondern auf Trümmern standen, noch eine Weile auszuharren. Unterdessen hatte der Mohr hinter der Spada, wohin nur selten Geschosse trafen, ein Zelt aufgeschlagen; dorthin rief Garibaldi die Offiziere seines Stabes, die in der Nähe waren, und erklärte ihnen, daß die Verschanzung der dritten Linie, die er bereits vor einigen Tagen gezogen hatte, beschleunigt werden müßte, da sie den Sturm, der jede Stunde erwartet werden müßte, nicht lange mehr würden aushalten können. Da ihm entgegnet wurde, daß es an Arbeitern fehlte, schickte er Eilboten an verschiedene Gefängnisse ab mit dem Auftrage, daß eine Anzahl von Sträflingen zur Arbeit an den Mauern abgeordnet würde, die auch in kurzer Zeit ankamen. Garibaldi fragte sie nach der Ursache ihrer Haft, und es zeigte sich, daß die meisten von ihnen bei belanglosen Streitigkeiten zum Messer gegriffen und schwer verwundet oder gar getötet hatten. Dann setzte er ihnen den Unterschied zwischen männlichem Mute und roher Rauflust auseinander und kündigte ihnen an, daß es ihnen vergönnt wäre, ihre Schuld durch furchtlose Ar=

beit für das vom Feinde bedrängte Vaterland, vielleicht durch einen Tod, wie er die Ehre des freien Mannes sei, zu büßen; worauf er ihnen selbst die Beschäftigung anwies.
Die lähmende Hitze erschwerte jede Tätigkeit. Gewitter zogen sich mit mattem Donnern am Himmel zusammen und verliefen wieder. Der Feind bombardierte unausgesetzt, wenn auch ohne die Heftigkeit des vorigen Tages; aber von römischer Seite kam die Antwort schwach und langsam; denn der größere Teil der Artilleristen war gefallen, und die wenigen Geschütze, die noch bedient wurden, waren aufs äußerste erhitzt und mußten ruhen. Von der Bastion auf der Mauer her rückte der Feind langsam, stetig vorwärts, so daß das Vascello fast gänzlich von der römischen Linie abgeschnitten wurde und wie ein Vorposten inmitten feindlichen Gebietes zu liegen kam; aber auf eine Botschaft Garibaldis, er möge abziehen, wenn es nötig sei, antwortete Medici, noch könne er das Vorwerk halten und bleibe.
Am Mittag stiegen hinter dem Tore Flammen und Rauch auf: Narciso Bronzetti hatte das kleine Haus an der ersten Bastion bei San Pancrazio, das er mit wenigen Truppen mehrere Tage lang verteidigt hatte, auf des Generals Befehl in Brand gesetzt, bevor er es räumen mußte. An den oberen Fenstern der Villa Spada sahen Manara, Hofstetter und Emilio Dandolo dem Brande zu; die hellblauen Flammen züngelten unruhig nach allen Seiten, indes der Rauch in jäher Linie nach oben wuchs, wie ein schlanker Baum, der von der Wurzel bis zum Wipfel leise zittert. Hofstetter beklagte, daß Bronzetti, ein Mann von nie erschlaffender Tüchtigkeit und Kühnheit, von einer so gefährdeten Stelle, nämlich der äußersten Bresche der ganzen Linie, wo der Sturm des Feindes nach aller Wahrscheinlichkeit zu erwarten war, abberufen worden sei; doch hatte Bronzetti selbst im Hinblick auf seine übermüdeten Truppen die Ablösung verlangt, und Garibaldi hatte angeordnet, daß diese Bastion künftighin jeden Abend mit frischen Truppen zu besetzen sei. Er werde Hauptmann Rosagutti von den Bersaglieri hinschicken, sagte Manara, der mit dem Vollzuge des Befehls beauftragt war; derselbe sei ebenso zuverlässig wie Bronzetti, wenn er auch dessen schwungvolle Verwegenheit nicht besitze. Emilio Dandolo legte die Hand auf Manaras Arm und sagte: »Wenn du den Befehl noch nicht gegeben hast, schicke einen andern, mir zuliebe. In Rosaguttis Kompanie ist Morosini; mich

tötete die Angst, wenn ich ihn diese Nacht auf einem so gefährlichen Posten wüßte.« Bevor Manara antworten konnte, sagte Hofstetter, das sei ein sonderbares Ansinnen; im Kriege gehöre der Tüchtigste an die schwierigste Stelle, es sei nicht erlaubt, weder sich noch einen andern zu schonen, besonders die Offiziere, die den gemeinen Mann der Gefahr aussetzten, müßten zeigen, daß sie selbst keine Furcht kennten. Dandolo sagte errötend: »Das sind Regeln aus dem Buche und schöne Redensarten. Es ist nicht wahr, daß einer wert ist, was der andre, und tun muß wie der andre: viele hundert können sterben, bis Emilio Morosini aufgewogen ist. Was tut es, wenn Rom fallen muß, ob die Franzosen einen Tag früher oder später einziehen? Was tut es überhaupt, ob in Rom der Papst oder Mazzini herrscht? Aber ob ein edler junger Mensch lebt oder stirbt, das ist nicht gleichgültig. Es sei doch einmal genug des entsetzlichen Schlachtens. Für wen errichten wir diese Mäler aus Gebeinen hochherziger Jünglinge?« Manara unterbrach ihn ungehalten mit den Worten: »Für die Freiheit Italiens und für die Pflicht. Du hast mehr als wir andern geopfert, darum wollen wir nicht mit dir rechten, wenn du in deinem Schmerze unbillig wirst.« Ihm sei es gleich, fuhr er fort, ob Hauptmann Rosagutti an der bedrohten Bresche stehe oder ein andrer, aber er sei ein tüchtiger Offizier, und ganz könne er ihn in dieser Zeit nicht entlasten. Es handle sich nur um diese Nacht, fiel Dandolo lebhaft ein, gerade heute habe er ein peinliches Vorgefühl, das gewiß nicht trüge. Wenn Manara dieser Empfindung Rechnung tragen wolle, werde er ihn nie wieder behelligen. Nun gut, sagte Manara, diese Nacht möge immerhin Ghilardi statt Rosaguttis die Wache haben, das könne er verantworten. »Und Ghilardi?« fragte Hofstetter. »Auch der wird, denke ich, Geschwister und Freunde, Eltern, vielleicht Frau und Kinder haben.« Manara sah ihn lachend an und sagte: »Ihr seid ein schwäbischer Moralist und Pedant. Gefahr ist hier und dort; auch hier, wo wir stehen, kann uns jeden Augenblick eine Bombe zerschmettern. Dandolo warnt nun eben das Gefühl wegen Morosini; sollte es uns nicht erlaubt sein, einmal einem kindischen Quälen unsers armen Herzens nachzugeben?« Hofstetter zuckte mit den Schultern und entgegnete, nach seiner Meinung sollten die Männer den Müttern nicht nachstehen, die täglich, ohne eine Klage laut werden zu lassen, ihre Söhne opferten. »Ein träges Herz ist keine Ehre«, sagte

Dandolo heftig, »und ein empfindliches keine Schande. Daß ich getan habe, was ich mußte, bezeugen meine Wunden, was ich gelitten habe, habt ihr gesehen. Mein Bruder war mein Liebstes auf Erden, nun habe ich nur noch euch beide, Manara und Morosini. Ihr seid mir mehr wert als Rom und Italien; verarge mir, wer will, daß ich so fühle. Noch einen von euch zu verlieren, den Gedanken kann ich nicht denken.« Er war aufs äußerste gereizt, seine Wangen brannten und seine Augen standen voll Tränen. »Auch mir ist Morosini lieb, als wäre er mein eigner Sohn,« sagte Manara gerührt, »und es bleibt dabei, daß ich heute abend Ghilardi auf die Bresche schicke.« Dandolo dankte ihm mit krankhafter Innigkeit: er wolle jetzt Morosini aufsuchen, sagte er, er müsse ihn sehen und umarmen, der ihm wie neu geschenkt erscheine, nachdem er ihn verloren gehabt habe; Hofstetter sah er nicht an. Der sagte gutmütig zu Manara: »Es soll mich nicht weniger als Euch freuen, wenn dem Kinde nichts geschieht; aber Dandolos Wesen reizte mich. Er glaubt, ein andrer sähe das Grün nicht so grün wie er und schmeckte das Bittere nicht so bitter.« Damit war die Sache abgetan.

In dieser Nacht schritten die Franzosen nicht zum Sturme, sondern versuchten einen Überfall auf das Vascello; aber die am Tore aufgestellten Wachen unter Zambianchi schlugen den Angriff blutig zurück, freilich mit großem eignen Verluste. Es fielen dabei unter andern der Präsident der ›Söhne der Wölfin‹, Matteo Barba genannt Quiritus, und der blutdürstige Kutscher Numa Pompilius.

Niemand hatte anfangs die Wunde Goffredo Mamelis für bedenklich gehalten; aber während der drei Wochen, die er im Spitale lag, war er immer kränker geworden. Als Bertani kam, fand er den Zustand des jungen Genuesen besorgniserregend infolge der verkehrten Behandlung, die ihm zuteil geworden war, doch gab er die Hoffnung nicht auf, ihn retten zu können. Es kamen Augenblicke der Besserung, dann trat eine befremdende Müdigkeit und Gleichgültigkeit ein: während er anfangs fast täglich kleine Briefe an Nino Bixio geschrieben hatte, fragte er nun nicht mehr nach ihm, und ein geliebtes Mädchen, das es sich nicht hatte nehmen lassen, ihn zu pflegen, schien er nicht mehr zu bemerken. Einzig nach Bertani verlangte er häufig und behauptete, wenn er fort sei, verließen alle Kranken und Wärter den Saal und er bliebe allein und fürchtete vergessen zu werden; eine Vorstellung, die mit seinem fieberhaften Zustande zusammenhängen mochte.

Als die große Kanonade schon begonnen hatte, fand Mazzini noch Zeit, ihn zu besuchen. Bertani führte ihn zu dem Lager des unruhig Schlummernden und sagte, er halte es für kein gutes Zeichen, daß der Kranke meist in dieser Art, mehr betäubt als schlafend, daliege und auch wenn er wach sei, keinerlei Anteil an seiner Umgebung verrate. Mazzini sagte beschwörend: »Wenn einer ihn retten kann, könnt Ihr es, Bertani. Er ist ein Kleinod Italiens, wir dürfen ihn nicht verlieren.« Bertani entgegnete: »Die Kunst zu heilen ist nicht so ausgebildet wie die Kunst zu zerstören. Ich habe wenig Hoffnung mehr.« Unterdessen träumte Mameli, er befinde sich in seiner Vaterstadt Genua und spiele als Knabe mit andern Knaben, was er in Wirklichkeit selten hatte tun können, da er in seinen Kinderjahren kränklich gewesen und von seiner Mutter ängstlich behütet worden war. Sie befanden sich in dem Hofe eines alten Palastes und warfen flache eiserne Taler in das offene Maul eines ehernen Löwenkopfes, der auf einer steinernen Brüstung angebracht war. Meistens fielen die Taler klappernd auf das Pflaster des Hofes, zuweilen aber auch gegen das Haupt, was einen tief donnernden Ton gab. Als die Reihe an ihn zu werfen kam, sah er statt des Löwenkopfes den Kopf einer Frau vor sich, der etwas zur Seite gewendet mit dem Schmerz einer gemarterten Seele nach oben blickte, und es handelte sich darum, hinzugehen und sie auf den Mund zu küssen, obwohl hinter der steinernen Brüstung einer versteckt war, der ihn greifen, vielleicht töten würde. Indem er klopfenden Herzens darauf zuging, bemerkte er mit Entsetzen, daß der Kopf lebte und aus einem blauroten Feuer starrte; auf einmal fing er an zu singen mit einer Stimme, wie wenn Metall auf Metall schlägt, die weithin dröhnte und seinen Schritt wider Willen fesselte. Dann auf einmal war die Stimme keine menschliche Stimme mehr, sondern ein Wasser, das tönend aus einem Brunnen rauschte.

Als er aufwachte, sah er Mazzini neben sich sitzen, der sich nun bemühte, seine Aufmerksamkeit zu erregen; aber Mameli vermochte seine Teilnahmlosigkeit nicht zu überwinden und versank, ehe er sich's versah, wieder in seine Träume. Mazzini war noch da, als ein junger Offizier in den Saal geführt wurde, ein

Adjutant Garibaldis, der den Auftrag hatte, dem Verwundeten das Dekret seiner Ernennung zum Stabshauptmann zu überbringen. Garibaldi hatte ihn schon im Beginn des Feldzuges befördern wollen, allein Mameli hatte ihn dringend gebeten, davon abzusehen, weil es ihm schien, als sei er noch zu jung und habe zu wenig geleistet, wie er überhaupt immer besorgte, Mazzini und Garibaldi ließen ihm aus persönlichem Wohlwollen und seiner Gedichte wegen mehr Ehre zuteil werden, als er nach bloßer Gerechtigkeit verdiente. Als der Adjutant ihn in militärischer Weise begrüßte und ihm das Dekret vorlas, richtete er sich unwillkürlich auf, so gut er konnte, und brachte in geziemender Weise seinen Dank für die Auszeichnung vor. Dann, nachdem der Offizier fortgegangen war, betrachtete er lange Garibaldis Namenszug auf dem Briefe und pries die Güte des Generals, der an diesen Tagen, wo die Erde unter seinen Füßen zitterte, sich seiner erinnere. Sein Gesicht leuchtete, er wurde gesprächig und erzählte Mazzini und Bertani von seinem Zusammenleben mit Garibaldi und viele kleine Züge, die er an ihm beobachtet hatte, namentlich wie Garibaldi einmal, nach einem Gefecht mit päpstlichen Söldnern an der Grenze des Neapolitanischen, unter einem Feigenbaum ausruhend, zu ihm gesagt habe: »Der Krieg ist ein Fluch Gottes, über die Menschen gekommen als eine Folge ihrer Sünde und Unnatur; einst, wenn Italien frei ist, wollen wir unser Schwert in die Erde vergraben, ein Stück Land am Meere kaufen und es bebauen und abends am Strande sitzen und die Schiffe kommen und gehen sehen.«

Von diesem Tage an waren ihm die Erinnerungen des großen Aufschwungs, den er miterlebt hatte, wieder erwacht und erfüllten seine letzten Delirien; daß er ein Krüppel geworden war, schien er vergessen zu haben. Während schon die Franzosen die Stadt besetzten, dichtete er an seinem Siegesliede und schwärmte mit unzusammenhängenden Worten, die wie Fetzen einer blutroten Fahne im Sturme durcheinanderflatterten, in den Tod. Bertani versteckte seinen Sarg vor der Wut der Reaktion in der kleinen Kirche zu den heiligen Wundmalen, deren Klerus sich bereitfinden ließ, das Geheimnis zu bewahren, und trug Sorge, ihn mit Zeichen zu versehen, an denen er ihn in ruhigeren Zeiten wiedererkennen und beglaubigen könnte.

Mit der Frühe des 29. Juni wurde das Feuer der französischen Geschütze wieder lebhafter; es war ein kalter Tau gefallen und hatte die Kraft der Kämpfenden zu neuen Anstrengungen belebt, aber auf römischer Seite begann es an Leuten zu fehlen. Als Garibaldi zu der Batterie am Pinohügel kam, um sich zu überzeugen, ob die Mannschaft richtig abgelöst sei, fand er einen einzigen Kanonier neben einer Kanone stehen; neben ihm und bei den andern Geschützen lagen Tote und einige Schwerverwundete, die bewußtlos waren oder sich nicht mehr bewegen konnten. »Bist du allein?« rief Garibaldi dem Manne zu, der gelassen an seiner Kanone stand und die Augen unentwegt auf das Ziel gerichtet hielt. Der drehte sich um, sah die Verwüstung um sich her und sagte mit einem Blick auf die Gefallenen: »Schöne Kameraden! Ohne ein Wort des Abschieds haben sie sich hinter meinem Rücken davongestohlen.« – »Nun sollen sie auch vergebens auf dich warten«, sagte Garibaldi fröhlich, indem er den Mann mit sich fortführte, der seit vierundzwanzig Stunden an der Arbeit war.

Von den Mauern krachte und bröckelte es fortwährend, die Savorelli war eingestürzt, und das Dach der Villa Spada war zerrissen, so daß es nicht mehr bestiegen werden konnte. Dennoch kamen Herren und Damen in das Zelt des Generals unterhalb der Villa, brachten Wein, Obst und Zigarren und erkundigten sich, ob noch Hoffnung sei, die Stadt zu halten. Da um die Mittagszeit das Feuer nachließ, eilten viele Offiziere in die Stadt, um zu essen und zugleich, sofern sie es noch nicht getan hatten, in aller Stille ihr Testament zu machen, während Garibaldi, seiner Gewohnheit nach, im Lager blieb. Viele Straßen waren, weil der Tag des heiligen Petrus war, in der üblichen Weise geschmückt: aus den Fenstern hingen rote Teppiche, und Blättergirlanden verbanden bogenförmig die gegenüberstehenden Häuser; denn der Magistrat hatte eine Aufforderung ergehen lassen, das Fest sollte wie in Friedenszeiten begangen werden. Trotzdem waren nur wenig Menschen unterwegs; der Himmel brannte, und Stadt und Land, soweit man sehen konnte, verdorrte langsam unter dem glühenden Dache. Als Manara in das Gasthaus eintrat, wo er bekannt war, übergab ihm der Wirt einen Brief, der von einem Manne in auffallend heimlicher und sorgfältiger Weise für ihn abgegeben worden sei; er war aus dem feindlichen Lager vom General Oudinot und bot dem Hauptmann der Bersaglieri in schmeichelhaften

Worten einen besonderen Vertrag an, wonach ihm und seinem Heere, das die Bewunderung des Feindes verdiene, bei der bevorstehenden Übergabe Roms freier und ehrenvoller Abzug zugesichert sein sollte. Es war Manaras erste Regung, den Brief den Kameraden, die anwesend waren, vorzulesen, doch fiel ihm gleichzeitig ein, daß mancher unter ihnen sein könnte, der es vorziehen würde, von einer solchen Begünstigung Gebrauch zu machen, anstatt mit Garibaldi verbunden aufs neue ungewissen Gefahren entgegenzugehen und weiter von der Heimat weggerissen zu werden, und er steckte den Brief rasch ein, indem er so tat, als ob es sich um etwas Gleichgültiges handle. Aufgeräumt, mit blitzenden Augen betrat er den Saal, von dem hohe grüne Fensterläden die Sonne ausschlossen und wo die Kameraden ihn lärmend begrüßten, die, schon um den Tisch versammelt, eben dabei waren, einen Schabernack auszuhecken, den sie mit dem Mohren vorhatten. Von den verschiedenen Damen, die sich in den bronzenen Herkules verliebten, hatte es ihm endlich eine üppige Rothaarige ernstlich angetan, während er sich bisher die Liebkosungen und Leckereien nur mit Gleichmut hatte gefallen lassen. Es war ein gewisses Schmachten an ihm wahrzunehmen, was er vor dem General zu verbergen suchte und was ihm schon allerlei Neckereien zugezogen hatte, um so mehr als die Offiziere nicht frei von Neugierde waren, wer die offenbar den höheren Ständen angehörige Dame sein könnte. Nun sollte sich einer von ihnen, so war der Plan, als Bruder der Dame ausgeben und dem Mohren gegenüber als Rächer der Ehre seiner Schwester auftreten, in der Weise, daß er von ihm verlangte, sie auf der Stelle zu heiraten, widrigenfalls er die Schwester töten würde, was als italienische Sitte hingestellt werden könnte. Vorangehen müßte der Heirat, sollte man sagen, die Taufe, und man würde ihn glauben machen, diese bestünde zum Teil darin, daß er sich die Haare glatt vom Kopfe scheren lassen müßte. Da keiner der Offiziere, die der Mohr alle gut kannte, die Rolle des sogenannten Bruders spielen konnte, hoffte man Enrico Cernuschi dazu zu bewegen, dem es leicht und voraussichtlich auch ein Vergnügen war, einen vornehmen und ritterlichen jungen Herrn darzustellen. Cernuschi sagte nicht geradezu nein, gab aber zu verstehen, daß es ihm nicht ganz geheuer schien, mit dem tropischen Ungetüm anzubinden, von dem anzunehmen war, daß er die Abneigung seines Herrn gegen kirchliches Wesen teilte und sich einem diesbezüglichen Anschlag mit Nachdruck widersetzen würde. Dandolo redete Cernuschi im Stile seiner bekannten Proklamationen zu, nicht vor dem Wagnis zurückzuschrecken: »Erkühne dich, Lombardenjüngling, Roms antiker Größe ebenbürtig zu werden! Verlache die Furcht, die das Kennzeichen weibischer Sklavenseelen ist! Hast du nicht Mannesaugen, den Wüstenwildling zu unterjochen? Und wenn eine tückische Bombe dich unter den Mauern niederstreckte, was täte es, solange dir der Atem bleibt, zu rufen: ›Es lebe die Republik! Gott verdamme den Papst!‹« In ähnlichem Tone versprach Cernuschi, zu der verabredeten Stunde zu kommen. Die Lust stieg um so schneller, als die Zeit kurz bemessen war; denn der scharfe Dienst rief jeden bald wieder an seine Geschäfte. Manara sagte, man müsse sich am folgenden Mittage wieder zusammenfinden, um zu besprechen, wie der Spaß abgelaufen sei, und darüber zu lachen. Er lade alle zu einem auserlesenen Essen ein. Es folgte Gläserklingen und Hochrufen; Manara winkte dem Wirt, um die Speisen zu bestellen: es sollte etwas Besonderes und nach jedermanns Geschmack werden. Der Wirt wurde mit Fragen bestürmt, ob er dies und jenes Gericht zuzubereiten verstünde, Mancini sagte fast weinend, er habe seit einem halben Jahre kein Leberragout, auf mailändisch rostisada, gegessen, worauf Rosagutti ihn beruhigte, er könne es vortrefflich machen, und den Wirt um Erlaubnis bat, in die Küche zu gehen und die nötigen Anweisungen zu geben. »Der Wein aber muß römisch sein,« sagte Hofstetter, »der hier wächst, ist süßer und dämonischer als anderswo.« – »Ja, wir trinken Wein von Velletri«, sagte Manara, indem er aufstand und sich zum Gehen bereit machte. Unterdessen war der Kaffee aufgetragen, sie stürzten eilig eine Tasse hinunter und verließen den kühlen Saal.

Am Nachmittage zogen sich weiße Wolken am Himmel zusammen und verdunkelten sich allmählich, die Luft stand still. Die Franzosen, die seit einiger Zeit eine trübe Nacht erwarteten, um den Sturm zu beginnen, rüsteten sich; denn wenn nicht ein starker Gegenwind es verwehte, mußte das Wetter bis zum Abend losbrechen. Inzwischen hörte das Bombardieren fast ganz auf, nur zwischen der Corsini und dem Vascello wechselten die Besatzungen vereinzelte Schüsse. Manara hatte den General gebeten, den Mohren an den Befestigungsarbeiten der inneren Linie helfen zu lassen, was dieser sofort bewilligte, da bei der großen Schwüle die Arbeiter öfters abgelöst werden mußten und die unerschöpfliche Kraft des Wilden gute Dienste tat. Es wurde veranstaltet, daß Cernuschi, der sich zur Zeit einfand, ihn dort aufsuchte und als Bruder der rothaarigen Schönen in verabredeter Weise Anklage gegen ihn erhob, aber mit anderm Erfolge, als man erwartet hatte. Der Mohr nämlich, sowie er hörte, daß der angebliche Bruder sich am Leben seiner Schwester zu vergreifen gedachte, spannte die Muskeln seiner Arme, daß sie kantigen Felsen glichen, und forderte den Gegner zu einem auf der Stelle auszufechtenden Zweikampfe heraus. Beim Anblick des erzürnten Kolosses, der die schimmernden Zähne fletschte, glaubte der mit berechneter Eleganz herausgeputzte Cernuschi schon seine Knochen knacken zu hören und versuchte sich, vorsichtig zurückweichend, durch geläufiges Reden zu retten, indem er den Schwarzen an seine edelmütige Gesinnung mahnte, die es ihm unmöglich machen sollte, Hand an den Unglücklichen zu legen, dessen Schwester er verführt hätte. Diese Bemerkung entwaffnete den Mohren; er schien von dem Rechte seines Gegners überzeugt, besann sich eine Weile und sagte mit plötzlichem Entschluß: »Taufen lasse ich mich nicht, du magst sie töten«, worauf er, ohne Cernuschi noch eines Blikkes zu würdigen, fortfuhr, Erdhaufen aufzuschütten, wie ihm aufgegeben war. Cernuschi hielt es für das geratenste, sich ohne weiteres zu entfernen; von denen, die den Scherz mit ihm verabredet hatten, war keiner anwesend gewesen, er hätte gern einen aufgesucht, hatte aber keine Zeit und eilte wieder in die Stadt hinunter.

Als die Sonne sich neigte, fing ein kühler Wind an zu sausen, jede Spur von Glanz und Röte erlosch am Himmel. Trotz des nah drohenden Unwetters wurde die frohe Beleuchtung des Petersplatzes, wie sie seit undenklicher Zeit bei dieser Gelegenheit veranstaltet zu werden pflegte, nicht aufgegeben; auch füllten sich die am Tage verödeten Straßen mit Menschen, die das beliebte Schauspiel erwarteten. Die, welche an der Linie beschäftigt waren, unterbrachen ihre Arbeit, um die rosenrote Erscheinung der stillen Rotunde zwischen den vom Winde stärker gebogenen Bäumen aufleuchten zu sehen. Die kleine Spronella, die Erde aufschütten half, hob im Eifer nur flüchtig die Augen. Morosini, den sie als ihren eigentlichen Kameraden betrachtete, hatte schon mit einer

Abteilung die Wache an der ersten Bastion bezogen, und mit den andern pflegte sie nur das Notwendige zu sprechen; aber sie dachte an die Petersfeste der vergangenen Jahre, wo sie zwischen Vater und Mutter in der Kirche kniete und mit einem lieblich über=rieselnden andächtigen Schaudern den mildblickenden Papst die feierliche Handlung vollziehen sah. Es fror sie ein wenig, wenn der kalte Wind in ihre lose Jacke blies, und sie rührte sich desto schneller; ihre dunkeln Augen, die wie Schildwachen vor dem blassen Gesichte standen, bewegten sich regelmäßig auf und ab, trotzig, ohne ein Unbehagen zu verraten. Indes mußte die Arbeit bald aufgegeben werden, da der Sturm die Pechfackeln ausein=anderriß, so daß nichts mehr zu unterscheiden war. Noch bei dem ersten Blitz und Donnerschlage, der jäh wie Feuer und Lava aus vulkanischem Schlunde aus der dunkeln Tiefe des Himmels stürzte, stand die bunte Glorie über der mächtigen Kuppel, erst die Flut des Regens verscheuchte die Menschen vom Platze und machte der Beleuchtung ein Ende.
Um zehn Uhr, als Manara und Hofstetter die letzte Runde mach=ten, schien es schon tiefe Nacht zu sein. Sie ließen das nasse Ele=ment mit Behagen an sich herunterströmen und sogen die Würze ein, die die Pflanzen ausatmeten, auf deren glatte Blätter es hell=tönend niederrauschte. Bei der ersten Bastion saßen Rosagutti und Morosini in ihre Mäntel gewickelt, leidlich gedeckt durch den stehengebliebenen Mauerkranz des abgebrannten Hauses, und sahen leise plaudernd in das Dunkel hinaus; als Manara und Hof=stetter kamen, standen sie auf und gingen mit ihnen den ganzen Platz ab, um die letzten Befehle des Generals entgegenzunehmen. Sie brachten einige Flaschen voll leicht entzündlicher Flüssigkeit mit, wodurch das Schilf, das rings um die Bresche herum aufge=schichtet war, im Notfalle leicht in Brand gesetzt werden könnte; freilich blieb das bei der stets zunehmenden Nässe doch schwierig. Es wurden noch einige Veränderungen an der Verteilung der Wachen vorgenommen und denselben eingeschärft, beim leisesten Geräusch, das sie wahrnehmen würden, Lärm zu schlagen; nach=dem dann Rosagutti und Morosini die Zusicherung gegeben hat=ten, fortwährend selbst nachsehen und darauf achten zu wollen, setzten die beiden Stabsoffiziere ihren Rundgang fort. Als sie Garibaldi, der noch in seinem Zelte war, Rapport erstattet hatten, schickte dieser sie in die Villa Spada, damit sie sich trockneten,

denn sie trieften und dampften vor Nässe, und einige Stunden schliefen; er selbst wollte, bevor er sich hinlegte, noch die Abteilungen der Legion, die unter Waffen bleiben sollten, verstärken. Der Regen hatte jetzt aufgehört, wenn auch der Himmel noch grau verhängt war; Manara und Hofstetter hörten beim Einschlafen das schnelle Pochen der auf die Blätter fallenden Tropfen in die Stille. Plötzlich fuhr Hofstetter auf, griff nach dem Säbel und rief Manara laut bei Namen: er glaubte das Rollen von Gewehrschüssen oder Kanonen gehört zu haben. Allein draußen regte sich nichts, und wie er sich besann, kam es ihm selbst so vor, als habe er nur im Traume etwas gehört. Manara meinte, er sei aufgeregt und könne wohl durch das Klopfen des eignen Herzens geweckt sein; auch zeigte es sich, da sie nach der Uhr sahen, daß sie kaum eine Viertelstunde geschlafen hatten. Sie legten sich wieder hin, doch behielt Hofstetter den Säbel in der Hand und beschloß wach zu bleiben, so unruhig hatte ihn der Zwischenfall gemacht; aber wider seinen Willen schlief er wieder ein.

Etwa eine Stunde später jagten die von der überrumpelten ersten Bastion Entkommenen gegen Villa Spada; alles erwachte von dem Rauschen der hastigen Flucht und dem Schrei: »Zu den Waffen!« Manara und Hofstetter gelang es, die Soldaten aufzuhalten und zu sammeln; sie glaubten den Feind dicht hinter sich und wollten, eben zum Stehen gebracht, auf die Folgenden schießen, woran die Offiziere, die noch mehr fliehende Italiener in ihnen erkannten, sie kaum verhindern konnten. Gleich darauf kam ein geschlossener Haufen, der sich etwas langsamer bewegte und auf den die Soldaten sofort ihre Gewehre richteten; Manara und Hofstetter drückten sie mit den Säbeln nieder, bis sie deutlich die französische Uniform unterschieden hatten. Als die Schüsse krachten, zog sich der feindliche Haufen eilig zurück, Verwundete und Tote auf dem Platze lassend. Manara verfolgte sie eine Strecke, aber die verlorene Bastion vermochte er nicht zurückzuerobern; die Soldaten erkannten sich und ihre Führer nicht und schauderten vor jedem Rascheln im Gesträuche. Immerhin wurde ein weiteres Vordringen des Feindes unmöglich gemacht.

Als die erste Helligkeit langsam über den Hügel kroch, versuchten Dandolo und Manara eine Nachricht von Morosini zu erhalten, der nicht unter den Fliehenden war; auch Rosagutti wurde vermißt. Mehrere Soldaten, die sie ausfragten, wußten nichts, sie hat=

ten sich vom Drange der Flucht mitreißen lassen; endlich fanden sie einige, die aussagten, daß Morosini, als ein verdächtiges Geräusch wahrgenommen worden sei, um den Soldaten Mut zu machen, als der erste hinausgetreten und sofort durch einen Schuß niedergestreckt worden sei; er hätte sich noch gewehrt, und sie hätten ihn forttragen wollen, aber von den Franzosen verfolgt, hätten sie ihn zurücklassen müssen, so daß er ohne Zweifel, ob nun lebend oder tot, in ihren Händen sei. Die Leute sahen bleich und verstört aus; nun es Tag wurde, konnten sie den heillosen Schrecken der Nacht selbst nicht mehr verstehen. Es war Manara, als ob eine grausame Hand sein Herz zusammendrückte und nicht losließe; da erklang die strahlende Stimme Garibaldis, der soeben Medici und seine Truppen von dem Schutte des Vascello weg in die Trümmer der Savorelli geführt hatte, damit sie die ruhmvoll verteidigten Mauern nur verließen, um an einem nicht minder gefährdeten Platze weiterzukämpfen. Die Schönheit des geliebten Angesichts ging wie ein Stern auf, der durch alle Schrecken zum Ziele führt; obwohl er keine Hoffnung und keinen Trost über das ungewisse Schicksal des Freundes bringen konnte, fühlte Manara doch die Beängstigung weichen und sich wieder Meister seines Herzens werden. Garibaldi erteilte rasch Befehle über die Verwendung der Geschütze und über die Verteidigung der Villa Spada, die fast ganz ohne Besatzung geblieben war, dann sammelte er die Soldaten zum Angriff auf die verlorene Linie. Als er die Truppen überblickte, schien es ihm, als ob die Leute mit trauriger Gleichgültigkeit unter dem schweifenden grauen Himmel daständen, und indem er sich aufrichtete, rief er aus: »Kameraden, heute ernten wir die Frucht unsrer Arbeit und unsers Leidens! Kämpfen wir, als wäre Rom noch zu retten!«, wobei sein wehmütiges Lächeln das Gebieten seiner Augen milderte. Die Reihen der Soldaten regten sich, als ob ein Funken in ihre Seelen gefallen wäre und gezündet hätte, sie antworteten mit dem Rufe: »Es lebe Garibaldi! Es lebe die Republik!« – und in einem Augenblick wich der entnervende Druck ingrimmiger Kampflust. Manara, Dandolo und Hofstetter eilten in die Villa Spada, deren Verteidigung der General ihnen übertragen hatte: ehe fünf Minuten verflossen waren, jagten Kugeln aus allen Fenstern des Gebäudes.

Auf der ganzen Linie von Porta Cavalleggieri bis Porta Portese wurde gekämpft, Sacchi hielt den linken Flügel, Garibaldi den rechten. Von der Besatzung der Ponte Molle her kamen Freiwillige in Scharen, um den großen Kampf mitzukämpfen, man sah das düstere Auge Nicola Fabrizis und das gute, verwitterte Gesicht Maurizio Quadrios unter den vordersten. Garibaldi war überall: auch die ihn nicht sahen, spürten seine Gewalt und stürzten ihm besinnungslos über Leichen nach in den Tod, so wie ein herrschender Weltkörper die minderen unaufhaltsam zum Untergange an sich zieht. Immer wieder mußte der entschlossen anstürmende Feind ihm weichen, dreimal warf er seine Überzahl von der erstrittenen Bresche zurück, die er dreimal wieder eroberte. Das Gewühl und Getümmel wurde so groß, daß die Geschütze, die noch feuerten, die eignen Leute trafen, so daß der General vom Pferde sprang, um sie selbst zum Schweigen zu bringen. Als er im Begriffe war, sein Tier mit Hilfe des Mohren, der an seiner Seite geblieben war, wieder zu besteigen, traf diesen eine Kartätsche mit solcher Wucht, daß Garibaldi die Erschütterung in seiner Hand, die er auf die Schulter des Riesen gelegt hatte, fühlte. Er hörte einen seufzenden Laut und das Stürzen des gewaltigen Körpers, schon im Reiten, und drehte sich nicht um. Unaufhörlich schafften Arbeiter und Soldaten die Toten auf die Seite und trugen die Verwundeten in die nächsten Spitäler. Der Tag war dunkel und schwül geblieben, in langen Zügen blies der Wind aus Westen und jagte das Gewölk wie atemlose Flüchtlinge vor sich her.

Es war Mittag, als Emilio Dandolo in der Villa Spada eine Kugel an der Schulter traf; Manara, der sich aus dem Fenster bog, um einem draußen arbeitenden Soldaten etwas zuzurufen, wendete sich nach ihm um, indem er sagte: »Alles für dich! Soll ich keine Wunde von Rom mitnehmen?«, hatte aber kaum ausgesprochen, als ein Schuß in den Leib ihn zu Boden warf. Die ihn stürzen sahen, vergaßen den Kampf und umringten ihn mit Entsetzen; das edle Haupt sank sterbend auf die Schulter des braven Appiani, der ihn aufgefangen hatte und, selbst verfärbt wie ein Toter, mit rauher Stimme nach Ärzten und einer Bahre schrie. Manara, der es hörte, sagte: »Laßt mich hier, wo ich gekämpft habe, sterben!« Aber unterdessen war die Tragbahre angekommen, und nachdem ihn mehrere Bersaglieri sorgsam, damit er nicht litte, hinaufgehoben hatten, verließen die Träger das krachende Haus und führten den Helden langsamen Schrittes in das Lazarett der nahen Kirche Santa Maria della Scala.

An diesem Tage konnte das Spital der Pellegrini jenseits des Tiber die Verwundeten nicht mehr bergen, die hereingebracht wurden. Doktor Baroni, der Vorsteher sämtlicher römischen Krankenhäuser, schlug vor, daß diejenigen, denen der Transport am wenigsten schaden würde, nach dem Quirinal getragen werden könnten, wo die Leichtverwundeten lagen. Trotzdem ließ Bertani von denen, die in seinem Saale lagen, nur einen einzigen wegführen, der so gut wie geheilt war, und niemand wagte sich mit Bitten und Vorstellungen an ihn heran, so unzugänglich war die Stellung, die seine Umsicht, sein Können und sein beherrschendes Wesen ihm verschafft hatten. Seine graublauen Augen waren von schwarzen Wimpern wie mit einem Flor umrändert und trafen mitten ins Herz, sei es, daß sie zürnten oder liebkosten; von ihnen schien ein Balsam auf die Kranken zu fließen, die unter seinen Händen Schmerzen litten, und eine Kraft auf die, welche unter seinem Befehl arbeiteten. Die zehrende Hitze und angestrengte Arbeit zwischen Sterbenden hatte die Ärzte müde und unlustig gemacht; auch Bertani, der, obwohl von hohem und ebenmäßigem Wuchs, doch mehr durch Willenskraft als durch die Gesundheit seines Körpers stark war, fühlte sich elend; doch ließ er sich nichts merken, und in dem Aufruhr der letzten Tage hielt seine Besonnenheit allein die Ohnmächtigen und Widerwilligen zusammen. Von den Betten seiner Kranken, die nach ihm verlangten, eilte er zu den neuen, die jede Minute brachte und die, da man nicht wußte, wohin man sie legen noch wie man ihre Bedürfnisse befriedigen sollte, von den andern Ärzten mit murrenden Worten und grobem Griff empfangen wurden. Dazu kamen Angehörige von Verwundeten und fragten nach dem Ergehen solcher, die vielleicht schon tot waren oder von denen man nicht wußte, wo sie geblieben waren, da niemand ihren Namen aufgeschrieben hatte; denn das Personal hatte, bevor Bertanis mächtiger Wille regierte, alles in gedankenloser Unordnung gehen lassen. Um das Haus herum pfiffen der Sturm und die Bomben; die Angst steigerte das Fieber der wunden Kranken, von denen viele kaum in ihren Betten zu halten waren.

Unter Bertanis Assistenten war ein junger Römer namens Vanetti, Sohn einer behäbigen Krämerfamilie, der sich reichlich und pünktlich nährte und in seiner äußerlichen Behaglichkeit nur durch eine außerordentlich reizbare Eitelkeit gestört wurde. Er hatte schwarze

Haare und Augen, dicke Lippen und eine stumpfe, etwas aufgeworfene Nase, sein Gesicht trug meistens einen Ausdruck von Verdrossenheit, außer wenn in seinen kleinen Augen Bosheit und Rachsucht oder das Vergnügen an absonderlichen und komischen Vorstellungen funkelte, worüber er zu brüten liebte. Beständig von der Sucht geplagt, sich auf irgendeine Weise auszuzeichnen, wünschte er das hauptsächlich vor Bertani zu tun, den er bewundert hätte, wenn er nicht sein Vorgesetzter und weniger überlegen gewesen wäre, den er nun aber inbrünstig haßte.

Als am Tage des Sturmes Bertani sich zum vierten oder fünften Male freigemacht hatte, um die neuangekommenen, für seinen Saal bestimmten Verwundeten zu untersuchen, fand er, daß Vanetti bereits einem von diesen ein Bein amputiert hatte, ungeachtet er wiederholt eingeschärft hatte, es dürfe keine, auch nicht die kleinste Operation ohne seinen Befehl vorgenommen werden; denn er strebte an, den Körper ganz zu erhalten, und war der Meinung, daß die jungen Ärzte zu schnell mit Schneiden bei der Hand wären. Keiner aber trachtete wie Vanetti danach, flugs zu operieren, bevor Bertani des Kranken ansichtig geworden wäre, teils um sich nichts von ihm vorschreiben zu lassen, teils um zugleich mit seiner Unabhängigkeit seine Kunst zu zeigen, im stillen überzeugt, daß der Vorgesetzte seine Leistung zu sehr bewundern würde, um einen Tadel zu äußern. Hingegen sowie Bertani den jungen Soldaten erblickte, der die Besinnung verloren hatte, und sah, was mit ihm vorgenommen worden war, zog er seine Brauen drohend zusammen, und als er fragte, wer die Amputation vorgenommen hätte, waren alle froh, die im Hintergrunde bleiben konnten. Vanetti war stolz genug, sich mit Keckheit dazu zu bekennen, doch begann er sich unbehaglich zu fühlen und mußte sich Mühe geben, dem leidenschaftlichen Zornfeuer, das aus Bertanis Augen sprühte, standzuhalten. »Wie kommen Sie dazu, meinem Befehle zuwiderzuhandeln?« rief Bertani. »Seien Sie draußen eitel oder anmaßend oder träge, oder was immer Ihre Natur erfordert, in diesem Hause dienen Sie dem Wohle der Kranken und mir, der darüber wacht.« Die wegwerfende Verachtung, die in Bertanis Miene und Worten lag, hätte Vanetti zu offener Empörung gereizt, wenn sein majestätischer Zorn ihm nicht Furcht eingeflößt hätte, doch wollte er sich in Gegenwart andrer auch nicht gänzlich ducken lassen und sagte scheinbar gleichmütig, die Amputation sei notwendig gewesen und, wie Bertani sich sofort überzeugen könne, gut ausgeführt; allein dieser unterbrach ihn ungeduldig mit den Worten: »Schweigen Sie! Sie sind ein naseweiser Geck!«, indem er sich über den Soldaten beugte und bekümmert den prächtig fest und elegant gebauten Körper betrachtete, der nun verkrüppelt war. Der Auftritt wurde durch ein das Haus erschütterndes Krachen beendet, wie das Einschlagen der Bomben es hervorzubringen pflegte, nur war es nie vorher so furchtbar gewesen. In seinem Saale angekommen, wohin er ohne Verzug eilte, sah Bertani eine unheilvolle Verwüstung: ein Teil der Decke war eingestürzt und hatte mehrere Kranke verletzt, andre hatten sich, ihres Zustandes ungeachtet, aus ihren Betten gestürzt, um zu fliehen, und waren dabei gefallen, wodurch kaum zugeheilte Wunden aufs neue aufgebrochen waren. Zur Vermehrung des Übels waren Wärter und Wärterinnen davongelaufen, nur zwei Frauen und ein Mann befanden sich noch im Saale und wagten weder zu bleiben noch sich zu entfernen. Bertanis donnernde Stimme, keiner dürfe sich vom Flecke rühren, hielt sie fest, auch die Entsprungenen kamen auf sein Rufen beschämt und eingeschüchtert zurück. Den Kranken gegenüber verriet der stolze Mann keine Ungeduld: er sprach ihnen ermutigend und beschwichtigend zu, bis alle wieder in den Betten waren und die Aufregung sich gelegt hatte; doch starben einige infolge des plötzlichen Blutverlustes nach wenigen Minuten.

Als die Ordnung wiederhergestellt war, begab sich Bertani in das Zimmer, wo die Ärzte die Mahlzeiten einzunehmen pflegten, wenn sie nicht ausgehen konnten; obwohl die Mittagszeit schon vorüber war, saßen noch mehrere am Tisch, die wegen der außergewöhnlichen Ereignisse nicht vorher zum Essen gekommen waren. Die Ärzte erkannten untereinander Bertanis Tüchtigkeit an, mißbilligten aber, daß er die Dinge zu ernst nehme und zuwenig gemütlich sei. Einer, in dessen Nähe Bertani sich setzte, sagte laut mit nachdrücklichem, gleichsam belehrendem Behagen: »Wenn nur keine Bombe einschlägt, bis ich genug gegessen und getrunken habe; denn alle Kranken der ganzen Welt verhindern nicht, daß wir niederträchtige Gesunde auch einen Magen und einen Darm haben, der zuweilen gefüttert werden muß, wenn die gefräßigen Tiere nicht eingehen sollen.« Er hatte noch nicht ausgesprochen, als der Hufschlag eines galoppierenden Pferdes vernehmlich wurde,

der durch die schmale Straße näher kam. Unwillkürlich horchten alle auf; es trabte in den Hof, und eine Stimme rief gleich darauf in der widerhallenden Diele: »Bertani!« und noch einmal: »Bertani!« Bertani setzte das Glas mit Wein nieder, das er eben ergriffen hatte, und stürzte die Treppe hinunter; Mangiagalli kam ihm entgegen und keuchte: »Manara liegt im Sterben! Kommt!« In einer Minute saß Bertani zu Pferde, Mangiagalli erzählte schluchzend, wie es geschehen war. Dann ritten sie stumm, so schnell die Pferde konnten.
Manara lebte noch; als Bertani seine Wunden untersuchen wollte, bewegte er die schöne Hand und sagte: »Es ist aus; laß mich nicht noch mehr leiden. Bring meinen letzten Atem meiner Frau und meinen Kindern.« Seine Stirn war von Schweißtropfen bedeckt, er strengte sich an zu sprechen, aber Bertani, obwohl er sich tief über ihn beugte, fand keinen Zusammenhang in seinen Lauten. Am Fuße des Lagers lag Dandolo und schrie: »Verlaß mich nicht, Manara! Verlaß mich nicht, Manara!« Die halb bewußtlos wiederholte Klage drang schneidend durch den kahlen Raum; Manara hörte es nicht mehr oder konnte kein Zeichen mehr davon geben. Am äußersten Ende des Saales kauerte Ugo Bassi an die Mauer gedrückt, die Tränen flossen aus seinen Augen auf den Boden, wie Wasser aus einem gebrochenen Glase rinnt, rinnt, bis der letzte Tropfen verschlichen und der Scherben leer ist. Als Manara tot und Bertani wieder im Freien war, überkam ihn ein Schwindel; jemand brachte ihm ein Glas Wein, das er austrank, worauf er sein Pferd besteigen und wieder in das Krankenhaus zurückreiten konnte.

Vor Tage versammelten sich die Deputierten auf dem Kapitol und erwarteten das Ende. Die Boten, die von Zeit zu Zeit von den Wällen kamen, berichteten von dem großen Blutvergießen und heroischen Sterben der Römer und von dem unaufhaltsamen Vordringen des Feindes. Mazzini sprach eine Weile, um die Abgeordneten anzufeuern, daß sie nicht kapitulierten, aber an ihrem zähen Schweigen merkte er, daß sie nichts mehr an die Sache wagen wollten, die sie für verloren hielten, und verließ den Saal, um ruhelos in den Gängen auf und ab zu gehen. Wenn er allein war, schien es ihm, als wäre es noch möglich, daß irgend etwas getan werden oder geschehen könnte, um die Dauer der Republik zu fristen; wie einer nicht glauben kann, daß der Leib eines geliebten Menschen sterbe, um zu verwesen und zu verschwinden, solange sein Auge das entseelte Fleisch nicht vor sich sieht. Als es Mittag wurde, kamen einige Freunde und drangen in ihn, daß er mit ihnen ein nahe gelegenes kleines Gasthaus aufsuche, um zu essen, und er ließ sich bis auf die Straße mitziehen; dann schüttelte er plötzlich den Kopf, kehrte um und wieder in das Kapitol zurück. Auf der Treppe begegnete er Roselli, der hoffnungslos aus einer Sitzung des Kriegsrates kam, und Canino; dieser sagte: »Es ist nicht anders, der Schwächere muß stets zuletzt dem Stärkeren unterliegen, das ist ein Gesetz so gut wie die Schwerkraft, und der Schwächere sind wir.« Mazzini entgegnete schmerzlich betroffen: »Warum? Auch Recht ist Stärke, nicht nur Zahl, auch Glauben und Willen ist Stärke, Gott im Himmel hat nicht nur Zahl und Masse schwer gewogen!« Canino schnitt ein Gesicht und sagte: »Stimmen muß die Rechnung. Unsre idealen Qualitäten haben eine Weile der Übermacht von historischer Schwere, Verstand und Zahl getrotzt, zuletzt kommt doch der Überschuß zur Geltung, der auf ihrer Seite ist.« Mit diesen Worten ging er in den Saal, während Roselli und Mazzini zusammen an ein Fenster des Treppenhauses traten, wo sie sich befanden. Die Sonne brach in diesem Augenblick durch die aufgelösten Wolken und schien mit weißen, stechenden Strahlen vom Scheitel des Himmels herunter. »Morgen,« sagte Mazzini, »morgen schon werden unsre Henker an dieser Stelle stehen, und wir ziehen auf verborgenen Wegen verhüllten Hauptes in die Fremde.« Roselli stieß einen Fluch aus, Wut und Rachsucht verzerrten sein Gesicht. »Sprengen wir jene dreihundert Kirchen, den großen Jahrmarkt des Aberglaubens und der Heuchelei, in die Luft,« sagte er, »daß die pfäffischen Horden einen Schutthaufen finden, wo Rom war.« Die Stirn an die Scheibe gedrückt, blickte Mazzini lange auf das flimmernde Linienspiel der Dächer, Kuppeln und Türme, bis seine Augen naß wurden, und sagte: »Auch die Barbaren beten die Schönheit der Ewigen Stadt an, und wir sollten sie zerstören? Sie gehört uns so wenig wie den Feinden, die sie erobern, sondern einem unvergänglichen Reiche, das alle unsre Grenzen durchschneidet. Aber wir Kinder Italiens haben das Recht, sie zu schirmen, und unser Herz wird aus fernster Ferne unveränderlich nach diesem Pole schlagen, bis wir sie wiederhaben.«

Ein Offizier von den Bersaglieri kam, um den Tod Manaras anzuzeigen und sich ein Zertifikat für Emilio Dandolo geben zu lassen, der in das französische Lager gehen und Morosini auslösen wollte, sei es nun, daß er lebte oder tot wäre. Die Nachricht von dem neuen und kostbaren Opfer bestärkte diejenigen, die dem Kampf ein Ende machen wollten, in ihrem Sinne; die Vernunft verlange, so sagten sie, daß man nicht länger widerstehe und teures italienisches Blut fließen lasse, ein solches Beharren würde fanatischer Trotz, nicht heldenmäßige Unbeugsamkeit sein. Mazzini, der jetzt wieder bei der Versammlung war, stand auf; das Angstgefühl der letzten Entscheidung durchbohrte sein Eingeweide wie mit glühenden Messern. Erst, rief er, müsse man Garibaldi hören! Die Republik kenne weder ihr Unglück noch ihre Hoffnung, ehe sie ihn vernommen habe. Nach der Zustimmung aller wurde sofort ein eilender Bote an den General abgeschickt, der ihn im Namen der Versammlung ersuchen sollte, auf das Kapitol zu kommen, obwohl es vielen unmöglich erschien, daß er die umstrittenen Mauern jetzt verlassen könnte. Inzwischen wurde zu Papier gebracht, welches nach dem Gutachten der Versammlung die letzten Möglichkeiten der Republik wären, nämlich: den Widerstand aufzugeben, wofür die Mehrzahl der Abgeordneten, außer Mazzini und einigen seiner Anhänger, stimmte, oder den Kampf auf den Barrikaden mit Aufbietung des ganzen Volkes fortzusetzen, oder denn als Unbesiegte Rom zu verlassen und den Sitz der Republik nach einem andern Orte zu verlegen, wo man, unterstützt von der patriotischen Revolution, die noch hier und da glimmte, das Glück von neuem versuchen könnte.
Diese Sätze waren eben niedergeschrieben, als Garibaldi auf die Schwelle trat, sprühend vom Tumulte der Schlacht, das herrliche Antlitz von Rauch und Schweiß dunkel, die Augen fest über Jammer und Schrecken. Beim Anblick des ungeheuern Mannes erhoben sich die Versammelten von ihren Sitzen, und es verging eine totenstille Minute, bevor gesprochen wurde. Dann sagte der Präsident: »General, wir haben Euch hierher entboten, um Euer Urteil zu hören, ehe wir die äußerste Entscheidung treffen. Es sind uns, nach dem, was heute geschehen ist, drei Möglichkeiten geblieben: erstens, den Widerstand nunmehr als vergeblich aufzugeben; zweitens, auf den Barrikaden weiterzukämpfen, bis das letzte Blut vergossen ist; schließlich, Rom zu verlassen und die

Republik auf die Hoffnung neuer Revolutionen zu gründen. Sagt Ihr uns, nicht als Abgeordneter der Versammlung, sondern als General Eurer Truppen, was Ihr meint, das wir tun können.« Ohne sich zu bedenken, antwortete Garibaldi: »Das Volk kann den Kampf in der Stadt vielleicht um einen Tag verlängern; dann aber muß es sofort ohne Zeitverlust auf die Barrikaden geführt werden. Ich riet euch vor Tagen, als wir noch eine Macht waren, auszuziehen; jetzt habe ich kein Heer mehr, nur Trümmer; dennoch habe ich nichts andres zu sagen. Ich werde mit denen, die mir folgen wollen, Rom verlassen und das Schwert nicht niederlegen, solange ich Soldaten habe.« Sowie er dies gesagt hatte, verließ er den Saal und ritt ohne Aufenthalt in die Schlacht zurück.
Noch einmal ergriff Mazzini das Wort und schlug vor, das Volk auf die Barrikaden zu führen. Er sagte: »Laßt euch noch einmal meine Worte ans Herz gehen, denen ihr manches Mal, nicht um meinetwillen, sondern um meiner Liebe Italiens willen, die ihr kennt, Gehör schenktet und nachgabet. Ich möchte euch nicht überreden, euch kein Opfer entreißen, nur das möchte ich, daß ihr noch einmal zurückblicktet: denkt an das lange Dunkel der Vergangenheit, an die Qualen der Verbannung, an die Erniedrigung der Gefangenschaft, an ermordete Freunde. Denkt dann an den feurigen Frühling, der uns befreite! An den Tag, als wir zum Kapitole gingen, die Erwählten des freien Rom, mit trunkenen Schritten wie Auferstandene, die kürzlich aus dem Grabe stiegen, an den Jubel des Volkes, der uns trug, an den lichten Himmel, der uns einschloß. Denkt an unsre gemeinsame Arbeit, an unsre Kämpfe, an unsre Pläne! Seht euch um in diesem Saale, seht die eherne Wölfin, das Bild des Rienzi, die Trikolore, die sich von Säule zu Säule windet, festlich und glorreich – soll es denn so enden? Mit einer Übergabe enden?« Er bedeckte plötzlich das Gesicht mit den Händen, und es schien, als wäre die Sprache ihm vergangen; aber er faßte sich schnell wieder und fuhr leiser fort: »Ich wollte euch nicht rühren und nicht überreden und habe zuviel gesagt; denn ihr sollt nach euerm Gewissen handeln. Nur das eine sage ich noch, daß die Triumvirn ihren Namen nicht unter eine Akte setzen werden, die Rom preisgibt.«
Während einer das Wort ergriff, um über die Aussichtslosigkeit des Barrikadenkampfes zu sprechen, zog sich Mazzini in ein Nebenzimmer zurück und bewog Armellini und Aurelio Saffi, mit ihm

das Amt des Triumvirates niederzulegen. Es war schon Nacht, als die Abgeordneten sich zu dem Beschlusse einigten, den sie in diesen Worten ankündigten: »Die Versammlung gibt nunmehr die Verteidigung Roms auf, die unmöglich geworden ist, und bleibt auf ihrem Posten.«

Nachdem der Kampf achtzehn Stunden lang gedauert und Garibaldi siebenmal versucht hatte, die verlorene Bastion zurückzuerobern, das Blut der Feinde und der Seinen vergießend, zog er die Truppen hinter die innere Linie zurück; denn viele waren gefallen und von den Gebliebenen die meisten verwundet oder ohne Kräfte. Trotzdem war das Heer noch in guter Haltung und keineswegs aufgelöst, so daß die Franzosen, die von der gewonnenen Höhe des Hügels aus die römischen Stellungen überblicken konnten, nicht versuchen mochten, da es außerdem Abend geworden war, sie daraus zu verdrängen und die Eroberung der Stadt zu vollenden. In der Frühe des folgenden Tages begaben sich die Abgeordneten des Gemeinderates von Rom, der nach der Abdankung des Triumvirates an der Spitze des Staates stand, in das französische Lager, um über die Bedingungen der Übergabe etwas zu vereinbaren, und obgleich sie es vorzogen, keine Kapitulation abzuschließen, da Oudinot den Schutz des Lebens und der Habe der Einwohner, wie es die Sitten und der Stand der Kultur erforderten, nicht gewähren wollte, erließen sie eine Weisung an die Truppen, die Linie zu räumen und sich in gewisse Quartiere in Trastevere zurückzuziehen.
Etwa um die vierte Nachmittagsstunde waren die Übriggebliebenen der Regimenter, die vom dritten bis zum letzten Juni die Mauern verteidigt hatten, zum Abzuge bereit aufgestellt, sowohl diejenigen, die den Janiculus und Aventin besetzt, wie diejenigen, die am Monte Mario und der Ponte Molle gestanden hatten und zum letzten Kampfe herbeigezogen waren, nämlich die italienische Legion, die Bersaglieri, die lombardische Legion unter Medici, die bolognesischen Reiter des Masina, eine andre bolognesische Hilfstruppe, die Finanzieri unter Zambianchi, die römische Legion, römische Linientruppen und die Legion der Emigranten. Vor der zertrümmerten Kirche San Pietro in Montorio hielt Garibaldi zu Pferde mit seinem Stabe und sagte: »Soldaten, die Republik hat beschlossen, daß ihr die Mauern, die ihr rühmlich verteidigt habt,

verlaßt. Bevor wir von dieser Stätte gehen, die wir blutrot gemacht haben, wird Priester Ugo Bassi, unser Kamerad, eine Messe für unsre Toten lesen, die wir unbegraben zurücklassen müssen.« Mit diesen Worten stellte er sich gegen eine niedrige Mauer, die als Altar dienen konnte, vor welcher Ugo Bassi schon vorher auf den Knien gelegen und auf welche er ein kleines Testament gelegt hatte, das er bei sich zu tragen pflegte. Er stand nun auf und wendete sich gegen die langen Reihen der Soldaten, die funkelnd im überfließenden Sonnenlichtstrom standen, und wollte sprechen; aber er brachte kein Wort aus der Kehle, und indem er mit einer schmerzlichen Gebärde den Kopf erhob und gegen den Himmel blickte, drehte er sich langsam wieder um, dem Altare zu. Die Soldaten, die ihn verehrten und von denen die vorderen die Blässe seines Gesichtes und seine geröteten Augen erkennen konnten, hielten sich still, während er mit Kelch und Hostie den vorgeschriebenen Ritus ausführte. In dem Augenblick, wo ein Glockenzeichen die Gegenwart des Allerheiligsten anzuzeigen pflegt, drehte er sich um, kniete mit gefalteten Händen nieder und gab ein Zeichen, worauf sich langsam die Fahnen aller Regimenter senkten. Da war die Fahne mit der Aufschrift ›Gott und Volk‹, welche Mazzini in dem kurzen Frühling des Jahres 1848 selbst getragen hatte, die Fahne, die über den Trümmern des Vascello aufrecht geblieben war, die Ruhmesfahne mit dem Bilde des Vesuv, die die italienische Legion von Montevideo in den fürchterlichen Sieg von Sant' Antonio geführt hatte, die Fahne von Mailand, die in unzähligen Gefechten in den Lüften gespielt hatte über den fröhlichen Herzen der Bersaglieri, die Fahne der römischen Republik und die Fahne der Studenten; sie waren von Rauch geschwärzt und viele zerrissen. Stolz und schwermütig wie sterbende Schwäne, die mit Gesang in das blinkende Wasser tauchen und langsam untergehen, neigten sie sich und rauschten leise durch das zitternde Sonnenlicht bis auf die Erde; nach einer Weile hoben sie sich wieder und standen aufrecht.
Als diese stumme Messe aus war, gab Garibaldi das Kommando, worauf die Regimenter sich in Bewegung setzten und in geordneten Reihen in ihre Quartiere zogen.

Am 1. Juli, einen Tag bevor die Franzosen in Rom einzogen, wurde Luciano Manara, nachdem Freunde ihn mit seiner Uniform bekleidet und eingesargt hatten, aus Trastevere in die alte Kirche San Lorenzo am Corso geführt; der bleierne Sarg war mit dreifarbigen Schärpen umwunden, deren Enden herabhingen, darauf lagen Manaras Federhut und Schwert. Die Kapellen der römischen Regimenter, die während der Belagerung in den Gärten der Savorelli und Spada zu spielen pflegten, gingen voraus und spielten die Todeshymne der Märtyrer Italiens:

Kränze, von Lorbeer gewebt,
Der nie verdirbt –
Wer für das Vaterland stirbt:
Genug gelebt!

Es folgte dem Sarge, was noch von den Bersaglieri übrig war, nämlich dreihundert Soldaten und überdies noch etwa hundert Verwundete, welche trotz des Widerspruchs der Ärzte aufgestanden waren und das Spital verlassen hatten, um ihrem Hauptmann die letzte Ehre zu erweisen. Auch von den Offizieren fehlten viele und waren viele verwundet. Alle, die dem Zuge auf der Straße begegneten und erfuhren, daß es das Trauergeleite Manaras war, schlossen sich an, denn nach Garibaldi war kein Name so gefeiert wie seiner in Rom. Die Hitze auf dem langen Wege war erbarmungslos, und die Verwundeten, von denen manche Fieber hatten, quälte Durst und Wundschmerz; aber sie unterschieden diese Pein kaum von ihrem Kummer und gingen stier vorwärts wie in einem unerklärlich drückenden Traume. Der Himmel, der voll schwerer Gewitterwolken war, glich einem dunkelblauen Meere, in dem keine Welle schlüge und wunderbare stählerne und bleierne Schiffe mit dick aufgeblähten, beglänzten weißen Segeln unbeweglich stilleständen.

In der Kirche war es hell und kühl. Die Soldaten setzten den Sarg zwischen vier gewaltigen Säulen aus schwarzem Marmor nieder, die den Altar umgaben, und Ugo Bassi stellte sich an sein Fußende, um die Leichenrede zu halten. Er trug einen priesterlichen Umhang, doch sah man darunter die scharlachrote Bluse der Garibaldiner. Er sagte: »Auf jenem himmlischen Kapitole, wo die Überwinder des Todes triumphieren, ist jetzt Luciano Manara. Ihr erwartet vielleicht, daß ich von ihm zu euch sprechen würde; aber dazu bin ich nicht gekommen. Meine Brüder, ihn glücklich zu preisen, dessen Los in reinem Lichte, unerreichbar und unvergleichbar, sich entrollt, bin ich zu schwach; meinen Augen erscheint noch die teure Gestalt des Irdischen, den sie viele Male gesehen haben, im Kampfe, beim Spiel, beim Fest, in Not und Untergang, als Freund und Feind, in Zorn und Milde, immer lauteren Herzens, aus fröhlichen Tälern den harten Felspfad der Größe hinan. Wenn ich ihn so vor mir sehe, wie kann ich anders, als ihn jammernd zurückrufen, so wie er war, in unsre Mitte?

Aber ihr sollt wissen, daß wir mit diesem Sarge nicht Manara begraben. Ich bin gekommen, um am Grabe einer Toten zu sprechen, deren Name heiliger ist als der Name aller, deren Tod wir beweinen, deren Name unser Schild und unsre Fahne war und deren Namen wir jetzt versenken müssen mit ihrem Leibe. Oh, meine Brüder, wir begraben Italien! Die wir unter glühenden Sonnen und unter tauenden Sternen über Roms Hügel haben schreiten sehen, göttlich in Schönheit und Freiheit, Erde und Meer segnend, hat die Wut der Feinde zerschmettert, und wir tragen sie in Verschwiegenheit zu Grabe. Wenn wir nun aus Rom ziehen und uns zerstreuen, bettelarm und geächtet, wird niemand um unsre Tote wissen, Schafe und wilde Pferde werden über ihr weiden, aber wie auch das Erdreich mag aufgewühlt und erschüttert werden, sie wird nicht erwachen. Dereinst, ja, dereinst wird sie sich bewegen. Unverwest, nach Götterart, wird sie das Grab durchbrechen, ihr Schwert schütteln und ihre Kinder versammeln. Ein Tag wird kommen, wo sie glorreich von den Hügeln strahlt und der Stern auf ihrem Haupte den Schiffern der fernsten Meere leuchtet. O Italien, wenn du auferstehst, gedenke derer, die heute für dich sterben!«

Wie er bei den letzten Worten niederkniete, knieten alle und blieben lange so; es war ihnen so zumute, daß sie nichts wünschten, als nie mehr aus der stillen Kirche auf das erstorbene Schlachtfeld des Vaterlandes hinaus zu müssen.

In der Nacht des 1. Juli berieten die Abgeordneten noch über die Verfassung der gestürzten Republik, über die sie das Volk wollten abstimmen lassen, bevor die Versammlung aufgelöst würde. Etwa zwei Stunden nach Mitternacht gingen sie heim, um kurze Zeit zu schlafen. Der folgende Tag zog rein herauf und wölbte sich blitzend wie ein edler Kristall über Rom. Während die Franzosen

anfingen, den Janiculus hinunter über den Tiber in die Stadt ein=zuziehen, begaben sich die Abgeordneten auf das Kapitol, um dem Volke, das zahllos zusammengeströmt war, die vollendete Ver=fassung vorzulegen. Noch wehte vom Turme des Senatorenpalastes die Trikolore, wie auch die Deputierten Schärpen in den Farben Italiens trugen. Stürmisch begrüßte das Volk die bekannten Er=scheinungen: das kühne Abenteurergesicht des Fürsten Bonaparte, die würdevolle Greisengestalt Armellinis, Mazzini, dessen Schmerz der Stolz des Augenblicks noch bändigte, Cernuschi mit vornehm angedeutetem Schwung der weißen Halsbinde und unbekümmer=tem Lächeln auf dem beredten Munde. Sie traten alle ein wenig zurück, um Platz für Aurelio Saliceti zu machen, der die Verfas=sung verlesen sollte; er gehörte, wenn er auch nicht geliebt wurde, unsympathisch schon im Äußern mit der ungraziösen Finsternis seiner gedrückten Stirne, zu den Größen des Tages, denn der blinde Tatendrang seines Hasses, der sich bei jeder Gelegenheit geltend machte, empfahl ihn in den Zeiten der Ohnmacht. Wie in einer brennenden Kirche die Schwungkraft der wachsenden Flamme das Spiel der Glocke erregt und der erhabene Wohllaut des gestimmten Erzes lebendig durch das Krachen des stürzenden Hauses dringt, so begleitete die Verkündigung ihres Gesetzes den Untergang der Republik, deren äußerster Rand schon unter dem Hufschlag des siegreichen Feindesheeres erzitterte. Saliceti verlas die Verfassung von dem ersten Satze an, der lautete: ›Die Souveränität ist nach ewigem Recht beim Volke. Das Volk des römischen Staates gibt sich die Verfassung einer demokratischen Republik‹, bis zum letz=ten, der die beiläufige Verfügung enthielt, daß die jetzigen An=gestellten sämtlich der Bestätigung bedürften, unter dem Beifall der lauschenden Menge. Als er geendet hatte, zogen sich die Ab=geordneten langsam in den Senatorenpalast zurück; eben wurden in der Straße von Araceli, die zum Kapitole führt, die ersten fran=zösischen Dragoner sichtbar, die nunmehr den Platz besetzten.
Da die Besitzer der großen Paläste Rom schon bei Beginn der Revo=lution verlassen hatten, überwogen in der Stadt die Feinde des Papstes, und öde Straßen und verschlossene Häuser empfingen die Franzosen, die zu zweifeln anfingen, ob der Anschein eines fest=frohen Einzuges sich würde wahren lassen. Hastig bewegten sie sich durch die Winkel der leeren Gassen, denn es erwachte in ihnen die Erinnerung an tragische Blutgeschicke, wie sie in Italien aus

Schmach und Rache leicht zusammenschießen, und während sie mit prahlerischem Witz die Armseligkeit der Ewigen Stadt verlachten, schielten sie mißtrauisch nach den geschlossenen Türen, ob sie sich nicht bewegten und der Dolch des Mörders durch die Spalte zuckte. Der Zufall wollte, daß Oudinot mit seinem Gefolge zum Platze der Minerva kam, als gerade Pietro Ripari, der Leibarzt Garibaldis, vorüberritt, dem es gefiel, sich gemächlich und breitspurig zu gebärden, als ob er, was in französischer Uniform sich ausbreitete, nicht oder nicht mehr als den Staub und Dunst der heißen Gasse sähe. Da er die rote Jacke trug und ein grimmiges Gesicht machte, kam er den französischen Offizieren ziemlich diabolisch vor, und sie glaubten Garibaldi selbst vor sich zu haben; sie empfanden einen häßlichen Schrecken, der ihnen für den Augenblick Herz und Hände steif machte, so daß sie wie von einem Blitz fest in die Erde gekeilt standen. Zwar wurden sie ihres Irrtums bald inne, und weil sich auch nichts Unnatürliches begab, erbosten sie, und Oudinot gab unter Rasseln und Schnauben Befehl, daß die dreifarbigen Rosetten, die die Mauern des Gasthauses ›Zur Minerva‹ noch schmückten, augenblicklich abgerissen würden, was aber, da sich kein römischer Arbeiter dazu fand, die französischen Soldaten selbst besorgen mußten. Unterdessen ritt Ripari, ohne sich umzusehen, seiner Wege dem Tore von San Giovanni zu, um von Garibaldi Abschied zu nehmen, der dort mit seinen Truppen die Stadt verlassen wollte.

Auf dem Platze vor der Laterankirche standen die italienische Legion und die Reiter Masinas, welche Garibaldi begleiten wollten, ohne zu wissen, wohin er zielte; auch eine Abteilung römischer Nationalgarden war anwesend, aber nur, um dem scheidenden General ihre Verehrung zu bezeigen. Sacchi und Hofstetter hielten unter dem Obelisken und besprachen das Ausbleiben der Bersaglieri, deren Offiziere auf Befragen stets solche Antworten gegeben hatten, die auf ihren Anschluß rechnen lassen konnten; anstatt dessen kamen nur vereinzelte Soldaten, die, da das Regiment aufgelöst und ihres Bleibens nicht in Rom war, nichts Besseres wußten, als das ungewisse Schicksal Garibaldis zu teilen. Als Garibaldi, begleitet von Anita und Ugo Bassi, auf den Platz kam und das Ausbleiben der Erwarteten erfuhr, sagte er nur: »Sie wären gekommen, wenn Manara lebte!« und fügte hinzu, eigentlich sei ein kleines Heer für sie vorteilhaft, da die schnellen und oft wechseln=

den Bewegungen, die sie in ihrer Lage, zwischen aufmerksamen Verfolgern durchschlüpfend, machen müßten, nicht leicht von größeren Massen ausgeführt werden könnten. Trotz seiner ruhigen Haltung jedoch war ihm anzumerken, daß er traurig war; nur aus Anitas Augen lächelte, obwohl ihre Miene ernst war, das Glücksbewußtsein, vermutlich lange Zeit hindurch unausgesetzt an der Seite des geliebten Mannes bleiben zu können. Er fragte mehrmals nach Medici, der ihm, seit er ihn kannte, in Amerika und Europa, ohne Besinnen gefolgt war und an dessen Kommen er auch jetzt nicht gezweifelt hatte; niemand hatte ihn gesehen oder wußte etwas von ihm. Verschiedene kamen, um Abschied zu nehmen, darunter Pietro Ripari, der sich nicht darüber trösten konnte, daß Garibaldi einen Feldzug ohne ihn machte, aber seine Verwundeten nicht verlassen zu dürfen glaubte, worin Garibaldi ihn bestärkte. Er erzählte, daß bereits wieder wie feuchtlederne Schwämme die Pfaffen aufschössen und hungrig und böse nach allen Seiten schnüffelten; daß die Kranken aus Angst vor der Rache des Papstes und aus Gram über das Ende Roms kränker würden und stürben; daß Rom bald wieder sein würde, was es vordem gewesen sei: dreihundert Kirchen in einem Moraste, und daß er der gottverlassenen Stadt den Rücken kehren würde, sobald die Verwundeten des republikanischen Heeres alle entweder heil oder tot sein würden. Garibaldi möge nicht vergessen, ihn zu rufen, wenn er ihn für neue Kriegswunden brauche. »Das wird ein glücklicherer Tag als dieser sein«, sagte Garibaldi, indem er ihn zum Abschied umarmte.

Zwischen sechs und sieben Uhr, als die Hitze gelinder zu werden begann, ersuchte der General einige Offiziere, den Abzug zu besorgen, und ritt mit Anita, Ugo Bassi und einer Abteilung Reiter voran, dem Tore San Giovanni zu. Dort erwarteten ihn Angelo Brunetti und seine beiden Söhne, die muntere kleine Schecken ritten; aber noch standen alle neben Lucrezia Brunetti, die bis zum Tore mitgegangen war. Da ihr Mann nicht erwarten konnte, von der päpstlichen Rache verschont zu bleiben, hatte sie nicht versucht, ihn zurückzuhalten, als er den Wunsch aussprach, Garibaldi zu begleiten, obwohl sie selbst nicht daran denken konnte, mit dem kleinen Mädchen sich anzuschließen; vielleicht auch hätte sie es nicht vermocht, selbst wenn es möglich gewesen wäre, ihre Vaterstadt zu verlassen. Als sie Garibaldi kommen sahen, spran=

gen Brunetti und Lorenzo, der, seit die kleine Spronella am letzten Tage der Verteidigung Roms unter den Mauern gefallen war, das Leben mit trauriger Gleichgültigkeit vorbeigehen ließ, auf ihre Pferde; allein Luigi, der Jüngste, warf sich noch einmal in die Arme seiner Mutter, die ihn leidenschaftlich empfing und, indem sie sich über ihn beugte, mit sich auf die Knie zog. Wie er als kleines Kind getan haben mochte, kletterte er an ihr hinauf und umschlang ihren Hals fest; in dieser Stellung sahen sie sich stumm in die tränenüberfließenden Augen. Alle sahen mitleidig auf die schöne Frau und den blonden Jungen, Garibaldi stieg ab, um ihr die Hand zu reichen und ihr ein warmes Wort zu sagen. Sie ließ, als er vor ihr stand, das Kind los und nahm seine Freundlichkeit mit stiller Würde an, doch glitt kein Lächeln über ihr majestätisches Gesicht. Mittlerweile hatte sich Anita dem Kleinen genähert und mit mütterlicher Herzlichkeit zu ihm gesprochen, worauf sich alle wieder aufs Pferd setzten und der Zug nach diesem kurzen Zwischenfalle sich in Bewegung setzte. Weder die Söhne noch Brunetti warfen einen Blick zurück, Angelo und Luigi gaben sich Mühe, keinen Kummer im Gesichte merken zu lassen. Als Hofstetter, der die Nachhut besorgte, eine gute Stunde später als Allerletzter durch das Tor reiten wollte, sah er noch die Frau stehen, der er früher in ihrer daseinsseligen Laune begegnet war und die er darum nicht gleich erkannte. Er beobachtete sie eine Weile, wie sie mit herabhängenden Armen, ohne sich zu rühren, den abmarschierenden Soldaten nachblickte, die der aufgewühlte Staub und die Dämmerung schon verschlungen hatten, und ihre erstarrte Schönheit erregte seine Bewunderung und seine Teilnahme. Aber wie er sich einige Male zurückwendete und sie immer noch unverändert stehen sah, fiel eine fremde Bangigkeit auf sein Herz; denn es war, als stände dort die Göttin Rom und beweinte den Untergang ihrer ausziehenden Söhne und Helden.

Der Deutsche hatte sich bisher nicht die Mühe genommen, darüber nachzudenken, welches Garibaldis Absichten und Aussichten sein könnten; jetzt fielen ihm die Gespräche verschiedener Offiziere ein, die nicht mitgegangen waren, wie sie ihre Zweifel andeuteten, ob der General etwas ausrichten, ja ob er überhaupt nur entkommen könnte, und daß sie sich ausgeschlossen hatten, schien ihm auf einmal eine schreckensvolle Bedeutung zu haben. Es hatte bis jetzt den Anschein, als ob das Unternehmen gegen Neapel gerichtet wäre, doch bei Garibaldis Art zu marschieren ließ sich daraus noch kein Schluß ziehen; wer konnte wissen, wohin es ging? Das Bild der Heimat kam ihm in den Sinn; die grün und gelb gemusterten Hügel, die weiten Täler und wilden Höhen der Rauhen Alb, dazwischen die guten kleinen Städte, altertümlich und traulich, mit spitzen Türmen und einem träumerischen Himmel darüber. Das indessen lag zu weit fort, als daß er sich danach hätte sehnen können; es erschien ihm wie etwa ein bleicher Stern in müden Abendwolken, der ein namenloses und unerklärliches Heimweh erregt. Die heroischen Abenteuer der letzten Vergangenheit, die herrlichen Freundesgestalten, die aufgetaucht und schnell entschwunden waren, schienen sich von seiner Seele losgerissen zu haben, und er starrte sie traurig an, während er neben den langen Reihen der gleichmäßig trabenden Soldaten herritt. Der Vollmond ging auf und füllte den Raum mit milchigem Lichte; die grenzenlose Steppe verbrannten Grases darunter glich einem hohen Meere, aus dem die heidnischen Grabmäler und hier und da eine Pinie wie dunkle Klippen aufragten; es kam ihm öde und grauenvoll gigantisch vor. In der Beklemmung seiner Brust zog es ihn zu Garibaldi; er gab seinem Pferde die Sporen und jagte vorwärts, bis er den Schimmel des Generals erkannt hatte, dessen begrüßendes Lächeln sogleich den Druck von seinem Gemüte löste.

Die ganze Nacht durch wurde eilig geritten und kein Wort gesprochen außer den notwendigsten Befehlen, die geflüstert die Reihen entlangliefen. Am Morgen war das Gebirge erreicht, und es wurde in Tivoli gerastet. Während die Bewohner der Ortschaft Wein, Wasser und Brot brachten und die Portionen unter die Soldaten verteilt wurden, ritt Garibaldi auf eine Höhe, um die Gegend zu überblicken, wie er zu tun pflegte, von Ugo Bassi, Angelo Brunetti und seiner Frau begleitet. Von den schäumenden Stürzen des silbernen Anio, von dem grauen Schein heiliger Trümmer durch Olivenhaine und vom entfesselten Überfluß grüner Gärten weg blickten alle nach Westen, wo Rom war. Wie einer, der sterben will und sich die Schärfe des Dolches einmal, zweimal, dreimal fest ins Herz bohrt, gruben Brunettis heiße Augen das geliebte Bild in sein Gedächtnis; indessen als Garibaldi sich seiner Umgebung wieder zuwandte, lag eine siegreiche Ruhe auf seiner Stirn, als hätte er einen Schwur getan und ein Zeugnis erhalten, daß, was er geschworen, in den Willen der Gottheit eingesunken wäre.

Am Tage nach seinem Einzuge verkündete Oudinot, daß alle Fremden ohne Verzug Rom verlassen müßten, nämlich nicht nur die Polen, Deutschen oder anderen Ausländer, sondern die Lombarden, Genuesen, Neapolitaner und Sizilianer, die im Dienste der Republik gestanden hatten, bis auf die Ärzte, mit denen der französische Sanitätskörper ein Abkommen traf, wonach sie, solange sie noch Kranke in den Spitälern hätten, bleiben durften. Dessenungeachtet wurde Pietro Ripari, von dem bekannt war, daß er das Priesterregiment haßte, und dem man nachsagte, daß er sich unter Garibaldi mehrere Male tätlich am Kampfe beteiligt hätte, gefangengenommen und brachte sieben Jahre in den päpstlichen Kerkern zu. Nachdem die meisten schon abgereist waren, fand der, der am meisten zu fürchten hatte, Mazzini, das Herz nicht, sich von Rom zu trennen, und irrte, ewig Abschied nehmend, durch die Gassen, die er liebte. Auch wohnte er in diesen Tagen geheimen Versammlungen der Republikaner bei, die ihn als Meister anerkannten und mit denen er ein neues Programm für die Revolutionierung Italiens vorbereitete; denn trotz der hoffnungslosen Zeit wollte er das Feuer der großen Verschwörung nicht erlöschen lassen. Die opferwilligsten und liebendsten seiner Freunde, Aurelio Saffi, Scipione Pietrucci, Pisacane und Maurizio Quadrio, hatten beschlossen, den gefährlichen Boden nicht ohne ihn zu verlassen; aber er mied sie jetzt, deren Gesellschaft ihn sonst beglückte, und suchte die Einsamkeit, um Zwiesprache mit Rom zu halten. Oft folgten sie ihm von weitem, um zu seinem Schutze in der Nähe zu sein; was für ein Fang wäre dem Gegner der Volkstribun gewesen, der Europa entzündete! Doch niemand tastete ihn an oder hielt ihn auf.

Eines Abends saßen Gustavo Modena und Julia mit Giacomo Medici in ihrem Wohnzimmer am leeren Kamin und warteten besorgt auf die Heimkunft des Irrfahrers. Er glaube nicht, sagte Modena, daß ihm etwas geschähe, die Geschichte halte ihre Hand über ihren Erkorenen, und er erinnerte an manchen gefährlichen Augenblick in vergangener Zeit, wo er den Verfolgern scheinbar mehr durch Wunder als Mühe entronnen war. Julia sprach von der Angst, die seine Mutter litte; man müsse ihn durchaus bewegen, Rom zu verlassen und sich in Sicherheit zu bringen, sein Bleiben fruchte nichts mehr und verlängere ihm nur seine Qual. Medici, der im letzten Augenblicke sich nicht hatte entschließen können,

Garibaldi ins Ungewisse zu folgen, und nun verdrossen und müde seine Abreise von einem Tage zum andern verschob, sagte: »Sowohl Mazzini wie Garibaldi verstehen sich mit den öden Zeiten, wo man nichts tun kann als warten, nicht abzufinden. Die Tat wird vom Menschen mit der Stunde erzeugt, kommt die rechte nicht, so ist Stillhalten und Kräftesammeln besser als eigenwilliges Suchen und Zwingen.« – »Das Warten muß freilich dem am schwersten fallen,« entgegnete Modena, »dem die Kraft der Tat in Kopf und Herzen rege ist; doch glaube auch ich, daß Mazzini jetzt das Höchste leistete, wenn er in irgendein Mauseloch kröche und den Speck in der Falle unberochen ließe.« Was ihn betreffe, fuhr Medici nach einer Pause fort, so wolle er versuchen, in Genua zu bleiben und dort ein kaufmännisches Geschäft zu betreiben, um sofort zur Stelle zu sein, wenn Italien seiner wieder bedürfe. Am liebsten würde er schlafen, bis der Kampf wieder aufgenommen werden könnte; da das unmöglich sei, wolle er arbeiten und vergessen. Dann versank er wieder in unmutiges Schweigen.

Spät in der Nacht kam Mazzini, bleich und erschöpft. Julia Modena suchte ihn mit Speise und Trank zu erquicken, und nachdem das geschehen war, setzte sie sich vor ihn hin und schilderte ihm die Liebe und Sorge seiner Mutter, deren Liebling er sei und der er schuldig sei, an seine Erhaltung zu denken. Sie begann ihre Rede mit einer ernsten, beinahe strafenden Miene, bis zum Schlusse indessen hatte ihr weiches Gesicht seine natürliche Lieblichkeit wieder angenommen und lächelte ihn rosig an wie das Leben selbst, das ein verlorenes Kind zurückruft. »Könnte ich zu meiner Mutter,« sagte Mazzini, »wäre ich schon nicht mehr hier; aber in die Verbannung geht man mit widerwilligen und langsamen Schritten.« Es fehle ihm in der Schweiz und in England nicht an Freunden, sagte Julia, viele begleiteten ihn von Rom, andre erwarteten ihn dort, und wer könne wissen, wie bald die Ereignisse ihn wieder nach Italien riefen; sie betrachtete mit zärtlichem Erbarmen sein schmalgewordenes Gesicht mit den großen Augen, das dem eines zu früh gealterten Kindes glich. Auch Gustavo Modena redete in seiner Weise auf ihn ein: »Was würdest du sagen, Pippo, wenn ich, nachdem ich auf der Bühne das letzte große Seufzen und Brüllen meiner Rolle ausgestoßen hätte, das die haushälterische Weisheit des Dichters mir gönnte, nicht abgehen wollte, sondern auf eigne Hand weiterraste oder gar, anstatt mit einer vorgeschriebenen erhabenen Gebärde zu enden, mir aus zügelloser Begierde eines pathetischen Abgangs einen Dolch in die Brust stieße? Es ist anzunehmen, daß der beleidigte Dichter mich umbringen und das Tribunal der literarischen Nachwelt ihn freisprechen würde. Siehst du denn nicht, Pippo, daß schon eine neue Truppe vor der Türe steht, die schöne Schaustücke und Ballette aufführen will, mit denen sie weit mehr Ehre beim Publikum einlegen wird als ihr mit den alten Römertragödien? Der große Dichter oben berücksichtigt jeden Geschmack und sorgt für Abwechslung, mit Abkürzung des Ernsthaften und Ehrbaren, welches die ermüdendste Gattung ist. Also tritt ab, Pippo, ziehe dich zurück und studiere deine Rolle, bis es Zeit ist, wieder aufzutreten, gleiche du nicht jenen Übereifrigen, die unter Schweiß und Drangsal gestikulieren, wenn die Damen schon hinter dem Fächer gähnen und das Parterre leer wird. Begreife doch, daß, wie tugendhafte Szenen du auch spielst und wie trefflich du deine Sache machst, das Publikum sich nie ein Beispiel daran nehmen und sich bessern wird, sondern Erholung und Belustigung sucht und desto vergnügter zu Nacht speisen wird, je blutiger es sich während der Vorstellung aufgeregt hat. Reize denn nicht unnütz den Zorn der neuen Truppe, indem du dich noch auf der Bühne breitmachst, wo sie jetzt agieren wollen. Oh, wie gern verkrieche ich mich, wenn ich meine Fratzen geschnitten habe, in eine Rebenlaube, wo meine Julia mir Polenta auftischt und niemand mir Beifall klatschen oder mich auszischen kann!«

»Ich habe keine Julia,« sagte Mazzini lächelnd, »und ich kann nicht glauben, daß das Stück aus ist. Es ist der große Vorhang nicht, der gefallen ist! Es ist das Ende nicht, nur eine Pause!« – »Aber sie wird lang genug sein,« fügte Modena hinzu, »daß wir inzwischen eine Reise machen können.«

Am folgenden Tage verließ Mazzini Rom. Gelassen und unverstellt ging er durch die auflauernden Feinde von den Hügeln, die die Welt krönen, hinunter ans Meer, wo er sich einschiffte, um, von allen italienischen Staaten geächtet, als Flüchtling in die Fremde zu ziehen.

Nach Tivoli schlug Garibaldi eine nördliche Richtung ein. Das Tempo seiner Märsche wurde so geschwinde und die Ruhestunden wurden so kurz und spärlich, daß nicht wenig Soldaten zurück=

blieben, zum Teil durch die Anstrengungen abgeschreckt, aber auch willige, die Krankheit oder Erschöpfung am Weitergehen verhinderten. Die Ausrüstung dieser Truppen war niemals musterhaft gewesen; vollends jetzt, da das Verbrauchte nie ersetzt worden war, fehlte es oft am Notwendigsten; viele gingen auf durchlöcherten Schuhsohlen. Niemand wagte Garibaldi zu erinnern, daß er den Soldaten zuviel zumute; da sein eigner Wille mit jeder Schwäche und Widerspenstigkeit des Körpers fertig wurde, glaubte er nicht leicht, daß andre unterliegen könnten; auch wußten Offiziere wie Gemeine, daß seine Vorschriften nicht willkürlich waren und daß die Eile notwendig war, um dem Feinde zu entgehen. Auf toskanischem Gebiete wurde die Lage noch schwieriger, als sie in den römischen Provinzen gewesen war, wo die Franzosen die Verfolgung nicht mit aller Macht betrieben hatten; zwar wurden die Garibaldiner in den freundlichen Ortschaften Toskanas gut aufgenommen und bewirtet, doch an nachdrückliche Unterstützung dachte niemand, und oft wirkte die Furcht vor den Österreichern der wohlwollenden Gesinnung entgegen.

Man war etwa zwei Tagereisen von Orvieto entfernt, als eines Morgens die ausgesandten Kundschafter berichteten, daß sie auf der ein schönes Flußtal durchziehenden Straße österreichische Vorposten gesehen hätten und infolgedessen der beabsichtigte Weg nicht genommen werden könne; doch hatte Garibaldi bereits bemerkt, daß es einen Seitenweg gab, der zwar, den Berg hinaufsteigend, für das Gepäck und die Kanonen schwer zu passieren war, auf dem man aber hoffen konnte, den Feind zu umgehen. Auf Anordnung des Generals blieb die Reiterei auf dem Lagerplatze zurück, während die große Masse des Heeres den beschwerlichen Weg still, jedes Geräusch vermeidend, antrat. Nach einigen Stunden war die Höhe erreicht, von der aus man die Stellung des Feindes im Felsental erkennen konnte; schweigend blickten alle hinunter, ohne anzuhalten. Obwohl nicht wahrscheinlich, war es doch unsicher, ob der eingeschlagene Weg nicht umstellt war, und die Soldaten schlichen flüchtig wie Schmuggler, beim Schreien der Maultiere zusammenschreckend, durch die dunkle Nacht. Gegen Morgen wurde an einer Quelle kurze Zeit gerastet; von hier aus zweigte Sacchi mit einer kleinen Abteilung der Legion auf kaum sichtbaren, verwachsenen Hirtenpfaden ab, um zu rekognoszieren, während Garibaldi die übrigen dem Ziele des Weges entgegen=

führte, das sie um die siebente Abendstunde erreichten. Auf der Hochebene jenseits des vom Feinde besetzten Tales lag ein altes Franziskanerkloster, von dem aus die Straße weiter nach Montepulciano und Torita führte; es war ein von gewaltigen Mauern und Türmen umfangenes, burgartiges Gebäude, in dem eine Besatzung sich leicht hätte verschanzen und lange Zeit verteidigen können. Die aufs äußerste erschöpften und verschmachteten Soldaten jubelten beim Anblick des fetten Ruheplatzes; allein die Mönche hatten, als sie die Garibaldiner herankommen sahen, eilig die Tore verrammelt und beantworteten die erst höflich, dann zorniger klingende Bitte um Einlaß durch höhnisches Schweigen. Schon schlugen die erbosten Soldaten mit ihren Gewehrkolben an die Pforte und drohten Mord und Brand, als Garibaldi erschien, auf dessen Ruf: »Hier steht Garibaldi! Macht auf, gute Freunde, in Gottes Namen, den Soldaten Italiens!« nach kurzem Säumen die sperrenden Riegel zurückgeschoben wurden. Garibaldi ritt, höflich grüßend, in den Hof ein, und als er sich von einer hinreichenden Anzahl die Furcht hinter einem verbissenen Lächeln verbergenden Mönchsgesichter umgeben sah, hielt er an, um ihnen folgendes zu sagen: »Schämt euch, daß ihr, die ihr euch Diener des allerhöchsten Gottes nennt, armen müden Soldaten, euern Brüdern, die notwendige Speisung und Unterkunft verweigert. Euch wie jene hat eine fruchtbare und schöne Erde mütterlich getragen; jene düngen sie mit ihrem Blut, ihr mästet euern Bauch mit dem, was sie hervorbringt. Doch auch den ungleichen Bruder schonen wir; was wir euch mit Waffengewalt entreißen könnten, erbitten wir von eurer Vaterlandsliebe oder, wenn ihr die nicht kennt, von eurer Menschlichkeit. Solltet ihr euch aber auch darauf nicht verstehen, so zwingt ihr uns zu einer nachdrücklicheren Sprache.« Dann, da er beim Reden die Kutten scharf ins Auge gefaßt und unter ihnen einen Jüngling von tadelloser Schönheit bemerkt hatte, wendete er sich plötzlich zu diesem mit den Worten: »Knabe, nach deiner Gestalt und deinen Zügen mußt du ein Abkömmling jener Heldenstämme sein, die in der Vorzeit diese Felsen besiedelten und aus deren Mitte die Adler aufflogen, die unsern Erdball beschatteten. Wüßtest du wie sie ein Pferd zu bändigen und ein Schwert zu schwingen, könntest du ein Held werden, anstatt daß du nun ein Bettler und Faulenzer bist. Armseliger, verbrennt dich die Scham nicht, wenn der heilige Krieg über dein Grab reitet?«

Die Mönche hörten dies alles mit niedergeschlagenen Augen und steifem Lächeln an und begannen langsam einige Fässer voll Wein aus dem Keller zu schaffen, wobei die Soldaten, mutwillig lärmend, unerbetene Hilfe leisteten. Inzwischen war bereits die Spitze der von Sacchi geführten Abteilung sichtbar geworden, die in stetiger Bewegung an der Felswand hinaufrückte, und Offiziere und Soldaten, die ihr Näherkommen beobachteten, mutmaßten über die Bedeutung eines Zuges von Eseln und Maultieren, die nicht zum Heere gehörten. Mehrere Neugierige liefen den Erwarteten entgegen, und es stellte sich heraus, daß es ein Transportzug war, der den Franzosen Proviant, nämlich Geflügel und Eier, nach Orvieto hätte bringen sollen und den die Garibaldiner als Kriegsbeute betrachtet und mitgeführt hatten. Die ausgehungerten Soldaten, die fast vierzehn Tage lang nur Brot und Käse oder an grünen Stecken geröstetes Rindfleisch ohne Salz gegessen hatten, frohlockten, die Klosterküche füllte sich, und leckere Gerüche strömten durch die gewölbten Gänge. Allmählich dehnte sich an den emsig flackernden Feuern und angesichts der Fülle, die auch in ihre Tiegel floß, die Seele der Mönche aus, und sie setzten sich, gesellig scherzend, bald zu dieser, bald zu jener Gruppe, vorzüglich aber Garibaldi umschwärmend, damit sie sich später eines kühn bestandenen Gesprächs mit dem Antichristen rühmen könnten. Für Anita war gleich nach ihrer Ankunft an den Außenmauern des Klosters ein Zelt aufgeschlagen worden, wo sie sich schlafen gelegt hatte; inzwischen hatte sie sich erholt und lagerte sich mit ihrem Mann und seinen Gästen im Freien, wo der Blick toskanisches und römisches Land weithin umfassen konnte. Die Sonne war untergegangen, und die Täler füllten sich mit weichen Schatten, aus denen wie purpurne Inseln die Höhen tauchten. Als schon allerorts gespeist wurde, kam vollzählig und in bester Verfassung die Reiterei an, die am Tage vorher zurückgeblieben war; Garibaldi rief Hofstetter, der sie geführt hatte, zu sich, dankte ihm und lud ihn ein, an seiner Mahlzeit teilzunehmen.

Garibaldi war in froher Stimmung, nicht nur über das gelungene Wagnis, sondern weil er durch Briefschaften, die man bei dem Führer des erbeuteten Transportes gefunden hatte, über Stellungen und Absichten des Feindes unterrichtet war, während zugleich daraus hervorging, daß Franzosen und Österreicher die Stärke seiner Kolonne beträchtlich überschätzten. Zum ersten Male ließ er

sich über die Möglichkeiten des Feldzuges aus: er habe eingesehen, sagte er, daß augenblicklich die Revolution nicht wieder angefacht werden könne, die Verwahrlosung der römischen Provinzen mache ihre Bewohner gleichgültig; in Toskana komme ihm wohl die Bevölkerung herzlich entgegen, aber Opfer wolle niemand bringen; sie bedauerten und bewunderten das mutige Häufchen und atmeten auf, wenn sie weitergegangen wären. Nur Venedig rage noch frei, dort wehe die Trikolore noch; wenn es gelänge, über den Apennin ans Meer zu dringen, wolle er dorthin; nachdem soviel Unwahrscheinliches getan sei, werde auch das Letzte glücken und die Adria erreicht werden. Der Richtung nach, die Garibaldi verfolgte, hatte man in seiner Umgebung bereits vermutet, daß Venedig sein Ziel sei; seine bestätigenden Worte und das Bewußtsein, daß ein Ende der Gefahr und Mühsal abzusehen sei, wenn auch nach Überwindung ungemeiner Schwierigkeiten, erregten überall Freude. Man erzählte sich Geschichten von den beherzten Männern, die Venedig regierten und verteidigten: von Enrico Cosenz und Sirtori, dem ehemaligen Priester und selbstquälerischen Grübler, und besprach die einzige Lage der Meeresfestung und ihre Vorteile und Nachteile bei der Belagerung. Garibaldi wünschte vor allem jenen Cesare Rossaroll kennenzulernen, der, aus stolzem sizilianischem Blute, von seinen Vätern das Vermächtnis unversöhnlichen Hasses der Tyrannen von Neapel empfangen hatte, verbannt, zum Tode verurteilt, gefangen und gemartert war, in Griechenland und Italien gekämpft und schließlich sein italienisches Herz und seine unbeugsame Soldatenkraft Venedig dargebracht hatte; denn es war Garibaldi nicht bekannt geworden, daß der trotzige Mann schon vor dem Falle Roms auf der Batterie, die er verteidigte, von einer österreichischen Kugel getroffen worden und gestorben war.
Inzwischen war der letzte Widerschein des Lichtes erloschen, aber noch nicht Nacht; es war die blasse Stunde, wo die Elemente entschleiert aus den Wogen der gelösten Dinge tauchen. Aus dem Kloster scholl Gelächter und Gläserklingen, Mönche und Soldaten tranken Brüderschaft und küßten sich; nur der schöne Jüngling, den Garibaldi so hart angelassen hatte, saß abseits von den Zechenden an einem alten Ziehbrunnen zwischen Weingärten in ruhelosen Gedanken. Garibaldi erzählte ein Abenteuer aus Amerika: Seine Frau war einmal während eines Scharmützels von ihm ge-

trennt und in Gefangenschaft geraten, es glückte ihr aber, sich zu befreien und mitsamt ihrem treuen Pferde zu entkommen. Sie ritt zwei Tage und zwei Nächte, ihn suchend, fast ohne Nahrung, durch die labyrinthischen Urwälder, um endlich in einer Hütte seinen blutbefleckten Mantel zu finden, welcher Umstand, verbunden mit den Äußerungen einiger Leute, die sie ausfragte, sie glauben machte, er sei in dem Gefechte getötet worden. Trotzdem ritt sie weiter durch Wald und Steppe, eine seltsam schöne Vision, der man kopfschüttelnd nachblickte, bis sie ihn endlich fand, der ebenso an ihrem wie sie an seinem Leben verzweifelt war. Wie er ihr, als er die Erzählung geendet hatte, die Hand reichte und sie einander, von Erinnerungen hingerissen, in die verhüllten Augen sahen, schienen sie allein zwischen dem hohen Zuge der Wolken und der dunkel umfluteten Erde zu sein. Die Offiziere betrachteten die zarte Frau mit ehrfürchtigem Mitleiden, die in zurückliegender Zeit Proben außergewöhnlicher männlicher Kraft gegeben hatte und der es jetzt oft anzusehen war, daß sie sich nur mit Anstrengung auf dem Pferde halten konnte. Unter ihren großen, von schweren Lidern gedeckten Augen, in denen oft die Süßigkeit innigster Ermüdung lag, zogen sich graugrüne Schatten hin, und es kam vor, daß sie einschlief, während ihr Mann sie vom Pferde hob und zu dem Lagerplatz trug, bei dem man angelangt war. Wie im Herbst, wenn die Blätter fallen und die Blumen abgeblüht sind, eine Luft, leicht wie Schaumwein, die Landschaft durchdringt und verzaubert, lag ihre Schönheit nur noch in ihrem Lächeln und in der Leidenschaft ihres Blickes; sonst sah sie welk und alt aus. Garibaldi schrieb die auffallende Erschöpfung ihrer Schwangerschaft zu, worin sie ihn bestärkte; denn sie fürchtete, er würde sie, damit sie bessere Pflege erhielte, nach Hause schicken, und verheimlichte deshalb, wie schwach sie sich fühlte. Wenn er bei ihr war, strahlte auf ihrem Gesicht immer ein Lächeln, das die grenzenlose Unterwürfigkeit und Beseligung ihrer Liebe ausdrückte und ihn des Reichtums sicher machte, den er sich gewöhnt hatte, als ein notwendiges Zubehör des Lebens zu betrachten. Doch wachte sie manchmal bei Nacht, wenn die größte Müdigkeit gestillt war, vor Schmerzen auf, und wenn sie dann, um ihren Mann nicht zu stören, unbeweglich neben ihm lag, stieg eine bitterliche Traurigkeit in ihr auf, und an ihre Kinder denkend, die sie verlassen hatte, und an das, das traumspielend sich in ihr regte, weinte sie lautlos und hoffnungslos.

Von Arezzo an, wo sich die Kolonne, den Apennin überschreitend, dem Adriatischen Meere zuwandte, drängte der Feind näher an den Weg, so daß es immer schwieriger ward, auszubiegen. Es fielen Geplänkel vor, bei denen sich die Offiziere nicht mehr so zuverlässig wie sonst erwiesen; täglich desertierten Soldaten, aber auch jener Amerikaner namens Bueno, dem Garibaldi viel vertraut hatte, entwich heimlich mit mehreren Reitern und vielen Pferden, die er zu verkaufen gedachte. In einem Gefecht bei San Sepolcro mit den Österreichern, die dem Heere den Aufstieg zum Monte Luna verwehren wollten, fiel Lorenzo Brunetti. Als der Vater davon unterrichtet war, ritt er, ungeachtet der Gefahr und Aussichtslosigkeit des Versuches, zurück zu dem Platze, wo gekämpft worden war und den die Österreicher besetzt hatten, suchte und fand, ohne den Feind zu beachten und von ihm unbelästigt, den leblosen Körper, begrub ihn aber nicht, sondern nahm ihn zu sich auf sein Pferd und ritt mit ihm der Truppe nach.
Im Lichte der Nachmittagssonne zog sich die Heersäule die breiten Schleifen des Weges am Monte Luna hinauf unter schönblättrigen Kastanien, die ein kristallener Bergwind säuselnd bewegte. Wie eine Prozession bei alten Götterfesten schwoll es feierlich prangend über die Felsenstufen: die roten Uniformen und weißen Mäntel der italienischen Legion, die wehenden Federn und Fahnen, die beladenen Maulesel, vom Schrei der Führer getrieben, denen mit majestätischem Gange die Rinder der Campagna folgten, kenntlich an den breitausladenden Hörnern und der marmorgrauen Haut. Aber die Reiter auf den glänzenden Bologneser Pferden führte Masina nicht mehr, bei den wenigen Bersaglieri, die barfuß oder in zerfetzten Schuhen den munteren Schritt ihrer Truppe vergebens auszuführen versuchten, war keiner ihrer Offiziere. Unter den letzten ritt Angelo Brunetti, sein totes Kind vor sich auf dem Pferde, Luigi an seiner Seite. Seit dem Abzuge von Rom hatte niemand mehr das triumphierende Gelächter des ›Königs von Rom‹ gehört; doch hatte er immer Heiterkeit und Zuversicht bewahrt, scherzte auch mit dem Jüngsten und erwies ihm viele kleine Zärtlichkeiten, damit er die Sorgfalt seiner Mutter nicht vermisse. Luigi war Tag und Nacht munter und beglückt über das Gedeihen seines Geschäftes, das besonders durch den Handel mit Früchten und frischem Quellwasser einen bedeutenden Aufschwung genommen hatte. Er war ungeduldig wie keiner, nach

Venedig zu kommen, wo er es mit Hilfe der dort aufgestapelten Schätze noch weiter zu bringen und den blühendsten Handel der Welt zu überbieten hoffte. Jetzt jedoch ritt er gesenkten Kopfes und verstohlen schluchzend neben seinem Vater.

Auf der Spitze des Berges wendeten sich alle sogleich nach Osten, wo jenseits der waldigen Ausläufer des Apennin das Adriatische Meer lag; es blinkte matt am grauen Horizonte. Garibaldi streckte den Arm in der Richtung aus, wo eine vorspringende Bucht Venedig verdeckte, und sagte zu Anita: »Dort steht vielleicht die Wiege unsers Kindes«; sie erwiderte sein liebkosendes Lächeln mit einem glücklichen Blick in seine Augen. Dann sagte der General halblaut zu Sacchi, der in seiner Nähe hielt: »Es ist Zeit, daß wir zum Ziele kommen. Dies unglückliche Heer hat die Tracht und Bewegung des Lebens, aber es ist nur sein Widerschein in einem umgehenden Gespenste, das sich auflöst, wenn man es anrührt. Was der Tod nicht genommen hat, ist von Strapazen entkräftet, denn unser Volk hat gelernt sich um seine Leckerbissen bücken und schicken, nicht, mit einem Trunk Wasser und hartem Brot für seine Ehre zu stehen. Dennoch, läge Rom vor uns, möchte ich mich noch großer Hoffnungen vermessen, wir wären in unserm Frühling wie die Erde, die sich der Sonne entgegendreht; aber wir scheiden weg von ihr und sinken jeden Tag tiefer in Nacht und Kälte.«

Man schickte sich schon zum Abstiege an, denn ein längeres Rasten auf dem Berge war nicht vorgesehen; als Garibaldi den unglücklichen Brunetti mit dem toten Lorenzo bemerkte, untersuchte er den leblosen Körper nach seinen Wunden und sagte: »Dein Sohn ist als ein tapferer Römer gegen unsern Todfeind kämpfend gefallen. Laß uns ihn hier begraben und ihm einen Grabhügel errichten, der als ein Denkmal unsers Waffenzuges durch das geknechtete Italien in dieser hohen Einöde stehen mag.« Es wurde von mehreren Soldaten eilig ein Grab gegraben und, nachdem der Leichnam hineingelegt und mit Erde bedeckt worden war, eine ungeregelte Pyramide aus Steinblöcken darüber aufgetürmt; es lagen nämlich viele behauene Trümmer umher, von denen man annahm, daß sie Reste uralter, von Völkern, die vor den latinischen Stämmen Italien besiedelt hätten, erbauter Tempel wären. Nachdem die Stelle durch ein Gebet Ugo Bassis eingesegnet worden war, wurde zum Abmarsch geblasen, und der Zug senkte sich in die umbüschte, bereits nächtlich dunkle Schlucht des denkwürdigen Metaurus hinunter. Die Zurückblickenden sahen noch eine Zeitlang die Spitze des steinernen Grabmals über dem einsamen Wehen des Grases aufragen.

Jenseits des Monte Luna wurde die Verfolgung seitens des Feindes so bedrohlich, daß Garibaldi es angemessen fand, die Straße zu verlassen und, die letzten Hänge des Apennin hinuntereilend, auf das neutrale Gebiet der kleinen Republik San Marino überzugehen, die zu edelmütig war, um dem gehetzten italienischen Heere die Aufnahme zu verweigern. Nachdem die Soldaten die Waffen niedergelegt hatten, versammelte Garibaldi sie um sich und entließ sie aus ihrer Pflicht, für seine Person jedoch und diejenigen, die sich ihm anschließen wollten, die Kapitulation mit den gehaßten Österreichern verschmähend. Mit etwa hundert Mann, die teils ihn nicht verlassen wollten, teils nicht glaubten, daß die österreichische Regierung den Vertrag, den Garibaldi unter Vermittlung der Republik zum Schutze seiner Anhänger abgeschlossen hatte, anerkennen oder dann einhalten würde, verließ er beim Anbruch der Nacht durch das Tor von Rimini die Stadt. Am Fuße des Felsens, auf dem San Marino liegt, warteten sie in einem Gehölze, ob sich noch andre zu ihnen einfinden würden; als aber nach einer Stunde niemand gekommen war, brachen sie auf, um die Dunkelheit zu benutzen. Der Weg führte schmal über unebenen Boden durch Wald. Garibaldi, der an der Spitze ritt, ließ die Pferde einen raschen Trab nehmen, dachte aber nach kurzer Zeit daran, welche Mühe es den Fußgängern, die folgten, machen müßte, einen so scharfen Schritt einzuhalten, und trug Hofstetter auf, zurückzureiten und sie zu vertrösten, daß nur, bis man aus dem Bereich der Österreicher wäre, so weitergegangen werden sollte. Zu diesem Zwecke mußte der Deutsche die ganze Kolonne entlangreiten, die, da einer hinter dem andern gehen mußte, eine lange Strecke bedeckte, und als er endlich sein Geschäft beendet hatte, fand er, daß die vorderen unterdessen einen großen Vorsprung gewonnen hatten und nichts mehr von ihnen zu erblicken war. Nur zwei Reiter waren vor Müdigkeit nach mehreren durchwachten Nächten auf ihren Pferden eingeschlafen und infolgedessen zurückgeblieben, wußten aber so wenig wie er, wohin sie sich wenden sollten. Garibaldi pflegte, um Verfolgende irrezuführen, wenn es möglich war, bald diesen, bald jenen Weg einzuschlagen, und da nun viele kleine Pfade durch das Gehölz liefen, war es nicht leicht, ihm nachzugehen; doch glaubte Hofstetter, es müsse möglich sein, die frische Spur der Pferde wiederzufinden, und machte sich mit den andern, die von der Spitze abgetrennt waren, ans Werk. Zwar drang der Schein des Mondes hinlänglich durch die luftigen Baumgruppen, trotzdem war auf den wenig begangenen, stellenweise hoch mit Gras und Kraut überwachsenen Wegen kein Zeichen von Hufschlägen zu entdecken, und man mußte schließlich die Hoffnung aufgeben, Garibaldi, außer durch Zufall, wieder zu erreichen. Die Zurückgebliebenen waren ungefähr achtzig Mann, ein Häufchen ohne Führer, ohne Kenntnis des Landes, zu schwach, um sich gegen Angriffe des Feindes schützen zu können, zu zahlreich, um unbemerkt zu bleiben, deswegen machte Hofstetter den Vorschlag, daß sie sich trennten und ein jeder seinem Sterne folge, womit alle einverstanden waren. Sie waren zusammen gehend bis an den Fluß Usu gekommen, der im Altertum Rubikon hieß, und gingen hier stillschweigend auseinander; Hofstetter wählte mit seinem Burschen das steinige, fast ganz ausgetrocknete Flußbett zum Wege, bis er im Zwielicht des Morgens durch die Büsche des Ufers hindurch Getreidefelder und einzelne Gehöfte dazwischen liegen sah, wo er Unterkunft zu finden hoffte. Indessen wurde er beim ersten Hause, wo er anklopfte, unter Schreckensbezeigungen abgewiesen, denn es war bekannt, daß die Österreicher jeden niederschossen, der einem Garibaldiner, als welchen man ihn sofort erkannte, bei sich Aufnahme gewährte. Er entschloß sich deswegen, in einer verlassenen Scheune, an der er vorbeikam, seine Uniform mit einem gewöhnlichen Anzug, den er im Gepäck mit sich führte, zu vertauschen und sie dort liegenzulassen, bis auf die rote Jacke, von der er sich nicht trennen mochte. Inzwischen war seine Anwesenheit zur Kenntnis einiger Bauern gekommen, die sich sein Unglück zunutze zu machen dachten; er war etwa eine halbe Stunde gegangen, als ein Mann ihm nachgelaufen kam, der ihn durch Zeichen ermunterte stehenzubleiben und, da jener ihn erwartete, ihm ein Angebot auf seine Pferde machte in der Voraussicht, daß der geächtete Offizier froh sein müsse, die Tiere loszuwerden, die ihm hinderlich sein mußten, wo es galt, sich unauffällig durchzuschleichen. Hofstetter grollte über die geringe Summe, die der schlaue Bauer zahlen wollte, bedachte aber die Natur der Menschen und seine Lage und nahm den Vorschlag an, nur bat er sich aus, daß der Mann aus seinem nahegelegenen Hofe ein paar Säcke mit Hafer herbeischaffe, damit die ausgehungerten Tiere vor seinen Augen gefüttert würden. Hierauf ging der Bauer ein und entfernte sich, um das Futter zu holen, während der Deutsche seine Pferde zu einem Brunnen führte, den er, wenige Schritte entfernt, zwischen ein paar Eichenbäumen bemerkt hatte. Traurig betrachtete er die Trinkenden; das eine, das er Moretto genannt hatte, war bis auf einige weiße Haare an den Schenkeln ganz und gar glänzend schwarz, er hatte es bei Palestrina und Velletri geritten; das andre, hellbraun mit weißen Flecken an den Ohren und auf der Stirne, war von Masina auf Manara und dann auf ihn gekommen, es war am 3. Juni, als es Masina trug, durch einen Schuß verwundet worden. Die Vorstellung, daß die edeln Geschöpfe, nun vor Pflug und Karren gespannt, unter der Peitsche Lasten schleppen würden, schnitt ihm ins Herz; es schien ihm auf einmal, als verkaufe er Freunde in die Sklaverei und als handle er getreuer, wenn er sie durch einen Revolverschuß tötete. Langsam schnallte er das Gepäck ab und legte es auf die Erde, aber noch ehe er eine Pistole hervorgezogen hatte, gab er es wieder auf; er besaß keinen Heller Geld mehr und bedurfte der Summe, die ihm für die beiden Pferde zugesagt war, wenn er überhaupt an Rettung denken wollte. Er schlang die Arme um Morettos Hals und blieb, das Gesicht in seine Mähne gedrückt, müde so stehen, bis der Bauer zurückkam. Nachdem die Pferde gefüttert und fortgeführt waren, setzte er sich auf den Rand des Brunnens, zählte das Geld, das er bekommen hatte, teilte es mit seinem Burschen und schickte sich an, seine Waffen, die ihn verraten konnten, in die Erde zu graben. Mit Hilfe seines Burschen machte er eine tiefe Grube, hieß ihn Umschau halten, ob niemand käme, und packte dann die Waffen aus, die er noch bei sich hatte: eine feine Toledanerklinge, die Manara gehört und die Emilio Dandolo ihm als Andenken gegeben hatte, einen Revolver, den ein Soldat einem französischen Offizier abgenommen und ihm gebracht hatte, und eine Pistole mit kunstreichen silbernen Beschlägen, die Morosinis Großvater als Andenken von dem Polenhelden Kosciuszko erhalten hatte und die nach seinem Tode in den Besitz des Enkels übergegangen war; er wickelte sie sorgfältig in seine rote Bluse, begrub alles zusammen und versuchte

die Spuren seiner Arbeit so gut wie möglich zu verwischen. Die stille Luft des Hochsommers glühte über den endlosen Feldern, weit und breit war niemand zu sehen. Bevor er ging, sah sich Hofstetter noch einmal aufmerksam die Stelle an, den runden Steinbrunnen und die Eichen mit dicken, zerrissenen Stämmen, von denen einer, vom Blitze gespalten, mit scharfer Zacke durch die reiche Krone starrte; denn er dachte, er könnte in glücklicheren Tagen wiederkommen und seine Waffen ausgraben.
Als es dunkel wurde, fand er in einem Bauernhause dicht vor der Stadt Cesena Aufnahme, Nahrung und ein Bett. Er schlief eine Stunde lang wie ein Toter, dann schüttelte die Erinnerung seine gebundene Seele. Einmal fuhr er auf, weil er die Stimme Garibaldis gehört zu haben glaubte, die ihn riefe, und horchte noch eine Weile in die Nacht. Am Morgen fühlte er sich matt wie ein Fieberkranker, setzte aber dennoch seine Reise fort und gelangte, überall von Patrioten gefördert, über Bologna in die Lombardei, wo er sich einige Tage aufhielt, und in die Schweiz.

In der Nähe von Cesenatico erreichte Garibaldi mit denen, die noch bei ihm waren, das Meer und da sie in einer Bucht dreizehn Boote fanden, bemächtigten sie sich derselben und zwangen die Fischer, denen sie gehörten, sie zu fahren. Anita, die sich eine Nacht und einen Tag durch fast ohne Unterbrechung auf dem Pferde gehalten hatte, trotzdem das Fieber an ihr zehrte und krampfartige Schmerzen sie quälten, verlor das Bewußtsein, sowie sie im Boote war. Garibaldi kühlte ihre Schläfen mit Wasser und bettete sie, als sie wieder zu sich gekommen war, so gut es gehen wollte, auf seinen Mantel, wo sie bald, von der Bewegung des Meeres geschaukelt, in Schlummer fiel. In dem Boote befanden sich außer Garibaldi und seiner Frau Angelo Brunetti mit Luigi und Ugo Bassi. Dieser hatte unterwegs an Fiebern gelitten und einmal sogar bei wohlmeinenden Leuten, die ihn pflegten, einige Tage zurückbleiben müssen; er sah hager, gelb und alt aus. Meist war er schweigsam neben Brunetti geritten oder hatte dem kleinen Luigi vaterländische Geschichten erzählt und ihn Verse von Dante und Tasso gelehrt. Doch überkam auch ihn wie die andern ein Gefühl von Himmelsruhe, als die erkämpften Schiffe auf dem Wasser waren. Garibaldi erschreckte zwar der Zustand seiner Frau, die er nie ohnmächtig oder irgendeiner Schwäche verfallen

gesehen hatte, aber die Lust, auf dem Meere zu sein, stimmte ihn zuversichtlich; unter der Spitze des Bootes, wohin er trat, um aufrechtstehend mit dem Ruder zu steuern, wölbte es sich empor wie ein gebändigtes Raubtier, das sich aufrichtet, um die Hand seines Herrn zu lecken; der Wind flog herzu, als bannte ihn die unvergeßliche Stimme, deren Befehle hell durch das Rauschen des Wassers klangen, und trieb die kleine Flotte mit gewogenem Hauch gegen Norden. Halblaut, damit Anita nicht geweckt würde, berechnete er die Zeit, wann sie bei andauernd günstigem Wetter in Venedig sein würden. Er könne es nicht erwarten, daß er seine Frau erquicken und ihr die Pflege, deren sie bedürfe, verschaffen könne; eine Nacht festen Schlafes werde ihr die frühere Kraft zurückgeben, meinte er hoffnungsvoll. Sie waren etwa eine Stunde gefahren, als der Mond aufging und die ebene Fläche mit unaufhaltsamem Licht überschwemmte. Ein Laut des Entzückens kam von Luigis Munde, der noch nie auf dem Meere gewesen war; die Männer hingegen hatten eine widerwärtige Empfindung, als wäre eine verbergende Decke von ihnen weggezogen und sie wären schutzlos den scharfen Augen der Verfolgung ausgesetzt.
In der Tat war es unter den österreichischen Strandwachen schnell bekannt geworden, daß der gefürchtete Mann, der ihnen zu Lande entkommen war, sich eingeschifft habe, und Signale verkündeten längs der Küste die Richtung seiner Flucht. Doch zeigte sich kein Hindernis, bis, als Mitternacht schon vorüber war, die österreichische Flotte, die vor Venedig kreuzte, auf der beleuchteten Fläche das fliegende Geschwader bemerkte. Mehr noch als die Garibaldiner erschraken die Fischer, die nur gezwungen das Wagnis unternommen hatten und nun für ihr Leben und ebenso für ihre Boote zitterten, die die Österreicher ihrer Meinung nach zusammenschießen würden, so daß einige die Ruder hinwarfen und sich weigerten, weiterzurudern. In diesem Entsetzen blieb Garibaldi besonnen; er befahl, um dem Feinde die Verfolgung zu erschweren, daß die Schiffe sich zerstreuen und jedes für sich Venedig zu erreichen suchen sollte, vor allen Dingen, daß mit äußerster Schnelligkeit ausgegriffen würde; aber die Angst der Schiffsleute war nicht zu überwinden. Weder Vorwurf noch Drohung vermochte die Feigen anzufeuern, so griffen auch Ugo Bassi und Brunetti zu den Rudern, freilich, da sie ganz ungeübt waren, ohne erheblich zum Vorwärtskommen beitragen zu können. Aber Garibaldis un=

besiegbarer Geist riß das Fahrzeug durch die Flut; während die meisten der flüchtigen Boote von den Österreichern eingeholt und gefangen wurden, entschwand das seine, einer Möwe gleich, die wie der Zickzack des Blitzes durch Wogen und Wolken stürzt, ihrer Aufmerksamkeit und landete bei den schilfigen Lagunen im Gebiete von Ravenna.

Anita war bei dem Wortwechsel mit den Schiffern aufgewacht; sie begriff nicht ganz, was vorging, fragte aber nicht, sondern lag bewegungslos und starrte mit wüsten Augen über sich in den Himmel. Garibaldi hob sie aus dem Schiffe und trug sie, durch den Schlamm watend, bis fester Boden erreicht war, wo man sich niedersetzen konnte. Jetzt erst, nachdem die höchste Anspannung der Fahrt vorüber war, betrachtete er mit erwachender Sorge seine Frau und sah sogleich die entscheidende Veränderung, die in ihren Zügen vorgegangen war. Ugo Bassi und Brunetti hatten unterwegs schon geglaubt, sie stürbe, aber dort, wo die letzten Augenblicke aller gekommen schienen, war es ihnen überflüssig vorgekommen, davon zu reden. Traurig betrachteten sie Garibaldi, der, stumm über das entfärbte Gesicht der armen Frau gebeugt, seine Seele an die unbarmherzige Tatsache zu gewöhnen suchte. Ihre Lider standen halb offen, ihre Augen hatten keinen Blick mehr; wenn sie auf sein Gesicht trafen, blieben sie daran haften, aber ohne daß sich unterscheiden ließ, ob sie ihn erkennte, so wie man im Spätherbst etwa tote Schmetterlinge an den letzten Blumen hängen sieht. Eine lange Weile sprach niemand; dann richtete Garibaldi sich auf und sagte, er halte dafür, daß sie sich trennen müßten, weil jeder einzelne sich leichter retten könnte als alle zusammen; was ihn anginge, so müsse er eine Unterkunft für die Kranke finden, die andern sollten so schnell wie möglich Ravenna oder Bologna zu erreichen suchen, vielleicht fänden sie Gutgesinnte, die ihnen behilflich wären. Ugo Bassi und Brunetti bejahten stillschweigend; der Junge war, sowie sie sich auf den Boden geworfen hatten, an seinen Vater gelehnt eingeschlafen. Die Sonne stieg gerade aus dem Meere: über die schwärzliche, blanke Haut des Wassers liefen gelbe Lichter, und nach Westen hin fing die unabsehbare Ebene langsam an zu ergrünen.

Obwohl die Gefahr zu einem schnellen Entschlusse drängte, zögerten die Männer noch an ihrem Platze, Ugo Bassi still betend, daß Gott ihn als Opfer annehmen und der Weg, den Garibaldi gehen würde, ein Weg des Lebens sein möge. Als Brunetti sich anschickte, den schlafenden Luigi auf den Arm zu nehmen, wachte der auf und erklärte trotz augenscheinlicher Schläfrigkeit, munter zu sein und zu Fuß nach Venedig gehen zu können. Inzwischen hatte Garibaldi Umschau gehalten; er warf noch einen ernsten Blick auf die beiden Männer und den Knaben und entfernte sich, Anita auf dem Arme, in nördlicher Richtung längs des Meeres. Die andern gingen auf verschiedenen Wegen ins Land hinein und fielen nach kurzer Zeit in die Hände der Österreicher: Ugo Bassi wurde in Bologna, Brunetti mit seinem Sohne an der Stelle erschossen, wo sie gefangen worden waren.

Nach und nach begaben sich die Landleute an ihre tägliche Arbeit, und so kam es, daß Garibaldi, nachdem er etwa eine Stunde gegangen war, einem italienischen Bauern begegnete, zu dem er sagte, er sei ein Soldat aus Rom und mit seiner kranken Frau auf der Flucht vor den Österreichern; er, der Bauer, möge ihn zur nächsten Hütte führen, wo die Verschmachtete ausruhen und sich erquicken könne. Der Bauer antwortete, die nächste Hütte sei noch weit entfernt, er wolle ihm einen hundert Schritt weit entfernten Brunnen zeigen, damit er der Frau sogleich könne zu trinken geben. Indem sie nebeneinander weitergingen, musterte der Bauer den angeblichen Soldaten, der ihm nicht übel gefiel, und da er, obwohl nicht ungutmütig, doch womöglich nichts umsonst tat, fragte er zutunlich, mit einem Auge listig blinzelnd, ob seine Tasche ebenso leer wie sein Magen wäre, worauf Garibaldi mit einem hellen Lächeln erwiderte: »Ebenso. Ich habe meinen Rock mit all meinem Gelde den Fischern gelassen, die mich hergefahren haben: du mußt es um Gottes und um des Vaterlands willen tun.« Es leuchtete dem Manne ein, daß dem erschöpften Manne und der sterbenskranken Frau auf alle Fälle geholfen werden müsse, und er hätte sich vielleicht entschlossen, etwas daranzuwagen; aber der feste Blick, den der Fremde bei seinen Worten auf ihm hatte ruhen lassen, hatte ihn wunderlich berührt, so nämlich, daß er empfand, er könne keinen gewöhnlichen Soldaten, sondern müsse einen Seltenen und Großen vor sich haben, und eine Reihe von Vorstellungen lief ihm blitzschnell durch den Kopf. Plötzlich blieb er stehen, fuhr sich mit beiden Händen in die Haare, schrie laut auf: »Garibaldi! Garibaldi!« und lief, ohne sich noch einmal umzusehen, querfeldein in die Felder. Garibaldi ging zu= nächst weiter bis an den Brunnen und blieb dort eine Weile, un= schlüssig, was er tun sollte. Es schien ihm besser, die Hütte des Bauern, die er schon liegen sah, nicht aufzusuchen, da seine blinde Furcht ihn verraten könne, wenn er es nicht absichtlich täte, sondern auf gut Glück eine andre Richtung einzuschlagen. Das frische Wasser und die zunehmende Wärme hatten Anita noch einmal belebt, so daß sie sich ihrer Lage bewußt wurde und ihren Mann erkannte und versuchte, ihn anzulächeln. Sie war, seit sie ihn kannte, seine starke und furchtlose Gefährtin gewesen, die seine wilden Abenteuer mit ihm bestand und, wenn sie auch bei der Ge= burt ihrer Kinder und bei den Krankheiten derselben vieles litt, stets soviel Kraft behielt, um ihn nichts merken zu lassen, so daß er, so zärtlich und hilfsbereit er war, kaum je Gelegenheit gefun= den hatte, sie zu schonen und zu pflegen. Da sie nun sterbend sich ergeben hatte, keine Kraft mehr zu haben, und alle Schmerzen in dem aufgelösten Körper still geworden waren, hatte sie nur noch das eine Verlangen, willenlos und matt an dem geliebten Herzen zu liegen. Ihrem Gefühle nach war sie winzig klein, kleiner als ein neugeborenes Kind, nicht viel mehr, als was eine Hand füllte, und dementsprechend leicht; auch entschwand ihr zuweilen das Bewußtsein, wo sie war und wer sie war, aber nicht das Gefühl durchdringenden Genügens. Die leise schwingende blaugrüne Luft, die dicken Rebengirlanden, die zwischen den Maulbeerbäumen hingen, unzählige in endlosen Reihen, und das regelmäßige Schla= gen des großmütigen Herzens, an dem sie ruhte, vereinigte sich in ihren Sinnen zu einer feierlich kreisenden Bewegung um sie her, jenseits welcher die fabelhaften Ereignisse ihres ausgelebten Lebens lagen. Von Zeit zu Zeit fragte Garibaldi mit behutsam ge= dämpfter Stimme, ob ihr wohl sei, worauf sie mit einem schwa= chen Lächeln oder, den Kopf auf die Seite sinken lassend, mit einem Kuß auf seine Hand antwortete.

Unterdessen hatten die Freunde des Generals wie seine Feinde in allen Ortschaften am Meere, wohin die Kunde seiner Flucht ge= drungen war, die Küste bewacht, und einer derselben, Gioacchino Bonnet, dem es hinterbracht worden war, daß unweit Magnavacca ein Boot an Land gegangen wäre, hatte sich aufgemacht, um, wenn er Garibaldi fände, ihm beizustehen und ihn mit Hilfe Gut= gesinnter der Verfolgung zu entziehen. Er hatte ihn bereits in Ge=

sellschaft des Bauern gesehen, wollte sich aber nicht zeigen, bis er sicher wäre, von diesem nicht mehr bemerkt zu werden, und erst als nichts Lebendes in der ganzen Runde wahrzunehmen war, ging er, schon von weitem Zeichen des Einverständnisses und seiner Freundesgesinnung gebend, auf Garibaldi zu. Dieser hatte den jungen Mann bei seinem Aufenthalt in Ravenna nur einmal flüchtig gesehen, erkannte ihn aber, da er mit dem linken Fuße hinkte, sofort am Gange und der ihm eigentümlichen Haltung, beschleunigte seinen Schritt, bis sie einander gegenüberstanden, und sagte, indem er ihm die Hand bot: »Ihr seid Gioacchino Bonnet, ein Patriot, Euer Bruder Gaëtano ist am 3. Juni in Rom gefallen, ich vertraue Euch. Sagt mir, wohin ich meine Frau bringen kann, damit sie Ruhe und Pflege findet.« Bonnet antwortete, er habe schon alles vorbereitet, nicht weit entfernt, am Meere, befinde sich die Meierei eines ihm befreundeten Gutsbesitzers, wo er vorläufig Aufnahme finden würde; er, Bonnet, hoffe bestimmt, daß ihm dorthin nicht nachgespürt würde, bis er sich mit andern ins Einvernehmen gesetzt hätte, die ihm zum Weiterfliehen die Hand reichen könnten; er besitze glücklicherweise einen Paß seines verstorbenen Bruders Gaëtano, dessen Garibaldi sich als seines eignen bedienen könnte. Er führte Garibaldi bis ans Meer, rief einen Fischer, der nicht weit draußen still lag und angelte, schärfte ihm ein, den Mann und die Frau nach der bezeichneten Meierei zu fahren, und eilte selbst nach Comacchio, um für einen noch gesicherteren Aufenthalt zu sorgen. In dem Pächterhäuschen wurde Garibaldi von einem erschrockenen Manne und einer stattlichen Frau mit schwarzem Kraushaar und funkelnden Augen empfangen, die schon ein Lager für Anita bereitet hatte und herzhaft zugriff, daß die Kranke gut darauf gebettet würde. Es wollte auch der Zufall, daß ein Arzt anwesend war, da die Pächtersleute ein krankes Kind hatten, ein gutherziger Alter, der die Leidende untersuchen wollte, aber auf den ersten Blick sah, daß hier nicht mehr zu helfen sei. Die Frau bereitete ihr ein erquickendes Getränk aus Wasser und Zitronensaft, und Garibaldi flößte ihr ab und zu einige Tropfen davon ein, was ihr wohlzutun schien. Nach einer Stunde kam Bonnet wieder, führte den General in einen an die Wohnräume angrenzenden Stall und erzählte flüsternd, während jener etwas Gurke und Trauben aß, was er ausgerichtet habe: daß in einem Hause in Ravenna eine Zuflucht für die Flüchtenden sei, wo sie einige Tage bleiben sollten, bis die Wachsamkeit der Österreicher ein wenig nachgelassen habe oder von dieser Gegend abgelenkt sei. Ferner berichtete er von den letzten Ereignissen in Venedig, vom Tode des Cesare Rossaroll und wie die Cholera, mehr als der Feind, die Widerstandskraft des belagerten Heeres auflöse, so daß in höchstens einer Woche oder zweien das Ende sich vollziehen müsse. Die Republik wäre früher gefallen, sagte er, wenn nicht der erbitterte Kampfesmut einiger Heerführer und Staatsmänner gewesen wäre, die das Volk fast mehr als die Österreicher gefürchtet hatte; dies wäre jetzt, die Armen wie die Wohlhabenden, der schweren Zeit müde und zu irgendeinem Frieden bereit. Sie waren in diesem Gespräch, als der Pächter vorsichtig hereinblickte und meldete, er habe auf der großen Straße österreichische Uniformen gesehen, die auf die Meierei zukämen, Garibaldi müsse augenblicklich mit seiner Frau fliehen, wenn er ihnen nicht in die Hände fallen wolle. Garibaldi überzeugte sich, daß Österreicher in Sicht waren, doch meinte er, es könne noch eine Viertelstunde dauern, bis sie da wären, er wolle nun sehen, ob seine Frau in einem Zustande wäre, daß man sie weitertransportieren könne; damit ging er in das Zimmer, wo sie lag. Die Pächtersfrau und der Arzt traten bei seinem Anblick mit verlegenem Mitleid vom Bette zurück, um ihm Platz zu machen, und gaben Bonnet Zeichen, daß es aus sei; sie lag im Sterben. Als Garibaldi das schrecklich veränderte Gesicht sah, das, obwohl ihm so nah, aus der Tiefe eines unterirdischen Abgrundes gramvoll nach ihm gewendet schien, mit den Augen noch an ihm hängend wie am himmlischen Lichte, von dem sie losgerissen nun auf immer in Finsternis versinken sollte, warf er sich laut aufschreiend über sie; aber der Pächter war ihm in höchster Furcht nachgelaufen und jammerte, die Österreicher wären da, Garibaldi möge Erbarmen haben und fliehen, es gehe um sein und aller Seinigen Leben. Die Frau, wenn sie ihrem Manne auch unwillkürlich einen entrüsteten Blick zuwarf, widersprach ihm doch nicht; auch ihr wurde es bange um ihre Kinder. Dieser Auftritt währte nur einen Augenblick; Garibaldi riß sich von der geliebten Brust, die noch schwach röchelte, gab dem Pächter und seiner Frau die Hand mit den Worten: »Begrabt meine Frau!« und verließ durch eine auf das Meer führende Tür das Haus. Ein Boot mit drei Männern, die Bonnet gedungen hatte, lag bereit; dieser legte den Schiffern nochmals ans Herz, daß sie den

Flüchtling bis Ravenna brächten, und sie beteuerten mit vielen Eiden und Selbstverfluchungen, daß sie den Auftrag, was auch geschehen möge, pünktlich ausführen würden.

Die Männer trieben das Boot mit starken Schlägen ein Stück in das Meer hinein, bis es vom Strande aus kaum noch zu erkennen war, und fuhren dann nordwärts, tief vornübergebückt, so daß die Ruder schnell und leise durch das Wasser schossen. In dieser Weise ging die Fahrt längere Zeit ungestört, dann aber wurden Schiffe sichtbar, die augenscheinlich weder Fischerkähne noch Kauffahrer waren, und die Leute wurden unruhig; sie gaben sich Zeichen, bald nach den verdächtigen Schiffen schielend, bald mitten im scharfen Rudern Blicke wechselnd. Da schon die weichen Schatten des Pinienwaldes bei Ravenna das Ufer verdunkelten, winkte einer mit dem Kopfe seitwärts dorthin, was die übrigen sofort richtig so auslegten, daß es gut wäre, den gefährlichen Schützling dort abzusetzen. Sie gaben sich nickend und blinzelnd ihr Einverständnis über die Sache zu verstehen, ohne daß Garibaldi, der, den Kopf in die Hände vergraben, in ihrer Mitte saß, etwas davon bemerkte, und lenkten leise in einen dunkeln Kanal, wie solche die Pineta an mehreren Stellen durchschneiden. Wie sie anlegten, hob er den Kopf, und obwohl er begriff, daß sie ihn nicht dahin gebracht hatten, wo sie sollten, stieg er aus, als ob es so sein müsse, und ging geradezu in den Wald hinein, so daß sie die Erklärungen, die sie schon auf der Zunge hatten und bereit waren hervorzusprudeln, mit Achselzucken verschluckten und erleichterten Mutes davonruderten. Garibaldi ging weiter, bis der Hain lichter wurde und er in einer Entfernung von ein paar hundert Schritten die Landstraße liegen sah, worauf er unter die Bäume zurücktrat und sich müde in eine Senkung des wildbewachsenen Erdreichs warf. Wie einer, den Räuber erschlagen und in eine Grube geworfen haben, das Gesicht auf dem Grase, damit das Blut, das ihm aus Mund und Herzen fließt, in die Erde sickert, lag er da. Er dachte an einen Tag in der Vergangenheit, als das Atlantische Meer an der Küste von Rio Grande seine Schiffe, seine Habe, alle seine Freunde aus seinen Händen gerissen und verschlungen hatte und er allein in unwirtlichen Ländern, schaudernd vor der Wut und Kälte des Ozeans, kein Herz zu leben mehr in sich fühlte; und wie er da, am Brunnen Wasser schöpfend, das

Kind des Schicksals fand, das ihn mit seinem Fleisch und Blut errettete und das jetzt von ihm fern, vielleicht noch atmend, fremde Hände in unheimischer Erde verscharrten. Er wunderte sich, warum er nicht bei ihr geblieben und mit ihr gestorben war. Zuweilen verging ihm vor Müdigkeit das Bewußtsein, denn er hatte seit dem kurzen Aufenthalt in San Marino nicht mehr geschlafen, und dann war es ihm, als ginge er noch, die Kranke auf den Armen, durch die grüne Glut der unendlichen Ebene, das Herz voll von Zärtlichkeit; aber er schreckte bald wieder auf und fand sich an alles Glücks und aller Hoffnungen Ende.
Als die Sonne untergehen wollte und auf dem Waldboden und an den Stämmen kupferne Kronen und Ringe zu entbrennen schienen, fuhren drei Wagen voll österreichischer Soldaten über die Landstraße, auf deren einem der gefangene Ugo Bassi nach Bologna transportiert wurde, um dort vor ein Gericht gestellt zu werden. Garibaldi, den das Knarren der Räder aufmerksam gemacht hatte, erkannte zwischen den verhaßten Uniformen die befreundete Gestalt und sah halb aufgerichtet den Karren nach, die rasch im gelben Staube der Straße verschwanden. Er mußte noch einmal an den großen Schiffbruch denken, ehe er Anita fand: so arm war er selbst damals nicht gewesen, denn er hoffte noch auf Italien; jetzt war der Kampf gekämpft und verloren. Vielleicht, dachte er, hätte sein Genius ihm damals von den Göttern noch eine Spanne Leben erfleht, und diese wäre nun verflossen; noch einmal hätte sein Herz Lust und Schmerzen überschwenglich genossen, nun sei die Zeit des Untergangs gekommen. Er stand auf und betrachtete lange durch die Bäume hindurch die grauen und lila Farben des Abendhimmels, die in unendlich vielen Tönen, sich immer wieder teilend und auflösend, in langen dunkelgelben Streifen verrannen, und ihren traurigen Widerschein in den Sümpfen vor dem Walde; dann ging er in die dunkelnde Pineta hinein. Langsam ging er unter den Bäumen hin, die, einer am andern, gerade wie das wankellose Licht aufstiegen und das göttliche Ebenmaß ihrer Zweige zu Kronen formten, die uralt herrschten; es tat ihm wohl, zu denken, daß sie Jahrhunderte nach seinen Tagen noch dastehen und die goldenen Säulen des italienischen Himmels sein würden. Allmählich entfernten sich die Stämme weiter voneinander, bis nur noch einzelne groß über Gestrüpp und Buschwerk wuchsen, und er sah das Meer vor sich als ein endloses dämmern=

des Zittern, über dem die undeutliche Mondscheibe stand wie die ferne Feuersbrunst eines verlorenen Schiffes. Den Frieden der Natur schon im Herzen, grub er sich in den weichen Küstensand; aber es kam so, daß er statt des Todes, den er suchte, ja in dem er ruhte, Mut des künftigen Lebens voll monotoner Tage und ruhmloser Kämpfe fand.

Viele glauben, daß die Bilder seiner Bedürftigen, des Vaterlandes, der geliebten Mutter, der geliebten Kinder vor seiner scheidenden Seele aufgetaucht wären und sie zurückgeleitet hätten; das Volk hat eine Legende, die so erzählt: Einst habe die Göttin des Meeres das zweijährige Kind, das, am Strande spielend, von der Flut ergriffen und weggerissen worden sei, in ihren Armen aufgefangen, liebkosend an ihrer kühlen Brust gewiegt und endlich an das Ufer getragen. Seitdem habe sie die Fahrten des Jünglings und des Mannes begleitet, und oft, wenn er sich über den Rand des Schiffes hinuntergebeugt habe, Träumen nachhängend, habe ihre Schönheit durch die fließenden Wasser zu ihm aufgeleuchtet. Sie habe sich in jener Nacht an ihres Lieblings Seite gesetzt, sein Haupt in ihren Schoß gelegt, seine Augen geküßt und so zu ihm gesprochen: »O mein Held! Verlasse das zertretene Schlachtfeld nicht, weil dein Feind siegte und dein Schwert zerbrochen ist! Gib den Verführungen der Trauer nicht nach, lasse dein müdes Herz nicht vom Tode berauschen. Harre aus im Kampfe, damit du einst in himmlischer Rüstung unter den Gestirnen glänzest, die aus meinen vollen Meeren trinken, im Ozean des Äthers kreisend. Dann wirst du die Namen, um die du auf Erden strittest, nicht mehr kennen; aber dein ritterliches Bild wird unversehrbar durch den ewigen Sturz des Vergänglichen strahlen!« Sie habe ihm dann die Namen aller Sterne genannt und ihre Geschichten erzählt und ihn mit den Chören der Brandung in einen tiefen Schlaf gesungen, aus dem er in später Nacht, nach dem Untergange des Mondes, erinnerungslos aufgewacht sei. Er habe sich langsam auf das Elend seines Lebens besonnen, aber Kraft bei sich gefunden, es zu tragen, und habe in der Hut der Dunkelheit den Hof bei Ravenna aufgesucht, wohin die untreuen Schiffer ihn hätten fahren sollen und wo ihm kühne Patrioten Unterkunft und Hilfe schafften.

Wie ein Reich der Geister im Lande der Lebenden durchwebte damals überall ungreifbar, wenn auch wirkend und geahnt, das Netz der Verschworenen das öffentliche Getriebe, die nun das teuerste

Haupt Italiens einer vom andern empfingen und in ihren Schlupfwinkeln beherbergten. So ging Garibaldi als ein Unsichtbarer, den Götter in täuschendes Gewölk hüllen, vom Adriatischen Meere über das Gebirge an die Küsten von Toskana und Genua, mitten durch die verblendeten Feinde, die ihm nachstellten. Da ihn aber der König seines Landes aus Furcht, Napoleon Bonaparte zu reizen, der ihn als den Sieger von Rom haßte, nicht in seinen Schutz aufzunehmen wagte und von seiner Liebe zu Italien verlangte, daß er Italien meide, warf er sich wieder auf das Meer und verdiente jahrelang mit Alltagsarbeit das Brot für sich und seine Kinder.

DER KAMPF UM ROM

DER GESCHICHTEN VON GARIBALDI

ZWEITER TEIL

Als Napoleon Bonaparte nach der Schlacht bei Solferino an der Seite Viktor Emanuels in Mailand einzog, verjüngte ihn der Jubel des befreiten Volkes und das Bewußtsein, diesen ersehnten Augenblick herbeigeführt zu haben. In seinem Geiste rief er den Schatten Orsinis an und sagte zu ihm: ›Gestehe, daß ich mehr für Italien getan habe als du und deinesgleichen. Wenn du deine Rache hättest nehmen und mich töten können, wer hätte das Joch von euerm Nacken genommen?‹ Dann ließ er den Schatten dessen, der zu ihm gesagt hatte: »Durch meine Hand trifft dich Rom!«, antworten: ›Rom liegt in den alten Ketten, noch hast du nichts gesühnt!‹ und entgegnete nochmals: ›Wollt ihr denn immer die Bittgänger Europas bleiben, die der Hilfreiche selbst mit Füßen tritt? Keiner lenkt euch die Hand, wenn es gilt, Bomben zu werfen oder den meuchlerischen Dolch zu führen, so lernt auch das Schwert gebrauchen, das euch frei macht. Seht mich an: ich war arm, verbannt, eingekerkert, hatte nichts als meinen Willen und meinen Genius; heute bin ich Kaiser der ersten Nation und der Retter Italiens. Ihr habt gejammert und geprahlt, euch aufgeblasen und groß gedünkt und müßt nun eure Unabhängigkeit von mir annehmen, dessen Namen ihr verfluchtet, dessen Blut ihr vergießen wolltet.‹ Darauf ließ er den Schatten Orsinis antworten: ›Imperator, Heil dir!‹ und das hochmütige Römerhaupt sich langsam vor ihm beugen.

Indessen am folgenden Tage wurde ihm der Taumel der feiernden Stadt zuwider, und er zog sich nach Valeggio zurück in einen Palast, den die Schönheit des umgebenden Parkes namhaft machte. Dort empfing er den General Fleury, der, wie die meisten in der Umgebung des Kaisers, dem italienischen Kriege nicht günstig war. Es lag eine gewisse unverschämte Zufriedenheit in seinen Mienen, während er über den Einlauf drohender Depeschen von verschiedenen Mächten berichtete, die das Eingreifen Napoleons in die italienischen Angelegenheiten von Anfang an mit Unwillen begleitet hatten. Schon die zweite große Schlacht, sagte er, habe verdächtige Rüstungen in Preußen zur Folge gehabt; was nun geschehen werde? Wenn der Kaiser dies Land nicht bald verlasse, würde er unvermutet ein freies einheitliches Italien à la Mazzini vor sich haben; die Siegesgöttin, die andere vergebens anriefen, laufe in seinem Schatten wie ein treuer Hund und werde mehr Hasen, als er vertilgen könne, zu seinen Füßen niederlegen; schon

stehe Garibaldi mit seinen Freischaren bereit, um sich auf Venedig und die Romagna zu werfen.
Der Kaiser hörte unbeweglich geradeaus blickend zu und sagte kurz: »Ich werde Halt rufen, wenn es Zeit ist«; aber die Erwähnung Garibaldis, den er haßte, hatte ihn gereizt. Nachdem er eine lange Zeit mit dem General gearbeitet hatte, kam er darauf zurück, indem er sagte, es sei unleidlich, daß er sich mit dem Könige von Sardinien nicht einlassen könne, ohne daß zugleich Garibaldi wie der Teufel aus der Schachtel führe, er müsse ihm einmal den Deckel gründlich vernageln. Dann erkundigte er sich, ob der Entwurf eines Friedens mit dem Kaiser von Österreich fertig sei; und da dies der Fall war, gingen sie die einzelnen Punkte miteinander durch. Als jedoch der General fragte, ob die Akte nun dem Gesandten des österreichischen Kaisers vorzulegen wäre, bedachte sich Napoleon und sagte, es habe damit noch Zeit; noch sei er nicht entschlossen, Frieden zu machen, auch habe er sich verschiedene Bedingungen des Vertrags noch nicht reiflich genug überlegt.
Nachdem der General sich entfernt hatte, saß der Kaiser lange allein vor der Karte und betrachtete die Stellungen der Armeen; bis die Österreicher aus den Festungen, die sie noch innehatten, vertrieben waren, konnte der Krieg keineswegs als beendigt betrachtet werden, wenn an den eigentlich bezweckten Ergebnissen festgehalten wurde. Er ließ den Marschall Vaillant rufen und besprach mit ihm, auf welche Weise der Krieg weitergeführt werden müsse. Er habe, sagte er im Laufe des Gespräches zu diesem, dieselbe Politik verfolgt, die seit Jahrhunderten in Frankreich Überlieferung sei, nämlich den österreichischen Einfluß in Italien zu bekämpfen und durch den französischen zu ersetzen. Mehr liege nicht in Frankreichs und seinem Interesse. Ohne daß er in Italien einen gewissen Grad von Unabhängigkeit begünstige, sei das freilich in diesen Zeiten nicht mehr zu erreichen; auch sei das nicht schade, denn es sei jetzt wünschenswerter, ein verhältnismäßig kräftiges und gedeihendes Land mit seinem Einfluß zu beherrschen als für ein armes, widerspenstiges sorgen zu müssen. Es handle sich also darum, Österreich zwar zu besiegen, aber nicht so zu demütigen, daß Italien es gar nicht mehr zu fürchten habe.
Als Napoleon wieder allein war, versank er in eine mißmutige Stimmung. Wenn er jetzt mit Österreich Frieden schloß, was ihm wahrscheinlich vorkam, war ihm die nächste Begegnung mit sei-

nem Verbündeten, Viktor Emanuel, überaus peinlich; denn dieser konnte nicht anders als dadurch sehr überrascht und niedergeschlagen sein, ja er konnte ihm vorhalten, daß sie als Motto über diesen Krieg das Wort ›Frei bis zur Adria!‹ gesetzt hatten, daß demnach er, Napoleon, der übernommenen Verpflichtung nicht nachgekommen wäre, oder wenn er dergleichen nicht äußerte, mußte er es denken. Noch mehr unangenehme Auftritte warteten seiner in Italien, wo die anfängliche überschwengliche Dankbarkeit sich in Entrüstung verkehren würde; er wünschte, das Land des Unglücks nie betreten zu haben.
Eine Tochter des Hauses kam, um nach den Wünschen des Kaisers zu fragen; sie verneigte sich tief vor ihm und beugte sich über seine Hand, um sie zu küssen; er richtete sie auf und berührte flüchtig ihre Wangen mit seinen Lippen. Während er einige gütige Worte an sie richtete, betrachtete er sie aus müden, halbgeschlossenen Augen und bemerkte in ihrem Gesicht sofort die Erregung, die sowohl dem Kaiser wie dem Manne galt. Napoleon fand sie jugendlich hübsch, aber nicht mehr, ihr Wesen zugleich unerfahren und lüstern, sie reizte ihn durchaus nicht. Er hatte im Spiegel gesehen, daß sein Gesicht an diesem Tage gelb, gedunsen und schlaff war, sein Auge ohne Feuer, und es kam ihm verächtlich vor, daß das Mädchen trotzdem so schnell seiner Macht erlag. Nachdem er sie einen Augenblick durch einen langen glimmenden Blick, der seinen väterlichen Worten widersprach, verwirrt hatte, entließ er sie mit einem unerträglichen Gefühl des Überdrusses. ›Ein Volk von Bettlern und Huren,‹ dachte er, ›gierig, feige, feil und undankbar. Sie haben mich erst geschmäht, dann angebetet, und sie werden mir wieder fluchen, weil ich es müde bin, sie mit meinem Fleische zu mästen, bis sie voll sind. Was habe ich mit ihnen zu schaffen? Soll ich mir die stolzeste Krone Europas aufgesetzt haben, um eine glückliche Rolle in ihren Verschwörungen zu spielen?‹ Er begriff nicht, was ihn zu dieser rasenden Unternehmung unwiderstehlich getrieben hatte; ›gibt es etwas Begehrenswerteres‹, fragte er sich, ›als Ruhe und Einsamkeit zwischen Büchern, die den feinsten Geschmack und Sinn vergangener Zeit aus Massen von Unrat rein aufgefangen haben?‹
Am Abend nahm er an einer kleinen Gesellschaft teil, genoß von den Speisen und Weinen, die unübertrefflich waren, und zeigte sich liebenswürdig gegen die Damen; doch ließ er früh merken,

daß er allein zu sein wünsche. Er schrieb noch eine Weile bei offe=nem Fenster, durch das Mondschein und starke Blumengerüche eindrangen, dann ließ er alle Fenster verhängen und legte sich zu Bette. Nachdem er ein paar Stunden schwer geschlafen hatte, fühlte er mit Grauen, daß außer ihm etwas Lebendiges im Zimmer sei; es kam auf ihn zu, trübe verhüllt, setzte sich auf den Rand seines Bettes und beugte sich über ihn. Er wollte sich aufrichten und den Diener rufen, der in einem Vorzimmer schlief, oder nach dem Revolver greifen, der auf dem Nachttische lag; aber er konnte weder das eine noch das andre, obwohl er sich mit aller Kraft, so daß der Schweiß auf seine Schläfen trat, anstrengte. Da erst kam es in seinen Sinn, daß die Erscheinung etwas Lebendes nicht sein könne; durch einen Grabeszauber lähmte sie und lieferte ihn nicht geheuern Mächten aus. Er sah kein Gesicht, denn es schien, dessen Dasein er fühlte, ganz und gar mit einer schwarzen Maske bedeckt zu sein; dennoch empfand er den kalten Mordblick auf sich ruhen. Auf Augenblicke hatte er ein Gefühl davon, daß dies ein Alpdruck sei, der verschwinden müsse, sowie er ganz wach sein würde und sich bewegen könnte, trotzdem war seine Angst so groß, daß er sich den Tod wünschte, um sie nicht länger leiden zu müssen. Da plötzlich zog die Erscheinung einen Strick hervor und schickte sich an, denselben um seinen Hals zu schlingen; zugleich sah er durch die Maske hindurch das Gesicht Orsinis dicht vor sich. Entsetzen erfüllte ihn, nicht so sehr über die Nähe seines Mörders wie über das Dasein des Toten; ›es ist also so,‹ dachte er, ›wie die Ammen=märchen sagen; unter der Erde glimmt der Geist weiter und läßt Begrabene wiederkommen. Ich bin Kaiser und kann den Tod ver=hängen, aber ich kann nicht vernichten, nicht ein Auge auslöschen, das mich haßt.‹ Indem er sich krampfhaft des Gespenstes, das ihn würgen wollte, zu erwehren versuchte, erwachte er laut klopfen=den Herzens. Obwohl er sofort begriff, daß ein Alpdruck diesen Traum verursacht hatte, zündete er das Licht an, das an seinem Bette stand, und blickte scheu um sich; er hätte dem Diener ge=klingelt, wenn er nicht um einen Grund verlegen gewesen wäre. Nach einer Weile tat er es dennoch und ließ sich Papier und Blei=stift bringen, da er nicht schlafen könne. Zu schreiben vermochte er indessen nicht und fürchtete wieder einzuschlafen in das Grauen der Träume zurück; darum entschloß er sich, aufzustehen und seinen Adjutanten rufen zu lassen unter dem Vorwande, daß wich=

tige Angelegenheiten erledigt werden müßten. Es sollten schleunig Vorbereitungen zum Friedensschlusse mit Österreich getroffen werden, damit er mit dem Heere nach Frankreich zurückkehren könne.
Als der Morgen graute, entkleidete er sich wieder und schlief noch einige Stunden, ohne jedoch davon erquickt zu werden. ›Sind auch die Toten tot,‹ dachte er, ›so bleiben doch die Lebendigen zu fürchten. Die Traumerscheinung soll mir eine Warnung vor den Dolchen italienischer Wüteriche sein, die ich enttäuschen muß.‹

Über eine kleine Hintertreppe, die nur der Dienerschaft und den vertrauten Freunden bekannt war, wurde der Messinese La Farina, einer der Getreuen des Grafen Cavour, vor Tagesanbruch in das Arbeitszimmer des Ministers geführt. Diese Vorsicht war in der Zeit vor dem Ausbruche des Krieges notwendig gewesen, damit von dem Verkehr Cavours mit dem ehemaligen Revolutionsmanne nichts in die Öffentlichkeit dringe; denn La Farina hatte nach den unglücklichen Ereignissen des Jahres 1849 aus Sizilien fliehen müssen und gehörte zu jenen Emigranten, die durch den Anschluß an Sardinien und ein zu begründendes Italien ihr Vaterland von den Bourbonen zu befreien hofften; aber auch während des Krieges waren die Besuche in dieser Weise fortgesetzt worden. La Farina mußte fast eine Stunde warten, bis Cavour endlich mit hastigen Schritten in das Zimmer trat. Während er seine Brille abnahm, die Gläser rieb und sie wieder aufsetzte, sagte er, sein langes Ausbleiben erklärend, er finde jetzt oft des Nachts keine Ruhe und schlafe erst gegen Morgen ein, wodurch es ihm denn schwerer als sonst werde, so früh aufzustehen. Es komme oft vor, daß er schreckenvoll aus dem Schlaf fahre mit dem Gedanken, es werde nichts aus dem Kriege werden; freilich sei es dann schön, sich darauf zu besinnen, daß schon zwei große Schlachten geschlagen seien und die Lombardei so gut wie gewonnen sei. La Farina bemerkte teilnehmend, daß der Graf allerdings blaß und angegriffen aussehe und daß es kein Wunder sei, wenn die Aufregungen des letzten Jahres sich jetzt an seiner Gesundheit geltend machten. »Sie haben, Herr Graf,« sagte er, »jahrelang das Geschick Italiens allein auf Ihren Schultern getragen, nun, am Ziele, sinken Sie erschöpft zusammen. Aber die Bewunderung und Dankbarkeit eines Königs und eines ganzen Volkes entschädigt Sie für die geopferten

Kräfte und das gewagte Leben. Jetzt ist kein Redlicher und kein Verständiger mehr, der nicht einsähe, was Sie für uns alle getan haben; einzig die ewig Nörgelnden, die Friedensstörer, die sich Patrioten nennen und nur das Vaterland zerreißen, um sich selbst zu erhöhen, stehen grollend beiseite und zeugen eben dadurch für Ihre Größe.« »Ich verzichte auf den Beifall des Propheten«, sagte Cavour, auf Mazzini anspielend, »und kann ihn, denke ich, entbehren. Die glänzenden Erfolge der Unsrigen und der Franzosen müssen alle Parteien zum Schweigen bringen. Garibaldi hält sich wacker; ich bereue es nicht, ihn herangezogen zu haben, da ich durch ihn die Demokratie und die Republik dem Könige unlöslich verbinde!« La Farina rühmte Garibaldi, er sei zuverlässig und trotz der ungemeinen Verehrung, die er im Volke genieße, bescheiden; stets sei er bereit, die Verdienste andrer anzuerkennen, er bewundere das Genie Cavours; wenn er, La Farina, auf eine Tat stolz sei, so sei es darauf, daß er Garibaldi für die Idee, Italien unter dem Zepter König Viktor Emanuels zu vereinigen, habe gewinnen können oder wenigstens dazu beigetragen habe. Cavour stimmte ein; Garibaldis Name schrecke zwar viele ab, die Anhänger des Alten, die Päpstlichen, die Bedenklichen, aber mehr ziehe er an, es sei besser, ihn zum Freunde als zum Gegner zu haben; auch sei er ihm persönlich angenehm, es gehe eine gewisse Anziehungskraft von ihm aus, die das Gewöhnliche übersteige und nutzbar gemacht werden müsse. Was ihn anlange, fügte der Graf nach einer Pause hinzu, so werde die Dankbarkeit und Bewunderung, die man ihm jetzt allgemein zolle, wie La Farina gesagt habe, schnell verfliegen, sowie bekannt würde, daß er das neue Königreich nicht umsonst habe machen können, sondern dafür zahlen müsse. Aber daran liege nichts; wenn ihm um Beifall zu tun wäre, so wäre er Schuster oder Zeitungsschreiber geworden. Er war damit auf die Abtretung von Savoyen und Nizza an Frankreich gekommen, die nach einem geheimen Vertrage als Entgelt für die geleistete Hilfe festgesetzt war, und sah während des Sprechens aus seinen kleinen Augen prüfend auf La Farina, um dessen innerste Gedanken zu erraten. Der sagte vorsichtig: »Savoyen anbelangend soll der König selbst gesagt haben, wenn er ein großes Bett bekomme, sei es billig, daß er die alte Wiege verschenke. Wer hätte dann das Recht zu klagen? Um Nizza, das ganz und gar italienisch ist, könnte es eher böses Blut geben, obwohl es nach meiner Ansicht durch die Erwerbung der Lombardei und Veneziens aufgewogen wird.« »Nizza gebe ich nicht her,« sagte Cavour schnell, »dazu soll es nicht kommen; ich habe mich so verklausuliert, daß ich es halten kann«, und betonte dies mit heftigerem Nachdruck, als sonst seine Art war, wenn er von Maßnahmen für die Zukunft sprach. La Farina, der sich jedes Wort, ja die Mienen des Grafen merkte, erging sich noch eine Weile in Beschimpfungen aller, die an der Abtretung Savoyens oder an irgendeiner andern Handlung des Grafen etwas auszusetzen finden würden, worauf Cavour, in besondere Gedanken vertieft, nicht achtete.

Als er allein war, stand er auf und ging unruhig im Zimmer auf und ab. ›Das Neugeborene‹, dachte er, ›hängt an der Nabelschnur seiner Mutter, so trägt alles, was leben soll, seine Erdenspur. Es ist am Ende leicht, den Heiligen zu spielen und Kreuzzüge zu predigen und die schlechten Menschen dafür verantwortlich zu machen, daß Jerusalem in der Gewalt der Heiden bleibt; aber wenn man etwas erreichen will hienieden, muß man ein wenig mit dem Teufel paktieren, und das ist für einen, der immerhin kein Höllenbraten ist, eine heikle Sache. Lieber wäre es mir gewesen, ich hätte Napoleon nicht gebraucht; aber gesetzt, die Revolution hätte helfen können, ihr ziehe ich ihn doch vor. Ein weiser Mann, wenn er in Not ist, wird sich lieber von seinesgleichen eine Summe vorstrecken lassen als von den Untergebenen seines Hauses.‹ Seine Stimmung erheiterte sich allmählich, schließlich schalt er sich einen Toren, daß er sich mit Bedenken quäle, gerade wo sein mühevolles Werk der Vollendung nahe sei.

Bald darauf erhielt Cavour durch eine Depesche die Nachricht, daß Napoleon entschlossen sei, mit Österreich Frieden zu machen, und daß Viktor Emanuel, wiewohl schmerzlich betroffen und enttäuscht, sich dem ausdrücklichen Wunsche seines kaiserlichen Verbündeten gefügt habe. Begleitet von einem jungen Diplomaten seiner Schule, der mit Liebe und Verehrung an ihm hing, begab sich der Minister unverzüglich nach Monzambano, wo der König sich aufhielt. In der Erwartung, bald dem Zusammenbruch seines Lebenswerkes gegenüberzustehen, litt er auf der Reise sich fortwährend steigernde Qualen, die eine zähe Hoffnung, es könne doch nicht so sein, nur empfindlicher machte. Im Grunde schien es ihm eine unglaubhafte Sache und fast lächerlich zu sein; denn weil das Schwanken des französischen Kaisers, ob er nun ein bestimmtes Ziel verfolgte und dies zu verschleiern suchte oder ob er in Wirklichkeit bald hierhin, bald dahin tastete und sich wechselnd von verschiedenen Personen und eignen Launen bestimmen ließ, ihm seit langem wohlbekannt war und es ihm bisher noch stets geglückt war, es nach seinem Sinne zu befestigen, glaubte er auch dieser neuen Anwandlung Herr werden zu können. Erst eine Unterredung mit dem Könige, der das Geschehene bestätigte und für unabänderlich erklärte, gab ihm die Gewißheit, daß alles verloren war.

Der Graf gehörte nicht zu jenen, die eine Kränkung so reizt, daß sie heftig herausfahren, um sich auf der Stelle zu rächen, die um kleinerer oder größerer Widerwärtigkeiten willen sich gebärden, als brennte Rom; aber wenn er den Kern seines Daseins feindlich angegriffen fühlte, konnte er durch und durch in ungestüme Wut geraten, die erbarmungslos denjenigen bedrohte, den er für den Schuldigen hielt. An den Händen zitternd, die er heftig bewegte, rief er mit ungemäßigter Stimme: »Das durfte nicht geschehen! Das darf nicht geschehen! Wir haben den Karren mit allzu großen Worten in Bewegung gesetzt, als daß wir ihn jetzt unverrichteter-sache im Dreck könnten stecken lassen. Wir müssen weiter, wir müssen Venedig haben, und läßt uns der Napoleon im Stich, müssen wir es ohne ihn versuchen. Verlieren wir das Wagnis, so tun wir es doch mit Ehre.« Der König maß Cavour, den er noch nie so unbeherrscht gesehen hatte, mit einem verwunderten Blick und sagte unmutig, ob der Graf meine, die Pille sei ihm nicht bitter zu schlucken gewesen? Doch habe er sich in seiner Rolle als konstitutioneller König daran gewöhnt, das Saure wie das Süße zu nehmen, ohne eine Miene zu verziehen. Er habe als Ehrenmann sich nicht mit dem Monarchen verfeinden können, der ihm den Erbfeind Österreich habe schlagen helfen.

»Der Friedensrichter oder Bürgermeister eines Dorfes darf so denken und handeln«, entgegnete Cavour, dunkelrot vor Zorn. »Wenn einer seinen Ruf als Biedermann nicht verscherzen will, soll er die Hand von der Politik lassen. Napoleon mag mit Ihrer Bundestreue zufrieden sein, das Volk wird es nicht mit Ihrer Königstreue sein.«

Der König sagte mit erkämpfter Ruhe, er gestehe niemandem ein Urteil zu in Fragen, die seine Ehre angingen.

»Um meine Ehre handelt es sich,« schrie Cavour außer sich, »um

meine! Mich hat jahrelang der Hohn und Haß der Parteien getroffen, weil ich unsere Soldaten in die Ferne schickte anstatt gegen den Feind in unserm Nacken; weil ich trotz ihrer Einsprache mit Napoleon unterhandelte; weil sie die Mittel nicht begriffen, durch die ich den Krieg ertrotzte; und schließlich, weil ich den Namen des Königs von Sardinien auf die Fahne des Krieges gesetzt habe. Ob mir der Ruhm des Gelingens zuteil geworden wäre, weiß ich nicht, aber die Schande trifft mich gewiß, wenn wir scheitern. Es hilft mir nichts, daß die Nachricht dieses Friedens mich wie ein Todesurteil traf; in den Augen Italiens bin ich es, der ihn gemacht hat, weil ich allein den Krieg gemacht habe!«
Viktor Emanuel betrachtete den maßlos erregten Mann mit Widerwillen. Es ging ihm durch den Kopf, daß er nicht die Art eines Italieners habe, sondern einem deutschen Kaufmann oder Bankherrn gliche, der durch Geiz, Ausdauer und ähnliche Tugenden ungeheuern Reichtum erworben habe und sich dessen bediene, um, was frei und adlig sei, zu knechten. Sein Feuerauge funkelte, indem er auf den zornigen Erguß antwortete: »Eins, Graf, werdet Ihr mir immerhin nicht streitig machen: daß ich der König bin.« »Aber ich mache die Krone!« stieß Cavour herrisch hervor, und der König ebensoschnell: »Und ich den Minister!« Man sah den Grafen, dessen Gesicht von Zorn und Verzweiflung entstellt war, eilig, als ob er auf der Flucht wäre, die Gemächer des Königs verlassen und seine Wohnung aufsuchen.
Der Ingrimm gegen den König kochte in ihm weiter, so daß er lange die Zähne aufeinandergebissen und die Fäuste geballt behielt; im Geiste packte er den König und schüttelte ihn und sagte ihm laut ins Gesicht furchtbare, tödlich treffende Dinge. Als indessen dieser Zorn einer natürlichen Erschöpfung wich, fing er erst an, das Geschehene mit seinen Folgen im einzelnen zu überblicken und seines ganzen Elends innezuwerden. Er hatte in den letzten Jahren oft gedacht und auch ausgesprochen, daß, wenn seine Berechnungen trögen und es nicht zum Kriege käme oder der Krieg unglücklich verliefe, er ein gelieferter Mann wäre und nach Amerika auswandern und Kartoffeln pflanzen müsse; nun, dachte er, wäre es soweit. Er erinnerte sich der Augenblicke, wo er gekämpft und gezweifelt hatte, von vielen Seiten angegriffen, verleumdet, unverstanden, wo das Glück ihn zu verlassen, alles zu wanken schien und seine Gewandtheit nicht mehr, nur noch eine unregierbare

Wendung von außen helfen konnte, und es schien ihm, als wenn jene marternden Stunden eitel Genuß des Lebens gewesen wären, mit der unabsehbaren Hoffnungslosigkeit verglichen, die ihn jetzt umgab.

Die vielerlei Anfeindungen, deren Ziel er gewesen war, hatten ihn nicht angefochten, oft sogar belustigt, solange er voraussah, daß er eines Tages sagen würde: ›Seht, dies war meine Meinung! Der Knoten ist entwirrt, Österreich vertrieben, der Boden bereit, nun mag der Garten Italien sich entfalten‹ – aber jetzt war er wehrlos. Er fühlte zum voraus, wie die giftigen Pfeile ihn durchbohrten. ›Jetzt möchte ich Mazzini sein‹, dachte er mit einem grimmigen und fast vergnügten Blinzeln in den Augen. ›Jetzt kann er sagen: »Hättet ihr mir geglaubt! Ich habe es euch vorausgesagt! Warum trautet ihr Königen und Königsknechten! Seht euern Viktor Emanuel an, euern Edelmann: er steckt die Lombardei ein, und Italien wird mit leeren Taschen heimgeschickt.« Verflucht, verflucht die Neunmalgescheiten, die der Haß hellsehend macht! Sie freuen sich unsrer Niederlage, weil sie uns ihrer Ohnmacht gleichzustellen scheint.‹

Gegen seinen Willen kehrten seine Gedanken immer wieder zu Mazzini zurück. Es zwang ihn etwas, seinen jetzigen Sturz und seine Gebundenheit mit der großartigen Unbeugsamkeit des verhaßten Genuesen zu vergleichen, der sich mit Niederlagen zu nähren und zu kräftigen schien. ›Gott helfe mir,‹ dachte er, ›ich habe jahrelang gearbeitet, um Italien diesem Manne zum Trotz nach meiner Weise zu ordnen, und habe nichts getan als der Revolution einen Triumph bereitet! Wir haben die Achtundvierziger verlacht und stehen nun selbst unter dem Fluche des Mißlingens. Ich hatte mir ein mäßiges Ziel gesteckt, keinen Babelturm in die Wolken errichten wollen, dem schönen Dunst der Volksbegeisterung nicht zuviel getraut; nichts hatte ich vernachlässigt, jede Vorsicht gebraucht, und es ist dennoch fehlgeschlagen. Derselbe König, der meine Pläne so oft durch Vorwitz und Abenteuersinn zu stören drohte, hat sie am Ende durch Kleinmut und Vorurteile zugrunde gerichtet.‹

Es verstand sich von selbst, daß Graf Cavour nunmehr von den Geschäften zurücktreten mußte; dies war nicht nur wegen des Zusammenbruchs seiner Politik, sondern auch wegen dessen notwendig, was zwischen ihm und dem Könige vorgefallen war. Das

Verschwinden des Mannes, in dessen Händen bisher die Zukunft gelegen hatte, der in allen Wirrungen und Ängsten die Stirn klar und den Kopf hoch behalten hatte, entmutigte die große Partei der monarchischen Liberalen vollends. Die Lage schien schlimmer als zuvor.

Die Alpenjäger, die Garibaldi anführte, standen nach siegreichem Marsche durch die Lombardei bei Bormio im Veltlin.
Als die Nachricht von dem bevorstehenden Friedensschlusse und der Befehl, die kriegerischen Bewegungen einzustellen, im Lager eintraf, verbreitete sich besonders unter denen, die aus Venedig und dem Friaul stammten und Soldaten geworden waren, um ihre Heimat zu befreien, leidenschaftliche Entrüstung. Die aus den kleinen Herzogtümern, von Modena und Parma, die annehmen mußten, daß ihre vertriebenen Fürsten nun von Österreich würden zurückgeführt werden, die von Neapel und Sizilien, meist alte Freiheitskämpfer, die die Hoffnungen und Enttäuschungen des Jahres 1848 durchgemacht und jetzt fester als je auf irgendeine günstige Wendung gerechnet hatten, gerieten in die größte Bestürzung; aber die Venezianer hatten ihre Befreiung als Ziel und Bedingung des Krieges angesehen, und wie sie bis jetzt keinen Zweifel hatten in sich aufkommen lassen, konnten sie nun das aus scheinbar grausamer Willkür auf sie zurückfallende Unglück nicht fassen. Auch die Lombarden, obschon weniger schwer betroffen, da ihnen wenigstens die Kette abgestreift und der erwünschte Anschluß an Piemont gesichert war, beklagten und tadelten, daß das wunderbare Waffenglück und die seltene Einigkeit der italienischen Stämme unausgenutzt gelassen werden sollte.
In einem kleinen Wirtshause, wo die Offiziere ihre Mahlzeiten einzunehmen pflegten, wurde der allgemeine Unmut laut. Ippolito Nievo, ein Furlaner venezianischer Abstammung, dem schriftstellerische Arbeiten einen berühmten Namen gemacht hatten und der mit kindlicher Andacht an seiner Heimat hing, versuchte sich selbst und die andern mit dem Gedanken an Garibaldis Macht und Hilfe zu vertrösten. Auf diesen Höhen, wo mitten in der Glut der nahen Sonne der starke Flügelschlag eines kühlen Windes wehte und die Zacken des Gebirges unerschütterlich im Getümmel der Lüfte standen, hatte sich Leib und Seele an den Genuß der Freiheit gewöhnt, und es erschien nicht möglich, daß man wieder in die

alte Gebundenheit zurückkehren sollte. Garibaldi, meinte er, würde sich den siegenden Arm nicht binden lassen, würde die verratenen Brüder nicht im Stiche lassen; bis er die Waffen nicht gestreckt hätte, wäre noch Raum, zu hoffen. Andre schüttelten den Kopf. »Garibaldi«, sagte Rosagutti von Mailand, der die Verteidigung Roms unter dem General mitgemacht hatte, »ist ein andrer, als er vor zehn Jahren war. Auch damals opferte er den eignen Ehrgeiz und was er für das Wohl Italiens hielt, der Eintracht; denn seine Partei hätte ihm die Diktatur verschafft, die er brauchte, um Rom zu retten, wenn er sie nicht selbst zurückgehalten hätte, um den Bürgerkrieg zu vermeiden. Jetzt vollends, seit er die piemontesische Uniform trägt, wird er nichts Eigenmächtiges unternehmen.«
»Wer ihn damals nicht gesehen hat,« fügte der Maler Girolamo Induno hinzu, »kennt ihn nicht. In der roten Bluse und dem schwarzen Federhut, in dem weißen Mantel, der ihn wie ein ungeheures Geheimnis verhüllte, war er der Held aus andern Welten, von dem man Wunder erwartete. Uns Mailänder befremdete die Tracht zuerst, jetzt nehme ich Anstoß an der Uniform, die den einzigen zu einem von vielen macht.« Ein andrer sagte: »Er hat sich einen Herrn gewählt als Beispiel für viele, und solange er diesem treu bleibt, können auch wir es tun. Wüßte ich nichts von Viktor Emanuel, als daß Garibaldi seinen Namen auf Italiens Fahne geschrieben hat, es genügte mir, ihm zu vertrauen.«
Es sei etwas Eignes, sagte Carlo Gorini, der in Rom einen Arm verloren hatte, mit wieviel Zutrauen man den Krieg begonnen hätte, anders als je zuvor. In den früheren Jahren hätte die flakkernde Erregung der Revolution geherrscht, man hätte das Leben doppelt und dreifach gewagt, weit weniger die Gegner im Kriege als die eignen Regierungen gefürchtet, die im Falle des Unterliegens mit Kerker, Schafott, unaussprechlichen Quälereien und Demütigungen gedroht hätten. An Sieg hätte man nur in Augenblicken geglaubt; man hätte gelebt wie Flammen, die, vom Sturm angeblasen, himmelhoch lodern, in der Windstille am Boden kriechen und erlöschen. Jetzt sei es anders gewesen: die Erwartungen wären auf ein großes Heer, einen mächtigen Bundesgenossen, die Erfolge der Diplomatie und das Zusammenwirken vieler Parteien gegründet gewesen und hätten sich nun dennoch nicht verwirklicht. So scheine es, daß die Könige ebenso unstandhaft und unverläßlich seien wie das verrufene Volk.

Viele äußerten sich lebhaft, daß ihnen das Bündnis mit den Franzosen nie gefallen hätte. Viktor Emanuel sei gut, tapfer und ehrliebend, ein vortrefflicher König, aber kein Herrscher; man müsse es ihm anrechnen, daß er den dornenvollen Knoten der italienischen Frage in die Hand genommen habe, doch nichts Großes von ihm verlangen. Weil er viel zu verlieren habe, wage er nicht viel, er brauche Geländer und Schutzvorrichtungen, ohne die Franzosen werde er nichts unternehmen. Das Gespräch wurde lauter und heftiger; einige verteidigten die Politik Cavours, die meisten fühlten sich verraten, um so mehr, als alle wußten, daß die Freiwilligen nur geduldet, ungenügend ausgerüstet und in ihren Bewegungen mißtrauisch behindert worden waren.
In dem Augenblick, als Garibaldi, von Bertani und Medici begleitet, in den heißen Qualm des niedrigen Zimmers trat, legte sich das Lärmen, und alle Blicke richteten sich erwartend auf den General, dem diejenigen, die ihn besser kannten, die Erschütterung des Gemüts, wie ruhig auch seine Miene war, ansahen. Er sagte: »Meine Herren, der König hat, von Napoleon schmählich verlassen, sich zum Friedensschlusse bequemen müssen. Er befiehlt mir, die Feindseligkeiten einzustellen, und es ist an mir, zu gehorchen; aber ich tue es in dem Vertrauen, daß Viktor Emanuel, wenn er sich aus den Schlingen der Diplomatie befreit hat, das erhabene Werk vollenden werde, dem er sein Leben gewidmet hat.« Die jungen Leute verstummten und führten dann das Gespräch halblaut weiter, während Garibaldi und seine Begleiter sich an einen andern Tisch setzten, um das Abendessen einzunehmen.
Garibaldi aß schweigend, Medici hingegen war zu erregt, um seinen Groll zu verstecken. Er schalt auf Cavour, auf das französische Bündnis, auf Napoleon, auf die Schwäche und Vertrauensseligkeit der Italiener. Keine Macht würde sie achten, bis sie sich selbst genügten und ihrer nicht mehr bedürften. Würde Napoleon einem andern Bundesgenossen so mitgespielt haben? Er wußte, daß sie sich alles gefallen ließen. Jene Worte, die im Jahre 1849 der französische Gesandte in Rom zu Mazzini gesprochen habe: ›die Italiener schlagen sich nicht‹, drückten immer noch die Meinung des Auslandes aus.
Bertani erinnerte daran, wie sein Freund Carlo Cattaneo ihm wiederholt gesagt habe, er könne keinen andern Rat in den italienischen Angelegenheiten geben als den einen: ›Werdet Soldaten!

Macht euch stark!‹ Das sei die Lösung. Cattaneo und Mazzini hätten nie an den Segen, der von Bonaparte kommen sollte, geglaubt. Auch er habe lange gezweifelt, dann habe die Lust zu hoffen ihn zu dem allgemeinen Glauben hingerissen. Es werde nicht wieder geschehen.

»Gibt es noch ein Land,« rief Medici, »wo soviel Furcht neben soviel Todesverachtung gedeiht? Wir brüsten uns mit unsern Schätzen und haben das Beste nicht, was die Erde hervorbringt: Männer, Männer, Männer gebrauchen wir, sonst nichts andres.«

»Sie haben alle, die Italien besitzt, mit Garibaldi in die Alpen geschickt«, sagte Bertani lächelnd.

Ippolito Nievo trennte sich früher als gewöhnlich von seinen Kameraden und suchte sich einen von der Straße abgelegenen Platz zwischen Gras und Felsblöcken. Durch die mondlose Nacht schifften Wolken, an den getürmten Gipfeln landend und wieder hinaus ins Weite fahrend; er fühlte sich allein inmitten der großen Geheimnisse des Raumes und der Zeit. Das Heimweh riß an seinem Herzen: er dachte an die dunkeln Schlösser seiner friaulischen Berge, das Land der Adler und der wilden Gesänge, der Einöden, Schluchten und lachenden Matten, wo er zu Hause war und das er nicht mehr sehen sollte; denn die österreichischen Untertanen konnten nicht unter ihre offen bekämpfte Regierung zurückkehren. Er liebte eine Frau, die ihn bald durch Zärtlichkeit beglückte, bald mit treuloser Kälte und koketter Grausamkeit quälte, immer aber durch die Süßigkeit ihres persönlichen Wesens unwiderstehlich anzog und ihn so die Zerrüttung des Wahnsinns hatte ahnen lassen; mit froher Sehnsucht hatte er in den Tagen der siegreichen Gefechte ihrer gedacht und zuversichtlich gehofft, daß er mit dem Vaterlande auch sie sich erkämpfen werde; nun fühlte er sich dem unberechenbaren Gange der Leidenschaft wie ein Bettler preisgegeben. Als er endlich aufstand, um der Schwermut zu entfliehen, die ihn erdrückte, und das Lager aufsuchen wollte, traf er auf Garibaldi, der unweit des Wirtshauses, in dem nun alles still war, an eine Felswand angelehnt stand. Er wollte, da er sich nicht traute, den General anzureden, mit einem Gruße vorübergehen, doch erkannte ihn dieser und nannte ihn beim Namen. »Liebt Ihr es auch,« sagte er, »in den Schoß der alten Nacht unterzutauchen und in ihrer Muttermilch Vergessenheit zu trinken?« – »Ich habe Abschied genommen«, sagte Ippolito Nievo mit schmerzlicher und fast vorwurfsvoller Betonung. Garibaldi antwortete gütig: »Ich verstehe Euch. Ihr hattet andres gehofft. Aber es scheint, daß noch mehr Gräber über den Katakomben Italiens wachsen sollen, bis das Opfer voll ist. Jetzt müßt Ihr dem Vaterlande dienen, indem Ihr, ohne zu grollen und ohne zu verzagen, heimkehrt.« Ippolito wiederholte das Wort mit Bitterkeit: »Heimkehrt? Ich habe keine Heimat mehr.« Garibaldi schwieg eine Weile. »Ihr seid Venezianer«, sagte er dann. »Die Verbannten sind es, die am meisten lieben, die Italien befreien müssen. Wartet, ohne den Mut zu verlieren, bis ich Euch rufe: ich will nicht sterben, ehe ich Venedig frei gesehen habe.«

In seinem Innern zürnte Garibaldi dem Könige, daß er sich von der Diplomatie habe lähmen und mißbrauchen lassen; denn so faßte er es auf. Er hatte Augenblicke, wo er etwa so von ihm dachte: ›Die Geschichte hat ihn zum Könige der Vergangenheit gemacht und sein Herz zum Könige der Zukunft. Darum habe ich ihm das Schwert Italiens abgetreten, das ich in römischer Erde fand. Mein Blut rührte sich, als ich darüber hinging, ich hörte es in der Tiefe klirren, ich ergrub es mir. Wenn er untreu oder schwach wäre, so entreiße ich ihm die Waffe wieder, die mein ist. Es schützt ihn nicht, daß er König von Sardinien ist, ich habe mein Knie vor dem Könige von Italien gebeugt.‹

Nachdem der Frieden abgeschlossen war, verließen sämtliche Heerkörper ihre Stellungen, und die Freiwilligen kehrten zu ihrer bürgerlichen Tätigkeit zurück; aber die äußerliche Waffenruhe entsprach der Stimmung der Gemüter nicht. Nur zum Schein hantierten die Patrioten mit ihren alten Werkzeugen; sie horchten auf eine eherne Stimme, die das Zeichen gäbe, um das nahe verborgene Schwert zu ergreifen und aufs neue in die Schlacht zu stürzen.

In der Zurückgezogenheit seines Landgutes ging dem Grafen Cavour die Erregtheit der Tage von Monzambano bald vorüber und machte einer leidlichen Gemütsruhe Platz, die tröstliche Erwägungen ermöglichte. Der Gedanke, der ihm in der Trübsal und Erniedrigung zuerst Erleichterung gebracht hatte, war der, daß Savoyen und Nizza nun unverloren seien, da Napoleon sich seinerseits nicht an den Vertrag gehalten hatte. In der Zukunft ließe sich Venedig vielleicht ohne Entgelt erwerben; er hielt es für ebenso weise, dem Zufall etwas abzulauern, wie mit eignen Kräften das

Glück zwingen zu wollen. Schon zeigten sich allerlei Möglichkeiten, auf die man anfangs nicht gerechnet hatte; die Haltung der kleinen mittelitalienischen Herzogtümer, die Anstalt trafen, sich an Piemont zu schließen, eröffnete die Aussicht einer Ausbreitung nach Süden hin, was füglich für den Verlust Venedigs entschädigen konnte. Sogar in Florenz gingen hervorragende Männer mit dem Gedanken um, den Großherzog zu vertreiben oder zur Abdankung zu bewegen und Toskana mit dem neuen Königreich Oberitalien zu vereinigen. Allerdings war es noch ungewiß, was die vertriebenen Fürsten aufbieten würden, um ihre Throne wieder aufzurichten, und wie Napoleon sich dazu stellen würde, an dessen Ehrgeiz, in Italien durch die Person eines Anverwandten selbst eine Herrschaft zu gründen, nicht zu zweifeln war; allein mit Geduld, Geschick und Glück glaubte er, daß sich etwas Befriedigendes würde erreichen lassen. In der ersten Zeit empfand er es, wie ein Genesender, als wohltätig, den Dingen zusehen zu können, ohne eingreifen zu müssen. Der neue Minister, Urbano Rattazzi, war ein kluger, geschmeidiger, äußerlich hübscher und zierlicher Mann, dem es weniger um die Sache zu tun war als um die Rolle, die er dabei spielen konnte. Diejenigen, welche glaubten, man müsse es als Mut und Selbstverleugnung anerkennen, daß er in einem Augenblick an Cavours Stelle trat, wo nichts Größeres zu tun möglich schien als Verunglücktes einzurenken oder schon errungene Früchte einzuheimsen, irrten sich nicht in bezug auf den Mut, woran es Rattazzi nicht fehlte; übrigens aber dachte er nicht daran, sich mit so wenigem zu bescheiden, sondern glaubte, es würde sich schon eine Gelegenheit finden, Cavour zu übertrumpfen, sich an Geschick oder Gesinnung ihm überlegen zu zeigen. Da er die Gabe besaß, immer das sagen, ja empfinden zu können, was dem, mit dem er sprach, gemäß und angenehm war, und die edeln Gefühle, die die Menschen begeistern, sich auf eine liebenswürdige Art in ihm spiegelten, ohne ihn zu beeinflussen, konnte er auf Anhang zählen. Cavour hielt ihn nicht mit Unrecht für einen Gegner und mochte ihn nicht leiden, billigte aber die Unbedenklichkeit, mit der er in dieser Zeit an das Steuer gegangen war, und meinte, er passe gut an eine Stelle, wo die Geschichte gerade eine Pause mache.

Mazzini, der ein unerwünschtes Ende des Krieges vorausgesehen hatte, empfand wenigstens das als eine Genugtuung, daß das

Bündnis mit Napoleon gelöst war; er wollte, daß der Kampf um Italien, eine reine Sache, von dem italienischen Volke selbst mit reinen Mitteln bestanden würde. Beim Beginn des Krieges hatte der König von Sardinien eine Amnestie für alle um der politischen Verirrungen willen Verbannten erlassen; nur Mazzini war davon ausgeschlossen. Doch konnte er sich ungehindert in Florenz aufhalten unter dem Mitwissen und Schutze des Barons Bettino Ricasoli, der stolz darauf war, gerecht zu sein, und an Mazzini den strengen Idealismus, der seinem eignen Geiste entsprach, bewunderte. Gemeinsam mit ihm arbeitete Mazzini an dem Anschluß Toskanas an Sardinien, insofern sie es als die Grundlage des einigen Italiens betrachteten.
Dort suchten Mazzini zwei Sizilianer auf, Freunde, die seit dem Jahre 1848 gemeinsam für die Befreiung ihres Vaterlandes tätig gewesen waren, Rosolino Pilo und Francesco Crispi. Rosolino Pilo war der jüngere Sohn eines adligen, seit Jahrhunderten auf Sizilien ansässigen Geschlechtes; er war von zartester Gesundheit, doch schienen seine Kräfte desto ausgiebiger zu wirken, je mehr er sich Mühsalen und Entbehrungen aussetzte. Wenn er sich dem Schwersten unterzog, schien das weniger Mut und Tatkraft zu sein als vollständig mangelndes Bewußtsein der Gefahr; er dachte nicht daran, daß ihm etwas zustoßen könne. Indessen wie sehr er das Leben liebte, lebte er doch nicht in der Gegenwart, vielmehr war ihm diese immer nur etwas Vorbereitendes, an sich Wertloses, über das er hinwegeilte irgendeinem in weiter Ferne golden glänzenden Ziele zu, sei es der Vereinigung mit einem Mädchen, das er liebte, oder der Befreiung des Vaterlandes oder noch andern Wundern, die ihm vorschweben mochten. Er kannte Mazzini seit langem und liebte ihn mit der verehrungsvollen Hingebung eines Sohnes; von Crispi hatte er ihm oft als von dem festesten Willen und Vermögen unter den sizilianischen Patrioten gesprochen. Crispi war damals vierzig Jahre alt, Rosolino Pilo etwas jünger und erschien es noch mehr.
Die Absicht ihres geheimen Besuches war, Mazzini zu bereden, daß er sein ausschlaggebendes Wort einer schleunigen Unternehmung zugunsten Siziliens zugute kommen lassen möchte, wofür sie die Zeit gelegen hielten. Mazzini war im Gegensatz zu ihnen der Meinung, daß es besser sei, von den römischen Staaten, die zuerst zu erobern seien, als von der gesicherten Mitte aus nach

Neapel und von dort aus nach Sizilien vorzuschreiten; wenn aber eine Expedition für Sizilien zustande komme, wolle er nicht dawider sein, sondern, soviel an ihm sei, zum Gelingen beitragen. Garibaldi habe den Oberbefehl über ein Heer der vereinigten mittelitalienischen Staaten übernommen und liege an der Grenze des Kirchenstaates; er plane einen Einfall in die Marken, sowie er von dort aus eingeladen werde oder außergewöhnliche Bewegungen ihm den Vorwand gäben. Er, Mazzini, fürchte allerdings, Garibaldi, der auf die geheime Unterstützung des Königs rechne, täusche sich, vielleicht werde man ihn nur hinhalten und schließlich am Handeln verhindern; allein man könne den Ereignissen nicht vorgreifen, und das Gelingen dieses Planes sei, nach seiner Meinung, für jetzt das Wünschenswerteste.
Die Sizilianer fragten Mazzini, ob er glaube, daß Garibaldi eine Expedition für Sizilien anführen würde? Das Gesicht Mazzinis verdunkelte sich. »Wer kann es wissen?« sagte er. »Ich bin nicht in seinem Vertrauen. Als wir vor drei Jahren in ihn drangen: ›Tue es!‹, schien er zuerst geneigt; dann plötzlich erklärte er, es sei die rechte Zeit nicht, und keine Vorstellungen, kein Flehen brachten ihn von diesem unbegreiflichen Urteil zurück oder beugten seinen Willen. Der unglückliche Pisacane wagte es selbst und fand seinen Tod von den Händen des Volkes, das er befreien wollte.« Auch jetzt, sagte Crispi, würden sich Männer genug finden, die sich an die Spitze eines Unternehmens auf Sizilien stellen würden. Da sei La Masa, der ungeduldig warte, daß man ihn riefe; aber was ihn, Crispi, beträfe, so würde er seine Hand aus der Sache ziehen ohne Garibaldi. Rosolino fügte hinzu: »Es haben viele ebensoviel Opfermut, Tapferkeit und Umsicht wie Garibaldi; aber nur er hat den Stern.« Mazzini nickte und sagte: »Ich warne euch, etwas ohne Garibaldi zu wagen. Er wird es nicht tun als unter der Fahne Viktor Emanuels, und wir müssen ihm dennoch folgen. Nichts soll uns bewegen, unsre Überzeugung zu opfern, die bleibt; aber den Stolz und das Glück, für unsre Idee nach unserm Sinne zu wirken, können wir Italien und unserm Volke opfern. Wenn dieser König Italien machen kann und mit dem Volke machen will, das sich ihm freiwillig ergibt, sollen wir der Einigkeit, die wir sie lieben lehrten, nicht im Wege sein. Unsre Pflicht ist, jetzt zu helfen, und wenn das Werk vollendet ist, ohne Dank und Lohn beiseitezutreten.«

Crispi erwiderte: »Ich liebe Piemont nicht und die Monarchen noch weniger, ich bin Republikaner; aber die Bourbonen müssen aus Sizilien, und Garibaldi muß sie vertreiben. Will er sie durch Viktor Emanuel ersetzen, so müssen wir uns damit abfinden und aus dem Übel das Beste machen.« Sehr unzufrieden hingegen äußerte er sich über Garibaldis Anschlag auf die Marken. Erst die beiden Sizilien würden aus dem vergrößerten Sardinien Italien machen. Immer wäre der erste Hauch der Freiheit vom Süden, von Sizilien gekommen. Jetzt sei dort alles voll verborgener Glut, man dürfe nicht zu lange mehr warten. Durch Verzögerung seien zu oft schon die kostbarsten Kräfte erstickt worden.
Es sei so schlimm nicht, entgegnete Rosolino Pilo. Schließlich komme es auf eins heraus, welcher Teil Italiens zuerst befreit würde, man solle nicht als Sizilianer, sondern als Italiener fühlen. Wenn Garibaldi die Gelegenheit ergreife, die sich ihm biete, müsse man ihm beistimmen, ihn unterstützen. Er wolle jedes andere Vorhaben hintansetzen, um hinzueilen und unter Garibaldi zu kämpfen, wenn dieser ihn verwenden könne.
Er zeigte, da ihm dieser Einfall einmal gekommen war, die lebhafteste Ungeduld, ihn auszuführen, und überwand alle Bedenken Crispis spielend. Mazzini billigte seinen Entschluß und nahm mit mehrmaligen Umarmungen Abschied von ihm, indem er lächelnd sagte: »Eure Liebe muß mich für viel Haß entschädigen.«
Allein geblieben, setzte sich Mazzini auf einen Stuhl, der am Fenster stand, und stützte den Kopf in die Hand, die unmerklich zitterte; auch seine Knie zitterten ein wenig. Er hatte Rosolino Pilo niemals ohne Bangigkeit scheiden sehen können, der für jedes Übermaß des Lebens zu zart schien und für den es nur Anstrengungen und Peinigungen gab; doch schien es ihm, als wäre es ihm noch nie so schwer geworden wie dieses Mal. Wenn er leicht fürchtete, war das keine Empfindsamkeit: viele, wie viele von denen, die er im Herzen getragen hatte, waren früh auf dem von ihm gewiesenen Wege zugrunde gegangen; aber es wunderte ihn, daß er sich um diesen Sizilianer mehr sorgte und ängstigte als je um einen andern, während er doch viele ebenso lieb gehabt hatte. Er dachte an Jacopo Ruffini, seinen ersten Freund, den die Unmenschlichkeit seiner Kerkermeister und sein zartes Gewissen unter den furchtbarsten Umständen zum Selbstmord getrieben hatten; was der ihm war, war ihm hernach keiner mehr gewesen. An ihn zu

denken war ihm so schmerzvoll, daß er noch jetzt sich davor fürchtete, indem er sich danach sehnte. An einen andern Jugendfreund dachte er, Carlo Bini, einen liebevollen, erwartungsvollen Menschen, der in frühen Jahren gestorben war; an Goffredo Mameli mit den Träumeraugen und dem kindlichen Durst nach Taten, an die schönen Delirien des Sterbenden unter dem Krachen der untergehenden Republik Rom. Dann dachte er an Pisacane, seinen Abschied von Genua, als er das Schiff bestieg, das ihn zum Tode trug, an seine Frau, die verzweifelte und nicht zu weinen wagte, an seine eigne böse Ahnung, an das qualvolle Hoffen und das Eintreffen der schauderhaften Kunde. Alle diese und andre Verluste hatte er, wenn nicht verschmerzt, doch überwunden; er hätte künftigen, so schien es ihm, gefaßter entgegensehen sollen.
Indem er darüber nachdachte, kam es ihm in den Sinn, daß er alt geworden sei. Er besann sich auf die Rasereien der Verzweiflung, auf die leidenschaftlichen Kämpfe mit Todesschmerzen, die er einst durchgemacht hatte und von denen er wußte, daß sie nicht wiederkommen konnten; aber die Schwungkraft, die ihn beseelte, wenn die Stürme vorüber waren, kam ihm auch nicht wieder. Alt war er geworden, das war es, wenn er auch erst wenige Jahre über fünfzig war; erlebt hatte er mehr als hundert. Er zweifelte nicht daran, daß er noch viel würde tun, ja er hoffte, daß er noch Großes würde leisten können, nur das Leiden grub sich tiefer in seine Seele und war schwerer wegzuwischen, und in seiner Liebe lag die angstvolle Zärtlichkeit des Zukunftslosen. Er sah aus dem Fenster seines hochgelegenen Zimmers auf die Straße, in der die Menschen lärmend, lachend und gestikulierend durcheinanderwogten. Wie waren ihm alle diese gleichgültig gegen das vertraute Gesicht Rosolino Pilos mit der strahlenden Stirn, in die die braunen Locken fielen. Die Geschäftigkeit der Leute da unten hatte für ihn etwas Abstoßendes, ohne daß er wußte, warum, er konnte nicht zu der Empfindung gelangen, daß sie seine Landsleute waren und zu dem Volke gehörten, dem er sein Leben geopfert hatte. Mit quälenden Gedanken starrte er in die enge Straße, bis der Abend sie mit Schatten füllte.

Auf der grünen Ebene, die sich durch das mittlere Italien bis an das Adriatische Meer zieht, reiften unter goldenem Himmel der Mais und die Trauben. Die balsamische Luft trug die Chorgesänge

der Weinleser von Hof zu Hof; den halbnackten Kindern troff der Saft von den braunen Händen, in denen sie den Überfluß der Beeren zerquetschten.
Nachdem die Romagna und die Herzogtümer Modena und Parma sich mit der Toskana verbunden hatten, bildeten diese vier Staaten eine Liga mit eigner Regierung und eignem Heer, um ihre Selbständigkeit zu wahren, bis die Vereinigung mit Sardinien zu einem Königreich Oberitalien ins Werk gesetzt werden könnte. Garibaldi war darauf bedacht, das Heer zu ordnen, dessen Oberbefehl Baron Ricasoli ihm angeboten hatte, nachdem der durch die Verteidigung Venedigs berühmt gewordene General Ulloa in den Verdacht gekommen war, den eben vertriebenen Großherzog durch einen napoleonischen Prinzen ersetzen zu wollen, und deshalb seine Entlassung hatte nehmen müssen. Er versammelte seine getreuen Offiziere um sich, die zum Teil ihm von Amerika gefolgt waren, Medici, Sacchi, Nino Bixio, den Ungarn Türr und andre, von denen er wußte, daß sie zu einem Angriff auf die päpstlichen Staaten bereit sein würden; denn zu diesem Zwecke hatte er den Befehl übernommen. Sein Gemüt war unruhvoller als sonst; der Aufenthalt in Rimini, an jener Küste, wo er vor zehn Jahren den schrecklichsten Untergang überlebt hatte, weckte verhängnisvolle Erinnerungen in ihm auf. Er sah den Pater Verità wieder, den Priester, der ihm zu seiner wunderbaren Flucht hilfreiche Hand gegeben hatte und der kein Maß in seiner Rührung und Freude fand, das geliebte Haupt voll Hoffnung und Ehre wiederzusehen, das damals der Tod berührte. Nichts schien natürlicher, als daß er dem Lande, das noch von seinem Ruhm und Unglück voll war, die endliche Befreiung bringen sollte; irgendein übriggebliebenes Denkmal seines Geschickes schien seiner dort zu harren und ihn dahin zu ziehen.
Daß es nach des Königs Sinn sei, wenn er die Marken und Umbrien eroberte, um von dort aus den Süden zu befreien, bezweifelte er nicht; Viktor Emanuel kannte seine Gesinnung und Absichten und würde ihn nicht ermuntert haben, an diese Stelle zu treten, wenn er ihm damit nicht den Weg hätte frei machen wollen. Allerdings lag das Oberkommando der Armeen der Liga nicht in seiner Hand, sondern in der des Generals Manfredo Fanti, dessen rühmliche Vergangenheit, Tapferkeit und Patriotismus jedoch Garibaldi dafür bürgten, daß er ihm nicht entgegenarbeiten, sondern helfen

würde. Manfredo Fanti war ein stolzer und stattlicher Mann, in seinen Anfängen revolutionär, doch von einer angeborenen Richtung nach Ordnung, Besitz und legitimen Gütern allmählich zu hohen Stellen getragen. Aus Spanien zurückkehrend, wo er in den Kriegen großes Ansehen erworben hatte und sich durch Familie heimisch zu fühlen begann, war er in die sardische Armee eingetreten und in der Politik ein Anhänger Cavours geworden, der ihn hochschätzte. Indessen war er trotz aller Erfolge, die seinen innersten Erwartungen nie entsprachen, und seiner Anlage nach nicht glücklich. Er ließ Garibaldi gelten, da er ihm untergeordnet war und weil er es für richtig hielt, daß man sich der Talente eines jeden bediene, besonders in kriegerischen und gewissermaßen revolutionären Zeiten.

Die Diktatur der Herzogtümer hatte Luigi Carlo Farini übernommen, aus der Provinz Ravenna gebürtig, ein Politiker von gemäßigter Gesinnung, der das Heil in dem König von Sardinien, hauptsächlich aber in Cavour sah. Er betrieb den Anschluß der von ihm regierten Staaten an Piemont mit einer Energie, die Garibaldi für ihn einnahm, ohne sich dadurch stören zu lassen, daß die Regierung selbst, nämlich der neue Minister Rattazzi, diesem Vorgehen mit ebensoviel Angst und Schrecken wie Genugtuung zusah und aus Furcht vor Napoleon die dargebotenen Provinzen anzunehmen zögerte.

Im Oktober speiste Garibaldi zusammen mit dem General Fanti bei dem Diktator, der im herzoglichen Palast von Modena residierte. In seiner fürstlichen Stellung glich Farini einem Schauspieler, der zum erstenmal die Rolle erhalten hat, die seinen Gaben entspricht: sein fleischiges Gesicht strahlte Erhabenheit und Gnade, er bewegte sich mit breitgeschwungenen Gesten und hielt sich, wenn es darauf ankam, als trüge er den Pomp eines asiatischen Satrapen am Leibe. Dazu standen ihm treffende Sätze, sowohl edle wie witzige, jederzeit zu Gebot, die sich wie römische Inschriften, in Marmorquadern gehauen, anhörten. Er empfing seine Gäste mit fröhlicher und glanzvoller Würde. Während des Essens, das von behenden Dienern aufgetragen wurde, zog er eine Silbermünze aus der Tasche und sagte mit bedeutsamem Lächeln: »Dies, meine Herren, sind fünf Lire, womit ich den Herzog von Modena bankrott zu machen gedenke«, und zeigte den frisch geprägten Kopf Viktor Emanuels auf der Bildseite. »Bravo!« rief

Garibaldi, das Stück erfreut in der Hand drehend, »wir leben in einer Zeit, wo aus gemeinem Gelde selbst Waffen werden, die Schlachten gewinnen können.« »Er ist ein Patriot,« sagte Farini behaglich, indem er die Münze streichelte, »denn jedermann wird ihn gern einstecken.« Fanti meinte mit einer liebenswürdigen Wendung gegen den Diktator: »Das Blatt hat sich gewendet; jetzt sitzen die Patrioten auf alten Fürstenthronen und regieren.« Einige Stunden weit, sagte Garibaldi grollend, lägen sie noch in den Kerkern und faulten. »Ja,« erwiderte Farini seufzend, »es müssen noch viele Piaster, Unzen, Gregorini und Carlini begraben und mit neuem Antlitz auferstanden sein, bis jedermann in Italien ein Vaterland hat und es lieben darf. Was mich betrifft, so denke ich, wenn meine Arbeit getan ist, zu zeigen, daß ich dem Gesetz, das ich verkündigt habe, auch als schlichter Bürger gehorchen kann.«
Jetzt brachten die Diener den Kaffee und verließen den Saal, worauf das Gespräch sich freier ergehen konnte. »Ich glaube,« sagte Garibaldi, »unsre Arbeit beginnt erst, und Ihr habt Eure Tüchtigkeit zu sehr merken lassen, als daß man Euch Ruhe gönnen dürfte«, und kam damit auf den Gegenstand, der ihm am Herzen lag. Er sprach von der unchristlichen Rache, mit der Pius IX. seine Untertanen, die sich wie Bologna von seiner unleidlichen Herrschaft hatten losreißen wollen, durch barbarische Söldner gestraft habe, von der Sehnsucht, mit der die wiederum Unterjochten auf ihre glücklicheren Brüder blickten, und daß er es für seine Pflicht erachte, ihnen in der Not beizuspringen. An ihm solle es nicht fehlen, sagte Fanti, wenn der Aufstand dort beginne und die Hilfe der Liga angerufen werde, und Farini fügte hinzu: »Wir wollen den Felsen Petri, wenn er zu wackeln anfängt, nicht stützen, und die sich an uns klammern und unsern Schutz suchen, wollen wir nicht zurückstoßen.«
Während dieses Gespräches kam La Farina, dessen Besuch, da er schon öfters wichtige Botschaften Cavours überbracht hatte, Farini nicht überraschte. Er horchte gespannt auf, denn er wußte von den Plänen Garibaldis nur ungenau Bescheid, und sagte, es sei wohl eher zu wünschen, daß man sich jetzt ruhig verhalte, wo nicht einmal der Erwerb Toskanas und der Herzogtümer gesichert sei und wo ein zu gewagter Schachzug Frankreich und Österreich in die Schranken rufen könne. Er habe die Hilfe Napoleons nie gewünscht, sagte Garibaldi ungeduldig, und fürchte jetzt seinen

Zorn nicht. Farini sagte mit Bewußtsein: »Der Emilia bin ich sicher, und Ricasoli dürfte es Toskanas sein. Uns kann nichts mehr von Piemont als der Wille des Königs trennen.« »Es wäre Frevel, an dem Willen und Mut Viktor Emanuels zu zweifeln,« fuhr Garibaldi fort, »eben jetzt, wo er das Schreiben des treulosen Mannes, nämlich Napoleons, mit Königsworten erwidert hat.« Er führte einige Sätze aus dem Antwortschreiben des Königs an Napoleon an, von dem man wußte, daß er es zwar nicht selbst verfaßt, aber seinen Inhalt und Ton bestimmt habe. Dies Herz dürfe man nicht verkennen, Viktor Emanuel würde kein Stück Italiens verleugnen, das seinen Namen anriefe. Wenn er, Garibaldi, die Grenze des Kirchenstaates mit seinen Truppen überschreiten werde, so tue er es in der festen Überzeugung, dem Könige damit einen erwünschten Dienst zu leisten.
Die Herren verstanden, daß eine mitwissende Teilnahme des Königs an seinem Unternehmen aus Garibaldis Worten zu schließen sei, von der er nicht deutlicher sprechen wollte, um die geheiligte Person zu decken, und nickten schweigend. Es war bekannt, daß er vor einigen Tagen in Turin gewesen war und mit dem Könige eine Unterredung gehabt hatte. Immerhin, meinte La Farina, würde es gut sein, die Gefahren in Betracht zu ziehen, die vom Auslande drohten; wer nichts damit zu tun habe, unterschätze gewöhnlich die Bedeutung der Diplomatie.
»Was mich betrifft,« sagte Garibaldi, »so weiß ich, wieviel sie verderben kann. Den Grafen Cavour, den ich hochschätze, schätze ich so viel, wie er mehr als Diplomat ist. Er hat gewiß den Krieg nicht angefangen, damit in Zukunft die Lombarden und Florentiner sich Piemontesen nennen. Wäre er am Steuer, würden wir schon jenseits der Grenze sein.«
Am Abend traf Garibaldi in einem kleinen Gasthof mit Bertani zusammen, der wegen der Leitung der Ambulanz von Fanti berufen war. Garibaldi erzählte von seinem Gespräch mit dem Könige, den zu loben er nicht müde wurde; er habe ihn zum Einfall in die Marken ermächtigt, sowie eine entscheidende Bewegung dort vorfiele, die den Anlaß geben könnte. Bertani entgegnete, es möge sein, daß er keinen Fehler habe außer dem, König zu sein. Gewiß wünsche er ein mutiges Zugreifen; aber er müsse auch darauf bedacht sein, mit reinen und ganzen Handschuhen auf dem Throne zu erscheinen. Er selbst habe den Irrtum begangen, zu-

viel auf ihn zu bauen; seit er den Frieden von Villafranca geschlossen habe, sei er zu der Einsicht gekommen, daß er die große Revolution, Europa zum Trotz Italien zu machen, allein nicht vollführen könne. Die Schuld, von Frankreich Hilfe angenommen zu haben, würde mit Savoyen und Nizza bezahlt werden; die Patrioten müßten schnell handeln, damit nicht noch mehr italienische Provinzen verkauft würden, um Italien ganz zu machen.
Garibaldi wurde zornig. Das mit Savoyen und Nizza sei, sagte er, von Mazzini erfunden, um die Monarchie verhaßt zu machen. Er wolle nichts mehr davon hören. Bertani verteidigte Mazzini. »Ihr werdet es erleben müssen,« sagte er, »daß Mazzini recht hat. Ihr solltet Euch, das ist meine Meinung, gerade jetzt nicht von Mazzini trennen, wo ihr beide dasselbe wollt. Er will den Einfall ins römische Gebiet und sendet seine Anhänger in Euer Lager, obwohl ihn die Sizilianer bedrängen, etwas für sie zu tun. Er vertröstet sie darauf, daß Ihr durch den Kirchenstaat nach Neapel vordringen werdet und daß sie sich dort unten mit Euch vereinigen können.«
Garibaldi dachte eine Weile nach. Er habe in diesen Tagen, sagte er, einen Brief aus Messina erhalten, daß eine Insurrektion in Vorbereitung sei. Wenn er Hilfe verspräche und mit seinen Freiwilligen nach Sizilien käme, würden sie Sorge tragen, daß die Revolution ausbreche. Er habe geantwortet, daß er mit ihnen sei, wenn sie aufständen, um die Bourbonen zu verjagen und sich Italien unter Viktor Emanuel einzuverleiben. Eher würde er nicht kommen, als bis sie durch die Tat ihren festen Willen angezeigt hätten. Sein Zutrauen, fügte er hinzu, zu diesen sizilianischen Umtrieben sei nicht unbedingt. Er sei nicht sicher, ein wie großer Teil des Volkes dabei beteiligt sei. Geschehen müsse etwas; aber er wolle sich nicht wie andre irreführen lassen.
Bertani, der Crispi und Rosolino Pilo in Genua gesehen hatte, sagte, es scheine jetzt Ernst zu sein. Crispi sei nach Sizilien zurückgekehrt, um unter fremdem Namen mit Gefahr des Lebens das Feuer zu schüren; bis zum Frühling, habe er gesagt, müsse alles in Flammen stehen. Garibaldi nickte; bis dahin könne er unten sein, den Weg von Rom auf Neapel habe er schon einmal gemacht und werde ihn nicht verfehlen.
Dem Grafen Cavour wurde die Untätigkeit, zu der er sich selbst verurteilt hatte, von Tag zu Tag unerträglicher. Er war mit der Lage, wie sie sich jetzt herausgebildet hatte, außerordentlich zu=

frieden und urteilte, daß er sich zur Zeit des Friedensschlusses un=
weise vom Zorn habe übereilen lassen. Wenn auch sein zeitweili=
ges Verschwinden vom Schauplatze der politischen Umtriebe sein
Gutes gehabt hätte, so fand er, daß es doch allmählich notwendig
werde, wieder hervorzutreten. Daß Rattazzi immer noch zögerte,
die Annexion der mittelitalienischen Staaten auszuführen, machte
ihn ungeduldig; er war dafür, Napoleon nicht zu reizen, aber die
allzu große Unterwürfigkeit erschien ihm unwürdig und nament=
lich unnötig. Noch war die Lockspeise, mit der er den Kaiser früher
abzufertigen gedacht hatte, Savoyen und Nizza, nicht vergeben,
und sie konnte seiner Meinung nach wieder dazu dienen, ihm im
Falle der Not den Mund zu schließen. Er kam zuweilen nach Turin
und regierte, so gut es gehen wollte, in den Lauf der Dinge hinein,
was seinen Drang, die augenblickliche Regierung über den Hau=
fen zu werfen, erheblich steigerte. Bereits war es ihm gelungen,
sich mit dem beleidigten König wieder in Verbindung zu setzen,
der seiner aber noch nicht zu bedürfen schien; es galt, ihn von
seiner Unentbehrlichkeit zu überzeugen. Um so unlieber war ihm
ein neuer Konflikt, der jetzt zu entstehen schien.
Der Graf erfuhr nämlich von der Absicht Garibaldis, in die Mar=
ken einzufallen, und daß der König dem General Fanti einen Brief
geschrieben habe, in dem er ihn ersuchte, das Kommando der
alliierten Armee niederzulegen, damit Garibaldi allein an der
Grenze bliebe und, was immer vorfiele, die Verantwortung zu tra=
gen hätte; welches Schreiben offenbar dazu dienen sollte, Gari=
baldi jeden Widerstand aus dem Wege zu räumen und zugleich
den Namen des Königs, der vor der Öffentlichkeit durch Fanti ver=
treten wurde, aus dem Spiele zu bringen. Es stand dem Grafen
fest, daß er dies tollkühne Unternehmen, das einen Krieg mit
Frankreich zur unvermeidlichen Folge haben würde, um jeden Preis
hintertreiben müsse; er war wütend auf Garibaldi und noch mehr
auf den König.
Cavour schätzte den politischen Verstand des Königs nicht über=
mäßig hoch ein, aber er war der Ansicht, daß ein Monarchist es
nehmen müsse, wie Gott es gebe, und daß die Zuverlässigkeit und
der fürstliche Stolz Viktor Emanuels für viele Mängel entschädi=
gen könne; im Grunde hatte er hauptsächlich das an ihm auszu=
setzen, daß er nicht leicht lenkbar, ja eigentlich eigensinnig sei
und mehr, als zu seinem Beruf passe, eigne Gefühlsneigungen

hervorkehre. ›Er fängt jetzt an‹, dachte er, ›sich mit Garibaldi zu verschwören, wie wenn er ein verlottertes Genie oder ein Tagedieb und Habenichts wäre. Wären wir um dreißig Jahre zurück, so würde er vielleicht Mitglied von Mazzinis Jungem Italien werden. Solche Passionen kann ich ihm nicht erlauben,‹ dachte er, ›nein, ich kann sie ihm nicht erlauben.‹

›Garibaldi‹, sagte er sich, ›ist eine Macht, nicht etwa durch die Verstand, wovon er soviel hat wie irgendein tüchtiger Schiffskapitän, und auch nicht durch Ideen; denn die hat er nicht mehr als ein Kranich mit seinem alljährlichen Einfall, sein Volk übers Meer zu führen, oder die Henne, die plötzlich vom Triebe zu unentwegtem Brüten befallen wird. Sind diese Leute weitsichtiger, die glauben, Italien zu machen, wenn sie gehörig mit dem Kopfe wider die Mauer rennen? Gibt der Schädel endlich nach und läuft das Gehirn aus, so ist der Märtyrer Italiens fertig. Garibaldi jedoch gehört nicht zu diesen; er hat Instinkt gesunden Lebens, den ich an ihm schätze und der mit zu der rätselhaften Macht gehört, die er ausübt. Es kommt darauf an, diesen Mann vernünftig zu benutzen; der König könnte sich von ihm mitreißen lassen, und das wäre verderblich. Der König hat von seinem Vater einen Keim des Verschwörers und Revolutionärs im Geblüt, dazu besitzt er Mut und Standhaftigkeit, die jener nicht hatte. Er ist ein praktischer Mann, in dem eine einzige Phantasie, die der italienischen Krone, festgewachsen ist: das ist mir eine Gewähr und eine Gefahr zugleich. An diesem Punkte berührt und bewegt ihn der maßlose Geist Garibaldis, und stark muß es sein, daß der treue Sohn der Kirche sein Wort zu einem bewaffneten Einbruch in päpstliches Gebiet gibt.‹

Cavour bedurfte keiner Überredungskunst, um den General Fanti und den Diktator Farini auf seine Seite zu ziehen. Sie verehrten in ihm den Schöpfer der Politik, die den Grund zur Befreiung des nördlichen Italiens gelegt hatte, und fanden es billig und bequem, sich seinen Anordnungen anzuschließen; abgesehen davon neigten sie beide mehr dazu, innerhalb eines gesicherten oder wenigstens durch gewichtige Meinung gestützten Bezirkes energisch tätig zu sein, als sich zu einem Wagnis mit ungewissen Aussichten mitreißen zu lassen. Nachdem er von ihnen das Versprechen erhalten hatte, daß sie das Ihrige tun würden, um einen unzeitigen Streich Garibaldis zu verhindern, wurde er ruhiger.

›Auch ich bin eine Macht,‹ sagte er sich, ›eine, die sich berechnen und mit Namen nennen läßt. Wenn Gott die Vernunft ist, muß es mir gelingen, Garibaldi auszustechen, unschädlich zu machen und zugleich zu benutzen.‹ Es war eine heikle Sache, dem König in so wichtigen Dingen entgegenzutreten, dessen Empfindlichkeit er noch nicht überwunden hatte, und er war nicht frei von Sorgen; aber es gab für ihn weder die Möglichkeit, überhaupt die Hand von der Politik zu lassen, noch die, eine andre Politik als bisher zu verfolgen. Er wäre nicht mehr Cavour gewesen, wenn er noch lange fortgefahren hätte, Untersuchungen über den besten Dünger anzustellen, und ebensowenig, wenn er um unsicherer und gefährlicher Erwerbungen willen einen gewissen Gewinn aufs Spiel gesetzt hätte. Er nahm eine Landkarte und verfolgte langsam und zärtlich mit dem Bleistift den Umriß um das neue Königreich Oberitalien: das sollte ihm keiner antasten, Napoleon nicht, doch auch sein König nicht. Wie ein Vater für sein Kind wollte er sein Leben daran wagen.
Mit Genugtuung dachte er an den praktischen Sinn des Königs, der ihn einsehen lassen würde, daß viele Wege nach Rom führen und daß die von Mazzini gelehrte kürzeste Linie durch die Luft gehe, daß aber auf der Erde mit ihren Gebirgen und Schluchten ein Umweg oft eher zum Ziele bringe; und an sein rechtschaffenes Herz, das, wie sehr ihn auch die Eigenwilligkeit seines Ministers kränkte, ihm die geleisteten Dienste trotzdem nicht vergessen würde. ›Wenn ich ihm verspreche,‹ dachte er, ›ihn binnen eines Jahres in Florenz zu krönen, wird er darauf verzichten, sich von Garibaldi und Mazzini, nach der vorausgegangenen Flucht des Papstes, auf das Kapitol führen zu lassen, denn ein Sperling in der Hand ist besser als eine Taube auf dem Dache.‹

In der Mitte des November, als Garibaldi aus Bologna kommend, wo er eine Unterredung mit Fanti und Farini gehabt hatte, wieder in Rimini eintraf, empfing ihn Medici mit der Nachricht, in Imola seien Unruhen ausgebrochen; ob die Befehle zum Abmarsch der Truppen sollten ausgegeben werden. Garibaldi, dem in Bologna die Lauheit der beiden Männer, auf deren Mitwirkung er gerechnet hatte, aufgefallen und der dadurch verstimmt war, fragte, woher die Nachricht stamme, ob sie verbürgt oder ob es nur ein Gerücht sei. Ein Gerücht immerhin, erwiderte Medici, doch scheine es aus guter Quelle zu kommen; denn Schiffer, die Antonio Elia angestellt habe, hätten es selbst aus Imola gebracht. Elia erwarte ihn schon seit einer Stunde und werde den Bericht vervollständigen.

Antonio Elia war der Sohn eines Schiffers von Ancona, der im Jahre 1849 als Anhänger der Republik durch die Franzosen erschossen worden war, den Garibaldi gekannt hatte und an den er sich als an einen Mann von kraftvoller Schönheit, Ehrliebe und leidenschaftlichem Temperament gern erinnerte. Sein ältester Sohn Antonio war Seemann geworden und erhielt Mutter und Geschwister. Beim Ausbruche des Krieges war er als Freiwilliger zu Garibaldi gegangen und betete ihn an, seit er ihn gesehen hatte; dieser behandelte ihn wie einen Sohn und liebte es, ihn um sich zu haben: so wie Antonio, einfach in seinen Gewohnheiten, bescheiden in seinen Ansprüchen, voll Ehrgeiz, wenn es galt, sein Können anzuwenden, furchtlos, immer bereit, sein Leben an etwas Großes zu wagen, geschickt zu jeder Tätigkeit, von edelm Körperbau, braun von der Sonne, sollte nach seiner Meinung der italienische Mann aus dem Volke sein. Er hatte ihm den Befehl über ein Schiff anvertraut, das bestimmt war, von der See aus in die kriegerische Bewegung einzugreifen, und versprach sich viel von der genauen Kenntnis des Landes und seiner Verhältnisse, die der aus den Marken Gebürtige haben mußte. Elia erzählte, was er wußte: daß ein ihm wohlbekannter zuverlässiger Mann mit einigen Leitern des Insurrektionskomitees von Imola gesprochen habe, daß diese versichert hätten, ein Angriff auf den Palast des Legaten werde am folgenden Tage stattfinden; die Waffen, die in einem Warenmagazin aufbewahrt gewesen wären, seien bereits unter die Eingeweihten verteilt, der Ausbruch des Kampfes werde zugleich ein Zeichen für Ancona sein, daß es Zeit sei. Die schwarzen Augen Antonios ruhten mit strahlender Bitte auf Garibaldis Gesicht, sein schöner Mund lächelte ihm unbewußt vor Ungeduld und Freude. Nachdem Garibaldi sich nach verschiedenen Einzelheiten noch erkundigt hatte, sagte er: »Es ist gut, gehen wir nach Ancona und setzen wir einen Denkstein auf die Gebeine deines Vaters in freier Erde.« Das Sonnenlicht ging wieder in seinem Antlitz auf und verzehrte in einem Augenblick den Unmut und die Besorgnis, die es vorher getrübt hatten. Er versammelte seinen Stab und schickte Befehle an alle Truppenteile, sich sofort in Bewegung zu setzen, um auf verschiedenen Straßen die Grenze zu erreichen. Elia sollte zu Schiff nach Imola fahren und die Aufständischen durch die Nachricht von herannahender Hilfe ermutigen. An Fanti schickte er eine Depesche mit der Meldung des in Imola ausgebrochenen Aufstandes und daß er sich anschicke, den kämpfenden Brüdern beizuspringen. Die Zeit, die ihm noch übrigblieb, benutzte er, um eine kleine Schar von Freiwilligen zu organisieren, die sich für den Fall eines Zusammenstoßes mit den päpstlichen Truppen bei Rimini aufhielten.

Der Tag war feucht und warm gewesen, spät am Abend erhob sich ein Schirokko und trieb die schwarze Brandung mit dumpfen Schlägen gegen die Hafenmauer. Garibaldi, zum Aufbruch bereit, sah prüfend in das Wetter, ob der Wind vielleicht Antonios Fahrt verzögern könne. Dicht über dem Meere lief ein einziger schmaler weißer Streifen am Horizont, sonst, und wenn man nicht das Bäumen der Wellen unter dem Sturme gesehen hätte, wären Himmel und Meer nicht zu unterscheiden gewesen. Auch die Zypressen auf dem Platze, die sich unaufhörlich mit einem singenden Laut auf und nieder bogen, fluteten in die Dunkelheit, so daß sie ungeheuer an Form und Größe erschienen. Garibaldi war im Begriff, mit mehreren Offizieren in einen Gasthof einzutreten, um vor dem langen Ritt, den sie vor sich hatten, in Eile etwas zu essen, als sie den schnellen Trab eines Pferdes durch die Hauptstraße widerhallen hörten, worauf sie stehenblieben, um den Reiter zu erwarten. Es zeigte sich, daß es eine Ordonnanz des Divisionsobersten Mezzacapo war, der Garibaldi zu melden hatte, daß ihn, den Obersten, als er mit seiner Division schon in der Nähe der päpstlichen Grenze angelangt gewesen wäre, ein eilender Bote des Generals Fanti erreicht hätte mit dem Befehl, nicht weiter vorzurücken; handle er dawider, so tue er es auf eigne Gefahr und lade die Strafe eines Empörers auf sich; er müsse dem Befehl des Obergenerals der Armee gehorchen und bitte den General Garibaldi, ihn zu entschuldigen.

Garibaldi entließ den Boten mit einer Handbewegung, rief seinen Begleitern ein paar Worte zu, zog den Hut tiefer ins Gesicht, sprang aufs Pferd und ritt unverzüglich die Via Emilia entlang nach Bologna zu.

Am Vormittage traf er dort ein; der Regen strömte, und der Wind blies. Er eilte in den Palast, der den Namen des Königs Enzio trägt, den Farini bewohnte, und fand ihn mit Fanti im Gespräch über das Vorgefallene. Sie schienen auf seine Ankunft gefaßt zu sein und empfingen ihn mit vorwurfsvoller Miene und in gemessener Weise. Garibaldi fragte, ohne darauf zu achten, mit welchem Rechte sie ihn verhindert hätten, zum Wohle des Vaterlandes zu handeln; jetzt wäre der Augenblick verpaßt, vielleicht das Versäumte nicht wieder einzubringen; der Dienst löse sich auf, wenn die Befehle der Offiziere hinterrücks von andern widerrufen und hintertrieben würden. In Fantis Gesicht trat ein Ausdruck hochmütiger Verachtung; er habe, sagte er, die Verantwortung für alles, was in der Armee geschehe, also das Recht und die Pflicht, zu hintertreiben, was er für unrichtig halte. Er glaube dem Vaterlande einen bedeutenden Dienst geleistet zu haben. Jetzt trat atemlos La Farina ein und mischte sich in das Gespräch, indem er Garibaldi vorwarf, sein gegebenes Versprechen, daß er sich nicht rühren wolle, bevor in den Marken beginnende Unruhen den Anlaß gäben, gebrochen zu haben. Garibaldi berief sich auf den in Imola vorbereiteten Aufstand, Fanti entgegnete, niemand wisse etwas davon, Gerüchte liefen täglich um, man brauche Tatsachen, und La Farina deutete an, daß die Gerüchte von Garibaldis eignen Anhängern könnten verbreitet sein. Farini sagte, langsam und majestätisch wie gewöhnlich sprechend, da er Diktator sei, behalte er sich vor, in so wichtigen Fragen zu entscheiden, was getan oder unterlassen werden solle. »Es liegt in meinem Willen, wer hier Diktator ist!« rief Garibaldi drohend. La Farina erbleichte, Fanti legte die Hand an den Degen. Farini trat einen Schritt zurück und sagte, die Augenbrauen hochziehend: »Das klingt wie Revolution.« »Immerhin!« rief Garibaldi. »Ich habe diese Uniform nicht angelegt, um ein blinder Knecht zu werden. Wenn ich nichts als ein piemontesischer General wäre, so wäret Ihr im Rechte; aber ich bin der Anführer der freien Männer, die das Schwert ergriffen haben, um Italien zu befreien. Ich bin die Revolution!« Seine Augen blitzten, in seiner Stimme, die von den Wänden des geräumigen Saales widerhallte, war die eherne Glut, mit der die Riesenglocke des alten Turmes das Volk zu Sturm und Aufruhr zu läuten pflegte. La Farina wendete sich beschwörend von einem zum andern und sprach von der Einigkeit und der Not des Vaterlandes, ohne daß man auf ihn hörte. Farini machte eine beschwichtigende Handbewegung gegen ihn und sagte mit Gelassenheit zu Garibaldi, der wie einer, der zum Äußersten bereit ist, vor ihm stand: »Ihr könnt mich zu diesem Fenster auf den Platz hinunterwerfen lassen, aber nicht mich zwingen, ein Unterfangen gutzuheißen, das ich für Empörung halte.« Garibaldi blieb noch einen Augenblick stehen, ohne etwas zu erwidern, und verließ dann den Saal.

Als sein Schritt verhallt war, ließen die Zurückbleibenden ihre Entrüstung ungehindert hervorbrechen. »Ich schätze Garibaldi hoch,« sagte Farini, »aber ich bin zufrieden, ihm gezeigt zu haben, daß er allein nicht der Wille Italiens ist.« La Farina meinte, Garibaldi würde sich schwerlich schon für besiegt halten, wahrscheinlich würde er sich an das Volk wenden, um die Diktatur an sich zu reißen, nach der er eigentlich strebe. »Er soll es versuchen«, erwiderte Farini lächelnd. »Er wird finden, daß ich fester auf meinem Stuhle sitze als die Legaten und Herzöge auf ihren Thronen.« Darauf dürfe man es nicht ankommen lassen, sagte La Farina. Er wolle es auf sich nehmen, Garibaldi entgegenzuwirken. Es sei ihm stets, wenn er es versucht habe, geglückt, das Volk zur Einsicht des Guten zu bringen; ohne ein großer Redner zu sein, dürfe er seinem Wort einen sicheren Einfluß auf die Menge zuschreiben. Von Farini und Fanti beglückwünscht, traf er schleunig Vorbereitungen, um Menschen zu versammeln und Ansprachen zu halten.

Allerdings dachten einige Offiziere Garibaldis, die ihm gefolgt waren, daß man noch ein Äußerstes versuchen könne, um den hintertriebenen Plan doch ins Werk setzen zu können, ja der Ungar Türr hatte bereits ein Häufchen um sich geschart, aus dem der Ruf: »Es lebe Garibaldi Diktator!« hervorging; aber Garibaldi begriff immer deutlicher, daß Farini und Fanti sich auf den Willen des Königs stützen müßten, den Ränke seiner Feinde oder der Einfluß der Diplomatie von der mit ihm getroffenen Vereinbarung zurückgebracht hätten, und beschloß, keine Umwälzungen in Bologna zu veranlassen. Er verließ die Stadt und sein Lager so schnell wie möglich und begab sich nach Turin, um aus dem Munde des Königs selbst zu erfahren, ob und warum er ihn preisgegeben habe.

Die aufrichtige Herzlichkeit des Königs und die bescheidene Ehrlichkeit, mit der er, was Garibaldi durch seine Schuld widerfahren war, beklagte, entwaffneten den Zorn des Beleidigten gegen seine Person, nicht aber seinen Unmut über die von ihm befolgte Poli=

tik, der zuliebe er sein teuerstes Werk hatte aufgeben müssen. Als der König ihm eine Stelle in der sardischen Armee als General anbot, lehnte er ab, indem er sagte, er glaube als freier Mann dem Könige besser dienen zu können. Viktor Emanuel stimmte bei und äußerte die Hoffnung, daß der Zeitpunkt in nicht zu ferner Zukunft liege. Nach dieser Besprechung nahm Garibaldi seine Entlassung und mit ihm die namhaftesten seiner Offiziere, unter ihnen Giacomo Medici, Nino Bixio und Türr.

Vor einigen Jahren hatte Garibaldi mittels der kleinen Erbschaft eines verstorbenen Bruders die im Norden Sardiniens gelegene Insel Caprera gekauft, von weitem gesehen ein wilder Fels, aus dem Meere gewachsen, die aber doch einige Talsenkungen ausdauernden Besiedlern zur Kultur darbot. Er hatte sich dort mit Hilfe ergebener Freunde und immer selbst Hand anlegend ein einfaches, fast unwirtliches Haus gebaut; dorthin ging er jetzt. Es war bewohnt von seiner Tochter Teresita, seinen Söhnen Menotti und Riciotti und einer ihm seit Jahren befreundeten Familie, bei der seine Kinder seit dem Tode seiner Frau und seiner Mutter aufgewachsen waren. Zu ihnen gesellten sich häufig junge Verehrer des Generals, die zugleich Freunde des ältesten Sohnes waren; auch Antonio Elia hatte glückselig die Einladung des angebeteten Mannes, ihn zu begleiten, angenommen, im stillen hoffend, daß die unwillig aufgegebene Eroberung seiner Heimat bald von neuem werde versucht werden.

Um diese Jahreszeit war die Ernte schon vorüber, die Felder waren bestellt, auch der Wein, von dem Garibaldi selbst selten trank, war gemacht. Es gab auf Caprera wilde Rinder, Ziegen und Kaninchen, Habichte und andre Raubvögel, auf die die Männer Jagd machten, die zwischen den zerrissenen Felsen der Insel nicht ohne Schwierigkeit, ja nicht ohne Gefahren war und Garibaldi eben deshalb Vergnügen machte. Auch fehlte es sonst nicht an Arbeit, die dem Geschmack des Generals entsprach: er hatte den Bau einer Straße unternommen, die am Meere entlang zu seinem Hause führen und von Zypressen begleitet sein sollte und wobei er selbst anordnen und häufig mit zugreifen mußte; doch konnte er einer tiefen Verstimmung nicht Herr werden und suchte häufig die Einsamkeit.

Wenn es Abend wurde, setzte er sich an eine Stelle des Strandes, die er vorzüglich liebte, wo das Auge über das Meer hinaus nach Norden blickte und wo er nicht gestört wurde. Er saß dort wie auf einem verankerten Schiff inmitten der Wellen, die zu seiner Klippe hinaufschlugen und seine Füße beschäumten. Der Herbstwind jagte mit starkem Schwung und stolzem Frohlocken hoch über ihm zwischen Sternen und Sternen; kaum bewegten einige Weiden und Akazien, die oberhalb des Platzes, wo er saß, im Schutze eines Felsens standen, die nackten Kronen. Selten kam ein Segel von Fischern vorüber; aber Möwen waren in großer Zahl da, wiegten sich kreischend auf der schwankenden Luft und schossen wie silberne Strahlen durch die springenden Wellen. Garibaldi wurde nicht müde, ihrem Fluge zuzusehen: sie schienen ihm etwas innig Verstandenes, Befreundetes zu sein. Es war ihm manchmal, als ginge ihre Gegenwart ihn an, als müßten sie Antwort geben, wenn er sie fragte: ›Wer seid ihr? Seid ihr Geister, die gekämpft und gelitten haben wie ich?‹ Es kam ihm in den Sinn, diese Vögel könnten das Unsterbliche der Helden Italiens sein, die, unermüdlich das feuchte Dunkel durchblitzend, dem Sturm ihrer Liebe Genüge täten, und es war ihm süß, in dieser Vorstellung zu verharren. ›Ja, ihr seid es,‹ dachte er, während er ihnen zusah, ›ihr Teuern, die ihr um des großen Gedankens Italien willen wehrlos den eisernen Waffen niebesiegter Tyrannen entgegentratet. Du bist es, Antonio Oroboni, der in der Finsternis des Kerkers zwanzigjährig hinsiechte, dessen Gebeine ungesondert bei den Resten barbarischer Verbrecher liegen. Du, Jacopo Ruffini, der sich seiner Mutter und seinen Brüdern tötete, um sich durch die Folter der Inquisitoren kein Wort entwinden zu lassen, das sie zur Anklage gegen seine Freunde nützen könnten. Du, Ciro Menotti, klug und verwegen, der den Tyrannen zum Verbündeten der Revolution machte, den der Feige flüchtend wie ein Kleinod mit sich schleppte, um ihn seiner Mordlust zu schlachten. Du, edler Priester Giuseppe Andreoli, der das schuldlose Haupt sanft wie zum Schlafe auf den Richtblock legte. Ihr Zahllosen, die Henkershand erwürgte, die der Kerker erstickte, die dem Gram und Hunger in der Verbannung erlagen, ohne daß ein Morgenrot über ihren Träumen dämmerte. Ihr, deren Namen keine Lippe mehr nennt, aus deren Blut doch Italien sich verjüngt und verherrlicht hat. Und ihr, mein Aghiar, mein Montaldi, Luciano Manara, die der Tod ohne Lebewohl von meiner Seite riß, meine Freunde! Mein Ugo Bassi, Ge=

segneter, dem heuchlerische Pfaffen das heilige Gewand unter Flüchen vom Leibe zogen, bevor sie ihn dem Tode überlieferten! Unglücklicher Angelo Brunetti, treuer Mann, dessen Herz das Sterben der Söhne erleiden mußte, ehe die Kugeln es zerrissen! Ihr Mütter, die ihr im verödeten Hause alt wurdet, deren Hand, als ihr starbet, der Sohn nicht halten konnte, deren Namen mit euch begraben wurde, ihr Dulderinnen! Nun habt ihr euch weggewendet von der Heimat, um die ihr littet, von Feinden und Brüdern, zürnend und verachtungsvoll, vielleicht ihrer lange vergessen. Schrecklich waren die Qualen, die eure Feinde euch zufügten; aber von ihnen empfinget ihr Haß für Haß und erfuhret nichts Unnatürliches. Bitterer war es, den Hohn und die Kälte und die Treulosigkeit und Ohnmacht derer zu erleben, für die ihr kämpftet und die euch Helfer und Genossen hätten sein sollen. Jetzt ist eure Marter vorüber, ihr großen Herzen, ihr seid in ewiger Glorie, eingegossen in die himmlischen Gesetze, durchstrahlt ihr frei eine reine Natur.‹
Vielleicht, dachte er, suchten die Geister seinen Strand auf, weil Caprera fast niemals von Menschen bewohnt gewesen war. Auf Sardinien und den meisten Inseln des Ionischen Meeres fanden sich uralte Felsengräber, unbehauene Blöcke voll dunkler Zeichen, unter denen kulturlose Völker ihre Toten bestattet haben mochten; nicht so auf Caprera. Auch von späteren Ansiedelungen fanden sich keine Spuren, da die Einöde von Granit den Bebauer abschreckte; nur vorübergehend hatten sich Leute niedergelassen, um das Gras zu gewinnen oder um zu fischen, und noch lebte in einer rohen Hütte der Sohn eines Räubers, der, aus Korsika verbannt, mit den Seinen auf der verlassenen Insel das Leben gefristet hatte. Garibaldi hatte das angezogen. Er liebte die flinken Ziegen, die ihn aus wilden und scheuen Augen ansahen, den grausamen Schrei der Raubvögel, die Erde, die noch keine Frucht getragen hatte, bevor er sie umgrub. Sein Herz wurde hier so still und weit, wie wenn er in Amerika durch die Steppen geritten war und die Herden wilder Pferde, herrlich wie die Genossen heidnischer Götter, an ihm vorüberbrausten. Zuweilen dachte er, es würde etwas Wundervolles sein, wenn einmal die Brandung so hoch um seine Insel stände, daß kein Schiff in ihre Häfen mehr einlaufen und ihm Nachricht von der Welt und seinem unglücklichen Vaterlande bringen könnte.

In dieser Zeit erhielt der General einen Brief des Marchese Raimondi, in welchem er eine mündliche Einladung seiner Tochter bestätigte und dringend wiederholte. Gabriele, die Tochter des Marchese, war ein junges Weib von Temperament und Phantasie, die sich gern in abenteuerlichen Vorstellungen erging und es liebte, sich selbst in flackernder Beleuchtung zu sehen. Sie hatte Kühnheit genug, beschwerliche Ritte auszuführen, und war eine gute Jägerin, aber es gelüstete sie nur nach Wagestücken, wenn sie dadurch Bewunderung von Zuschauern erregen konnte. Aus Neugierde, Garibaldi zu sehen, von dessen Taten und Herrlichkeit alle Zungen übergingen, und um zugleich ihm selbst merkwürdig in die Augen zu fallen, benutzte sie während des Krieges den Umstand, daß ihrem Vater gewisse Einzelheiten über die Pläne der Österreicher bekannt geworden waren, die für den General wertvoll sein konnten, und überbrachte sie ihm selbst, da es bedenklich gewesen wäre, so bedeutende Tatsachen einem Dritten anzuvertrauen. Garibaldi empfing und behandelte sie mit der herzlichen Verehrung, die von ihm dem weiblichen Geschlechte überhaupt gemeint war, von ihr aber auf sich einzig bezogen wurde. Er war es seit dem rühmlichen Beginn seiner Kriegerlaufbahn gewohnt, daß die Frauen ihn, wo er sich zeigte, begrüßten und ihm huldigten, und es konnte ihm nicht verborgen bleiben, daß ihre Herzen ihm zustrebten; aber er sah darin nicht viel mehr als die weiche, innig fühlende Art der Frauenseele und hielt sie zartester und ritterlichster Behandlung für desto würdiger.
Da er aus der erneuerten Einladung auf eine dauernde Zuneigung für ihn schließen zu sollen glaubte, kamen ihm kleine Züge ihres Benehmens wieder in Erinnerung und gewannen liebliche Bedeutung: zum Beispiel, wie sie ihm anmutig prahlerisch von ihren Abenteuern auf der Jagd und zu Wasser vorgeredet hatte und wie sie plötzlich, da es ihr einfiel, wie klein und unbedeutend ihm alles das erscheinen müsse, erschrocken innegehalten und ihn in nicht gewohnter Beschämung errötend angesehen hatte; ihre Augen flehten fast um Hilfe, und die Gefallsucht, die trotz allem mit der bewiesenen Torheit nicht unzufrieden war, funkelte verschüchtert aus den Winkeln hervor. Zuerst war sie ihm wie eine vornehme Dame vorgekommen, jetzt wie ein Kind, rührend heilig. Dennoch hätte er vielleicht das lockende und verheißende Bild vergessen, wenn er sie nicht zu Pferde, im schlanken Reitkleid, Federn auf

dem Hut, gesehen hätte: das kam ihm nicht so bald aus dem Sinn.

Wie einer, der lange mitten in der Unruhe des Marktes oder im einsamen Zimmer arbeitete und, mit ganzer Seele tätig, nichts außer seiner Arbeit in sich aufnahm, dann plötzlich eine fern irrende Hirtenflöte oder den Chorgesang glücklicher Wandernder oder die Mandoline des Verliebten vernimmt, aufhorcht, staunt und sinnt und dann sehnsüchtig die Stirn in die Hände sinken läßt, so lauschte Garibaldi auf den Ton der Liebe. Er hatte nicht mehr gewußt, wie tausendfach süß ihre Weise für den ist, der sie kennt und dessen melodienschwere Seele mittönend erzittert. Wo er war, fühlte er eine gläubige Hand in der seinen, eine weiche Wange an seiner Wange. Er sah eine biegsame Gestalt neben sich auf springendem Pferde, fühlte den Blick liebender Augen auf sich ruhen mitten im Kampfe und erbebte, wenn die Huldigung der siegreichen Truppen sie mit ihm umjubelte, die ihre Gefahren geteilt und mit holdseliger Gegenwart ihre Leiden getröstet hatte. Nachts würde sie in seinen Armen ruhen, wenn er erwachte, würde ihre Brust sich heben und ihr dunkles Auge ihm aufgehen wie eine Sonne in einem Reiche der Liebe.

Indem er auf die Jahre, die hinter ihm lagen, zurückblickte, erschrak er darüber, wie sehr er allein gewesen sei. Er hatte es niemals anders gewußt, als daß seine Gedanken, seine Sehnsucht, sein Leben dem Vaterlande gehörten, ob er für sich selbst glücklich oder elend sei, danach hatte niemand gefragt. Als ihm auf dem Ozean ein Traumgesicht das Sterben seiner lieben Mutter angezeigt hatte, war er in der Gesellschaft von Seeleuten gewesen, die sein Kindesherz nicht kannten; niemand hatte seinen Schmerz gesehen. Was war er für alle die, in deren Mitte er seine Tage verbrachte, für die Soldaten, die Offiziere, den König? Sie wollten alle seine Kraft, seinen Einfluß und seinen Namen ausnutzen oder, wie Kinder, sich zu großen Abenteuern und großer Beute von ihm führen lassen; sie waren ihm treu, solange sie ihn brauchten, aber sie dachten nicht, daß er um etwas andres traurig oder glücklich sein könne als um Sieg oder Niederlage.

Eine gab es, die nichts wollte als bei ihm sein, die sich selbst ihm geben wollte und nichts von ihm verlangte, als daß seine Augen sie freundlich ansähen und sein Herz ihr gewogen sei. Sie würde neben ihm auf Steinen schlafen, für ihn hungern und dürsten, für ihn die junge Brust dem Eisen preisgeben, alles nicht um des Ruhmes und auch nicht um des Vaterlandes willen, sondern um seinetwillen. Er würde ihr Gefährte, ihr Bruder, ihr Vater, ihr König und alles sein, sie würde nicht an ihm zweifeln, und noch wenn er das Schwert auf ihr Herz setzte, um sie zu töten, ihn anlächeln. Er errötete vor Beschämung, indem er daran dachte, daß er sie warten ließe, vielleicht ungewiß und in Bangen; jetzt war er mit sich einig, daß er unverzüglich zu ihr hinreisen und ihr seine Hand und seine Treue anbieten wollte.

Die junge Gräfin, die schon vor einigen Jahren ein Verlöbnis eingegangen war, das die Billigung ihres Vaters nicht hatte und darum von ihr geheimgehalten wurde, erschrak über die Werbung des Generals ebenso wie sie ihrem Stolze schmeichelte. Zwar waren ihr die Aufregungen, die das doppelte Verhältnis und die Nähe des entscheidenden Schicksals mit sich brachten, nicht unerwünscht; doch da sie keineswegs bösartig war, wollte sie weder ihren Verlobten, in den sie verliebt war, verlassen, noch Garibaldi ernstlich kränken. Ihre Absicht war, dem General die Wahrheit zu gestehen und ihn um Verzeihung zu bitten, fand sie sich aber ihm gegenüber, so wagte sie es nicht, weil sie sich sowohl vor seinem Schmerz wie vor seinen Vorwürfen und seiner Verachtung fürchtete. Die Zaghaftigkeit, mit der sie sich gegen ihn betrug, und ihre oft verweinten Augen machten sie reizender und wunderbarer, als sie vorher gewesen war, und ließen sie ihm so erscheinen, wie er sie sich geträumt hatte. Mit jedem Tage, ja mit jeder Stunde, die sie das Geständnis hinausschob, fühlte sie sich durch die ausgeübte Lüge und Verstellung fester gebunden; sie wäre an sich selbst verzweifelt, wenn sie nicht angefangen hätte, sich für ein Opfer ihres Vaters zu halten, der, indem er ihr den Geliebten genommen, sie so weit getrieben habe. Ihren Verlobten, der an ihrer Stelle den General aufklären und seine Verzeihung erbitten wollte, beschwor sie, davon abzustehen, damit sie nicht bloßgestellt werde, und hielt ihn davon durch das feste Versprechen zurück, es zur Hochzeit nicht kommen zu lassen, sollte sie auch vor dem Altare noch das bindende Wort verweigern. Auch glaubte sie wirklich, daß eine gelegene Minute kommen würde, die ihr den Mut stärkte und das Wort erleichterte, bis es über dem Zögern schließlich zum gültigen Abschluß der Ehe kam. Garibaldi, dem der Müßiggang des geselligen Lebens während seines Besuches bald unerträglich

wurde, drängte, die Hochzeit zu beschleunigen, womit der Marchese, der keinen Grund zum Aufschub sah, einverstanden war; das Mädchen erhoffte von der entscheidenden Handlung die Lösung, die herbeizuführen ihr dann doch der Mut fehlte.
Außer sich vor Schmerz und Eifersucht setzte der junge Mann, den Gabriele liebte, den General sogleich nach der Hochzeit von seiner geheimen Beziehung zu ihr in Kenntnis, der, da er sich von der Wahrheit der Angabe überzeugt halten mußte, nach kürzester Überlegung die Villa des Marchese und seine junge Frau im Brautkleide, ohne sie nach der Eröffnung noch einmal gesehen zu haben, verließ.

Um die Mitte des Dezember kehrte Francesco Crispi aus Sizilien zurück und landete nach einem kurzen Aufenthalt auf Malta, wo er sich mit Nicola Fabrizi besprach, in Genua. Im Hause des Bertani traf er Medici und Bixio, die mit Unruhe auf eine Lösung der Dinge harrten, ohne Rat zu wissen, was zu machen sei. Crispi, der die einzige Rettung Italiens in einer schnellen Befreiung Siziliens sah, fragte sogleich nach Garibaldi; er sei mit der Absicht gekommen, sagte er, ihn in Caprera aufzusuchen. Dort sei er nicht mehr, sagte Medici mürrisch, und wo er sei, wisse man nicht, er gehe auf Freiersfüßen. »Amor für Roma,« fügte Bertani hinzu, »das Flüchtige für das Ewige.« Crispi meinte, das sei so schlimm nicht, er würde sich nicht wie Herkules von irgendeiner Omphale in Weiberkleidung stecken und den Nerv zu Taten lähmen lassen. Ohnehin, sagte Bertani, sei Garibaldi zu den Vorbereitungen eines Unternehmens nicht notwendig; wenn einmal alles vereinbart sei und es sich nur noch um die Entscheidung handle, könne man ihn rufen, dann werde er auch vom Hochzeitsbette weg in die Schlacht stürzen, das sei gewiß. Medici schüttelte verdrossen den Kopf; es gäbe keine Gewißheit um Garibaldi, er sei wie ein Tier, das plötzlich irgendeine Fährte rieche und vom Weg ab dieser nach müsse, da möge man stehen und rufen und die Hände ringen, es nutze nichts. Er für sein Teil sei jetzt des Wartens und Zögerns und Plänemachens müde, am liebsten würde er Italien einstweilen den Rücken kehren. Bixio fragte neckend, ob er einen Kohlenhandel anfangen oder eine Frau nehmen wolle? Seiner Ansicht nach wäre die Lage nicht so verzweifelt. Er bürge dafür, daß Garibaldi sie nach Sizilien führen würde, wenn es möglich und an der Zeit sei,

und erinnerte daran, daß der General erst kürzlich den Aufruf zum Erwerb einer Million Gewehre erlassen habe, welche dienen sollten, die erste italienische Landschaft zu befreien, die sich selbst erheben würde. Man wußte, daß Garibaldi selbst als erster sechstausend Franken gezeichnet hatte; auf derselben Liste standen neben seinem Namen die Namen Viktor Emanuels und Mazzinis mit ihren Beiträgen.
Um zu beweisen, daß eine Expedition nach Sizilien jetzt möglich und an der Zeit sei, erzählte Crispi von den Erfahrungen, die er auf seiner letzten Reise durch die Insel gemacht hatte. In Palermo, Messina, Catania und allen größeren Städten seien viele aus der Aristokratie und dem Volke einig, das Joch je eher desto lieber abzuschütteln; die größte Gefahr sei, daß einzelne kleine Revolten vorzeitig zum Ausbruch kämen und eine Verstärkung des Druckes durch die Regierung hervorriefen; doch sei der Zusammenhang und die Ordnung der Verschworenen in allen Städten so sicher, daß dergleichen kaum zu fürchten sei, und schließlich würde auch das die Kraft der Revolution nicht brechen. Die Hoffnung auf Garibaldis Hilfe erhöhe den Mut; noch nie sei so viel Aussicht auf Erfolg gewesen. Durch den Aufruf Garibaldis sei nun schon für Waffen gesorgt, freilich brauche man noch Geld, was aus Privatmitteln allein nicht verschafft werden könne. Er wolle beim Minister anklopfen und erkunden, was für Förderung oder Widerstand von der Regierung zu erwarten sei.
Man dachte an das bedeutende Vermögen der Nationalgesellschaft, das La Farina verwaltete und das möglicherweise für Sizilien erhältlich sei; allein Garibaldi war seit den Ereignissen in Bologna, Crispi schon seit dem Jahre 1849 mit diesem verfeindet. Er werde ihm nie verzeihen, sagte Crispi, aber wenn es sein müßte, würde er sich seiner für Sizilien bedienen. Viel wäre seines Dafürhaltens von den sizilischen Emigranten, deren eine große Anzahl in Turin und Genua lebten, überhaupt nicht zu erwarten, sie wären verbittert, engherzig, stolz und streitsüchtig. Einmütiges Handeln würde nicht von ihnen zu erreichen sein.
Urbano Rattazzi, den Crispi in Turin aufsuchte, zeigte sich über Erwarten entgegenkommend und war der Ansicht, daß bald etwas geschehen müsse, solange der patriotische Aufschwung noch hoch gehe, das ganze Volk zu Opfern bereit sei und das Ausland, durch dies Schauspiel ergriffen, die Erhebung der Nation beifällig be-

grüße. Er werde einer Expedition zugunsten Siziliens nichts in den Weg legen, sie womöglich unterstützen; doch empfahl er zunächst dringend Vorsicht und Geheimhaltung.
Da hierdurch nichts Tatsächliches gewonnen war, setzte sich Crispi mit La Farina ins Vernehmen. Er müsse, ließ er ihm sagen, in Angelegenheiten des gemeinsamen Vaterlandes mit ihm reden; er, Crispi, werde des Vergangenen nicht erwähnen und mit ihm, als wäre er ein Fremder, verkehren, ob La Farina bereit sei, auf dieser Grundlage mit ihm zu verhandeln. – Es seien bittere, unverzeihliche Worte zwischen ihnen gefallen, antwortete La Farina, doch da Crispi das gemeinsame Vaterland anrufe, wolle er sich um dessentwillen darüber hinwegsetzen.
Bei der Begegnung, die stattfand, war Crispi ruhig und sicher, La Farina dagegen konnte seine wechselnden Erregungen nicht bemeistern. In der Nähe des alten Gegners rührte sich in ihm die Vergangenheit, die Erinnerung der großen Revolution, in der er ein Anführer, ein hoffnungsvoller und vorübergehend auch ein siegreicher gewesen war; aber zugleich blieb ihm bewußt, was inzwischen sein Streben geworden war. Er wußte wohl, daß Cavour wünschte, die Lage der beiden Sizilien zunächst, von einigen Reformen abgesehen, im Bestehenden zu erhalten, bis einmal der Süden durch Verträge und allmählichen Ausgleich sich dem Norden genähert hätte und dann vielleicht eine Gelegenheit zu engerer Verbindung sich darböte. Die Anwesenheit Crispis in Genua und Turin und sein hartnäckiges Betreiben der sizilianischen Expedition würde ihm zweifelsohne höchst unerwünscht sein. Da nun La Farina sich verpflichtet fühlte und auch die Neigung hatte, Cavour in allen Dingen zu vertreten, begann er damit, die Vorschläge Crispis abzulehnen. Er kenne Sizilien so gut wie jener, sagte er, und seine Erfahrungen hätten ihn vorsichtig gemacht. Sie wollten nichts als Unabhängigkeit, am liebsten möchte jede kleine Gemeinde einen Erdteil für sich bilden, italienisch empfänden sie nun und nimmermehr. Warum habe Ruggero Settimo, den alle Patrioten wie einen Vater verehrten, es nicht gemacht wie die Herzogtümer und Florenz und seinen Namen für den Anschluß an Piemont in die Waagschale gelegt? Selbst ein so erleuchteter Mann, früher Haupt der Revolution, ziehe die verruchte Dynastie der Bourbonen und das Leben in der Verbannung dem einen Italien unter Viktor Emanuel vor.

Wer lahm gehe, glaube nicht, daß andre laufen könnten, sagte Crispi, und wer gern im Winkel sitze, predige Ruhe. Auch pflege jeder, der lange von der Heimat fort sei, zu glauben, seit dem Tage seines Abschieds sei die Uhr dort stehengeblieben. Die Stimmung sei anders in Sizilien als vor zehn Jahren. Ob La Farina je wieder dort gewesen sei? La Farina verneinte es. Crispi sagte: »Ich war fast jedes Jahr dort unter einem falschen Namen; viele erkannten mich, aber niemand hat mich verraten.« Erst vor vier Wochen sei er in Messina gewesen, aus dessen verborgenem Feuer unter den wachsamen und bösartigen Blicken der bourbonischen Besatzung fortwährend Funken in die Luft stiegen. La Farina, der aus Messina war, schwieg und wartete, ob Crispi mehr erzählen würde.

Er habe dort, fuhr Crispi fort, den Bruder Clemente, einen Barnabiten, der die Revolution predige und sich allen Nachstellungen der Regierung habe entziehen können, in einer Kirche reden hören. Er habe von David gesprochen, der, ein schlanker Knabe, mit einer Schleuder den Riesen erlegt und Saul, als er ein Tyrann geworden sei, gestürzt habe; dann von dem herrlichsten Sproß aus Davids Stamme, Christus, der, das Schwert im Auge, das Lächeln auf den Lippen, den Cäsar von Rom, den Herrn des Weltkreises, vernichtet habe; der gekreuzigt, doch nicht gestorben sei, sondern wiederkommen werde, um den Despoten in den Staub zu treten; denn er wolle die Menschen edel und frei. In welcher Gestalt er erscheine, ob er von Norden oder Süden komme, das Volk solle ihn nicht verleugnen. Die Schergen seien schon unterwegs gewesen, um den Mönch, wenn er die Kirche verlasse, zu fangen und in den Kerker zu werfen, doch sei er zeitig gewarnt und im Wagen einer Gräfin Ottaviano gerettet worden, die ihn bei sich verborgen halte. In dem letzten Aufstand, der in Messina noch angedauert habe, nachdem er in Palermo schon niedergeschlagen gewesen sei, sei dieser Gräfin Sohn, der junge Graf Ottaviano, auf der Flucht im Gebirge durch einen unglücklichen Sturz umgekommen. Die Verfolger hätten den Leichnam schändlich zerstückelt; aber eine seiner Hände habe ein junger Hirt, der erfahren habe, wessen die Reste seien, der Mutter gebracht. Die Gräfin habe die Hand geküßt und geschworen, die Trauer nicht abzulegen, bis die Bourbonen aus Sizilien vertrieben seien; sie wolle es sich ihr Schloß, ihren Park, ihre ganze Habe bis auf die Kleider, die sie

am Leibe trage, kosten lassen, Sizilien zu befreien, wenn ihr nur ein Stück Erde bleibe, in der die Hand ihres Kindes ruhen könne. Sie habe die Hand in ihrem Park begraben und verrichte dort täglich ihr Gebet und erneuere ihr Gelübde. Sie habe bereits große Summen ausgegeben, um die Menge der eignen Leute zu bewaffnen. Auch mit andern reichen und vornehmen Messineser Familien stehe er wegen der Revolution in Verbindung; sie würden sich alle mit einer piemontesischen Regierung befreunden, wenn sie sich nur selbst verwalten könnten. Würde wirksame Hilfe aus dem freien Italien zugesichert, könne die Insel mit einem Schlage in Flammen stehen. Wer jetzt an jener Küste lande, werde nicht wie Pisacane von tollen Bauern als ein gottloser Räuber erschlagen, sondern als ein Erlöser auf den Knien begrüßt werden.
Crispi sprach sachlich und kaltblütig; aber sein leidenschaftliches Auge, das er nicht von La Farina wegwendete, schien in sein innerstes Herz eindringen und es entzünden zu können. La Farina fragte, in welcher Kirche Bruder Clemente gepredigt habe. »In der Kirche Santa Maddalena,« antwortete Crispi, »vor der im Jahre 1848 die Unsrigen mit den bourbonischen Söldnern kämpften. Die Frauen bekränzen noch jetzt die Stelle in einer Seitenkapelle, wo ein alter Mann, dessen Söhne schon gefallen waren, schwer verwundet unter den Bajonetten der Schweizer verblutete.« – »Dorthin«, sagte La Farina, »führten mich, als ich ein Knabe war, meine frommen Tanten, um ein altes schwarzes Marienbild anzubeten, das vor Jahrhunderten von Engeln dorthin getragen sein sollte, und ich erinnere mich, daß ich betete, um sie nicht zu kränken, daß ich aber an das Märchen nicht glaubte und daß mein Gemüt sich sträubte, der häßlichen Tafel Verehrung zu bezeugen.« – »Das Bild«, sagte Crispi, »hängt noch in der Kirche, durch einen kleinen Mantel aus rotem Damast mit goldenen Quasten verdeckt, den die Kirchendiener, wenn es verlangt wird, zurückziehen, um es zu zeigen.«
Nach einer Pause sagte La Farina: »Einmal muß Sizilien eine Provinz des neuen Königreichs Italien werden, das leidet mir keinen Zweifel. Und daß der Zeitpunkt, jetzt etwas zu versuchen, günstig sei, habe ich schon gedacht und im vertrauten Kreise geäußert. Aber bedenke man auch die übermenschlichen Schwierigkeiten, die sich in den Weg stellen, und was auf dem Spiele steht! Die Regierung kann sich mit einem so heikeln Unternehmen nicht be-

fassen, und ohne die Regierung fehlt uns die Macht, deren wir bedürfen. Ich bin ein Freund des Volkes, das werdet Ihr nicht bezweifeln; aber werden wir nicht durch eine gewaltsame Befreiung das namenlose und staatsfeindliche Gesindel an die Oberfläche ziehen und mit Ansprüchen und Kräften ausrüsten, die schließlich verderblicher werden als die Bourbonen selbst?«

»Wer etwas Großes will,« sagte Crispi, »muß vorbedacht, doch nicht allzu weise sein. Dies muß und wird gemacht werden. Habe ich Garibaldis Wort, daß er uns anführt, so fürchte ich nichts mehr; aber die Mittel müssen beraten werden, ehe wir ihn rufen.«

La Farina blieb in peinvoller Erregung zurück; er zweifelte, ob er Cavour etwas von dieser Sache mitteilen oder sie verschweigen sollte, damit er nicht durch eine ablehnende Willensäußerung des Grafen gezwungen werden könnte, ganz davon zu lassen oder gar das Unternehmen zu vereiteln. Er konnte sich nicht verhehlen, wie sehr es ihn lockte, auch deshalb, weil das Schiff, das die Eroberer trug, ihm den Weg in die Heimat bahnen würde. Ganz unleidlich war ihm der Gedanke, daß, wenn etwas zur Befreiung Siziliens geschähe, er nicht dabei gewesen sein, nicht als der namhafteste Beförderer der Tat genannt werden sollte. In seiner Ratlosigkeit kam ihm der Einfall, die angesehensten Sizilianer, die, aus der Heimat flüchtig, in Turin sich aufhielten, zu versammeln und ihre Ansichten in bezug auf das Vaterland zu erforschen.

Carlo Poerio, ein strenger und stolzer alter Mann, den endloses, ohne Klage ertragenes Unglück, Verlust eines geliebten Sohnes, lange Gefangenschaft und Verbannung hart gemacht hatten, und Silvio Spaventa, aus den Abruzzen stammend, ein Mann von unbeugsamen Grundsätzen, Unerschrockenheit und verblendender Leidenschaft, der gleichfalls jahrelang im Kerker gelegen hatte, waren schon wegen der um ihrer Überzeugungen willen ausgestandenen Leiden die bekanntesten unter ihnen; sie galten viel bei Cavour, der sie bei allen den Süden betreffenden Angelegenheiten um ihre Meinung befragte. Sie verachteten die Unitarier, wie man die Vorkämpfer der Einheit Italiens nannte, als Schwärmer und wollten nichts andres als eine Verfassung, die dem Lande eine anständige, nach ihrer Ansicht zeitgemäße Freiheit gewährleistete. Nach dem Tode des alten Königs, der in nicht zu ferner Zeit eintreten mußte, schien es ihnen wohl möglich, mit dem jungen, noch

unbefleckten, sich irgendwie zu vertragen. Wie sie dachten Pisanelli, Raffaele Conforti, Antonia Secaloja und Filippo Cordova.
Einige andre wünschten die bourbonische Dynastie, der sie nun einmal mißtrauten und deren Namen niemals in Neapel und Sizilien heimisch werden könnte, ganz zu entfernen und durch einen König aus dem Geschlechte des Joachim Murat auf den Thron zu setzen; denn dieser schöne, mutige und phantasievolle Mann hatte ein legendenhaft umkränztes Andenken hinterlassen, das ihn fast wie einen Märtyrer Italiens erscheinen ließ und das für seine Nachkommen empfänglich machte. Poerio sagte, es sei lächerlich, eine fremde Dynastie durch eine ebenfalls fremde ersetzen zu wollen und davon etwas zu erhoffen. Zwischen den Murat und den Bourbonen seien die letzteren vorzuziehen, weil sie einmal da seien. Eine Revolution zu machen, um einen Joachim statt eines Franz oder Ferdinand zu bekommen, sei ebenso gewissenlos wie albern. Auf die Gesetze komme es an.
Wenige schlugen vor, Sizilien nach der Losreißung von Neapel unter die Regierung eines Verwandten des Königs Viktor Emanuel zu bringen. La Farina gab Poerio recht; immerhin, meinte er, sei zu bezweifeln, ob die Verfassung und die Konföderation mit den übrigen italienischen Staaten und namentlich mit Sardinien, die doch ein jeder wünsche, unter den Bourbonen möglich sei. Das müsse man abwarten, sagte Poerio. Alle wußten, daß La Farina für die nähere oder fernere Zukunft die vollständige Vereinigung Siziliens mit Oberitalien anstrebte, stellten sich aber, als sei es ihnen unbekannt.
Das einzige Ereignis der Zusammenkunft war, daß eine Erklärung verfaßt wurde, nach der die Wiederaufrichtung der Dynastie Murat auf Sizilien zu bekämpfen sei, die von den meisten unterschrieben wurde. Eine Expedition zum Sturze der Bourbonen, wovon La Farina ein Wort fallen ließ, bezeichneten alle als ein rebellisches und rasendes Wagnis, abenteuernder Piraten würdig, ohne Aussicht und ohne Recht auf Erfolg.

Der letzte Dezembersonntag des Jahres 1859 in Palermo war hell und schwül; ein warmer Wind blies zuweilen in kurzen Stößen, wie Trompeten eine große Zukunft verkündigen. Die Berge, die die Stadt im Halbkreis umringen, standen schimmernd wie Gerüstete gegen den Himmel. Die engen Straßen waren voll süßlichfauliger Gerüche, auch auf dem Domplatze war die Luft an diesem Tage nicht frisch. Vor der steinernen Balustrade, die die Zugänge zum Dom abschloß, saßen alte Frauen, die Orangen, Mandelgebäck und andre volkstümliche Süßigkeiten verkauften, daneben Rosen=kränze, Kerzen und allerlei Gegenstände aus Wachs, wie die Kirchgänger sie gebrauchen. Schon in der Frühe waren die Stände von Kindern und Erwachsenen umdrängt, die ein wenig kauften und schwatzten. Um die Zeit, als das Hochamt gefeiert werden sollte, füllte sich der Platz: es kamen Damen mit ihren Diene=rinnen, und viele Karossen fuhren vor, aus denen vornehme Herrschaften stiegen.

Auf den Stufen am Eingange des Doms hockten einige Bettler, die dort seit Jahren ihren Sitz hatten und jedermann kannten, der ein und aus ging. Einer unter ihnen war ein starker, knochiger Mann mit einem Stelzfuß, der es trotz dieses Gebrechens mit jedem auf=nehmen konnte und sein durch lange Ausübung erhärtetes Herren=recht auf den besten Platz tyrannisch behauptete. Er war königs=treu und duldete keine andere Gesinnung unter den andern. Vor einigen Wochen hatte er einem ganz alten Manne einen Platz ein=geräumt, obwohl er ihm von Anfang an mißtraute, weil er ihm einen guten Wochenpreis zu zahlen versprochen hatte und auch zahlte. Der Platz war freilich an einer Ecke, wo die Kirchenbesucher nicht vorbeikamen, so daß sie eigens zu ihm hingehen mußten, um ihm ein Almosen zu reichen; aber das geschah häufig, da er durch sein hohes Alter, das seine Gestalt zusammengebeugt und klein wie die eines Kindes gemacht hatte, durch sein schimmerndes Haar, seine funkelnden Augen und die Lebhaftigkeit seines Mienenspiels auffiel und Teilnahme erregte. Er konnte nicht lange bleiben, ohne zu sprechen, und hatte immer Zuhörer, da er viel gesehen und er=lebt hatte, sogar in Rom und mit dem General Pepe in Venedig gewesen war und anschaulich erzählte. Hätte er sparen und regel=mäßig leben können, so hätte er nicht zu betteln brauchen; aber er war ein unruhiges Blut gewesen, hatte es nie lange an einem Fleck und bei der gleichen Beschäftigung ausgehalten, auch fühlte er sich jetzt am wohlsten, wenn er an einem warmen Plätzchen sitzen und abwechselnd plaudern und schlafen konnte. Er war in einem Gebirgsdorf Siziliens geboren und hielt seine Insel für das schönste Land der Welt, das auch das glücklichste sein würde, wenn es un=abhängig wäre und eine gute Regierung hätte; Neapel und die

Bourbonen haßte er und verriet seine Gesinnung oft durch mut=willige Reden. Die Verkäuferinnen vor der Balustrade hielten es mit ihm, weil er ihnen freigebig Waren abkaufte, kurzweilig die Zeit vertrieb und weil er klein und hilflos war; sie nannten ihn das Häslein. Auch waren diese Frauen meistens von patriotischer Gesinnung und liebten es, dem Stelzfuß zu zeigen, daß er ihnen nichts zu sagen habe und daß sie ihn nicht fürchteten. So=gar unter den Bettlern waren einige, die dem Kleinen wohl=wollten und stolz genug waren, ihn dem Stelzfuß gegenüber zu verteidigen.

Als die Kirchgänger kamen, fingen die Bettler an ihre Gebete zu murmeln und ihre Mienen der Klage und der frommen Ergebung anzunehmen; der Kleine jedoch machte über alle Bemerkungen, die, von seinem Mienenspiel begleitet, so komisch waren, daß diejenigen, die sie verstanden, das Lachen nicht unterdrücken konnten. Der Stelzfuß verwies es ihm; er selbst sprach nur, um Eintretenden leise eine Verwünschung nachzudrohen oder um etwas Schmähliches von ihnen zu sagen, wenn er sie aus irgend=einem Grunde nicht leiden konnte.

Aus der Kirche tönte schon der Chorgesang der schneidend klaren Knabenstimmen, als der Polizeiminister Maniscalco durch die Balustrade trat, seine Frau am Arme führend, der eine halb er=wachsene Tochter sich anschloß. Die vielen Menschen, die sich eilig zur Kirche drängten, machten dem verhaßtesten Vertreter des dummen und rohen bourbonischen Despotismus Platz, so daß die Gruppe fast allein über die Treppe ging. Maniscalco war groß und elegant gewachsen, sein Gesicht zeigte Verstand und war nicht unschön; er trug den Kopf hoch und lächelte, während er von Zeit zu Zeit hastig beobachtende Blicke um sich warf. Als er vorbei=gegangen war, sagte eine alte, halbblinde Bettlerin zu dem Kleinen, der sei freigebig, es gebe keiner soviel wie er, er habe einen eignen Sack im Gewande voll Münzen, in den er nur hineingreife, um auszuteilen. »Das glaube ich,« sagte der Kleine, »er wird sogar zwei haben, und in dem einen werden die guten, in dem andern die falschen sein, und uns wird er nicht gerade mit den guten be=dienen.« Damit redete er ihr zu, sie solle ihm zeigen, was sie emp=fangen habe, damit er prüfe, ob es eine gültige Münze sei, wozu sie sich nicht entschließen mochte, unsicher, ob er ihr das Geld=stück zurückgeben würde. Andre mischten sich ein, und der fuß fing an zu schimpfen, da ein solches Lärmen vor der Kirchentüre, wenn der Gesang schon begonnen habe, unanständig sei.

Inzwischen war Maniscalco mit seiner Familie durch das Portal getreten; im selben Augenblick aber, als er die Finger in das Weihwasser tauchen wollte, traf ihn ein Dolchstoß von der Hand eines Verborgenen, der ihn, hinter der Türe stehend, erwartet haben mochte. Der Verwundete verspürte einen feinen Schmerz und fuhr mit der Hand an die Stelle, mit der andern wehrte er die Frau und die Tochter ab, die, aufschreiend, sich an ihn zu klammern suchten. Es entstand ein Gewühl um ihn herum; einige eilten aus der Kirche, um dem Täter nachzulaufen, andre, die eben mit beschleunigtem Schritt hatten eintreten wollen, zögerten, als sie den Auflauf bemerkten. Maniscalco befahl mit scharfer Stimme Ruhe; er sei nur leicht verletzt, der Verbrecher habe seinen Zweck nicht erreicht und werde seiner Strafe nicht entgehen, niemand solle die Kirche verlassen. Plötzlich raffte eine Frau einen Dolch und einen kleinen Umhang vom Boden auf; es war ein mit einer Kapuze versehener Kragen, wie solche in der Mode waren, den der Täter wahrscheinlich, sowie er gestochen hatte, von sich geworfen hatte, um nicht mehr kenntlich zu sein. Jetzt gaben mehrere an, einen Mann mit tief ins Gesicht gezogener Kapuze gesehen zu haben, dessen Gesicht und Gestalt sie aber eben aus diesem Grunde nicht wiedererkennen würden. Maniscalco wütete halblaut über das Volk, das mit dem Mörder zusammenstecke; er sah fahl im Gesicht aus, vielleicht ebensosehr vor Wut wie infolge des Blutverlustes, allein trotz der inständigen Bitten seiner Frau blieb er dabei, daß er sich wohl fühle und dem Gottesdienst bis zum Ende beiwohnen wolle. Er sah mit bösen Blicken auf die, welche vor den verschiedenen Altären auf den Knien lagen und beteten; denn er argwöhnte, daß sie nicht für seine Errettung, sondern für die des Attentäters dankten, worin er sich nicht ganz täuschte; die meisten waren froh, daß es dem Kühnen gelungen war, unentdeckt zu bleiben. Viele glaubten, daß er sich noch in der Kirche aufhalte, und schauten neugierig und erregt umher, ob sie das geheimnisvolle Antlitz errieten; aber niemand wagte es, seine Gedanken merken zu lassen. Es hatte sich vor einiger Zeit ereignet, daß Maniscalco mit der Peitsche in der Hand in ein Café getreten war, in dem sich die Patrioten zu treffen pflegten, um es, wie er sich ausgedrückt hatte, zu säubern, und man erzählte sich, daß ein junger Mann, den ein Peitschenhieb getroffen hatte, den Schwur getan habe, sein Gesicht mit einer Maske zu verhüllen, bis er sich gerächt habe; die davon wußten, glaubten fest, daß dieser die Tat getan habe, und billigten sie.

Draußen waren die Bettler in Aufregung geraten und äußerten Vermutungen über das Attentat. Der Stelzfuß hielt es für ausgemacht, daß ein gewisser Herzog Marrana der Schuldige sei, der lange Zeit wegen politischer Umtriebe in Haft gewesen und kürzlich freigelassen war, sei es infolge der Bemühungen einflußreicher Verwandter oder aus Mangel an Beweisen. Diesen verfluchte er in den lasterhaftesten Ausdrücken; das sei der Dank dafür, sagte er, daß Maniscalco ihn nicht aufgehängt habe, wie es recht gewesen wäre; man sehe nun, wie unangebracht Milde gegen die Verräter und Ketzer sei. Der Kleine entgegnete spottend, der Stelzfuß möge sich um eine Stelle als Henker bewerben, die Beine brauche er ja nicht dazu; er werde in dem Berufe mehr Arbeit als jetzt, dafür aber auch mehr Einnahmen haben; Henker zu sein sei übrigens in Sizilien das beste Mittel, um nicht selbst aufgeknüpft zu werden. Rot vor Wut stand der Stelzfuß schwerfällig auf, indem er sagte, er habe Lust, dem Kleinen zu zeigen, wieviel seine Arme noch vermöchten. Das Häslein duckte sich erschrocken und sagte, aus den funkelnden Äuglein zu dem drohenden Krüppel hinüberblinzelnd, er glaube es ohne weiteres, außerdem stehe hinter ihm schon der beste Scharfrichter auf Erden mit erhobener Sense, er brauche sich seinetwegen keine Mühe zu geben, ihm seien alle Händel der Welt gleichgültig, da er es mit dem Himmel zu tun habe, möge auf Erden Papst, Kaiser oder König herrschen. Diese Begütigungen vermochten nichts mehr über den Stelzfuß, dessen Rauflust einmal gereizt war; er hatte sich mit ein paar Schritten genähert und hielt dem Kleinen die schwere Faust unter die Nase. Dieser fuhr mit zitternden Händen in die Tasche, um den Tyrannen durch Geld zu beschwichtigen, bereits aber sauste die Faust auf seinen Rücken und seine Schultern herunter, so daß die alte Frau, neben der er saß, in Angstgeschrei ausbrach. Dem Kleinen belebte die Entrüstung den Mut und die Widerstandskraft; er sprang auf, fast ohne Schmerzen zu empfinden, und setzte sich mit blitzenden Augen zur Wehr. »Die Katze krümmt den Buckel und faucht,« höhnte der Stelzfuß, »ich will ihr die Zähne zusammenschlagen, daß sie mich nicht beißen kann.« Dabei holte er zu einem neuen Schlage aus, empfing aber gleichzeitig von der halbblinden Nachbarin des Kleinen eine Ohrfeige, was ihn veranlaßte, sich, vor Wut brüllend, gegen diese zu wenden. Die Schlacht wurde nun allgemein, und die Parteien waren fast gleich; auch die Obstverkäuferinnen näherten sich mit augenscheinlicher Lust einzugreifen und ermutigten einstweilen das Häslein, sich tapfer zu verteidigen. Der Kleine kämpfte wirklich, so gut es mit seinen schwachen Armen gehen wollte, zwischendurch, wenn er Atem genug hatte, seinen Gegner mit übermütigen Witzen nekkend, plötzlich aber erhielt er einen Faustschlag in die Schläfe, der ihn zu Boden streckte.

Die Polizeisoldaten, die sogleich nach dem Attentat den Platz vor dem Dome besetzt und dem Krawall der Bettler lachend zugesehen hatten, hielten es jetzt für an der Zeit, einzuschreiten, da offenbar ein Totschlag vorgekommen war. Sie machten drohende Gesichter und traten mit groben Worten unter die Kämpfenden, die erschrocken auseinanderfuhren. Ein paar Weiber tasteten und horchten an dem alten Männlein und fingen heulend zu beten an, als sie sahen, daß er im Sterben lag. Inzwischen machte sich der Stelzfuß an den höchsten unter den Polizeisoldaten und sagte, er sei ein ehrlicher Mann, beileibe kein Mörder, jener sei ein Liberaler, ein Carbonaro gewesen und habe den König gelästert, daß er eine Bestie und kein Christ sei, dafür habe er ihn bestrafen wollen; er sei bereit, vor Gott zu beschwören, daß es sich so zugetragen habe. Er schob, während er das sagte, dem Manne vorsichtig mehrere Geldstücke in die Tasche, der sich anstellte, als ob er es nicht bemerke. Mit noch immer strenger Miene wendete er sich mit Fragen zu den andern Bettlern, von denen einige furchtsam schwiegen, andre bestätigten, was der Stelzfuß gesagt hatte. Da man gerade aus dem Innern des Domes die singende Stimme des Geistlichen hörte, der für den König und seine Familie betete, die Feier also bald beendet sein mußte, befahl der oberste Polizeibeamte den andern, den Leichnam schnell beiseite zu schaffen, damit er den Herrschaften, die vom Gottesdienste kämen, kein Ärgernis gäbe, den Bettlern, an ihre Plätze zu gehen und sich ruhig zu verhalten. Einige Minuten später trat Maniscalco aus der Tür, winkte seinem Wagen und verteilte, indem er die Stufen hinunterschritt, Almosen unter die Bettler, die mit lautem Geschrei seine

Errettung aus Lebensgefahr feierten und die Rache Gottes auf das Haupt des Mörders riefen.

Der Marchese Giorgio Pallavicino, den man den Märtyrer vom Spielberg nannte, weil er jahrelang in diesem berüchtigten Festungskerker gefangen gesessen hatte, besuchte am letzten Dezembertage den Grafen Cavour in Turin. »Ich hatte die Absicht,« sagte er, »Euch in Leri aufzusuchen, um über eine gewisse Art der Bewirtschaftung, die ich auf meinen Gütern einführen möchte, mit Euch zu sprechen; da hörte ich, daß Ihr hier seid.« Er habe sich, antwortete Cavour, in der letzten Zeit nicht wohlgefühlt, und der Arzt habe ihm eine Luftveränderung verordnet. »Vielleicht«, meinte Pallavicino schmunzelnd, »leidet Ihr an dem Fieber, das die Sterne vor ihrem Aufgehen zu befallen pflegt; in diesem Falle würde ich mich Eurer Krankheit freuen.« Cavour lachte herzhaft und sagte: »Ich glaube, mein Aufgehen macht andern Leuten mehr Fieber als mir. Einstweilen lasse ich noch die andern regieren und steure mein Scherflein wie irgendein frommer Unitarier.« Er wies dabei auf die Listen der von Garibaldi eingeleiteten Sammlung zum Ankauf einer Million Gewehre, die auf seinem Schreibtische lagen. Pallavicino blätterte in den Bogen und sagte: »Die Namen unsers Königs, Garibaldis und Mazzinis verbunden zum Werke der Einigung Italiens! Hätten wir das geahnt, als wir in Ketten gegen die schwarzen Wände unsers Kerkers seufzten! Dies Dokument wird unsern Enkeln wie kein andres weisen, in was für einer Zeit wir lebten.«
»Ich hoffe, Ihr seid mit mir zufrieden,« sagte der Graf, »wenn ich den Ertrag der Sammlung Eurer Lombardei zuwende. Dort mögen die gefährlichen Waffen einstweilen unter guter Bewachung feiern.« Pallavicino sah den Grafen mit großen Augen an. »Das ist Garibaldis Meinung nicht gewesen!« rief er aus. »Es ist meine Auslegung,« sagte Cavour, »auf die ich stolz bin und die mich nicht wenig Mühe gekostet hat. Ihr kennt, mein verehrter Freund, die Fabel vom Hunde, der sich an seinem Knochen nicht genügen lassen wollte und nach dem Spiegelbilde schnappte, worüber ihm der wirkliche ins Wasser fiel. Wir haben jetzt die Lombardei, die Herzogtümer und Florenz, das ist ein schöner Grundstock für ein künftiges Italien. Vor einem Jahre hätte kein Vernünftiger zu hoffen gewagt, daß sich so viel verwirklichen ließe; jetzt scheint es

wenig. Ich will nichts von Rom und Sizilien hören. Ich will unsern Knochen in Sicherheit bringen, damit wir am Ende nicht Hungers sterben.« Er hatte sich im Sprechen erregt und fing an, im Zimmer auf und ab zu gehen, von Zeit zu Zeit mit einer nervösen Bewegung an seiner Brille rückend.
»Herr Graf,« sagte Pallavicino, »Ihr seid ein großer Staatsmann und ich nur ein Patriot; aber glaubt Ihr, daß diejenigen, die mit Begeisterung der Fahne des Königs folgten, es taten, um in ihrem Schutze auszuruhen?«
»Ich glaube,« sagte Cavour, »daß viele dachten, wenn Garibaldi die Hand ausstreckte, würde sie sich von selbst füllen. Ich halte es für meine Pflicht, Gewaltsamkeiten zu verhindern, die uns dem Auslande verdächtig machen und im Innern uns der Revolution ausliefern.«
Der alte Marchese sagte: »Ich war auch Revolutionär und schäme mich dessen nicht.«
»Wie solltet Ihr Euch Eurer Lorbeeren schämen!« erwiderte Cavour schnell. Es gäbe Zeiten, fuhr er fort, wo Widersetzlichkeit am Platze sei. Auf die Umstände komme alles an. Damals als der Marchese jung gewesen sei, habe es keinen gesetzlichen Widerstand gegen die österreichische Herrschaft gegeben, die Mutigsten und Edelsten hätten das Mittel heimlicher Verschwörung ergriffen, um der fremden Gewalt nicht dienen zu müssen. Jetzt sei eine Macht da, die den offenen Kampf um Italien eröffnet habe, ihr müsse man sich vertrauend anschließen. Wenn der König selbst Revolution mache, solle das Volk sich still verhalten.
Der Alte wiegte nachdenklich den Kopf. So gewiß man dem Könige und seiner Politik vertrauen müsse, meinte er, müsse man auch Garibaldi und seinen Eingebungen vertrauen. Was er unternähme, könne nie gegen den König gerichtet sein; er baue fest auf ihn, nur Garibaldi selbst könne ihn an ihm irremachen.
Cavour regte sich mehr und mehr auf. Da predigten sie Italiens Einheit, sagte er, aber sie meinten es anders. Ein jeder wolle im Grunde nur die eigne Herrschaft. Es habe keinen Sinn, die alten Könige zu verjagen, wenn man neue dafür einsetze. Der Erzherzog Maximilian und Leopold von Toskana und die Herzogin von Parma seien schließlich nicht schlechter gewesen als Viktor Emanuel und Mazzini und Garibaldi.
»Und Cavour nicht zu vergessen«, sagte Pallavicino lachend.

Der Graf runzelte die Brauen ein wenig, zog es aber doch vor, mitzulachen. »Ich wäre der Papst«, sagte er; »wenn ich mich auch nicht so prophetisch zu gebärden weiß wie Mazzini, so könnte ich doch mit einem Pfaffenbäuchlein und einer Tonsur dienen.«

»Ich weiß nicht,« meinte Pallavicino, »ob die frommen Damen Euch den Handkuß so gern darbrächten wie Pius IX. oder dem schönen Genuesen.«

Cavour lächelte im Andenken an manches galante Erlebnis, das ihm den langwierigen Weg zur Größe geschmückt und verkürzt hatte; das Gespräch nahm hiernach keine ernste Wendung mehr.

Als der alte Herr fortgegangen war, dachte Cavour: ›In Irland gedeihen die Kartoffeln, in England die Gesetze, in Deutschland die Philosophie und in Italien das Herz; letzteres ist für das Volkswohl ebenso gefährlich wie die Kartoffel und die Philosophie.‹

Nach einer Weile kam La Farina, um den Grafen zu fragen, ob er schon wisse, daß Rattazzi gesagt habe, er getraue sich, Savoyen und Nizza, sicherlich wenigstens Nizza für Italien zu erhalten, wenn Cavour und sein Anhang ihn unterstütze; er wolle Cavour darum ansprechen. Cavour fragte La Farina, wie er darüber denke. Er denke, sagte dieser, daß Rattazzi damit nur einen Versuch mache, Cavour auszustechen und sich eine Partei zu bilden, die ihn gegen Cavour halten würde. »Ja,« sagte Cavour mit Heftigkeit, »wer redlich ist, muß einsehen, daß wir etwas opfern müssen. Sollen wir für alle Zeiten den Gläubiger vor der Türe haben? Oder war einer so töricht zu glauben, daß Napoleon uns umsonst helfen würde, nur dürfe? Fertigen wir ihn einmal ab, daß wir wieder Herren im Hause sind. Rattazzi weiß das so gut wie ich; aber er hat den Mut nicht, das Odium des Volkes auf sich zu nehmen. Ich fürchte mich davor nicht, es ist der Dünger auf die Saat des Nachruhms.«

In dieser Weise schalt und ärgerte sich der Graf, bis er endlich über Gedanken und Entwürfen, die ihm kamen, still wurde. La Farina unterbrach das Stillschweigen nach geraumer Zeit, um von dem im Dome zu Palermo auf Maniscalco unternommenen Attentat zu sprechen; denn er wollte Cavour über seine Ansichten in bezug auf Sizilien aushorchen. Der Graf fuhr aus den Gedanken, in die er vertieft war, auf und sagte ärgerlich wegwerfend: »Ja, ja, Pack schlägt sich, Pack verträgt sich!«, fügte jedoch gutmütig hinzu: »Ich will Ihre Landsleute nicht kränken, La Farina. Ich meine, solche Theaterauftritte, womit das Volk sich selbst unterhält, sind nicht sonderlich ernst zu nehmen, und es wäre schade, wenn sich hierzulande Leute durch ein Blendwerk den Kopf verrücken ließen.« La Farina sagte, auch er beklage den Vorfall, weil er nutzlos sei, halte ihn aber doch für das Symptom einer drohenden Revolution. Die Revolution sei latent in Sizilien, davon überzeuge er sich mehr und mehr, und werde vielleicht schon demnächst zum Ausbruch kommen. Das solle und müsse verhindert werden, rief Cavour entschieden. Er könne jetzt eine Revolution in Sizilien nicht brauchen, sie müßten warten. La Farina entgegnete, er habe es an Mahnungen nicht fehlen lassen, mehrmals schon seien vorbereitete Bewegungen durch die gemäßigte Partei, die er beeinflusse, hintertrieben; aber die Unzufriedenheit sei zu groß, der Geist der Empörung zu feurig, er fürchte, man könne ihn nicht länger bändigen. Woher er diese Nachrichten habe? fragte Cavour. Auch ihm sei etwas zu Ohren gekommen von einer Expedition zugunsten Siziliens. Ein neuer Pisacane! Das möchte angehen, wenn einer nur sich selbst damit an den Galgen oder unter das Messer brächte, aber jetzt handle es sich um Italien. Er werde der Sache schon auf die Spur kommen, nötigenfalls die Rädelsführer einsperren, wenn sie Märtyrer sein wollten, könnten sie billiger dazu kommen. Es entging ihm nicht, daß La Farina nicht einstimmte, wie er sonst zu tun pflegte, sondern empfindlich und sorgenvoll aussah, aber er ließ sich mit Absicht nicht dadurch stören. Ob Garibaldi die Hand im Spiele habe? fuhr er fort. Oder La Masa, der Gottbegeisterte, der wie ein blinder Stier ins Messer renne und deshalb mutig heiße? Die guten Sizilianer, Poerio, Spaventa, Cordova und ihre Freunde, würden sich gewiß von solchen Ausgeburten fernhalten.

La Farina konnte schließlich nicht umhin, den Namen Crispis zu nennen als des eigentlichen Antreibers der sizilianischen Dinge. Er habe von dem Manne schon gehört, sagte Cavour, daß er ein feuerschnaubender Republikaner und Anhänger Mazzinis sei. Nun, meinte er, die Revolutionen Mazzinis seien noch nie zu hohen Tagen gekommen, und er könne sich auch diesmal auf seinen Unstern verlassen. Dennoch trug die Angelegenheit dazu bei, ihn zu beunruhigen. Jeder Tag konnte neue Verwicklungen bringen, an jedem Tage, der verstrich, ohne daß er am Steuer stand, lenkte und wachte, konnten neue Dummheiten begangen werden. Das

Hinziehen, Tasten und Sichwinden, dachte er, sei zu seiner Zeit gut gewesen, jetzt seien die Früchte reif und müßten geerntet werden. Rattazzi müsse fort, der geckenhafte Gärtner, der immer noch um die Hecke herumschleiche, bis die Früchte verfault oder von Wespen und Spatzen gefressen sein würden.
Mit diesen Vorstellungen peinigte er sich so sehr, daß er sich endlich erschöpft fühlte. ›Warum eigentlich‹, fragte er sich, ›diese Aufregung, die meine Galle erregt, meine Laune verbittert, mein Leben aufzehrt? Ich könnte mich auf mein Landgut zurückziehen und Geflügel züchten; jetzt werden meine Hühner wieder legen, bald fangen sie zu brüten an. Ich könnte Ochsen mästen, Äpfel und Birnen am Spalier ziehen, auf den Ausstellungen ehrend erwähnt werden. Die Zeitungen brauchte ich nicht zu lesen; ich könnte zusehen, wie die andern es machen, und mich über ihre Torheit belustigen. Warum sollen sie es besser haben, als sie wollen?‹
Indessen am folgenden Tage machte er sich auf den Weg zu Rattazzi, indem er dachte: ›Ich werde einmal auf Mazzinis gerader Linie gehen; ich will nicht der Pedant sein, sie zu mißachten, wenn sie gangbar ist.‹ Dem überraschten Minister, der ihn mit ausgesuchter Höflichkeit empfing, teilte er mit, daß er seine Politik nicht unterstützen könne, sondern nach seiner Überzeugung bekämpfen müsse. Nachdem er diese Kriegserklärung gemacht hatte und sich wieder auf der Straße befand, gab er sich den heitersten Gedanken hin. Vielleicht ließe sich aus diesen oberitalienischen Provinzen doch ein Reich der Ordnung und der Gesetze machen, in dem ein arbeitsames Volk sich ernähren könnte und die Menschen der neuen Zeit gerne lebten; aber das Bewußtsein, solchen Zuständen den Boden bereitet zu haben, war mehr wert, als sie zu genießen.
Einige Wochen später war Cavour nach dem Rücktritte Rattazzis wieder Minister, von den Patrioten, die von seiner Hand die Vollendung Italiens oder die Sicherung der neuen Provinzen oder Schutz gegen die Revolution erwarteten, mit Jubel begrüßt. Auch die Anhänger Garibaldis freuten sich, daß die tatenscheue Politik Rattazzis jetzt ein Ende habe; mit Cavours Namen war der Gedanke an den Krieg und die große Hoffnung des vergangenen Jahres verbunden. Bertani veranlaßte Nino Bixio und Giacomo Medici, als die Freunde und angesehensten Offiziere Garibaldis, sich Cavour vorzustellen und mit ihm ins Vernehmen zu setzen,

da es von höchster Wichtigkeit sei, daß die beiden Mächte, Cavour und Garibaldi, vereinigt dem gleichen Ziele zustrebten.

Garibaldi kam mit verwundetem Herzen nach Caprera zurück. Einige Tage war er still und unzugänglich, dann beteiligte er sich wie sonst an den Arbeiten, die die Jahreszeit mit sich brachte, und es schien keine Spur von dem, was er erlebt hatte, zurückgeblieben zu sein. Wenn das Wetter günstig war, wurden Schießübungen angestellt, an denen sich auch seine Tochter Teresita beteiligte; er lud das Gewehr für sie, folgte ihren Bewegungen mit aufmerksamen Augen und freute sich, wenn sie das Ziel getroffen hatte. Sie machte sich nichts daraus, um so mehr aus seinem Lobe. Sie war damals achtzehn Jahre alt, feurig, hilfreich, sorglos und fröhlich und führte eine mütterliche Herrschaft über ihre Brüder und deren Freunde. Es beglückte sie, ihren Vater so lange und allein für sich zu haben, und ihr helles Jubilieren hallte an den Felsen vorüber in das frühlingswilde Rauschen des Meeres. Zuweilen sprang sie ihm unversehens an den Hals und küßte ihn stürmisch, winkte ihren Brüdern oder denen, die gerade in der Nähe waren, daß sie ihr die Hände reichten, um einen Kreis um ihn herum zu bilden, und sang, während sie ihn umtanzten, ein altes Liedchen: »Gefangener, o mein Gefangener, frei wirst du nicht, bis diese Ketten zerreißen, bis diese Mauern verfallen, bis diese Sterne erbleichen, die deine Wächter sind!« Sie hatte eine wohllautende Stimme, die wie ein Echo der ihres Vaters klang. An den Abenden las Garibaldi oft aus den wenigen Büchern, die er liebte, vor, aus den Kommentaren des Cäsar oder aus den Gedichten des Ugo Foscolo.
Dieser glücklichen Tage waren indessen wenige; denn die Schiffe brachten bald Besuche und Briefschaften, die Garibaldi in Anspruch nahmen. Ein Brief von Rosolino Pilo teilte ihm mit, in kurzer Zeit werde die Revolution in Sizilien ausbrechen; diejenigen, die das Leben daranwagten, hofften auf ihn, er möge die hilflos gegen übermächtige Gewalten ringenden Brüder nicht verlassen. Es handle sich nicht mehr um Republik, die Sizilianer alle wären willens, die Fahne, die Garibaldi ergriffen habe, anzunehmen, Italien und Viktor Emanuel. Er selbst wolle, sowie Garibaldi seine Zusage gegeben habe, vorausfahren, um das Feuer der Revolution mit der Kunde seines günstigen Willens anzufachen. Ein

schöner Lorbeer harre seiner auf der Insel im Süden, er möge gehen und ihn seinem Haupte pflücken.
So wenig wie Garibaldi je einen Ertrinkenden hätte untergehen lassen, wenn Rettung möglich gewesen wäre, kam es ihm in den Sinn, sich den Sizilianern zu versagen; er antwortete kurz, daß er jederzeit bereit sei, die verlangte Hilfe zu leisten, wenn es sich zeige, daß das Volk wirklich entschlossen sei, die bourbonische Herrschaft abzuwerfen. Doch müsse er bemerken, daß der Zeitpunkt ihm nicht geeignet erscheine; denn die Regierungen wollten alles auf diplomatischem Wege erreichen und würden vielleicht eine eigenmächtige Tat des Volkes, die ihre Berechnungen durchkreuzte, verleugnen. Sie müßten wissen, daß sie auf niemand als auf sich selbst zählen könnten.
Bald darauf erschien ein von den Führern der Insurrektion Abgesandter auf Caprera, um mit Garibaldi persönlich wegen der geplanten Hilfsexpedition zu sprechen; aber inzwischen waren Nachrichten aus Turin angelangt, die den General mehr als alles beschäftigten: daß nämlich Napoleon ernstlich auf die Abtretung von Savoyen und Nizza dränge und daß Cavour, der jetzt wieder zur Regierung gelangt war, darauf einzugehen fest entschlossen sei, wenn der Kaiser das neue Königreich Oberitalien, wie es sich durch den Anschluß der Lombardei, der Herzogtümer und Toskanas gebildet habe, anerkennen wolle. Das Gerücht, das von allen Seiten bestätigt wurde, so daß ihm keine Möglichkeit zu zweifeln blieb, setzte sein Gemüt in Aufruhr. Schon die Tatsache, daß Cavour an der Anerkennung des erreichten Zustandes so viel gelegen war, entrüstete ihn; denn sie bewies, daß er von neuen Eroberungen nichts wissen wollte, sondern mit der Erweiterung Sardiniens bereits ein ausreichendes Vaterland Italien geschaffen zu haben glaubte. Daß er aber dem Verzicht auf die Erfüllung der großen Sehnsucht einen überflüssigen und verräterischen Verzicht auf italienische Provinzen noch hinzufügen wollte, erschien ihm unerträglich, eine Herausforderung, der der König selbst und das ganze Volk antworten müsse. Die kurze, dickliche Gestalt des Ministers, sein gemütliches, häßliches Gesicht mit den scharfen Augen, die hinter der Brille saßen und den auszulachen schienen, der sie zu erraten oder offen herauszufordern versuchte, tauchte in seiner Erinnerung auf, und ein schrecklicher Drang des Hasses preßte sein Herz zusammen. Niemals vorher hatte er die Ab=

geschlossenheit seiner Insel störend empfunden; jetzt war es ihm qualvoll, daß er nicht in derselben Stunde vor den Mann treten und Rechenschaft von ihm fordern konnte. Dieser hatte die Bewunderung und den Dank des ganzen Italiens, auch seinen, angenommen und nichts andres vermocht, als ein Stück Italiens mit einem andern Stück zu kaufen, das seine, Garibaldis, Heimat war. Er selbst hatte ihn als Erretter begrüßt, der ein Krämer, ein Mäkler war und mit Italien wie mit einer Ware handelte.

Daß es sich verwirklichen würde, glaubte er dennoch nicht; es schien ihm unmöglich, daß er, der so viel für Italien gekämpft und gelitten hatte, heimatlos in Italien werden sollte, ein Untertan des verhaßten Bonaparte. Er lebte; er würde es, wenn es nötig wäre, zum Äußersten kommen lassen und den Eigenmächtigen, der Angehörige des Landes verschacherte, vor dem Parlamente des Hochverrates anklagen. Er vertraute den Gesetzen Sardiniens und mehr noch dem Könige; denn der konnte an dem traurigen Handel nicht beteiligt sein und nicht dareinwilligen. Um sich hierüber Sicherheit zu verschaffen und seine Ungeduld zu beschwichtigen, schrieb er dem Könige, den Cavour schon von dem, was er für Notwendigkeit hielt, überzeugt hatte, und erhielt die Antwort Viktor Emanuels, er habe dem Königreich Italien, für das er Leben und Krone wagen wolle, das Stammland der Herzoge von Savoyen als Opfer gebracht; er glaube, Garibaldi könne für Italien tun, was er, sein König, getan habe.

Es war im Grunde die Meinung aller, daß es weniger unbillig sei, Savoyen abzutreten, das nach Sprache und Lage allenfalls als zu Frankreich gehörig angesehen werden konnte, als Nizza, für dessen Verlust kein Grund außer Frankreichs Willen geltend zu machen war. Wie dem indessen auch gewesen wäre, die Worte des Königs trafen und schmerzten Garibaldi wohl, waren aber nicht imstande, ihn in seinem Gefühl und seiner Ansicht irrezumachen. Mit Ungeduld erwartete er die nächste Abfahrt des Dampfers nach dem Festlande: er wollte nach Nizza reisen, um seine Landsleute zum Widerstand gegen die Umtriebe, sie dem Anschluß an Frankreich geneigt zu machen, durch seine eigne Empörung zu entflammen, dann nach Turin und Genua, wo er seine Freunde zum Kampf gegen den Minister und sein Werk zu vereinigen hoffte.

Bei Bertani, der seit einiger Zeit leidend war und oft zu Bett liegen mußte, traf er Medici, seinen täglichen Gast und Pfleger, beide geschäftig über Plänen zu der Expedition nach Sizilien. Garibaldi wiederholte, daß er damit einverstanden sei, zu handeln, wenn es nötig würde, war aber bei diesem Gegenstand nicht festzuhalten, so sehr erfüllt war er von dem drohenden Verluste seiner Vaterstadt. Bertani gab seiner Entrüstung über die Abtretung italienischen Gebietes Ausdruck, Medici jedoch verteidigte die Maßregel als notwendig und brachte die Argumente vor, mit denen Cavour sie zu erklären pflegte, wodurch er Garibaldis Unwillen reizte. »Willst du auch den Sklavenhändler verteidigen, der meine Mutter meinen Feinden verkauft?« fragte er. Man müsse nicht glauben, sagte Medici, Cavour betreibe dies Geschäft gleichgültigen Gemütes, er litte darunter, aber in der Politik dürften Rücksichten weder auf die eigne noch auf irgendeine andre Person genommen werden. Garibaldi schwieg grollend. Als Medici fortgegangen war, sagte Bertani erklärend, Medici sei kürzlich, von ihm veranlaßt, bei Cavour gewesen und einigermaßen unter seinen Einfluß geraten. Cavour habe sich augenscheinlich gefreut, diese beiden Offiziere, denn auch Bixio habe ihn besucht, an sich ziehen zu können; sie hätten von seinem vernünftigen, maßvollen und zugleich vorurteilsfreien und patriotischen Geiste einen starken Eindruck empfangen; besonders Medici, obwohl er immer treuer Anhänger Garibaldis sei und gewiß bleiben werde, bemühe sich seitdem, im Sinne des Ministers zu denken und zu handeln.

Garibaldi sagte nichts dazu. Bertani versprach ihm aus freien Stücken, im Parlamente oder wo er sonst könne, gegen die Abtretung Nizzas zu wirken; aber niemand gab ihm Hoffnung, daß gegen den Willen des jetzt fast allmächtigen Ministers etwas durchzusetzen sein würde.

Es war März, als Rosolino Pilo die Antwort Garibaldis auf seinen Brief erhielt. So wenig ermutigend sie klang, befriedigte sie ihn doch, und er beschloß, eine Gelegenheit, die sich gerade bot, zu benutzen und nach Sizilien zu fahren, um den Genossen zu melden, daß Garibaldi Hilfe zugesagt habe. Er war von der sardischen Regierung unter dem Vorwande, daß sie ihn für einen Spion halte, mehrere Monate lang im Gefängnis gehalten worden und hatte sich, kaum befreit, nach Genua begeben, um Crispi zu treffen. Er war in heiterer Stimmung und erzählte, wie genußreich das Leben im Gefängnis durch seine Ruhe und Regelmäßigkeit für ihn gewesen sein würde, wenn die Unruhe, was unterdessen aus

den Angelegenheiten seiner Heimat würde, ihn nicht gequält hätte. Er hätte keine Spinne und keinen Vogel am Fenster zu Gefährten gehabt, sie aber auch nicht vermißt; denn die Gestalten seines wechselvollen Lebens mit schönen und rätselhaften Mienen hätten ihn im Reigen umwallt und die dunkle Zeit überschwenglich voll gemacht. Nur zuweilen lag über seinen Brauen Erschöpfung und Melancholie, was seiner stark erschütterten Gesundheit zugeschrieben werden konnte, die Bertani wiederherzustellen sich bemühte. Bertani mißbilligte die gefahrvolle und aufregende Reise, Crispi jedoch, der einzige, dessen Rat ihn hätte zurückhalten können, war dafür; denn er war der Ansicht, daß jedes Mittel müsse ergriffen werden, um die Ereignisse zu beschleunigen.
Um die Zeit der Abenddämmerung begleitete Crispi seinen Freund an den Hafen, wo das Segelschiff, das Rosolino Pilo benutzen wollte, abfahren sollte. Sie betraten es zusammen und sprachen mit dem Eigentümer, einem zuverlässigen patriotischen Manne, den sie seit langem kannten. Als Crispi fragte, wie alt das Schiff sei, es scheine so morsch, daß man sich fürchte, fest aufzutreten, erwiderte er lachend, wer soviel mitgemacht habe wie seine ›Paranza‹, könne es immer noch einmal wagen; die alten Knochen knackten wohl, renkten sich aber wieder ein, ohne zu zerbrechen. Dann gingen sie, da es noch Zeit war, am Strande auf und ab, die verschiedenen Möglichkeiten der nächsten Zukunft besprechend. Als das erste Pfeifen zum Zeichen der Abfahrt ertönte, sagte Crispi plötzlich: »Warum reisest du eigentlich jetzt schon? Ist es nicht übereilt? Wäre es nicht besser, noch zu warten?« Worauf Pilo ihn verwundert ansah, dann lachte und antwortete: »Das kommt auf dich an. Sorge du dafür, daß Garibaldi mir bald nachfolgt, dann war es die rechte Zeit. Mir sagt das Herz, wenn wir uns wiedersehen, wird Sizilien frei sein.« Sie umarmten und küßten sich mehreremal, bevor sie sich trennten. Langsam fuhr das Schiff auf dem sanft sich hinwälzenden Meere in die helle Nacht hinein.

Der Ausbruch der Revolution in Palermo war auf den sechsten April festgesetzt; als aber am zweiten alle Vorbereitungen getroffen waren, verlangte Giovanni Riso, der Vater des Francesco, der der Anführer des Aufstandes war, man solle sofort losschlagen, damit nicht noch neue, unvorhergesehene Hindernisse entständen. Francesco, der Brunnenmeister, ein besonnener Mann, der sich seit seiner Kindheit daran gewöhnt hatte, die Ungeduld des Vaters im Zaum zu halten, stimmte dafür, den einmal festgesetzten Tag zu erwarten; einzig die Besorgnis, der Plan könne noch verraten werden, ließ auch ihm eine Beschleunigung vorteilhaft erscheinen. Die Verschwörung hatte viele Mitwisser, erstlich in der Aristokratie, welche die eigentlichen Unternehmer waren und die Geldmittel hergegeben hatten, zweitens unter Handwerkern und Arbeitern, mit denen Francesco Riso das Kastell überrumpeln und dadurch das Zeichen der allgemeinen Erhebung geben wollte, und schließlich die Mönche des Klosters La Gancia, wo die Empörer ihre Waffen verborgen hielten; unter diesen, die zum größten Teile der Revolution abgeneigt waren, konnte am ehesten ein Verräter sein. Francesco wollte sich noch mit einigen der angesehensten Herren beraten, bevor er einen Entschluß faßte.

Um die Abendzeit ging Fida, die Mutter des Francesco Riso, an das Meer, wo auf einer Säule das Bild der Maria im Rosenkranze stand, zu der die Fischer vor ihrer Abfahrt und bei ihrer Heimkehr zu beten pflegten. Auch sie verrichtete ein Gebet vor der Göttin und setzte sich auf einen Stein, um die Ankunft der Fischer zu erwarten; es sollte ihr nämlich ein Zeichen bedeuten, ob der erste, der zum Strande käme, einen guten Fang getan hätte; in diesem Falle wollte sie ihrem Manne und ihrem Sohne raten, den Aufstand sofort zu beginnen, da das Ende glücklich sein werde. Sie setzte sich so, daß die tiefe Sonne hinter ihr stand und sie abgeblendet dem Geflimmer des Lichtes auf dem Wasser zusehen konnte, das in zahllosen roten, veilchenblauen und goldenen Rosen aufzuquellen schien, ein Spiel der Anbetung zu den Füßen der meerbeherrschenden Jungfrau Mutter. Während des Wartens strickte sie und dachte an die vielfachen Sorgen und Freuden ihres Lebens. Um ihres Mannes willen hatte sie von jeher viel aushalten müssen. Als er das erstemal um sie warb und sie ihn abschlägig beschied, weil seine ungestüme, stets bewegte Natur sie erschreckte, drohte er ihr, daß er sich töten würde. Um ihn zu strafen, den sie im Grunde doch liebte, beredete sie eine Freundin, ihn mit süßen Blicken und Worten zu umgarnen, was ihr so weit gelang, daß er sie zum Tanze führte und ihr ein rotes Seidentüchlein schenkte. Das Mädchen hatte sich bei diesem Spiel selbst ein wenig in Gio=

vanni verliebt, gab aber getreulich das eroberte Tüchlein der Freundin, die es ihm nun triumphierend vorhalten konnte als einen Beweis seiner Flatterhaftigkeit. Nachdem sie ihn so beschämt hatte, heiratete sie ihn, was sie nie zu bereuen brauchte, denn er war gutherzig, fröhlich und unwandelbar treu und legte großen Wert auf die Meinungen seiner Frau, die ihm nie verraten hatte, welcher List sie sich einst gegen ihn bedient hatte. Allerdings hatte sie fest und wachsam sein müssen, um seiner Unbedachtsamkeit die Waage zu halten, sie war ihm eine Stütze gewesen, nicht er ihr. In ihrem Sohne Francesco war ihr ein Beistand gekommen; anderseits hatte er ihr mehr zu schaffen gemacht als der leichtblütige Vater, durch seinen weitausgreifenden Geist, der über den Kreis, in den die Verhältnisse ihn gesetzt hatten, hinausstrebte. Der Druck und die Verfolgungen der bourbonischen Regierung empörten ihn so sehr, daß er, fast noch ein Knabe, nach Amerika auswandern wollte; nur die Vorstellung der Mutter, daß er eben wegen dieser Zustände daheim bleiben müsse, um mit allen Kräften dem leidenden Vaterlande zu dienen, vermochten ihn, seinen Plan aufzugeben. Billigte sie es nun auch, daß er sich an den patriotischen Umtrieben beteiligte, so machte es ihr doch nicht geringe Sorge und hätte ihr noch mehr gemacht, wenn sie nicht das größte Vertrauen in seine Überlegenheit und seinen Erfolg gehabt hätte.

Frauen und Kinder entdeckten die alte Fida, wie sie aufrecht auf dem Steine saß und strickte, und drängten sich um sie, die ihnen als märchenkundig wohlbekannt war, mit der Bitte, etwas zu erzählen, aber sie wehrte freundlich ab und blickte unverwandt auf das Meer, das sich schon mit winzigen Nachen der Heimkehrenden bedeckte. Ihre Spannung wuchs mit jeder Minute, bald war ein Boot allen andern voraus, verweilte dann aber wieder, weil der Fischer mit den Netzen beschäftigt war, andre wurden durch scherzhafte Wechselreden mit den am Ufer Wartenden aufgehalten; eines, dessen Insassen in auffallender Bewegung waren, was auf besondere Ausbeute schließen ließ, ruderte gemächlich, so daß es unmöglich schien, es werde zuerst ankommen, dennoch landete es plötzlich unweit der hohen Madonna vor allen andern, von den neugierigen Zuschauern jubelnd empfangen. Die alte Frau, die die gemächliche Fahrt des Nachens mit Herzklopfen begleitet hatte, mischte sich unter die Umstehenden, denen die Fischer schon während des Ausladens von dem unverhofften Fang eines großen Schwertfisches zu erzählen begannen. So war die Entscheidung wundervoll gefallen; denn ein besseres Zeichen als ein Schwert aus dem Meere hätte nicht kommen können. Sie nahm sich die Zeit, das seltene Tier zu betrachten und seinen mutmaßlichen Wert mit den Fischern zu besprechen, dann trat sie langsam den Heimweg an, erst die Schritte beschleunigend, als sie sich ihrem Hause näherte.

Sie fand Giovanni, Francesco und noch einige Männer im Wohnzimmer mit dem Anfertigen von Patronen beschäftigt. Bei ihrem Eintritt wurde der Alte unruhig und gab seinem Sohne Winke zu schweigen, da er fürchtete, daß seine Frau seinem Wunsche, sofort loszuschlagen, entgegen sein würde; anstatt dessen sah sie alle mit hellstrahlenden Augen an und sagte, indem sie eine Hand auf den Kopf ihres Sohnes legte, die Mutter Gottes vom Meere habe ihr ein Zeichen gegeben, daß sie den Kampf unverzüglich beginnen sollten und daß er glücklich enden würde. Während Francesco zwar die Hand seiner Mutter küßte, ihr zugleich aber in die Augen lächelte, da er weder fromm noch abergläubisch war, geriet der Alte durch die Zustimmung seiner Frau und der heiligen Jungfrau in eine Laune übermütiger Fröhlichkeit, so daß sein Sohn und Fida ihn fortwährend ermahnen mußten, sich ruhig zu verhalten und Vorsicht zu üben; er hatte noch immer ein anmutiges Gesicht mit schmalen Augen, die schelmisch funkelten, und eine schöne Stimme, die fast von selbst in Gesang überzugehen schien. Mitten in der Nacht klopfte es an das Haustor; Francesco eilte hinunter und führte den Ankömmling in ein Zimmer zu ebener Erde, das oft zu geheimen Zusammenkünften diente. Es war der junge Graf Battalunga, der meldete, er habe Nachrichten aus Messina, daß Rosolino Pilo dort gelandet sei und im Gebirge Truppen sammle, daß er versichere, Garibaldi werde kommen, sowie er sehe, daß es den Sizilianern Ernst sei, und daß infolgedessen er, der Graf, und seine Freunde der Ansicht seien, man solle den Ausbruch der Revolution um keinen Tag länger als nötig hinausschieben. »Wir verlassen uns auf Euch«, sagte der Graf, während Francesco ihn zum Tore hinausließ. »Auf mich ja,« erwiderte Francesco mit einem Lächeln, »nicht auf das Glück; ich freie darum, aber es hat mir sein Jawort noch nicht gegeben.« Indessen war seine Miene heiter und zuversichtlich, als er wieder ins Wohnzimmer eintrat und den ungeduldig Harrenden die gute Nachricht brachte. »So werden wir also endlich«, rief der Alte, »jenen Garibaldi sehen, auf den wir im Jahre 1848 vergebens hofften«, und erzählte von den Träumen und Entmutigungen der Vergangenheit, zugleich daraus Verheißung für das Gelingen der Gegenwart schöpfend. Ein paar Frauen, die um Fida herum in einer Ecke des Zimmers saßen, flüsterten ängstlich, was sie von Garibaldi gehört hatten: daß er das Blut seiner Feinde getrunken habe, daß er die kleinen Kinder umbrächte, daß er ein Heide sei, die Bilder der Heiligen verbrenne und den Namen Gottes verfluche, daß er dem Teufel verschrieben sei. Fida schalt sie törichte Kinder, daß sie den Erfindungen schlechter Pfaffen und Söldner der Tyrannei Glauben schenkten; ob nicht Bruder Clemente gesagt habe, daß Garibaldi von Gott auserwählt sei, um die Ketten der Bedrückten zu lösen? Ob sie nicht wüßten, daß er so schön sei wie die Erzengel, die neben Gottes Thron ständen, in Feuer gebadet, unverletzlich, unbesiegbar? Ob sie nicht wüßten, daß er nicht nur selbst sein Brot mit den Armen teilte, sondern, wie die Sonne, die harten Herzen der Menschen erweichte, so daß sie die Überbürdeten entlasteten und den Darbenden Hilfe spendeten? Zuweilen, erzählte sie, rasteten im Herbst auf den Inseln große rosenrote Vögel, die nach Afrika flögen, und es käme vor, daß einer von ihnen zurückbliebe und stürbe. Aus den Knochen eines solchen Vogels hätten in alten Zeiten die Ziegenhirten Flöten gemacht und darauf geblasen, und es sei der Ton derselben so süß gewesen, daß die Menschen davon bezaubert worden und in Wahnsinn verfallen wären; deshalb sei es verboten worden, auf den Knochen dieser Vögel zu spielen. So sei die Stimme Garibaldis: die Stämme der Pinien, die Felsen im Meere, das Meer selbst beuge sich nach ihr; wen er frage, der müsse bekennen, wen er anriefe, der müsse folgen. Ob sie nicht wüßten, daß er den Papst von Rom überwinden werde? Denn der Papst sei von Gott abgefallen, habe die Armut in den Staub getreten und das Laster gekrönt und den Drachen der Sünde sich in der heiligen Kirche breitmachen lassen; aber Gott habe einen reinen Blitz vom Himmel geworfen, um den Unrat zu verzehren, das sei Garibaldi. Wenn er Sizilien frei gemacht habe, werde er nach Rom gehen, den Drachen vernichten und die Säulen der Kirche von neuem aufrichten, so daß ihr Dach wie der gestirnte Himmel sich über der ganzen Erde wölbe. Auch

die Männer hörten der Mutter Fida bis in die tiefe Nacht hinein mit Anteil zu.
Am Abend des folgenden Tages gingen die Mönche des Klosters La Gancia nicht zur gewöhnlichen Zeit zu Bette. Der Abt, der aus vornehmer und reicher Familie stammte, hatte es ungern gesehen, obwohl er mit den Liberalen sympathisierte, daß sein Kloster der Schauplatz einer Rebellion werden sollte; aber er hatte dem Drängen und Drohen der Verschwörer und der Fürsprache einiger Mönche, die Anhänger der revolutionären Bewegung waren, nachgegeben. Jetzt war er erschöpft und doch zu unruhig, um schlafen zu können; bald stand er auf und betete vor einem Kruzifix, das die schmale Wand des Refektoriums teilte, bald setzte er sich zu den übrigen und gab seinen Bedenken Ausdruck. Es sei wahr, sagte er, Sizilien werde nicht gut regiert, man habe bessere Zeiten gesehen; allein man hätte abwarten sollen, wie der junge König sich anstellen werde. Was für Unrecht hätte er während seiner kurzen Regierung tun können? Man hätte ihm Zeit lassen sollen, das Gute zu ergreifen. Was für Folgen es für das Kloster haben werde, wenn bekannt würde, daß sie um die Verschwörung gewußt hätten? Und doch hätte er nicht das Herz gehabt, die Männer, die ihr Vaterland und die Freiheit liebten, zu verraten. Ein junger Mönch, der eben an diesem Tage den bevorstehenden Ausbruch der Revolution dem Gouverneur von Palermo verraten hatte, hörte diesen Gesprächen schweigend, mit wachsender Beängstigung zu. Er hatte ein hübsches, schmales Gesicht mit sanften Augen und ein fügsames, geräuschloses Wesen; er hatte sich mehr zu den patriotisch gesinnten Mönchen gehalten als zu denen, die dem Papst und dem Könige anhingen, die bei weitem in der Mehrzahl waren, und da er ohnehin für gleichgültig und fast dumm gehalten wurde, ahnte niemand, daß er etwas Schädliches unternehmen könne. Vermeintliche Frömmigkeit und ein dunkler Trieb, etwas anzustiften, hatten ihn bewogen, den Verrat zu begehen; kaum jedoch hatte er ihn ausgeführt, als sich seiner die Furcht bemächtigte, eine verdammenswerte Tat getan und unberechenbare Schrecknisse hervorgerufen zu haben. Die Blässe seiner Wangen und der Ausdruck unbegreiflichen Entsetzens in seinen Zügen hatten etwas Aufregendes, das sich allen mitteilte. Den Abt litt es nicht länger im Zimmer, und er ging mit mehreren Brüdern in den Klostergarten, wo er vor den Gemüsebeeten verweilte,

obwohl der Mond umwölkt und wenig zu erkennen war. Dann traten sie in den durch Laternen erleuchteten Stall ein, wo es warm war und würzig roch und wo der gleichmäßige Atem der schlafenden Tiere dem Takt einer nächtlichen Uhr vergleichbar auf und ab ging. Der Abt ging die Reihen der Kühe, Esel und Ziegen entlang und streichelte ihnen das Fell, wobei einige von ihnen aus dem Schlafe auffuhren und den Kopf nach ihm wendeten. Als er das Miauen einer Katze hörte, fiel ihm ein, daß seit dem vergangenen Tage in einem Winkel des Stalles ein Nest junger Katzen war, und er ging hin, um die kleinen Tiere zu betrachten, bemerkte aber, daß alle vier, auch das schwarz und weiß gefleckte, das ihm besonders gefallen hatte, auf der Seite wie leblos dalagen. Er kniete nicht ohne Anstrengung bei dem Neste nieder und betastete die kleinen Leichname, die die alte Katze leidenschaftlich beleckte; er konnte es ebensowenig wie sie fassen, daß sie wirklich tot sein sollten. Während er mit Hilfe des Bruders ein Loch in die Erde machte, um die Kätzchen zu begraben, beklagte er ihr unzeitiges Sterben und äußerte Vermutungen über die Ursache des Todes; er habe doch, sagte er, den Stall selbst geweiht und gesegnet, und außer den Mönchen sei keiner, soviel er wisse, aus und ein gegangen. Da die alte Katze sich sogleich daranmachte, die Jungen wieder hervorzuscharren, schleppte der Abt sie mehrere Male gewaltsam fort, bis der Bruder einen Stein auf die Stelle legte, den sie kläglich miauend umstrich; dann verließen beide traurig und kopfschüttelnd den Stall.
Sie waren eben wieder vom Garten aus in das Kloster eingetreten, als die zurückgebliebenen Mönche ihnen mit der Meldung entgegenkamen, daß sie an der äußeren Pforte das Anpochen der Verschworenen gehört hätten, worauf der Abt seufzte und befahl, sie einzulassen.

Am zweiten April tagte in Turin das erste Parlament des neuen Staates, den Viktor Emanuel in der Eröffnungsrede das Italien der Italiener nannte. Diese Rede hatte Farini, der Meister der Sentenzen, entworfen, doch hatte der König auf gewissen Wendungen, die seine tapfere und ehrliche Gesinnung ausdrückten, bestanden. Das frohe Siegesgefühl der Versammlung dämpfte nur der Umstand, daß, was sie zunächst beschäftigen mußte, die Abtretung von Savoyen und Nizza war; denn wenn auch die Mehrzahl der

Deputierten zu sehr von Cavours Meinung abhing, um dagegen zu stimmen, bedrückte doch alle mehr oder weniger das Bewußtsein, an einer Handlung mitzuwirken, die wohl von politischer Klugheit, nicht aber von Größe, Kraft und Folgerichtigkeit zeugte. Unter den wenigen, die entschlossen waren, sich zu widersetzen, waren Bertani, der Florentiner Guerazzi, General Fanti, der zu stolz war, seine Ansicht der Cavours zu unterwerfen, und die Gelegenheit nicht ungern ergriff, ihm und jedermann seine Selbständigkeit zu beweisen, und einige Nizzarden. Wie es vorauszusehen war, wurde über die Interpellation Garibaldis, die in der zweiten Sitzung stattfand, hinweggegangen: Cavour lag daran, daß das Geschäft so schleunig und geräuschlos wie möglich betrieben wurde.

In diesen Tagen traf die Nachricht von dem unglücklichen Verlaufe des Aufstandes in Palermo ein: in den ersten Morgenstunden des vierten April hatten die bourbonischen Soldaten, durch Verrat von dem Plane unterrichtet, das Kloster La Gancia, in dem die Verschworenen sich sammelten, umzingelt; ein Kampf hatte sich entsponnen, in dem die meisten getötet, andre, unter ihnen Giovanni und Francesco Riso, gefangen wurden, der letztere schwer verwundet. Auch die Klosterbrüder, die die Bourbonisten ohne weiteres für Mitschuldige hielten, wurden zum Teil in das mörderische Gefecht verwickelt, der Abt selbst empfing eine tödliche Wunde. Einer von den Mönchen, der junge Bruder Alisio, war gleich im Beginne der Schlacht in den Turm gelaufen und hatte die Sturmglocke des Klosters geläutet, um die Mitverschworenen zur Hilfe des verlorenen Haufens herbeizurufen; allein Palermo war stillgeblieben. Im Laufe des Tages waren mehrere Edelleute, die der Teilnahme an dem Aufstande verdächtig waren, verhaftet worden, andre hatten sich, dadurch gewarnt, geflüchtet.

Crispi und Bixio begaben sich sofort zu Garibaldi, um ihn von diesen Vorfällen in Kenntnis zu setzen; denn sie hielten es für wichtig, daß ihm das, was ihm doch nicht verborgen bleiben konnte, zuerst von ihnen dargestellt würde. Garibaldi, der sich wegen Nizzas in verdüsterter Stimmung befand, sah Crispi zum ersten Male und empfing ihn, da er sich dachte, daß ihn die sizilianische Angelegenheit zu ihm führte, zurückhaltend; jedoch sein kluges, von Entschlossenheit blitzendes Gesicht und sein ernstes Wesen gefielen ihm. »Ihr müßt ein furchtloser Mann sein«, sagte

er zu ihm mit Bezug auf die gefahrvollen Reisen, die der Sizilianer durch seine Heimat gemacht hatte. »Ich fürchte ein ruhmloses und müßiges Leben, nicht den Tod,« sagte Crispi, indem er den prüfenden Blick des Generals fest und feurig erwiderte, »das ist alles.« Garibaldi lächelte zufrieden: »Mit solcher Gesinnung steigt man hoch«, sagte er. Nachdem Crispi noch einige ihn selbst betreffende Fragen Garibaldis beantwortet hatte, erzählte er von den Ereignissen in Palermo: die Revolution sei wohlvorbereitet gewesen, es hätte vollkommene Einigkeit geherrscht, nicht an Waffen gefehlt, in den Bergen von Palermo wären Truppen bereit gewesen, alle größeren Städte würden sich auf das in Palermo gegebene Zeichen erhoben haben, einzig durch Verrat wäre es dem Gouverneur möglich gewesen, die Bewegung noch vor dem eigentlichen Ausbruch zu ersticken; so niederschlagend die bis jetzt eingetroffenen Nachrichten lauteten, sei es doch gerade deswegen notwendig, den Unglücklichen beizuspringen. Es erschien Garibaldi vor allem bedenklich, daß in der großen Stadt sich niemand gerührt habe, den Überfallenen beizuspringen; das deute nicht auf Einmütigkeit und Entschlossenheit, wovon Crispi gesprochen habe. Der Schrecken eines plötzlichen, unberechneten Ereignisses pflege lähmend auf die Menschen zu wirken, sagte Crispi; freilich fehle in der Organisation der sizilianischen Bewegungen eines, nämlich ein Haupt, dem alle blindlings gehorchten, ein Wille, der die von Leben zuckenden Teile zu einem wirksamen Körper magisch zusammenzwinge. Francesco Riso sei ein guter, tüchtiger Mann, doch reiche sein Einfluß nicht weit; so gebe es auch unter dem Adel manchen, der in seinem Kreise mit Erfolg und zu guten Zwecken herrsche, keinen, der Atem habe, aus dem Chaos zu schaffen. Das könne Garibaldi sein. Garibaldi sah schweigend vor sich nieder.
Bixio, für dessen Ungeduld Crispi nicht stürmisch genug redete, konnte sich nicht enthalten, seine Enttäuschung laut werden zu lassen. Ob denn die Großmut andrer, sagte er zu Garibaldi, der seinigen zuvorkommen solle? In Genua habe sich bereits eine Gesellschaft gebildet, um den kämpfenden Brüdern in Sizilien Hilfe zu bringen, Geld und Waffen strömten zu. La Masa brenne vor Begierde, sich einzuschiffen, Fahrzeuge ständen ihm, Gott weiß woher, zur Verfügung. Hielten Bertani, er und Crispi ihn nicht zurück, er würde gehen und die jungen Leute mit sich ziehen, die unzählbar täglich einträfen. »Das wäre schlimm, und Ihr tut wohl,

ihn zurückzuhalten«, sagte Garibaldi ruhig. »General,« sagte Crispi, »er fährt nicht ab, solange ich lebe. Dies ist Euer Werk.« »Mein Werk ist,« antwortete Garibaldi, »nicht nur Sizilien, sondern auch Rom und Venedig zu befreien. Das gibt man nicht den Zufällen aufbrausender Begeisterung preis. Ich will es nicht wagen, ich will es tun, darum muß ich es bedenken.« Er beauftragte Crispi, einstweilen sich umzusehen, ob die aus seiner Sammlung hervorgegangenen Gelder und Waffen, die in Mailand verwahrt seien, zu erhalten sein würden, und Bixio, Schritte wegen der Dampfschiffe zu tun, die man brauchen würde. »Also ist es beschlossen, daß wir fahren?« fragte Bixio mit funkelnden Augen. »Ich habe nichts beschlossen«, entgegnete Garibaldi. »Zunächst will ich die weiteren Nachrichten aus Sizilien erwarten, was für Maßregeln die andern Städte ergreifen, ob der Aufstand trotz der Niederlage in Palermo um sich greift oder ganz erlischt. Inzwischen trefft ihr Vorbereitungen, damit beisammen ist, was wir brauchen, wenn es Zeit ist.«

Bixio war nicht zufrieden; als sie Garibaldi verlassen hatten, sagte er zu Crispi, der General sei nicht so anteilvoll, wie er geglaubt hätte; die Rücksicht, die er auf die Regierung zu nehmen für nötig halte, enge ihn ein, er sei größer gewesen, als er allein gestanden habe. »Und doch seid Ihr es,« sagte Crispi, »der auf den Grafen Cavour schwört, der ihm und Viktor Emanuel zuliebe den Republikaner mit einem Handgriff von sich getan hat!« Bixio gab es ärgerlich verlegen zu; doch müsse Viktor Emanuel sich gutwillig zum Könige von Italien machen lassen, das sei der selbstverständliche Vorbehalt dabei gewesen; tue er das nicht, so sei er, Bixio, mit ihm fertig.

Indessen ließ Garibaldi durch Gaëtano Sacchi, der mit seiner Billigung ein Kommando in der königlichen Armee angenommen hatte, die Meinung Viktor Emanuels über Sizilien erforschen. Erfreut berichtete Sacchi, der König habe dem Plane, etwas für Sizilien zu tun, durchaus zugestimmt; er habe die Ansicht geäußert, es müsse rasch gehandelt werden, nur mutiges Zugreifen könne die italienischen Verwicklungen lösen. Auch mit Garibaldis Wunsch, Sacchi und sein Regiment mitzunehmen, habe er sich einverstanden erklärt. »Ich stehe für meine Leute,« sagte Sacchi, »Chiassi, Isnardi werden jubeln, wie ich es tue. General, die großen Tage werden noch einmal wiederkehren.« »Ich hoffe es«, sagte

Garibaldi; »es kann nicht anders sein, wenn ich euch bei mir habe.«
Ein paar Tage später empfing Garibaldi einen Brief des Königs, in dem er die durch Sacchi gegebene Zusage zurücknahm. Er warnte Garibaldi, daß, wenn er nach Sizilien gehe, er es auf eigene Gefahr tun müsse, und erließ das bestimmte Verbot, Sacchi und sein Regiment zu dem eigenmächtigen Unternehmen zu verwenden. Mit verwundetem Herzen teilte Garibaldi seinem alten Kriegsgefährten die Umstimmung des Königs mit und schärfte ihm selbst ein, Desertionen seiner Soldaten, von denen vielleicht manche Laufbahn und Leben aufs Spiel setzen würden, um ihm nach Sizilien zu folgen, nachdrücklich zu verhindern. Er zweifelte nicht daran, daß es Cavour sei, der zwar nicht den Sinn des Königs geändert, aber sein Handeln beeinflußt hatte; ihn, der sich Schöpfer Italiens nennen ließ, nannte er den bösen Genius des Königs. Es fiel ihm ein, daß Mazzini einmal gesagt hatte, Cavour und der König wollten nur die Güter, die sich mit gewissen Anstrengungen und Opfern erhandeln ließen; das Höchste, das die Götter nur den großen Herzen gäben, die auch das Unmögliche ergriffen, würden sie nie erreichen. Dennoch hatte er oft das große Herz des Königs zu erkennen geglaubt; Cavour legte seine kleine fette Hand darauf und drückte es zusammen. Er ging wie ein Viehhändler zu Markte und rieb sich die Hände, wenn er gegen ein Kälbchen einen kräftigen Stier eingetauscht hatte; manches andre Rind, das auch gut in seinen Stall gepaßt hätte, blinzelte er nur im Vorübergehen an und ließ nicht ein Wort laut werden, daß es ihm gefiele. Er konnte warten. Vielleicht würde der Besitzer des Viehs einmal in Not geraten und es billig abgeben; wer konnte wissen, ob es ihm nicht schließlich von selbst in den Stall gelaufen käme. Einstweilen wollte er seinen Ochsen bei sich eingewöhnen und nicht merken lassen, daß er auf weiteres rechnete.
Garibaldi erfüllte Widerwillen; er sehnte sich nach dem Augenblick, wo er im Parlament, wenn über die Abtretung von Savoyen und Nizza gesprochen würde, dem Minister gegenübertreten und ihn des Verrates anklagen könnte. Verschiedene Freunde berieten ihn, wie er seine Behauptungen und Forderungen am geeignetsten begründen solle; er hätte lieber seinen Groll nackt aus dem Herzen herausgeschrien, aber er fügte sich der Einsicht, daß er damit nur seinen Zorn kühlen, nicht der Sache, die er vertrat, nutzen würde.

Trotz der Triftigkeit der Gründe jedoch, die er und andre vorbrachten, und trotzdem es niemand entging, daß Cavour die gewohnte Sicherheit in seiner Entgegnung vermissen ließ, erreichten die Verteidiger Nizzas nichts. Garibaldi, der neben Bertani saß, hörte die Reden der Abgeordneten an und betrachtete sie aufmerksam, als wolle er sich einprägen, wie die aussahen, die seine Heimat überlieferten. Er fühlte sich wie ein Fremder zwischen den Menschen, die ungerührt, als streiften sie einen alten Schuh von den Füßen, dem Minister oder dem Kaiser von Frankreich zu Gefallen eine blühende Erde, die auch Italien hieß, von ihrem Vaterlande losrissen und Hunderte, die ihre Sprache sprachen, aus ihrer Gemeinschaft ausschlossen. Es graute ihm bei der Vorstellung, daß diese Menschen Italien vertraten; es war anderswo; aber er hatte die Kraft nicht, diese Spiegelfechterei mit einer Gebärde zu vernichten und zu sagen: ›Hier bin ich, und dies ist mein Wille‹.

Auch Cavour war, obgleich er gesiegt hatte, mißvergnügt. Diejenigen, die ihm widersprachen, kamen ihm unweise und plebejisch vor, weil sie politische Fragen mit dem Gemüte lösen wollten, oder verlogen, weil sie Worte machten, statt schlechthin das Notwendige zu tun; aber die weitläufigen Beistimmungen seiner Anhänger befriedigten ihn auch nicht. Er wäre gern schnell über die widerwärtige Sache hinweggegangen, die unnütz aufhielt, wo genug andres zu tun war. Sein Empfinden war dem eines Familienvaters ähnlich, der sein Vermögen durch allerlei erfolgreiche Tätigkeit glücklich vermehrt hat und mit Genugtuung überblickt, von wo er ausging, wie weit er es gebracht hat und wie hoch seine Nachkommen steigen können. Alles, was den schönen Erfolg seiner Politik stören konnte, erbitterte ihn; er verwünschte Bertani, der öffentlich im Parlament ein Eingreifen der Regierung, eigentlich eine Beteiligung an der sizilianischen Revolution verlangt hatte, und die Heißsporne, die durch ihre Unvorsichtigkeit das Gerücht von einer bevorstehenden Hilfsexpedition in weite Kreise verbreiteten. Es ging ihm durch den Sinn, daß, da die Sache einmal so stand, es am besten wäre, wenn er selbst einen ihm Ergebenen mit der Leitung einer solchen betraute, wodurch zunächst der allgemeinen Meinung genuggetan würde und er doch in der Lage bliebe, die Angelegenheit nach seinem Willen zu gestalten; doch gab er den Plan wieder auf, teils weil es an einem geeigneten Manne fehlte,

teils um nichts umsonst aufs Spiel zu setzen, denn im Grunde hoffte er, daß Garibaldi es doch nicht täte.
Durch La Farina erfuhr er, daß der General trotz des Drängens von vielen Seiten noch nichts Entscheidendes gesagt oder vorgenommen hatte. Er selbst kannte ihn als einen Mann, der, was er nicht zu vollbringen hoffen konnte, nicht angriff; und wie konnte er auf ein glückliches Ende seiner tollkühnen Expedition rechnen? Die Flotte des Königs von Sizilien war so groß, daß schon das Ziel zu erreichen kaum möglich schien, die Armee zu bedeutend, als daß die Banden, die Garibaldi zur Verfügung hatte, sich ihr gegenüber würden halten können. Er und die meisten von denen, die ihm folgen würden, waren fremd auf der verhängnisvollen Insel; sie selbst in ihrer Eigenart, verhüllt, düster und glühend, konnte die Befreier plötzlich verderben, sie als Eindringlinge in ihren Schluchten erwürgen oder der Rache ihrer Bedrücker ausliefern. Wie viele hatten die Hand nach der Goldfrucht des Südens ausgestreckt, einer uralten Bezauberung unterliegend, und waren in verborgene Dolche gestürzt, um in die verräterische Erde ihr eignes Blut zu ergießen. Garibaldi würde an die Brüder Bandiera und Pisacane denken und sich durch ihr Schicksal warnen lassen. Für den Fall, daß er aller vernünftigen Einsicht zum Trotz sich von den Schwärmern würde mitreißen lassen, behielt er sich vor, Maßregeln zu ergreifen, wenn es ihm nötig schiene, Gewalt zu brauchen. Inzwischen wollte er eine diplomatische Annäherung an den König von Neapel versuchen zum Zweck eines Bündnisses, das dem Könige von Sardinien eine gewisse Einmischung in die Geschicke der beiden Sizilien gestatten würde, und so in seiner Weise an der Ausgestaltung Italiens arbeiten.
Nachdem Garibaldi den Kampf um Nizza hatte aufgeben müssen, verließ er Genua und nahm eine Einladung seines Freundes Vecchi an, der die Verteidigung Roms unter ihm mitgemacht und die große italienische Revolution der Jahre 1848 und 1849 mit ernster Unparteilichkeit beschrieben hatte. Demselben gehörte die Villa Spinola bei Quarto. Das Geflüster, daß Garibaldi nach Sizilien und von dort nach Rom gehen würde, lockte viele Freiwillige herbei, von denen eine Anzahl schon in Rom unter ihm gekämpft, andre als Alpenjäger seinen Siegeszug durch die Lombardei und das Veltlin mitgemacht hatten, schließlich Jünglinge, die, um 1849 noch Kinder, mit den Geschichten seines Ruhmes

herangewachsen waren. Es waren Lombarden, Genuesen, heimatlose Venezianer, Romagnolen und Sizilianer; aber auch Piemontesen waren darunter, solche sogar, die, von einem mächtigeren Gestirn gezogen, die königliche Armee verließen. Diese jungen Leute verschwiegen zwar, was sie vorhatten, wie es ihnen vorgeschrieben war, doch war es ihnen ohne Schwierigkeit anzusehen; denn sie waren je nach Gelegenheit und Vermögen kriegerisch ausstaffiert und verrieten sich außerdem durch ihre frohe Unruhe und stolze Gehobenheit in Gang, Haltung und Wesen. Von der Bewohnerschaft Genuas nahmen viele Anstoß daran, Bürgersöhne sich wie Söldner eines Kondottiere gebärden zu sehen, als lebte man noch in den wüsten Zeiten des Mittelalters, wo Fehden zwischen Nachbarstädten und Tyrannen waren. Man verließ sich wohl darauf, daß die Regierung zur rechten Zeit die Hand auf diese Bewegung legen würde, und mißbilligte es insgeheim, daß sie so lange zuwartete. Viele, die in früherer Zeit Garibaldis Namen gern angeführt und den Schimmer, der von ihm ausging, getrost in ihre Kreise hatten scheinen lassen, vergaßen das jetzt oder bereuten es, nannten ihn einen Zügellosen, der das an sich Löbliche durch Ausschweifung zum Frevel mache und des großen Grafen, nämlich Cavours, wohlbedachte und wohltätige Pläne zerstöre, und mißbilligten die gewaltsame Vermischung der eignen Geschicke mit denen des fernen Siziliens. In den Familien, wo Söhne waren, wuchs die Besorgnis, daß die Stimme des verhängnisvollen Mannes sie auch verführen könne; waren sie nicht anwesend, so mußte man fürchten, daß sie, wie viele andre, um das weiße Haus am Meere strichen, wo er wohnte, um ihn zu sehen oder seinen Schritt zu vernehmen oder nur am Gefühl seiner Nähe sich zu berauschen.

Indessen vergingen den Führern die Tage in peinlichen Sorgen und Kämpfen. Bertani lag krank im Bette, arbeitete aber doch an der Ausrüstung der Expedition, und Offiziere, Geschäftsleute und Vermittler aller Art gingen unaufhörlich bei ihm ein und aus. Täglich versammelten sich Medici, Bixio, Crispi und Sirtori an seinem Lager, um das große Unternehmen zu besprechen, über welches noch keine Einigkeit unter ihnen herrschte; denn nur Bertani, Crispi und Bixio wollten, daß sogleich und unter allen Umständen zur Aktion geschritten würde. Medici hatte vielerlei

Bedenken, namentlich daß die Zustimmung des Grafen Cavour fehlte, Sirtori widerriet durchaus. Sirtori war Geistlicher gewesen und hatte lange zwischen dem einmal übernommenen Beruf und dem Drange, bei den großen Kämpfen um Italien tätig mitzuwirken, geschwankt, bis er sich entschloß, die Kutte abzuwerfen und das Schwert zu ergreifen. Sein Verstand war scharf und lebhaft genug, um zu zweifeln, aber sein Geist nicht so weitblickend, daß er in Wirrungen seinen eignen Weg mit schneller Sicherheit gefunden hätte; so kam es, daß er übellaunig und widerspruchsvoll, heimlich sich quälend beiseite stand, wenn andre vorwärts drängten, um schließlich seinem stärksten Gefühle, das nach Großem strebte, zu folgen. Unter den Offizieren, die im Jahre 1849 die Verteidigung Venedigs geleitet und den langen Widerstand ermöglicht hatten, war er neben Enrico Cosenz der bedeutendste; Garibaldi erkannte seine militärische Tüchtigkeit und legte Wert auf ihn. Er hatte das Aussehen eines Schwärmers und Propheten, hager und ernsthaft, immer schwarz gekleidet; es schien, als wolle er durch seine Lebensführung, die alle Pflichten ergriff und an allen Genüssen vorüberging, den Bruch des einst vollzogenen Gelübdes aufwiegen. Er hielt es kaum für möglich, daß Garibaldi die Bourbonen, die in Palermo und Messina starke Festungen besetzt hielten, aus Sizilien vertreiben könnte, für durchaus unausführbar ohne die Unterstützung Cavours. Allerdings ließen gewisse Äußerungen La Farinas, der die Absichten des Grafen kannte, darauf schließen, daß er, sofern es nur heimlich geschehen könnte, die Expedition begünstigen würde; aber als eine verläßliche Zusicherung konnte das nicht gelten. Bertani gab die Schwierigkeiten zu, wollte aber nicht, daß Garibaldi abgeraten würde; er kennte die Lage so gut wie ein andrer, sein Genius allein müsse entscheiden. Bixio war zornig, daß Unwillige und Unschlüssige überhaupt zu Garibaldi zugelassen wurden; am liebsten hätte er ihn eingeschlossen und mit niemand außer ihm selber verkehren lassen; der General müsse gehen, sagte er, er müsse!
Garibaldi hörte und erwog alles, was ihm vorgetragen wurde, und ließ die Zurüstungen, die seine Offiziere betrieben, ungehindert fortgehen. Wenn Freiwillige zu ihm kamen, hieß er sie in Geduld warten, bis der Augenblick da sein würde. Einige kamen, die in früherer Zeit durch Mazzini in die politischen Dinge eingeführt waren, um aus des Generals eignem Munde zu erfahren,

ob er in Wahrheit für den König von Italien und nicht für die Republik ins Feld ziehen wollte. Diesen sagte er, er selbst sei in seinem Sinne Republikaner, aber ihrer seien wenige, die dem Könige anhangen viele, also müßten die wenigen den vielen ihre Wünsche zum Opfer bringen, damit man einig werden könne, und beruhigte damit die meisten.
Auch Maurizio Quadrio, der nunmehr Sechzigjährige, der wie Crispi heimlich in Sizilien gewesen war und für die Revolution gearbeitet hatte, suchte Garibaldi in der Villa Spinola auf, den er seit dem Tage des letzten Sturmes auf Rom nicht mehr gesehen hatte, und fragte ihn, ob es wahr sei, daß er den Namen des Königs auf seine Fahne setzen wolle. Garibaldi bestätigte es und gab die Gründe an, die ihn dazu bewogen hätten; Mazzini, fügte er hinzu, sei darin mit ihm einig. Quadrio schwieg eine Weile und sah traurig vor sich nieder; er würde, sagte er, die Jahre, die er noch zu leben hätte, alle hingeben, wenn er das erleben könnte, unter Garibaldi für Siziliens Befreiung zu kämpfen. Das Leben hätte ihm nichts gebracht als Arbeit, Niederlagen und Enttäuschung, einmal hätte er Sieg und Vollendung erleben mögen; und käme es zum Untergang, so hätte er wohl in diesem edeln Kampfe fallen mögen. Garibaldi wurde lebhaft; er brauche, sagte er zu Quadrio, jetzt nicht an das Entlegene zu denken; er möge denken, daß es gelte, den verhaßten Tyrannen aus dem schönsten Lande zu treiben, er möge denken, daß es die Einheit Italiens gelte, daß sie auf dem Wege nach Rom wären. Wollte er aber weiterdenken, so möge er von einer Zukunft träumen, wo das Volk einmütig danach verlangte, sich selbst zu regieren; sie würden nicht mehr dabei sein, aber was täte das? Italien bliebe und Rom. Quadrio richtete die trüben Augen bewegt auf Garibaldi; wann er gehen würde, fragte er. Bald, antwortete Garibaldi; er wisse den Tag noch nicht, Quadrio möge in Genua bleiben, damit er im letzten Augenblick noch sich entscheiden könne. Der gramvolle Ausdruck in dem durchfurchten Gesicht des trotzigen Alten rührte ihn. »Glaubt mir,« sagte er, »daß ich nicht anders kann. Ich muß Italien machen, streitet ihr indes über die beste Regierungsform.« »Nein, nein,« rief der andre, »gerade weil Ihr Italien machen könnt, solltet Ihr es gut machen. Ihr habt die Macht, Gott hat sie Euch gegeben, warum wollt Ihr die Könige damit beschenken? Unter der Fahne von Sardinien kann ich Euch nicht folgen; denn

ich kann meinem glücklosen Leben und den Tagen von Rom nicht untreu werden, das unterging, doch unvergängliche Größe zurückließ.« Garibaldi sagte, indem er die Brauen finster zusammenzog: »Ja, es war groß, aber es ging unter. Immer waren Ruinen Italiens Ruhm.« Maurizio Quadrio entfernte sich grollend und bekümmert.

Am 23. April trafen sich Crispi, Medici, Bixio und Sirtori bei Bertani, Sirtori von einem Besuche bei Cavour kommend. Da er nämlich gehört hatte, daß der Graf aus Florenz, wo er sich wegen der Krönung des Königs aufgehalten hatte, zurück sei, hatte er beschlossen, ihn selbst zu fragen, wie er sich zu der Expedition stellen, ob er sie unterstützen oder bekämpfen wolle; denn dessen müsse man vor allen Dingen sicher sein. Nun stimmte er nachdrücklicher als zuvor gegen das Unternehmen. Sie hätten, erzählte er, lange miteinander gesprochen, Cavour hätte vorgestellt, was schon bekannt sei, daß Krieg mit Österreich und Frankreich entstehen könne, besonders wenn Garibaldi auf Rom ziele. Als er, Sirtori, gesagt habe, es gehe nicht auf Rom, sondern auf Sizilien, habe der Graf plötzlich gesagt, wenn das sich so verhalte, sei es eine andre Sache, wenn es sich nur um Sizilien handle, sei er auch dabei, sowie aber Garibaldi einen Streich gegen Rom plane, müsse er ihn als Feind des Vaterlandes betrachten und behandeln. Er habe sich offenbar in großer Erregung befunden, und die Art und Weise, wie er sich ohne Wärme und innerliche Anteilnahme mit dem Zuge nach Sizilien einverstanden erklärt habe, sei ihm unliebsam aufgefallen. Er wisse mit Bestimmtheit, daß Cavour dem Könige habe zureden wollen, Garibaldi die Expedition zu verbieten, daß aber der König sich geweigert habe; daß er geäußert habe, er werde Garibaldi festnehmen und einsperren lassen, um das Abenteuer zu verhindern, und daß, als ihm erwidert sei, es werde sich niemand finden, der sich dessen getraue, er gesagt habe: »So werde ich selbst ihn am Kragen fassen und ins Gefängnis führen.« Schließlich könne er ihn, wenn er schon zu Schiffe und unterwegs sei, aufgreifen lassen. Daß er nun unvermittelt einem Garibaldi Nahestehenden gegenüber das Unternehmen billige, sei bedenklich; vielleicht suche er einen Grund, um Garibaldi unschädlich zu machen, vielleicht auch sei ihm eingefallen, daß Sizilien und die Bourbonen eben das besorgen könnten, wozu er sich ungern entschließen würde.

Die Männer blickten erschrocken auf Sirtori und widersprachen lebhaft; so finstere Gedanken sollten nicht geäußert werden. Cavour möge die Absichten Garibaldis mißbilligen, er sei menschlich und gerecht und könne den Tod eines so großen Mannes und vieler Edlen und Tapferen, die ihm folgten, nicht wünschen. Sirtori entgegnete: »So sprecht ihr, weil ihr die Gefahren, die dem General drohen, nicht sehen wollt. Ihr stoßt ihn in den Tod. Euch wird Italien, wenn er fällt, verantwortlich machen.« – »Ich nehme es auf mich«, sagte Crispi hochmütig. »Wenn es mir gelingt, wie ich hoffe, ihn zu überreden, werde ich stolz darauf sein. Ich kenne Sizilien und den General besser als ihr. La Masa und La Farina und den andern rate ich ab, zu gehen; denn sie würden unterliegen, wie die Bandiera und wie Pisacane; aber wenn Garibaldi sich entschließt zu gehen, so wird er auch siegen.« Medici schüttelte den Kopf; das könne niemand voraussagen, meinte er. Er glaube nicht, daß Cavour auf Garibaldis Untergang rechne, doch wie gefährlich das Wagnis sei, dürfe man sich nicht verhehlen. Es sei unrichtig und eigentlich frevelhaft, etwas erzwingen zu wollen, was nicht in der Schickung gelegen sei; man könne ja ein Zusammentreffen günstiger Umstände abwarten, wo die Regierung mitzuwirken bereit sei. Er und Sirtori beschlossen, augenblicklich zu Garibaldi zu gehen und auf Grund des Gespräches mit Cavour in ihn zu dringen, daß er die Expedition aufgebe oder wenigstens verschiebe. Bixio hätte sie gewaltsam daran gehindert, wenn es Bertani nicht gelungen wäre, ihn zu beschwichtigen.

Garibaldi hörte seinen beiden Offizieren ruhig und nachdenklich zu. Als sie geendet hatten, sagte er, er verkenne ihre Meinung nicht, zwar sei er entschlossen, zu gehen, aber er wolle ihnen nicht zureden, sich ihm anzuschließen in einer Sache, die sie nicht ganz billigten. Sie könnten ihm auch zurückbleibend nützen; gelinge ihm ein erster Schlag in Sizilien, so würde er Hilfstruppen nötig haben, die sie sammeln und ihm zuführen könnten. Sirtori sprang ungestüm auf, indem er sagte, wolle der General gehen, so werde er ihn begleiten, nichts könne ihn zurückhalten; ebenso beteuerte Medici, trotz Cavour und dem Könige Garibaldi zu folgen.

Inzwischen hatte Cavour einen Mann, der schon öfters zwischen beiden übermittelt hatte, an Garibaldi abgesandt, damit er ihm gütlich sein Vorhaben ausrede. Dieser entledigte sich seines Auftrages mit Geschick und verließ den General in der Meinung, daß

seine Worte Eindruck auf ihn gemacht hätten. Er teilte dem Minister mit, Garibaldi habe ihn gut aufgenommen, feste Zusagen zwar nicht gegeben, doch aus seinem Benehmen und seinen Äußerungen im ganzen sei zu schließen, daß er selbst den Zeitpunkt nicht für geeignet halte.
Noch am selben Tage meldete sich bei Garibaldi, von Bertani geschickt, derselbe Schiffer, der Rosolino Pilo nach Sizilien gefahren hatte und nun Nachrichten und Briefe desselben zurückbrachte. Der Anblick des gebräunten Mannes, der ihm zutraulich und ehrfürchtig zugleich Rede stand, versetzte Garibaldi in fröhliche Laune. Er berichtete von Rosolinos Fahrt, Landung und ersten Abenteuern und gab seiner Begeisterung für den kühnen Sizilianer unverhohlen Ausdruck. Das sei ein Mann, sagte er, zierlich von Gliedern und zart von Gesundheit, aber beherzt wie ein Riese; er habe ihn an eine verfallene Mühle gemahnt, wie man sie wohl in einsamen Tälern sehe, über deren Rad noch immer mit hellem Rauschen das Wasser stürze. Nie sei er verzagt gewesen, er rechne zuversichtlich auf Garibaldis Kommen und zweifle nicht am Erfolge; viele Male habe er von jenem künftigen Tage gesprochen, wo er Garibaldi in Sizilien begegnen und ihn als Sieger begrüßen würde. »Ich werde kommen,« sagte Garibaldi, »ich werde kommen. Wenn es möglich ist, werde ich ihn nicht im Stiche lassen.« Er fragte den Schiffer über die Beschaffenheit der sizilianischen Küste und der verschiedenen Häfen aus und zeigte sich mit seinen Auseinandersetzungen zufrieden. Da Bixio zu dem Gespräche kam, rief er ihm entgegen: »Die Nachrichten sind gut. Rosolino Pilo erwartet mich, und ich will ihn nicht enttäuschen.« Bixio machte einige Schritte auf den General zu, als wollte er ihn umarmen. »Sorge du für die Schiffe,« sagte dieser lächelnd, »damit wir die Abfahrt nicht aufschieben müssen, wenn wir einmal entschlossen sind.« Noch fehlte es an Geld und Waffen; Crispi kam aus Mailand mit der Nachricht zurück, der Gouverneur, Massimo d'Azeglio, habe die dort verwahrten Gewehre mit Beschlag belegt, weil er es für eine unerlaubte Sache halte, einem Privatmanne, der Garibaldi sei, Waffen zur Bekämpfung eines Fürsten zu geben, mit dem die Regierung in freundlichen Beziehungen stehe. Allein in bezug auf Waffen konnte man auf eine Anzahl rechnen, die La Farina versprochen hatte, und auch Geld war zu beschaffen; es kamen Beiträge von der Stadt Brescia und von

Pavia, welches Adelaide Caïroli selbst überbrachte, die Mutter von fünf Söhnen, welche alle Freiwillige Garibaldis waren und von denen einer im Kriege des vergangenen Jahres gefallen war, drei im Laufe der nächsten Jahre zu fallen bestimmt waren. Es war ihr Wunsch gewesen, den Mann zu sehen, der die Träume der vergangenen Geschlechter verwirklichen sollte und dem, wie einer Gottheit, sie und viele andre Mütter ihre Söhne willig opfern mußten.

Die Abfahrt war auf einen der nächsten Tage festgesetzt, als eine Depesche von Nicola Fabrizi aus Malta eintraf, in der er anzeigte, die Revolution in Sizilien sei sowohl in den Städten wie in den Bergen vollständig niedergeschlagen. Crispi und Bixio, die in größter Besorgnis zu Garibaldi eilten, erklärte der General mit Bestimmtheit, unter diesen veränderten Umständen gebe er die Expedition auf. Er habe die Bedingung gestellt, daß die Sizilianer den Kampf eröffneten; da sie nun den Widerstand aufgegeben hätten, wolle er ihn nicht gewaltsam von neuem anfachen. Crispi entgegnete beschwörend, Garibaldi möge nicht sofort eine Entscheidung treffen, ein Irrtum oder Mißverständnis sei nicht ausgeschlossen, es sei leicht möglich, daß die Depesche, die in Ziffern geschrieben war, unrichtig ausgelegt sei, er wolle mit Bertani sprechen, der am besten Bescheid wisse. Nein, sagte Garibaldi abwehrend, es sei umsonst, er solle nichts erfinden, um ihn umzustimmen, er wolle nicht soviel junges Blut Italiens, das ihm anvertraut wäre, opfern. Die Umstände seien nicht günstig, man müsse warten. Bixio, dem das Blut kochte, so daß ihm die Besinnung verging, sagte: »Mein General, die Schiffe und Soldaten sind bereit; wenn es nicht anders sein kann, führe ich Euch mit Gewalt nach Sizilien!« Garibaldi maß ihn mit einem großen Blick, unter dem er erbleichte, Crispi zog ihn mit sich fort.

Es wäre das klügste, sagte Crispi, den General jetzt nicht zu bestürmen, doch gebe er die Hoffnung nicht auf, ihn zur Abfahrt zu bewegen. Wenn es nötig sei, werde er sich nicht besinnen, eine Nachricht in seine Hände gelangen zu lassen, die die Lage in einem günstigeren Lichte darstellte. Man hätte die Depesche Garibaldi vorenthalten müssen, es komme nicht darauf an, wie die Dinge in Sizilien ständen, nur darauf, daß er hinginge. Die Nachricht von der Sinnesänderung des Generals verbreitete sich rasch unter den Beteiligten: einzig La Masa kam sie nicht unerwünscht, da er nun wieder die Möglichkeit sah, selbst an die Spitze der Expedition zu treten. Einige Sizilianer, die den Angriff um jeden Preis unternommen wissen wollten, scharten sich mit Beifall um ihn und hörten ihm zu, der in schwärmerischen Ausdrücken von seiner Bereitwilligkeit sprach, sein Blut zu vergießen. Da Crispi widersprach: wenn Garibaldi nicht gehe, so solle niemand gehen, entgegnete La Masa heftig, Crispi maße sich diktatorische Gewalt an, man wolle sich allenfalls dem General, ihm aber niemals unterwerfen. Bixio sagte laut genug, daß es viele hören konnten, solange er am Leben sei, werde La Masa Genua nicht verlassen, eher würde er ihn mit eigner Hand niederstoßen. Auch La Farina deutete an, daß er sich bereit finden lassen würde, die Expedition anzuführen, da aber niemand seine hingeworfenen Worte aufgriff, ließ er den Gegenstand fallen und reiste noch am selben Tage nach Turin ab. Eine Versammlung, die La Masa anberaumte, um etwas zu beschließen, ging ergebnislos auseinander, doch trug er sich immer noch mit der Hoffnung, hinreichenden Anhang zu erwerben, um das Unternehmen ins Werk zu setzen.

Als Garibaldi allein war, ging er in den Garten hinunter am Meer. Dort war ein Platz, den er vorzüglich liebte, wo eine vorspringende Klippe die zurückliegende Villa verdeckte, so daß er glauben konnte, sich an einem unbewohnten Strande zu befinden. Er setzte sich zwischen das zerrissene Gestein und stützte den Kopf in die Hand; neben ihm war ein hoher Felsen, über dessen Kante eine alte Aloe ragte: in der stillen Frühlingsabendluft schien sie von Eisen zu sein. Die Sonne war untergegangen, und das Meer lag wie nach einem langen Kampfe triumphierend über dem geraubten Sterne. Einige Nachen ruderten weit draußen, aus denen Gesang zur Mandoline tönte, schmelzende Klänge, die sich bald wieder in der endlosen Atmosphäre verloren. Garibaldi fühlte sich wohl, daß er die vielen Stimmen, die ihn stundenlang umschwirrt und hin und wider bestürmt hatten, nicht mehr hörte; alles Laute und Streitende schien mit dem Tage vergangen und er allein mit seinem Willen zu sein. Zweifel waren nicht in ihm: es war von Anfang an seine Absicht gewesen, den letzten großen Kampf um Italien nur aufzunehmen, wenn ihm ein gewisses Zeichen von dem Volke käme, für das er unternommen werden sollte; denn er wußte, was auf dem Spiele stand. Er kannte das italienische Volk, das er so sehr liebte, und gab sich keinen Täuschun=

gen mehr hin: sie griffen rasch zum Dolche, um eine Kränkung zu rächen oder einen Nebenbuhler zu töten, aber sie schämten sich nicht, Sklaven zu sein; die Kette abzutun, die er bei ihren stolzen und mutigen Bewegungen um so schauriger klirren hörte, waren sie zu gleichgültig und träge. Wiederum waren großmütige Herzen nutzlos aufgeopfert: er dachte an die Leichen der Besiegten, die auf den nackten Hügeln unter dem feurigen Äther Siziliens lagen, und wie die Hirten ihre Ziegen vorübertrieben, ohne die edleren Brüder mit Erde zu bedecken, vielleicht nur verweilend, um die Wehrlosen zu berauben; an die Überlebenden, die, beklagenswerter noch, in den berüchtigten Kerkern der Inseln begraben lagen. Ein großer Widerwille überkam ihn; das beste schien ihm, nach Caprera zu gehen und dort, vielleicht für immer, zu bleiben; denn dort war seine Heimat, seit Nizza an Frankreich ausgeliefert war. Das Land, wo das Grab seiner Mutter war, gehörte nicht mehr ihm; sie hatten es ihm zum Feindesland gemacht, die heiligen Gebeine lagen nicht mehr in der Erde Italiens. Gab es denn ein Italien? Er schüttelte schwermütig den Kopf; so mochte denn Cavour es machen, wie er es wollte; er würde die feinen Netze des Grafen nicht mehr stören.

Jenseits der Felsblöcke, zwischen denen er saß, war ein Gestrüpp von Akazien, die voll von weißen und bläulichen Blütentrauben hingen; wie es allmählich Nacht wurde, wehte der süße Geruch das Ufer entlang und über das Wasser hin. Garibaldi spürte ihn unbewußt; seine Traurigkeit tauchte tiefer und dunkler in ihn hinab, bis sie sich ganz in seiner Seele aufgelöst zu haben schien; dann wanderten seine Gedanken träumerisch weiter. Erinnerungen kamen ihm an die Lust und die Schrecken der Tage von Rom, und zugleich wurde er sich des Geruches der Akazien bewußt und daß sie am Janiculus geblüht hatten, als dort die Schlachten begannen. Es war dieselbe Jahreszeit gewesen, als die bedrängte Republik ihn gerufen hatte: gerade am letzten April hatte er die Franzosen von den Mauern zurückgeworfen. Niemals wieder hatte er seitdem den Rausch jener Siegestage gefühlt; die Asche vieler Toter und der Staub langer einsamer Wege war darauf gefallen. Er dachte an Luigi Montaldi, der in jenem Kampfe gefallen war, an Luciano Manara und Angelo Masina, die er damals zuerst gesehen hatte; jene Toten hatten den Schwur vernommen, den er damals getan, Roms Freiheit zu wahren, und den der Jubel des römischen Volkes wie die antwortende Stimme eines Gottes besiegelt hatte. Es waren seitdem elf Jahre vergangen. Ein mächtiger Gedanke griff plötzlich an sein Herz: wenn es geschehen wäre, daß ihm die Heimat entrissen wurde, damit er gemahnt würde, seine Heimat sei nicht, wo er geboren, sondern wo er das erste Gelübde getan, Italien zu befreien, und als Mann es bestätigt hatte! Nicht ihm allein war das Grab seiner Mutter verloren: auch Italien besaß das Grab der großen Mutter Rom nicht. Er fühlte die Glut und Majestät der vergangenen Tage; er war wieder er, der der Herr der Sieben Hügel war. Er stand auf und tat einige Schritte hinunter dem Strande zu; sein Herz schlug in großen, vollen Schlägen. Luciano Manara und Angelo Masina und viele seiner besten Gefährten waren tot; aber das Feuer, das sie belebte, war sein Erbe, und er konnte wieder und wieder Hunderte von Jünglingen damit taufen und zu Helden machen.

Das Meer flutete höher in die Geheimnisse der Nacht. Schnelle Vögel strichen in südlicher Richtung; sie schienen ihm den Weg zu weisen, den er gehen sollte, nach dem Süden und vom Süden zur Mitte. Es war ihm in diesem Augenblicke nicht mehr bewußt, daß er die gefahrvolle Fahrt aufgegeben hatte, vielmehr war ihm so zumute, als wäre sie seit langem unabwendbar beschlossen gewesen, nur der Tag der Abreise nicht festgesetzt. Nun vernahm er die Stimmen von drüben, die sagten: es ist Zeit.

Garibaldi, die, welche kämpften und ohne Glück erlagen, die Märtyrer Italiens, rufen dich! Sie haben das Blut getrunken, das von deinem Schwerte tropfte, und schweben um deine Schritte, die siegen gehen. Die Toten wittern deine Glorie und deine Unsterblichkeit.

Als in der ersten Frühe des folgenden Tages, nämlich am dreißigsten April, Nino Bixio, das Gesicht durch Schlaflosigkeit und Erregung entstellt, vor Garibaldi erschien und, ihm entschlossen in die Augen sehend, sagte: »Mein General, wenn Ihr nicht gehen wollt, so gehe ich!«, erwiderte Garibaldi mit jenem Lächeln, das ihm die Herzen wie Blumen öffnete: »Bixio, dann ist es doch besser, daß ich gehe«; und zu Crispi, der eine Depesche brachte, deren Inhalt den der ersten teilweise widerrief, sagte er, indem er begütigend mit der Hand winkte: »Laßt es gut sein, es wird schon gehen.« Er sprach den Wunsch aus, bald, womöglich am folgenden

Tage, abzufahren, allein trotz des Eifers, mit dem Bixio arbeitete, ließen sich weder die Schiffe so schnell herrichten, noch konnten die Waffen und das Geld, das noch benötigt wurde, beschafft werden; auch einige Offiziere wurden noch erwartet.
Am Krankenlager Bertanis berieten Garibaldi, Bixio, Medici und Sirtori, ob die Expedition auf Sizilien oder auf den Kirchenstaat gerichtet werden solle. Garibaldi war bei sich entschlossen, zuerst geradeswegs nach dem Süden zu fahren und von dort aus nach Rom und Venedig vorzudringen; aber er schwieg, um zuvor die Meinung seiner Offiziere zu hören. Dem zurückbleibenden Bertani trug er auf, ihm Freiwillige, soviel er vermöchte, mit Waffen auszurüsten und ihm nach Sizilien nachzuschicken, ferner auch Truppen für einen Angriff auf das Römische vorzubereiten, die, wenn er von Neapel aus vorrückte, vom Norden kommend mit ihm zusammenwirken könnten. Da Garibaldi ihn förmlich zu seinem Stellvertreter ernennen wollte, bat ihn Bertani, er möge dies Amt zwischen mehreren teilen; er stellte ihm seinen leidenden Zustand vor, der ihm das Gewicht der Verantwortung noch schwerer mache, ihm, der weder über die Macht und das Ansehen seines Namens verfüge, noch über die geheimnisvolle Gabe, in Bedrängnis den Zweifel durch einen energischen Entschluß zu vernichten. Garibaldi wollte nichts davon hören: einer müsse am Steuer stehen, der könne nur Bertani sein. Er würde viele Angriffe zu erdulden haben, aber er würde sich von niemand und durch nichts verwirren oder beugen lassen. Er wisse keinen, der wie er Zorn, Ehrliebe und jede andre Leidenschaft dem Zweck würde unterwerfen können. Die Aufgabe sei dornig, aber er sei ihr gewachsen. Es sei ihm leid um ihn, er hätte ihn gern geschont, aber die Lage verlange das Opfer. Medici ließ sich bestimmen zurückzubleiben, um die nachfolgenden Truppen, wenn es dahin komme, nach Sizilien zu führen.
Die Abfahrt war auf die Nacht zwischen dem vierten und fünften Mai festgesetzt. Noch fehlte eine bedeutende Geldsumme, die aus Mailand erwartet wurde und ohne welche nicht wohl abgefahren werden konnte. Da sie am vierten noch nicht da war, schickte Garibaldi seinen Freund, den Hauptmann Nuvolari, zu Bertani, um sie dort in Empfang zu nehmen, sowie Filippo Migliavacca sie brächte, wie es verabredet war, und sie eilends nach Quarto zu tragen. Nuvolari, ein reicher Landbesitzer aus Mantua, begleitete

Garibaldi bei allen Unternehmungen mit der Anhänglichkeit eines liebenden Hundes, tadelte aber, sowie der General abwesend war, seine Pläne als unüberlegt und pries die Behaglichkeiten seines bäuerlichen Daseins, als dächte er nicht daran, sie mit den Gefahren des Krieges zu vertauschen. An Bertanis Bette sitzend, sagte er, ihm solle es recht sein, wenn das Geld überhaupt nicht ankäme, so daß aus der Expedition nichts würde; denn warum sollte soviel gutes lombardisches Blut für die schmutzigen Sizilianer verspritzt werden? Er selbst ginge zwar nicht mit, aber ihn dauerten die schmukken jungen Leute, die es in ihrer Torheit für Gott weiß was für eine Ehre ansähen, sich von jenen wilden Horden totschlagen zu lassen. Garibaldi wäre ein guter Mann und ein großer Mann, aber ein Phantast, und in der Wirklichkeit fände sich manch ein Mantuaner Gassenbube besser zurecht als er. Er wisse bestimmt, daß es im Innern Siziliens Leute gebe, die rauchendes Menschenfleisch für einen Leckerbissen hielten; was man mit Kannibalen für Gemeinschaft haben könne? Es solle ein jeder für sich sorgen; er, wenn er einen gut gebratenen Puter und einen Teller voll Maronen mit einem Glase Veroneser vor sich habe, frage nicht danach, ob die Lazzaroni drunten mit einem Franz oder Ferdinand ihre Seeschnecken fräßen. Dann erging er sich in einer Schilderung seiner Felder und ihrer Erträge, seines Viehs und seiner Leute und des Schlaraffenlebens, das sie miteinander führten, was alles seinen Freunden bekannt war, aber wegen der saftigen Gemütlichkeit, mit der er davon zu sprechen pflegte, immer wieder gern gehört wurde.

Als die Dunkelheit fiel, wurde er unruhig, stand auf, stellte sich an das offene Fenster, prüfte den Himmel und sah nach der Uhr, während Bertani in seiner Schreibmappe Notizen über die Geldsummen, die durch seine Hände gegangen waren, durchsah. Indem Nuvolari sich wieder zu ihm wendete, sagte er: »So dazuliegen wie Ihr, Bertani, abgezehrt, mit Fieberflecken, ohnmächtig, und nicht mitzukönnen, das wäre mir unerträglich. Lieber möchte ich noch ein Weib sein, da könnte ich doch Hosen anziehen und mitlaufen.« »Ich denke, Ihr wollt daheim bleiben?« fragte Bertani lächelnd. »Das ist wahr,« entgegnete Nuvolari, »aber es stände mir doch frei, zu gehen, wenn ich wollte.« Wieder am Fenster stehend, sprach er von der Fruchtlosigkeit des ganzen Unternehmens, selbst im Falle, daß Garibaldi und seine Tausend in Sizilien nicht totgeschlagen würden. Cavour würde dem Könige nicht erlauben, das Land an sich zu ziehen; vielleicht würden sie Garibaldi selbst zum Herrscher machen. Dann säße er dort unten fest, und seine Freunde müßten sich von ihm trennen, wenn sie es auf der wilden Insel nicht aushalten könnten. Er zöge es vor, Gutsbesitzer in Mantua als Statthalter von Palermo zu sein. Sizilien möchte das Paradies der Esel sein, die sich von Disteln nährten, er wäre keiner.

Er sagte dies mit häufigen Pausen, während welcher er hinaushorchte. Als es zehn Uhr schlug, sagte er: »Jetzt muß der letzte Zug von Mailand angekommen sein. Wenn Migliavacca nicht bald hier ist, nutzt es nichts, noch länger zu warten.« Nicht lange darauf fuhr ein Wagen vor, der den Erwarteten brachte. »So gern habe ich dein Gesicht noch nie gesehen,« rief ihm Bertani entgegen, »obwohl du immer ein hübscher Junge warst.« »Ich hoffe,« sagte Nuvolari, seinen großen Mund zum Lachen verziehend, »daß der General dasselbe zu mir sagen wird, wenn ich komme«, und nahm in Eile herzhaften Abschied.

Um diese Zeit hatten die Schiffe, die Bixio nach Quarto bringen sollte, den Hafen von Genua noch nicht verlassen. In der Umgebung der Villa Spinola lagerte das Heer Garibaldis; es waren tausend und etwa siebzig Mann. Nahe dem Strande umgab eine Gruppe junger Mailänder ihren Landsmann Simonetta, der die Ode Manzonis auf den Tod des großen Napoleon vortrug, die anfängt: ›Er ist gewesen; so wie nach des letzten Seufzers Hauch‹; denn sie hatten sich erinnert, daß der fünfte Mai des Kaisers Todestag war. Er sprach halblaut, da streng geboten war, sich ruhig zu verhalten, aber denen, die zuhörten, klangen die wohlbekannten Worte wie ein weithin hallender heroischer Trauermarsch. Von ihnen abgesondert lag, flach auf den Sand gestreckt, Ippolito Nievo, blickte gegen den Himmel und dachte an seine Geliebte, deren Zürnen, als er ihr Lebewohl sagte, soviel mehr Liebe verriet, als je ihre Zärtlichkeit getan hatte; das unregelmäßige Wallen des Meeres tönte wie eine dunkel wahrsagende Musik in sein süßes Erinnern. Manche nahmen noch Abschied von Freunden, die sie fast beneideten und schwankten, ob sie auch mitgehen sollten, oder von Anverwandten, die versuchten, sie zum Dableiben zu bewegen. An einer Gartenmauer, hinter der die Spitzen von Zypressen aufstiegen, stand eine Frau neben ihrem Sohne; sie hing an seinem Halse und beschwor ihn mit Worten, die vor Schluchzen nicht verständlich waren; er antwortete nicht und schüttelte zuweilen den Kopf. Von den jüngsten, die heimlich das Haus verlassen hatten, waren einige unschlüssig geworden und erinnerten sich der Reden älterer Leute, wie tollkühn die Expedition sei, wie gottlos, so viel Jugend in einem Unternehmen aufzuopfern, das dem Vaterlande Gefahr statt Nutzen bringen würde. Das unruhige Flüstern und Wogen in der halbhellen Nacht erregte sie und machte ihnen bange. Andre fanden Kameraden und gerieten in munteres Plaudern.

Diejenigen, die sich in der Nähe des eisernen Gitters befanden, durch das hindurch man das Haus, in dem Garibaldi wohnte, sehen konnte, blickten immer wieder dorthin und fuhren zusammen, wenn von drinnen ein Geräusch laut wurde, das wie das Schlagen einer Tür oder das Rücken von Stühlen klang. Man wollte wissen, daß es noch keineswegs sicher sei, ob Garibaldi wirklich gehe, und daß vielleicht ein andrer an seine Stelle treten würde; aber alle waren entschlossen, nur Garibaldi zu folgen. Aus den Gärten wehten Gerüche von blühenden Orangen und Akazien; übermüde durch die Erregungen der vergangenen Tage, schlummerten manche ein.

Bartolommeo Savi, ein stiller, unscheinbarer Mann, der seit Jahren mit hartnäckiger Willenskraft für die Ideale Mazzinis gekämpft und gelitten hatte, erzählte jüngeren Leuten von der Abfahrt des Pisacane vor drei Jahren. Er sei erregt, aber zuversichtlich und heiter gewesen, seine Frau habe das schreckliche Ende geahnt, sich aber beherrscht und mit lächelndem Munde »Auf Wiedersehen!« gesagt und gewinkt, solange er es hätte sehen können; als das Schiff außer Sicht gewesen sei, wäre sie zusammengebrochen und hätte geweint und keinen Trost angenommen, bis die Nachricht seines Todes eingetroffen sei, dann erst hätte man ihr zureden können. Er nannte die Namen derer, die mitgegangen waren, derer, die im Kampfe niedergemacht und derer, die ins Gefängnis geworfen worden waren. Einer von den Zuhörern sagte: »Ich möchte lieber von denen sein, die auf dem Schlachtfelde fallen, als von denen, die im Kerker langsam zugrunde gehen.« Man sprach von den berüchtigten Festungen auf den Inseln um Sizilien, wo der Gefangene sich mehr noch der mitgefangenen Verbrecher als der Kerkermeister selbst erwehren müsse, wo man in der Zelle

das unendliche Rauschen des freien Meeres höre und aus engem Guckloch seine Unermeßlichkeit sehen könne. Bartolommeo Savi tadelte es, daß man Befürchtungen Raum gebe, jener verantwortete sich, indem er sagte: »Man muß auf das Ärgste, nie auf das Höchste gefaßt sein; wir sind nur tausend, um ein Königreich zu stürzen.« »Tausend unter Garibaldi«, sagte ein andrer.
Es ging auf Mitternacht, als Nuvolari auf atemlosem Pferde die Straße von Genua hergeritten kam. Man horchte auf und sah gespannt dem Manne nach, der, ohne sich aufzuhalten, in die Villa Spinola hineinging. Man mutmaßte, wer es sei und was für eine Botschaft er so eilend gebracht haben möge. Vielleicht seien die Schiffe verhindert auszulaufen; denn man wußte, daß Cavour gedroht hatte, er werde, wenn es nicht anders sein könne, Garibaldi mit Gewalt zurückhalten. Vielleicht auch habe Garibaldi sich anders besonnen; hatte er doch erst vor wenig Tagen die Expedition verworfen, dann plötzlich zu gehen beschlossen; niemand konnte wissen, was in ihm vorgehe und woher ihm der Wille ströme. Etwa eine Viertelstunde, nachdem Nuvolari gekommen war, ging die Türe des Hauses auf, und Schritte klangen über den Kiesweg zum Gartentor; es war nicht Garibaldi, sondern ein Unbekannter, der schnell durch die Gruppen der Wartenden ans Meer ging, um nach den Schiffen auszusehen, und mit der Nachricht zurückkehrte, daß sie noch nicht in Sicht seien. Bald darauf kam Garibaldi selbst. Einige Offiziere, die die Verteidigung Roms mitgemacht hatten, der Hauptmann Cenni, der Hauptmann Francesco Montanari, der Pole Milbitz, ein stattlicher Greis, und Pietro Ripari, Garibaldis Leibarzt, waren im Begriff, in den Garten einzutreten und den General im Hause aufzusuchen. Sie tauschten Erinnerungen aus und berichteten über das inzwischen Erlebte; der alte Ripari, der sieben Jahre in den päpstlichen Kerkern gesessen hatte, erzählte von den dort herrschenden Zuständen, daß sich infolge von Feuchtigkeit, Luftmangel und schlechter Ernährung rheumatische und andre Beschwerden bei ihm eingestellt hätten, daß ihm das aber nur deshalb leid gewesen sei, weil er gefürchtet habe, seine Hände würden nicht mehr taugen, auf einem künftigen Feldzuge Garibaldis Wunden zu verbinden. Er sah verwittert und greisenhaft aus, aber unter seinen starken weißen Brauen funkelten die Augen trotzig und lustig.
Garibaldi hatte die Tracht angelegt, die er in Rom getragen hatte;

als sie seinen weißen Mantel schimmern sahen, stutzten die Freunde einen Augenblick und eilten ihm dann in großer Bewegung entgegen. »Ich erkenne die Schwingen des Adlers wieder«, sagte Montanari, in dessen Augen Tränen gesprungen waren, und drückte dem General die Hand. »Mögen die Tage Roms wiederkehren«, sagte Milbitz, und Ripari fügte hinzu: »Nicht weniger Ehre, mehr Glück!« Wie das Signal einer fernen Trompete, bei dem die Schläfer vom Lager aufspringen, die Pferde mutig wiehern und aller Augen den Umriß großer Dinge im Dunst der Frühe ahnen, erklang Garibaldis Stimme, der gedämpft »La Masa!« rief. Einige Offiziere näherten sich ihm, empfingen Befehle und eilten hierhin und dorthin. Garibaldi und die Herren, die mit ihm aus dem Hause gekommen waren, gingen ans Meer hinunter, bestiegen ein Boot und fuhren die Küste entlang nach Genua zu, um, wie es hieß, zu sehen, warum die Schiffe nicht kämen. Die Gruppen der Freiwilligen hatten sich aufgelöst: einige blickten dem Fahrzeug nach, andre, die weiter entfernt gewesen waren, erkundigten sich, was geschehen sei. Bald darauf verbreitete sich der Befehl, daß alle in bereitliegenden Kähnen den jetzt sichtbar werdenden Schiffen entgegenfahren und von dort aus an Bord gehen sollten. Die Zurückbleibenden drängten sich noch einmal an die eilig Aufbrechenden und sahen ihnen nach, wie sie behende zwischen den Steinen hindurchglitten und sich am Strande um die Boote scharten; wie Abgeschiedene, in einer Vernichtungsschlacht Gefallene, schweigend einem unergründlichen Verhängnis gehorsam dem unterirdischen Fährmann auf das stygische Wasser folgen, strömte das stille Heer an die unbeschienene, schattenlos dämmernde Küste.
Die Nacht verging, bis alle eingeschifft waren. Auf dem einen Dampfer, der ›Piemonte‹ hieß, hatte Garibaldi den Oberbefehl, auf dem andern, dem ›Lombardo‹, Nino Bixio. Als die Schiffe sich in Bewegung setzten und in das offene Meer hinausliefen, ging die Sonne auf. Wie wenn ein götterstarker Arm unterhalb des Horizontes eine Fackel schwänge, überwallte zuerst ein gelber Dunst, wie er Feuerbrände umhüllt, den Osten, dann schlug safranfarben die Flamme nach, von einem unendlich fernen Sturm im Raume weithin verweht, bis der Glutkern selbst hinaufstieg. Garibaldis Augen ruhten leidenschaftlich genießend auf dem überirdischen Ereignis und wendeten sich dann langsam weg dem noch blassen Süden zu.

Auf einer Hochebene im westlichen Sizilien in der Nähe eines im Sommer meist ausgetrockneten Gebirgsbaches lag das Gut des Grafen von Sant' Anna, bestehend aus einem sehr alten, burg=artig gebauten Schlosse und einigen in neuerer Zeit aufgeführten Wirtschaftsgebäuden. Das Schloß hatte viereckige Türme, von denen einer gefallen war und dessen große Trümmer durch wild hindurchwachsendes Grün immer mehr gesprengt und zerrissen wurden. In einen weiten Umkreis erstreckten sich Weinberge; denn die Familie des Marchese hatte von jeher einen Wein ge=macht, der wegen seiner Farbe, einem schwärzlichen Violett, ge=wissen reifen Feigen ähnlich, und seines aromatischen Geschmacks einen rühmlichen Namen hatte. Um das Schloß herum standen Steineichen, die breite, zusammenhängende Schatten warfen. In der ersten Hälfte des Mai erschien dort ein alter blinder Sänger, der auf der ganzen Insel herumkam und dem in den einsamen Gütern besonders die zahlreiche Dienerfamilie, aber auch die Herr=schaft gern zuzuhören pflegte. Er war stolz darauf, die ältesten Lieder und die echte Kunst des Vortrages durch Überlieferung sei=ner Vorfahren zu können, besang aber auch, was vorzüglich ver=langt wurde, die neuesten Vorfälle des öffentlichen Lebens und hatte dabei zum Vorteile seines Geschäftes die Gewohnheit, sich lange bitten zu lassen unter dem Vorwande, daß die gewünschten Geschichten aus politischen Rücksichten gefährlich lautwerden zu lassen seien und ihn das Leben kosten könnten. Die Gräfin Sant' Anna ließ den Alten bewirten und dann in den Schloßhof führen, der sich mit dem Gesinde füllte, während die Gräfin, ihre Söhne und Töchter und Gäste vom Balkone der Fenster aus zuhörten; der Graf war abwesend. Nachdem eine alte Ballade gesungen war, wünschte einer der jungen Grafen das Lied vom Tode des Giovanni und Francesco Riso, der Anführer des unglücklichen Aufstandes von Palermo, zu hören, worauf der Blinde zuerst behauptete, es nicht zu kennen, dann, es um keinen Preis singen zu wollen, da es aufrührerischen Inhalts und seine Verbreitung bei strengster Strafe untersagt sei. Die Gräfin rief hinunter, daß in diesem Hause kein Verräter sei und ihm keine Falle gestellt werde, wie er wohl wisse; es war in der Tat bekannt, daß der Graf Sant' Anna den König haßte und aus seinen eignen Leuten und Angeworbenen eine wohlausgerüstete Truppe gebildet hatte, um der Revolution zu dienen. Zwar hatte er sich in der letzten Zeit vorsichtig still ge=

halten und erwartete einen verheißenderen Augenblick; doch hatten er und die Seinigen ihre Gesinnung zu oft merken lassen, als daß daran hätte gezweifelt werden können. Trotzdem ließ sich der Alte erst, nachdem ihm ein größeres Geldgeschenk in Aussicht gestellt war, bereit finden, das Lied zu singen, das erzählte, wie Francesco Riso, schwerverwundet gefangen, unter den Augen des teuflischen Maniscalco starb, der ihm schilderte, um sich an seinem Schmerz zu weiden, wie sein Vater Giovanni mit vielen andern vor Porta San Giorgio erschossen worden war. Dieses Lied, das von verhaltener Rache düster war, erregte die Zuhörer, so daß sie es noch einmal zu hören verlangten. Inzwischen hatte eine junge Dame, die, mit den Töchtern des Hauses befreundet, im Schlosse zu Besuch war, der Gräfin gesagt, der Blinde solle irgendwo ein Lied von Garibaldi gesungen haben, das neu und wundervoller als alle andern sei, und bat sie, ihn zu veranlassen es vorzutragen. Das zu tun weigerte sich der Sänger noch bestimmter als vorher: nur den Namen Garibaldis zu nennen sei lebensgefährlich, er wolle sich lieber sogleich selbst an einem Seile aufhängen, nicht einmal seinem Hunde, wenn er mit ihm allein sei, würde er ein solches Lied, gesetzt, daß er es könnte, vorsingen. Wiederum folgte eine heftige Auseinandersetzung mit der Gräfin, die ihn einen Gaukler und Gleisner schimpfte, worauf er sein Alter, seine Blindheit und Verlassenheit bejammerte, die ihn dem Übermut grausamer Menschen preisgäben, und schließlich, auf erneuerte Versprechungen, sich bereit erklärte, das gewünschte Lied vorzutragen. Auf seine Bitte wurde ihm ein Glas voll von dem berühmten feigenschwarzen Weine gebracht, das er austrank; dann stützte er den Arm auf das Knie und den grauen Kopf in die Hand, um sich zu sammeln, und begann, indem er mit der Rechten deutete, während er mit singendem Tonfall sprach:
»Die Flotte der Tyrannen besiedelt das Meer, umkränzt die Insel wie eine bewegliche Mauer, damit der Befreier nicht landen könne. Hundert Schiffe jagen das Schiff des Befreiers, suchen es, wie Rudel von Hyänen ihre Beute. Die Wellen des Meeres sind in Augen verwandelt, die lauern, in Schlünde, die Blitze werfen; aber das Schiff, das Garibaldi trägt, fährt verhüllt und unnahbar, von Geistern umwölkt. Auferstandene sind es, die sagen: ›Du gebietest, Garibaldi, den Gräbern, in die wir mit klaffender Stirne stürzten, der Freiheit Italiens geopfert. Wir leben noch einmal

an deinem vollen Herzen, noch einmal wogen die Hoffnungen um unsre Brust. Dich umschlingen wir, Garibaldi, und betreten mit dir die goldene Schwelle des Sieges. Unser Blut, das wir vergossen, schwelle dein Leben, unsre Schmerzen sollen deine Kraft härten, unsre hellen Namen in deinen Ruhm münden. Unser Atem treibt dich nach Süden und erfüllt, vor dir her wehend, die Seelen der Feinde mit schaudernder Ahnung.‹

Mitten durch die Fregatten des Tyrannen fährt Garibaldi sicher, ungesehen. Die Sterne fliegen mit seinem Schiff, wie wenn ein Adler über seinem Haupte hinge. Wohin blickt er mächtig über das Meer? Er blickt dahin, wo das heilige Feuer aus goldenem Herde steigt. Meer und Himmel fließen ewig blau um das Kleinod, dessen Glanz die alten Drachen aus ihren Höhlen lockt, damit sie es rauben. Wie viele wagten mit dem Scheusal zu kämpfen und unterlagen! Die Fischersfrauen, die am Strande sitzen und die Segel waschen, färben sie blutig; die Fischer, die ihre Netze auswerfen, ziehen die triefenden Häupter erlegter Helden ans Licht.

Fürchtet nicht für Garibaldi. Gott hat ihn gemacht wie unsre heilige Insel: er ist aus Feuer gewachsen, in Feuer geläutert, in Feuer gerüstet. Das Schwert steigt aus seiner Hand wie die Feuersäule aus der Spitze des Ätna. Einsam steht er unter den dunkeln Menschen, sichtbar leuchtend durch Schönheit.

Garibaldi lockt nicht die Üppigkeit der Feste, wo der duftende Pfirsich im Weine badet; er hört den Schrei der Ertrinkenden, den Seufzer der Notleidenden, das Knirschen der Geknechteten und hilft. Seine Stimme ist eine Fanfare, seine Hand richtet die Gestürzten auf und erlöst die Gefangenen, während sein Fuß zermalmend auf den giftigen Kopf des Drachen tritt.«

Als der Alte schwieg, lauschten alle noch eine Weile und blickten voll Spannung in das braune Gesicht des Sängers, der selbst erregt in eine Ferne zu horchen schien. Die jungen Grafen und Gräfinnen liefen selbst in den Hof hinunter und bestürmten ihn mit Fragen, woher er das Lied habe, ob es wahr sei, daß Garibaldi unterwegs sei, oder ob er vielleicht schon irgendwo in Sizilien gelandet sei. Der Alte jedoch zwinkerte mit den leeren Augen und verweigerte jede Auskunft.

An einigen Tagen in der Woche kehrte im ›Kloster der Engel von Salemi‹ um die Abendzeit ein Bote ein, der Briefschaften, die zu Schiff in Marsala anlangten, in die nahe gelegenen Ortschaften trug. Die Klosterbrüder sahen ihn gerne, weil er Neuigkeiten, was er gehört oder gesehen hatte, von draußen mitbrachte, und er seinerseits rastete nirgends so gern wie im Kloster, nicht nur, weil er stets einen schmackhaften Imbiß erhielt, sondern auch, weil er nirgends so willige Zuhörer hatte, deren begierige Anteilnahme ihn sogar veranlaßte, seine Mitteilungen mit eignen Erfindungen auszuschmücken, damit sie auf ihre Kosten kämen. Hatte er gar nichts erlebt, so kam es ihm vor, als erfülle er seine Pflicht nicht und die Mönche hätten Ursache, mit ihm unzufrieden zu sein, und sein Gewissen beruhigte sich erst, wenn er auf irgendeine Fabel gekommen war, die er vorbringen konnte; in seiner Freude erging er sich oft so weit und so kühn, daß manche mißtrauisch wurden und ihm zublinzelten, sie verständen schon, daß das für die Dummen und Leichtgläubigen sei, worauf er sich bei der heiligen Rosalie und allen Heiligen, die in der Christenheit verehrt würden, verschwor, die Zunge solle ihm verdorrt aus dem Munde fallen, wenn er lüge. Der Prior des Klosters glaubte ohnehin nichts von allem, was der Bote erzählte; er war ein alter, fetter Herr, der die Ruhe und das gute Leben liebte und, da er fast sein ganzes Leben im Kloster zugebracht hatte, der Meinung war, in der Welt sehe es ungefähr ebenso aus wie zwischen seinen Mauern. Er faßte die Berichte des Boten als unterhaltende Geschichten auf, die ihm um so angenehmer waren, je toller und krauser ihr Inhalt war, und von denen er nicht genug hören konnte, die für ihn aber in keinerlei Zusammenhang mit der Wirklichkeit standen.

Am Abend nach der Landung Garibaldis in Marsala konnte der Bote nicht den Augenblick erwarten, wo er im Kloster das große Wunder erzählen würde, und dachte sich unterwegs wieder und wieder aus, wie er es einkleiden wolle, um die Neugierde und das Staunen der Mönche nach Möglichkeit zu erregen. Er läutete ungestüm an der Pforte, die zum Klostergarten führte, und da er gemächliche Schritte durch den Sand schlürfen hörte, pochte er noch dazu an, damit sie sich beschleunigten. Im Garten wuchsen auf langen Feldern Salate, Gurken, Melonen, Bohnen und Erbsen, von denen einige im Schatten der Klostermauern lagen, und zwischen diesen gingen Mönche auf und ab und begossen aus großen

Gießkannen, so daß der Wasserregen rieselnd und rauschend auf die üppigen Blätter fiel. Sie gingen dem Boten entgegen, der sagte, daß er voll Neuigkeiten sei, aber erst erzählen wollte, wenn alle versammelt seien; er hatte es namentlich auf Fra Pantaleo abgesehen, einen jungen Doktor der Rechte, der die Klosterschüler in Philosophie und Moral unterrichtete und als ein Patriot galt und von dem er bemerkt hatte, daß er ungeduldiger als alle auf Nachrichten aus der Welt erpicht war. Auf die Meldung von der Ankunft des Boten strömten bald alle zusammen. An der Mauer des Gartens standen hölzerne Bänke unter einem flachen, von Weinreben überwachsenen Gitterdach, deren Blüte beseligend duftete; dorthin setzte man sich, die Mönche dicht um den Erzähler gedrängt. In Marsala, begann dieser, sei ein Löwe vom Meere her an das Land gestiegen. Auf dem Marktplatze sei gerade eine Rauferei gewesen, die folgendermaßen entstanden sei: Die wunderschöne Tochter einer Wäscherin habe ein Liebesverhältnis mit einem jungen Burschen. Da die Mutter aber ihr Kind an einen reichen Mann zu verheiraten hoffe und es streng bewache, habe ein Freund des Liebhabers es unternommen, sie zu täuschen. Er stelle sich so an, als ob er sich um das Mädchen bewerbe und belästige die Mutter stundenlang mit seiner Freierei und seinen Bitten und Klagen, während welcher Zeit ihre Tochter sich ungestört mit dem Geliebten vergnügen könne. Infolge eines Streites habe nun gerade der, welcher den Freier spielte, sich an seinem Freunde rächen wollen, der Mutter alles gestanden und sie das Stelldichein belauschen lassen, woraus sich ein heftiges Streiten und Balgen zwischen Mutter und Tochter und Freund und Freund ergeben habe, in welches schließlich die ganze Nachbarschaft verwickelt worden sei. Plötzlich sei vom Hafen her Geschrei erschollen, ein Löwe sei an Land gekommen, so daß voll Schrecken alle auseinandergestoben seien. Einer der Mönche fragte, ob er selbst den Löwen gesehen habe. Freilich, antwortete der Bote lächelnd, habe er ihn gesehen, das Wasser sei aus seiner rotbraunen Mähne getropft, wie im Spätsommer der Regen von den Zweigen der Eukalyptusbäume rinne, er habe um sich geschaut mit Augen, die das Herz des Feindes in weiter Ferne erlegten, und sein Gebrüll habe wie das Rollen des Ätnas geklungen, bevor er Feuer ausspeie. Die Mönche, die nicht recht wußten, was sie aus dieser Begebenheit machen sollten, erkundigten sich, ob der Löwe von Afrika her gekommen sei und ob er so weit habe schwimmen können, indes der Prior, dem mehr an der Liebesgeschichte gelegen war, hören wollte, was daraus geworden sei. Fra Pantaleo hatte den Boten, dem fortwährend ein verstohlenes Lächeln in den Augenwinkeln blitzte, aufmerksam beobachtet und rief plötzlich, indem er ihn ungestüm am Arme packte und fest und beinahe drohend ansah: »Der Löwe ist Garibaldi! Garibaldi ist in Marsala gelandet!« Der Bote leugnete es nicht, vielmehr war er froh, nun, was er wirklich erlebt hatte, erzählen zu können; er schilderte die furchtlosen Männer, die unter den Schüssen eines neapolitanischen Kriegsschiffes ausgestiegen wären, lachend und spottend, die Tracht Garibaldis, seinen weißen Mantel über der roten Jacke, und das goldbraune Roß, das er geritten habe.

Ob niemand sich ihm angeschlossen habe, fragte Fra Pantaleo. Mitnichten, erwiderte der Bote, vielmehr seien die meisten eilends in die Häuser gelaufen und hätten nur vorsichtig zu den Fenstern hinausgesehen, besonders die Frauen hätten die Augen an dem Zug herrlicher Männer nicht sättigen können. Man hätte allgemein geflüstert, es sei schade, daß man sie überhaupt hätte an Land kommen lassen; wäre man nur vorbereitet gewesen, so hätte man sie mit Kanonenschüssen empfangen können. Nun müsse man versuchen, Garibaldi in einen Hinterhalt zu locken, wo man ihn überwältigen könne; denn im offenen Kampfe könne man ihm nicht entgegentreten.

Vielleicht, sagte ein Mönch, sei es Gottes Wille, daß er sein Leben in Salemi ende; wenn er im Kloster übernachte, finde sich wohl Gelegenheit, ihn niederzumachen. Der Prior, der bisher lächelnd und kopfschüttelnd zugehört hatte, winkte beschwichtigend mit der Hand, indem er sagte: »Nun, nun!«, um anzudeuten, daß man sich um einer Geschichte willen nicht so weitgehend zu äußern brauche. Der Bote hingegen, der sich mehr und mehr erhitzte, sagte, man habe wirklich davon gesprochen, daß, wenn er sich irgendwo einquartiere, man Feuer an das Haus legen könne, damit er im Schlafe verbrenne. Darauf entgegnete ein Mönch, Ablaß vom Papste würde man schon erhalten, aber wenn Garibaldi der Teufel sei, wie es heiße, würde ihm Feuer vielleicht nichts anhaben können. Schön sei er freilich, sagte der Bote, wie man es von Satan, dem gefallenen Engel, sage. Dadurch dürfe man sich nicht betören lassen, fiel ein andrer Mönch ein; man müsse alles versuchen, ihn

zu töten, irgendwie werde ihm schon beizukommen sein, sonst würde er sie umbringen und das ganze Kloster seiner Horde zur Plünderung übergeben.
Fra Pantaleo warf zornige Blicke auf die Sprechenden und verwies ihnen, so töricht zu schwatzen; Garibaldi schone die Wehrlosen, nur die Feinde des Vaterlandes werde er vernichten, worauf jene böse erwiderten, so daß der Prior, um Frieden zu stiften, sagte, sie hätten alle unrecht, und den Boten in die Küche führte, wo er seine Mahlzeit einzunehmen pflegte. Die zurückbleibenden Schüler blickten gespannt auf Fra Giovanni Pantaleo, ihren Lehrer, dessen der Revolution zugeneigte Gesinnung ihnen bekannt war und die sie aus Anhänglichkeit an seine Person teilten; indessen gewöhnt, sich zu fügen, schwieg er, nur in seinen Augen funkelte eine den jungen Leuten verständliche leidenschaftliche Sprache.
Um Mitternacht schwangen sich Fra Giovanni und sein Lieblingsschüler Raimondo aus einem niedrigen Fenster der Kapelle in den Klostergarten, in dem es von alten, sehr hohen Zypressen dunkelte. Durch eine derselben wuchs eine Rose, deren Stamm und Zweige mit denen der Zypresse so verschlungen waren, daß sie nur gewaltsam zu trennen gewesen wären, und die vielblättrigen Blumen strömten wie eine Kaskade Licht aus dem Monde unerschöpflich an der zerklüfteten Gestalt des Baumes herunter. Fra Giovanni zog seinen jungen Freund unter die Bäume, legte den Arm um seine Schulter und erklärte ihm flüsternd seinen Entschluß, das Kloster zu verlassen und zu Garibaldi zu gehen. Er sagte: »Ich habe dir meine Liebe gestanden, obwohl unsre Regeln das Überquellen der irdischen Gefühle verbieten. Mit meinem Feuer entzündete ich eine Flamme in deinem Busen; was ich wußte, lehrte ich dich, die schönsten Geheimnisse der menschlichen Sprache, Freiheit und Liebe, habe ich dir gedeutet. Du gabest mir Vertrauen für meine Zärtlichkeit; der Augenblick ist gekommen, wo du mir dein Herz zeigen kannst.« Der junge Mann war bleich geworden und legte seine zitternden Hände an die Brust. »Wenn ich es dir zeige,« antwortete er, »wirst du darin sehen meine unendliche Liebe bis zum Tode.« Fra Giovanni erzählte ihm, daß immer, wenn er den Namen Garibaldis habe aussprechen hören, es ihm gewesen sei, als vernähme er Meeresrauschen aus der Ferne, mächtig lockend und mit Sehnsucht erfüllend. Er habe versucht, mehr von diesem Manne zu erfahren, bis er die Legende seiner

Taten mit dem Rosenkranz gebetet habe. Nun sei die Luft voll von seinem Wesen, es halte ihn nicht mehr. Wenn Garibaldi ihn mitnehme, wolle er ihm folgen, wohin es sei. Er glaube dadurch keine Sünde gegen Gott zu begehen; denn es könne nicht Gottes Wille sein, daß die Menschen sich in Klöstern begrüben, da er ihnen Leben gegeben habe, dessen Natur Tätigkeit sei. Er habe den Menschen Liebe zum Vaterlande und zur Freiheit eingeflößt, habe ihnen Kraft gegeben, den Leidenden zu helfen und die Schlechten zu bekämpfen. Raimondo möge fortfahren ihn zu lieben und ihm bei seiner Flucht behilflich sein.

Der Jüngling hängte sich an die Schulter seines Lehrers, indem er bat: »Nimm mich mit dir! Was soll ich in dieser Öde ohne dich?« Fra Giovanni entgegnete freundlich: »Warte, bis du hörst, wie es mir ergangen ist. Deinen Entschluß, ein Soldat der Freiheit zu werden, segne ich; doch sollst du dich nicht vergeblich Gefahren aussetzen. Ich werde Mittel finden, dich zu rufen, wenn ich Glück habe.« Im Schatten der Bäume sich haltend, gingen sie bis an die Mauer des Gartens, die Fra Giovanni übersteigen mußte, um zu entfliehen; dort blieben sie stehen und umarmten sich mehrere Male. Fra Giovanni schwang sich auf die Schultern des andern, der sich gebückt hatte, und von da auf die Mauer, winkte dem unten Stehenden noch einmal mit der Hand und verschwand. Der Zurückbleibende horchte gespannt auf den jenseitigen Sprung und auf die leisen Schritte, die sich schnell entfernten, und blickte lange mit feuchten Augen nach dem Kamme der Berge, der wie ein blaues Kranzgewinde oberhalb der Mauer sichtbar war.

Als am andern Morgen Garibaldi an der Spitze seines Heeres sich Salemi näherte, trat ihm Fra Pantaleo in den Weg mit den Worten: »Heil dir, Erlöser Italiens, und Heil mir, daß ich dein Angesicht gesehen habe!« Oberst Türr, ein Ungar, der an Garibaldis Seite ritt, warf einen ärgerlichen Blick auf den Mönch; Garibaldi indessen betrachtete sein volles, rotwangiges Gesicht, aus dem ein Paar treuherziger Augen glänzten, mit Wohlwollen und erwiderte: »Ihr seid ein Franziskaner; die wirken unter den Armen und tun mehr Gutes als die Priester. Ich danke Euch für Euern Gruß. Wenn Ihr der guten Sache dienen wollt, so verteilt einen Aufruf, den ich Euch geben werde, in Euerm Kloster und unter dem Volke.« Fra Pantaleo erklärte sich dazu bereit; doch möge Garibaldi ihm erlauben, wiederzukommen und sich ihm anzuschließen. Er kenne

Land und Leute: das Volk Siziliens wäre nicht böse, aber unerzogen und abergläubisch, Barbaren, wie es den Absichten der Jesuiten, in deren Händen sie wären, paßte; wenn sie einen Mönch im Gefolge des Generals sähen, würden sie ihn eher als den Gesandten Gottes erkennen, der er sei.

Noch hatten sich Garibaldi nur die Truppen des Grafen Sant' Anna angeschlossen, die Bevölkerung ließ ihn unschlüssig staunend an sich vorüberziehen; eine volkstümliche Erscheinung wie der Franziskanermönch, dachte er, könne in der Tat dazu dienen, ihn ihr geheuer zu machen. »Wenn Ihr wollt,« sagte er, »so bleibt bei mir. Ihr mögt mein Ugo Bassi sein.« Bei dieser Mahnung flammte die Begeisterung überwältigend wie Schrecken in Fra Giovanni auf; denn der Barnabit, der, sanft wie ein Kind, die Revolution so hinreißend gepredigt hatte, daß eine Flammenspur seine Straße durch Italien bezeichnete, der seine Kutte mit dem Scharlachhemd Garibaldis vertauscht und seine Liebe Italiens mit dem Tode durch Feindeshand besiegelt hatte, war seit vielen Jahren heimlich sein Vorbild gewesen. Obwohl ihm durchaus unähnlich im Äußern, in Wesen und Anlage, träumte er davon, ihm zu gleichen, worin ihn bestärkte, daß Ugo Bassi, der, bevor er Garibaldi folgte, mehrere Male in Sizilien gewesen war, mit ihm, damals einem Kinde, gesprochen und ihn geliebkost hatte. So möge denn Garibaldi ihm gestatten, sagte er, daß er voran nach Salemi eile und das Volk belehre, in welcher Absicht er komme und wie es ihn zu empfangen habe.

In Salemi hatte unterdessen ein Jesuitenpater soviel Leute wie möglich zusammengerufen und ihnen geraten, ihre Habseligkeiten und Personen in Sicherheit zu bringen; denn Garibaldi sei kein Christ, seine Bande bestehe aus Türken und Sarazenen, die mit dem Raub an Weibern und Kirchenschätzen und was sie sonst fänden, über das Meer in ihre Höhlen zögen. Zwischen die Erschrokkenen, die nicht wußten, wohin sie sich zuerst wenden sollten, trat beruhigend die vertraute Gestalt des Fra Giovanni mit seinen blühenden Wangen und seiner starken, wie eine Kugel rollenden Stimme. Indem er sich von einem zum andern wandte, sagte er: »Hast du vergessen, wie ich dir deine Schafe und Esel segnete, als sie trächtig waren, und was für einen guten Wurf sie machten; und du, daß ich deines Vaters Beichte empfangen und ihn getröstet habe, als er vor Gewissensbissen nicht abscheiden konnte, und daß

ich ihm die Sterbegebete gesprochen habe wie einem reichen Wohltäter? Denkst du daran, daß dich dich beschützt habe, als sie dich vor Gericht ziehen wollten, weil du den Steuerboten erstochen hattest? Ich weiß es, ihr seid gut und dankbar und liebt mich, wie ich euch liebe. So hört denn auf mich und nicht auf jenen Jesuiten, der ein heimtückischer Wolf ist und euch irreführen will; Garibaldi ist ein so guter Christ wie er und ihr und ich, ja ein besserer.«
Er lud die ganze Bevölkerung ein, in die Kirche des heiligen Agostino zu kommen, wo er zu ihnen reden wolle, und sprach, nachdem sie sich in Bälde gefüllt hatte, etwa folgendermaßen: »Es war die Nacht des vierten April; aus den Bergen stiegen die kalten Nebel, die Fieber bringen, und legten sich auf die mutigen Männer, die verborgen das Zeichen der Revolution erwarteten, um das Vaterland zu befreien. In der großen Stadt Palermo schliefen die Menschen in ihren Betten; nicht so in den Kerkern des Königs die Gefangenen auf faulem Stroh, die davon träumten, im Kampfe gegen den Tyrannen zu sterben. Da auf einmal, wie ein Schwert in Fleisch bohrt und Blut aufspritzt, durchdrang diese Nacht ein Glockenton, und es läutete. Die Schläfer fuhren aus ihren Kissen auf und horchten und zogen schaudernd die Decken über sich, um nicht weiter zu hören; denn der Ton war angstvoll, drohend und klagend wie Leben in Todesnot. Wißt ihr, wer den Strang gezogen hatte, daß es läutete? Es war ein Mönch im Kloster La Gancia, der gesehen hatte, wie die Knechte der Bourbonen die Verratenen überfielen, die Sizilien befreien wollten. Ein Mönch tat es, ein Gelobter Gottes; denn die, welche sich Gott gelobt haben, sollen mehr als alle die Freiheit lieben, die die Luft des Himmels ist. Viele hörten den Notruf, aber verstopften sich die Ohren und verkrochen sich, anstatt zu helfen. Da fiel Francesco Riso, der Gute, mit seinen Gefährten, verlassen und ungerächt. Einer hörte, einer, in weiter Ferne: Garibaldi. Fern unsrer Insel, im freien Norden, hörte er den Schrei der Glocke von Palermo und zögerte nicht; er stieg auf das Schiff und fuhr durch die lauernde Flotte des Königs hindurch, wie der Engel durch die Reihen der Wächter und mitten durch die Mauer des Kerkers schritt und Petrus hinausführte.«
Solche Worte strömten dem glücklichen Bruder auf die Lippen, ohne daß er sich zu besinnen brauchte; desto kräftiger und eindringlicher, je mehr die Begeisterung um ihn her zunahm. Seine Augen, die, wenn er erregt war, das blendende Funkeln geschlif=

fener Steine hatten, zwangen die Leute, ihn anzusehen, und erfüllten die Seelen ebensosehr wie seine Worte mit dem, was er wollte. Als es ihm schien, daß der Drang, Garibaldi zu sehen und ihm zu huldigen, alle erfaßt hatte, schloß er seine Rede und sagte, daß sie sich insgesamt aufmachen sollten, ihm zu begegnen, der der Stadt schon nahe sein müsse. Das Volk strömte aus der Kirche, und es wurde schleunig eine Fahne geholt und eine Musikbande versammelt; Garibaldi hatte inzwischen mit seinem Stabe den Marktplatz erreicht. Fra Giovanni, der der Volksmenge voranging, ergriff den Zügel des Pferdes, das der General ritt, und rief aus: »Seht dies Angesicht, damit ihr innewerdet, daß Garibaldi nicht der Zögling des Teufels, sondern der Liebling Gottes ist. So sah der König der Menschen aus, Christus, als er den Drachen des Todes überwand und uns das ewige Leben schenkte.«
Von den brennenden Augen, die an dem ruhig lächelnden Gesicht Garibaldis hingen, füllten sich viele mit Tränen. Auf eine kurze Pause atemlosen Stillschweigens folgte zügelloser Jubel; von der Lust seiner aufgelösten Gefühle hingerissen, taumelte das Volk um die erstaunten Soldaten. Die schmetternde Musik vermischte sich mit dem unverständlichen Geschrei der Menge zu einem betäubenden Getöse, aus dem von Zeit zu Zeit gellend der Ruf aufstieg: »Evviva Garibaldi! Evviva Cristo!« Garibaldi wartete, bis das Toben sich einigermaßen erschöpft hatte, winkte mit der Hand und sagte in die Stille, die entstand: »Gott ist ein Gott des Friedens. Wer aber seinen Frieden bricht und seine Kinder mißhandelt, dem ist er der Herr der Rache. Als das Maß der Sünde auf Erden voll war, umgürtete er Christus mit dem Schwert, damit er Krieg mit ihr führe und sie vernichte. Der Herr der Rache hat auch mir das Schwert gegeben, und in seinem Namen führe ich es gegen den Tyrannen. Folgt mir und helft mir; der Diener Gottes wird an unsrer Seite sein und unser Opfer segnen.« Er beugte sich bei diesen Worten zu Fra Pantaleo und küßte ihn, worauf der Jubel sich von neuem erhob und ein jeder sich eines der Fremdlinge zu bemächtigen suchte, um ihn ins Quartier zu führen und zu bewirten.

Nachdem Crispi sich mit einigen Herren des Generalstabs beredet hatte, trat dieser zu einer Beratung zusammen und legte darauf Garibaldi die Bitte vor, er möge die Diktatur über Sizilien an=

nehmen, bis die Bourbonen vertrieben seien; er tat es im Namen des Königs Viktor Emanuel. Da inzwischen verschiedene Banden gekommen waren, um sich unter Garibaldis Befehl zu stellen, beschloß der General, einige Tage in Salemi zu bleiben, sein Heer rasten zu lassen und ihm die neuen Truppen, so gut es ginge, anzugliedern, in der Voraussicht, daß der erste Zusammenstoß mit einer bourbonischen Armee, die in der Nähe zu sein schien, bald erfolgen müsse.

Die meisten sizilianischen Truppen befanden sich in einem schlechten Zustande, nicht am wenigsten die des Grafen Sant' Anna, was dieser damit erklärte, daß sie sich wochenlang in den öden Bergen hätten verborgen halten müssen, der Witterung ohne Schutz ausgesetzt, ohne Möglichkeit, die bei kleinen Gefechten und schnellen Rückzügen zwischen den Felsen zerrissenen Kleider und Stiefel durch neue zu ersetzen. Garibaldi tröstete, er würde mit der Zeit Mittel finden, dem Schaden abzuhelfen, Geld, Waffen und Mäntel aus Genua nachkommen zu lassen; wären die Leute nur willig und tapfer, könnten sie der guten Sache große Dienste erweisen. Die braunen Gesichter mit den sprühenden Augen, die mageren und sehnigen Gestalten, denen man ansah, wie abgehärtet sie waren, entzückten ihn; auch hätte er sie, wenn sie noch bettelhafter erschienen wären, willkommen geheißen als die erste Bürgschaft der wirklich bestehenden Revolution in Sizilien.

Die jungen Lombarden, Genuesen und Venezianer, die die gerühmte Insel nur durch die Sagen und Geschichten aus der fabelhaften Zeit des Altertums und Mittelalters kannten, durchstreiften die üppig fruchtbare Gegend von Salemi und bestaunten die hohen Felder gelbbraunen Korns, das unter dem starken Blau des Himmels dicht über die Erde hin lodernden Fackeln glich, die rosigen Wäldchen der Mandelbäume, die man sich mit spielenden Amoretten bevölkert denken mochte, die weißen, flachen, geheimnisvollen Häuser mit den wenigen schmalen Fenstern, aus denen schöne Mädchen, stolz, keusch und glühend wie Lilien, sahen, dahinter die nackten goldenen Berge.

Fra Giovanni bat den General, ihm zu erlauben, daß er nach seiner Vaterstadt Castelvetrano gehe, seinen Aufruf an die Sizilianer an den Mauern anschlage und womöglich Freischaren werbe; es lebten ihm dort eine Mutter und eine Schwester, denen sein neues Geschick zu verkünden er ungeduldig war. Mit den Instruktionen des Generals machte er sich auf, als es dunkelte, wanderte rüstig über die wilden Pfade, die von Salemi nach Castelvetrano führten und die er auch ohne das Licht des fast vollen Mondes, der zugleich aufging, nicht verfehlt haben würde. Er dachte an den von Träumen zerrissenen Schlaf der Mönche im Kloster degli Angeli, an ihre Spaziergänge im Kreuzgang des Klostergartens, dem Umlauf der großen Zeiger an Uhren vergleichbar, und seine Brust weitete sich von stolzen und hoffnungsvollen Gefühlen. Die Freiheit, das Leben, das er sich erobert hatte in einem Gnadenaugenblick, wollte er allen seinen Brüdern, soweit er wirken konnte, mitteilen. An kühnen und folgereichen Plänen spinnend, beobachtete er die gebrochenen Säulen von Selinunt nicht, die Türmen von Kirchen und Festungen gleich eine mittelalterliche Stadt zu verkünden schienen. Das leise zitternde und weich glitzernde Meerwasser umspülte die Kolosse, wie es vor Jahrtausenden vielleicht das Felsgebirge umflutet hatte, dem sie entstammten. Mit unbenennbaren Empfindungen unauslöschlichen Lebens und triumphierender Vollkommenheit eilte Fra Giovanni die hohe Küste entlang, zuweilen den Namen Gottes laut ausrufend, den er zum ersten Male, nach dem eiteln Beten und Tüfteln vieler Jahre, begriffen zu haben glaubte. Als ihm ein grauer Schein von Olivenwäldern anzeigte, daß er Castelvetrano nahe sei, fing er an langsamer zu gehen und horchte zuweilen; nichts rührte sich. Der Ort lag in Dunkelheit, nirgends brannte Licht; der Mond war schon untergegangen.

Vor der Kirche des heiligen Johannes blieb er stehen, besann sich einen Augenblick und trat ein. In einer Kapelle befand sich das große und weitberühmte Gemälde der Enthauptung des Heiligen, welches eine davor brennende Ampel so beleuchtete, daß das Haupt des Täufers, rötlich beschienen, zu erkennen war. Fra Giovanni sah die ihm wohlbekannten Züge, die hohlen Wangen, den grassen Blick mit einer neuen Empfindung; denn auch er war, wie dieser Prophet, von dem er den Namen empfangen hatte, der Vorläufer eines göttlichen Helden, bereit, zu dulden und zu sterben, aber erfüllt von der Ahnung unvergleichlicher Siege. An der äußeren Wand der Kirche und an dem alten Palast der Herzöge von Monteleone befestigte er den Aufruf, in welchem der Diktator die Jünglinge und Männer Siziliens ermahnte, die Waffen zu ergreifen, da der langersehnte Augenblick, die Freiheit zu erkämpfen, gekommen sei.

Niemand störte Fra Giovanni bei seiner Arbeit, nicht einmal ein Hund schlug an; er hätte sich ebensogut zwischen den Ruinen einer verlassenen Stadt befinden können. Erst als er fertig war, kam ihm zum Bewußtsein, daß die Luft kalt und feucht war, und indem er die Kutte, unter der er schon das rote Hemd trug, fester um sich zog, eilte er zu dem kleinen, in einer engen Straße gelegenen Hause, das seine Mutter bewohnte. Er klopfte an ein Fenster, hinter dem sie schliefen, wie er wußte, und rief zugleich, damit sie nicht erschräken, daß er es sei, Giovannino, worauf seine Schwester die Haustür öffnete und ihn einließ. Er wollte sich an das Bett seiner Mutter setzen, die, braun und klein wie eine Puppe, zwischen den Kissen lag, doch litt sie es nicht, sondern schickte ihn in die Küche, sie dort zu erwarten. Bald darauf erschien sie völlig angekleidet und begab sich mit Hilfe ihrer Tochter an das Kochen und Zurüsten, zwischendurch den Sohn liebkosend und nach der Ursache seines Besuches zu so ungewöhnlicher Stunde ausfragend. Was er ihr von seiner Flucht aus dem Kloster und seiner Begegnung mit Garibaldi und seinen Zukunftsplänen in Eile berichtete, hätte sie erschreckt, wenn nicht sein guter Mut und das unterwürfige Vertrauen, das sie zu ihm als ihrem einzigen Sohne und einer geistlichen Person hatte, sie wiederum beruhigt hätte. Nachdem er während des Frühstücks ausführlicher erzählt und versichert hatte, daß sowohl Garibaldi wie Viktor Emanuel gute Christen seien, wurde die kleine Frau, die um vieles älter aussah, als sie war, anteilvoll und munter, ihre dunkeln Augen, denen die des Sohnes glichen, fingen an abenteuerlich zu funkeln, und sein Vorschlag, sie solle mit der Schwester nach Palermo kommen, wenn es befreit sei, versetzte sie in fröhliche Erregung.

Als es Tag geworden war und Fra Giovanni annehmen konnte, daß eine große Anzahl von Menschen bereits den Aufruf gelesen hatte, begab er sich hinaus, um zu erfahren, was für einen Eindruck sie davon empfangen hatten, und da er eine ziemliche Menge auf dem Platze versammelt fand, führte er sie in die Kirche, in der er nachts gebetet hatte, in der Absicht, sie so, wie er in Salemi getan hatte, für Garibaldi und den Freiheitskrieg zu begeistern. Seine Mutter und seine Schwester saßen festlich unter den Zuhörern und wiegten ihre Seelen auf dem Schwunge seines Predigens. Er hatte damit nicht weniger Erfolg als in Salemi, so daß ein Häuflein junger Männer sich gleich zusammenfand, um Garibaldi zu folgen. Der Diktator empfing den Mönch und die kleine Freischar freudevoll, als ob er sich beträchtliche Hilfe von ihnen verspräche, und bemühte sich, sie einigermaßen auszurüsten und einzuüben. Die Entscheidungsschlacht mußte in den nächsten Tagen stattfinden.

Die bourbonische Armee, die unter dem Kommando des Generals Landi, eines Sizilianers, stand, hatte die dreifache Stärke der Freiwilligen Garibaldis und außerdem den Vorteil, mit allem Nötigen gut versorgt, gut geschult und erfahren zu sein. Da sie noch dazu eine günstige Stellung innehatte, nämlich auf einer Anhöhe zwischen den gleichfalls auf Hügeln gelegenen Ortschaften Vita und Calatafimi, die vom Feinde über sieben Terrassen erstürmt werden mußte, was unmöglich schien, so zweifelten gerade die tüchtigsten unter Garibaldis Offizieren am Siege. Daß er dennoch so vollkommen errungen wurde, hatte seinen Grund in dem Heldenmute der Garibaldiner, die nicht mit der gewöhnlichen, eigentlich maschinenmäßigen Tapferkeit tüchtiger Soldaten fochten, welche auch die Bourbonen hatten, sondern mit der Hingebung Liebender, die um Glück und Ehre kämpfen; vor allem aber in Garibaldis Willen, der wie ein Dämon die glühende Luft erfüllte und die Seelen der Feinde brach. Bixio, dessen unwiderstehliches Vorwärtsstürmen nächst der Sicherheit des Generals am meisten Staunen erregte, schöpfte seine wunderwirkende Kraft aus der Verzweiflung; denn er, der bei geringem Selbstvertrauen die höchsten Ansprüche an sich stellte, handelte in großen Wagnissen immer wie einer, der den Todessprung tut, düster, unaufhaltsam und blindlings, sich selbst erschöpfend wie ein Blitz. Er verfehlte sein Ziel nicht und erlahmte nicht, bis er erreicht hatte, was ihm oblag; er erfüllte nicht nur den Gegner, sondern auch seine Untergebenen mit Schrecken, zugleich aber auch mit fast schaudernder Bewunderung.

Dem ganz geschlagenen und flüchtenden bourbonischen Heere nach verfolgten die Tausend über Alcamo und Partinico die Straße nach Palermo und erreichten nach einigen Tagen Passo di Renna, den höchsten Punkt eines Gebirgspasses, von welchem man Palermo sollte sehen können. Die verbannten Palermitaner, deren einige sich im Heere befanden, hatten unterwegs von diesem Anblick und der Schönheit ihrer Stadt viel gesprochen und ihre

Schritte mehr und mehr beschleunigt; aber in den letzten Augenblicken gingen sie langsamer, so daß die neugierigen Fremden ihnen vorauseilten. Es war Abend, als die Spitze des Zuges die Paßhöhe erreichte, wo die Stadt sichtbar wurde; sie lag als ein unbeweglicher, sanft gebogener Schimmer zwischen dem Meere und den jähen Bergen. Hauptmann Carini aus Palermo, der Anführer einer Kompanie, verriet sein Gefühl nur durch die Blässe des Gesichtes und den feuchten Glanz der Augen; ein anderer zitterte heftig wie ein junger Baum, der geschüttelt wird. »Sie gleicht«, sagte Carini nach einer Pause, »der Jungfrau des Märchens, die durch die schlechten Künste der Stiefmutter scheinbar tot im gläsernen Sarge liegt, ohne daß ihre rosige Schönheit sich verfärbt hätte, und der der Königssohn nah ist, der die vergiftete Spange aus ihren Locken ziehen und sich ihr vermählen wird.«
Es wurden Feuer angezündet, um die die Soldaten sich lagerten; der Himmel hatte sich mit dunkeln Wolken bezogen, es wurde kalt, und der Wind blies durch die Felsen. Nachdem gegessen war, legten sich die meisten schlafen. Hauptmann Carini erzählte jungen Leuten aus seiner Kompanie Geschichten von der Unheimlichkeit dieser Einöde, in der es Höhlen gab, die von jeher Räubern zu Schlupfwinkeln gedient hatten. Von einem Räuber erzählte er, der besonders gefürchtet gewesen sei und jeden Vorüberkommenden niedergemacht habe, nur nicht die Mönche eines tiefer unten befindlichen Klosters, das er selbst gestiftet habe. Deshalb hätten die Reisenden sich womöglich von einem Mönch aus jenem Kloster begleiten lassen, in welchem Fall er sie geschont habe, doch hätten sie sich nicht immer dazu herbeigelassen, aus Furcht, den Räuber zu beleidigen, wenn sie ihm zu viele Opfer entzögen. Sein Ende sei dadurch herbeigeführt, daß er sich in eine Frau verliebt und sie geraubt habe, worauf ihr Mann mit seiner Sippschaft und Freundschaft ausgezogen sei und ihn erlegt habe. Diese Männer hätten die Absicht gehabt, den Leichnam zu zerstückeln und unbegraben liegen zu lassen, aber die Mönche hätten ihn bei Nacht entwendet, um ihn gemäß einem Vertrage in geweihter Erde zu bestatten; wenigstens sei er verschwunden und keine Spur davon aufzufinden gewesen. Im Jahre 1848, erzählte Carini, habe sich eine Schar Patrioten, die nach der Niederwerfung der Revolution die Waffen nicht hätten niederlegen wollen, lange Zeit in diesen Höhlen verborgen gehalten, darunter auch Frauen und Mädchen,

bis einer nach dem andern im Kampfe mit den Häschern der Regierung gefallen sei. Zuletzt sei einer geblieben, der die Namen aller seiner Gefährten und seinen eignen in eine Höhlenwand eingegraben habe, darunter das Wort Dio, Gott, um zu sagen, daß Gott ihnen gnädig sein möge, oder aber um ihn als den Rächenden anzurufen. Dann habe er sich mit einem Revolverschuß getötet.
Die Jünglinge blickten mit behaglichem Grauen von ihrem Feuer weg in den vom Winde getriebenen Nebel, der die fabelhaften Götzen wilder Völker ähnlichen Gestalten der Felsblöcke und der stacheligen Opuntien bald erscheinen, bald verschwinden ließ, bis ihre Augen zufielen.
Garibaldi wachte noch lange. An eine Felswand gelehnt, blickte er auf die Stelle an der Küste hinunter, wo ein gelblicher Flor das ungestüme Herz von Palermo bedeckte. Der Himmel war so dunkel, daß die gigantischen Berge Pellegrino und Grifone, die die Stadt umschließen, sich kaum davon abhoben und ihr Wesen in die Nacht vermummt schien; ihnen gegenüber stand, über einem hell leuchtenden Streifen am Horizonte, eine einförmig schwarze Wolke, wie wenn sie auch ein Berg wäre. Zwischen diesen Urtieren elementarischer Natur verkündete ein undeutlicher Schimmer die alte Sirene, die den Namen der glücklichen führte und viel Blut verschlungen hatte. Dort war das alte Kloster, aus dem der Glockenton gekommen war, der ihn gerufen hatte; dort stand das marmorne Kreuz zum Denkmal der Sizilianischen Vesper, dort der Turm La Martorana, unter dem nach der Hinmordung aller Franzosen die glorreichen Insurgenten zu einem freien Parlament zusammengetreten waren; und dort waren die Gefängnisse voller Patrioten, und in den Schlössern residierten die Vertrauten der bourbonischen Könige, Henkersknechte, eigenmächtig wie Fürsten. Wer konnte wissen, wie die Menschen, die dort schliefen, ihn empfangen würden, wenn er nun käme? Ob sie entschlossen wären, ihr Leben, ihre Häuser, ihre Habseligkeiten um der Befreiung willen preiszugeben? Oder ob die lange Tyrannei sie so entnervt hätte, daß sie im schrecklichen Augenblicke der Entscheidung zurückbeben und sich ducken würden? Wer konnte ihm zählen, wieviel stolze und wieviel verräterische Herzen dort schlugen? Er sah so angestrengt hin, als ob er wünschte, daß seine Augen Adler würden und sich auf die Zinnen von Castellamare setzten, um die Geheimnisse der Goldenen Stadt zu erbeuten.

Es waren ihm tüchtige Männer bei Calatafimi gefallen, erprobte, die die sizilianischen Insurgenten nicht ersetzen konnten; es konnte rasend erscheinen, sein kleines Heer, seine unwiederbringlich Einzigen, gegen Mauern zu werfen, die von zwanzigtausend wohlgeschulten Soldaten verteidigt wurden. Seine Tausend durfte er nicht verlieren, nicht aufs Spiel setzen; mit diesen, die er auf eigne Gefahr gefordert und die das Vaterland ihm willig gegeben hatte, durfte er nur siegen. Er warf einen langen, zärtlich schwelgenden Blick auf die Gruppen der schlafenden Soldaten, zwischen denen hier und da die aufgepflanzten Bajonette blitzten, und wiederholte sich, daß ihn nichts entschuldige, wenn er diese Getreuesten verschleudere; denn er wußte, daß Bertani ihm eine neue Expedition ausrüstete, vielleicht schon abgeschickt hatte, auf die er warten konnte, um, nach Belieben verstärkt, den Schlag auf die Stadt zu führen. Freilich hatte er diesen Feldzug nicht auf Zögern und Verschieben angelegt, weil es ihm unheilvoll schien, wenn die Gegner Zeit sich zu besinnen fänden. Täglich erwartete er Nachricht von Rosolino Pilo, der mit seinen Freischaren in den Bergen um Palermo war und vielleicht mit ihm zusammenwirken konnte. Sein Blick blieb wieder auf dem zerflossenen Schein hängen, der Palermo bezeichnete; wer ihm sagen könnte, ob die, die dort schliefen, sich ihm ergeben und ihm beistehen oder ob sie ihn im Stiche lassen würden wie den guten Francesco Piso? Es war ihm klargeworden, daß er im ganzen auf die Einwohnerschaft der Insel mit Sicherheit nicht zählen konnte; in den meisten Ortschaften war ihm das Volk wohl mit betäubender Huldigung entgegengekommen, anderswo hatten sie ihn geduckt und lauernd vorüberziehen lassen wie Raubtiere, die den Abgewendeten anfallen wollen, dessen Auge sie nicht mehr bändigt. Indessen, trotzdem er sich dies sagte, überwog das Gefühl in ihm, daß sie alle sein wären, wenn es darauf ankäme und er wollte. Seine Gedanken begannen daran zu arbeiten, wie er es machen könne, die Besatzung Palermos so zu täuschen, daß sie annähme, er zöge ins Innere, vielleicht versuchten, ihm den Weg abzuschneiden und ihm dadurch Gelegenheit gäben, nach einer plötzlichen Wendung in schnellen Märschen die geschwächte Stadt zu überraschen. Er saß währenddessen so still, daß er ein Teil des Felsens zu sein schien, an dem er lehnte; wenn der Nachtwind seine Haare aufblies und bewegte, hätte man sie für Gräser halten können, wie sie aus den Ritzen des Gesteines herauswuchsen. Als es anfing zu regnen, stand er auf und legte sich schlafen.

Am andern Morgen, bevor das Lager abgebrochen war, fanden sich mehrere Herren aus Palermo ein, um Garibaldi Nachrichten aus der Stadt zu bringen. Sie hatten Bekannte unter den verbannten Sizilianern, die sich bei den Tausend befanden; als sie einander ansichtig wurden, umarmten und küßten sie sich unter Tränen. Was sie berichteten, war etwa dies: Daß nach der unglücklichen Erhebung vom vierten April der Belagerungszustand über Palermo verhängt worden sei und niemand ohne Erlaubnis die Stadt habe betreten oder verlassen dürfen; trotzdem sei es Rosolino Pilo gelungen, die Botschaft hineingelangen zu lassen, daß Garibaldi kommen werde. Diese Aussicht habe die Bewohner in dem Trotze bestärkt, mit dem sie ungeachtet der scharfen Bewachung jede Gelegenheit ergriffen, um ihre Gesinnung zu äußern. Sie erzählten, wie ein Polizist einem Manne auf der Straße den Revolver auf die Brust gesetzt und ihm befohlen habe zu sagen: ›Es lebe der König!‹ Wie dieser laut gerufen habe: »Es lebe Viktor Emanuel!« und im gleichen Augenblicke, ins Herz getroffen, zusammengesunken sei. Wie Soldaten Häuser plünderten unter dem Vorwande, daß sie Rebellen gehörten, und wie die Offiziere sie nur mit Mühe, oft gar nicht daran verhindern konnten. Wie das Garibaldi=Lied gejagt würde wie ein Vogel, der allerorten wieder sich aufschwinge, aufleuchte und entwische. Ferner wie sich das Gerücht verbreitet habe, Garibaldi sei gelandet, und wie darauf von den Bourbonen das andre ausgestreut sei, er sei von einem königlichen Geschwader in den Grund gebohrt. Wie dann, nach der Schlacht bei Calatafimi, da das Geschehene doch nicht völlig hätte verdeckt werden können, öffentlich bekanntgemacht worden sei, Piraten hätten die westliche Küste überfallen und wären plündernd und brandschatzend durch einige Dörfer gezogen, bis General Landi mit seinen Braven sie vernichtet hätte; der Hauptmann der Räuber sei unter den Toten. Wie jedes Herz geschlagen hätte: das geht um Garibaldi! Und wie die Ungewißheit, ob die Bekanntmachung irgend etwas Wahres enthalte, die allgemeine Aufregung vermehrt habe. Alle Stände seien einig, obwohl es einträglich sei, Anhänglichkeit an die Bourbonen zu zeigen, Haß gegen sie zu verraten todbringend, gebe es nur wenige Aristokraten, die frei bourbonische Gesinnung bekennten, ja fast

seien die Königlichen mehr darauf bedacht, ihre Neigung zu verbergen, als die Rebellen die ihre.
Diese Nachrichten kamen Garibaldi erwünscht und bestärkten ihn in seinem des Nachts entworfenen Plane, den er aber noch geheimhielt. Zum großen Schmerze der Seinigen, welche gern gerade auf Palermo losgegangen wären und seine Absicht nicht verstanden, schlug er statt dessen die entgegengesetzte Richtung ein, und als die Bourbonen wirklich ausrückten, spiegelte er eine Flucht vor, die sie zu weiterer Verfolgung bewog. Dann trennte er einen Teil seiner Truppen ab und schickte diesen unter Anführung des tüchtigen Orsini nach Corleone im Inneren der Insel, während er selbst mit dem größeren Teile der Mannschaft auf schwer zugänglichen Bergpfaden bei Nacht in schnellen Märschen, denen auch die Kräftigen kaum gewachsen waren, nach dem östlich von Palermo gelegenen Misilmeri eilte. Auf dem verlassenen Gipfel brannten unterdessen Feuer, um den Feind irrezuführen.
Bald hinter Passo di Renna begegneten dem Heere Aufständische, die Garibaldi in tiefer Bekümmernis meldeten, daß Rosolino Pilo gefallen sei: in einem fast beendigten Gefechte mit den Bourbonen hatte ihn eine Bombe an die Stirn getroffen, als er im Begriffe war, Garibaldi wegen seines Sieges zu beglückwünschen.

In einer rauchigen Schenke von Misilmeri saßen Garibaldiner an mehreren Tischen und plauderten beim Wein über die zurückgelegten Märsche und die bevorstehenden Ereignisse. Man wußte noch nicht, was geschehen sollte: einige glaubten, es gehe nach Castrogiovanni, einem Orte, der ungefähr in der Mitte der Insel lag, wo die sizilianischen Insurgenten erst kriegstüchtig gemacht werden sollten, bevor man Palermo angreife, andre hofften und glaubten, es gelte dennoch sogleich der Hauptstadt. Ein junger Venezianer sprach den Wunsch aus, daß es erst ins Innere gehe: Palermo sei eine Mäusefalle, sagte er, die Orangenwälder, die sie umgäben, wohlriechender Speck; man gelange vielleicht hinein, aber dort würden einem hundert Eisen den Pelz durchdringen, es sei besser, sich vorher gründlich zu rüsten. Während er mit gutem Humor, seinen heimischen Dialekt redend, ausmalte, wie die Maus, nämlich er selbst, teils gespießt, teils ersäuft zappeln, quieken und sich gebärden würde, und die Kameraden lachten, sprang plötzlich Nino Bixio auf, der allein, böse vor sich hin starrend, in einer Ecke gesessen hatte, trat blitzschnell an den Tisch, wo das Gespräch geführt wurde, und gebot augenblickliches Stillschweigen; die Maßnahmen des Generals dürften nicht begutachtet, Befürchtungen, die geeignet wären, entmutigend zu wirken, nicht ausgesprochen werden. Die jungen Leute blickten erschrocken, doch mehr gekränkt als eingeschüchtert auf den berühmten Anführer; der Venezianer unterdrückte mühsam eine unbotmäßige Antwort und sagte, indem er sich sichtlich anstrengte, ruhig und achtungsvoll zu sprechen, er werde sich wie jeder andre den Beschlüssen des Generals stillschweigend und ohne jede Kritik, die ihm nicht zustehe, unterwerfen, er habe gewisse Befürchtungen in scherzhaft übertriebener Weise geäußert in der Meinung, daß dies, zumal in kleinem Kreise, erlaubt sei. Nein, es sei nicht erlaubt, rief Bixio unbegütigt, es sei nicht Zeit zu scherzen. Wer Garibaldi nach Sizilien gefolgt sei, dürfe nicht fürchten, nicht zweifeln, nicht zaudern, müsse den Tod als etwas Wünschenswertes ansehen und nichts andres wollen als schlagen und siegen oder sterben. Mit Gesinnungen, wie sie der Venezianer geäußert habe, nehme man Palermo nicht ein, Palermo müsse aber genommen werden. »Antwortet mir nicht«, fuhr er noch heftiger auf, als es ihm schien, daß einer der jungen Leute dazu Miene machte. »Wenn Palermo unser ist, fordert mich. Aber bis Palermo unser ist, habt ihr keine Meinung als zu gehorchen und keine Ehre als zu sterben.« Seine feinen Nasenflügel zitterten und seine Stirn war dunkelrot geworden; er blieb noch eine Weile stehen, und als er sich überzeugt hatte, daß alle schwiegen, drehte er sich kurz um und verließ die Schenke. Da einer losbrechen wollte, das dürfe man sich nicht gefallen lassen, sagte der Venezianer, der eigentlich betroffen war, jener solle still sein, künftig werde er leiser sprechen, wenn er etwas Reglementswidriges zu sagen habe. Er sei überzeugt, Bixio werde ihn gelegentlich um Entschuldigung bitten, diese fliegende Wut habe er nun einmal, dafür sei er der beste Heerführer nächst Garibaldi, man müsse ihm etwas zugute halten. Fürchteten ihn seine Untergebenen, so bewunderten sie ihn doch nicht minder. Er leiste noch mehr, als er von andern fordere, er selbst sei nie müde, nie verrate seine Haltung oder sein Gesicht Erschöpfung; wie er sich im Sattel höbe, wie er den Arm führte, wie er den Blick wendete, immer schiene es, als ob von seinem Kopfe Blitze ausgingen und seine Bewegungen vollzögen.

Garibaldi lagerte vor der Stadt unter einem Zelte mit seinen Freunden Basso, Nuvolari und dem Pfarrer Gusmaroli von Mantua, einem schönen weißhaarigen Alten, der es gern hörte, wenn man ihm sagte, daß er dem Diktator ähnlich sehe; sein Sohn Menotti und dessen Freund Giorgio Manin, der Sohn des verstorbenen Daniele, der 1848 Präsident der venezianischen Republik und der Liebling seines Volkes gewesen war, beide leicht verwundet, plauderten abseits. Einige Engländer, deren Schiffe im Hafen von Palermo lagen und die begierig waren, den großen italienischen Admiral und Condottiere und die Tausend, mit denen er seine Zauber wirkte, zu sehen, wurden von ihm empfangen und zeigten ihm einen Plan der Stadt Palermo, in welchem sie die Stellungen der bourbonischen Armee für ihn bezeichnet hatten. Garibaldi unterhielt sich mit ihnen in englischer Sprache, die ihm geläufig war, betrachtete den Plan angelegentlich und ließ sich Erklärungen dazu geben. Nachdem das Gespräch beendet war, mischten sie sich unter die Tausend, die in Gruppen ringsumher lagerten, entwarfen Skizzen von den Erscheinungen, die ihnen auffielen, und nahmen Briefe zur Beförderung in Empfang, die ihnen von allen Seiten zugetragen wurden; von den Italienern kauerten viele auf der Erde und schrieben eifrig, einen Stein oder einen Rucksack als Unterlage benutzend. Weiter hin waren die Hügel bedeckt von den sizilianischen Rebellenscharen, die La Masa im Auftrage des Diktators in den Bergen von Gibilrossa gesammelt hatte. Es waren etwa 2500 Mann, verschieden und ganz beliebig gekleidet, unter denen besonders die Anführer, meist adlige Besitzer großer Güter, durch eine wunderliche Tracht auffielen.

Inzwischen berief Garibaldi die Offiziere seines Stabes, diejenigen, die die acht Kompanien der Tausend anführten, und die Hauptleute der sizilianischen Guerillascharen zu einem Kriegsrat. Es sei nicht seine Gewohnheit, sagte er, als sie versammelt waren, Rat zu halten; aber es handle sich jetzt um eine Sache, die das Schicksal Siziliens, vielleicht das Schicksal Italiens entscheide; so wolle er denn nicht handeln, bevor er die Meinung seiner Offiziere vernommen habe. Dann erklärte er kurz die Lage: daß sie am folgenden Tage Palermo angreifen könnten; daß die Umstände verhältnismäßig günstig seien, da es gelungen sei, einen Teil der bourbonischen Armee aus der Stadt zu entfernen und den Feind über Absichten und Aufenthalt irrezuführen; daß sie sich ander=

seits ins Innere der Insel zurückziehen, dort Verstärkungen aus Genua erwarten und die kriegsuntüchtigen Scharen der Aufständischen vorbereiten könnten. Zum Schlusse bat er die Offiziere, ihre Meinung kurz zu äußern, da keine Zeit zu verlieren sei. Er selbst halte für das beste, morgen Palermo anzugreifen.
Die beiden Ungarn Tuköry und Türr unterstützten Garibaldis Vorschlag, ebenso Bixio mit drohender Heftigkeit: ein Rückzug jetzt sei ein Aufgeben des großartig Begonnenen und Gewonnenen, augenblicklicher Sturm auf Palermo sei nicht nur ratsam, sondern notwendig. Dem entgegnete Sirtori ruhig, er teile diese Ansicht nicht, man setze vielmehr durch augenblicklichen Angriff das großartig Begonnene und Gewonnene aufs Spiel. Er sprach von dem Unterschied zwischen einer Schlacht im offenen Lande und dem Angriff auf eine große, unbekannte Stadt, die von Soldaten beherrscht sei. So gut wie Kühnheit sei Vorsicht zur rechten Zeit am Platze. Besser sei ein sicherer Gewinn später als ein unsicheres Wagen, das vielleicht einen wunderähnlichen Erfolg hätte, vielleicht alles verdürbe. Einige der sizilianischen Anführer schlossen sich den Worten Sirtoris an, wobei sie besonders die mangelhafte Disziplin und Brauchbarkeit ihrer Truppen hervorhoben. Bixio war es anzusehen, daß er ihnen die Worte in der Kehle zu ersticken wünschte, aber Garibaldis Anwesenheit hielt ihn im Zaum. Indessen stimmte die Mehrzahl der Offiziere mit dem Diktator, dessen Vorschlag dadurch angenommen war. »Ich glaube,« sagte Garibaldi mit einem Lächeln gegen Nino Bixio, »unser Sirtori kann sich glücklich schätzen, daß wir gesiegt haben.« Bixio antwortete errötend: »Wenn wir Palermo haben, will ich mich bessern.« »Ich fürchte,« sagte Garibaldi, indem er den Kopf schüttelte, »es wird immer noch einen unbefreiten Winkel in Italien geben, der dich daran verhindert.«
Nachdem noch über den einzuschlagenden Weg beratschlagt und beschlossen war, wobei der General sich der Ansicht der Sizilianer fügte, die von der seinigen etwas abwich, suchte er nach seiner Gewohnheit den höchsten Punkt der Umgegend auf, um sich den Schauplatz des bevorstehenden Kampfes einzuprägen. Es war eine steile Anhöhe, deren Fuß bebaut war, während oben auf dem nackten Felsboden nur die Opuntie oder indische Feige gedieh. Unterhalb des Gipfels, wo der Ausblick auf die Fluren und Gärten, in deren Pracht Palermo eingesenkt ist, sich auftat, saß ein Mönch, der, als

Garibaldi an ihm vorüberging, die Augen mit einem müden und traurigen, eigentümlichen, anteillosen Ausdruck auf ihm ruhen ließ. Garibaldi, dem dieser Blick und das sanfte, leidende Gesicht des alten Mannes auffiel, fragte ihn, stehenbleibend, wer er sei und ob man etwas für ihn tun könne. Der Mönch schüttelte den Kopf und sagte, daß er ein Mönch aus dem Kloster der Dreifaltigkeit sei, das am Abhang dieses Berges liege, und nichts bedürfe; doch möge der Fremde ihm sagen, ob er zu dem Heer jenes Garibaldi gehöre, der nach Sizilien gekommen sei, um die Bourbonen zu vertreiben. Er sei jener Garibaldi, antwortete der Diktator, wenn der Mönch sich ihm anschließen wolle, solle er willkommen sein. Dieser machte mit der Hand eine abwehrende Bewegung, betrachtete aber den General mit etwas mehr Aufmerksamkeit als vorher, und Garibaldi sah nun, daß er keineswegs alt war, sondern nur infolge des eingefallenen Gesichtes, der gelben Farbe und des müden Ausdrucks so erschien. Ob er denn sein Vaterland nicht liebe? fragte Garibaldi; ob er es nicht frei und glücklich sehen möchte? Das, antwortete der Mönch, würde es nicht mehr unter Viktor Emanuel als unter den Bourbonen sein. Ebenso durch die wehmütige Bitterkeit in Ton und Miene des Mannes wie durch seine Worte betroffen, fragte Garibaldi, wie er das meine. Der Mönch sagte: »Seht die Opuntien dort am Felsen, der keinen Halm und keine Distel mehr nährt: sie allein, das Staub und Erde fressende Tier, hält aus und befruchtet noch den grausamen Boden, indem ihre Blätter abfallen und vermodern. Vermag er dann andre Pflanzen zu tragen, so muß sie weichen und in andre Einöden auswandern. Ihr gleicht der sizilianische Bauer, der die Fluren der reichsten Erde bebaut und kein Brot hat. Ihm Dienst, Arbeit, Entsagung, Krankheit, Hunger und früher Tod, seinen Herren Besitz, Genuß und Ehre. Mögen seine Herren sich wählen, welchen König sie wollen, sein Schicksal ist zu tief unten, als daß der veränderte Gang einer Wolke es berührte. Die großen Herren, die Euch gerufen haben und Euch helfen, die Ihr rühmt und die Euer König belohnen wird, sind seine Tyrannen und werden ihn nach wie vor mit Erde speisen und die Erde mit seinem Fleische düngen. Ich glaube, wir Mönche tun mehr für unsre armen Brüder, wenn wir hier bleiben und die Verhungernden mit einem Stück Brot erquicken, als wenn wir um die Freiheit derer kämpfen, die das Volk zu Sklaven gemacht haben.«

Garibaldi schwieg eine lange Weile; dann sagte er: »Ein guter König liebt sein ganzes Volk und die Unglücklichen und Verlassenen am meisten, und das nenne ich keine Freiheit, die nicht allen zugute kommt.« Er versuchte dem Mönch begreiflich zu machen, wie er sich die Entwicklung Italiens vorstellte; indessen schloß er damit, daß er ihm zugebe, er könne mit Werken der Mildtätigkeit seinem armen Volke ebenso nützlich sein wie ein andrer im Kriege. Wenn viele Geistliche wie er dächten, so möchte wohl das Elend nicht so groß geworden sein. Im Weitergehen fiel er so tief in Gedanken, daß er von dem schmalen Pfade mehrmals abkam. Er dachte an die hageren, in schwarze Fetzen gekleideten bettelnden Frauen, die er auf seinem Zuge durch die Dörfer Siziliens gesehen hatte, hexenhafte Gestalten, ebensoviel Abscheu wie Mitleid erregend; an Frauen, die Greisinnen zu sein schienen und Säuglinge an der Brust hielten, an Männer mit hohlen, fieberverzehrten Gesichtern, und an andre, Hirten in einsamer Bergwildnis, mit wölfischem Blick und stammelnder Sprache, als ob sie gewohnt wären, nur in wilden Lauten sich zu verständigen. Er dachte, wie diese Menschen sollten anders werden können und ob jemals andre hier gelebt hätten? Sein Blick überflog die Kornfelder, die breite Hügel wie die seidene Mähne eines schönen Tieres golden bedeckten, die alabastergrauen Wälder der Oliven, die Wälder der Orangen, der Zitronen und Mandeln, diesen Überfluß einer Erde, die ihre Kinder nicht nährte. Die ungeheure, mit Gras bedeckte Steppe fiel ihm ein, die Rom umgab, auf die er oft vom Janiculus trauernd heruntergesehen hatte, durch die verwilderte Bauern die Herden der Fürsten trieben, deren Paläste und Gärten der Fremde bewundert. Es hatte nur einmal in den ersten Zeiten der römischen Republik freie, besitzende Bauern auf italischer Erde gegeben; würde Viktor Emanuel diese glückliche Vergangenheit wiederbringen?

Er hatte vergessen, warum er den Berg bestiegen hatte, und als es ihm einfiel, wurde es ihm schwer, seinen Geist von den Gedanken zu befreien, die ihn mit Schatten füllten; doch gelang es ihm. Alle die Männer, die ihr Leben an Italiens Freiheit wagten, und Viktor Emanuel zählte zu ihnen, liebten ihr Volk, und ihrer aller gemeinsame Arbeit, sagte er sich, mußte das Unrecht und die Schwäche der Jahrhunderte hinwegräumen und Platz für einen ursprünglichen Zustand schaffen können, wenn nur erst die blut=

aussaugenden Fremdlinge und Pfaffen entfernt wären. In sich selbst fühlte er das unbegrenzte Vermögen eines fest auf ein Ziel gerichteten Willens, und ein solcher sollte bald ganz Italien beseelen. In wiedergewonnener Zuversicht richtete er seinen Blick auf Palermo, das wie aus dem Füllhorn eines Gottes ergossen glühend zwischen Bergen und Meer ruhte. Berauscht von überschwenglichen Wohlgerüchen der Bäume, Blumen und Früchte schien die Sonne im Begriff, sich in Feuerströmen bis auf den letzten Tropfen herabzustürzen, das Paradies der Erde mit den Himmeln vertauschend. Garibaldis Blick hing fest und prüfend über der Stadt; unsichtbar über ihr kreisend umfaßte er sie und siegelte sie zu seinem Eigentum.
Als Garibaldi auf dem Rückwege an der Stelle vorbeikam, wo der Mönch gesessen hatte, kam ihm das vergilbte, kluge und müde Gesicht desselben wieder in den Sinn, und er sah sich nach ihm um; aber er war nicht mehr dort. Unter den Soldaten hatte die Kunde, daß am folgenden Tage der Sturm auf Palermo unternommen werden sollte, eine frohe Stimmung erregt, wie wenn der Vorabend eines Festes wäre. Ehe die Sonne aufging, wurde aufgebrochen, nachdem die Offiziere den Soldaten empfohlen hatten, soviel wie möglich jedes Geräusch zu vermeiden. Vor den Augen der bewegten Männer, die nicht wußten, ob sie das Ende des Tages sehen würden, hoben sich die Häupter der Berge, der Pinien und Palmen wie Meeresinseln in das Rosenlicht des ätherischen Morgens.

Am Abend des sechsundzwanzigsten Mai erzählte in einer kleinen Osteria in Palermo ein Mönch von der Schlacht bei Calatafimi, bei der er mitkämpfend zugegen gewesen sein wollte. Unter dem Schutze seines Gewandes war er in die streng bewachte Stadt gekommen und verbreitete in den Wirtshäusern die Kunde der staunenerregenden Ereignisse, die die Regierung geheimhielt oder entstellt berichtete, wofür er reichlich Bewirtung und Lohn erhielt. Er beschrieb die Heeresmassen der Bourbonen, wie sie die Anhöhe von Calatafimi gleich einem Walde bedeckten, durch den dann und wann ihr Ruf ›Evviva il re!‹ wie dumpfes Rauschen ging. Dann die Garibaldiner: Jünglinge mit blondem, flaumigem Haar und mädchenhaft lächelnden Lippen; Männergestalten wie Pinien, die einsam auf hoher Bergkante unter Sturm und Sonne

stehen, Greise wie Felsen, die in der Morgenröte glühen; er beschrieb Nino Bixios Falkengesicht, dessen Umriß vom Blitze gezogen schien, und die Riesenkraft des Fahnenträgers Schiaffino, über dessen Leichnam Damiani, herrlich in Schlankheit und Jugend, mit dem Feinde um den glorreichen Fetzen rang, der Italien bedeutete. Er schilderte, wie die Tausend eine Terrasse nach der andern erklommen, während ihr Blut zurück ins Tal strömte, auf jeder der Wut der feindlichen Geschosse näher, Garibaldi mitten unter ihnen, das Schwert in der Hand, mit den bezaubernden Augen tötend und siegend. Vor ihm her schwebte der gekreuzigte Erlöser, von einem Mönch getragen, hinter ihm, durch Rauch und Staub verhüllt, ein götterhaftes Weib, gekrönt, die Füße in Blut, das Haupt im Gewölk. War es Italien? War es die Revolution? Er erzählte von der Tapferkeit der Bourbonen, von ihrer Entmutigung, von ihrem Schrecken und Schaudern, ihrer Flucht. Von den Toten und Verwundeten unter den himmlisch sanften Sternen, von den ermatteten Siegern, die traumlos und still wie Tote zwischen den hohen Halmen des Kornes schliefen. Von Garibaldi, der einsam sinnend an dem schwarzen Gemäuer der Sarazenenstadt vorüber dahin blickte, wo aus ferner Wildnis der silberne Tempel von Segesta tauchte, und wie sein Auge, während es an der unsterblichen Erscheinung hing, Tränen vergoß, indem er daran dachte, daß er Italiener gegen Italiener geführt und die heilige Erde mit dem Blute ihrer eignen Söhne getränkt hatte.
Die Zuhörer folgten der Erzählung gespannt, unterbrachen sie zuweilen durch lauten Ausruf, tranken und füllten dem Mönche das Glas. Da nun an einem anstoßenden Tische ein Gast saß, der die freudige Erregung nicht zu teilen schien, vielmehr den erzählenden Mönch und die um ihn Gescharten mit einem Lächeln, das wohl Spott oder Schadenfreude ausdrücken konnte, betrachtete, fiel es einem jungen Manne ein, es möchte derselbe ein Spion sein, worauf ihm das Blut aufwallte, so daß er, unfähig sich zu beherrschen, dem Fremden eine Drohung zurief, falls er nicht aufhöre, ihn frech anzusehen. Der Mann antwortete ruhig, er sähe ihn nicht an, sondern das hübsche Mädchen an seiner Seite. »Schau eine Kröte an, um die es nicht schade ist!« rief der Bursche zornig aufspringend; womit er andeuten wollte, daß jener den bösen Blick habe. »Ich weiß nicht, ob es um einen von euch schade ist«, entgegnete der andre kühl. Jetzt zog der junge Bursche sein Messer,

und die andern drängten sich um ihn, während der Fremde ihn durch sein hämisches Lächeln und seine scheinbare Gemütsruhe noch mehr herausforderte. Als indessen das schöne Mädchen ihm mit einem Blick der Verachtung das Wort Spion zuschleuderte, fuhr die Wut unversteckt auch aus seinen Augen; er sprang plötzlich auf seinen Gegner zu und suchte ihn durch den unvorhergesehenen Anprall zu Boden zu werfen. Während die beiden miteinander rangen und unter wachsendem Lärm auch andre Partei nahmen, drangen Polizeisoldaten ein, bemächtigten sich nach Gutdünken mehrerer Streitender und trieben sie ins Gefängnis; der Mönch hatte sich schon vorher davongemacht. Man zweifelte jetzt nicht mehr, daß der Fremde, der gleichfalls weggeführt wurde und sich nicht ohne Widerstand die Hände hatte fesseln lassen, ein Spion sei. Das schöne Mädchen, das weinend dem Zuge folgte, überschüttete abwechselnd ihn mit Beleidigungen und den jungen Mann, der den Kampf veranlaßt hatte, mit liebkosenden Worten des Trostes, indes die Polizisten sie schimpfend und drohend zu verscheuchen suchten.

Die kleine Osteria grenzte an die Rückseite eines Palastes, der von einem großen Garten umgeben war, in dem Beete voll weißer Lilien blühten; sie ragten aufrecht wie Schwerter mit schimmerndem Griff, für eine geheimnisvolle Heerschar aus der Erde gewachsen, und durchdufteten die warme Nacht weithin. Der Graf und die Gräfin Castroforte, denen der Palast gehörte und die noch wach waren und das Geschrei hörten, schickten einen Diener hinaus mit dem Auftrage, die Ursache desselben zu erforschen. Der Diener berichtete, in der benachbarten Osteria habe ein Mönch von der großen Schlacht bei Calatafimi erzählt, die er mitgemacht haben wollte, und viele Zuhörer um sich versammelt, die von der Polizei betroffen und fortgeführt seien; man vermute, daß der Mönch ein Spion gewesen sei und die Gesinnungen der Leute habe herauslocken wollen, jedenfalls sei er vor dem Eindringen der Häscher verschwunden; doch sei der Zusammenhang nicht festgestellt. Die Erwähnung der Schlacht versetzte den Grafen und die Gräfin in Aufregung; sie beklagten, daß sie den Mönch nicht hatten sprechen und ausfragen können, und erwogen allerlei Möglichkeiten. Dann hingen beide ihren Gedanken nach, er im Hintergrunde des Zimmers auf einen Diwan ausgestreckt, sie am offenen Fenster mit heißen Augen in die Dunkelheit blickend. »Es ist ein fernes Gewitter«, sagte der Graf, als ein leises Rollen durch die Nacht lief. Die Gräfin beugte sich weit aus dem Fenster und flüsterte, die Hand aufs Herz gepreßt: »Es ist Garibaldi!« Der Graf stand auf, stellte sich zu ihr und sagte, der Himmel sei freilich klar, es möchte ein Wagen gewesen sein; sie hätten die letzten Nächte beinahe ganz durchwacht, immer der gleichen Hoffnung nachhängend, und wären nun überreizt, sie täten besser, zu Bette zu gehen. Nur eine Weile noch, sagte sie, wolle sie bleiben, und fuhr fort, schweigend hinauszuhorchen. Es war Mitternacht vorüber, als sie sich entschloß, vom Fenster wegzugehen und todmüde das Schlafzimmer aufzusuchen.

Kurze Zeit später brachen die Garibaldiner in Misilmeri auf und zogen über den Berg Belmonte in das Tal des Oreto hinunter gegen Palermo. Als die Sizilianer der ersten in die Umgebung der Stadt hineingebauten Villen ansichtig wurden und vielleicht diese selbst schon betreten zu haben glaubten, stießen sie, den erhaltenen Befehl vergessend, Jubelrufe aus, wodurch die Aufmerksamkeit der bourbonischen Vorposten erregt wurde, so daß ein Gefecht sich entspann. Nach einem ungestümen Zusammenstoß an der Admiralsbrücke und an der Porta di Termini drangen die Tausend ein und besetzten den Altmarkt, den schon die ruhmvolle Erhebung des Jahres 1848 denkwürdig gemacht hatte. In den Straßen setzte sich der Kampf heftiger fort, da inzwischen die Besatzung alarmiert war und die Soldaten herbeiströmten. Den Jubel der Garibaldiner über den errungenen Einzug dämpfte das anteillose Schweigen der Stadt, auf deren Unterstützung man gerechnet hatte; nur hier und da sah man ein ängstliches Gesicht hinter einem Fenster erscheinen. Um die Einwohner zu ermahnen und zu ermutigen, beauftragte Garibaldi Fra Pantaleo, der an seiner Seite war, in die Kirchen und Klöster zu eilen und zu bewirken, daß Sturm geläutet würde. Fra Pantaleo erinnerte den Diktator daran, daß seit dem vierten April die Schlegel aus den Glocken entfernt worden seien; diesen Befehl hatte nämlich nach jenem mißglückten Aufstand, zu dem die Glocke des Klosters La Gancia geläutet hatte, der Statthalter von Palermo gegeben, indem er gesagt hatte: »Wenn die Glocken es mit den Rebellen halten, wollen wir ihnen die Zunge ausreißen«, worauf das Geläute eingestellt war. »Freund,« erwiderte Garibaldi, »so müssen die Schlegel wieder eingesetzt werden«, und Fra Giovanni begab sich ohne weitere

Entgegnung in die nächste Kirche, wo er im Namen des Diktators befahl, daß unverzüglich Sturm geläutet werde. Die Geistlichen entschuldigten sich damit, daß die Schlegel aus den Glocken entfernt wären und sie selbst nicht wüßten, wo sie wären; da aber Fra Giovanni drohte, wenn es ihnen nicht augenblicklich einfiele, würde Garibaldi selbst kommen, erschraken sie und versprachen schleunigen Gehorsam. Nach einigen Minuten begann das Sturmläuten: bald tobte der eherne Aufruhr durch die Luft. Sowie die ersten Töne laut wurden, beugte sich eine Dame aus dem Fenster und schrie auf die Straße, eingedenk der erwähnten Worte des Statthalters: »Die Antwort der Glocken: Revolution!« mit so gellender Stimme, daß sie trotz des Getöses gehört und verstanden wurde. Viele wiederholten den Ruf; er klang wie Jubelgeschrei in den zunehmenden Schlachtlärm. Bald fielen aus den Kastellen Bomben in die Stadt, mit Pausen von wenigen Minuten einander folgend, in verschiedenen Quartieren Feuersbrünste entzündend. Mittlerweile waren die Menschen aus den Häusern geströmt, beteiligten sich am Kampfe und errichteten Barrikaden; mit den Schreckensrufen, die das Einschlagen der Bomben hervorrief, mischten sich begeisterte Begrüßungen Garibaldis. Brand und Blutdurst der bourbonischen Soldaten wüteten; aber die Gefahr und Todesnähe steigerten nur die Wonne des äußersten Kampfes. Man wußte, daß Garibaldi unter einer der Statuen des großen Brunnens auf der Piazza Pretoria stand und daß seine Befehle die ganze Stadt durchflogen und ihn allgegenwärtig machten, und man fürchtete den Tod so wenig wie unter den Augen einer schützenden Gottheit.

Als nach dreitägigem Kampfe die Verhandlungen um einen Waffenstillstand sich daran zu zerschlagen schienen, daß der neapolitanische General eine unterwürfige Eingabe der Stadt Palermo an den König zur Bedingung machte und Garibaldi vom Balkon des Senatsgebäudes die Masse des Volkes, das den Platz erfüllte, anredete: »Ihr Männer und Frauen von Palermo! Eure Häuser brennen! Mordgierige Soldaten bedrohen euer und eurer Kinder Leben! Aber eure Herzen sind tapfer. Den Waffenstillstand, den der Feind mir unter schimpflichen Bedingungen anbot, habe ich in eurem Namen zurückgewiesen. Ich und die Meinen, wir wählen mit euch Freiheit oder Tod!«, da erschütterte der losbrechende Beifall der Menge, die bereit war, sich selbst zu opfern, und fähig, den eignen Abgott zu verschlingen, die Erde mit vulkanischer Kraft, so daß die an den Fenstern Zusehenden ebensosehr Schwindel und Grauen wie Lust erfaßte. Garibaldi stand still und leuchtend, wie die Sonne steht, umschwungen vom donnernden Lauf unzählbarer beherrschter Sterne.

Während diese rasch einander folgenden Ereignisse das Geschick Siziliens entschieden, wartete man in unbehaglicher Spannung in Genua und Turin. Cavours Hoffnung, mit dem Könige von Neapel ein Bündnis schließen zu können, wodurch die Verhältnisse Italiens vorderhand geregelt würden, verwirklichte sich nicht; denn der König wollte sich nicht zu den Reformen verstehen, die verlangt werden mußten, und zeigte überhaupt keine Neigung, mit einem vom Papste verdammten Regenten in Verbindung zu treten. Insofern als die Dinge so, wie sie waren, nicht bleiben konnten, wäre eine Lösung durch das Schwert freilich erwünscht gewesen; aber was für Widerwärtigkeiten, ja was für unabsehbares Unglück konnte ein Anschlag bringen, der mißlänge! Schon zeigten sich Schwierigkeiten im diplomatischen Verkehr: Napoleon III., der längst eine Gelegenheit gewünscht hatte, um Garibaldi unschädlich zu machen, beklagte sich in der Meinung, daß die Expedition dem Kirchenstaate gelte. Cavour hatte Garibaldi ziehen lassen, weil er sich nicht hatte entschließen können, ihn gewaltsam zurückzuhalten; aber als er fort war, wollte es ihn reuen, und er dachte daran, daß er sich seiner unterwegs noch bemächtigen könnte. Er schrieb dem Admiral der sardischen Flotte, dem Grafen Persano, der sich bei Sardinien aufhielt, er solle die beiden Schiffe unter gewissen Umständen anhalten, drückte sich aber mit Absicht so ungenau aus, daß der Empfänger den Befehl so und anders auslegen konnte, damit doch dem Schicksal in dieser Sache nicht vorgegriffen würde.
Als es sich zeigte, daß Garibaldi wirklich nach Sizilien ging, beruhigte sich Cavour. Er fing an, einer gewissen Spannung Raum zu geben, ob es dem General gelingen würde, durch den Ring der neapolitanischen Flotte hindurch sein Ziel zu erreichen. Obwohl er der Ansicht war, daß Garibaldi, wenn er unterginge wie Pisacane, es verdient hätte, wünschte er es doch nicht, und im Grunde glaubte er es nicht. Nachdem die Landung in Marsala bekannt geworden war, hielt er ein völliges Scheitern des Unter=

nehmens nunmehr für ausgeschlossen. Das untätige Wartenmüssen war ihm unleidlich; es schien ihm, als müsse er das Künftige aus der Miene eines jeden Menschen ablesen. Zum ersten Male dachte er ernstlich an einen günstigen Ausgang der rasenden Fahrt und die Folgen, die sich daran knüpfen könnten. Wenn Garibaldi ein großer Streich gelänge? Wenn dadurch die Revolution zu Macht und Herrschaft käme? Die Möglichkeit erschreckte ihn mehr, als daß sie ihn erfreute; denn gesetzt auch, daß die fabelhafte Insel Viktor Emanuel durch ein Wunder zufiele, was sollte aus Garibaldi werden? Was sollte man anfangen mit diesem Menschen, dessen Name auf allen Lippen und in allen Herzen war, der, wenn er die Stimme erhob und rief, sofort von Hunderten und Tausenden tapferer Männer umringt war, die sich seligpriesen, von ihm geführt in den Tod gehen zu können? Es wäre fast besser, dachte der Graf, der unbelehrbare, unbezähmbare Mann ginge mit seinen Tausend zugrunde.

Die ersten Nachrichten von der Schlacht bei Calatafimi lauteten infolge der Ausstreuungen der neapolitanischen Regierung unsicher. Als der erste Brief Garibaldis an Bertani mit einer eingehenden Schilderung ankam, ging Medici zum Grafen Cavour, um ihm den Inhalt mitzuteilen. Der Graf hörte angelegentlich zu, stand auf, trat ans Fenster und blieb dort eine Weile stehen, während er mit den Fingern auf das Fensterbrett trommelte. »Er ist ein Teufelskerl,« sagte er endlich, indem er sich umdrehte, »ein Hexenmeister.« Dann ging er lebhaft auf und ab, blieb vor Medici stehen und sagte: »Lieber Medici, er geht einen Riesengang. Wir haben einen Helden in Italien.« Seine Augen glänzten, und der Ausdruck seines Gesichtes wurde immer zufriedener. »Solche Ereignisse«, fuhr er fort, »sind Gewitter der Geschichte. Was für ein Schauspiel für ein Volk! Sie schauen und horchen andächtig schweigend, niemand tut Einspruch, wenn der Blitz die Wolken zerreißt und Kronen spaltet. Wir Diplomaten haben es nicht so gut, wir haben den Himmel nicht über uns, aus dem die Blitze entspringen, wir sitzen am Schachbrett und tun vorsichtige Züge, und wenn wir endlich den Gegner glauben überlistet zu haben, sind vielleicht die Zuschauer müde geworden und schmeißen das Brett samt den Figuren zusammen. Es ist fein und bewundernswürdig, wenn Verstand und Überblick und Berechnung miteinander ringen und einer den andern zu einem einzigen unklugen Schritt verleitet oder zwingt, der ihn stürzt; aber es verschwindet als ein kleinliches Wesen vor den Machtsprüchen der Natur.« Nachdem er sich in solcher Weise ausgesprochen hatte, sagte er zu Medici, da es nun so sei, müsse die Regierung helfen, um der Bewegung Meister zu bleiben. Er versprach jede Unterstützung an Geld und Waffen, an Freiwilligen fehle es sowieso nicht. Jetzt könne man etwas ausrichten. Dieser Sieg sei wie die Fahne, die einst die portugiesischen Konquistadoren an der neuentdeckten Küste aufpflanzten, um dadurch vom Lande Besitz zu ergreifen. Sizilien gehöre jetzt Viktor Emanuel, es handle sich noch darum, die Zugehörigkeit faktisch zu machen.

Der Minister hatte unruhige Tage. Während die Freunde der Einheit ihn bestürmten, das wunderbare Ereignis für diese auszunutzen, kamen die Vertreter des piemontesischen Adels händeringend und verlangten energische Maßregeln gegen den barbarischen Friedensbrecher Garibaldi; sie gaben zu verstehen, daß sie Cavour für einen Entarteten, für einen Jakobiner hielten, weil eine solche Gewalttat unter seiner Regierung habe geschehen können. Der Botschafter des Königs von Neapel beklagte sich bitter, daß Viktor Emanuel, mit dem sein Monarch in guten Beziehungen stehe, den räuberischen Überfall geduldet habe. Cavour lehnte jeden Anteil der Regierung an der Expedition und jede Verantwortung derselben ab; er habe einen Versuch gemacht, die Schiffe zu fangen; daß es vergeblich gewesen sei, werde niemand besser als der König von Neapel begreifen, da seine gesamte große Flotte nicht dazu imstande gewesen sei. Die neapolitanische Regierung sei selbst schuld an diesen Exzessen, die auch ihm peinlich wären; denn die Funken, die aus einem Gebiet aufflögen, fielen zündend und verheerend in andere Länder. Sie hätten die wohlgemeinten Vorschläge Viktor Emanuels annehmen und zur rechten Zeit den berechtigten Wünschen des Volkes entgegenkommen sollen. Obwohl der Gesandte den Versicherungen Cavours durchaus keinen Glauben schenkte, mußte er sich wohl oder übel damit begnügen.

Die von Medici angeführte Expedition zur Unterstützung der Tausend hatte Genua kaum verlassen, als die Nachricht von der Eroberung Palermos eintraf, wodurch die Befürchtungen der einen und die Hoffnungen der andern Partei übertroffen wurden. Der glücklichste Mensch in Turin war der alte Giorgio Pallavicino. Gott habe ihm, sagte er, schon auf Erden die Auferstehung gewährt;

durch die Nacht des Kerkers habe er ihn in den Glanz der unerhörten Erfüllungen dieser Tage geführt. Viele Helden und Märtyrer hätten gelitten und wären zugrunde gegangen um Italiens willen: Garibaldi habe die Hand ausgereckt und es gemacht. Gott habe ihn erkoren, den andern bleibe nichts, als ihn zu lieben und Gott zu danken. Er wiederholte mit kindlicher Freude, daß er sich nichts als Verdienst anrechne, als daß er die Formel ›Italien und Viktor Emanuel!‹ ins Leben gerufen und Garibaldi dafür gewonnen habe. Dem Grafen Cavour hingegen war die Freude vergangen: wie ein allzu großer Fisch, in das Netz eines Fischers geraten, es zu zerreißen und den Verlust des ganzen Fanges herbeizuführen droht, so gefahrvoll fiel dieser gigantische Sieg in das Gewebe seiner Politik. Auch der Mensch, nicht allein der Minister, konnte verdrießlich über die Hochflut und Überschwemmung dieses einen Namens werden. Mit wem er sprach und wohin er ging, hörte er nichts als Garibaldi. Des Abends waren die Fenster beleuchtet, auf dem Platze spielte die Musik die Hymne Garibaldis, aus den Kaffeehäusern schollen die lauten Deklamationen über die Taten Garibaldis, in denen er mit Herkules verglichen wurde. Aber Herkules, hieß es, sei nur von heidnischem Ehrgeiz getrieben gewesen, Garibaldi von der Liebe zum Vaterlande. Das siegende Schwert in der Hand, beweine er die Gefallenen, Freunde und Feinde. Er brauche kein Heer, um Königreiche zu erobern; er ziehe hoch über den Menschen hin wie der Sturm. Man wähne ihn geschlagen, man wähne ihn vernichtet, er stehe siegreich vor Palermo, vor Rom. Derartige Reden wurden gehalten und in den Zeitungen wiederholt, die Cavour seufzend aus der Hand legte; denn er litt außerordentlich unter diesem Stile der Beredsamkeit und sagte zu seinen Vertrauten, daß Garibaldi ebenso verderblich für den guten Geschmack wie für die Politik wäre. Schon verbreitete sich bei Turin ein Geruch von Revolution: die Republikaner jubelten laut, als ob es sich um einen Sieg ihrer Sache handle. Bertani, der als unbedingter Republikaner bekannt war, trat in Genua, von Garibaldi durch eine förmliche Vollmacht dazu berechtigt, als sein Vertreter auf: er nahm Geld auf, warb Freiwillige und rüstete wie irgendein Souverän, als gäbe es keinen König, und das schien bei weitem unerträglicher als die Diktatur des Löwen, der unwillkürlich mit einem andern Maß als andre Menschen gemessen wurde. Dachte Cavour daran, daß ebenso eigenmächtig wie

Bertani auf dem Festlande der ihm gleichgesinnte, doch noch energischere Crispi in Sizilien vorging, so schien es ihm unmöglich, in Turin zu bleiben und zuzusehen. Es peinigte ihn, daß er Sizilien nicht kannte und sich deshalb unzulänglich fühlte, selbst schnell und nachdrücklich in die dortigen Verhältnisse einzugreifen. Die sizilianischen Emigranten, die durch die jüngsten Ereignisse leidenschaftlich erregt waren, mischten in ihren Jubel die eifersüchtige Besorgnis, wie die Lage ihrer Heimat ohne ihr Zutun gestaltet werden würde. Sie trauten Garibaldi nicht ganz und haßten Crispi, sein schroffes republikanisches Bekenntnis und seine Art, sich stillschweigend über seine Gegner hinwegsetzend, nach eigner Willkür zu handeln. Sie erhoben ein Geschrei über die Gefahr, der ihr Vaterland, ja ganz Italien ausgesetzt sei, nämlich des Umsturzes, der Herrschaft der Schlechten, der Anarchie. In einer Versammlung beschlossen sie die Vereinigung Siziliens mit Piemont und gingen Cavour an, Vorkehrungen zu treffen, daß dieselbe schleunig vollzogen werde, bevor die Republikaner sich einnisten könnten. La Farina erklärte sich bereit, sofort nach Palermo zu reisen, die Verhältnisse zu studieren, Garibaldi zu überwachen und den Anschluß zu betreiben; ihn verzehrte der Gram, daß die Befreiung seiner Heimat ohne ihn vorgegangen war, und die Ungeduld, das Unterlassene nachzuholen und etwas ganz Besonderes, alles bisher Geschehene Verdunkelndes zu unternehmen.
Cavour gab La Farina den ersehnten Auftrag mit nicht ganz freiem Gemüte, doch sagte er sich, daß es notwendig sei. Zwar hatte Garibaldi wieder und wieder Italien unter Viktor Emanuel proklamiert, und er kannte ihn nicht anders als einen Mann, dem das Lügen eine fremde Sprache war und nicht erlernbar; aber die Menschen, die ihn umgaben und von denen viele Anhänger Mazzinis waren, beeinträchtigten in den Augen vieler seine an ihm selbst unantastbare Zuverlässigkeit. Mazzini haßte der Graf schlechtweg; er sah in ihm einen aufgeregten und aufregenden Menschen, einen Schwärmer, der noch dazu hochmütig, selbstgefällig und eigensinnig wäre. Der Sinn für das republikanische Ideal fehlte ihm so sehr, daß es eigentlich für ihn nicht in Frage kam; im Grunde ärgerte es ihn, daß er sich mit solchen Hirngespinsten überhaupt befassen mußte. Doch da verlautete, daß Mazzini willens sei, nach Sizilien zu eilen, glaubte er das verhindern zu müssen; denn der Genuese konnte keinen andern Zweck haben, als dort seine Utopien

unter dem Schutze Garibaldis, der einst seiner Sekte angehört hatte, zu verwirklichen. Er ließ es sich angelegen sein, in Erfahrung zu bringen, mit welchem Schiff Mazzini reisen wollte, damit er ihn rechtzeitig festnehmen könnte, auf die Gefahr hin, daß er Garibaldi durch eine so gewaltsame Maßregel beleidigte.

An dem Tage, als Garibaldi nach mehrmaligen Waffenstillständen einen Vertrag mit dem neapolitanischen General abschloß, in dem der König sich verpflichtete, seine Truppen aus Palermo zurückzuziehen, traf La Farina auf einem Schiffe des Admirals Persano, unter dessen persönlichen Schutz Cavour ihn gestellt hatte, dort ein. Graf Persano, den Cavour angewiesen hatte, aufzumerken, ob Garibaldi irgendwie von seinem erklärten Programm, Italien unter Viktor Emanuel, abweichen würde und, wenn es nötig schiene, seine Offiziere zu beeinflussen, hatte sich darauf vorbereitet, als ein unwillkommener Aufpasser mit Mißtrauen aufgenommen zu werden, und war überrascht von der Herzlichkeit, mit der der Diktator ihm entgegenkam. Er sehe in ihm, sagte Garibaldi, gleichsam einen Vertreter des Königs Viktor Emanuel, dessen Einverständnis mit ihm durch des Admirals Anwesenheit dem Volke klar dargetan werde. Als ein Mann, der, ohne ein eigentliches Talent zum Feldherrn zu haben, an geselligen Liebenswürdigkeiten reich war und ganz besonders an hervorragenden oder sympathischen menschlichen Erscheinungen die Freude eines Feinschmeckers hatte, fühlte sich Persano sogleich zu Garibaldi hingezogen, und die warme und achtungsvolle Höflichkeit, die er ihm in jedem Falle gezeigt haben würde, entsprach seinem Gefühl. Er war bei sich überzeugt, daß Garibaldi ohne Wanken die Rechte des Königs wahren würde und daß die Vorsicht und Befürchtungen Cavours überflüssig wären, doch beschloß er, seinem Auftrage gemäß auf der Hut zu sein und die Schritte des Diktators genau zu überwachen. La Farina sogleich zu empfangen, weigerte sich Garibaldi; sie seien keine Freunde, sagte er, so daß es sie drängte, sich wiederzusehen, sie könnten warten; ein Amt oder einen Auftrag habe La Farina, soviel er wisse, bei ihm nicht, seine Zeit sei durch so viele und so wichtige Dinge in Anspruch genommen, daß Tag und Nacht nicht ausreichten, allem zu genügen. Wirklich war der Diktator in den ersten Tagen von Besuchern und Bittstellern umlagert. Es kamen Herren, meistens in Kleidung und Auftreten ele=

gante, die mit Hinweis auf ihre Taten und Opfer in vergangenen Jahren oder auf in der Verbannung ausgestandene Leiden Anspruch auf Anstellungen erhoben, Frauen, die, weil Männer oder Söhne in patriotischen Kämpfen gefallen seien, um eine Pension nachsuchten, dann auch solche, die gewisse Inhaber guter Stellen als Verräter oder Gesinnungslose zu verdächtigen suchten. »Und auf dieses Gesindel«, sagte Persano, »scheint alle Tage dasselbe lächelnde und leuchtende Gesicht, das ich jetzt anzusehen das Glück habe?« »Es scheinen jetzt auf sie«, sagte Garibaldi, »die feurigen Augen meiner Braven, aus denen ich eine Kommission gebildet habe, die Gesuche zu begutachten, die, wie ich fürchte, zuweilen ungeduldiger und ärgerlicher funkeln werden, als die Gerechtigkeit wollte.« Ihm selbst, sagte er, mißfiele es zwar, Verdienste um das Vaterland, wenn solche selbst wirklich beständen, zu persönlichem Vorteil ausnutzen zu wollen, und auch die Art dieser Leute, die oft zugleich zudringlich und unterwürfig, wortreich und hinterhältig wären, habe ihn fremdartig berührt. Nichtsdestoweniger gebe es unter diesem Gesindel viel gute Menschen, und dafür, daß einige es nicht wären, müsse man die Verhältnisse verantwortlich machen. Elend, Kampf um das Notwendigste, Unterdrückung und Furcht, die zu Verstellung verleite, entstellten das ursprüngliche Bild eines Volkes; an Italien, namentlich an Neapel und Sizilien, sei lange schwer gesündigt worden. Er hoffe jedoch, fuhr er lebhafter fort, die Spuren der Mißwirtschaft in weit kürzerer Zeit, als sie gewährt habe, verwischen zu können. Es wäre die Art der Menschen, durch böses Beispiel und Verführung allmählich zu sinken, sich auf den Wink eines guten Willens rasch zu erheben. Wenn die Umstände ihm eine Weile Zeit ließen, so hoffe er, den Grund wenigstens zu einem neuen, gesunden Leben des sizilianischen Volkes legen zu können.

Graf Persano glaubte dies durchaus nicht; aber er verschwieg seine Zweifel an der Besserungsfähigkeit des menschlichen Geschlechtes, um das schöne Heldengesicht, in dem das stolze Vertrauen in die eigne Kraft und die unvertilgbare Güte aller Wesen sich spiegelte, ungetrübt zu genießen. Er war neugierig, wie lange die Honigwochen der Verbindung zwischen der dankbaren Stadt und ihrem Befreier dauern würden, deren Ergebnis zunächst lauter Eintracht, Liebe und Hoffnung zu sein schien; wie eine durch die Schrecknisse des Todes hindurchgegangene, in ein neues, unverwesliches Fleisch

gekleidete Seele erhob sich Palermo strahlend, in den Düften seines Frühlings gebadet, aus der Verwüstung. Die Geschäfte, von denen viele seit der Verkündigung des Belagerungszustandes geschlossen waren, öffneten sich, man nahm die gewohnte Arbeit wieder auf oder beteiligte sich an denen, die der Wiederherstellung des Zerstörten oder dem Schutze des Gewonnenen dienten. Glocken wurden aus Klöstern und Kirchen geführt, um zu Kanonen umgegossen zu werden; man sah auf den Plätzen die Übungen der Soldaten, die unter Waffen blieben. Täglich verließen die königlichen Truppen die Stadt und wurden auf bereitliegenden neapolitanischen Dampfern eingeschifft, die sie nach dem Festlande führten. Einheimische Soldaten sorgten dafür, daß die Ordnung nicht gestört wurde und daß die verhaßten Häupter des gestürzten Despotismus sich ungefährdet der Rache des Volkes entziehen konnten. Wie man wegeilenden Wetterwolken nachsieht, die lange den Himmel verdunkelten, wenn schon die letzten Tropfen im Sonnenlichte blinken und der siebenfarbige Siegesbogen sich ins Unendliche spannt, folgten die Blicke den langen Reihen der abziehenden Soldaten, die die Werkzeuge eines knirschend ertragenen Druckes gewesen waren. Während diese bösen Geister verschwanden, brachten andre Schiffe Befreundete und Willkommene; denn es kamen von allen Seiten Hilfstruppen, die Freunde Italiens und Garibaldis, so der alte Rebell Nicola Fabrizi aus Malta, gesammelt hatten, und die zahlreichen Sizilianer, die von der Verbannung aus mit Sehnsucht auf eine Wendung des Geschickes ihrer Insel gewartet hatten.
Unter diesen war der angesehenste der Baron Torrearsa, dem man es hoch anrechnete, daß er allen Werbungen des Königs von Neapel unzugänglich geblieben war; ein Mann, dessen bis zur Verblendung gesteigerter Stolz ihn vor jeder Kleinlichkeit oder Unschicklichkeit im Reden und Handeln bewahrte, so daß sein Hochmut selbst nur selten und von wenigen bemerkt wurde. Menschen aller Stände wetteiferten, den allbekannten Mann, auf den Palermo wie auf eines seiner Monumente stolz war, festlich zu empfangen. Beim Anblick der geliebten Stadt, über deren noch rauchenden Ruinen die Siegesfahnen jubelten, brach der Heimkehrende in Tränen aus, die nicht aufhörten zu fließen, bis er Garibaldi gegenüberstand, den er sofort aufsuchte. Man erzählte sich, daß er, den fabelhaften Befreier mit den Augen messend, gesagt

habe: »Ihr habt getan, wofür ich nur Gott einmal danken zu können hoffte«; worauf Garibaldi heiter erwidert habe: »Danket immerhin Gott. Ich habe wenig getan, und etwas Großes ist geschehen: die Lücke, die dazwischenliegt, wollen wir mit dem Namen des Allmächtigen ausfüllen.«

Ebenso große Teilnahme begleitete die Gefangenen, die, als die bourbonische Besatzung das Kastell verlassen hatte, aus der Haft befreit in Wagen stiegen und zum Senatspalaste fuhren, um dem Diktator für Siziliens und ihre Befreiung zu danken. Es waren Männer aus den ersten adligen Familien Palermos, die nach dem vierten April, als der Teilnahme an der unglücklichen Erhebung Francesco Risos verdächtig, eingekerkert worden waren. Diese Freudenprozessionen kreuzten die Leichenbegängnisse derer, die bei dem Sturm auf Palermo oder in den Straßenkämpfen gefallen waren; auch über den Särgen rauschte die Trikolore, und auch auf sie stürzten aus den Fenstern, unter denen sie vorbeikamen, balsamische Blumen, so daß die Feste des Lebens und des Todes in einer und derselben Glorie untertauchten.

Sooft er konnte, besuchte Garibaldi die Schulen, die Spitäler und die Wohlfahrtsanstalten, um einzugreifen, wo es ihm nötig schiene. Da er eines Tages im Vorbeifahren über dem Portale eines großen, verkommenen alten Hauses eine Inschrift sah, die erklärte, daß hier ein Asyl für Waisenkinder sei, sprach er den Wunsch aus, dasselbe zu besichtigen. Das Innere des Hauses war im Stile eines Palastes, aber schäbig und trübselig; die allmählich entstandenen Schäden schienen niemals ausgebessert zu sein. Eine beklemmende Stille herrschte, mehrere Frauen in Nonnentracht, denen er in den Gängen begegnete, erschraken vor dem unangemeldeten Gast und liefen davon, um, wie sie sagten, die Oberin zu benachrichtigen. Diese, zu der er endlich geführt wurde, war eine Herzogin, eine alte Frau mit hagerem gelbem Gesicht, einer stark gekrümmten Nase und blauen Augen, die von schweren, breiten Lidern fast verdeckt waren. Sie empfing den Diktator mit herablassender Höflichkeit und einem Anflug von Ironie; denn sie pflegte nur das ernst zu nehmen, was ihre nur noch aus wenigen Köpfen bestehende, aussterbende Familie anging. Sie führte ihn durch mehrere Säle, deren Eigenschaften und Bestimmung sie kurz erklärte, ohne daran Anstoß zu nehmen, wenn die Tatsachen mit ihren Worten nicht übereinstimmten. In einem Zimmer saßen blasse Mädchen, die mit Handarbeiten beschäftigt waren; wenn er eine von ihnen anredete und eine Frage an sie richtete, antwortete die Herzogin an ihrer Stelle, während das Kind ihn ängstlich anstaunte. In einem andern, das durch herabgelassene Vorhänge verdunkelt war, befanden sich kleine Kinder, schwächliche und kranke, mit denen einige ältere sich beschäftigten; sie saßen auf der Erde oder auf kleinen Stühlen, und Garibaldi betrachtete erschreckt ihre wächsernen Gesichter, ihre trüben Augen und an manchen die schlecht verbundenen Wunden. Als er sich zu einem Kinde niederbeugte, um mit ihm zu spielen, und versuchte, es durch Späße zum Lachen zu bringen, veränderte es seine ernste Miene nicht und wendete sich endlich mit gesenkten Mundwinkeln gramvoll weg. Als der Rundgang beendet war, sagte Garibaldi, die Einrichtungen, die die Herzogin ihm erklärt habe, seien vortrefflich, doch habe er die Freude nicht gefunden, die bei Kindern herrschen solle, vielmehr glaube er sich in einem Kloster der Trappisten befunden zu haben. Die Herzogin sagte mit einem ironischen Blick auf den General: »Es wäre gut, wenn die ganze Welt ein solches Kloster wäre.« Auf seine Erkundigungen erfuhr Garibaldi, daß das Waisenhaus mit reichen Einkünften dotiert sei, von welchen die verarmte, aber verschwenderisch lebende Familie der Herzogin ihren Unterhalt bestreite; sie selbst spekuliere leidenschaftlich und mit außerordentlichem Geschick. Er blieb nachdenklich und einsilbig. Eine Theatervorstellung, der er am Abend beiwohnte, erheiterte ihn nicht, vielmehr stimmte das Flimmern des erleuchteten Hauses und der Anblick der mit blendender Kostbarkeit geputzten Damen, die sich bemühten, seine Aufmerksamkeit zu erregen, noch trüber. Während die Figuren des Dramas sich phantastisch gebärdeten, dachte er an das kleine Kind, das sich traurig abgewendet hatte, als er mit ihm spielen wollte. Es schien ihm unbegreiflich, daß so viele Kinder kläglich, ungeliebt verkümmern sollten, wo so viel Frauen, augenscheinlich mit warmen Herzen und der Begeisterung fähig, in Reichtum schwelgten, und er kam dazu, sich zu sagen, daß nur Unkenntnis und Gedankenlosigkeit daran schuld sein könnten. Als nach einem Fallen des Vorhangs das mit den Tüchern wehende, laut zujubelnde Publikum ihn um eine Ansprache zu bitten schien, fiel es ihm plötzlich ein, daß er in diesem Augenblick den bewegten Frauen die armen Kinder ans Herz legen könnte. Er stand auf und sprach von der Schönheit der Frauen, die durch Augen und Herz die Menschheit beglücke; daß aber ihrer Schönheit eigentümliches Wesen die Liebe sei, durch welche die Frau wie die Sonne erwärmend, belebend, beseligend wirke. Daß es die Natur der Liebe sei, sich zumeist den Unglücklichen und Hilfsbedürftigen zuzuwenden, daß aber niemand hilfsbedürftiger sei als die Kinder, die eigentlichen Schutzbefohlenen der Frauen. Dann erzählte er von den freudlosen Kindern, die er gesehen, von dem Schmerz, den er darüber empfunden habe und den sie selbst noch inniger fühlen würden als er, und empfahl zum Schlusse alle verlassenen und armen Kinder der Hilfsbereitschaft der schönen Frauen Palermos. Er lächelte jetzt wieder, im Gefühl, was ihn bekümmerte, guten Händen anvertraut zu haben, worin ihn der seinen Worten folgende, nicht enden wollende Jubel bestärkte, der ein Verstehen und ein Geloben auszudrücken schien.

Diesen Auftritt schilderte am andern Tage Graf Persano, der im Theater gewesen war, La Farina und sagte, er erstaune selbst, daß er darüber nicht hätte lächeln müssen, wie er sicher getan hätte, wenn ein andrer an Garibaldis Stelle gewesen wäre. Garibaldi aber mache mit seiner Erscheinung das Wunderbare leibhaftig, so daß man sich, solange man ihn sähe, darin heimisch fühle, ähnlich wie, wenn ein Theaterstück von Musik begleitet sei, man in die erfundenen Begebenheiten und vorgetäuschten Leidenschaften leichter hineingerissen werde oder wie es einem Berauschten nicht auffalle, wenn er oder ein andrer mit lauter Stimme oder in pomphaften Bildern redete.

La Farina, dessen feindselige Stimmung gegen Garibaldi triumphierte, seit der Diktator seine Ankunft unbemerkt gelassen hatte, sagte, daß freilich ein Rausch und eine Täuschung bei dem Taumel, der jetzt Sizilien und auch das Ausland ergriffen habe, im Spiele sei. Die Augen würden einem aufgehen, wenn die Wogen sich legten. Garibaldi könne nimmermehr erfüllen, was er jetzt verspräche. Im Geiste sähe er Sizilien seinem Untergange entgegengehen, wenn nicht die Verständigen sich zusammentäten, das Unheil aufzuhalten.

Persano entgegnete, er habe weder Garibaldi noch sich selbst mit Berauschten oder Getäuschten vergleichen wollen. Freilich werde es immer herz- und gedankenlose Frauen und verlassene und untaugliche Kinder geben; das schließe jedoch nicht aus, daß aus einem großen Herzen Kraft und Wärme in andre überströmen könne. Auch habe das nichts mit dem Schicksal Italiens im ganzen noch mit dem Siziliens zu tun. Garibaldi und seine Minister bemühten sich ehrlich, eine italienische Verfassung einzuführen; man solle ihn doch gewähren lassen. Er könne nicht mit einem Schlage alle Übel heilen, andre würden es ebensowenig oder noch weniger vermögen.

La Farina bewegte verneinend die Hand: er als geborener Sizilianer durchschaue die Verhältnisse besser als der Admiral. Unter der Hülle des allgemeinen Jubels gäre die Unzufriedenheit und Zwietracht. Viele Unwürdige befänden sich unter den Männern, die Garibaldi an das Steuer gestellt hätte, am schädlichsten sei Crispi, der den Diktator beeinflusse, der als Republikaner, Unitarier und despotischer Charakter überall verhaßt sei. Die Bourbonen und Klerikalen fingen an, sich wieder zu regen, und fänden Anhang, viele kämen zu ihm, um sich zu beklagen. Die ersten Männer Siziliens, die Barone Torrearsa und Pisani, die Garibaldi hochachteten, teilten seine Ansicht, daß er nicht fähig sei, ein Land zu verwalten, und daß nur schleuniger Anschluß an Piemont helfen könne. Garibaldis Versuche, die Mißstände zu heben und ideale Gesinnung zu pflanzen, seien kindisch. Anderseits achte er die Kultur für nichts und lasse seine barbarischen Gefährten ungestraft Werke der Kunst und Gelehrsamkeit vernichten, die sie verabscheuten, wenn sie von Bourbonen oder Geistlichen herrührten. Er bilde sich ein, alles zu vermögen, und die törichte Vergötterung des Pöbels bestärke ihn darin. Die Diktatur sei von jeher sein Ziel gewesen, er werde desto weniger willens sein, das endlich Errungene aufzugeben, je länger er es gekostet habe.

Graf Persano schüttelte den Kopf; er habe zugesehen, sagte er, wie Garibaldi zu Fuß durch die Straßen gegangen sei und wie das Volk ihn wie einen aus den Wolken zur Erde gefahrenen Gott angebetet habe. Eltern hätten ihre Kinder zu ihm aufgehoben, damit er ihnen den Segen erteile; er sei überzeugt, daß Kranke seinen Mantel angerührt hätten in der Hoffnung, dadurch zu gesunden. Er habe aber nicht bemerkt, daß Garibaldi von diesen Ehrungen, die allerdings das einem Menschen Gebührende und Zuträgliche überstiegen, in seinem Innern angetastet werde, sie schienen ihm nicht einmal aufzufallen. Es sei ihm eine Lust, diesen stillen und sieghaften Menschen durch die verzückten Massen hindurchschreiten zu sehen wie einen Kometstern, der nicht wisse und nicht be=

achte, ob die Menschen ihn verehren oder verfluchen, ob sie Gutes oder Übles von ihm erwarten, ja nicht einmal, ob er Gutes oder Übles anrichte. »Ich bin der Meinung,« sagte er, »daß es das beste ist, ihn die Bahn durchlaufen zu lassen, die ihm bestimmt ist, da er sich doch nicht wird irren lassen und die andern dabei zu Schaden kommen könnten.«

»Man sieht, lieber Graf,« sagte La Farina lächelnd, »daß Ihr ein feiner Geist seid und die Dinge aus einer Höhe betrachten könnt. Was Ihr gesagt habt, würde einem Dichter Ehre machen. Anders denken muß einer, der mitten im Getriebe steht und für den Gang der Maschine verantwortlich ist. Die meisten Emigranten sind wie ich der Meinung, daß die mazzinianische Republik uns aufgedrungen werden wird, wenn wir uns nicht beizeiten wehren, und sie würden eher nach Neapel gehen als sich der Tyrannei einiger extremer Köpfe unterwerfen.«

Graf Persano richtete sich mit Würde auf, indem er sagte, er lasse sich nicht blenden noch durch Gefühle täuschen; seiner Pflicht sei er sich bewußt und werde danach zu handeln wissen. Seiner Ansicht nach sehe La Farina zu schwarz, doch werde er die Augen offenhalten. Er versprach dahin zu wirken, daß La Farina von Garibaldi empfangen werde; denn seinem persönlichen Einfluß, meinte der Sizilianer, würde es vielleicht gelingen, den General auf den rechten Weg zu weisen.

Der Admiral fand Garibaldi zum ersten Male, seit er ihn in Palermo sah, in verdüsterter Stimmung. Er war im Gespräch mit Nuvolari und andern vertrauten Freunden, die ihm zuredeten, daß er gegen La Farina Maßregeln ergreife, der offenbar darauf ausgehe, seine Stellung zu erschüttern. »Dieser Kammerdiener Cavours«, sagte Nuvolari, »schleicht sich ein mit einer Kiste voll Geld und voller Zettel, auf denen geschrieben steht: ich stimme für den Anschluß an Piemont, einer Pandorabüchse, aus der alle Übel in unser Paradies kriechen, klebt die Zettel an alle Mauern, daß es das Ansehen hat, als wäre über Nacht ein patriotischer Schnee aus den Savoyer Alpen auf Palermo gefallen. Wo er einem Kerl begegnet, der mißvergnügt mit der Nase schnüffelt, steckt er diesem mit einer Hand ein Stück Geld in die Tasche, legt ihm die andre auf die Schulter und sagt ihm vertraulich, daß die neue Regierung aus Trotteln und Schuften bestehe und daß Viktor Emanuel, wenn er erst zu sagen hätte, ihn, gerade ihn, den schnüf=

felnden Tagedieb, zum ersten Minister mit doppeltem Gehalt machen würde. Ich sagte dir immer,« fuhr er eifrig zu Garibaldi gewendet fort, »daß das System der Dynastie des Bombenkönigs nicht unweise war für dies Klima und das Ungeziefer, das es hervorbringt, und daß es übereilt wäre, es sogleich zu beseitigen. Wer würde dich nicht loben, wenn du diesen Menschen aus Messina, den Ränkeschmied und Giftmischer, der in die schönste Frucht der Eintracht seine Schlangeneier legt, in jenes berühmte Krokodilsloch oder ein andres von den Burgverliesen würfest, an denen diese Insel reich ist?«

Garibaldi sagte erklärend zu Persano, der vergnügt zugehört hatte, man habe ihm vorhin, als er durch die Straßen geritten sei, nicht nur wie sonst zugerufen: »Es lebe Garibaldi!«, sondern zugleich: »Nieder mit Crispi!«, von dem man doch wisse, daß er sein Freund sei und mehr fast als alle um die Befreiung Siziliens sich verdient gemacht habe. Er sei schon vor Tagen gewarnt, daß eine Verschwörung gegen ihn im Werke sei mit der Absicht, ihm die Regierung zu entziehen und sofort dem Könige Viktor Emanuel zu übergeben; er habe es bisher nicht beachtet, nun aber sehe er ein, daß er es nicht so weiter könne gehen lassen. Persano brachte verschiedenes vor, um La Farina zu entschuldigen, der eine große persönliche Verehrung für Garibaldi habe, nur zuweilen voreilig und übereifrig und sehr empfindlich sei. Er fühle sich verletzt, daß der Diktator ihn noch nicht empfangen habe. Garibaldi möge es tun, vielleicht könnten sie sich im Gespräch verständigen und dadurch unheilvolle Konflikte abwenden.

Trotz der Gegenvorstellungen Nuvolaris willigte Garibaldi ein; doch empfing er La Farina mit Zurückhaltung und ohne seine Befangenheit durch ein Lächeln oder ein freundliches Wort zu ermutigen. La Farina sah leidend aus, sein Blick war unruhig, sein hübsches Gesicht dicklich und schlaff geworden und dadurch entstellt, doch war er noch redefertiger und im Auftreten gewiegter als früher. Er faßte sich schnell, beglückwünschte Garibaldi zu seinen Erfolgen und erinnerte ihn an den Anteil, den er selbst an der Expedition genommen habe. Dann sprach er von dem Charakter der Sizilianer und Palermitaner insbesondere und beklagte ihre Veränderlichkeit und Parteiwut, was ihn auf ihre Abneigung gegen Crispi brachte. Garibaldi würde gut tun, ihn auf eine Weile zu entfernen.

Er denke nicht daran, erwiderte dieser, um selbstsüchtiger Menschen willen einen Mann fallenzulassen, der dem Vaterlande seine Ergebenheit und Opferwilligkeit hundertfach bewiesen habe.
Man könne zuweilen, meinte La Farina, um des Nutzens willen etwas tun, was das Gefühl mißbillige.
Nein, rief Garibaldi heftig aus, eine undankbare und sinnlose Handlung könne niemals nützlich sein, und betonte seine Worte so, daß La Farina es geraten fand, den Gegenstand fallenzulassen. Ihn bewöge, sagte er, einzig die Sorge um Siziliens und Italiens Schicksal. Er wisse, wie stark die Bourbonen noch auf der Insel seien; die Gutgesinnten dagegen wären schwach, ließen sich einflüstern, daß Garibaldi nicht im Einverständnis mit Viktor Emanuel gehandelt habe, und fürchteten, daß sie ohne starken Schutz von außen der Rache des Königs von Neapel bald wieder würden ausgeliefert werden, wie es 1848 geschehen sei. Sofortiger Anschluß an Piemont würde aller Unsicherheit und allen Parteiungen ein Ende machen.
Garibaldi brauste auf: eben weil er die Gefahren des Abfalls kenne, wolle er die Insel, die er erobert habe, noch in seiner Hand behalten. »Ich habe sie«, sagte er, »auf meine Gefahr angegriffen und mit dem Blute der Meinen erkauft und werde sie, wann es mir Zeit scheint, dem geben, dem ich sie zugedacht habe.« La Farina fühlte, daß er sich dem Blick schneidender Verachtung, der auf ihm ruhte, nicht länger aussetzen könne, und verabschiedete sich von Garibaldi in einer Weise, die die unversöhnliche Entfremdung zwischen ihm und dem Diktator deutlich machte.
Als Graf Persano kam, um sich nach dem Verlauf des Besuches zu erkundigen, war der Groll aus den Mienen Garibaldis verschwunden. Während sie zusammen nach der Festung Castellamare fuhren, die in diesen Tagen auf Befehl des Diktators demoliert wurde, gab er seiner Entrüstung Ausdruck, doch ohne Empfindlichkeit. Es seien eben jetzt, sagte er, Nachrichten von bösartigen Revolten in Bronte, Cesaro und andern Ortschaften Siziliens eingelaufen. Schandtaten seien verübt, als sei mit dem Sturze der Bourbonen das Gesetz selbst vernichtet. Inmitten dieses wilden und unberechenbaren Volkes habe der Feind noch bedeutende Festungen besetzt: Milazzo, Messina, Syrakus. Er könne jetzt nicht heimgehen und sein unvollendetes Werk andern Händen überlassen,

welche es auch seien. Ihm habe das Volk sich vertraut, er habe sich ihm gelobt und werde nicht ruhen, bis es frei sei.
Der Graf stimmte ihm bei; immerhin, meinte er, würde die Verkündigung des Anschlusses an Piemont ihn keineswegs hindern, sein Werk zu vollenden. Viktor Emanuel würde ihn in der Regentschaft über Sizilien bestätigen, und er würde mit dem sicheren Rückhalt eines ansehnlichen Staates handeln können.
Garibaldi warf dem Grafen einen schnellen Blick zu und sagte: »Ich stand bisher fest, da ich allein stand. Auch weiß ich nicht, ob dem Könige ein Geschenk willkommen wäre, das ihn zum erklärten Feinde des Bourbonen machte.«
Der Weg nach Castellamare war fröhlich belebt durch Wagen voll festlicher Menschen und Fußgänger. Der Befehl des Generals über die Zerstörung der Burg, die er angeordnet hatte, weil eine Festung an dieser Stelle nur zur Unterjochung der Stadt, nicht zur Verteidigung nach außen dienen konnte, war volkstümlich wie kein andrer; denn es befriedigte die Menschen, das jahrhundertealte Symbol ihrer Knechtschaft stürzen zu sehen, und sie hätten die Mauern gern mit ihren Händen niedergerissen. Einige Türme und ein Teil des Mauerwerks waren schon eingerissen; Staubwolken stiegen ununterbrochen wie Rauch eines Opfers in den duftenden Äther. Damen in bunten Kleidern bemühten sich, mit kleinen Hämmern Steine loszuschlagen, vor Mutwillen glühend und mit den Herren, die sie begleiteten, lachend. In einem leeren, halb zerstörten Fenster stand ein Mönch, die dreifarbige Schärpe um die Kutte geschlungen, und redete zu einer Gesellschaft, die auf Steinen und im Grase gelagert war, wobei er ein Beil in der Hand schwang und zuweilen, wenn die großen Worte kamen, an das Gemäuer schlug, daß es weithin dröhnte. Andre Mönche, in roten Hemden und mit Waffen versehen, arbeiteten emsig an der Zerstörung. Ein Mann, dessen totenhafte Blässe und Magerkeit vermuten ließ, daß er lange gefangen gewesen war, kniete gesenkten Hauptes an einer Stelle, von der aus man die nun geöffneten Kerkerlöcher sehen konnte, neben ihm eine schlanke Frau, deren Körper von leidenschaftlichem Schluchzen erschüttert war. Nicht weit von diesen hatten sich zwei junge Mädchen, die die Röcke voll Blumen hatten, auf einen Mauervorsprung geschwungen und ließen aus den aufgehobenen Händen Ginster, Rosmarin, wilden Oleander und Granaten in die aufgerissenen Grüfte fallen. Mäch-

tig stand die eherne Gestalt des purpurnen Pellegrino hinter dem Gewimmel über den stürzenden Mauern.
Garibaldi und Persano waren ausgestiegen und betrachteten das Schauspiel. »Heute«, sagte der Graf, »ist es in Wahrheit das glückliche Palermo.« Garibaldi stand eine Weile in Sinnen und sagte dann: »Welche Aufgabe, dies Volk glücklich zu machen, das in der Gnade der Natur steht! Es scheint, daß die Menschen sich allzuweit vom Herzen der Natur entfernt haben und es ihnen deshalb nicht mehr gelingen wollte.« Persano dachte bei sich, indem er Garibaldi verstohlen ansah: ›Ja, du bist aus ihrem Eingeweide! Du hast von ihrer Milch getrunken! Aber was hilft es dir in unserm erklügelten Dasein? Ist es nicht vielleicht das Schönste, was dir gelingt, daß ich und meinesgleichen sich an dir laben können?‹ Zugleich sagte er sich, daß dieser Mann einen Trieb zu herrschen wohl haben müsse und daß es jedenfalls nicht überflüssig sei, ihn aufmerksam zu überwachen.
Garibaldi hatte über dem bei Castellammare empfangenen Eindruck La Farina vergessen, doch erinnerten ihn bei seiner Heimkehr erneute Zusammenrottungen von Menschen daran, die ihn mit dem Rufe: »Nieder mit Crispi!« verfolgten. Daran schloß sich am folgenden Tage ein andres Ereignis: Der Gemeinderat, an dessen Spitze Baron Pisani stand, überreichte ihm eine Adresse, in der er ihm für die Befreiung Palermos förmlich dankte, ihm den Beschluß mitteilte, daß das Tor Porta di Termini, durch das er mit seinen Tausend eingedrungen sei, künftighin seinen Namen tragen solle, daß ihm das Geschenk eines Ehrensäbels bestimmt sei und daß ein jeder von den Tausend eine Gedenkmünze erhalten werde; um endlich damit zu schließen, daß es nunmehr an der Zeit sein möge, die Sehnsucht des Volkes nach der Vereinigung mit dem großen Vaterlande durch die Verkündigung des Anschlusses an Piemont zu befriedigen.
Zunächst empfand Garibaldi bei dieser unerwarteten Wendung mehr Überraschung als Unmut. Er hatte nicht gedacht, daß diese Männer, die er als die Spitze der Stadt ansehen mußte, die ihn ihrer Zuneigung, ihrer Verehrung und ihres unbedingten Vertrauens oft versichert hatten, diesen Anschluß so sehr wünschten und für so notwendig hielten, daß sie ihn in förmlicher Weise, obwohl sie fürchten mußten, ihm damit unwillkommen zu sein, daran mahnten. War es denn wirklich der Wunsch des Volkes,

warum, fragte er sich, sollte er nicht willfahren? Er hatte ihnen die Freiheit gebracht, damit sie selbst über sich verfügten; sollte er ihnen aufdringen, was sie nicht wollten, oder entziehen, was sie wollten?
Er wurde in seinem Gedankengange durch Crispi unterbrochen, der, als sein Sekretär, sich in seiner Nähe aufzuhalten pflegte. Da Garibaldi ihm mitteilte, daß er nicht abgeneigt sei, dem offenbaren Willen des Volkes nachzugeben, sah Crispi ihn erstaunt und fast ungläubig an. Ob jene Ehrgeizigen und Bedenklichen, die La Farina aufgestachelt habe, das Volk seien? Ob er Sizilien erobert habe, um es gleichgültig wie ein Künstler einen Block Marmor, der für seinen Entwurf zu klein sei, beiseite zu werfen und andern zu überlassen? Ob er ihn nicht wenigstens mit ein paar Hammerschlägen zuhauen wollte, ehe ihn andre verpfuschten? Ob er sich nicht bewußt sei, das Gute für Sizilien zu wollen und mehr zu vermögen, als ein andrer vermöchte?
»Ihr seid, Crispi,« sagte Garibaldi, »in Euerm Herzen ein Republikaner und habt das Haus Savoyen niemals gern in Eurer Heimat leiden wollen.« Crispi entgegnete finster: »Ich bin unter Eurer Führung, nicht unter Viktor Emanuel heimgekommen, wenn ich auch wußte, daß wir für ihn arbeiteten, und ich rechnete darauf, mit Euch weiterzugehen, bis wohin Ihr wolltet, nicht bis der König Euch stehenzubleiben hieße.«
Nachdem Garibaldi bis tief in die Nacht allein gewacht hatte, antwortete er am folgenden Morgen dem Gemeinderat, es sei nach wie vor sein Wille, daß Sizilien ein Teil Italiens unter Viktor Emanuel werde; daß er es aber so lange in eignen Händen behalten wolle, bis er Neapel und Rom befreit habe; denn er sei nicht gekommen, um nur Sizilien zu helfen, sondern um Italien zu machen, und er bedürfe dazu der Macht, die er jetzt innehabe. La Farina ließ er nach einer Frist von wenig Stunden auf ein Schiff begleiten, das ihn nach Turin zurückführte.
Nuvolari brummte über diese Maßregel: »Ist das Gerechtigkeit? Dieser Mensch aus Messina, der wegen hochverräterischer Umtriebe gegen den Diktator in die Krokodilskammer hätte geworfen werden sollen, wird mit angenehmer Eile auf einem wohnlichen und haltbaren Schiff nach dem lieblichen Italien befördert. Wir, die wir es treu meinen und uns redlich plagen, müssen in dieser stinkenden Hölle, dieser Grube voll Nattern, dieser Wiege

der Skorpione schwitzen, indes der Übeltäter den milden Himmel unseres Italiens wiedersieht.«

»Er hat die Hölle samt Nattern und Skorpionen im Busen«, sagte der alte Ripari tröstend.

Graf Persano war der Meinung, es sei Garibaldi nicht zu verdenken, daß er sich des Unruhstifters entledigt habe, hielt es aber für seine Pflicht, ihm vorzuhalten, daß er weniger schroff gegen einen Vertrauten des Grafen Cavour hätte vorgehen sollen. Der Minister hatte ihm kürzlich den Auftrag gegeben, den Diktator zu veranlassen, daß er Mazzini, wenn er in Sizilien ankäme, den Aufenthalt auf der Insel nicht gestatte, sondern ihn sofort nach Genua zurückschicke; doch hatte er für diese Zumutung, die ihm übertrieben vorkam, bisher noch keine passende Einkleidung gefunden. Nun, dachte er, könnten die mißfälligen Besprechungen mit einem Male abgemacht werden. Garibaldi schnitt seine höflichen Vorstellungen, die Entfernung La Farinas betreffend, ungeduldig ab, indem er sagte, ihm scheine es albern, Formen zu wahren, wenn das innerste Leben in Aufruhr sei. Cavour habe ihn mit Spionen umgeben, die ihn hätten lähmen und zu Falle bringen sollen; er habe die herankriechende Schlange, bevor sie hätte beißen können, mit einem Fußtritt von sich gestoßen. Das würde er nicht bereuen noch sich deswegen rechtfertigen, geschweige denn entschuldigen.

Einlenkend sagte der Graf, er gebe zu, daß Garibaldi im Rechte sei. Doch habe er La Farina bedauern müssen, der ihm, als er ihn bei seiner erzwungenen Abfahrt gesehen habe, wie ein kranker, im Innern zerrissener Mann erschienen sei. Seine Augen seien flackernd und tief unterschattet gewesen, alle seine Äußerungen gewaltsam. Seine Liebe zu seiner Heimat sei echt, sein Gefühl innig, sein Verstand in Ordnung; irgendein entfesselter und ausartender Trieb scheine ihn zu verzehren. Sicherlich habe er seine Befugnisse mißverstanden oder überschritten; denn Cavour verkenne keineswegs, was Garibaldi für Italien Gutes getan habe und noch tun könne, er wolle ihm herzlich wohl und wünsche sich nichts Besseres, als vereint mit ihm zu handeln. Cavour sei ein großer Mann und habe nichts im Sinne als das Heil Italiens. Der Diktator möge beweisen, daß er, indem er La Farina entfernt habe, sich nicht gegen Cavour habe wenden, sondern nur der Gerechtigkeit habe genugtun wollen, er könne das nämlich dadurch tun,

daß er Mazzini, der in einigen Tagen in Palermo landen würde, festhalte und zurückschicke.
Garibaldi errötete; Persano konnte sehen, wie ein plötzlich aufwallender Zorn ihn ganz überlief und verwandelte. »Sagt dem Grafen Cavour,« antwortete er, »daß in Sizilien ein Regierungswechsel vorgekommen ist. Ich bin nicht Maniscalco.«
Der Admiral, der nicht furchtsam war, betrachtete Garibaldi mit teilnehmender Neugier, wie wenn er sich etwa über einen lebendigen vulkanischen Krater beugte, in dem zuvor ein dumpfes Rollen hörbar war, so daß er damit rechnen müßte, plötzlich von herausgeschleuderten Steinmassen getroffen zu werden. »Ihr habt mich«, sagte er mit der vornehmen Würde, die er in geeigneten Augenblicken zu entfalten wußte, »als einen Ehrenmann und Patrioten kennengelernt. Ich entledigte mich, indem ich das Ansinnen an Euch stellte, eines Auftrages, in dem ich nichts Anstößiges sehen konnte, nachdem Ihr soeben selbst gezeigt habt, wie Ihr mit Männern verfahrt, die eine Gefahr für den Staat bilden. Auch Mazzini ist ein Friedenstörer und als Republikaner ein Gegner der von Euch verkündigten und vertretenen Regierung.«
»Wollt Ihr im Ernste«, rief Garibaldi drohend, »Mazzini, der sein Leben zum Opfer gebracht hatte, mit La Farina vergleichen, der im trüben fischen wollte?« Er hätte nicht gedacht, fuhr er fort, daß Persano, den er als einen freimütigen Mann von warmem Herzen zu erkennen geglaubt habe, sich zum Diener des teuflischen Rechners Cavour habe machen können. Er sei ein Diener des Vaterlandes, sagte der Graf, das Cavour mit viel Arbeit und Aufopferung stark und einig gemacht habe. Garibaldi wandte sich ab. »Er wird mich finden,« sagte er rauh, »wenn er mich für Italien braucht; mit dem Minister des Königs von Sardinien habe ich nichts zu schaffen.«
Garibaldi glaubte die Verstimmung, die diese Vorgänge in ihm hinterlassen hatten, nicht so bald überwinden zu können; aber es war, als litte die Sonne, die über Palermo stand, keine Wolke auf seiner Stirne. Die von Medici geführten Freiwilligen, die an diesem Tage einrückten und die er vom Balkon seines Palastes aus begrüßte, jubelten zu dem siegreich lächelnden Antlitz auf, das ihnen ebenso in Schlachten geleuchtet hatte. Vollends als das Fest der heiligen Rosalie mit dem äußersten Gepränge begangen

wurde, erschien der Diktator in so heiterer Herrlichkeit, daß die Stadtgöttin selbst in Vernachlässigung geriet und die seit Jahrhunderten ihr angestammte Verehrung auf den neuen, im schönsten gegenwärtigen Dasein strahlenden Heiligen übertragen wurde.

Während der Frühlingsmonate war Mazzini in London. Seine Freunde fanden seine Gespräche weniger belebend, als sie gewohnt waren; er konnte jetzt stundenlang in einem Kreise weilen, ohne daß der wärmende und weckende Geist, der sonst von ihm ausging, sich der Gesellschaft mitteilte. Als er an einem warmen Abend mit einem englischen Freunde durch eine der unabsehbar langen Straßen ging, deren äußerste Strecke in rosigblauem Dunst verhüllt war, so daß man glauben konnte, an den warmen Häusern wie an einer Mauer entlangzugehen, die in paradiesische Landschaften führe, redete dieser ihm zu, eine gewisse literarische Arbeit zu übernehmen, die in einer Zeitschrift erscheinen sollte. Mazzini antwortete ablehnend, da er sich nicht dazu imstande fühle. »Jetzt fühle ich, wie reich ich einmal war,« sagte er, »an meiner Armut. Was für süße Farben quollen an meinem Horizonte, was für Quellen sprudelten da, wo es jetzt trocken in mir ist! Wie wenn man über eine strotzende Wiese geht und die Blumen den Fuß zu umschlingen scheinen, damit man stehenbleibe und pflücke, so blühte es in meinem Geiste und drängte mich, bunte Kränze zu winden. Ich pflückte die Blumen nicht, um anstatt dessen Steine zum Bau Italiens zu tragen, und inzwischen sind sie verwelkt und neue nicht mehr gewachsen.« Gewachsen sei dafür Italien, sagte der andre; im Grunde sei es begreiflich, daß er die Gedanken nicht von seiner Heimat abziehen könne, jetzt, wo sich Entscheidendes dort vorbereite. »Wenn es gelingt,« erwiderte Mazzini trübe, »so krönt der Erfolg den König von Sardinien und macht uns und unsre Hoffnungen zu Bettlern. Wer weiß aber, ob es gelingt? Ob nicht Garibaldi, der einzige Mann, den die Natur Italien zum Siegen gegeben hat, abwärts auf stygischem Wasser nach Sizilien fährt.« Der Engländer sagte: »Es war sonst Eure Art nicht, zu fürchten, solange man noch glauben konnte.« »Vielleicht«, entgegnete Mazzini, »habe ich schon zu oft gehofft und mich ergeben.« Ergeben? nein, versetzte der andre, ohne Hoffnung zu hoffen, das eben sei seine Größe gewesen; wie eine Frau, die tote Kinder gebäre und immer wieder in Hoffnung neuer Geburten sei, um durch neu sprießende Lebenskeime den Fluch zu überwinden, habe er nach jeder Niederlage sich lächelnd aufgerafft und sei dem Schicksal mit neuen Plänen und neuer Siegeshoffnung entgegengetreten. Mazzini nickte. »Es mag sein, daß ich alt geworden bin«, sagte er; »auch die bewußteste Kraft überwindet die Zeit.« Von seiner Sorge um Rosolino Pilo vermied er zu sprechen; er hatte so viel Bangigkeit und Wünsche an diesen Namen gehängt, daß er zu schwer für seine Zunge geworden war.

Wenige Tage nach diesem Gespräch veranlaßte ihn die Nachricht von der Abfahrt Garibaldis, nach dem Festlande zu reisen. Er ging über Lugano nach Genua und pflegte beim Einbruche der Dunkelheit Bertani aufzusuchen, bei dem er die eingetroffenen Briefe lesen und die Ereignisse besprechen konnte; dort erfuhr er den Tod Rosolino Pilos. Die Baronin Cambiaso, eine Freundin Bertanis, versuchte den wehrlos in Schmerz Versunkenen dadurch aufzurichten, daß sie ihn daran erinnerte, wie er vor drei Jahren in ihrem Hause, nach Tagen der Furcht, der bösen Ahnung, der zweifelnden Hoffnung, den Untergang des Carlo Pisacane erfahren habe. Wie der Schrecken alle Anwesenden stumm, fast blöde gemacht habe und er vor allen ins innerste Herz getroffen gewesen sei. Wie er indessen allmählich sich gefaßt habe, wie das von innen strömende Licht seine Stirn geklärt habe, wie er aufgestanden sei und etwa so gesprochen habe: Das Erscheinen des Menschen in irdischen Formen sei wie ein Kämpfen des Geistes im Traume, das Ringen eines in Wasser Versunkenen, der sein Antlitz und seine Gestalt vergeblich zu enthüllen suche, bald aufblitzend wie eine geheimnisvolle Weissagung, bald untertauchend und sich verlierend, so daß nur ein undeutbares Gurgeln von ihm Kunde gebe. So sei das Leben ein Schleier, unter dem die Geschicke des Menschen hinliefen. Wir sähen wohl eines Freundes leidenschaftliche Gebärde, wir hörten seinen Schrei, wir vernähmen frohe, traurige, süße, liebevolle Worte, oft unverbunden und mißdeutet, wir bemühten uns in allen seinen Reden und Mienen Zusammenhang zu finden und hätten doch nur Stückwerk. Da käme die weiße Hand des Todes und zöge den Schleier von diesem Schicksal. Morgenrot leuchtend läge die still entfaltete Gestalt vor uns; seht, das war sein Haß, seine Sehnsucht, seine

Weisheit! Er sei nun nicht mehr eine Reihe verworrener, in Nebel gehüllter Zeichen, er sei ein Bild im Lichte unveränderlich jung, er lebe! Die Toten seien die wahrhaft Lebendigen, und ein Gott der Sonne sei der Gott der Toten. So habe Mazzini gesprochen, allen sei dabei zumute geworden, als befände sich der Tote vollendet in ihrer Mitte, und sie hätten im Herzen ihm gedankt, dessen Lippen das Auferstehungswunder gespendet hätten.
Alle waren von dieser Erinnerung ergriffen; Bertani stand auf, ging schnell auf Mazzini zu und blieb vor ihm stehen, ohne ein Wort zu finden. Nach einer Pause sagte Mazzini zu der Dame: »Ich erkenne meine Worte nicht wieder, und fast möchte ich glauben, es wären Eure und Ihr hättet sie, weiblich zartfühlend, mir selbst zugeschrieben. Als solche sollen sie mich trösten und mahnen.«
Seit der Zeit war keine Niedergeschlagenheit mehr an ihm zu bemerken; im Gegenteil wurde seine Stimmung täglich frischer, und er pflegte, wenn er des Abends zu Bertani kam, die Freunde durch die Erzählung seiner inzwischen erlebten Abenteuer zu belustigen. Denn es machte ihm Vergnügen, die Leute, von denen er wußte, daß sie beauftragt waren, seinen Aufenthalt auszuspüren, selbst anzusprechen und irrezuführen, wobei ihm die zahlreichen ergebenen Freunde, die er im Volke hatte, gern behilflich waren, so daß sich unversehens die drolligsten Komödien ausbildeten.
Es war ihm eingefallen, sich gegenüber einem dieser Spione als einen Beauftragten der französischen Polizei auszugeben, der eben auch auf Mazzini fahnde, weil derselbe mit Anschlägen auf des Kaisers Napoleon Leben umgehe, und er ängstigte den Mann damit, daß er ihm seine Waffen zeigte und ihn in alle seine Vorsichtsmaßregeln und Verteidigungsmittel einweihte, da Mazzini ein verzweifelter Mensch sei, der seine Freiheit teuer erkaufen und Menschenleben nicht schonen würde. Trotz seines ausgeprägten und unvergeßlichen Gesichtes war er dank seiner Unbefangenheit und einer Gewandtheit seines Wesens, die er übermütig ausnutzte, von jeher allen Nachstellungen, denen er beständig ausgesetzt war, entronnen.
Was ihn jetzt vor allem beschäftigte, war der Einfall in den Kirchenstaat, den Bertani dem Auftrage Garibaldis gemäß vorbereitete, den er für besonders wichtig, ja entscheidend für das Ge-

lingen der großen Unternehmung des Generals hielt. Es fehlte noch an einer geeigneten Persönlichkeit, denselben anzuführen; denn Medici, an den er und Bertani zuerst dachten, weigerte sich, weil er durch Cavour gegen den Plan eingenommen war, unter dem Vorwande, daß er ungeduldig sei, sich mit Garibaldi in Sizilien zu vereinigen. Bevor er an der Spitze der ersten großen Hilfsexpedition, die Bertani ausgerüstet hatte, abreiste, sagte er zu diesem, er möge Mazzini nicht zuviel Einmischung gestatten, wenn es möglich wäre, ihn bewegen, nach England zurückzugehen. Mazzini wäre nun einmal das Haupt der Republikaner, und er möge sich anstellen wie er wolle, durch seinen Namen und seinen Ruf, die mächtiger wären als er selbst, ein Gegner oder eine Gefahr der Sache, für die sie jetzt kämpften. Bertani sah Medici mit einem langen, staunenden Blick an und sagte dann: »Er kämpft für dieselbe Sache wie ich und du, soviel ich weiß. Oder bist du nicht mehr derselbe, der das Vascello verteidigte?« Derselbe in verschiedenen Zeiten sei derselbe und doch ein andrer, sagte Medici, leicht errötend. Er liebe und schätze Mazzini nach wie vor und würde ihn niemals verraten, obwohl er wisse, daß er sich dadurch bei Cavour angenehm würde machen können; aber da er sich nun einmal entschlossen habe, wie Garibaldi für die Monarchie zu arbeiten, so könne er Mazzinis Teilnahme an den politischen Dingen nicht wünschen, da er die Erreichung des Zieles nur erschweren werde. »Es war eine Zeit, wo nichts ohne ihn ging, so wird es jetzt auch mit ihm gehen«, sagte Bertani. Nachdem sie sich getrennt hatten, kehrte Medici noch einmal um, und indem er Bertani die Hand hinhielt, sagte er: »Was ich gesagt habe, wird nicht zwischen unsre Freundschaft treten?« Bertani nahm seine Hand und antwortete: »Du warest mir monatelang ein treuer Krankenpfleger, das vergißt sich nicht so leicht. Meinungsverschiedenheiten sollen uns nicht trennen«, womit sie voneinander Abschied nahmen.

Auch die andern Offiziere, die etwa als Leiter einer Expedition in Betracht gekommen wären, eilten nach Sizilien, ungeachtet Bertani ihnen vorstellte, daß sie Garibaldi einen erwünschteren Dienst leisten würden, wenn sie den Einfall in die Marken und Umbrien glücklich bewerkstelligten; die Insel im Süden war zu einem Magnetberge geworden, der die Tapferen aus ganz Italien überwältigend an sich zog. Indessen langte in Genua der Baron Giovanni Nicotera an, ein Genosse Pisacanes, der, soeben aus der Gefangenschaft befreit, Garibaldi freimütig erklärt hatte, daß er es vorziehe, mit Freiwilligen in den Kirchenstaat, als unter ihm, der sich selbst als Vorkämpfer Viktor Emanuels bezeichne, nach Neapel zu gehen. Es war ihm kaum anzumerken, was er drei Jahre lang erduldet hatte; sein Auge blickte hell und scharf, seine Haltung war elastisch, und er war ungeduldig, sich in neue Unternehmungen zu werfen. In der Art, wie er den Kopf trug, sprach und blickte, lag Hochmut, der aber weniger verdroß, weil er sich unverstellt bekannte und überhaupt eine unbestechliche, eigentlich leidenschaftliche Ehrlichkeit versöhnlich an ihm wirkte. Er klagte, daß es ihm scheine, als sei er nicht drei Jahre, sondern drei Jahrzehnte abwesend gewesen, so finde er Menschen und Dinge verändert. Die, welche früher mit Gefahr ihres Hauptes für Italien eingetreten wären als einzige, ständen jetzt im Winkel, um dem königlichen Banner Platz zu machen; die das Jagen nicht lassen könnten, legten die Bissen, die sie erschnappten, zu Füßen des Herrn nieder, unsicher, ob sie Lob oder Schläge davontrügen; und die früher mißbilligend die Stirne gerunzelt oder spöttisch die Nase gerümpft hätten, machten jetzt ihre Verbeugung vor dem heiligen Italien und würden dafür mit Orden und Titeln verziert. Mazzini sagte lebhaft: »Daß es so ist, darf uns nicht erbittern: es ist die Folge unsers Wirkens. Wir waren einzelne, die Italien einig und frei wollten, und waren vogelfrei und gehetzt, Helden und Märtyrer für wenige, Rasende oder Verbrecher für die vielen. Allmählich ist unsre Predigt in den Gemütern der vielen aufgegangen und hat sich mit ihrem Wesen genährt, so daß sie uns selbst entfremdet ist. Aber wollten wir denn ein Italien für wenige? Ach, für mich hätte ich wohl ein Reich gewußt ohne Schwert und ohne Kerker, in dem ich mich wie im Luftraum hätte wiegen können! Ich wollte Italien für mein Volk; das begriff nicht, staunte und zögerte, und nun es wach wird und sich rührt, hat es uns vergessen und verlangt nach dem König.«

Das Volk hätte gewählt, wofür Garibaldi, sein Abgott, sich entschieden hätte, sagte Nicotera. »Wenn er treu geblieben wäre, so würde der Savoyer bis in Ewigkeit sein Vieh in den Alpen hüten. Hätte er weniger für uns gesiegt als für Piemont?«

»Er wäre triumphreich untergegangen«, sagte Bertani. »Wenn Garibaldi ein Unrecht tat, so ist es, daß er siegen will vor allem.

Mögen unsre Enkel die Ideale vollenden, um die wir kämpften. Wir bleiben Republikaner im Königreiche.«

Nicotera stimmte nicht ein; Mazzini beschwor ihn, jetzt nicht zu trotzen, sondern zu handeln. Er solle sich nicht selbst aus der Sonnenbahn der Taten stürzen, die Garibaldis Schwert aufgetan habe. Jetzt müsse jeder mit Garibaldi gehen, sich dem Zuge seines Willens unterordnen. Dieser Mann könne wohl in einzelnen Dingen irren, vielleicht könne, was er wolle, nicht das Beste sein; aber es sei der Wille des Volkes. Die Wurzeln seines Herzens sögen, weithin unterirdisch ausgebreitet, das Blut unzählbarer Adern und füllten es mit den Kräften Tausender ohne Namen. Das Sehnen eines ganzen Volkes, irrende Quellen in ihm zum Strome geworden, spanne seine Brust allmächtig nach einem gewissen Ziele hin. Wie ein Gott sammle er die Seelen in seinem Busen und tue ihre Taten, wer ihm folge, der arbeite für eine ehrwürdige Notwendigkeit.

Nicotera bekämpfte die Auffassung Mazzinis nicht ohne Unwillen; er übernahm das Kommando über die Freiwilligen, die von Toskana aus ins Päpstliche einfallen sollten, weil diese Unternehmung, wenn sie auch schließlich Viktor Emanuel zugute käme, doch nicht in seinem Auftrage, ja wirklich gegen seinen Willen geschähe, mußte sich aber anderseits verpflichten, nichts gegen Garibaldis bekanntes Programm zu tun. Bertani lag es nun noch ob, einen Anführer für die Hauptmasse der Freiwilligen zu finden, die sich in Genua versammelten. Im stillen hoffte er, daß Garibaldi sich entschließen würde, diesen wichtigen Feldzug selbst zu leiten; aber er hatte seit langem keine Nachricht von ihm erhalten außer kurzen Bitten um Geld, Waffen und Soldaten. Hatte er früher schon mit Schwierigkeiten zu kämpfen gehabt, so fiel es ihm jetzt auf, wie die Anfeindungen sich mehrten und alles sich zu vereinigen schien, um seine Tätigkeit für Garibaldi zu durchkreuzen; er erriet leicht, daß dieser Widerstand von Cavour ausging.

Cavour war durch die gewaltsame Entfernung La Farinas in übelste Laune versetzt; er sah ein, daß er einen Fehler begangen hatte, indem er einen hitzigen, auf Garibaldi eifersüchtigen Menschen mit einer gewissen Vollmacht, gegen den Diktator zu wühlen, ausgerüstet hatte. Er machte Pläne auf Pläne, um auf andre Weise das Fortschreiten des Eroberers zu hindern, und verwarf alle; als er nun in dieser Lage darauf aufmerksam gemacht wurde, daß die

Truppen, die Bertani neuerdings rüstete, nicht wie früher nach Sizilien bestimmt seien, sondern dazu dienen sollten, den von Garibaldi längst beabsichtigten Einfall in die Marken und Umbrien auszuführen und sich in Neapel mit ihm zu vereinigen, empfand er diese neue Störung und Erschwerung als unerträglich und wütete gegen den, der, abgesehen von Garibaldi selbst, der Urheber war. Sein erster Gedanke war, Bertani ins Gefängnis zu werfen und so lange darin zu lassen, bis die Gefahr vorüber wäre. Da es ihm jedoch bei ernstlicher Überlegung nicht ratsam schien, einen geschätzten Arzt, der viele hervorragende Familien in Genua behandelte und dessen Ruf spiegelrein war, der Freiheit zu berauben, tat er Schritte, sich mit ihm ins Vernehmen zu setzen und ihn, wie Medici, für seine Politik zu gewinnen. Bertani zögerte; er hatte von jeher eine hohe Meinung von den staatsmännischen Fähigkeiten des Grafen gehabt und namentlich die kluge Festigkeit, mit der er den Krieg gegen Österreich herbeigeführt hatte, dankbar bewundert, und er wäre bereit gewesen, zu vergessen, mit was für schnöden Mitteln er ihn kürzlich bekämpft hatte; aber er sagte sich, daß, da Cavour sich niemals mit dem Angriff auf den Kirchenstaat, den Garibaldi ausdrücklich angeordnet hatte, einverstanden erklären würde, es doch zu keiner Einigung zwischen ihnen kommen könnte, und weigerte sich deshalb, ihn zu sehen und zu sprechen. Nun füllten sich wieder die Zeitungen, die Cavour ergeben waren, mit gehässigen Anklagen gegen Bertani; er sollte, weil er Republikaner war, Italiens Einigung zu hintertreiben suchen; er sollte die Soldaten aus der königlichen Armee veranlaßt haben, zu desertieren und in seine Freischaren einzutreten; er sollte die Gelder, die ihm anvertraut worden wären, um der Befreiung Siziliens zu dienen, zu Parteizwecken verwendet haben. Bertani erwiderte auf diese Verleumdungen nichts; auch die Vorwürfe der Freunde, besonders Nicoteras, daß er den Feldzug nicht eifrig genug betriebe, ließ er unbeantwortet.
Die Nachricht von dem großen Siege Garibaldis bei Milazzo, der Sizilien von der Herrschaft der Bourbonen endgültig befreite, erschütterte Cavour. ›Was ist gegen diesen Mann auszurichten,‹ fragte er sich, ›dessen Denken und Schweigen und Handeln sich in einer Welt von anderm Umfange, als unsre ist, entrollt? Wir keuchen hinter ihm her und bekommen immer nur die Schleppe seines durchlöcherten Mantels zu sehen.‹ Wie ein Bild erschien ihm

in heftiger Helligkeit die Tatsache, daß Italien sein würde, ganz, mit Haupt und Gliedern, und daß, wer lebendige Arbeit schaffen wollte, sich diesem von der Geschichte schon erschaffenen, nur noch nicht enthüllten Ereignis hingeben müsse. Sein früheres Bestreben, Garibaldi am Übergang nach dem Festlande zu verhindern, verwarf er völlig; mochte er seinen Siegeslauf vollenden, wenn der Erwerb sich nur nach seinem, nach Cavours Sinne der Monarchie einverleiben ließe. Er tadelte sich ernstlich wegen der Maßregel, den stürmenden Mann zurückhalten zu wollen; ihm voranzueilen, darauf hätte er alle Sinne und Kräfte richten sollen. ›Ducken werden wir uns nicht vor dem Riesen,‹ dachte er gutgelaunt, ›sondern unsre Klugheit, das Erbteil der Zwerge, gegen ihn spielen lassen.‹ In einer Nacht, die er, von der nicht nachlassenden Hitze gepeinigt, schlaflos zubrachte, ging es ihm plötzlich durch den Kopf, daß er den Einfall in den Kirchenstaat, den Feldzug nach Neapel durch päpstliches Gebiet, den er mit allen Mitteln fortwährend zu hintertreiben suchte, selbst ausführen, daß dies Stück aus dem Rüstzeuge des Generals eine Waffe in seiner Hand werden könnte, eine Waffe mit Garibaldis Siegkraft behaftet gegen ihn geschwungen. Er fühlte, wie bei diesem Gedanken seine Nerven sich zu spannen und Funken durch seinen Körper zu sprühen schienen. Mit eins erkannte er den Widerspruch, der darin lag, und die Schwierigkeiten, die dagegenstanden, und räumte sie im selben Augenblick alle durch eine Reihe hinblitzender Einfälle weg. Die Verwegenheit eines solchen Unterfangens erfüllte ihn mit übermütiger Lustigkeit; sie sollten sehen, daß er kein fauler Revolutionär war, wenn er sich darauf einließ.

Indessen, als er nach kurzem Morgenschlaf erwachte, schob er diese Angelegenheit einstweilen zurück, um zuerst in Neapel, Garibaldis nächstem Ziel, ihm zuvorzukommen. Er lud deshalb die angesehensten der verbannten Neapolitaner, die sich in Turin aufhielten und mit denen er bekannt war, zu einer Besprechung ein und äußerte sich, indem er die jüngsten Ereignisse in Sizilien beredete, mit Wärme über die italienische Einheit. Sie liege, sagte er, offenbar im Plane der Vorsehung; niemals hätte er geglaubt, daß die Südländer sich für den ihnen fremdartigen Gedanken empfänglich zeigen würden. Was der allgemeine Wille eines Volkes sei, das wolle er nicht bekämpfen. Es komme aber alles darauf an, daß in Neapel der Anschluß an Oberitalien proklamiert werde, bevor Garibaldi dort eintreffe. Viktor Emanuel könne nicht ein Königreich als Geschenk aus der Hand eines Untertans empfangen. Sie wüßten, von was für Männern Garibaldi umgeben sei, sie kennten seine Vergangenheit, seine Beziehungen zu Mazzini. Wie lauter seine Gesinnung sein möge, er habe einen feurigen Atem und zünde auch wider Willen Revolutionen an. Wenn er sich als Diktator in Neapel festsetze, würde das Feuer sich auf Rom wälzen, und Italiens Untergang drohe.

Carlo Poerio und Silvio Spaventa teilten die Meinung des Ministers, ja sie erklärten sich bereit, mit dem König von Neapel, wenn er eine liberale Regierung verspräche, sich Garibaldi entgegenzuwerfen.

Er glaube nicht, entgegnete Cavour, daß eine Verständigung mit dem Könige noch möglich wäre, wenn schon er es nicht ganz verreden wolle; vielleicht mache die Not ihn der Vernunft zugänglich. Jedoch ziehe er vor, derartige unberechenbare Wendungen außer acht zu lassen und alles vorzubereiten, damit eine Revolution in Neapel ausbräche und die Aufständischen Viktor Emanuel ausriefen; denn Garibaldis Ankunft auf dem Festlande stehe bevor. Die Neapolitaner versprachen in diesem Sinne zu wirken, und da der König in diesen Tagen unter dem Eindruck der näherrückenden Gefahr eine Amnestie erließ, nach der die Verbannten in ihre Heimat zurückkehren konnten, reisten sie auf der Stelle dorthin, um ihren persönlichen Einfluß einzusetzen. Doch ging es nicht nach Wunsch; sie klagten Bertani an, daß er die Patrioten in Neapel bestürme, auf Garibaldi zu warten und sich nicht von den Ränken des Ministers verführen zu lassen.

Cavour war entrüstet; ›dieser Mensch‹, dachte er, ›steht mit dem Teufel im Bunde, daß er mir hier und dort in den Weg tritt‹. Er hatte seinen in jener Nacht entworfenen Plan noch nicht weiter verfolgt; einstweilen wollte er sich damit begnügen, Bertani an dessen Ausführung zu hindern. Ein Versuch, statt eines Garibaldi getreuen einen unbedingt dem König ergebenen Mann an die Spitze der Expedition zu bringen, der sie etwa absichtlich scheitern machte, zerschlug sich daran, daß er keinen fand, der dazu geeignet und willens gewesen wäre. Indessen triumphierte Bertani keineswegs, wie Cavour sich einbildete; oft verzweifelte er daran, gegen die Unbilden und Schwierigkeiten seiner Lage aufzukommen, zumal er immer noch vergeblich auf einen entscheidenden

Ausspruch Garibaldis wartete. In seiner Bedrängnis kam er auf den Gedanken, sich, wie auch Garibaldi wohl getan hätte, geradezu an den König zu wenden, und beredete sich deshalb mit dem General Sanfront, der zur Umgebung Viktor Emanuels gehörte. Dieser, ein liebenswürdiger Mann, der immer die Ansicht desjenigen hatte, mit dem er sprach, und nichts tat, was ihm nicht vorgeschrieben war, hörte Bertanis Auseinandersetzungen mit Anteil. Der schöne, durch Schwermut und die Spuren langer Krankheit noch anziehender erscheinende Mann tat es ihm an; er überzeugte sich von seinem uneigennützigen Patriotismus und von der Angemessenheit des Planes, dem Eroberer Neapels von Norden her die Hand zu reichen. Er äußerte seinen Beifall und glaubte sich für die Sympathie des Königs verbürgen zu können; allein schon am folgenden Tage teilte er ihm bedauernd mit, daß Viktor Emanuel einen Angriff auf päpstliches Gebiet unter keinen Umständen dulden wolle. Dieser Bescheid schlug Bertani nieder; denn konnte er im Namen Garibaldis gegen den ausdrücklichen Willen des Königs handeln?
Wenn er in später Abendstunde von seinen Krankenbesuchen, die er nicht vernachlässigen durfte, heimkam, wußte er, daß ihn Briefe oder Besuche erwarteten, bei denen es sich um Vorwürfe, Anklagen, Ermahnungen, widrige Geschäfte handelte; oft mußte er Mut fassen, um die Haustüre zu öffnen und die Briefe zu entfalten. Er dachte daran, wie er den General am Tage vor seiner Abreise angefleht hatte, die verantwortliche Vertretung seiner Person nicht auf ihn zu laden. Wie sollte er, der Mensch ohne Glück und Hoffnung, den kein Genius erleuchtete und dessen Einsicht hundertmal vor einem Entschlusse warnte, bevor sie einmal dazu riet, an Stelle Garibaldis stehen? Er hatte sich bis dahin treu an die empfangenen Aufträge gehalten und sich fähig gefühlt, dafür mit seinem Leben einzustehen; aber die raschen vollen Tage veränderten die Umstände, unter denen damals geplant war, und er hätte müssen mit Garibaldis Seele leben können, um das Heilbringende zu wählen. Er war sich niemals so schwach und unzulänglich erschienen; aber zugleich fühlte er sich hoch über denen stehen, die ihn in guter und in böser Meinung drängten und verfolgten, kurzsichtig aus knabenhaftem Tatendrange oder verblendet durch parteiische Leidenschaft. Er wußte sich keinen Rat mehr, als nach Sizilien zu gehen und mit Garibaldi zu sprechen; wiederum wagte

er nicht, sich aus Genua zu entfernen und die Führung so wichtiger Angelegenheiten aus der Hand zu lassen.

In dieser Stimmung überraschte ihn der Besuch des Carlo Farini, der inzwischen Minister geworden war und einen geheimen Auftrag des Königs an Bertani hatte. Farini machte nicht mehr den Eindruck gesunder und überschüssiger Kraft wie vor einem Jahre als Diktator in Modena und Bologna. Zwar bediente er sich noch zuweilen der pathetischen Geste, der auffällig betonten Worte und der Sätze von knapper, oft dunkler Bedeutsamkeit, aber wie wenn der Faden, der die Gliedmaßen eines Hampelmanns zusammenhält, schlaff geworden und an manchen Stellen abgerissen ist, so fehlte der Zusammenhang und der überzeugende Schwung in allen seinen Äußerungen. Der Ausdruck monumentaler Selbstzufriedenheit war aus seinen Mienen gewichen vor einer unruhigen Zerstreutheit, die dann wieder unbegründete Erregung verdrängte.

»Glauben Sie nicht, mein lieber Bertani,« sagte er, »daß wir ohne Sinn für die großen Absichten Garibaldis wären! Er folgt seinem Herzen und handelt wie ein edles Kind, das dem Bettler, der es jammert, das Gold aus seines Vaters Kisten hinwirft. Welchen größeren Zwecken des Vaters das Gold hätte dienen sollen, wie der Vater nun sich selbst vor dem Lose schützen soll, Almosen an den Türen zu heischen, das erwog es nicht im Augenblicke des hingerissenen Gefühls. Er kennt die große Welt nicht, er weiß nicht, wovon die großen Kriege, die Geschicke der Völker abhängen; das Gemälde des Teppichs sieht er wohl, nicht aber das ungeheure Netz feiner Maschen, das seine Unterlage bildet.« Plötzlich brach er ab und sagte, indem er Bertani durchdringend ansah, in verändertem Tone: »Wissen Sie nicht, daß ich auch anders auftreten könnte? Wissen Sie nicht, daß ich mit weißen Pferden, mit sechsen, wenn es mir beliebte, durch die Straßen fahren könnte? Wer würde mich tadeln, wenn ich die Leute sehen ließe, was innen lebendig ist?« Er schwieg, starrte vor sich hin, fuhr mit der Hand über die Stirn und sagte lächelnd: »Lassen wir das! Das braucht uns jetzt nicht zu beschäftigen!«, worauf er zu seinem Gegenstande zurückkehrte.

Der Inhalt seines Auftrages war, Bertani zu veranlassen, daß er die Expedition nicht von Genua ausgehen ließe, wo sie von fremden Mächten als unter dem Schutze des Königs stehend betrachtet werden würde, sondern seine Truppen zunächst nach einem andern

Hafen, am liebsten nach Sizilien führte, einem neutralen Gebiete, damit den König für das, was geschähe, keine Verantwortung träfe. Nach einer nochmaligen Unterredung einigten sie sich so, daß Bertani versprach, die Freiwilligen nach einem Hafen der Insel Sardinien, dem Golf der Orangen, zu bringen, indem Bertani dachte, daß Garibaldi sie von dort aus nach seinem Gutdünken benutzen könne, Farini aber zufrieden war, daß die unheilvollen Schiffe wenigstens aus dem genuesischen Gewässer entfernt wurden.
Nicotera überhäufte Bertani mit Vorwürfen, daß er nachgegeben habe; auch andre Freunde gaben ihm zu verstehen, daß er sich von der Regierung habe fangen lassen und den Garibaldi gegenüber übernommenen Verpflichtungen nicht nachgekommen sei, so daß er sich von Freunden und Feinden gleicherweise verfolgt sah. Da er auch gewarnt wurde, daß Cavour mit dem Gedanken umgehe, ihn zu verhaften, ordnete er in Eile seine Geschäfte, schiffte sich mit den Freischaren nach Sardinien ein und fuhr von dort aus nach Messina, wo Garibaldi sich aufhielt, um die Meerenge zu überschreiten.

Die Giovannara hatte ein Wirtshaus in der unteren Stadt von Neapel, wo hauptsächlich Fischer, Matrosen und kleine Leute, aber wegen des Rufes, den die Frau, ihr Wein und ihre Küche genossen, auch zuweilen Herrschaften verkehrten. Sie war Witwe und hatte zwei Kinder an einer ansteckenden Krankheit verloren; seit dieser Zeit war sie zu keinem Manne mehr in dauernde Beziehungen getreten, sondern hatte Lieblinge, die sie dann und wann wechselte und die keinerlei merklichen Einfluß auf sie ausübten. Ihre Kunden erlaubten sich nicht leicht, auf diese Verhältnisse anzuspielen, überhaupt wurde es meist nicht bekannt, wer sich ihrer Gunst erfreute, außer wenn sie selbst in einer mutwilligen Laune es verriet. Das braune Gesicht von fremdartiger Wildheit, in das die Augenbrauen wie ein Stirnband von schwarzem Eisen gezeichnet waren, hatte für gewöhnlich einen düsteren Ausdruck; wenn sie sprach oder lachte, konnte es von toller und barbarisch selbstvergessener Lustigkeit funkeln. Am lieblichsten sah man sie mit einem kleinen Affen umgehen, einer niedlichen Meerkatze, der meist auf ihrer Schulter saß und gegen jeden die Zähne fletschte oder sonst Zeichen der Mißbilligung von sich gab. Er wurde von

den Leuten als eine Art Kobold betrachtet und nicht mit Unrecht gefürchtet; seiner Herrin aber war er mit der zärtlichen und zugleich anspruchsvollen Ergebenheit eines Kindes zugetan.
Von der Tatkraft und dem Einfluß der Giovannara erzählte man sich allerlei Geschichten: so hatte sie einmal einem kleinen Buben Meerfrüchte abgekauft und sie ihm, da er ihr wegen seiner Schönheit gefiel, reichlicher als gebräuchlich war bezahlt. Als nun die Männer, die ihr für gewöhnlich Fische und andere Erzeugnisse des Meeres lieferten, eine Abgabe von dem Jungen verlangten, leistete er sie, verschwieg aber, daß er mehr als das Übliche von ihr erhalten hatte. Nach einiger Zeit kamen sie dahinter und beanspruchten einen nachträglichen Zuschlag, und da er nicht darauf eingehen wollte, prügelten sie ihn, worauf er zu seinen Angehörigen flüchtete und ein Kampf sich entspann, bei dem Blut floß und noch mehr vergossen worden wäre, wenn nicht die Giovannara, die dazukam, Ruhe geboten hätte. Die brutalen und habgierigen Männer ließen auf ihren Befehl sofort vom Streite ab und fügten sich ihrem Schiedsspruch, daß der Kleine künftig eine Abgabe von dem üblichen Preise seiner Ware zahlen sollte, nicht aber von dem, was sie ihm darüber hinaus, freiwillig aus Wohlgefallen, an dem sie keinen Teil hätten, geben würde.
Ein andermal, beim Regierungsantritt des jungen Königs Franz, war unter ihren Gästen ein Advokat gewesen, der nicht wie die Fischer eine weiße Nelke oder andre weiße Blume an sich getragen hatte, was als ein Zeichen der Königstreue galt. Als diese, dadurch gereizt, ihn zwingen wollten: ›Es lebe der König!‹ zu rufen, und er sich weigerte, bedrängten sie ihn so sehr, daß er sich an die Giovannara wendete. Sie stellte sich auf des Advokaten Seite, indem sie sagte, man könne noch nicht wissen, was an dem neuen König sei; da er gar so häufig beichte, müsse er wohl viel auf dem Gewissen haben, was einen der Streitenden zu einer zweideutigen Bemerkung über ihre Begünstigung des Advokaten veranlaßte. Sie gab ihm sofort eine Ohrfeige und forderte ihn auf, ihr Haus zu verlassen; da er sich widersetzte, winkte sie seinen Genossen, ihn hinauszuwerfen, was sie nach kurzem Zögern, durch ihren drohenden Blick überwunden, taten.
Überhaupt wurde sie in andern Wirtshäusern beschuldigt, nicht königlich zu sein, wohingegen sie behauptete, keiner Partei anzugehören. Wie aber die ersten Nachrichten von der Landung

Garibaldis in Sizilien nach Neapel kamen, erklärte sie sich für ihn und fing an, nach ihren Kräften für ihn zu arbeiten. Ihre Gäste wetteten mit ihr, ob er die bourbonische Armee besiegen würde, ob er Palermo nehmen und ob er sich darin würde halten können, wobei sie stets darauf hielt, daß ihm alles gelänge, und infolgedessen jedesmal gewann, so daß er vielen ein Geschöpf ihres Glückes zu sein schien. Noch war sein Name in den amtlichen Berichten der Regierung, die ihn nur als einen berüchtigten Seeräuber bezeichnete, nicht genannt, als die Giovannara schon eine rote Jacke trug und auch dem Äffchen einen roten Fetzen um den Leib wand. Als der König, um die Neapolitaner für sich zu gewinnen, an den Mauern anschlagen ließ, daß er die Verfassung des Jahres 1848 verleihen wolle, wachte sie darüber, daß die von den Patrioten in Umlauf gesetzte Verhaltungsmaßregel, mit würdiger Nichtbeachtung an der Bekanntmachung vorüberzugehen, zur Ausführung kam. Im niederen Volke waren einige geneigt, dem Könige die Nachgiebigkeit gegen die Liberalen zum Vorwurf zu machen, andre, ihm dafür Ovationen zu bereiten, doch bei den meisten gewann die Spottlust die Oberhand.

Eines Tages kam die Giovannara aus der oberen Stadt mit dem Bilde Garibaldis zurück, das ihn in roter Bluse, mit blauen Augen und rotblondem Haar farbenprächtig darstellte. Sie zeigte es mit Stolz und schickte sich an, es an Stelle eines Königsbildes, das an der Wand hing, zu befestigen. Der Affe, der arglos auf dem Fußboden saß und mit Nüssen spielte, kam neugierig näher, und als die Giovannara das Bild des Königs herunterfallen ließ, fing er es auf, betrachtete es aufmerksam, riß es mitten durch und putzte sich damit unterhalb des Schwanzes, worauf er es mit einer verächtlichen Bewegung seiner langen schwärzlichen Finger wegwarf. Diese mit Feinheit und Anmut ausgeführte unanständige Handlung begeisterte die Anwesenden: das Äffchen wurde auf den Tisch gesetzt, mit Leckerbissen gefüttert und der kleine Garibaldiner genannt, während die Giovannara unbändig lachte und jauchzte und dadurch die Stimmung erhöhte. Seitdem belustigten sich die Gäste damit, Bilder des Königs mitzubringen und sie von dem Affen in der erwähnten Art mißhandeln zu lassen, was er mit immer neuer Possierlichkeit tat. Wer es mit angesehen hatte, war von der Lächerlichkeit und Untauglichkeit des Königs überzeugt.

Die gebildeten Kreise, die im Strome einer längst bestehenden

Revolution vorwärts trieben, beharrten dabei, die liberalen Verfügungen und Versöhnungsversuche des Königs durch Nichtbeachtung zu entkräften. Infolgedessen fanden die Emigranten, als sie nach der Amnestie aus Turin zurückkehrten und sich daran machten, den König zu stürzen, bevor Garibaldi komme, niemand dazu geneigt und in allen Schichten der Bevölkerung keine andre Erregung als die Spannung, Garibaldi erscheinen zu sehen und seine Taten zu erleben. Immerhin gewannen sie einigen Anhang und riefen dadurch eine Spaltung unter den Patrioten hervor, von denen die Mehrzahl zwar mit dem Anschluß an das Königreich Sardinien einverstanden war, ihn aber durch Garibaldi vollzogen wissen und sich ruhig verhalten wollte, bis der Mann des Schicksals käme und geböte. Auf den hohen Adel jedoch machte die Tatsache, daß der Minister Viktor Emanuels selbst Schritte tat, um sich unter der Hand in Neapel festzusetzen, einen bedeutenden Eindruck, und viele, die den Glauben an das Glück des Bourbonen verloren hatten, reisten schleunig ins Ausland, um sich auf Umwegen dem König von Sardinien zur Verfügung zu stellen.
Es waren drei Männer, die Cavour an die Spitze der von ihm eingefädelten Verschwörung gestellt hatte: der Admiral Persano, dem der neuerdings erteilte Auftrag sehr unerwünscht war, Villamarina, der sardische Gesandte am Hofe von Neapel, und Baron Nisco. Villamarina war nicht weniger betrübt als Persano über die Politik des Grafen, dem er vergebens vorzustellen suchte, daß, wenn man auf Garibaldi warte, nichts verloren sei, vielmehr wahrscheinlich alles ruhiger und besser verlaufen würde, als wenn man eine Revolution erzwänge, abgesehen davon, daß es schwerlich gelingen würde. Er war ein Mann von überaus verletzlichem Ehrgefühl, und es war ihm peinlich, gegen den König von Neapel, bei dem er als Gesandter beglaubigt war und mit dem seine Regierung in Verhandlungen wegen eines Bündnisses stand, Verschwörungen anzuzetteln. Er verstehe, sagte er zu Persano, die meisterhafte Feinheit der Pläne des Ministers, aber es sei nicht einem jeden gegeben, Handlungen vorzunehmen, die durchaus der Heiligung durch einen großen Zweck bedürften, um nicht verräterisch genannt werden zu müssen. Außerdem hatte er eine hohe Meinung von Garibaldi, worin ihn der Graf Persano bestärkte. Garibaldi, sagte er, sei der liebste und angenehmste Mensch, den er kenne, redlich bis zur Schwärmerei; man würde ihm lieber zur Hand

gehen als ihm Steine in den Weg legen. Baron Nisco, mit dem sich diese beiden nach dem Wunsche Cavours in Verbindung setzen mußten, war ein Mann von anderm Schlage, mit einer natürlichen Neigung zu Umtrieben behaftet, die er bisher hatte unterdrücken müssen, weil er aus Tradition der Familie und aus Vorsicht immer der Regierungspartei angehörte. Die von der Spitze befohlene Verschwörung kam seinen innigsten Wünschen entgegen, und er glühte vor Ungeduld, die unterirdischen Gänge zu graben. Von den Bedenken der beiden andern Herren teilte er keine. Garibaldi müsse man zeigen, daß man seiner nicht bedürfe, damit er sich nicht zuviel einbilde. Der junge König von Neapel sei ein Duckmäuser, ahnungslos und erschrocken, der von hundert Möglichkeiten zu handeln am liebsten alle zugleich wählen würde, um das Richtige zu treffen; seine Brüder und Oheime wären hohle Figuren, die sich schieben ließen und sich mehr oder weniger pfauenhaft dabei gebärdeten; es sei ebenso löblich wie leicht, mit ihnen aufzuräumen. Um eine Revolution herbeizuführen, brauche man erstlich Geld, womit sie reichlich versehen seien, ein paar zündende Worte in die stets empfängliche Masse geworfen, schließlich müsse zur rechten Zeit ein Schuß fallen und etwas Blut fließen, wodurch die Wut des Volkes entfesselt würde, die gescheite Männer dann leiten könnten, wie und wohin sie wollten. Wirklich kostete es ihn keine Mühe, das Geld anzubringen; denn viele Tagelöhner, Angestellte, Kutscher und Lazzaroni nahmen es, indem sie schwuren, sich, wann immer man wolle, zusammenzurotten, es lebe Viktor Emanuel zu rufen, Häuser zu belagern und zu plündern. Mit Hilfe der Emigranten gelang es auch, einen Mann zu finden, der sich bereit erklärte, den ersten Schuß zu tun; es war ein Zollbeamter, der, durch Bestechung von Schmugglern bereichert, eine Wohnung in der Hauptstraße Neapels hatte beziehen können; in dieser aber sollte der Aufstand nach dem Urteil des Barons Nisco beginnen. An dem bestimmten Tage hielten sich Villamarina und Graf Persano in einem an der Hauptstraße gelegenen Hotel auf, Villamarina gebeugt und trostbedürftig, der Graf nicht ohne menschliche Teilnahme an den bevorstehenden Ereignissen. Baron Nisco ritt die Straße hinunter und wurde auf ein von ihm selbst gegebenes Zeichen von mehreren Eingeweihten mit dem Rufe: »Es lebe Viktor Emanuel!« begrüßt, in welchen die bereitstehenden Aufständischen drohend einstimmten, so daß die zufällig Vorübergehen-

den aufmerksam wurden und neugierig stehenblieben. Während Baron Nisco für die Begrüßung mit geeigneten, zur Tat reizenden Worten dankte, fiel der verabredete Schuß und traf einen Mann, der Stiefelwichse verkaufend und anpreisend unvorbereitet daherkam. Dieser Unglücksfall veranlaßte einen Auflauf, es wurde noch einige Male geschossen, und ein Haufen Menschen versuchte in das Haus einzudringen, aus dem der Schuß gefallen war, fand es aber verschlossen. Alles war im besten Gange, als die kürzlich gebildete Nationalgarde anrückte, vor welcher die Aufrührer nach kurzem Besinnen auseinanderstoben, so daß nach Verlauf einer Stunde von der Revolte keine Spur blieb und die Regierung den Vorfall als ungeschehen betrachten konnte.
Villamarina und Graf Persano begrüßten den glücklichen Ausgang des Konfliktes aufatmend mit erleichtertem Gemüte, ohne sich aber dessen lange erfreuen zu können, denn Baron Nisco war nicht entmutigt, sondern mehr als zuvor erpicht, die große Handlung herbeizuführen, und bereits voll neuer Verschwörungspläne. Es sollte in dieser Zeit der Todestag des Guglielmo Pepe gefeiert werden, des bekannten neapolitanischen Generals, der, ein Haupt der Liberalen, durch die Verteidigung Venedigs berühmt geworden und vor einigen Jahren im Auslande gestorben war. Bei dieser Gelegenheit konnten und mußten verfängliche Reden gehalten werden und versammelten sich viele Menschen, die sich dem Anlaß entsprechend in revolutionärer Erregung befinden würden. Der Anlaß aber sollte auf folgende Weise gegeben werden: es lag im Hafen ein piemontesisches Schiff, auf dem sich piemontesische Bersaglieri befanden, deren sich nach Cavours Absicht seine Beauftragten bei Gelegenheit bedienen sollten. Da nun an dem Feiertage auf den Plätzen Musik spielen und spaziert werden würde, sollte einer der Bersaglieri sich mit einem hübschen Mädchen einlassen, damit die leicht gereizte Eifersucht der Südländer einen Wortwechsel und Zusammenstoß veranlaßte. Dieser würde durch die Beleidigung eines piemontesischen Soldaten, dessen Kameraden auf seine Seite treten müßten, von selbst ernsthaft werden und einen politischen Charakter annehmen.
Der Gedenktag fiel in den August; seit mehreren Tagen wütete die Hitze. Neapel mit seinen Bergen und dem Meere selbst schien in Flammen zu stehen und rötlicher Dunst sich über dem ungeheuren Scheiterhaufen zu sammeln. An dem Tage, als die Revolu-

tion ausbrechen sollte, gewitterte es schon in der Frühe; aber es fiel kein Regen, und die Schwüle wurde nur drückender. In das Wirtshaus der Giovannara kehrten mehrere von den eben aus Palermo zurückgekehrten Soldaten ein und erzählten allerlei, was sie von der Großmut und Unbesiegbarkeit Garibaldis gehört hatten. Als sie, um sich einzuschiffen, an ihm vorübergezogen wären, hätte er ihren Gruß freundlich erwidert und ihnen lächelnd zugerufen: »Auf Wiedersehen in Neapel!«, und sie zweifelten nicht, daß er sein Wort wahr machen würde. Man warf ein, daß die Flotte des Königs in der Meerenge kreuzte und daß die kalabrische Küste von vielen Truppen besetzt sei; aber die Soldaten entgegneten, wer ihn nicht sehen solle, werde mit Blindheit geschlagen, wie es zugehe, wüßten sie nicht, er sei zugleich hier und dort, nur da nicht, wo man ihn suche. Ob er ein Heiliger oder ein Teufel sei, etwas Dämonisches sei in ihm und wende die Sterne nach seinem Willen. Die Giovannara setzte ein volles Glas schwarzen Weines an den Mund, leerte es und rief: »Auf daß er komme!« und schwur, demjenigen eine Handvoll Dukaten zu schenken, der zuerst die Botschaft brächte, daß Garibaldi das Festland betreten habe.

Inzwischen war es durch das zudringliche Benehmen einiger Bersaglieri gegen ein Mädchen zu einem Tumult gekommen, der den Festplatz mit Geschrei erfüllte, ohne daß die Musik zu spielen aufhörte. Von den Banden von Nichtstuern, die, mit dem Gelde des Barons Nisco angeworben, die Stadt durchzogen, um die Revolution in Gang zu bringen, kam eine in das Wirtshaus der Giovannara, wo sie von draußen die bourbonischen Soldaten gesehen hatten. Sie fingen sogleich an, diese als geschlagene Feiglinge zu verhöhnen, und waren mitten im Streite, als einige von ihnen das Äffchen bemerkten, das auf den Tisch gesprungen war und dem Raufhandel wehmütig, doch nicht ohne Verständnis zusah. Ein junger hübscher Mensch mit bleichem Gesicht und schwarzem Haar machte eine drohende Bewegung gegen den Affen, die er augenblicklich genau nachahmend erwiderte, worauf der Bursche plötzlich mit Bezug auf die rote Schärpe, die das Tier trug, ausrief: »Er ist ein Garibaldiner!« und mit Wucht sein Messer nach ihm warf. Das Äffchen warf sich mit einem jämmerlichen Aufschrei an die Brust der Giovannara, die erschreckt herbeigesprungen war, und versuchte, immer noch mehr Schutz suchend, in ihr Kleid hineinzuschlüpfen. Während sie es sorgsam an sich drückte, stürzte sie sich auf den Burschen, der es verletzt hatte, und schlug ihn, bevor er sich besinnen und zur Wehr setzen konnte, ins Gesicht. Er brüllte laut auf, schlug um sich, und der Streit hätte von neuem begonnen, wenn die Giovannara nicht dazwischengetreten wäre und folgendermaßen entschieden hätte: Die Bande, die händelsuchend hereingekommen wäre, sollte frei ausgehen, wenn sie ihr den jungen Menschen auslieferte, der das Äffchen erschlagen hätte, sonst würde sie ihren Anhängern und Freunden freie Hand gegen sie lassen. Nach kurzem Bedenken fügten sich die Fremden, da sie einsahen, daß sie dem Ansehen der Giovannara und ihrem Anhang gegenüber den kürzeren ziehen würden, und verließen das Wirtshaus, den zähneknirschenden Missetäter zurücklassend. Diesem befahl die Giovannara, ihr zu folgen, und führte ihn in einen Stall, wo sie eine Kuh und ein Pferd stehen hatte, indem sie ihm sagte, wenn das Äffchen stürbe, würde sie ihn mit eignen Händen töten, sonst ihn laufen lassen; worauf sie die Tür hinter ihm abschloß und ihn verließ.

Der Tumult auf dem Festplatz hatte sich unterdessen weiter ausgebreitet, obwohl die Patrioten sich bemühten, Frieden zu stiften; aber diejenigen, welche rauften und stachen, hatten zum Teil den Zweck ihrer Aufregung vergessen, zum Teil nie etwas davon gewußt, so daß die staatsgefährliche Wendung nicht zum Durchbruche kam. Die Einmischung der Nationalgarde, die etwa die Leidenschaft der Parteien hätte entzünden können, blieb ohne Nachdruck, weil ähnliche Straßenskandale ja häufig vorkamen, als daß man sie ernst genommen hätte. Auch die Giovannara war ausgegangen, nachdem sie das Äffchen versorgt hatte, und befand sich in einer Straße, die zum Festplatze führte, als ein Fischer von denen, die ihre Waren bei ihr absetzten, sich atemlos zu ihr drängte und ihr zurief, Garibaldi sei bei Castellammare, eine Stunde von Neapel, gelandet. Sie stutzte, und indem sie forschend in die Augen des Mannes sah, die vor ungeduldiger Lust funkelten, erwog sie, ob er sie belügen wollte; denn er wußte, welchen Preis sie für diese Nachricht ausgesetzt hatte; plötzlich aber fiel ihr ein, daß es in diesem Augenblick nicht darauf ankomme. Sie zog eine Geldbörse aus der Tasche, drückte sie ihm in die Hand und sagte, das übrige würde er erhalten, wenn die Nachricht sich bewahrheitete, jetzt solle er ausführlich erzählen, was er wisse und woher er es habe. Während er seinen Bericht ihr und den Leuten, die sich angesammelt hatten, wiederholte, riß die Giovannara, da sie nichts andres fand, einen Ärmel aus ihrer roten Bluse, schwenkte die kleine Feuerfahne in der Luft und stürmte, indem sie laut schrie: »Garibaldi! Garibaldi ist da!« auf den Platz. In wenigen Minuten hatte es sich verbreitet, daß Garibaldi im Anzuge sei. Zwar schien es manchem unglaublich, daß der Diktator so unbemerkt bei Neapel sollte haben landen können; aber durch die Ereignisse der letzten Monate an das Wunderbare gewöhnt, hielten sie sich nicht lange mit Zweifeln auf, sondern ließen sich von dem anschwellenden Jubel mitreißen. Die Musikanten stimmten die Hymne Garibaldis an, die von Sizilien her, seinen Schiffen voranfliegend, herübergekommen war. Wie eine Hochflut überstürzte die ausgelassene Freude die Stadt, löste in einem Nu die kleine Revolte auf und schwemmte sie weg; ja die Anstifter selbst, nämlich der Admiral Persano und Villamarina, der Gesandte, wünschten heißer als alle, das fabelhafte Gerücht möchte wahr sein.

Am folgenden Morgen stellte es sich heraus, daß ein garibaldinischer Dampfer, vermutlich zu Rekognoszierungszwecken, sich Castellammare genähert, aber bereits wieder zurückgezogen habe. Baron Nisco sah ein, daß er mit der Revolution von neuem beginnen müsse, und es fehlte ihm nicht an Mut dazu. Er gab seinen Mitverschworenen zu, daß er bisher einen unrichtigen Weg verfolgt habe aus Unkenntnis des neapolitanischen Volkes; dieses sei unselbständig im Urteilen und Handeln, am ehesten noch bourbonisch gesinnt; der Name Garibaldi wirke auf seine Phantasie, Viktor Emanuel reiße es nicht hin, man bedürfe eines Mittelsmannes, und er habe einen solchen in der Person des Grafen von Syrakus entdeckt, eines der Oheime des Königs, der längst auf eine Gelegenheit passe, sich an Stelle des Königs zu setzen. Gegen die Zusicherung einer Art von Vizeregentschaft im Namen des Königs von Sardinien sei er bereit, sich an die Spitze der Volkserhebung zu stellen. Die Herren wußten, daß Cavour, wenn er auch eine Revolution ohne Mitwirkung der herrschenden Dynastie vorgezogen hätte, doch mit den Bourbonen leichter fertigzuwerden dachte als mit Garibaldi, im stillen hoffend, daß dieser durch sein Kommen die neue Anzettelung vereiteln möchte. Am Tage darauf wurde in den Straßen ein gedruckter Brief des Grafen von Syrakus an seinen Neffen, den König, verteilt, in welchem er dem Monarchen in herzlicher Sprache zuredete, um seines Volkes willen auf den Thron zu verzichten, auf dem er nicht gern gesehen sei; allein dies Blatt machte keinen Eindruck gegenüber den Stimmen, die, Trompetenstößen gleich, täglich anschwellend aus dem Süden der Halbinsel in die Hauptstadt drangen. Bald hier, bald dort sollte Garibaldi gelandet sein, bewaffnete Banden durchzogen die Gebirge Kalabriens und des Basilikats und riefen das Volk zu seinem Empfange auf. Täglich liefen Telegramme ein, die den Abfall von Städten und Provinzen meldeten. Der König konnte den Grafen von Syrakus aus seinen Staaten ausweisen, ohne daß das Publikum sich darum bekümmerte; es wartete, ob er nicht selbst folgen würde, bevor Garibaldi käme.

Um die Mitte des August kam in Cosenza, von Garibaldi abgesendet, Domenico Corelli an, der aus Cosenza gebürtige Sohn eines reichen Gutsbesitzers. Er meldete die bevorstehende Ankunft des Diktators und daß er gekommen sei, um die Stadt und Provinz zu revolutionieren, da es von Wichtigkeit sei, daß Insurrektionen Garibaldi den Vorwand gäben, zu ihrer Unterstützung zu erscheinen. Der Vater des Domenico und seine Freunde waren einverstanden und beschlossen, bei Gelegenheit einer großen Hochzeit, die demnächst stattfinden sollte und zu welcher viele Begüterte aus der Umgegend zusammenströmen würden, Geld zu sammeln und das Nähere zu verabreden.
Die Hochzeit wurde ausgerichtet durch Faustino Innamorati, einen der reichsten Landwirte von Cosenza, der seine einzige Tochter Innocenza mit dem Sohne eines alten Freundes, des Marco Barbuto, verheiratete. Der Bräutigam, der wie sein Vater Marco hieß, war ein stattlicher junger Mann, braun und feurig, berühmt durch Liebesabenteuer und Verwegenheiten aller Art. Er war bei den letzten kalabrischen Aufständen tätig gewesen und hatte dabei solche Gewalttätigkeiten begangen, daß der Anführer der Erhebung ihn zum Tode verurteilt hätte, wenn er nicht wegen des Einflusses seiner Familie und seiner eignen Furchtlosigkeit allzu brauchbar gewesen wäre. Nur sein Vater, der noch kräftiger, zornmutiger und wilder als er selbst war, vermochte ihn zu bändigen. Dieser, der alte Marco, dachte ihm mit der Heirat einen Zaum anzulegen, und der junge fügte sich dem Machtspruch, obwohl ihm der Gedanke an die Ehe zuwider war, besonders weil er seit einiger Zeit ein Liebesverhältnis mit einem armen Mädchen hatte,

das ihn ganz erfüllte. Mit diesem Mädchen brachte er die letzte Nacht vor der Hochzeit zu. Sie war die Tochter eines Töpfers, der, als er dem Verhältnis auf die Spur gekommen war, anfänglich gezürnt, dann geschwiegen hatte, teils weil der Reichtum und der Ruf des jungen Barbuto ihn einschüchterten, aber auch aus übergroßer Liebe zu seiner Tochter, deren Reiz niemand so leicht widerstehen konnte. Sie war klein und schien ein Kind zu sein, so daß sie auch allgemein als ein solches behandelt und ihr nachgesehen wurde, daß sie nicht arbeitete, weder im Hause noch im Geschäfte, sondern nur hier und da mit einem Vogel, einer Katze oder einem Kinde spielte. Ihre großen blauen Augen waren traurig, blitzten aber von Schelmerei, wenn sie lachte. Jedermann sprach leiser und freundlicher mit ihr als mit andern Menschen und behandelte sie behutsam, obwohl sie es nicht beanspruchte noch dafür dankte. Ihren Augen gegenüber, die ihn oft ansahen, als wollten sie sagen: ›Tue mir nicht weh, wenn du mich tötest‹, hatte Marco den Mut nicht gefunden, ihr zu sagen, daß er heiraten müsse, doch erfuhr sie es zufällig am Tage vor der Hochzeit und weinte bis zum Abend, als er kam. Bei seinem Anblick verging ihr Schmerz; sie warf sich an seine Brust und badete ihr Kindergesicht in seiner Glut. Sie bewohnte in einem schmalen hohen Hause der oberen Stadt eine Mansarde; dort nahmen sie, am offenen Fenster sitzend, ein Abendessen ein, Wein, Obst und Süßigkeiten, die er mitgebracht hatte und die sie wie ein zahmer Vogel von seinem Munde aß. Es hatte den Tag über geregnet, und die Luft war weich und wohlriechend; über die Dächer der Stadt hinweg sahen sie den sanft fließenden Busento, die Gebüsche der Ölbäume an seinen Ufern und die Pappeln, die Marcos Vaterhaus umgaben, groß und unbekannt alles, in die feuchte, wolkige Dunkelheit gehüllt. Dies Haus hatte sie sonst, als ein Stück von ihm, gern mit den Augen aus den grünen Hügeln herausgesucht; nun aber schienen ihr die Pappeln wie Trauergestalten um ein Grab zu stehen und zu mahnen: ›Denke des Einst! Denke des Vorüber! Denke des Nimmermehr!‹, und sie mußte wegblicken, um nicht wieder zu weinen. Ihre Weise war in dieser Nacht so süß, daß er die Wut seiner Liebkosungen achtlos entfesselte, dennoch schien es ihrer Zärtlichkeit nie genug zu sein. Als es vor dem Fenster hell zu werden begann, riß er sich los, um ohne Abschied fortzugehen. Da er nun aber, schon in der Tür, zurückblickte und sie im Hemde, mit bloßem

Halse sitzen sah, die Augen mit jenem Ausdruck rätselhaften Flehens auf ihn gerichtet, übermannte ihn plötzlich ein unerträgliches Gefühl, und er stürzte sich über sie, indem er einen brüllenden Laut ausstieß, küßte sie auf Brust, Leib und Arme und stieß ihr ein Messer, das er immer bei sich trug, mehrmals rasch nacheinander ins Herz. Dann legte er sie, die lautlos sterbend zusammensank, auf das Bett und setzte sich, noch sinnlos, daneben.

Im Hause der Barbuto bemerkte in der Morgenfrühe ein Diener, der des jungen Marco Vertrauter war, daß sein Herr nicht da war, und machte sich sogleich nach dem Hause des Töpfers auf, wo er ihn vermutete, um ihn zu holen. Als er in die Mansarde eintrat, deren Tür noch offenstand, und Marco gewaltsam schluchzend neben dem Mädchen sitzen sah, das nicht mehr atmete, bemühte er sich, ihn fortzuziehen, damit nicht Leute im Hause wach würden und ihn dort fänden; aber er weigerte sich. Dieser Wortwechsel machte verschiedene Bewohner aufmerksam; sie kamen und sahen die Tote. Das Geschrei des Dieners, die Ärmste habe sich selbst entleibt, unterbrach Marco herrisch mit der Erklärung, er habe sie getötet, womit er die erschrockenen Menschen herausfordern zu wollen schien, daß sie etwas gegen ihn unternähmen. Als nun aber von allen Seiten Nachbarsleute herbeikamen und schimpften und zeterten, geriet er plötzlich, alles andre vergessend, in Zorn, machte sich mit den Fäusten Bahn und stürmte davon, nicht ohne daß sie ihm nachdrohten, die Polizei würde ihn, wenn es sein müßte, vom Hochzeitsmahle wegholen.

Der alte Barbuto, durch das späte Kommen seines Sohnes ohnehin erzürnt, war willens, ihn auf der Stelle zu erschlagen, als er erfahren hatte, was geschehen war; auch machte Marco keinen Versuch, sich zu rechtfertigen oder sich zu wehren, sondern saß gebückt da wie ein Gebundener, der den Todesstreich erwartet. Domenico Corelli jedoch, der sich zur Besprechung der politischen Dinge schon so früh eingefunden hatte, fiel dem tobenden Manne in den Arm und brachte ihn dahin, daß er wenigstens seinen Einwänden und Vorschlägen Gehör schenkte. Freilich habe der junge Marco die schwerste Strafe verdient; er sei aber ein tapferer und verdienter Bursche, deshalb möge der Vater ihn in Anerkennung dieser Tugend den Tod im Kampfe für das Vaterland suchen lassen. Man hätte sowieso vor, die Männer von bourbonischer Gesinnung aus dem Gemeinderate zu entfernen und die Gemeinde=

soldaten, die nicht zuverlässig seien, durch eine neuzubildende Nationalgarde zu ersetzen; das heutige Unglück gäbe die Gelegenheit, den Streich sofort auszuführen. Marco solle sich, wenn nun die Gendarmen kämen, um ihn abzuführen, mit der Dienerschaft im Hause verteidigen, wovon die Folge sein würde, daß mehr und mehr nachgeschickt werden würden, bis sie sich seiner bemächtigten; inzwischen wolle er selbst mit einigen Gefährten die Munizipalität überrumpeln, womit dann die Umwälzung in der Stadt in der Hauptsache schon abgemacht wäre. Die zum großen Teile durch Marco beschäftigte Gendarmerie würde sich vielleicht ohne weiteres dem neuen Gemeinderate freiwillig unterwerfen, im andern Falle würde es ihm nicht schwer werden, die Unvorbereiteten und Führerlosen unschädlich zu machen. Barbuto möge nach dem Hause Innamorati eilen, den Freund verständigen und den schwierigen Handel irgendwie ins reine zu bringen suchen. Marco der Alte gab nach, gebot seinem Sohne mit Strenge, den Weisungen, die Domenico ihm geben würde, pünktlich nachzukommen, da er nur auf diese Weise einen ehrenvollen Tod gegen einen schändlichen eintauschen könne, und verließ das Haus, ohne noch einen Blick auf ihn zu werfen.
Faustino Innamorati, der etwas älter als Barbuto und bei weitem weniger kräftig, ein zierliches, galantes Männlein war, rang die Hände und weinte über den Verlust des Schwiegersohnes, auf den er stolz gewesen war; seine Frau hingegen zählte auf, was für Vorbereitungen sie getroffen, wieviel Hühner und Gänse sie geschlachtet, wieviel Eier sie zerklopft hätte und wieviel Mägde das Haus geputzt und geschmückt hätten, weswegen die Hochzeit unter allen Umständen stattfinden müsse, und wenn der Bräutigam aus der Hölle geholt werden sollte. Ihr Mann bemühte sich, sie zu beschwichtigen, und erwog, wer unter den anwesenden Gästen des Hauses sich etwa zum Bräutigam eignen würde, ohne sich jedoch entschließen zu können. Da schnitt der alte Marco, der bis dahin finster vor sich hin gebrütet hatte, die Beratung ab, indem er erklärte, die Braut selbst nehmen zu wollen; denn weil sein Sohn das Unheil verschuldet habe, halte er sich gewissermaßen dazu für verpflichtet. Die beiden Innamorati waren über dies Versprechen glücklich, umarmten den Freund, und die Mutter eilte in das Haus, um das Festmahl womöglich zu noch größerer Üppigkeit zu steigern. Die Braut, ein junges, leidlich hübsches

blondes Mädchen, die meistens die Augen niederschlug, aber zuweilen, wenn sie sie öffnete, ein verstohlenes Feuer merken ließ, schien über den Wechsel weder betrübt noch beglückt zu sein und wagte den Bräutigam vor Ehrfurcht kaum anzublicken. Bei dem Essen, das nach der Trauung in einer großen, kühlen Halle zu ebener Erde eingenommen wurde, saß Barbuto aufrecht und stattlich auf seinem Ehrenplatze; zwischen seinem kurzgeschorenen Haupthaar glänzten einige weiße Haare, aber sein Bart und die starken Brauen waren schwarz, von seinen festen, gelben Zähnen fehlte keiner. Er war im Anfang ernst und einsilbig, allmählich indessen wurde er aufgeräumt und erwiderte die Neckereien der Tafelgäste schlagfertig, so daß seinen Worten anhaltendes Gelächter folgte. Ihm gegenüber saß die Äbtissin eines zum Gebiet von Cosenza gehörigen Frauenklosters, Donna Basilissa, von der die Rede ging, daß sie in früheren Jahren in zärtlichen Beziehungen zu ihm gestanden habe, und mit ihr besonders unterhielt er sich angelegentlich und vertraulich. Sie war eine Frau von fünfzig Jahren, nicht groß, doch üppig gewachsen und von stolzer Haltung, mit freimütig blitzenden Augen, die niemals geweint zu haben schienen. Sie hatte reiches mattweißes Haar, das sie in prächtigen Wellen über der hohen glatten Stirn aufgetürmt trug und in dem sie an diesem Tage als Kopfputz ein paar schwarze Straußfedern befestigt hatte. Obwohl man ihr allerlei nachsagte, flößte sie doch Respekt ein; die Herren liebten es, sich mit ihr zu unterhalten, weil sie stets guter Laune und witzig war und sie wie mit einem Manne mit ihr scherzen konnten, ohne daß sie unweiblich war.

Als der Nachtisch aufgetragen wurde, nämlich ein einem indischen Tempel gleichendes Gebäude aus Mandelgebäck mit Zierat von wohlriechenden Zuckerrosen, Schüsseln voll Feigen und Schaumwein, ließ Faustino Innamorati, wie verabredet worden war, die Listen herumgehen, aus denen Beiträge zur Insurrektion gezeichnet werden sollten. Donna Basilissa winkte, daß ihr zuerst ein Blatt und die Feder gereicht würde, und zeichnete für das Kloster mit schiefer und ungeübter Schrift, denn sie war keine Gelehrte, dreitausend Dukaten. Dann zog sie aus einem großen perlengestickten Beutel, den sie am Arme trug, eine seidene Mantille von scharlachroter Farbe, warf sie sich um, ergriff ihr Glas, das ein Diener soeben mit Schaumwein gefüllt hatte, und rief: »Es lebe der, welcher kommen soll!« Alle standen auf, riefen Evviva, und die Gläser klangen aneinander. Die Mädchen liefen in den Garten, der dunkelgrün in die Halle hineinglühte, und pflückten Granatblüten, um sich selbst und die Herren damit zu schmücken. Der alte Barbuto rief anzüglich scherzend der Donna Basilissa zu, er möchte wissen, wem ihre königliche Freigebigkeit gelte; denn er habe sagen hören, daß die Frauen sich nicht für eine Idee, nur für die Vertreter derselben aufopfern könnten. Sie antwortete ohne zu zögern: »Mag sein, daß es so ist. Ich bin nicht bourbonisch, aber auch nicht italienisch, denn ich weiß nicht, was das zu bedeuten hat. Was ich tue, tue ich für diesen Garibaldi, der meine letzte Liebe ist.« »Es wird Euch leichter sein, die letzte festzustellen als die erste«, fiel Barbuto ein. »Ihr irrt Euch,« entgegnete sie triumphierend, »der ersten entsinne ich mich, obwohl es war, bevor ich Euch kannte, und lange her ist; die dazwischenliegenden, die nur die Lücke füllten, die habe ich vergessen!« Der alte Marco sagte mit fester Stimme und ungewöhnlich warmem Blick seiner beschatteten Augen: »Wer das Almosen gibt, darf es vergessen; der Bettler, der beglückt wurde, gedenkt«, und trank auf ihre Gesundheit. »Evviva Donna Basilissa«, rief er, »und ihre letzte Liebe!« Der Wein stürzte in die Gläser, die jubelnd geleert wurden. Doch hüteten sich die Männer, zuviel zu trinken, da sie wußten, daß ihrer noch eine scharfe, vielleicht blutige Arbeit harrte.

Der Bräutigam, Marco, wurde zuerst unruhig und stieg auf das Dach des Hauses, um nach dem seinigen hinüberzusehen, wo der Kampf schon im Gange sein mußte. Von den Männern folgten ihm mehrere, die älteren Damen zogen sich zurück, um auszuruhen, und die jungen Mädchen zerstreuten sich in den Garten. Die Lorbeergebüsche und Orangenbäume, die Sonnenblumen, Hortensien und Georginen atmeten würzige Kühle in die blaue Luft, die auf den Zweigen der ineinandergreifenden Gewächse wie auf einer grünen Matte ruhte. Auf der Tafel in der Halle sammelten sich Vögel und pickten an den angebrochenen Feigen, die, purpurne Flecke in den Damast des Tischtuchs drückend, zwischen umgeworfenen Gläsern, Handschuhen und welkenden Blumen lagen.

Die Männer auf dem Dache horchten auf fallende Schüsse, aber bei der vollkommenen Windstille vernahmen sie nichts; doch glaubten einige in der Gegend des Hauses Barbuto Rauch auf-

steigen zu sehen. Sie stimmten darin überein, daß es das beste sein würde, dorthin zu eilen und sich an dem Kampfe, der vermutlich noch nicht beendigt wäre, zu beteiligen. Mit Waffen versehen, machten sich alle auf, bis auf Faustino und einige seiner Gäste, die für alle Fälle zum Schutze des Hauses Innamorati zurückblieben. Sie fanden Domenico Corelli und die Insurgenten im Kampfe mit den Gemeindesoldaten, die jenen an Zahl überlegen, aber trotzdem schon im Weichen begriffen waren, so daß die Neuangekommenen nur noch den Sieg beschleunigen konnten. Auf der Seite der Gendarmen fochten auch einige Bürger, nämlich der Töpfer, dessen Tochter der junge Marco getötet hatte, und eine Anzahl seiner Freunde und Nachbarn, die nun allesamt von der siegreichen Partei in Gewahrsam gebracht wurden.
Als der alte Barbuto in sein verwüstetes Haus eintreten konnte, fand er seinen Sohn tot und von den Dienern nur noch wenige am Leben, die beschäftigt waren, die Spuren des Kampfes und der Zerstörung soviel wie möglich zu verwischen. Er trat in das Zimmer ein, wo die Toten lagen, verweilte dort eine kurze Zeit und suchte sein Schlafgemach auf, um, da es bereits Nacht war, sich hinzulegen und zu schlafen. Er war schon im Bette, als ihm die Hochzeit und seine Braut einfiel, von der er sich am Nachmittage nicht verabschiedet hatte; doch glaubte er, es sei jetzt zu spät, um zu den Innamorati zu gehen, die sich gewiß schon zur Ruhe begeben haben würden, und schlief ein, da er ohnehin am folgenden Morgen in Geschäften der Revolution schon früh an die Arbeit gehen mußte.

Bertani fand Garibaldi am Strande von Messina, wo er, nachdem die bourbonische Besatzung die Stadt hatte räumen müssen, sein Lager aufgeschlagen hatte, schlafend. Er wollte warten, bis der General von selbst erwachte, und ging inzwischen mit Bixio auf und ab, der ihm von der augenblicklichen Lage des Befreiungsheeres erzählte. Da, wo sie sich befanden, konnte der Blick die kalabrische Küste erfassen: in stillen Nächten, sagte Bixio, könne man aus den nächstliegenden Ortschaften die Hunde bellen und die Hähne krähen hören. Die Sonne war im Untergehen, und unaufhaltsames Licht bespülte das immergrüne Land; man sah die weißen Häuser, an denen seine goldenen Tropfen hingen, wie Marmorbilder aus den dichtgelockten Gebüschen glänzen. So schmal wie die Meerenge hier sei, sagte Bixio, könne man sich einbilden, es müsse leicht sein, hinüberzufahren und in irgendeinem kalabrischen Hafen zu landen; doch sei es ein Unternehmen, fast schwieriger, als die Eroberung von Palermo gewesen sei. Eine Flotte von vierundzwanzig Fregatten sperre den Zugang zur Küste, die außerdem durch eine Armee von fast dreißigtausend Mann besetzt sei; dagegen kämen die wenigen Schiffe, die Garibaldi besäße, kaum in Betracht. Er zeigte Bertani die Stelle nahe beim Leuchtturm, wo vor einigen Tagen zweihundert Freiwillige abgefahren waren, um irgendeinen Punkt Kalabriens zu überrumpeln und die Einwohnerschaft auf die bevorstehende Ankunft Garibaldis vorzubereiten; man hatte noch keine Nachricht von ihnen, außer daß sie die Landung bewerkstelligt hätten. Da sie sich jetzt wieder dem schlafenden Garibaldi näherten, sagte Bertani: »Wenn ich dies Haupt voll Frieden ruhen sehe, zweifle und fürchte ich nicht. Sein Atem ist stärker und reicht weiter als der Rauch aller Flotten.«

Indem sie stillstanden und ihn betrachteten, erwachte Garibaldi; er erkannte staunend Bertani, stand auf und umarmte ihn. Dann sah er ihm prüfend ins Gesicht und sagte mit Zärtlichkeit: »Ihr habt kein gutes Aussehen, Bertani, und ich fürchte, daß ich es bin, um den Ihr vieles erduldet habt.« »Gerade weil Ihr es seid,« antwortete Bertani, »achte ich es für nichts; besonders wenn Ihr mit dem, was ich getan habe, zufrieden seid.« Er berichtete in Kürze, wie er bei dem Ausbleiben einer bestimmten Willenskundgebung Garibaldis nicht mehr gewußt habe, wie er sich gegenüber dem Druck und Drängen von verschiedenen Seiten habe verhalten sollen, und wie er schließlich, den Wünschen des Königs entgegenkommend, die gesamten Truppen nach Sardinien geführt habe, wo sie die Entscheidung des Generals erwarteten. Garibaldi nickte billigend; er wolle selbst, sagte er, nach Sardinien fahren, um die Sache zu ordnen, und zwar wollten sie gleich aufbrechen, um keine Zeit zu verlieren. Bixio fragte ängstlich, ob eine mehrtägige Abwesenheit des Diktators von Sizilien nicht gefährlich sei und was aus der Überfahrt werden sollte. Allein Garibaldi erwiderte, vielleicht würde seine Abwesenheit dazu beitragen, den Feind über seine Absichten zu verwirren; in drei Tagen werde er zurück sein, und vorher würde die Überfahrt doch nicht bewerkstelligt werden können. Inzwischen solle es ein Geheimnis bleiben, wo er sich aufhalte.

Als Garibaldi und Bertani unterwegs waren, sagte dieser, das von ihm gesammelte Heer setze sich zum größten Teile aus Republikanern und Anhängern Mazzinis zusammen, und so redlich Mazzini selbst sich bemüht habe, die Gereiztheit des Parteigeistes auszugleichen, möchten doch viele unter ihnen sein, die es mißbilligen und vielleicht umkehren würden, wenn Garibaldi, dem Könige zuliebe, das Unternehmen gegen Rom aufgäbe. Nicotera, der mit zweitausend Freiwilligen in Toskana gewesen sei, habe sich geweigert, sie nach Sardinien zu bringen; inzwischen sei er durch den Baron Ricasoli, der sich endlich doch dem Grafen Cavour gefügt habe, bis auf weiteres verhaftet und die Truppe aufgelöst. Er zweifle nicht, daß Garibaldis Anblick Gewalt über die Leute haben werde; aber eine eigenwillige Gesinnung herrsche in diesem Heere. »Es wird schon gehen«, sagte Garibaldi; über das, was er vorhatte, äußerte er sich nicht.

Im Golfe der Orangen angekommen, erfuhren sie, daß zwei Schiffe, etwa zweitausend Mann führend, auf bestimmte Anweisung der Regierung, der die Anführer gehorchen zu müssen geglaubt hatten, nach Sizilien abgefahren waren. Garibaldi zeigte eine leichte Verstimmung, und es war ihm anzumerken, daß er sich nicht zu geselliger Unterhaltung noch zu freundschaftlichem Gespräch aufgelegt fühlte, so daß auch Bertani ihn bald verließ, ohnehin war es Abend. Als er allein war, nahm er ein Boot und ruderte nach dem nahen Ufer der Caprera hinüber, deren Südspitze der Insel Sardinien gegenüberliegt. Nachdem er die Kette des Bootes an einem Pfahl im Wasser befestigt hatte, stieg er über Geröll in die Höhe, denn das Erdreich erhob sich hier bergig über dem Ufer, bis die Flügel der Windmühle sichtbar wurden, die jenseits seines Hauses stand. Sie tauchten wie große Ruder in die warme Flut der langen Dämmerung. Nachdem er eine Weile hinübergeblickt hatte, kehrte er dahin zurück, wo er das Boot angelegt hatte und wo ihm ein Platz zwischen den Felsen nahe am Meere besonders lieb war.

Obwohl kein Wind ging und nichts Lebendes in der Natur sich rührte, war die Nacht nicht still; man meinte das Mondlicht über die Berge und Klippen rieseln zu hören. Garibaldi atmete mit Lust den salzig wilden Dunst seiner Insel ein; er fühlte sich wie zwischen Welten allein mit seiner Seele. Nicht einmal die Gedanken des Mannes, der tückisch seinen Weg unterwühlte und seine

Kräfte von ihm abzuleiten suchte, konnten ihn hier unter den Ginsterbüschen auf dem hohen Gezack der Felsen erreichen. Dieser, der ihm Nizza genommen hatte und nun auch Neapel und Rom entreißen wollte, hatte wiederum einen Sieg davongetragen, indem er ihm die Hälfte des Heeres, mit dem er seine Schläge zu führen dachte, entwendet hatte. Er zweifelte nicht daran, daß er dennoch endlich siegen würde, sonst hätte er die Wucht seines Hasses nicht ertragen können; aber zunächst schien es doch so, daß er einen Schritt zurückweichen mußte. Er hatte noch viertausend Mann, mit denen er selbst vielleicht etwas hätte ausrichten können; was würde aber, wenn er sie nach Rom führte, unterdessen aus Sizilien und Neapel werden? Er durfte nicht daran denken, das dort Errungene preiszugeben, sondern mußte seinen Marsch auf Neapel fortsetzen. Weder das Ungestüm Bixios noch Medicis Beharrlichkeit durfte er der Armee des Südens entziehen, und einen andern wußte er nicht, den er zum Helden eines Wagnisses machen konnte, wie der Einfall in die Provinzen des Papstes war. So lieb es ihm gewesen wäre, wenn er den Plan hätte ausführen können, so leicht hätte er darauf verzichtet, wenn er sicher gewußt hätte, daß er von Neapel aus Rom würde erobern können. Und warum sollte ihm das nicht möglich sein? Es war Mazzini, dessen Urteil in militärischen Dingen er nicht viel zutraute, der gemeint hatte, man müsse zuerst Rom besitzen und von dort weiter ausgreifen; er selbst hatte immer dazu geneigt, vom Süden gegen die Mitte vorzugehen. Der König würde es ihm verbieten, aber im Herzen mit ihm sein; wenn er sich seiner Begegnungen mit ihm erinnerte, sich sein treuherziges und zutrauliches Wesen zurückrief, konnte er nicht glauben, daß es Cavour gelingen sollte, diesen König ohne Falsch für seine furchtsame, ränkevolle Politik zu gewinnen. Freilich hatte der König es seinem Minister nicht gewehrt, ihn und die Seinigen aus unterirdischen Schlupfwinkeln zu bekämpfen; die Tatsache blieb, daß er dort, von wo ihm Hilfe hätte kommen sollen, verraten wurde. Mit Sicherheit konnte er nur auf sich selbst und seine erprobten Treuen rechnen.

Aus dunkeln Gedanken machte ihn der Angstschrei eines Vogels auffahren; wie er aufsprang, sah er einen Habicht davonfliegen, der auf einen schlafenden Vogel gestoßen hatte und durch seine Bewegung verjagt war. Er nahm das verwundete Tier sorgsam,

um zu untersuchen, ob es noch lebe; aber der Raubvogel hatte ihm die Brust eingedrückt; es zuckte noch ein paarmal und war dann tot. Es war ein Rotbrüstchen; Garibaldi betrachtete es, während ein Tropfen Blut langsam an seiner Hand hinunterlief, dann beugte er sich vor und ließ es hinunter in das Wasser fallen. Seine Gedanken blieben bei dem kleinen Leichnam; er stellte sich vor, daß die Wellen in ihn eindrangen und ihn auflösten, und wie die winzigen, in Lebenskraft geglühten Teilchen, die ihn gebildet hatten, wiederum frei sich zerstreuten. Das kleine Lied war aus, und seine Töne strömten in den Elementen, bis ein wunderbarer Augenblick neue Harmonien aus ihnen schuf. Die Gräser, die von den Klippen herunter ins Meer tauchten, die wilden Ziegen, die in den Felsenhöhlen schliefen und manchmal, wenn es zwischen den Steinen raschelte, den Kopf hoben und schnupperten, die Gestirne und er, sie hingen über die volle Nacht gebeugt und tranken entbundenes Leben in ihre berauschten Seelen. Er schloß die Augen und träumte; das Fallen der Tropfen in den ausgehöhlten Steinen neben ihm klang wie das klopfende Blut der Zeit in immergleichen, ewigen Minuten.
Am andern Morgen hielt er eine kurze Ansprache an die Truppen, daß der Gedanke an Rom ihn nie verlasse, daß aber jetzt die Lage so wäre, daß er seine ganze Macht zur Eroberung Neapels gebrauchen müsse, daß er von ihrer Vaterlandsliebe und ihrem Pflichtgefühl erwarte, daß sie ihm folgten. Nach der Pause eines kurzen Augenblicks antwortete ihm ein donnerndes Evviva. Ohne weiteren Aufenthalt fuhren die Schiffe nach Sizilien.

Als Garibaldi in Taormina seine beiden Schiffe rüstete, um über die Meerenge nach Kalabrien zu fahren, rührte sich der Staub der Vergangenheit in der erschütterten Erde, und die goldenen Schatten der alten Götter stiegen grüßend in die Sonne. Auf den geborstenen Bänken der verschütteten Theater lagen sie und wanden Jelängerjelieber und wilde Rosen, die den Marmor zerrissen und begruben, um die träumerischen Stirnen. Sie bogen sich von schroffen Ruinen und riefen harfenstimmige Laute hinunter, die die Dämonen des Meeres aus ihren rosigen Grotten lockten. Mit ihnen tollten sie wie Delphine um den Bauch der Schiffe, ereilten die Küste und zogen triumphierend über die Fluren Kalabriens. Auf ihren Wink kamen die weißen Rinder mit den gebogenen

Hörnern, die Esel und Ziegen, trugen sie auf ihren Rücken und ließen sich mit Trauben und Feigen beladen, die sie springend verschütteten. Die Hufe der Tiere und die Sohlen der Götter zertraten die Früchte und drückten ihren schwarzen Saft in die Erde, so daß die Wälder und Gärten und Felder den Wein mit ihren Wurzeln tranken. Wo die bacchantischen Geister vorüberkamen, warfen die Menschen ihre Sichel oder Hacke hin oder standen von ihren Betten auf, traten auf die Schwelle und rochen den Überfluß der schäumenden Natur. Schaudernd vor Ungeduld drängte die witternde Erde dem Fuß des verkündeten Siegers entgegen.

Mit der aufgehenden Sonne stieg Garibaldi und sein Heer, etwa dreitausenddreihundertsechzig Mann, bei Melito ans Land und wendete sich sofort gegen Reggio, um so schnell wie möglich einen festen Platz in seine Hand zu bekommen. Nach einem heftigen, nicht unblutigen Kampfe kapitulierte die Festung, worauf Garibaldi am folgenden Tage weiterzog. Bei Villa San Giovanni, wohin er zunächst kam, standen sechstausend Mann unter dem General Briganti, einem schönen alten Manne mit buschigem, weißem Haar und einem äußeren Anschein von militärischer Strammheit, dem seine Sinnesart nicht entsprach. Er war von feinem, zurückhaltendem Wesen, im Verkehr mit den Untergebenen einsilbig, tatsächlich aber überaus milde, weniger aus Gutmütigkeit als aus vornehmem Erbarmen mit der menschlichen Schwachheit und einer Art von Gleichgültigkeit gegen das Tatsächliche. Als er, von dem Näherrücken Garibaldis unterrichtet, Anordnungen zur Verteidigung traf, bemerkte er, daß eine Stimmung der Unlust in seinem Heere herrschte, und stellte deshalb in einer Ansprache alle Vorteile der eignen Stellung und Zahl im Vergleich mit den Garibaldinern vor; aber seine Art zu sprechen, wie wenn er wenige vernünftige Menschen vor sich hätte, pflegte ihm keine Zuhörer unter den Soldaten zu verschaffen. Bald meldeten Offiziere Fälle von Insubordination, manche verließen ihre Posten oder weigerten sich, sie zu beziehen, andre versuchten zu entfliehen, um zu Garibaldi überzugehen, und sagten offen, sie wollten sich nicht in gewissen Tod schicken lassen gegen einen, den die Heiligen zu schützen für gut fänden. Briganti trug dem Offizier auf, in Anbetracht der außerordentlichen Umstände die Missetäter nicht scharf zu strafen, sondern sie auf die Lächerlichkeit ihres Aber=

glaubens hinzuweisen und an die Pflicht und das Vertrauen, das der König in sie setze, zu mahnen.
Als Garibaldi zum ersten Male zur Kapitulation aufforderte, antwortete Briganti, daß er sich verteidigen werde, und erwartete den Angriff; aber Garibaldi, der so wenig wie möglich Blut vergießen wollte, schlug ein Lager auf und beschloß zuzuwarten, ohne zunächst von den Waffen Gebrauch zu machen. Es war Abend, als Abgeordnete eines Bataillons vor Briganti erschienen und ihm ankündigten, daß sie die Waffen niedergelegt hätten und den Dienst gegen Garibaldi verweigerten. Er betrachtete sie forschend und fragte, ob sie es nicht angenehmer fänden, in der Schlacht zu fallen, als wegen Meuterei von Kameraden erschossen zu werden; denn sie wüßten wohl, daß sie diese Strafe verdient hätten. Einer von den Soldaten, ein struppiger Kerl, antwortete achselzuckend: »Wie es Gott und der heiligen Jungfrau gefällt«; und zu einer andern Äußerung war keiner von ihnen zu bewegen. Briganti hieß sie sich in Ordnung zurückziehen und seine Befehle erwarten und überlegte, was er tun müsse.
Er hatte nie etwas andres gedacht, als daß er, wie es auch enden möchte, mannhaft gegen Garibaldi kämpfen würde; angesichts des unerhörten Abfalls seiner Truppen fing er an, über die wunderbare Erscheinung nachzudenken. Für Italien und Piemont hatte er kein Interesse und konnte sich nicht viel dabei denken; um so staunenswürdiger kam ihm dieser Mann vor, der von Norden her zu erobern kam wie ein Gote des Mittelalters, und sein Glück. Vielleicht, dachte er, wäre das Reich der Sizilien zum Untergange reif, wie Früchte zu einer gewissen Jahreszeit zu faulen beginnen, und wenn er sich die Soldaten vorstellte, ihre Roheit, ihre Untüchtigkeit, den niedrigen Gang ihres Denkens, kam es ihm wahrscheinlich vor. Es war ihm nicht unbekannt, daß klägliche Zustände im Lande herrschten: Trägheit, Armut, Bestechlichkeit und Erpressung und keine Betriebsamkeit, kein Handel, kein Verkehr, kein Aufschwung: ein stehendes, stinkendes, morastiges Wasser. Dies hatte er oft von andern gehört und auch erlebt; aber es war ihm nie eingefallen, daß es anders sein könnte, ja, er hatte es selbstverständlich gefunden, daß man diejenigen, die Verbesserungen herbeiführen wollten, bestrafte. Nun schien es ihm, daß eben das ein Zeichen des Verfalles an ihm selbst sein könnte, und der Gedanke, daß Garibaldi der erste eines andern Geschlechtes

sei, eines hoffnungsvollen, starken, dem das vom Tode gezeichnete weichen müßte, hatte nichts Schreckliches für ihn. Er öffnete ein Fenster, auf dem die Sonne nicht mehr stand, und ließ die Luft um seine Schläfen spielen; nach einer Weile raffte er sich auf, zündete eine Zigarre an und berief seinen Stab, um die Meinung der Offiziere zu hören. Er sagte ihnen, daß ein ganzes Bataillon den Gehorsam verweigert, daß eine abergläubische Furcht die Manneszucht aufgelöst habe. Es komme ihm überflüssig vor und widerstrebe ihm, so viele Menschen zu töten: er wolle diejenigen, die gegen Garibaldi zu fechten nicht wagten, ihres Gehorsams entlassen und mit den übrigen getrost den Kampf aufnehmen; besser mit wenigen Tapferen und Pflichttreuen als mit vielen Feiglingen.

Es zeigte sich aber, daß nur etwa tausend Mann sich zu schlagen bereit waren. Sie maßen ihren General mit herausfordernden Blicken, grollend, daß er die Unbotmäßigen, Feigen unbestraft entließ; auch diese sahen ihn aus bösen und tückischen Augen an, in denen Verachtung lag. Da es Tollkühnheit gewesen wäre, mit einer so geringen Anzahl von Truppen sich Garibaldi zu widersetzen, beschloß Briganti zu kapitulieren.

In einer kleinen Ortschaft bei Villa San Giovanni traf Garibaldi mit dem General Briganti und dem General Mellendez, der gleichfalls kapituliert hatte, zusammen. Er lud die beiden Herren zu einem Mittagessen ein, das in einem großen Bauernhause von zwei Engländerinnen, Frauen garibaldinischer Anführer, die zur Pflege der Verwundeten mitgekommen waren, und den kochkundigsten Offizieren bereitet wurde. Es gab Geflügel, Schinken, gebackene Eier, Salat und Früchte in Menge, die Garibaldi liebte. Der Tisch war im Freien unter Platanen gedeckt, durch die das Licht wie durch grünes Glas auf die bunte Tafel fiel. Der Himmel war dunkelgelb und schwer, die Hitze lastete; die Pflanzen standen steif, als hätten sie Furcht, sich zu regen, manchmal drehte sich ein Blatt an einem langen Stiel, wie wenn ein Zucken den Zweig überliefe. Garibaldi, der selbst einfach und mäßig aß, liebte einen reichlichen Tisch, wenn er Gäste hatte; es fehlte nicht an guten Weinen.

Der Diktator sprach mit dem General Briganti, dessen Gesicht und ruhiges Benehmen ihm gefielen, über die Eigenschaften der italienischen Soldaten im Vergleich mit denen andrer Völker.

Mellendez, der andre bourbonische General, besaß einen leichten, trockenen Humor, mit dem er namentlich die eigne Schuld und das eigne Unglück ins Lächerliche zog, und erzählte launige Historien von der Verwirrung und Verräterei der letzten Wochen in den Regierungskreisen und im Heere, ohne sich selbst zu schonen, den er als einen harmlosen, gewissermaßen aus Versehen in so tragische Verhältnisse geratenen Lebemann auffaßte. Den Garibaldinern war es nicht ganz wohl bei diesen Enthüllungen; doch war es unmöglich, bei den komischen Darstellungen nicht zu lachen, die ein hundertfaches Zwinkern und Blitzen in seinem gelben, zerknitterten Gesichte begleitete. Ihrerseits belustigte die neapolitanischen Herren die Eßlust der Offiziere Garibaldis, denen es selten geboten wurde, daß sie sich in Behagen an schmackhaften Speisen sättigen konnten.
Als das Gespräch allgemein und die Stimmung unbefangen geworden war, wurde ein Wettstreit vorgeschlagen, so nämlich, daß jeder seinen Lieblingstrank oder seine Lieblingsspeise besingen sollte, sei es in Versen oder in gehobener Prosa; den Sieger sollten die Frauen nach ihrem Gutdünken belohnen. Garibaldi begann: »Ich rühme das heilige Wasser, das, bevor Menschen waren, die Götter berauschte. Jedes andre Getränk ist Erzeugnis, nur das Wasser ist Element. Es ist das Element der Schönheit und der Liebe und der Fruchtbarkeit. In ihm ist nicht der hitzige Geist der Gärung; es kühlt, löscht, löst und läutert, es nährt und stählt. Es quillt aus Himmel und Erde. Wenn wir Wasser trinken, trinken wir aus dem Mischkrug des Lebens!« – »Eccellenza,« rief Mellendez hingerissen, »ich wundere mich nicht mehr, daß das Volk Euch mit dem Erlöser vergleicht! Eure Worte verwandeln das nüchterne Wasser in mehr denn Wein, in das Blut der titanischen Erde, die älter als die olympischen Götter ist!« Oberst Türr dagegen sagte, indem er aufstand, er müsse dem General, dem er im Felde gehorche, an der Tafel widersprechen, und begann das Lob der ungarischen Weine zu verkündigen. Er bediente sich zuerst der italienischen Sprache, da aber seine Kenntnisse mit seiner Begeisterung nicht Schritt hielten, fing er plötzlich an, ungarisch und in Versen zu reden. Garibaldi, der etwas Ungarisch verstand, hörte aufmerksam zu und freute sich, wenn er einige Worte auffassen konnte. Nun sprang Bixio auf, um die Weine Italiens zu verteidigen. Ein Wein, sagte er, sei ihm teuer vor allen,

der schwarze von Velletri, den er mit Goffredo Mameli getrunken habe. Ihn solle man zu seinem Gedächtnis trinken, wenn er tot sei. »Für euch, Soldaten,« sagte Bertani, »die ihr euch berauschen müßt, um zu töten, mag der Wein gut sein; für uns, die die von euch geschlagenen Wunden heilen sollen, ist es der Kaffee. Seine Tropfen, auf unsere Nerven gegossen, setzen ihr ganzes Saitenspiel harmonisch klingend in Bewegung. Unser Inneres wird hell, in alle Winkel fällt Licht, die Schatten der Verzagtheit weichen. Der Schlag des Herzens wird mutig wie des Pferdes Tritt, wenn es die Trompete hört. Seine edle Bitterkeit, sein morgenstarkes Aroma erregen Hoffnung; er sollte Tau der Nerven heißen.« Hierauf nahm General Briganti das Wort und sagte: »Ich werde jetzt zum ersten Male in meinem Leben einen Reim machen, indem ich neben den Kaffee die Zigarre setze. Führt er die Lust des Morgens herbei, so die Zigarre das Gefühl des Abends. Sie löst die Seele aus der Brust und führt sie auf Wolken aus der Beschwerlichkeit des Lebens in die freie Region der Träume.« Zur Überraschung aller mischte sich jetzt Sirtori ein und sagte, da zeige sich, wie entartet und altersschwach unsre Zeit sei, daß Kaffee und Zigarre als das Beste könnten gepriesen werden. Das Beste sei die Zwiebel. Jetzt müsse der Mensch, kaum aus dem Bette, seine Nerven peitschen, damit sie den Tag aushielten. Die Griechen und Römer, deren Werke noch jetzt das große Schauspiel und Beispiel der Welt wären, hätten Zwiebeln gefrühstückt. Die Zwiebel habe zugleich Fleisch und Saft, Säure und Süße; so wie sie aus der Küche der Natur komme, könne sie genossen werden, ohne Zusatz und Würze. Man könne sie mit den Tieren teilen. Sie schmeichle dem Gaumen nicht und locke nicht zum Übermaß. Wenn er Diktator wäre, würde er verbieten, daß eine andre Frucht als die Zwiebel gepflanzt würde, um das Volk an Einfalt, Sparsamkeit und Tugend zu gewöhnen. Er sprach mit dem schwermütigen Ernst, der ihm eigentümlich war, und einer Art von Hoffnungslosigkeit, was in diesem Zusammenhang überaus komisch wirkte und alle zum Lachen brachte.

Die Ausgelassenheit wurde durch eine jähe Erschütterung unterbrochen, die das Geschirr auf dem Tische klirren machte. Alle sprangen auf, die Herren mit der Hand am Säbel, und sahen sich nach der unbekannten Gefahr um. Gleichzeitig fuhr ein starker Windstoß durch den Garten, ein paar losgerissene Blätter flogen blitzend zur Erde, und die gelben Wipfel der Ulmen und Linden bogen sich rauschend. Garibaldi, der ruhig sitzen geblieben war, sagte lächelnd: »Meine Herren, das ist ein Erdbeben, Ihre Waffen werden Ihnen dagegen nicht nützen.« In demselben Augenblick wiederholte sich der Stoß heftiger, so daß Flaschen vom Tische fielen und zerbrachen. Die Tafel wurde durch das Ereignis aufgehoben; Sirtori trat zu Garibaldi und fragte halblaut, ob es nicht bedenklich sei, sich noch länger aufzuhalten, wo alles, nach des Diktators eignem Urteil, auf Schnelligkeit der Bewegung und des Erfolges ankomme. Garibaldi nickte und trug ihm und einigen andern Offizieren auf, den Aufbruch des Heeres zu besorgen; er selbst wolle noch kurze Zeit verweilen, um einiges zu erledigen.

Es waren nämlich verschiedene Leute aus dem Ort und der Umgegend da, die Anliegen an ihn hatten und inzwischen mit andern Neugierigen aus einiger Entfernung dem Essen zugesehen hatten. Zuerst kamen ein paar Mönche, furchtsam die pfiffigen Augen verdrehend, und führten Klage gegen einen Bauern, dessen Land an ihres grenze und der im Beginne der Revolution sich ein großes Stück von ihrem Besitze angeeignet habe unter dem Vorwande, das Kloster habe es ihm in früherer Zeit widerrechtlich weggenommen. Auch der Bauer war gekommen: ein stämmiger Mann mit finsterer Stirne und stechenden schwarzen Augen. Er gebärdete sich als ein Patriot, der von jeher unter den Geistlichen zu leiden gehabt habe, und beschuldigte die Mönche, sie haßten die Freiheit und suchten sich auf Kosten des Volkes zu bereichern; man sollte sie ausrotten und vertilgen und ihre Habe unter den armen und guten Patrioten verteilen. Die Mönche verteidigten sich in großer Bestürzung, sie hätten große Summen für die Insurrektion gegeben und wüßten, daß Garibaldi von Gott gesandt sei, um den König von Neapel aus dem Lande zu jagen.

Ein paar krumme alte Weiber hatten sich hinter Garibaldi aufgestellt, von denen eine ihm von Zeit zu Zeit auf die Schulter klopfte und ihre Ansicht über die verhandelte Sache zuflüsterte. »Söhnchen,« sagte sie, »die Mönche sind arme Schelme. Traue dem Galgenstrick nicht, er würde auch dich essen, wenn er dich gesotten auf den Tisch bekäme.«

Garibaldi sagte, jedem solle das bleiben, was er bisher als sein Eigentum besessen habe. Er wolle in der Provinz einen aus Kalabrien gebürtigen, bewährten Mann als Diktator an seiner Stelle einsetzen, ihm sollten sie ihre Ansprüche vortragen und sich seiner Entscheidung unterwerfen. Es wäre möglich, daß jetzt Klöster geschlossen und Mönche und Nonnen dem tätigen Leben zurückgegeben würden; aber niemand dürfe gewaltsam und ungesetzlich ihr Land an sich reißen, das sie mit ihrem Fleiße bebaut hätten. Die Kutte mache keinen besser, aber auch keinen schlechter; auf das Herz komme es an, das darunter schlage.

Eine Reihe von Männern, die sich in die Brust warfen und mit vielen überflüssigen Worten ihre gegen die Tyrannei geführten Kämpfe und der Befreiung des Landes gebrachten Opfer rühmten, fertigte er ebenfalls mit der Hinweisung auf seinen Stellvertreter ab, nicht ohne die Ermahnung hinzuzufügen, daß noch nicht Zeit sei, weder an Ausruhen noch an Belohnungen zu denken.

Auf einen Wink Garibaldis näherte sich nun eine junge Frau, die ein zierliches kleines Mädchen an der Hand führte. Sie war nicht schön, aber sehr anziehend durch ein Paar dunkler Augen, die ihrem Gesicht einen leidenschaftlichen, verhängnisvollen Ausdruck gaben, das Kind ganz von ihr verschieden, hell, beweglich und vorwitzig. Sie erzählte, daß ihr Mann sie mit Eifersucht quäle und ihrer Ehre zu nahe trete, indem er laut sage, er glaube nicht, daß er des Kindes, das sie da bei sich habe, Vater sei. Sie würde alles ertragen, auch die Gefahr, von ihm umgebracht zu werden; aber zuweilen drohe er, dem Kinde etwas antun zu wollen, und sie wüßte nicht, wie sie es schützen sollte. Sie habe weder Vater noch Brüder, Garibaldi möge ihrem Manne ins Gewissen reden. Sie schwur, wie wenn der Tag des Jüngsten Gerichtes sei, daß nie ein andrer als ihr Mann sie besessen habe.

Garibaldi ließ den Mann holen, der, etwas unwillig, aber doch liebenswürdig herbeikam. Sein Äußeres war gefällig, sein Gesicht fein und rosig wie das eines Kindes, sein Benehmen von übertriebener Munterkeit, die bestimmt schien, seine Verlegenheit zu verdecken. Er fing mit großer Geläufigkeit von den Frauen im allgemeinen zu sprechen an und verlor sich bald in Anekdoten und Witze, die treffend und gewagt waren und die Menge der Umstehenden zum Lachen brachten. Die alte Frau klopfte Garibaldi auf die Schulter und sagte: »Söhnchen, laß dir von dem Bajazzo nichts weismachen. Er sieht so gut wie jedermann, daß das Kind sein Abdruck ist, und man sollte seine Nase einmal tüchtig darauf stoßen und darin herumrühren, damit er sich daran erinnert.« Garibaldi unterbrach das Geschwätz des Mannes, indem er sagte: »Du hättest unrecht, wenn du deine Frau aus Eifersucht quältest, aber du hast es doppelt, wenn du es nur tust, um dir die Zeit zu verkürzen.« Er sprach von der Verehrung, die der Mann seiner Frau schuldig sei, besonders wenn sie ihm Kinder geboren habe, von ihrer Opferwilligkeit und Selbstlosigkeit, die sie in hundert großen und kleinen Dingen täglich beweise und die er ihr nie genug vergelten könne. Er übertreffe sie an Kraft des Körpers, und die solle er anwenden, um sie zu schützen, nicht um sie zu schädigen. Ein Elender sei, wer eine Frau beleidige, die den Schimpf nicht rächen könne wie ein Mann. Wenn er sich nicht beherrschen könne, solle er ihm in den Krieg folgen und seine Streitlust an den Bedrückern seines Vaterlandes auslassen.

Dem Manne, der noch niemals in solcher Weise über die Frauen hatte sprechen hören, wurde zumute, als ob seine Frau plötzlich in eine Heilige verwandelt wäre; er sagte, daß er sie über alles liebe, daß er allerdings ein schlechter Mensch und ihrer nicht wert sei und daß er gerade deshalb immer an ihrer Liebe und Treue zweifeln müsse, und suchte sie dabei zu umfassen und ihre Hand zu ergreifen. Während sie sich ihm schamrot entzog, richtete sie einen Blick voll inbrünstiger Dankbarkeit auf Garibaldi, wobei sie ein wenig lächelte, so daß ihr dunkles Gesicht wie ein grünes Blatt am gewitternden Himmel leuchtete.

Von hier aus marschierte Garibaldi gegen Cosenza, wo ein zahlreiches Heer unter dem General Ghio ihm den Weg verlegte und seine Lage bedenklich zu machen schien; aber auch dieses löste sich nach kleineren Gefechten auf, ohne ihm größere Verluste beigebracht zu haben. Die Verwilderung der neapolitanischen Soldaten nahm fortwährend zu; General Briganti wurde von seinen eignen Leuten, die sich bandenweise in die Wälder geworfen hatten, weil er sie verraten habe, ermordet.

An einem der ersten Septembertage, während Garibaldi der Hauptstadt näher rückte, erhielt der Admiral Persano eine Depesche des Grafen Cavour, er solle sich der Flotte bemächtigen und sich im Namen Viktor Emanuels zum Diktator machen; ein Auftrag, der Persano etwas unmäßig vorkam. Doch suchte er schleunig etwas zu unternehmen und setzte sich mit dem Minister des Königs, Liborio Romano, in Verbindung, der mit dem Gedanken umging, abzufallen, aber noch schwankte, ob er zu Garibaldi übergehen oder selbst Viktor Emanuel als König ausrufen sollte. Baron Nisco beharrte dabei, daß der König durch eine Revolution des Volkes müsse gestürzt werden, und hatte bereits etwas Neues eingefädelt, wobei er sich eines Mannes bedienen wollte, der als Haupt der Camorra berüchtigt und gefürchtet war und dem Baron versichert hatte, daß es ihm ein kleines sein würde, den entscheidenden Trumpf in dieser Sache auszuspielen. Villamarina bat inständig, jetzt, wo es mehr denn je vergeblich sein würde, da Garibaldi schon vor den Toren Neapels sei, solle man doch aufhören, im Finstern wühlend sich mit Halunken gemein zu machen; allein Baron Nisco sagte, er sei zum Äußersten entschlossen und werde vor nichts zurückschrecken, auch sei der von ihm ausgewählte Mann nichts Gemeines, vielmehr liege in dem Wesen der Camorristen etwas Geheimnisvolles und Heldenhaftes, und man müsse den Charakter eines Volkes, mit dem man sich verbinden wolle, ohne Vorurteile studieren. Persano war gleichfalls der Meinung, man müsse nichts unversucht lassen und sich der tauglichsten Elemente des Volkes bedienen, ohne über ihre Tugend zu grübeln, die übrigens, wenn auch in fremdartigen Formen, der der höchsten und angesehensten Kreise im Grunde gleichwertig sei.

Der einflußreiche Mann, um des es sich handelte, hieß Carmine Santamaria; er verfügte über eine außerordentliche Körperkraft, die ihm das Gefühl gab, in allen Dingen den Ausschlag geben zu können, wozu er noch mehr aufgelegt gewesen wäre, wenn nicht eine ebenso ungewöhnliche Trägheit entgegengewirkt hätte. Diese verursachte, daß er sich nur rührte, wenn er persönlich gereizt wurde oder etwas Erhebliches verdienen konnte, welches letztere Baron Nisco erkannte und ausnutzte. Der Plan war, daß eine Volksmenge vor das königliche Schloß ziehen und die Zurücknahme der Verfassung verlangen sollte, wodurch der König, wenn er willfahrte, von den Liberalen würde aufgegeben werden oder dann der einmal aufgereizten Wut der Masse würde weichen müssen. Carmine hatte sich ausbedungen, die Vorbereitungen zu dem Volksauflauf, das Beschaffen und Anstellen der Leute selbst zu besorgen ohne jede Einmischung des Barons Nisco, was Villamarina bewog, die Befürchtung auszusprechen, der Mann werde alles Geld einstecken und sich um nichts bekümmern; aber Nisco sagte, diese Leute hielten zwar manches für erlaubt, was sie nicht billigen würden, wie sie denn nicht heikel wären, Blut zu vergießen, wären jedoch nichtsdestoweniger in ihrer Art ehrenhaft und hätten bestimmte Moralgesetze, an die sie sich streng hielten. Auch Graf Persano meinte, man müsse auf die Eigenart des neapolitanischen Volkes eingehen, wenn man etwas mit ihm ausrichten wolle.

Als Carmine sich mit seinen Gefährten in Verbindung setzte, stieß er bei vielen auf Widerstand, die sagten, es wäre gegen alles Herkommen, daß sie sich gegen den König gebrauchen ließen, müsse er aber fallen, so solle Garibaldi kommen und ihn wegjagen, es gäbe keinen Grund, ihm vorzugreifen, er würde doch kommen und sie vielleicht noch dafür bestrafen. Dadurch wurde Carmine unentschlossen, ging, von seiner Frau beraten, zu seinem Beichtvater und vertraute ihm an, wozu er gedungen worden sei. Dieser, ein Patriot von demokratischer Gesinnung, beschwor ihn, sich nicht darauf einzulassen, sondern still zu warten, bis Garibaldi komme; die Herren, die ihn anstachelten, wollten nichts andres als das Königreich an Viktor Emanuel ausliefern, bevor Garibaldi da sei, damit er es wie einen Lottogewinn in die Tasche stecken könne, Garibaldi dagegen komme als ein Vertrauter Gottes, um den irdischen Reichen die himmlischen Gesetze zu geben. Er komme mit der höchsten Macht bekleidet, ein Imperator, um die Ungerechtigkeit zu vertilgen und die schuldlosen Leiden zu vergüten. Wenn er die neue Ordnung in Neapel eingeführt hätte, würde er alle Länder Italiens zu einem Reich zusammenfügen und Viktor Emanuel als König darüber einsetzen; wer ihm vorgriffe, sündige wider Gott, dessen Wille es sei, durch ihn die Welt zu beglücken.

Dies Zureden machte Carmine zunächst noch mehr unschlüssig; denn einerseits war er geneigt, dem Geistlichen zu gehorchen, anderseits regte sich in ihm Eifersucht auf Garibaldi und Besorgnis, seine eigne ruhmvolle und ansehnliche Stellung könne durch ihn erschüttert werden, so daß er Cavours Meinung, man müsse Garibaldis Überragen schleunig auf die gewöhnlichen bürgerlichen Maße zurückführen, ernstlich zu teilen begann. Dies Gefühl gewann in ihm die Oberhand, und er brachte einen Haufen Gesindel zusammen, das sich zuerst zur Plünderung eines von einem Flüchtling verlassenen Palastes und dann vor das königliche Schloß führen ließ. Kaum hatte hier das Geschrei »Nieder mit der Verfassung!« begonnen, als ein Beamter der Polizei, der Carmine aus früheren Verhandlungen kannte, auf dem Platze erschien, ihn zu sich heranwinkte und ihm eine Entschädigung versprach, wenn er die Menge zum Schweigen brächte und, ohne daß sie weiteren Schaden anrichtete, zerstreute. Nachdem sie über eine Summe von nicht verächtlicher Höhe einig geworden waren, teilte Carmine den Leuten mit, daß der König nach wie vor ein Vater seines Volkes sei und alle ihre gerechten Wünsche befriedigen werde, worauf sie einige Male »Es lebe der König!« riefen und sich in bester Laune entfernten.

Seinen Auftraggebern erzählte Carmine, daß die von ihm geworbenen Leute das Geld zwar genommen, sich schließlich aber geweigert hätten, etwas Handgreifliches gegen den König zu unternehmen, da Garibaldi bald kommen würde und tun, was das Beste wäre; und er entrüstete sich über diese Treulosigkeit unter drohendem Augenrollen und Mordgebärden, die den Herren einen deutlichen Begriff von der in ihm liegenden Furchtbarkeit gaben. Nachdem er fortgegangen war, äußerte sich die Wut und Enttäuschung des Barons Nisco fast bis zu Tränen, wohingegen Graf Persano den Charakter des Camorristen zu zergliedern begann und seinem Vergnügen Ausdruck gab, daß er diesen Blick in die neapolitanische Volksseele habe tun können.

Einen Tag später entschloß sich der König, der sich von allen verlassen sah, Neapel zu verlassen, um nicht Zuschauer von Garibaldis siegreichem Einzuge zu werden. In der schläfrig-schlauen Art, die ihm eigentümlich war, sagte er, Don Peppino, so nämlich nannte er Garibaldi, sei offenbar ein Werkzeug Gottes entweder zu seiner oder des Volkes Bestrafung. Er wolle sich gegen den Willen Gottes nicht auflehnen. In diesen Tagen war der Verkehr im Wirtshause der Giovannara so lebhaft geworden, daß sie einen kleinen blondlockigen Burschen zur Bedienung angestellt hatte, der wie sie eine feuerrote Jacke trug und die jeweilig einlaufenden Telegramme über das Vorrücken Garibaldis vom Tisch herunter vortragen mußte. Am Abend des sechsten September saßen die Gäste gedrängt und besprachen die eben erfolgte Abreise des Königs und die bevorstehende Ankunft Garibaldis. Carmine Santamaria, der nicht zu den regelmäßigen Besuchern der Giovannara gehörte und nur in einer mißvergnügten, aufgeregten Stimmung zufällig in ihr Wirtshaus geraten war, sagte, die Brauen faltend, es sei noch nicht so gewiß, ob Garibaldi komme; es gäbe Männer in Neapel, die sich nicht ohne weiteres einem Fremden unterwerfen würden und die wohl einen blutigen Strich durch seine Rechnung ziehen könnten. Ein anderer sagte bedenklich, man wisse freilich, daß der König einen Preis auf seinen Kopf gesetzt habe, und vollends der Papst werde jeden Tropfen seines Blutes hundertfach mit Gold aufwiegen. Da könne sich leicht einer finden, der den Lohn verdienen wolle. Warum auch nicht, sagte Carmine, da es ein leichtes sei. Garibaldi fahre nicht wie ein Despot in geschlossener Kutsche einher, Bewaffnete zu den Seiten, voran und hintennach, er wäre auch nicht inmitten des Heeres, sondern ritte allein mit einem kleinen Gefolge, das er oft zurückließe, um ungestört seinen Gedanken nachzuhängen; ein Kind, das nur mit der Flinte umzugehen wisse, könne ihn aus dem Hinterhalte erlegen. »Er ist von Sizilien bis Neapel unverletzt durch alle Heere des Königs gegangen, jetzt solltest du oder deinesgleichen ihn zu Falle bringen?« sagte die Giovannara höhnisch. Ihr Blick machte Carmine wütend. »Einem Manne meiner Art gelingt mehr als hunderttausend Feiglingen«, rief er und wettete, indem er sein Glas leerte, daß Garibaldi nicht lebend in Neapel einziehen werde. Die meisten wetteten gegen ihn, laut durcheinanderschreiend, nur wenige waren auf seiner Seite. Er komme durch viele Dörfer, sagte einer, wo nicht alle vom Könige abgefallen seien; wie leicht könne da jemand ihm etwas antun, etwa wenn Garibaldi in ein Wirtshaus oder in eine Kirche eintrete, oder man könne aus einem Fenster auf ihn schießen. Sicher würde sich ein Priester finden, der einem die Absolution erteilte. Nein, sagte ein andrer, ein solcher Verräter fände sich in und um Neapel nicht; denn Garibaldi habe niemanden beleidigt, er sei kein Blutsauger und kein Leuteschinder, er sei selbst ein Mann des Volkes und gut und freigebig wie der Erlöser, an ihm würde sich keiner vergreifen. »Und wollte es auch einer, so vermöchte er es doch nicht«, rief die Giovannara stolz. Niemand könne ihm beikommen. So wie den Lorbeerbaum der Blitz nicht treffen könne, weil er selbst feuriger Natur sei, so könne Garibaldi, der Italiens Schwert sei, keine Waffe verletzen. Sie solle doch Männern nicht mit Lügenmärchen kommen, sagte Carmine zornig; er selbst mache sich anheischig, ihn mit seinen bloßen Fäusten umzubringen, wenn es darauf ankomme. Das Lärmen und Schimpfen, das sich hierauf erhob, unterbrach die Giovannara, indem sie sich dicht vor Carmine hinstellte und, indem sie ihn herausfordernd ansah, sagte: »Sehen wir denn, ob du mich töten kannst, du Prahler!« Im ersten Augenblick wollte er sie anpacken, dann versuchte er zu lachen; aber unter ihrem funkelnden Blick wurde ihm anders zu Sinne. Er beugte sich zu ihr und flüsterte leidenschaftlich: »Ich möchte dein Blut fließen sehen, um es zu fragen, ob dein Herz mir vergeben kann.« Sie errötete und wurde nun auch verlegen, faßte sich aber und erwiderte schnell und leise: »Wenn du die Wette verlierst, so will ich dir deinen Verlust ersetzen.« Die andern hatten diesen verstohlenen Handel nicht bemerkt oder stellten sich so. Die Giovannara trat rasch an den Tisch zurück mit den Worten: »Ich bin noch unversehrt, so wird es auch Garibaldi sein«, und versprach jedem, der das Haus kannte, ein Glas voll ihres besten Weines umsonst am Tage, wo Garibaldi einziehe.

Als der König fort war, verbreitete sich eine heitere und sorglose Stimmung in der Stadt. Die Minister besonders atmeten auf; denn sie waren nun der peinlichen Wahl zwischen treulosem Abfall oder undankbarem Ausharren bei einer verlorenen Sache überhoben. Für diejenigen, die es nicht anständiger fanden, sich ganz zurückzuziehen, handelte es sich nur noch darum, sich für Cavour oder Garibaldi zu entscheiden.

Liborio Romano, der erste Minister des entflohenen Königs, entwarf in Eile eine Huldigungsadresse an Garibaldi, damit er nicht als Eroberer einzöge, sondern als Diktator eingeholt würde, und eilte selbst nach Vietri, von wo aus der Erwartete die Eisenbahn benutzen wollte, um ihn als erster zu begrüßen. Nachdem die üblichen Reden gewechselt waren und der Zug nach Neapel sich in Bewegung gesetzt hatte, erzählte Liborio Romano von den Vorfällen der letzten Tage; wie er den König veranlaßt habe zu fliehen, wie er die Zügel der Regierung an sich genommen habe, wie der Gesandte des Königs von Sardinien und der Admiral Persano ihn hatten bestimmen wollen, daß er einem von ihnen die Diktatur im Namen Viktor Emanuels übertrüge, und wie er sie, nachdem sie lange im Vorzimmer gewartet hatten, da er mit Geschäften überladen gewesen sei, dahin beschieden hätte, daß die Nationalgarde, der die Aufrechterhaltung der Ordnung obliege, erklärt habe, sich nur Garibaldi unterwerfen zu wollen, daß das ganze Volk Garibaldi wolle und daß jeder Versuch, sein Kommen zu hintertreiben oder ohne seine Vermittlung eine Regierung einzusetzen, die Insurrektion herbeiführen würde. Er sprach gewandt und zeigte sich beflissen, dem Diktator die Überzeugung beizubringen, daß er einem Mann von solchen Verdiensten, so viel Urteil und Fachkenntnis dem Lande in einer hohen Stellung erhalten müsse.

Während Garibaldi durch das offene Fenster in die vom Überfluß der Wonnen müde Landschaft blickte, dachte er daran, wie viele Männer ihm an wie vielen Orten, durch die er im Laufe der letzten Wochen gekommen war, in ähnlicher Weise erzählt hatten, was sie für ihn und Italien gelitten und geleistet hatten, und die Vorstellung aller dieser Worte, die lauernden, schmeichlerischen, gleißenden Augen, die ihn dabei angesehen hatten, riefen zusammen ein Gefühl peinlicher Widerwärtigkeit in ihm hervor. Er hätte nicht zählen können, wie oft er gesagt hatte: »Ihr habt Euch um das Vaterland verdient gemacht!«, und obwohl er es fast immer mit Freude und Überzeugung getan hatte, kam ihm plötzlich eine Empfindung, als seien die Muskeln seines Mundes schlaff geworden und müßten ausruhen. Ungerufen tauchte das Bild seiner Insel in seiner Seele auf; er fühlte den einsam um die Klippen sausenden Wind, das Klingen des Wassers und sein unendlich ausgebreitetes, an die Säume des Himmels und der Erde strömendes Dasein.

Das Aufhören der rüttelnden Bewegung des Fahrens, als der Zug anhielt, und das Bewußtsein des großen Augenblicks, der nun da war, erfrischte ihn wieder. Wie er mit seinem Begleiter den Bahnhof verließ, um in einen Wagen zu steigen, sagte Oberst Türr zu Bertani, es sei eine fast leichtfertige und unerhörte Sache, daß Garibaldi allein, ein fremder Eroberer, in diese wimmelnde Stadt einziehe, das berüchtigte Paradies der Bettler, Gauner, Kuppler und Banditen. »Mir ist zumute,« entgegnete Bertani, »als ob ich einen Tierbändiger in den Käfig voll wilder Tiere eintreten sähe.« Die Dächer der Häuser, die Bäume und Brunnen waren schwarz von Menschen und erinnerten an jene mit Leim bestrichenen Stangen und Tüten, wenn sie von zappelnden Fliegen bedeckt sind. Die Stadt war in Wahrheit einem riesengroßen Käfig ähnlich, in dem tropische Geschöpfe aller Art beieinander sind, kletternde Affen, gaukelnde Papageien, neugierige Gazellen, geifernde Schlangen, Panther, Leoparden und Giraffen, die in der Stunde, wo sie gewohnt sind, daß er kommt, um sie zu füttern und zu Kunststücken abzurichten, ihrem Herrn entgegendrängen. Sie schmiegen sich an ihn, um von seiner Hand geliebkost zu werden; auch die Blutdürstigen und Unheilvollen ergeben sich dem Zauber des Beherrschtseins und ducken sich leise schaudernd unter seinen furchtlosen Augen. Diese Augen einzig banden das ungeheuerliche Getümmel, das kreischende, schillernde Durcheinander gefährlicher Kräfte, die sich auf ihn hätten stürzen und ihn zerreißen können, wenn sie sich einen Augenblick ihrer Freiheit und ihres Vermögens bewußt geworden wären. Aber in dieser Menge war keiner, der etwas andres gewollt hätte als sich an dem Anblick Garibaldis beseligen. Sie sahen nun das rote Hemd unter dem weißen Mantel, den die Kugeln durchlöchert hatten, das blonde Haar, das schöne Haupt, das olympische Lächeln, wovon sie seit vielen Wochen fabelten und träumten. Die mächtige Masse erregtesten Lebens, die brausend um den Siegeswagen stürzte, das Jauchzen, Kreischen und Brüllen, der betäubende Taumel schwoll und sank auf die Zeichen des segenvollen Gottes, dessen Lächeln müder wurde, je rasender die Trunkenheit, die es erzeugte

Die Hitze war an diesem Tage nicht drückend, da es in der Nacht gewittert hatte; zuweilen führte ein von Norden wehender Wind Haufen laut raschelnder Blätter über die Häuser weg. Der Himmel war schwarzblau, ganz ohne Trübung, und die Luft so rein, daß die Berge über der Stadt wie edle, farbig leuchtende Formen ohne Gewicht erschienen. Das triumphierende Jahr schien seine Fackel noch einmal bis an die Sonne zu schwingen, bevor es sie dem Herbste neigte.

Auf seinem Zuge nach Neapel war Garibaldi im Begriffe gewesen, dem Prodiktator von Sizilien, Agostino Depretis, auf seine Anfrage zu erwidern, er möge immerhin den Anschluß der Insel an Piemont verwirklichen, als Bertani, der dazukam, sein Erstaunen darüber aussprach, daß der General sich jetzt schon der Macht, welche die Diktatur über Sizilien ihm gäbe, berauben wolle, worauf Garibaldi sich nochmals bedachte und anstatt des begonnenen Briefes an Depretis schrieb, er möge mit der Annexion warten, es habe noch Zeit. Nachdem er die Diktatur in Neapel ergriffen hatte, war es seine erste Handlung, daß er die neapolitanische Flotte mit der des Königs von Sardinien vereinigte und damit Viktor Emanuel zum Herrn der westlichen italienischen Meere machte. Obwohl er dadurch die unerschütterte Treue seiner Gesinnung anzeigte, blieben diejenigen, die mit seinem Namen zugleich Revolution, ja Republik zu nennen glaubten, mißtrauisch und ungeduldig und wünschten die Gewaltherrschaft Garibaldis so schnell wie möglich gegen die regelmäßige des Königs vertauscht zu sehen. Dies war um so mehr der Fall, als Mazzini, von dem man glaubte, daß er die Frucht von Garibaldis Siegen der republikanischen Partei zuzuwenden trachte, in Neapel erschienen war und häufig an des Diktators Seite gesehen wurde.

Mazzini war in glücklichster Stimmung. Dies sei, sagte er, seit fast dreißig Jahren, mit Ausnahme der wenigen Monate in Rom im Jahre 1849, das erstemal, daß er die Sonne seines heimatlichen Himmels nicht als Raub, sondern unter dem Schutze des Diktators als sein Recht genießen könne. Er weile gern in seiner Nähe, um zugleich in der goldensten Sonne und im Glücke Garibaldis sich zu baden. Seine Liebe zu Garibaldi offenbarte sich oft in kindlich scheuer und guter Weise, aber gegen seinen Willen; denn er fürchtete, ihm lästig zu fallen.

Garibaldi war drei Tage in Neapel, als Villamarina ihm die Mitteilung machte, daß Viktor Emanuel beschlossen habe, in die Marken und Umbrien einzufallen und diese Provinzen des Kirchenstaates seinem Reiche einzuverleiben; sein Heer stehe bereits an der Grenze, und dem Papst seien die Gründe dieses feindlichen Schrittes in einer Zuschrift auseinandergesetzt worden. Villamarina, der seine Botschaft zögernd und nicht ohne Verlegenheit erledigt hatte, bemerkte in Garibaldis Augen ein Aufleuchten freudiger Genugtuung. So habe der König, sagte er, doch seinen Willen durchgesetzt! Nun werde Italien die Absichten und den Mut seines Königs erkennen! Nun werde auch die Befreiung Roms nicht mehr fern sein. Villamarina errötete und entgegnete, der König habe dem Heiligen Vater versichert, daß er das Gebiet von Rom nicht antasten, vielmehr ihn in diesem Besitze schützen werde; denn da durch die Eroberung der Marken das angrenzende Österreich gereizt werden würde, könne er nicht auch den Kaiser Napoleon, der der Schutzherr des Papstes in Rom sei, sich zum Feinde machen.

Garibaldi schwieg; es ging ihm plötzlich durch den Sinn, daß diese unverhoffte Ausführung eines von ihm lange gehegten Planes den Zweck haben könnte, weniger die unter dem Drucke der Papstgewalt schmachtenden Provinzen zu befreien, als vielmehr ihn daran zu verhindern, daß er nach Rom ginge. Sein Gesicht verdüsterte sich, er wollte eine Frage an Villamarina richten, aber als er dessen mit ehrerbietiger Teilnahme auf ihm ruhenden Blick sah, unterdrückte er sie und sagte freundlich, er zweifle nicht daran, daß die tapfern Truppen Seiner Majestät den Söldnern des Papstes obsiegen würden, und freue sich dessen.

Als er spät abends mit Mazzini und Bertani in einem Zimmer des Palastes saß, den er bewohnte, erzählte er von der neuen Wendung in der Politik des Königs. Bertani sagte heftig auffahrend, das sei vielleicht dem Tatendrange des Königs lieb, erfunden habe es Cavour. Nein, nicht erfunden, gestohlen, erschlichen habe er es. Vor einem Jahre, als der König mit Garibaldi dazu einverstanden gewesen sei, habe Cavour es hintertrieben. Vor zwei Monaten, als er in Genua eine Armee dazu gerüstet habe, habe Cavour mit seinen Ränken den wohlangelegten Plan scheitern gemacht. Damals schon vielleicht sei ihm der Gedanke gekommen, die Tat Garibaldi und den Seinigen zu entreißen und sie selbst zu tun. Was er ihm, Bertani, damals als Gewissenlosigkeit vorgeworfen habe, werde nun Unerschrockenheit und Hochherzigkeit heißen. Ja, sagte Mazzini, das eben sei ihr Triumph. Alles das, wofür sie geächtet wären, in die Verbannung getrieben, gefoltert, getötet, das wären jetzt die Ruhmestitel der Verfolger von einst. Was die Dornenkrone der Märtyrer gewesen sei, sei Diadem des Königs geworden. Mit den Worten, die einst die Inquisitoren ihren Opfern entwunden hätten, um ihnen daraus das Todesurteil zu begründen, brüsteten sich jetzt die Häscher und Henker von einst. Das, das eben sei der siegreichste ihrer Siege. Wenn einmal die Bauern mit ihrer Sense nach ihm schlügen, weil er nicht mitgeschrien habe: ›Es lebe das einige Italien mit der Hauptstadt Rom!‹, so würde er lächelnd sterben. Ihre Soldaten wären es ja mit ihren Waffen, die regierten, ihre Gedankenträume, ihr Geist.

»Ich weiß nicht,« sagte Bertani, »ob es unser Geist ist oder nur unser Wort.«

»In den Worten ist der Geist«, rief Mazzini. »Ihr werdet sehen, daß Cavour binnen kurzem vom Throne herunter ausrufen wird, daß Rom Italiens Hauptstadt sei. Wir zwingen ihn dazu, kühn zu sein und groß zu denken, er muß es, damit die Rebellen ihn nicht beschämen.«

Garibaldi, der in Gedanken vor sich hin gestarrt hatte, sagte: »Ihr werdet mich oft getadelt haben, daß ich mich mit dem Könige verband, da ich doch in meinem Sinn Republikaner bin wie ihr. Ich tat es, weil ich mir die Überzeugung gebildet hatte, daß wir ohne ihn Italien nicht würden machen können; auch bereue ich es nicht: er ist ein Patriot, ein Soldat und ein ehrlicher Mann. In ihm habe ich mich nicht getäuscht, nur in Cavour. Cavour ist mein Feind; als ich im Frühling nach Sizilien ging, wollte er mich zurückhalten, als ich es dennoch tat und Sizilien eroberte, wollte er es mir nehmen; da es ihm nicht gelang, wollte er mich hindern, nach Kalabrien zu gehen, und als ich es dennoch tat, wollte er mir Neapel entreißen; nun ich es dennoch genommen habe, will er mich hindern, nach Rom zu gehen, indem er den Namen meines Königs schützend davorstellt; denn das allein ist der Zweck dieses Feldzuges.«

Nachdem sie über die wahrscheinlichen Absichten des Ministers gesprochen hatten, sagte Bertani: »Wenn ich meine persönliche Erbitterung vergesse, muß ich ihn bewundern: er wagt mit diesem Angriff auf den Papst das Äußerste. Er tritt als Rebell auf und rechnet, daß die Larve des königlichen Ministers, die er trägt, die Sinne der Welt, vor der er handelt, täuscht. Indem er uns nachgibt, bewahrt er doch die Treue gegen seinen Monarchen. Und wenn Ihr dem König zuliebe jetzt Rom aufgebt,« fuhr er, gegen den Diktator gewendet, fort, »so ist es das einzige nicht, was Ihr ihm geopfert habt.« Mazzini sagte, wie man auch die Handlungsweise Cavours beurteilen möge, so hielte er selbst auch einen Angriff auf Rom eben jetzt für untunlich. Ein solcher würde zweifelsohne einen Krieg mit Frankreich herbeiführen, den Italien in seinem augenblicklichen Zustande kaum würde bestehen können. Es wäre nicht unmöglich, daß es Cavour gelänge, sich auf dem Wege der Unterhandlungen in den Besitz Roms zu setzen, was vorzuziehen sei. Seiner Meinung nach sollte man lieber an die Befreiung Venedigs denken, da nach den herrschenden politischen Konstellationen Österreich weit weniger als Frankreich zu fürchten sei.

Garibaldi antwortete nicht; es traf ihn empfindlich, daß Bertani Cavour verteidigte, und von Mazzini hatte er die Ansicht, daß er

mit Rücksicht auf die katholische Konfession, deren Bestehen er im wesentlichen wünschte, den Papst geschont wissen wollte. Seine eignen Befürchtungen, ob die Eroberung Roms, die das eigentliche Ziel aller seiner Kämpfe gewesen war, jetzt ausführbar wäre, sprach er nicht aus. Er wußte, daß der Besitz des Königreichs Neapel noch keineswegs gesichert war; unter dem Taumel, der ihn empfangen hatte, brüteten Verrat und zweideutige Gesinnung, schon waren in mehreren Ortschaften von Räuberbanden geleitete Aufstände ausgebrochen. Ob seine Truppen, wenn alle Arbeit hier getan wäre, noch zu weiteren großen Aktionen tauglich sein würden? Die Tausend von Calatafimi und Palermo waren nicht mehr sein, der Blitz, den sein Wort geschaffen hatte, war in Kämpfen und Genüssen erloschen; dies Werkzeug hatte die Zauberkraft, die ihm innezuwohnen schien, allmählich eingebüßt. Das Zuströmen neuer Kräfte, das anfangs ununterbrochen gewesen war, ließ beständig nach, so daß es den Anschein hatte, als ob Italien gegeben habe, was es für ihn besäße.
Indessen er selbst bekämpfte so kleinmütige Gedanken; denn schließlich stand ihm noch ein bedeutendes, tüchtiges und ergebenes Heer zu Gebote, und noch hatte er nicht erprobt, wie das Volk eine neue, förmliche Werbung beantworten würde. Wenn es ihm gelang, die Macht, über die der König von Neapel noch verfügte, durch einen starken Schlag so zu lähmen, daß er ihm in nächster Zukunft nicht mehr könnte gefährlich werden, die Partei, deren feindseliges Wühlen er überall spürte, unschädlich zu machen, so konnte er seine ganze Kraft auf Rom richten. Einzig die Erwägung, daß der König mit seinen Truppen sich zwischen ihn und Rom stellen könnte, hemmte seinen Entschluß. Wiederum war es Cavour, der ihm entgegentrat; wäre Cavour entfernt und mit ihm Fanti und Farini, so würde er, allein mit dem König, Italien durch eine glückliche Tat vollenden, daran zweifelte er nicht. Es kam ihm plötzlich der Gedanke, daß er den König selbst darum angehen könnte, ihn, Cavour, zu entlassen und ihm, Garibaldi, dadurch die Bedingung zu künftigen Siegen zu schaffen. Viktor Emanuel, dachte er, würde ihn nicht zur Eroberung Siziliens ermuntert haben, wenn er nicht willens gewesen wäre, die italienische Krone anzunehmen; so würde er denn auch über Rom mit ihm einig werden. Indem er über einen Mann nachdachte, der wegen dieser Sache zwischen ihm und dem Könige vermitteln könnte, einen,

der ihnen beiden gleich wert und vertrauenswürdig wäre, fiel ihm Giorgio Pallavicino ein, der die Reinheit seiner Gesinnung durch Opfer, Leiden und Taten in Jahrzehnten unwandelbar bewiesen hatte. Dieser hatte kaum die Einladung Garibaldis erhalten, so schnell wie es ihm möglich wäre, nach Neapel zu kommen, als er dorthin eilte. Er war ungeduldig, Garibaldi nach seinen großen Siegen wiederzusehen und zu umarmen, froh, im Alter noch einmal im hohen Wellengange des Lebens mitkämpfen zu können, und stolz darauf, daß der, den er seinen Garibaldi zu nennen pflegte, ihn dazu berufen hielt.
Freilich war ihm die Aufgabe, mit der Garibaldi ihn betrauen wollte, durchaus zuwider, vorzüglich weil er voraussah, daß der König die befremdende Bitte Garibaldis ablehnen würde; daß es seine schwache Gesundheit angreifen mußte, die ermüdende Reise sogleich noch einmal zu machen, beachtete er weniger. Da jedoch Garibaldi sich nicht ausreden ließ, was er im Sinne hatte, erklärte er sich bereit, die heikle Sache zu übernehmen und den Vorschlag des Diktators vor dem Könige zu vertreten. Die Politik, die Cavour in den letzten Monaten verfolgt hatte, billigte er ohnehin nicht; mitunter war es ihm schmerzlich gewesen, daß der Monarch, den er sich selbst auserwählt und durch seine Stimme mit gehoben hatte, infolge von Cavours Regierung nicht so lauter und erhaben vor seinem Volke stand, wie er es gewünscht hatte.
Inzwischen war in Palermo der Gegensatz der Parteien unversöhnlich geworden: der Prodiktator Depretis trat offen auf die Seite derer, die den unmittelbaren Anschluß an Piemont forderten, während Crispi der verhaßte und gefürchtete Wortführer der andern Partei blieb. Trotz der noch unsicheren Lage auf dem Festlande fuhr Garibaldi selbst nach Sizilien und schlichtete die Streitigkeiten dadurch, daß er einen andern Prodiktator ernannte und seinen Willen verkündigte, die Diktatur zu behalten, bis sein Ziel, Rom, erreicht sei.
In Neapel war die Abwesenheit Garibaldis um so bedenklicher, als gerade in die Zeit, nämlich auf den neunzehnten September, das Fest des heiligen Januarius fiel, an welchem in der Kirche Piedigrotta in Anwesenheit des Königs das Blut dieses Schutzpatrons flüssig zu werden pflegte und das Ausbleiben des Wunders den schlechtesten Eindruck auf das Volk würde machen müssen.
Am Tage vor dem Feste fand auf dem Platz del Mercato eine

Disputation zwischen Fra Giovanni Pantaleo und einem Dominikanermönch statt, ob das Blut des heiligen Januarius oder das Garibaldis heilkräftiger und im allgemeinen wertvoller sei. Es hatte nämlich der Dominikaner behauptet, daß das heilige Blut nur in der Gegenwart des Gott vertretenden und darstellenden bourbonischen Königs flüssig werden könnte, am morgigen Tage infolgedessen nicht fließen würde, was als ein Zeichen der Ungnade Gottes und kommenden Unheils aufzufassen sei. Der regierende, jetzt vertriebene König sei ein Gott insbesondere wohlgefälliges Lamm, und daß er nunmehr an das Kreuz des Leidens geschlagen sei, mache ihn vollends Christus ähnlich, das Volk aber, das ihn verraten habe, dem mit unersättlichem Fluche behafteten Volke der Juden. Garibaldi habe sich wohlweislich entfernt, weil er wisse, daß sein ungesalbtes Piratengesicht keinen Einfluß auf das gesegnete Blut haben würde, und der öffentlichen Schande lieber aus dem Wege gehe. Hiergegen sagte Fra Pantaleo, es sei für Italien und ganz besonders für Neapel viel wichtiger, daß Garibaldis Blut geflossen sei und noch ferner fließen wolle, als ob das Blut des Januarius flösse oder nicht flösse, denn Garibaldis Blut habe Sizilien und Neapel erlöst, das Flüssigwerden jenes Blutes aber sei nur ein Spektakel für das Volk, das schlechte Priester gewöhnt hätten, bei ihren Gaukeleien Maulaffen feilzuhalten, statt die Hände zu regen und die Kultur zu fördern. Dies schien dem Dominikaner eine schamlose Lästerung zu sein; er zählte auf, außer sich vor Entrüstung, erstens die Eigenschaften des Blutes des Januarius, zweitens die Aussprüche der Päpste, welche dieselben bestätigten und für unbezweifelbar erklärten, und schließlich die Wunder, die dasselbe getan hätte. Das Publikum, das sich angesammelt hatte, war anfangs unsicher gewesen, ob der Dominikaner auch ein Garibaldiner Mönch sei, der, um die Disputation zu ermöglichen und zu einem Siege des Fra Giovanni zu gestalten, die Rolle seines Gegners übernommen hätte, wie das öfters vorkam, und hatte sich belustigt, ja sogar über ihn gelacht; allmählich aber drängte die Echtheit seiner Art sich auf, und die Schilderung von der Kostbarkeit und Wundertätigkeit des heiligen Blutes, das jedem Neapolitaner wert war, rührte viele, so daß eine immer größer werdende Schar von Anhängern sich um den Dominikaner drängte. Fra Giovanni hatte Mühe, über das Blut Garibaldis so vieles und so Merkwürdiges auszusagen wie sein Gegner über das von ihm verteidigte, doch verfügte er über eine munterere Phantasie und über eine Stimme von angenehmerem und stärkerem Schall, wie auch sein inzwischen üppig aufgegangenes, in Kraft, Farbigkeit und guter Laune prangendes Gesicht die Menschen sympathisch anzog. Immerhin hätte die Rauferei, die schließlich entstand, da die Sache mit Worten nicht zu schlichten war und die Wut des Dominikaners einen Ausweg doch durchaus suchte, für die Partei des Fra Giovanni ein übles Ende nehmen können, wenn nicht einige Offiziere Garibaldis vorbeigekommen wären und den Knäuel der Kämpfenden aufgelöst hätten.

Noch am selben Abend kam Garibaldi, der wohl wußte, wie wichtig seine Anwesenheit bei dem volkstümlichsten Feste Neapels war, aus Palermo zurück und erschien am folgenden Tage, von seinem Stabe begleitet, in der Kirche. In höchster Spannung hingen aller Augen an den Priestern, die die Handlung leiteten, deren Gesichter wie Masken waren, hinter denen ebensowohl Gleichgültigkeit wie sachlicher Ernst oder schadenstiftende Tücke verborgen sein konnte. Die Tatsache, daß auf dem Thronsessel, auf dem man seit Menschengedenken die plumpen Bourbonen hatte sitzen sehen, jetzt ein fremder Held mit schönem Antlitz saß, dessen göttlich voller und stiller Blick des Wunders, das sich vor ihm begeben sollte, gewiß und doch nicht bedürftig schien, stimmte die Gemüter zum Außerordentlichen und reizte die ungeduldige Erwartung aufs äußerste. Als die lateinischen Worte des Priesters die eingetretene Verwandlung verkündigten, löste sich die Erregung in inbrünstigem Schluchzen; das Ansehen Garibaldis war nun, da Gott ihn als seinen Liebling und Gesandten förmlich geoffenbart hatte, noch höher gestiegen als am Tage seines Einzugs.

Indessen verstummten die Gegner des Diktators in der Diplomatie und unter den hohen Beamten deswegen nicht; vielmehr sah er sich gezwungen, einige von den Emigranten aus Neapel zu entfernen, die unter dem Einflusse Cavours standen und die er, um allen Parteien gerecht zu sein, zu Ministern ernannt hatte, weil sie das Volk gegen Mazzini aufzustacheln und auch sonst ihm allerwärts Schwierigkeiten zu bereiten suchten. Sie gingen nach Turin zurück und vermehrten dort durch gehässige Berichte den Groll, der in der Umgebung Cavours gegen Garibaldi herrschte.

Cavour hatte die vielerlei Bedenken, die sich einem von dem Kö=

nige gegen den Papst unternommenen Feldzuge entgegenstellen mußten, völlig überwunden und hinter sich geworfen, so sehr erquickte seinen Geist die Aussicht, nach langen zweideutigen, unterirdischen Windungen eine gewagte Tat mit großen Zielen und Folgen zu tun. Auch der König war froh, offen als Soldat für Italien auftreten zu können; seine Besorgnis, Napoleon dadurch zu reizen, zerstreute Cavour, indem er diesem die Expedition mehr gegen Garibaldi als gegen den Papst gerichtet hinstellte. Aber ebendieser Umstand, daß er Manifeste erlassen sollte, in denen Garibaldi und seine Freunde, wenn nicht ausdrücklich, so doch in jedermann verständlichen Andeutungen, als Rebellen und Feinde des Vaterlandes sollten hingestellt werden, daß er Garibaldi, wenn es nötig würde, die Diktatur mit Gewalt entreißen und sich an seine Stelle setzen, jedenfalls ihn beiseite schieben und den Krieg selbst zu Ende führen sollte, verstimmte den König und machte ihm die sonst so erwünschte Aufgabe widerwärtig.

Garibaldis Treue, sagte er zu Cavour, sei ihm bekannt, es zieme sich nicht für ihn, Mißtrauen gegen ihn zu zeigen. Er habe Ursache, ihm dankbar zu sein, möge Garibaldi es über Gebühr ausnutzen, das dürfe für ihn kein Grund sein, es nicht offen zu bekennen. Cavour sagte, Dankbarkeit solle er Garibaldi beweisen, wieviel er wolle, zuvor aber möge er ihn von der Höhe herunter, auf die das Glück und der Genius den Mann unverhofft gehoben hätten, dahin stellen, wohin der Untertan gehöre, und selbst den königlichen Platz einnehmen. Viktor Emanuel errötete ärgerlich; er wolle keinen kleiner machen, als er sei, sagte er, er sei kein kindischer Despot, der fürchte, durch die Größe eines Untertanen verdunkelt zu werden. Ob er sich ein Lorbeerreis aus Garibaldis Kranz stehlen müsse, um etwas zu gelten? Er sei der König, das könne ihm kein Mensch, kein Schicksal nehmen, nicht einmal Gott.

Cavour zuckte die Achseln und entgegnete, so könne der König von Sardinien reden, König von Italien sei er durch den Glauben des Volkes. Indem er die Hand nach dieser Krone ausgestreckt habe, habe er sich vermessen, ein Held zu sein. Ob er ihn an jene Worte des Barons Ricasoli, des hochmütigen Florentiners, erinnern müsse, wenn Viktor Emanuel nicht größer sein könne als Garibaldi, so möge Garibaldi König sein, er wolle sich nicht vor einem Offizier des Königs beugen. Seinem Volke sei er es schuldig, größer zu sein und höher zu stehen als Garibaldi. Seinem edeln Sinn liege daran, ein anständiger Mensch zu sein; aber seine Pflicht sei, König zu sein. Im stillen möge er Garibaldi bewundern, die unbegreifliche Kraft, die ihm innewohne, verehren; vor den Augen des Volkes müsse er ihn behandeln wie der Herr den treuen Diener, der ihm Gehorsam schuldig und verpflichtet sei, Schlachten für ihn zu schlagen und die Länder, die er erobert, vor seine Füße zu legen. Garibaldis Treue wolle er nicht beargwöhnen, aber in seiner Macht, die fast Allmacht sei, liege wider seinen Willen Untreue; denn er sei sich ihrer bewußt; wie hätte er sonst vollbringen können, was er vollbracht habe? Er sei zum Diktator geboren, unversehens könne das, was seine Natur sei, sich schlechthin offenbaren, wenn der König einmal anders wolle als er in einem Punkte, der ihm wichtig sei. In seinem Wesen liege Bescheidenheit, in seinem innersten Sinne nicht und könne es nicht. Er sei nicht falsch, wenn er sich des Königs Diener nenne; denn warum sollte nicht ein Herr seines Dieners Werkzeug sein? Vielleicht schätze er ihn, den König, so hoch ein wie einen seiner tüchtigen Offiziere, und dies Urteil könnten viele teilen, die sich gewöhnt hätten, in seinem Herzen zu lesen. Jetzt sei die Gelegenheit, sich ihm und allen als Feldherr und als König zu zeigen.

Dies Gespräch machte Viktor Emanuel nachdenklich und aufgeregt. Es war ihm früher niemals eingefallen, sich durch die Art und Weise, wie Garibaldi wie mit seinesgleichen mit ihm verkehrte, gekränkt zu fühlen; jetzt besann er sich darauf und auf die eigentümliche Freundlichkeit Garibaldis, die etwas an sich hatte, wie wenn ein Mächtiger einem Geringeren Zutrauen einflößen will. Ja, so hätte Herkules, der Halbgott, sich vor Eurystheus, dem Erdenkönige, beugen können, der ihm, heimlich zitternd, die ungeheuern Taten auferlegte. Die Augen des Königs blitzten ungeduldig; es lockte ihn, sich mit dem Liebling des Volkes, dem Wunder Europas zu messen. So wenig er eitel war, unterschätzte er sich doch nicht; er hatte das Blut einer Familie, in der seit Jahrhunderten Tapferkeit, Unbeugsamkeit und unbefleckte Ehre sich vererbten. Wie hatte er Cavour gegrollt, weil er ihn aus Vorsicht, um Kriege zu vermeiden, deren Ausgang nicht abzusehen war, von patriotischen Wagnissen zurückgehalten hatte! Inzwischen hatte Garibaldi eine unerhörte Siegesbahn durchlaufen können, der nur für sich selbst verantwortlich war und das Recht hatte, seinem Ruhme zu leben. Zwar gab Garibaldi vor, zu wissen, daß es ihm,

Viktor Emanuel, nicht an Mut und Fähigkeit fehlte, damit er handelte, wie er selbst; aber er glaubte zu fühlen, daß das nur die Redensarten des Erfolgreichen wären, bestimmt, den Neidischen zu beschwichtigen. Es galt zu beweisen, daß er es sich bisher nur versagt hatte, große Taten zu tun, und besonders Garibaldi zu zeigen, daß er seiner nicht bedürfe, um zu siegen.
In dieser Stimmung traf den König Garibaldis Antrag, er möge Cavour entlassen und sich ihm vertrauen. Das Außerordentliche desselben setzte ihn so in Erstaunen, daß es ihm fast seine gute Laune wiedergab. »Oh, warum nicht«, sagte er; »aber wäre es nicht besser, wenn ich auch meinen Kammerdiener, meinen Koch, überhaupt mein ganzes Personal entließe und als Pferdeknecht in Garibaldis Dienst träte? Wozu die Umstände? Der Diktator hat so viele Ämter zu vergeben; warum tritt Cavour nicht als Portier bei ihm ein und der Heilige Vater als Faktotum, damit die italienische Frage mit einem Male beendigt wäre?«
Vollends erfreut war Cavour über den Schritt Garibaldis, den er als eine Kriegserklärung auffassen konnte, durch die er zum Angegriffenen wurde und durch welche die Maßlosigkeit des Diktators bewiesen zu sein schien. Er brauchte nun dem Eifer seiner Anhänger keine Zügel mehr anzulegen, durfte und mußte es aussprechen, daß von dem, der für Italien zu kämpfen vorgäbe, Italien die größte Gefahr drohe. Die Anwesenheit Mazzinis in Neapel, Garibaldis in Palermo gegebene Erklärung, daß er die Diktatur behalten wolle, bis er Rom und Venedig befreit habe, dienten dazu, die Behauptung zu erhärten. Glaubte man im Volke wohl, daß der Feldzug des Königs den Zweck hätte, den Kirchenstaat zu erobern und Garibaldi bei der Eroberung Neapels behilflich zu sein, so wußten die eingeweihten Kreise, daß der König nach dem Süden eilen müsse, um die in Garibaldi verkörperte Revolution zu unterdrücken.
Auch im größeren Publikum begann man über die Siege der königlichen Truppen im Kirchenstaate die Wundertaten Garibaldis zu vergessen, ja es wurde ihm vorgeworfen, daß er nunmehr vier Wochen in Neapel sei und noch keine große Schlacht geliefert habe, obwohl das Land noch nicht von den Bourbonen gesäubert sei. Es fiel auf, daß die Zustände in Neapel sich noch nicht gebessert, die Gaunerei der Beamten und das Räuberunwesen eher zugenommen hätten, und man schloß daraus, daß Garibaldi untauglich sei, ein

Land zu verwalten. Wenn man ihn gewisser Vorwürfe entlastete, so geschah es, um seine Vertrauten desto heftiger anzuklagen, namentlich Crispi und Bertani. Zu den Beschuldigungen, die schon früher gegen Bertani waren verbreitet worden, kamen jetzt neue: Geld sollte er millionenweise unterschlagen haben, er sollte seinen Einfluß bei Garibaldi zugunsten der Republik geltend machen. Gewisse Verfügungen des Diktators, die Mißfallen erregten, wurden ihm zugeschrieben: so, daß der Gesellschaft Rubattino der Dampfer ersetzt wurde, auf dem Pisacane nach Capri gefahren war; daß der Tochter des Pisacane, Silvia, eine Pension ausgesetzt wurde, ebenso der Mutter des Agesilao Milano, der den König von Neapel bei Gelegenheit einer Parade vor aller Augen hatte töten wollen; daß über den Bau von Eisenbahnen ein Vertrag mit dem bekannten Patrioten, dem reichen Adriano Lemmi, abgeschlossen war. Die hauptsächliche Anklage bestand darin, daß er gesagt habe, man werde die Piemontesen, wenn sie die neapolitanische Grenze überschritten, mit Flintenschüssen empfangen.
Selbst die große zweitägige Schlacht am Volturno, in der Garibaldi die Bourbonen überwand und die, wie kaum eine andre, Taten unerhörten Heldenmutes der Garibaldiner auszeichneten, vermochte die Cavourianer nicht zu versöhnen, vielmehr suchten sie den Ruhm Garibaldis durch die Behauptung herabzumindern, es sei eine Abteilung königlicher Truppen zum Heere des Diktators gestoßen und habe den Sieg entschieden. Cavour fühlte, daß er im Begriffe war zu siegen, und dies Bewußtsein offenbarte sich in seinem ganzen Wesen: im Schwung seiner Tätigkeit und im behaglichen Quellen seines Humors. Als das Parlament eröffnet wurde, war ihm zumute wie einem unüberwindlichen Feldherrn am Morgen der Schlacht. In langer Rede rechtfertigte er zuerst den Angriff auf den Kirchenstaat und forderte das Parlament auf, es möge dem Könige das Recht verleihen, die mittleren und südlichen Provinzen, die sich durch Volksabstimmung dafür erklären würden, dem neuen Italien einzuverleiben. Von Garibaldi sprach er mit Achtung, als er mitteilte, daß derselbe den König um die Entlassung einiger Minister gebeten habe; dieser Mann sei dem Lande mit Recht teuer, das Parlament habe darüber zu entscheiden, ob die Minister, denen er mißtraute, sich zurückziehen oder das Werk vollenden sollten. Am Schlusse der Rede sagte er, daß Italien nun vollendet sei; denn Rom sei, wenn auch noch nicht tatsächlich, die

ideelle Hauptstadt des neuen Reiches, und auch Venedig werde nicht lange mehr dem allgemeinen Vaterlande entfremdet bleiben. Dies, daß der Minister öffentlich Rom und Venedig als zu Italien gehörig bezeichnete, hatte eine überwältigende Wirkung auf die Abgeordneten. Auch war in seiner Rede Feuer und Poesie gewesen, was um so mehr zur Geltung kam, als sie sich übrigens wie immer durch unanfechtbare Folgerungen und glänzende Klarheit auszeichnete. Seine Anhänger triumphierten, als Bertani, der aus Neapel eingetroffen war, um seinen Platz im Parlamente einzunehmen, und von dem man, als dem Vertreter Garibaldis, erbitterte Angriffe erwartet hatte, anstatt dessen die Hoffnung aussprach, es möchten sich die beiden größten Mächte Italiens, Cavour und Garibaldi, zu gemeinsamem Handeln versöhnen lassen. Mehrere, denen diese Wendung unerwünscht war, antworteten ablehnend; einzig Cavour gab zu verstehen, daß er jederzeit zu einer Verständigung mit dem Manne, der so viel für Italien getan habe, bereit sei, wenn es auf dem Boden einer vernünftigen und maßvollen monarchischen Politik geschehen könne.
Überhaupt begann die leidenschaftliche Haltung seiner Ergebenen dem Minister peinlich zu werden. Farini verfaßte ein Manifest an die südlichen Völker Italiens, in dem ihres Befreiers nur beiläufig als eines gefährlichen Aufwieglers gedacht wurde, der Art und Weise ähnlich, wie die ersten offiziellen Erlasse des Königs von Neapel ihn erwähnt hatten. Fanti, der den König auf dem Feldzuge begleitete, äußerte seine Geringschätzung der Freiwilligen ohne Scheu und daß er ihre Verschmelzung mit den regulären Truppen, die Garibaldi wünschte, nicht leiden würde. Sie sprachen von Garibaldi in Ausdrücken, wie wenn er ein aufgeblasener Prahler wäre, der vor ihrer nun anrückenden Mannheit in sich zusammenfallen würde. Cavour errötete vor Scham und Ärger, als er von diesen Dingen erfuhr; denn wenn Leute wie Fanti und Farini seine Befehle auch treu und tüchtig ausführten, so sollten sie sich doch nicht so weit überheben, rücksichtsloser gegen Garibaldi vorzugehen, als er für anständig hielt. Er selbst hatte immer die Form zu wahren gesucht, nur im Vertrauen sich wohl einmal feindselig über Garibaldi geäußert, nicht öffentlich, und auch als dies in letzter Zeit doch hatte geschehen müssen, hatte er nie unterlassen, gleichzeitig seine Verdienste anzuerkennen. Er wußte, daß Garibaldi im Kampfe, auch wenn er haßte, sich niemals kleinlicher

Mittel bediente, und hatte ihn oft um die Möglichkeit, immer nach eignem Maße handeln zu können, beneidet; wenn er selbst zuweilen mit Spionen, Schleichwegen und Zweideutigkeiten arbeitete, so wollte er das durch die Notwendigkeit entschuldigt wissen. Es erbitterte ihn, daß sich so selten Menschen fanden, die mit der Beflissenheit energischen Handelns genug Klugheit und Geschmack vereinigten, um sich in jeder Lage schicklich zu benehmen: er hätte gewünscht, hundert Hände zu haben, um alle Geschäfte allein besorgen zu können. Der Gedanke, daß alle Art Taktlosigkeit und Frechheit seiner Kreaturen ihm könnte angerechnet werden, war ihm überaus widerwärtig. Die Eitelkeit von Fanti und Farini, die sich an Garibaldi dafür rächen wollten, daß er die Gunst des Königs besessen und die Aufmerksamkeit der Menschen auf sich gezogen hatte, verachtete er; er war überzeugt, daß ihn nur die Sorge um das Wohl des Landes, niemals ein persönliches Gefühl bewegte und daß er Garibaldi die Größe und das Glück, das ihm eigentümlich war, nicht mißgönnte. Ja, es schien ihm jetzt, als habe seine Hochschätzung des wunderbaren Mannes nie nachgelassen und als müsse Garibaldi das wissen trotz allem, was er ihm hatte antun müssen. Eine Zeitlang ging er mit dem Gedanken um, Fanti und Farini unter einem Vorwande nach Turin zurückzurufen, da in ihrer bloßen Gegenwart eine Herausforderung für Garibaldi liegen mußte; aber der Ausgang des Feldzuges war noch zu ungewiß, als daß das tunlich gewesen wäre.
Noch wußte man nicht, wie Garibaldi angesichts der kriegerischen Veranstaltung sich benehmen, wie er den König empfangen, ob er die Herrschaft über die eroberten Länder freiwillig in seine Hände niederlegen würde. Während die Monarchisten im allgemeinen Garibaldi eine Demütigung gönnten und infolgedessen einen Konflikt, der mit seiner Unterwerfung endete, herbeiwünschten, hielt Cavour für besser, daß die Verwirrung sich gütlich löste. Wenn nur Garibaldi einsähe, daß er trotz aller Verdienste sich dem Willen eines Höheren unterordnen müsse und daß er künftig nicht ohne Ermächtigung zum Schwerte greifen dürfe, so sollte er fühlen, daß man ihn liebte und schätzte. Es lag ihm daran, daß das Ausland so wenig wie möglich von diesem Zwist erführe; man solle nicht sagen dürfen, daß der König seine Helden ausnutze, um sich zu bereichern, daß Italien seinen Befreier, den Europa bewunderte, mit Undank lohne. Fast hatte er vergessen, daß er jemals mit

leichter Feder von der Möglichkeit eines Bruderkrieges geschrieben hatte; jetzt dachte er mit Besorgnis daran, daß Blut der Tausend Siziliens von Italienern könnte vergossen und sein Regiment auf spätes Gedächtnis dadurch befleckt werden.

An einem der letzten Septembertage suchte Bertani den Diktator in Caserta auf, wo er wohnte. Garibaldi saß auf einer Marmorbank vor dem Palaste und sah in die düstern Schatten des alten Parks, durch den sich harte weiße Wege zogen; es war Abend. Er sei gekommen, sagte Bertani, um Garibaldi zu bitten, daß er ihn entlasse; er wolle nach Genua zurück. Ihm schwinde nicht der Mut, den Kampf zu Ende zu kämpfen, wohl aber die Hoffnung, unter den obwaltenden Verhältnissen ihm, Garibaldi, noch zu nutzen.
»Verfolgt man meine Freunde,« sagte Garibaldi, »so gilt es mir so gut wie ihnen, und auch ich muß ausharren. Ihr habt Euch sonst nicht durch Verfolgung und Verleumdung schrecken lassen.« Seit er gesehen habe, wie verhaßt seine Person in Neapel sei, sagte Bertani, habe er sich gefragt, ob er nicht besser täte, aus dem Wege zu gehen, um überflüssigen Anstoß zu vermeiden; er sei geblieben, weil es ihm unrecht vorgekommen sei, sich von einer Arbeit zurückzuziehen, die andre vielleicht ebensogut, aber nicht in demselben Sinne tun würden. Nun, da Crispi gekommen sei, der ihn ersetzen könne, falle dies Bedenken weg, und er bitte, ihn gehen zu lassen. Vielleicht könne er im Parlament der guten Sache nutzen, der er hier zu schaden fürchte.
Garibaldi nickte und starrte in Gedanken, während Bertani ihn traurig betrachtete, geradeaus in die schnell wachsende Dunkelheit. »Was mir den Abschied so schwer macht,« sagte Bertani nach einer Pause, »ist, daß ich die Sonne nicht mehr auf Euerm Antlitz sehe, die uns so oft erwärmt und stark gemacht hat.« Es sei so, sagte Garibaldi, indem er sich Bertani zuwendete, er habe Sorgen. Ein unglückliches Gefecht, das kürzlich vorgefallen war, dessen schlimmen Ausgang die Unbesonnenheit einiger Offiziere verschuldet hatte, müsse den übelsten Eindruck machen. Er könne sich nicht bewegen, bevor die bourbonische Armee vollständig geschlagen sei, auch selbst dann noch müsse er Anstand nehmen, Neapel hinter sich zu lassen. Neapel sei nicht, wie Palermo, stolz, der Freiheit ergeben, den Tod verachtend, hier sei das Volk gleichgültig, kindisch, käuflich. Der Wunsch, Rom zu befreien, beseele

niemanden oder wenige; die sich an ihn hängten, täten es um persönlicher Zwecke willen: Besoldung, Beförderung, Sieg der eignen Partei oder ihrer Provinz, nicht um Italien.
»Der arme Gustavo Modena hatte recht,« meinte Bertani, »wenn er sagte, er wolle auf der Bühne des Lebens nicht mehr auftreten; denn der Direktor treibe Schacher mit den Rollen ärger als der Papst mit den Kirchenämtern, und die etwas könnten, müßten die stummen Diener machen und die leergespeisten Tafeln hinter die Szene tragen.«
Garibaldi nickte wieder, ohne zu lächeln. Er habe einen Brief vom Könige erhalten, fuhr er nach einer Weile fort, aus dem ein andrer Ton klinge als sonst, er fühle, daß er sein altes Vertrauen nicht mehr besitze. Der kalte Geist Cavours habe Macht über sein Gemüt gewonnen. Dieser Mensch, dem er nie etwas Böses getan habe, hasse ihn, er wisse nicht, warum; vielleicht daß er in ihm den Rächer des verratenen Nizza spüre.
Eine törichte Furcht scheine ihn zu verblenden, sagte Bertani. Auch ihn verfolge und verdächtige er, wie er aus Briefen und Zeitungen von zu Hause erfahren habe. Es mache ihm Ekel, sich gegen bewußte Verleumdungen zu verteidigen, doch müsse es sein; dennoch könne er nicht anders als Cavours Geschick und Größe anerkennen. Er glaube nicht, daß ein andrer Mann in Italien fähig sei, seine Stelle auszufüllen.
Garibaldi stand rasch auf und brach das Gespräch ab; Bertani verabschiedete sich. Einige Tage später kam Pallavicino mit der Antwort des Königs: Garibaldi möge Mazzini, Bertani und Crispi entfernen, so könne man sich vielleicht verständigen. Der Alte hatte die Botschaft mit schwerem Herzen übernommen, da er voraussah, daß sie Garibaldi kränken würde; doch erschrak er vor dem Ausdruck des Zorns, der sein Gesicht verdüsterte. Er versuchte zu erklären, daß der König nichts andres als Garibaldi selbst getan habe, da auch er die Entlassung dreier dem Könige ergebener Männer von ihm gefordert habe. »Sie sind dem Könige von Sardinien ergeben, wir dem Könige von Italien!« rief Garibaldi. »Habe ich die beste Jugend Italiens dem Könige von Sardinien geopfert?« Was Pallavicino noch hinzufügte, um Garibaldi mit der Politik des Königs zu versöhnen, war vergeblich gesprochen; doch lenkten ihn die kriegerischen Verwicklungen von diesen Kämpfen ab. Indessen war der Sieg, den der wohlvorbereitete Feind tapfer

bestritten hatte, kaum errungen und Garibaldi, der während der zwei Tage, die die Schlacht gedauert hatte, nur Wasser und Brot zu sich genommen hatte, nach Caserta zurückgekehrt, als ihn die Nachricht von bedrohlichen Tumulten in die Stadt rief. Die Forderung des Königs, die Entfernung Mazzinis, Bertanis und Crispis betreffend, war bekannt geworden oder absichtlich verbreitet, und es zogen Banden durch die Straßen, die, das Ansinnen unterstützend, Drohrufe gegen diese Männer ausstießen. Der magischen Stimme Garibaldis, die den aufgeregten Massen zürnend verwies, seinen und Italiens Freunden zu drohen, gelang es, augenblicklich Ruhe herzustellen; aber er hatte keine Freude daran.

Er fühlte sich von Überdruß voll an dem schmutzigen und klebrigen Gewühl dieser Stadt und sehnte sich fort, wohin es auch sei. Aber indem er es bedachte, wurde eine andre Stimme in ihm laut: er sagte sich, daß man das neapolitanische Volk nicht für seine Art verantwortlich machen dürfe, daß der Despotismus der Könige und der Kirche es willenlos gemacht hätte, bis es sich hätte treiben, locken, peitschen und füttern lassen wie eine Bestie. Allmählich überwog das Erbarmen ganz in ihm und der Wunsch, das gequälte und verdorbene Land auf seine Weise regieren zu können, wie ein Vater mit strenger Liebe seine Kinder zum Guten führt. Er wußte wohl, daß seine Gegner ihm gerade das, daß er in Friedenszeiten ein Reich verwalte, nicht gönnten und ihm die Fähigkeit dazu nicht zutrauten; aber er hatte ein Anrecht auf dies törichte und kindische Volk, das er befreit hatte, und wollte darauf bestehen. Auch das hatte er bemerkt, daß unter den von ihm eingesetzten Beamten diejenigen, die den alten Schlendrian gehen ließen, ihr Gehalt in Behaglichkeit verzehren konnten, während die gehaßt und verleumdet wurden, die zum Besten des Volkes etwas Neues einführen wollten, und begriff, daß er das Volk selbst, für das er arbeitete, bis auf wenige gegen sich hätte; wie sehr ihn das aber betrübte, sollte es ihn doch nicht abschrecken.

Im Verlauf des Festessens, das Garibaldi einige Tage nach der Schlacht am Volturno seinen Offizieren gab, kam Antonio Elia, den Garibaldi auf dem Schlachtfelde von Calatafimi mit einer allem Anschein nach tödlichen Wunde hatte fallen sehen und der sich nun, leidlich geheilt, begierig, an weiteren Kämpfen teilzunehmen, wieder einstellte. Eine Kugel hatte ihn in den Mund getroffen, dessen schöne Bildung zerstört und dadurch das regel=

mäßige Gesicht des Jünglings entstellt. Garibaldi umarmte den Unerwarteten, küßte ihn und sagte, indem er ihn zärtlich betrachtete: »Dein Mund hat seine Schönheit gegen Beredsamkeit vertauscht, die ohne Worte deinen Heldenmut und deine Treue rühmt«; denn Antonio war verwundet worden, als er den General mit seinem Leibe zu decken suchte. Garibaldi war im Begriff, ihn den Offizieren, die ihn noch nicht kannten, vorzustellen, als die Nachricht eintraf, daß General Cialdini die französischen Truppen, die den päpstlichen Stuhl verteidigten, bei Castelfidardo besiegt habe, daß Viktor Emanuel in Ancona eingezogen sei und daß königliche Truppen die neapolitanische Grenze überschritten hätten. Die anwesenden Herren richteten ihre Blicke unwillkürlich auf Garibaldi, um zu sehen, wie er die Botschaft aufnähme. Überraschung und Freude machten sein Gesicht hell, er erkundigte sich lebhaft nach den Einzelheiten der Schlacht, lobte den General Cialdini und die Tüchtigkeit der piemontesischen Soldaten und verweilte bei dem beglückenden Gedanken an die Erlösung einer Landschaft, die ihm teuer war. Dann sprach er über den stolzen und furchtlosen, nur allzu hitzigen Charakter der Romagnolen und den verwahrlosten Zustand der Romagna, den er im Jahre 1849 kennengelernt hatte; allmählich wurde er still und nachdenklich.

Als er zu später Abendstunde allein war, legte er sich, fast ohne zu wissen, daß er es tat, zu Bett, da seine Gedanken anderswo waren. Es war hell im Zimmer vom Mondschein; durch das offene Fenster sah er die volle Scheibe des Gestirns wie eine Glanzgestalt in undurchdringlicher Einsamkeit und Ferne. Er blickte lange hin, und als er dann zu seinen Gedanken zurückkehrte, waren sie ruhiger und bestimmter geworden. Es war ihm nun gewiß, daß der König ihn an der Spitze seines Heeres verhindern wollte, nach Rom zu gehen, daß er das Ziel, nach dem er mit ganzer Seele gestrebt hatte, aufgeben müsse; denn er könnte es nicht erreichen, ohne den Bürgerkrieg in Italien zu entzünden. Zweifel war nicht in seinem Innern: es stand ihm fest, daß er warten müsse, bis der König anders gesinnt sei oder bis er, der Einmischung zuvorkommend, das Gefahrvolle ausführen könnte und dem vollendeten Sieg sich alle beugen würden. Seit Tagen schon hatte die Ahnung, daß es so kommen würde, schwer auf seinem Herzen gelegen; nun war ihm besser, da er es klar sah und sicher wußte. Zuvor hatte er nicht begreifen wollen, wie der König ihm, dessen Sinn er kennen mußte, grollen, ihm mißtrauen, ihm feindlich entgegentreten könnte; aber wenn er sich nun, da alles unabänderlich war, in das Gemüt des Königs versetzte, empfand er mehr wehmütiges Bedauern als Bitterkeit. Vielleicht hatte Viktor Emanuel, durch gehässige Ratgeber gereizt, erwartet, daß er, Garibaldi, ihn, wenn er käme, als Feind empfangen würde; man mochte ihm durch unwahre Berichte zugesetzt haben, bis das richtige Gefühl ihn verlassen hatte. Garibaldi stellte sich vor, wie der König, ein Mann ohne Falsch, leiden müsse bei dem Gedanken an eine feindliche Begegnung mit ihm, der viel Unvergeßliches für ihn getan hatte; sein stolzes Herz war vielleicht von Furcht und Scham erfüllt über das, was geschehen war und was bevorstand. Dieser Gedanke war ihm unleidlich, und er beschloß, am folgenden Tage den König wissen zu lassen, daß er ihn an der Spitze seines siegreichen Heeres freudig in Neapel erwarte, ihm ins Bewußtsein zurückzurufen, daß er kein Empörer und kein Parteiführer sei, sondern Garibaldi, der Mann des Volkes, dem er oft die Hand gereicht, der ihm Treue gelobt habe und diese, solange er, der König, Italien nicht verlasse, halten werde.

Nachdem Garibaldi den Zug nach Rom aufgegeben hatte, war es ihm um vieles gleichgültiger geworden, ob das eroberte Königreich sofort oder später, bedingt oder unbedingt mit Sardinien verbunden würde; denn ihm hatte vor allem daran gelegen, daß er eine Grundlage behielte, von der seine weiteren kriegerischen Operationen ausgehen könnten. Nur ein Gefühl der Verpflichtung gegen das von ihm befreite Volk, den neuen Zustand desselben durch gute Gesetze zu begründen, hielt ihn davor zurück, die Verschmelzung augenblicklich zu vollziehen und nach Caprera zu gehen und auszuruhen. Eben in diesen Tagen war der Prodiktator von Sizilien, Mordini, auf den Einfall gekommen, eine Versammlung einzuberufen, welche die Bedingungen, unter denen der Anschluß an Sardinien zu erfolgen habe, festsetzen sollte, und da dieser Ausweg Garibaldi gut schien, wollte er in derselben Weise in Neapel verfahren. Darin bestärkten ihn namentlich Mazzini und Crispi; dagegen warnte ihn Pallavicino, den er trotz mancher Meinungsverschiedenheit zum Prodiktator von Neapel ernannt hatte, indem er sagte, eine solche Versammlung stelle die Herrschaft Viktor Emanuels, von der er ausgegangen sei, doch gewisser-

maßen wieder in Frage, sie gebe allen Parteien Gelegenheit, streitend hervorzutreten, die durch schwere Opfer errungene Einigkeit werde dadurch bedroht. Garibaldi fand die Ansichten auf beiden Seiten berechtigt und gut begründet; es machte ihn ungeduldig, daß er darüber nachdenken und entscheiden sollte. Zuweilen ärgerte er sich über alle, daß sie die widerstreitenden Meinungen aufgebracht hatten und sich nicht selbst darüber einig werden konnten, welche die bessere sei; er sehnte sich fort nach seiner Insel, wo er von dem immer gleichbleibenden Streite nichts mehr würde hören können. Um zu einem Ende zu kommen, lud er alle die Persönlichkeiten, die in Betracht kamen, ein, in seiner Gegenwart ihre Ansichten über die wichtige Frage zu begründen und sich womöglich zu irgendeinem Beschlusse zu einigen.
Bevor diese Beratung stattfand, erschien das von Farini verfaßte Manifest des Königs an die Völker des Südens, in welchem es hieß, daß sein Heer komme, um die Ordnung herzustellen und den Zeitraum der Revolutionen abzuschließen; es klang wie das unanständige Triumphgeschrei der Emporgekommenen über den gefallenen Helden. Garibaldi äußerte sich nicht darüber, und seine Miene war so streng, daß niemand sich erkühnte, ihn zu befragen. Manche dachten, diese Herausforderung würde ihn so erbittern, daß er nun mit Entschiedenheit gegen die Annexionisten auftreten würde, Mazzini beschwor ihn in einem Briefe, er, von dem die Zukunft Italiens abhänge, möge nicht zulassen, daß die gequälten Provinzen ausgeliefert würden, bevor ihr künftiges Gedeihen verbürgt sei; aber man wußte nicht, wie er das eine und das andere aufgefaßt hatte.
An dem dazu bestimmten Tage empfing er die Geladenen mit ernster Freundlichkeit und forderte sie auf, ihre Meinungen auseinanderzusetzen: Pallavicino vertrat die unmittelbare Annexion, auf der Seite der Gegner war Crispi der Wortführer. Während Crispi klar und bestimmt sprach, verriet Pallavicino, der ohnehin kein guter Redner war, die schmerzliche Erregung, in der er sich befand, und das Bewußtsein, ein ungeschickter Verfechter der Sache zu sein, die ihm so sehr am Herzen lag, raubte ihm vollends Unbefangenheit und Beherrschung. Er sah in seiner Vorstellung die Schrecken der nächsten Zukunft: Krieg zwischen Brüdern und Freunden, den Namen Garibaldis, des Erlösers, zum Fluch geworden, Italien zerrissen, eine Beute vieler Feinde, und dies Schick=

sal einzig auf sein ungenügendes Wort gestellt. »Könnte ich doch dich, ehrwürdiger Mann,« sagte er zu Garibaldi, »bei der Hand nehmen und auf eine Anhöhe führen, wo du das Land, das du befreitest, überblicktest und dort dich anflehn: entfessele die Furie des Bruderkriegs nicht über diese Fluren, die du vor kurzem wie eine Gottheit, segnend und angebetet, durchzogst. Mir, dem alten Manne, der trotz jahrelang getragener Ketten Italien nicht minder liebt, der es von dir, den er unter allen Menschen am meisten liebt und ehrt, errettet sehen möchte, würdest du nachgeben, mich erhören; aber du hast Ratgeber, die dich gegen deine Freunde taub machen. Dieser ist es,« rief er, indem er leidenschaftlich auf Crispi deutete, »der deine Seele umgarnt und eingekerkert hat, so daß meine Worte nicht zu dir dringen. Er will dich, der Italien, nein, der Welt angehört, für seine Sekte. Wenn nun von neuem die Parteien ihr Haupt erheben und sich befehden und der Bourbone aufsteht und höhnisch von dem Gut, um das sie sich eifersüchtig streiten, Besitz nimmt, was kümmert es ihn, daß Italien zugrunde geht? Was kümmert es ihn, wenn verwandtes Blut fließt, wenn Feinde aller Art sich auf das verratene Land werfen, so nur die nicht obsiegen, die er bitterer als die Türken haßt, obwohl sie seine Sprache sprechen! Auf den Trümmern des Vaterlandes errichtet er frevelmütig die Republik oder sein eignes Haus und Denkmal!«

Zorn und Angst hatten das Gesicht des guten Mannes gerötet, seine Stimme bebte, es war ihm zumute, als ob er um sein Leben kämpfte. Crispi hielt seinen Anklagen stand, ohne eine Miene zu verziehen oder ihn mit einem Worte zu unterbrechen; man sah seine Bewegung nur daran, daß er blaß geworden war. Indessen Garibaldi stand auf und sagte mit starker Stimme: »Ich dulde nicht, daß meine Freunde, die das Leben für ihr Vaterland viele Male gewagt und ihre liebsten Wünsche ihm geopfert haben, in dieser Weise angegriffen und beschimpft werden«; worauf Pallavicino, außer sich, seinen Hut nahm und mit den Worten: »So habe ich hier nichts mehr zu schaffen«, den Saal verließ.

Nach diesem Vorfall glaubte Pallavicino von seinem Amt zurücktreten zu müssen; allein Garibaldi bat ihn am andern Tage, daß er bleibe. Er wisse, sagte er, daß alles, auch was er Ungerechtes sage oder tue, aus der reinen Quelle seines liebevollen, redlichen Herzens fließe, daß die Angst um das Schicksal Italiens ihn hin=

gerissen habe. Tränen in den Augen, versuchte Pallavicino nochmals, Garibaldi zu seiner Meinung zu überzeugen. Das sei umsonst, sagte dieser, er könne nicht voraussehen, welcher Entschließung die größeren Übel folgen würden; wenn er den aufrichtigen Wunsch des Volkes kennte, würde er ihn erfüllen. Es schmerze ihn, edle Männer sich entzweien zu sehen, doch wolle er sie bitten, sich noch einmal, ruhiger, zu besprechen und eine gütliche Einigung zu erzielen, wenn es möglich sei.

In der Stadt erneuerten sich wegen des ergebnislosen Ausgangs der Versammlung die tumultuarischen Auftritte, und Anschläge an den Mauern forderten den Anschluß an Sardinien. Garibaldi ließ es gehen, als ob er es nicht bemerkte. Als es Abend wurde, nahm er ein Boot und ruderte allein auf das Meer hinaus; die Fischer, die draußen waren, sahen ihm von ferne zu, wie er stillliegend auf die Tropfen starrte, die langsamer und schwächer vom Ruder ab ins Wasser fielen. Das farbenreiche Glühen des Himmels, des Landes und Meeres umgab sein Träumen wie ein Flammenkranz, der keinen Laut und kein Bild zu ihm dringen ließ, das ihn hätte stören können. Sein Sinn wurde so ruhig, daß es ihm schien, als wäre es das gleiche, ob er an dieser Stelle wäre oder auf dem Kapitol stände und den Herbstgeruch des unsterblichen Roms einatmete. Denn würden die Menschen dort und dann anders sein als hier? Vielleicht waren sie alle von gleicher Beschaffenheit, der Papst und die Jesuiten und der König und die, die man Krämer und die man Banditen und die man Märtyrer nannte, so daß es gleich wäre, ob dieser oder der andre herrschte, dieser oder der andre weinte oder lachte. Blind unter ihren Larven, wären die Gleichen unverträglich und zerfleischten sich selber. Die Sonne versank; die unheilvollen Häupter des Vesuv und Somma erglommen noch einmal in roten und violetten Farben von süßester Glut und Trunkenheit und starrten dann grausam aus der Helligkeit der kurzen Dämmerung. Wie man auf Töne horcht, die sympathisch einander folgend Melodien bilden, erwartete Garibaldi das Erscheinen der Sterne, des Schwanes, der Leier, der Krone und des Orion, und das unfehlbare Zusammenwandeln der leuchtenden Geschöpfe des Chaos erschütterte seine Seele wie Musik. Das feindselige und eifersüchtige Lauern der Menschen, ihr sinnloses Aufeinanderstoßen oder Vorüberjagen, ihr verblendetes Irren erschien ihm um so häßlicher, aber es rückte ferner weg; er dachte, daß der zurückgewendete Blick, wenn er die verflossene Bahn der Völker verfolgte, möchten ihre Kämpfe der Gegenwart noch so verworren, ärmlich, klein und unedel erschienen sein, darin das mächtige Ringen von Notwendigkeit und Leidenschaft erkennte und daß auch der Haß und Mißklang dieser Tage sich für die Augen künftiger Geschlechter in große Chöre einer tragischen Schicksalsbegebenheit auflösen würde.

Bei einer Fahrt durch die Stadt beobachtete Garibaldi am folgenden Tage, daß viele Männer und auch Frauen weiße Zettel an den Hüten trugen, auf denen das Ja stand, das dem unmittelbaren Anschluß an Sardinien galt; denn man wußte, daß Garibaldi nochmals eine Versammlung einberufen hatte, um über diese Frage zu entscheiden. Zuweilen drängten sich Haufen von Menschen an seinen Wagen und warfen Hände voll der Zettel hinein. Garibaldi wurde dadurch nachdenklich gestimmt; immerhin sagte er sich, daß Demonstrationen der Straße von bestochenen Müßiggängern herrühren könnten, jedenfalls, als von verhältnismäßig wenigen veranstaltet, nicht genügten, um ihn den Willen des Volkes finden zu lassen.

In der Versammlung waren die Herren bemüht, sich zu beherrschen, und einige machten Vorschläge, die vermitteln sollten; aber Pallavicino blieb dabei, daß nur der sofortige und unbedingte Anschluß an Piemont das Land vor unabsehbarem Unglück bewahren könne, während Crispi und seine Anhänger zuvor verbürgt wissen wollten, daß den beiden Sizilien eine von Abgeordneten aus ihrer Mitte beratene Verfassung erteilt werde, die ihrer besonderen, vom nördlichen Italien völlig abweichenden Beschaffenheit und Entwicklung Rechnung trüge. Garibaldi begann ungeduldig zu werden, als Türr eintrat, um eine Adresse zu überreichen, die, von der Nationalgarde ausgehend, zugunsten der sofortigen Vereinigung Neapels mit Piemont an den Diktator gerichtet war. Dieser nahm dem Adjutanten, für den er eine besondere Vorliebe hatte, die Adresse ab und durchlas aufmerksam die zahlreichen Unterschriften, die die Blätter bedeckten; es waren Namen von Gewicht, Männer, die bürgerlichen Berufen angehörten, meist solche, von denen anzunehmen war, daß sie nicht infolge von Druck oder Bestechung, sondern aus Überzeugung dort standen. Er hatte bei sich beschlossen gehabt, daß dieser Tag nicht zu Ende gehen dürfe, ohne daß irgendeine Entscheidung getroffen sei;

aber schon war ihm klar geworden, daß eine Versöhnung der Parteien nicht zustande käme. Der Einblick, den er in ebendiesem Augenblick nochmals in die Gesinnung einer erheblichen Schicht des Volkes hatte tun können, schien ihm ein Zeichen zu sein; er nahm das Wort und sagte, da die Herren sich nicht einigen könnten, müsse er einen Beschluß fassen und tue dies, indem er zur Ausführung bringe, was der Wunsch der Mehrzahl der Nation zu sein scheine; in den nächsten Tagen solle denn eine Volksabstimmung über den Anschluß an Piemont entscheiden. Als er sah, daß Pallavicino, von Rührung und Freude überwältigt, auf ihn zueilen wollte, erhob er abwehrend die Hand und sagte, er handle nicht etwa so, um dem Könige oder irgendeinem andern Menschen gefällig zu sein, noch weniger, weil er den unbedingten Anschluß als das beste erkannt hätte, vielmehr glaube er, daß bei beiden Entschließungen viel zu wagen und zu verlieren sei; wie er aber den Namen Viktor Emanuels auf seine Fahne gesetzt habe, weil das italienische Volk die Republik nicht wolle, sondern die Monarchie, so habe er auch jetzt mit dem Volke gehen wollen, und schließlich habe er gerade das aufgegeben, was am meisten nach seines und seiner Freunde Sinne sei, weil er wisse, daß ihre Liebe für Italien so groß sei, daß sie sich seiner, des Diktators, Entscheidung um des Friedens willen unterwerfen würden. Sein Blick war, indem er dies sagte, ernst, doch nicht finster; man konnte ihm anmerken, daß es ihn befriedigte, den Streit beendet zu sehen.

Einige Tage später fand die Abstimmung statt. Die Partei Cavours hatte Sorge getragen, daß diejenigen, die aus Anhänglichkeit an die Bourbonen oder an die Republik oder aus was immer für Gründen gegen den Anschluß hätten stimmen können, eingeschüchtert wurden, was Garibaldi, soweit es zu seiner Kenntnis kam, geschehen ließ; denn er glaubte, daß es nun das beste wäre, wenn die Wahl glatt in bejahendem Sinne verliefe. Unter denen, die zu der aufgestellten Urne strömten, befand sich die Giovannara, die den unerhörten Anspruch, trotz ihres Geschlechtes ihre Stimme abzugeben, damit begründete, daß sie sich an der großen Schlacht am Volturno beteiligt und mehrere Schüsse abgefeuert habe. Garibaldi, vor den die Sache gebracht wurde, entschied, daß die Frau, die wie ein Mann für das Vaterland gekämpft habe, auch das Recht des Bürgers, sich selbst die Regierung zu wählen, aus=

üben dürfe, worauf sie hocherhobenen Hauptes zur Urne ging, um nach so vielen Anstrengungen für die Revolution ihr Willens=wort zur Begründung des einigen Italiens niederzulegen.

Nachdem Garibaldi sich geweigert hatte, Mazzini aus Neapel zu entfernen, sann Giorgio Pallavicino darüber nach, wie er trotz=dem erreichen könnte, was er zum Gedeihen des Vaterlandes für notwendig hielt. Es war sein Wille, gegen jedermann gerecht zu sein, und er bemühte sich, die Verdienste Mazzinis um Italien, von denen Garibaldi und andre ihm gesprochen hatten und die ihm ohnehin nicht unbekannt waren, anzuerkennen; aber er konnte es nicht ändern, daß sein Herz sich sträubte, dem Genuesen wohl=zuwollen. Seine Jugend hatte ihren Schwung, ihren Trotz und ihre Verschwörungen ohne Mazzini gehabt, der damals noch ein Kind war; als er aus den Kerkern in das Leben zurückkam, empfand er nicht minder feurig und opferwillig, so daß es ihm nicht einging, warum das nun allgemein gewordene Streben und Wagen Maz=zini zu verdanken sein sollte. Von dem Gedanken des einigen Italiens schien die Luft, die man atmete, voll zu sein; wußte er auch, daß Mazzini zuerst ihn mit Plan und folgerichtig verbreitet hatte, so war es ihm doch nicht gegenwärtig und wirklich. Im Gegenteil kam es ihm vor, als störe Mazzini mit seiner Republik die Übereinstimmung, die sonst allgemein sein würde; auch hörte er ihn von vielen, mit denen er umging, als einen Unruhstifter und vor keiner Gewaltsamkeit zurückschreckenden Parteimann schildern. Daniele Manin, der einstige Präsident der Republik Venedig, der in seiner Jugend ein Anhänger Mazzinis gewesen war, hatte sich wie viele andre später von ihm abgewandt; Palla=vicino hatte ihn in Paris, wo sie bis zum Tode Manins in enger Freundschaft miteinander verkehrt hatten, oft mit einer seltsamen Erbitterung von Mazzini reden hören. Wie sehr sein Gemüt auch dadurch beeinflußt war, hielt er sich doch vor, was dagegen sprach, und immer bereit, an die Wirksamkeit großartiger Offenheit zu glauben, malte er sich aus, daß, wenn Mazzini wirklich ein so edler Mann wäre, wie viele wollten glauben machen, er sich würde bewegen lassen, freiwillig das Land zu verlassen, für das seine Gegenwart verderblich wäre.

Er setzte einen Brief auf, in dem er von der Achtung sprach, die er für ihn empfinde, und daß er von der Größe seiner Vaterlands=

liebe überzeugt sei; setzte ihm dann die Lage, wie sie seiner Meinung nach sei, auseinander: daß nämlich die große Menge des Volkes die Monarchie wünsche, daß er, Mazzini, als Anführer und Vertreter der Republikaner gelte, und selbst wenn er es nicht mehr sei oder sein wolle, selbst gegen seinen Willen und ausdrückliche Erklärung von der Menge immer als solcher werde betrachtet werden. Da nun um seine Person sich alle sammeln würden, die aus Überzeugung oder aus eigennützigen Gründen dem sich jetzt bildenden Zustande feind wären, so möge er, der schon so viel für Italien getan und geopfert habe, jetzt das beste, erhabenste Opfer bringen und sich freiwillig aus seiner Heimat verbannen, der er, trotz oder vielleicht wegen seiner großen Liebe, zur Zeit nur schaden könne.

Während Mazzini den Brief las, fing sein Herz an zu klopfen, und er hielt mehrmals inne, angstvoll vor jedem Worte, das sich ihm wie mit scharfer Spitze ins Herz bohrte. Als er fertig war, verbarg er das Gesicht in beide Hände und blieb lange so. Es stand ihm fest, daß er nun gehen müsse, ja es war ihm zumute, als stände sein Koffer schon gepackt und als wäre der Abschied schon genommen; aber das bekümmerte ihn kaum. Das, daß er nicht durch den König gezwungen wandern mußte, sondern von einem Manne weggewiesen, den er als Patrioten und guten Menschen kannte und immer verehrt hatte, nicht wegen irgendwelcher Taten, die er begangen hätte oder haben sollte, sondern einzig, weil er es selbst sei, dazu verdammt, selbst wenn er es nicht wolle, Haß zu entzünden, das betäubte ihn wie ein unvermuteter, von rohen Händen zugefügter Schlag.

Er stellte sich die Erscheinung des alten Pallavicino vor mit den Spuren der langen Kerkerhaft, die gedrückte Haltung, die Perücke auf dem oft etwas schiefgeneigten Kopfe, die gelbe Haut, den Blick der Augen, in dem sich zuversichtliche Kindlichkeit und greisenhafte Trübe wunderlich mischten; er dachte an die ein wenig eitle, ein wenig feierliche Art, in der er seines ausgestandenen Martyriums zu gedenken pflegte, an die kurzsichtige Begeisterung, mit der er sich den Menschen hingab, die ihn für sich einzunehmen wußten, und konnte sich plötzlich eines heftigen Widerwillens gegen ihn nicht erwehren. Dann dachte er daran, daß Garibaldi ihn zum Prodiktator von Neapel gemacht hatte, weil er ihn überschätzte und weil er geistiges Übergewicht geringer anschlug als den Wert eines einfältigen, treuen Herzens. Er liebte Garibaldi; aber um so bitterer mußte er es empfinden, daß Garibaldi ihn nicht verstehen wollte. Mußte er es nicht Schwäche nennen, daß Garibaldi ihm den König Viktor Emanuel vorzog, der ihn benützte und ohne Bedenken preisgeben würde, aus keinem andern Grunde, als weil er ein tapferer Soldat war, weil er auf eine treuherzige Art mit dem einstigen Matrosen umzugehen wußte und weil er sein angestammter Fürst war? Mit dieser Schwäche verbunden erschien ihm in diesem Augenblicke hassenswürdig die Unerbittlichkeit und Unergründlichkeit seines Willens, der über das Flehen Befreundeter achtlos hinwegfahren konnte wie die Schicksalsgötter der Zeit und der Vergänglichkeit. Immer schneller kamen ihm die Bilder verschiedener Menschen, mit denen er sich berührt hatte, als mängelvoller, unweiser Wesen, die ihn mit Haß gegen das launenhafte oder kraftlose Gestalten der Natur erfüllten. Wenn er in Neapel über die Straße ging, sah er verkrüppelte Körper, unedle Nacktheit, listig freches Grinsen und selbstgefällige Verderbtheit schon im Lächeln der Kinder. Nicht nur die Stadt, die übelriechende, zappelnde, war ihm zuwider, auch die Landschaft mochte er nicht mehr sehen, die als Hintergrund eines bacchantischen Taumels nur ein paar wilde Festtage lang zu dauern erdacht schien und plötzlich, wie der Anblick eines bunten Flitterkleides, das man nachts in erleuchteten Sälen getragen, die Seele traurig und ekel macht. Warum zog ihn immer und immer die Sehnsucht nach Italien, wo er sich nicht mehr heimisch fühlte und das ihm, wenn er es mit England verglich, weit zurückstand? In London, da dröhnten die Steine Vergangenheit, durch die meerfeuchte Luft jener Straßen und Plätze schritt mit überirdischem Leib und alleserinnernden Augen die Muse der Geschichte. Die kleinen, glatten Plätze der italienischen Städte, die Schlösser wechselnder Despoten beherrschten, glichen einer Theaterbühne, auf der Schauspieler Begebenheiten voll leidenschaftlicher Zufälle schreiend und gestikulierend darstellen. Hatte er sich nicht betrogen, wenn er geglaubt hatte, daß dies Volk berufen sei, eine neue, reinere und reichere Kultur in Europa zu begründen? Denn es waren die Männer und Frauen, die er am höchsten geschätzt hatte, fast alle Ausländer gewesen. Es wollte ihm scheinen, als hätte er in Italien nie einen andern Menschen geliebt als seine Mutter und wäre nie geliebt worden als von ihr. Er hatte Freunde gehabt, die sich von ihm hatten erwärmen, begeistern, erregen, tragen lassen und die ihn, als der Schwung der Jugend nachgelassen hatte und sie bequem geworden waren, verlassen und verraten hatten. Die wenigen aber, die treu in Kampf und Opfer geblieben waren, wußten im Grunde nicht einmal, worauf es ankam. Dachten sie sich etwas Vernünftiges dabei, wenn sie nach Italien schrien und dafür starben? Selbst Garibaldi, so dachte er, hatte keinen klaren Begriff von den Folgen seiner großen Taten und glaubte, daß damit, daß Italien frei und einig gemacht, der alte verwesende Stoff umgeformt sei, etwas Endgültiges geschehen sei. Ihm schien es, als sähe er schon, wie es kommen würde: zu den alten Lastern der Italiener würden die neuen der Prahlerei und Heuchelei, des hohlen Ehrgeizes, der plebejischen Geldgier und Genußsucht kommen. Wenn er an seine Kindheit und Jugend zurückdachte, so erinnerte er sich vieler Männer, zu denen man aufgeblickt hatte als zu Mustern redlicher Uneigennützigkeit, bedürfnisloser, strenger Sitte; von denen, die vor ihm und zu seiner Zeit in die Verbannung gegangen waren, hatten viele trotz der Ungunst der Umstände, der fremden Sprache und Umgebung, geachtete Stellungen erlangt, viele hatten, mittellos und darbend, durch unermüdliche Arbeit nicht nur sich ernährt, sondern Kenntnisse erworben, ihren Geist ausgebildet und ihren Charakter gestählt. Dies Geschlecht schien ihm allmählich auszusterben und ein neues an seine Stelle zu treten, das nur danach trachten würde, mit möglichst leichter Mühe sich Titel, Orden und volle Taschen zu verschaffen.

Es war ihm, als ob seine Augen zu scharf sähen, und er schloß sie ermüdet. Eine bitterliche Sehnsucht überkam ihn, weit fort zu sein, an einer Stelle zu sein, wo er zu Hause wäre und wo ihn niemand finden würde, da, wo seine Mutter begraben lag. Er empfand eine verzweifelte Begierde, die lockere Erde mit seinen Händen zu fühlen, den Geruch der Friedhofrosen einzuatmen und sich in die warme Dunkelheit hineinzuwühlen, wo die heiligen Gebeine ruhten, denen er angehörte. Nachdem er eine lange Weile mit seinen Gedanken still dort verweilt hatte, war er ruhiger geworden und fast zufrieden in dem Bewußtsein, dies Land verlassen zu müssen.

Plötzlich indessen fiel es ihm ein, sich zu fragen, ob es denn wahr sei, daß er fortgehen müsse oder fortgehen dürfe? Er hatte sich

wie ein Kind seinem Fühlen hingegeben und besann sich nun erst, daß er kein Kind mehr war, kein glücklicher Träumer, kein glücklicher Einsiedler, die wie die Kinder sich vom Zucken des Herzens dürfen beherrschen lassen: er war ein Mann, der vor aller Welt gelobt hatte, für ein Ideal bis zum Tode zu kämpfen, der diesem Ideal viel teures Blut derer, die ihm vertrauten, geopfert hatte, der allen, die er veranlaßt hatte, ihm nachzufolgen, unlöslich verbunden war, so daß sein Leben ihm selbst nicht mehr gehörte. Er war um des Vergnügens willen nicht gekommen und durfte nicht gehen, weil er des Streitens müde geworden war. Wenn ein alter Mann den kindischen Einfall hatte, in Kämpfen, die einer großen Sache galten, persönliche Großmut anzurufen, so war es an ihm, klar und kühl zu bleiben; denn er hatte mit Bewußtsein, als er den Weg einschlug, der ihn durch lange Verbannung hierhergeführt hatte, auf persönliches Glück und persönlichen Frieden Verzicht getan.
Als er die Antwort an Pallavicino geschrieben hatte, daß er bleiben würde, solange ihm noch eine Möglichkeit da zu sein schiene, der Idee, die er verträte, zum Siege zu helfen, war der krampfartige Schmerz, der ihn befallen hatte, überwunden. Wie ein Gefangener, der eine Kette am Fuße hat, dem sie infolge einer ungewöhnlichen Bewegung weher als sonst tat, und der dann tobt und jammert, bis er den Fuß wieder in die Stellung gebracht hat, wo er das Eisen kaum noch spürt und es vergessen kann, so hatte er seinen Standpunkt unter den Menschen wiedergefunden und bemühte sich, nicht wieder daran zu rühren. Als nach dem Vollzug des Plebiszites seine Anwesenheit dieser Sache nicht mehr nützen konnte, blieb er doch noch in Neapel, um mit seinen Anhängern Verabredungen für die Unterstützung und Ermunterung der revolutionären Partei in Rom und für die künftige Befreiung zu treffen.
Die Wärme war jetzt gelinder, so daß man die Sonne nicht mehr mied; die Luft schien in einen olympischen Äther verwandelt, in dem die Körper golden leuchten und ohne Schwere wandeln. Garibaldi war mit militärischen Operationen beschäftigt, die hauptsächlich den Zweck hatten, die Truppen Viktor Emanuels in ihren Bewegungen mit entsprechenden gegen die bourbonische Armee zu decken. Es fielen kleinere Gefechte vor, die nicht ganz ohne Verluste waren. Eines Tages lagerte Garibaldi um die Mittagszeit mit mehreren Freunden auf einer mit Wein bebauten Anhöhe,

während die Soldaten speisten; eine Abteilung des bourbonischen Heeres hatte sich nach einem Geplänkel mit seiner Vorhut zurückgezogen, es war ihm ungewiß, in welcher Absicht, und er beobachtete sie dann und wann durch seinen Feldstecher. Nachdem er eine Zeitlang sinnend stillgelegen hatte, sagte er zu Nuvolari, seinem Sekretär Basso und dem alten Ripari, die ihm zunächst saßen, wenn er die vielen zu Kampf und Zerstörung bestimmten und bereiten Menschen sähe, weithin durch das fruchtreiche Gefilde zerstreut, so dränge sich ihm die Widernatürlichkeit und Sündhaftigkeit des Krieges auf. Meilenweit läge die Erde um Rom herum wüst, meilenweit dünste die Erde zwischen Rom und Neapel Fieber aus Sümpfen, wo feuchtes Dickicht wuchere, das nur die Herden der Büffel durchbrächen. Wenn alle diese Menschen arbeiteten, anstatt einander zu zerfleischen, könnte das Land urbar und zu einem Boden des Lebens gemacht werden.
Nuvolari, der eine schwere schwarzblaue Traube in der Hand hatte und die Beeren, welche die Größe und Form kleiner Pflaumen hatten, langsam zum Munde führte, billigte die Worte Garibaldis und setzte hinzu, wenn alle Länder so gesittet wären wie die Lombardei, könne der erwünschte Zustand wohl eintreten. Was wäre aber von einem Lande wie Neapel zu hoffen? Diejenigen, die jetzt den Soldaten machten, würden in Friedenszeiten nicht arbeiten, sondern die Horde der Faulenzer vermehren.
Garibaldi widersprach lebhaft; der Italiener sei nicht faul, ihm fehle nur die Tatkraft zu weitsichtigen Unternehmungen, die Regierung müsse ihn anleiten. Ein Land, das so vielfältig bebaut sei wie Italien, habe keine faulen Bewohner.
Ripari sagte wegwerfend, Kriege werden sein, solange Europa voll schlechter Kerle sei. Daran sei etwas Wahres, sagte Nuvolari, die Friedfertigkeit könne einem nichts nützen, wenn man von Ruhestörern umgeben sei. Ferner wären die Fürsten, Diplomaten und Offiziere dem Frieden im Wege; denn diese würden ohne Kriege nichts Wichtiges zu tun haben und möchten sie trotz der damit verbundenen Mühsal und Gefahr so wenig missen wie eine Hausfrau ihre große Wäsche. Auch wäre der Krieg für barbarische Völker nicht gerade vom Übel, weil diese viel überflüssiges Blut hätten, das sie zu Greueltaten aller Art antriebe und wovon am schicklichsten in Kriegen etwas abgezapft würde.
Ihm sei es gleich, sagte Basso, wenn der Krieg nur nicht abge-

schafft würde, bis er wenigstens einem Dutzend Österreichern das Maul gestopft hätte.
Während sie sich in der Weise unterhielten, beobachtete Garibaldi die Bewegungen des feindlichen Heeres und legte sich dann wieder in die Sonne, stillschweigend seinen Gedanken nachhängend. Plötzlich richtete er sich auf, um seinem Sekretär einen Aufruf an die Völker Europas zu diktieren, in dem er seine Ansichten über die Wünschbarkeit und Möglichkeit eines allgemeinen Friedens aussprechen wollte. Er sagte darin, daß die Völker Europas, einander verwandt durch Abstammung und ähnlich durch Sitte und Kultur, sich als untereinander einig betrachten sollten wie die Glieder eines Bundesstaates und sich gewöhnen sollten, jeden Krieg zwischen europäischen Staaten als Bruderkrieg anzusehen und als solchen zu verabscheuen. Wenn Streitigkeiten zwischen ihnen entständen, sollten sie Schiedsgerichte darüber entscheiden lassen; denn es sei gesitteter Nationen unwürdig, sich nicht gütlich vergleichen, sondern jeden Zwist wie Kinder oder Wilde nur durch Schlägereien bis zum Unterliegen des einen Teiles endigen zu können. Freilich dürfe keine Nation die andre verdrängen oder unterdrücken wollen, sei es aus Habgier oder um der Ruhmsucht ihrer Dynasten zu frönen.
Als Garibaldi eine Pause machte, sagte Nuvolari: »Ich glaube, General, du würdest einen besseren Erfolg haben, wenn du sie auffordertest, sich gegenseitig totzuschlagen.« Garibaldi entgegnete, er glaube vielmehr, daß die Menschen sich leichter zum Guten als zum Schlechten hinreißen ließen, worauf Ripari sagte, das möchte wahr sein, aber auf einen, der zum Guten anreizte, kämen zehn, die zum Bösen und Dummen verführten.
Als der König sich der Grenze näherte, begab sich Garibaldi mit seinem Stabe und einem Teil seiner Truppen nach Teano, um ihn bei seinem Einzuge in das Neapolitanische willkommen zu heißen. An dem Abend, der Viktor Emanuels Ankunft vorherging, schlug das bis dahin heitere Wetter um; der Himmel war schwarz, der Südwind blies schwer über die leeren Äcker und bog die Wipfel der Pappeln und Ulmen, die aus der Ebene hervorragten. Die Bäume waren kaum anders kenntlich, als daß die Dunkelheit sich um sie her zu verdichten schien, und sie belebten die Nacht auf Geisterart mit ihrem Seufzen und Ächzen und gestaltlosen Schwanken. Als Garibaldi, spät noch wach, von einer Runde zu

seinem Zelte zurückzukehren im Begriffe war, sah er auf einem Grenzsteine zwischen zwei Feldern einen Mann sitzen, der eine Melodie vor sich hin pfiff: es war Vincenzo Caldesi, einer der Abgeordneten der römischen Republik im Jahre 1849, der zu den Tausend gehörte. Garibaldi blieb vor ihm stehen und fragte, warum er noch nicht schlafe. »Ich dachte,« sagte Caldesi, »wie diese Nacht auf dem Kapitol wäre. Mit dunkeln Fenstern werden die Paläste auf dem leeren Platze wie Särge in einem schwarzverhangenen Gewölbe stehen. In ein Tuch gehüllt, wird eine alte Bettlerin auf der Treppe sitzen, die niemand hinaufkommt oder heruntergeht, und es wird keiner ahnen, daß es Rom ist, die hohe Unsterbliche, die unser wartet. Dann dachte ich an unsre Kameraden, die auf den Hügeln gefallen sind. Sie werden als ruhelose Schatten auf schaudernden Rossen, aus alten Wunden blutend, nach ihrem General ausblicken, der vom Süden kommen soll, um Rom und sie zu erlösen. In dieser Nacht werden sie wähnen, das Galoppieren seiner Reiter und das Kommando seiner Stimme von fern zu hören, während es nur der Wind ist, der einsam über die Gräber der Campagna braust.«
Garibaldi setzte sich neben Caldesi und blickte starr in die Dunkelheit. Nach einem langen Schweigen sagte er: »Sie sollen nicht lange mehr warten; wo ich auch bin, bin ich auf dem Wege nach Rom«, gab Caldesi die Hand und stand auf, worauf beide ihr Lager aufsuchten.
Am Morgen hatte der Wind sich gelegt. Der Himmel war voll von schweren, dunkelblauen, in der Sonne glühenden Wolken, und die Gegenstände erschienen größer und deutlicher, wie wenn sie eine Hülle von sich getan hätten und nun mit nacktem Leibe daständen. Garibaldi war heiter; obwohl er ernst aussah, spielte ein Lächeln in seinen Zügen. Es war noch nicht acht Uhr, als die ersten piemontesischen Truppen eintrafen, die Garibaldi mit Anteil betrachtete, während seine Augen zufrieden glänzten. Zu den Herren, die ihn begleiteten, machte er Bemerkungen über ihre gute Haltung und sprach davon, daß er überall die italienischen Soldaten besser gefunden habe, als er erwartet hätte; es ließe sich aus Italienern ein Heer schaffen, das keinem andern in Europa nachstehen würde. Den fremden Offizieren, die ihn achtungsvoll begrüßten, antwortete er freundlich. Zwischendurch sah er sich um und genoß den freien Blick in das leuchtende Land. Ringsumher

waren Äcker, von denen einige noch Stoppeln trugen, andre schon zum Empfang der neuen Saat umgegraben waren; die Erde in diesen war purpurfarbig und samtweich, und die Vögel, die darauf hüpften und pickten, schienen darin zu schwimmen. Die Straße entlang standen hohe Pappeln, deren Blätter zu fallen begannen; sie fielen gelblich blitzend langsam durch die unbewegte Luft, so langsam und ruhevoll, daß es aussah, als weideten sie sich an der Wonne des Vergehens. Bei einem Gehöft in der Nähe standen Männer, Frauen und Kinder und blickten neugierig erwartungsvoll auf das militärische Schauspiel.
Plötzlich erscholl, von Trompeten geblasen, der Königsmarsch, der das Erscheinen des Monarchen verkündete; es war eine muntere Musik, aber in der unermeßlichen Weite der in sich selbst versunkenen Luft verlor sie sich schnell, wie abgebrochen und zur Erde gefallen. Die Natur schien mit allen Sinnen auf das kaum vernehmliche herbstliche Rieseln in den gleitenden Blättern und in dem glühenden Schaum der gelockerten Erde zu lauschen. Hinter der Musikbande und der Leibgarde kam auf einem auserlesenen arabischen Pferde Viktor Emanuel, von einem glänzenden Gefolge umgeben, unter dem sich Fanti und Farini befanden; ihre Blicke waren mit hochmütigem Triumph auf Garibaldi gerichtet. Indessen sah Garibaldi nur den König: er bemerkte in seinem Gesicht einen trotzig stolzen, abweisenden Ausdruck, in dem zugleich auch Verlegenheit war und der nicht wohlwollender wurde, als er Garibaldis Blick empfing und erwiderte; aber dessen Stimmung wurde dadurch nicht getrübt. In diesem Augenblick sah er in Viktor Emanuel nur den König Italiens, das erwählte Haupt des geeinigten Volkes, dem er sein Schwert gelobt hatte. Nachdem ein paar kurze Worte der Begrüßung gewechselt waren, rief er, sich gegen seine Truppen wendend: »Es lebe der König von Italien!«, worauf diese den Ruf wiederholten.
Derer, die von den Tausend anwesend waren, bemächtigte sich ein Gefühl der Enttäuschung oder der Erbitterung; viele hatten sich die erste Begegnung zwischen dem Könige und seinem Helden anders vorgestellt, erwartet, daß der König Ergriffenheit und Liebe äußern würde, daß seine Offiziere sich beeifern würden, den zu sehen und verehrend zu begrüßen, der die Sehnsucht eines halben Jahrhunderts erfüllt hatte; andre hatten, ohne von den politischen Verwicklungen der letzten Monate genau Bescheid zu

wissen, sagen hören, daß der König mißgestimmt sei, weil er Garibaldi allzuviel zu verdanken habe, und hatten ihm keinen unbefangenen Sinn entgegengebracht. Sie verstanden die unbekümmerte Stille in Garibaldis Blick nicht, sondern hielten sie für den Ausdruck seiner Arglosigkeit; ihre jungen Augen hingen, viele mit Tränen kämpfend, an dem Mann ohnegleichen, der inmitten der prächtig funkelnden königlichen Offiziere allein zu stehen schien, wie durch einen unnahbaren Strahlenmantel von ihnen entfernt und abgetrennt. Als der Auftritt vorüber war und die Regimenter sich wieder in Bewegung setzten, schlugen ihre Herzen mit Abschiedsklagen: ›Nun taumeln wir wie lose Blätter hierhin und dorthin, da du stürzest, o Baum, der uns trug und mit uns in die Wolken rauschte! Wir irren wie erlöschende Sterne, da du untergehst, o Sonne, die uns regierte! Dein Herz war ein voller Blutbrunnen, aus dem wir Schatten das Leben tranken, durch deine Kraft fühlten wir seine Herrlichkeit! Wir möchten in deinen Schlachten fallen, Samenkörner, von deiner mächtigen Hand in die schwarzen Schollen italischer Erde geworfen! Garibaldi, du gehst nicht unter. Wer kann die Glorie von deiner Stirne nehmen? Wenn du dich verbirgst, wird dein Schatten dich verraten, und wir werden dahin blicken, wo es nachtet, um den Aufgang unsrer Sonne zu erwarten.‹

Unterdessen ritt Garibaldi neben dem Könige, und auch die beiden Gefolge vermischten sich anscheinend vertraulich. Er freue sich darauf, sagte Garibaldi, nachdem sie von diesem und jenem gesprochen hatten, ohne daß das Gespräch recht in Gang hatte kommen wollen, daß seine Soldaten nunmehr in Gemeinschaft mit denen des Königs fechten würden, und hoffe, es werde sich ein kameradschaftliches Verhältnis zwischen ihnen herausbilden. Der König antwortete, sichtlich bestrebt, sich zuvorkommend zu geben, er, Garibaldi, und die Seinen hätten genug geleistet, sie sollten nun ausruhen, indes er mit seinem noch frischen Heere den Kampf zu Ende kämpfte. Diese Worte, die bestimmt waren, ihm in freundlicher Einkleidung anzukündigen, daß er verabschiedet sei, trafen Garibaldi empfindlich ins Herz; denn er war bereit gewesen, über jede ihm angetane Kränkung hinweggehend, die Ehre des Krieges mit den Truppen zu teilen, die gekommen waren, um ihn abzusetzen, damit die fabelhafte Verschmelzung von Revolution und Königtum, auf der das neue Reich beruhte, als etwas Wirkliches vor aller Augen dargestellt würde. Er hatte nicht daran gedacht, daß dies Opfer könnte verschmäht und anstatt dessen er mit den Freiwilligen entlassen werden, und das Gefühl, unerhört betrogen zu sein, überfiel ihn im ersten Augenblick mit atemraubender Heftigkeit. Gleich darauf jedoch, indem er den König von der Seite ansah, legte sich diese Aufwallung und ging in ruhige Wehmut über; es war ihm, als habe Viktor Emanuel ihm heimlich ein Bekenntnis abgelegt, das ihn mit einem Male jedes Vorwurfs entlastete. In seinen gespannten Mienen glaubte er zu lesen, daß der König weder mit sich noch mit seinem Lose zufrieden sei, und er hätte ihm sagen mögen, daß er wisse, was in ihm vorgehe, daß er seine Unfreiheit kenne, daß er ihm nicht zürne und seiner unveränderten Liebe gewiß sei. Da er fühlte, daß es nicht anging, etwas Derartiges auszusprechen, von andern Dingen aber nicht mehr reden mochte, nachdem die letzte Erklärung gegeben war, trennte er sich bei der nächsten Spaltung des Weges vom Könige, dessen Einladung, das Frühstück mit ihm einzunehmen, ablehnend. Seine Offiziere, die das gute Einvernehmen mit den Begleitern Viktor Emanuels widerwillig zur Schau getragen hatten, schlossen sich ihm an, froh, daß die peinliche Zeremonie beendet war.

Im ersten Dorfe, zu dem sie gelangten, machten sie halt, um etwas zu essen, da sie noch nichts zu sich genommen hatten. Garibaldi trat mit einigen Herren, unter denen der alte Ripari war, in einen großen leerstehenden Stall ein, wohin die Bauern brachten, was sie hatten, Brot, Käse und Wasser; der General setzte sich auf einen Baumstumpf, der beim Holzspalten diente, während seine Begleiter sich auf den Boden warfen oder sich auf die den Stand der Pferde und Rinder abteilenden Bretterwände schwangen. Sie unterhielten sich halblaut untereinander und blickten zuweilen forschend nach Garibaldi hinüber, der blaß und sehr ernst aussah und stillschweigend sein Essen verzehrte. Indem er den ersten Schluck aus dem Kruge voll Wasser trinken wollte, machte er eine unwillkürliche Bewegung des Abscheus und spie rasch aus, was er im Munde hatte, worauf er erklärend zu den erstaunt auf ihn blickenden Herren sagte: »Das Wasser schmeckt faul, es muß ein totes Tier im Brunnen liegen.« Damit stand er auf und verließ den Stall, um dafür zu sorgen, daß die Pferde frisches Wasser bekämen. Einer von den Zurückbleibenden, die noch mit dem groben

Brote beschäftigt waren, sagte belustigt, der König werde mit seinem Gefolge nach einem feineren Speisezettel frühstücken. »Sie werden die Kastanien essen, die wir aus dem Feuer geholt haben«, sagte Ripari trocken, und man lachte. Als die Herren im Begriff waren, den Raum zu verlassen, sahen sie eine Frau mit fanatisch staunenden Augen an der Tür stehen, die zu einem Kinde, das sie an der Hand hielt, sagte: »Sieh, unser Herr Jesus Christus ist im Stalle geboren, und Garibaldi hat ein Stück trockenes Brot in unserem Stalle gegessen.« Der alte Ripari sagte absichtlich unwirsch: »Freilich, man kommt nicht umsonst zu der Ehre, gekreuzigt zu werden«, so daß die Frau in verständnislosem Schrecken aufschrie und davonlief.

Garibaldi hätte am liebsten sofort Neapel verlassen; aber er hatte noch die Aufgabe, an der Seite des Königs in die Hauptstadt einzuziehen, ferner die Medaillen, die der Gemeinderat von Palermo für die Tausend hatte prägen lassen, diesen auszuteilen und Abschied von seinen Truppen zu nehmen. Auch lag ihm daran, Heer und Volk nicht argwöhnen zu lassen, daß eine Mißhelligkeit zwischen ihm und dem Könige bestehe, vor allem aber den König dazu zu bewegen, daß seine Mitkämpfer nach Verdienst belohnt und behandelt würden. Abgesehen davon, daß ihn der Gedanke schmerzte, diejenigen, die mit größter Tapferkeit und Opferwilligkeit für die Befreiung Italiens gekämpft hatten, wie gemietete Söldner entlassen sehen zu sollen, bedachte er auch, wie es die Betroffenen und einen großen Teil des Volkes erbittern müsse, wenn die Siegreichen geringschätzig heimgeschickt und die, welche vor ihnen geflohen waren, nämlich die neapolitanischen Soldaten, hervorgezogen und ausgezeichnet würden. Es war ihm bekannt, daß General Fanti, der die gewichtigste Stimme in diesen Dingen hatte, sich wegwerfend über die Freiwilligen geäußert hatte und sie als ein schädliches, die herkömmliche Ordnung auflösendes Element durchaus nicht in die regulären Truppen wollte eindringen lassen, auch die Grade, die Garibaldi erteilt hatte, nur in seltenen Fällen anerkennen wollte. Unter diesen Umständen wünschte er, den König die Wichtigkeit der Sache einsehen lassen zu können, von dem er glaubte, daß er unterscheiden könne, wieweit Vorsicht, Klugheit und Berechnung, sei sie richtig oder nicht, das Gefühl verdrängen dürften, und dessen Willen er in militärischen Fragen für maßgebend hielt.

Kurze Zeit nach dem Einzuge des Königs nahm Mazzini Abschied von Garibaldi, um wieder nach England zurückzukehren. Er legte Garibaldi ans Herz, daß er zunächst an die Befreiung Venedigs denken möge; daß, wenn er doch nach Rom gehen wolle, dort eine Erhebung stattfinden müsse, die mit ihm zusammenwirke, und daß er hoffe, eine solche durch die Anhänger, die er dort habe, bewirken, vielleicht, wenn es notwendig sei, selbst hingehen zu können. »Deine Verbannung wird nun bald ein Ende haben,« sagte Garibaldi, »der König wird dich ehrenvoll zurückrufen.« Mazzini schüttelte den Kopf: »Ich habe jetzt erfahren,« sagte er, »wie sie mich hassen. Wird das Königreich Italien je so stark sein, daß sie mich nicht mehr fürchten?« Wenn der König es nicht tue, entgegnete Garibaldi, werde das Volk es fordern. Mazzini schwieg traurig; er dachte, daß das Volk ihn ebensowenig liebe wie der König, aber es wollte ihm nicht über die Lippen. Nach einer Pause sagte er: »Wenn ich im Auslande bin, habe ich keine Heimat, aber wenn ich hier bin, fühle ich mich auch nicht zu Hause. Wie ich mich an die schwarze Tracht gewöhnt habe, die ich als Jüngling erwählt und nicht abzulegen schwur, bis Italien einig und frei sei, so ist heimatlos zu sein meine Natur geworden. Vielleicht«, fuhr er mit einem Lächeln fort, »kehre ich nach vielen Jahren oder Jahrhunderten in dies geliebte Land zurück; dann möchte ich ein schlichter Bürger sein, der ohne zu wissen, daß es anders sein könnte, die Freiheit genießt, um die wir jetzt kämpfen.« Garibaldi sah ihn überrascht und aufmerksam an und sagte, was er denn in solchem Falle tun möchte? »Ich denke mir,« sagte Mazzini, »daß ich bei irgendeiner Arbeit, auf die ich mich verstände, glücklich sein könnte; wenn ich aber so gemacht wäre, wie ich es jetzt bin, würde ich mir die Feder zum Werkzeug wählen. Ich würde nicht von Politik und Staatsformen und Wirtschaft schreiben, wie ich es jetzt beständig tue, sondern aus Worten, die wie Edelsteine selten, unzerstörbar und zauberkräftig wären, die schönen Gesichte bilden, von denen ich in meiner Jugend träumte und die mir jetzt entschwunden sind.«

Diese Bemerkung Mazzinis beschäftigte Garibaldi noch, als er allein war. Große Bilder wankten an ihm vorüber, die das Gefühl des Lebens mächtig in ihm erregt hatten, und er fragte sich, ob er sie wieder erleben möchte. Als ihm zufällig die Herden wilder Pferde einfielen, die er in Amerika über die Prärien hatte jagen sehen, ging ihm durch den Sinn, daß er lieber als alles ein solches Tier sein möchte. Er stellte sich die edeln Geschöpfe vor, deren Anblick ihn entzückt hatte, ihr stolzes Bäumen, ihre wollüstig die Luft einschlingenden Nüstern, ihre Kraft und Freiheit, das triumphierende Donnern ihrer Hufe, wenn sie ausgelassen wie spielende Götter im Sturme über die unabsehbaren Steppen rasten. Wie damals fühlte er den üppigen Geruch jener wilden Erde, den berauschenden Zug des entfliehenden Himmels.

Diese Gedanken brachten ihn darauf, daß er, sowie er in Caprera angekommen sein würde, die beiden Pferde, die er während des Feldzuges geritten hatte, freilassen wollte, und er freute sich darauf, zu sehen, wie sie erst stutzen, dann die Mähne schütteln und schnaubend in die Wildnis sprengen würden. Mit einem Glücksgefühl dachte er daran, daß er die hohen Ämter, Einkünfte und Orden, die der König ihm angeboten hatte, um ihn für seine Taten zu belohnen, abgelehnt hatte und also frei war; die Vorstellung, daß er noch einmal die piemontesische Uniform tragen müßte, hatte jetzt etwas von dem Druck eines bösen Traumes für ihn. Zwar hätte er die Statthalterschaft über die beiden Sizilien angenommen, um diese Länder auf seine Weise und mit den Mitteln, die er für gut hielt, zu erziehen, teils auch, um sich einen Zugang auf Rom offenzuhalten; aber nun der König ihm den Wunsch abgeschlagen hatte, empfand er die innigste Befriedigung darüber. Er hatte erfahren, daß er die Luft der Versammlungen und Beamtenstuben und Gerichtshöfe nicht lange atmen konnte; auch mochte es besser sein, wenn er sich noch nicht mit den Geschäften des Friedens befaßte, sondern einzig den Augenblick erspähte, wo er das Signal zum neuen Aufbruch geben könnte. Es war ihm wichtig, den jungen Männern, die ihm gehorchten, bevor er sie verließ, einzuprägen, daß sie sich bereit hielten, und er entwarf zu dem Zweck einen Aufruf, der ihnen zugleich mit seinem Abschied seine Absichten für die Zukunft verkündete. Er sagte ihnen darin, daß er jetzt auf kurze Zeit das Schwert niederlegen müsse und sie entlasse, daß aber der Frühling des nächsten Jahres sie wieder unter seine Fahne versammeln solle. Diejenigen, die es könnten, sollten in Waffen bleiben, die andern sich bereit halten. Er hoffe, daß nicht nur seine Tausend, mit denen er Sizilien erobert, sondern viele Tausende kommen würden, wenn er riefe, um durch die Befreiung Roms und Vene=

digs den heiligen Krieg im Namen des Königs Viktor Emanuel zu vollenden.

Ohne beim Könige hinsichtlich des Schicksals der Freiwilligen etwas Bestimmtes ausgerichtet zu haben, reiste Garibaldi nach Caprera ab. Die Mantuaner Nuvolari und Gusmaroli, sein Sekretär Basso und Ripari gingen mit ihm, einige andre Freunde gaben ihm das Geleit bis zum Hafen. Es war ein düsterer Herbstmorgen, schwere Wolken lagerten am Himmel wie gestrandete Schiffe, und ein rötlichgelbes Licht, das aufflackerte, denn es war die Zeit des Sonnenaufgangs, gemahnte an die Flamme einer Pechpfanne, vom Leuchtturm ins Meer wehend. Auf einem kleinen Platze unweit der Abfahrtsstelle begegneten sie mehreren Leuten, die allerlei Ware, mit der sie Handel trieben, auf kleinen Eseln zum Markte führten; ein Junge trug eine Menge winziger, aus hölzernen Stäben zusammengesetzter Käfige, in denen Vögel saßen. Garibaldi, der im Gespräch mit seinen Freunden begriffen war, verstummte und blickte mit gefalteter Stirn auf den beladenen Esel, den ein Mann unter lasterhaften Flüchen mit einem Prügel vorwärts stieß, und auf die ängstlich flatternden Vögel. Als sie einander ganz nahe waren, konnte er es nicht unterlassen, zu dem Manne zu sagen: »Warum mißhandelst du das geduldige Tier, dem du ohnehin über seine Kräfte aufgeladen hast?« Der Mann blieb stehen, zuckte die Schultern und sagte mit einem verbindlichen Lachen: »Ist es nicht besser, ich lasse meine Galle an dem Esel aus, der kein Christ ist und nichts empfindet, als an einer getauften Seele? Wenn Ihr aber ein gutes Wort für ihn einlegt, so will ich mich auf die Zunge beißen und ihn ungeprügelt laufen lassen«, worauf er mit Augenzwinkern die Hand gegen Garibaldi ausstreckte. Dieser reichte ihm ein paar Münzen und sagte: »Es fragt sich, wer von euch beiden ein besserer Christ ist, der Esel, der, ohne sich zu widersetzen, seine Last schleppt, oder du, der in böser Laune das Geschöpf Gottes unter Flüchen vorwärtstreibt. Du solltest dich schämen, die Religion zum Vorwande deines grausamen Gemütes zu nehmen. Freilich habt ihr es von den Priestern, die euch regiert haben, gelernt: sie haben euch anstatt eines allmächtigen Herrn einen Wüterich anbeten lassen, der Millionen seiner Kreaturen einigen Günstlingen ausliefert, um ausgebeutet und gemartert zu werden. Ihr verdient es, von den Reichen der Früchte, die die Erde gibt, ja des Lichtes und der Luft beraubt zu werden, solange ihr

die, die schwächer als ihr, knechtet, Vögel, deren Heimat die grenzenlose Luft ist, in enge Käfige einsperrt.«
Nachdem er dies in zürnendem Tone gesagt hatte, fuhr er fort, von der Schönheit und den Tugenden der Tiere zu sprechen, die den Kreis ihres Lebens, von Gott ihnen gezogen, gefügig vollendeten, den Sternen vergleichbar, noch immer Zöglinge des Paradieses, aus denen die Menschen verstoßen. Je länger Garibaldi sprach, desto aufmerksamer horchten die Leute, unterbrachen ihn zuweilen durch beifällige Ausrufe und billigten in geflüsterten Worten und durch feuriges Anschauen die Erscheinung, Stimme und Rede des Unbekannten. Als nun Menschen in den umliegenden Häusern aufmerksam wurden und herzukamen, erkannten einige von diesen den Diktator und riefen: »Garibaldi! Evviva Garibaldi!«, so daß nun auch die Hausierer erfuhren, wen sie vor sich hatten. Während die Frauen und Kinder auf ihn zustürzten und seine Hände oder sein Gewand zu küssen suchten, riß der Mann, der den Esel getrieben hatte, dem Jungen die Käfige aus der Hand, öffnete sie, zog die Vögel, die des Ausgangs in die Freiheit nicht sofort innewurden, selbst heraus und warf sie in die Luft, indem er ausrief: »Garibaldi ist es, der euch und uns befreit hat!« Die Herren steckten ihm noch etwas Geld zu und gingen mit Garibaldi an den Hafen; in einiger Entfernung folgten die Hausierer und andre Leute und sahen der Abreise zu, das ›Auf Wiedersehen‹, das Garibaldi ihnen zuwinkte, mit lautem Zuruf erwidernd. Als das Schiff sich in Bewegung gesetzt hatte und langsam entschwand, kehrten sie um. Der Mann mit dem Esel sagte gedankenvoll: »Das also war das Haupt, das der Heilige Vater mit Gold aufwiegen würde, wenn man es ihm brächte. Ein herrliches, schweres Haupt! Und vielleicht hätte ich mir zu dieser frühen Stunde, vor dem Beginn des Marktes, wo die Straßen leer sind, den Lohn verdienen können. Aber meines Vaters Sohn«, setzte er mit zufriedenem Stolze hinzu, »ist kein Judas. Der Wein würde ihm nicht schmecken, um den das Blut eines so schönen und edeln Mannes geflossen wäre.« Während er mit seinen Angehörigen beredete, daß sie das Eselchen zum Andenken an Garibaldi Giuseppino nennen und erzählen wollten, daß der Diktator es gelobt und gestreichelt habe, um dadurch Kunden anzuziehen und das Geschäft zu fördern, zogen sie unter den hohen Häusern, an denen die feuchte Luft wie nasser Flor klebte, dem Markte zu.

An einem der letzten Februartage wurde in Turin Gustavo Modena begraben; unter denen, die gekommen waren, dem berühmten Schauspieler und Patrioten die letzte Ehre zu erweisen, befand sich Camillo Cavour. Während die zahlreiche Versammlung den Beginn der Trauerfeierlichkeit erwartete, sagte Lorenzo Valerio halblaut zu dem Minister, es sei schön und groß von ihm gehandelt, daß er dem Toten die Anerkennung bezeige, die der Lebende zurückgewiesen habe, mit Beziehung darauf, daß Cavour vor einigen Jahren versucht hatte, Modena durch eine einkömmliche Stelle als Theaterdirektor in Turin zu fesseln, daß dieser aber, obwohl bedürftig, aus republikanischer Gesinnungstreue und besonderer Abneigung gegen die sardische Regierung abgelehnt hatte. Cavour antwortete, es mache den Künstler nicht geringer und auch den Mann nicht schlechter, daß seine politischen Ansichten beschränkt gewesen seien. Leider seien die Verhältnisse in Italien so gewesen, daß gerade die tüchtigen Männer zum Ideal der Republik ihre Zuflucht hätten nehmen müssen; hoffentlich würden sie allmählich einsehen, daß auch in der Monarchie Freiheit und Größe gedeihen könnten. Freilich sei das unmöglich, wenn die Guten sich hochmütig absonderten.

Die Ansprache, die der junge Schauspieler Tommaso Salvini hielt, lautete so:

»Da die Stimme schweigt, mit der ein Genius uns erschütterte, wage ich es, des Meisters Schüler, an seinem Sarge die meine zu erheben, um seiner zu gedenken, der dahin ist, und uns zu beklagen, die ihn verloren haben. Ihn beklage ich nicht, der willig schied; wie mußte er des Irdischen überdrüssig sein, da er ihm lächelnd entsagte, obgleich er eine über alles geliebte und liebende Frau verließ. Ja, während Italien jubelnd seine Auferstehung feiert, verhüllte er sein Haupt und stieg ins Grab; er, der, obwohl ein Herrschender im Reiche der Kunst und als solcher, wenn er hätte wollen, über die Nöte unseres politischen Lebens hinausgehoben, heldenhaft, mit Aufopferung eines sicheren Glückszustandes, um Italiens Freiheit gekämpft hatte. Aber, wir wissen es alle, er liebte die Könige nicht; er hatte es sich anders gewünscht. Manche hat es, solange er lebte, zu Scherz, Spott oder nachdenklicher Betrachtung gereizt, daß der Republikaner, der die Könige haßte, die Könige der Dichtung auf der Bühne verkörperte wie kein andrer, so daß man sagen darf, es habe keiner den König gesehen, der Gustavo Modena nicht als König gesehen habe. Wenn man ihn besuchte und ihn in seiner Laube sitzen fand, vor sich den feurigen Wein, der ihm verhängnisvoll geworden ist, und den Risotto, den seine Julia bereitet hatte, sprühend von Witz, der in seinem drolligen Dialekt um so beißender, aber auch anmutiger wirkte, dem fielen die venezianischen Gassenbuben ein, die, in der Gondel liegend, sich sonnen und singen und sich damit belustigen, die Vorüberkommenden zu verspotten. Wer ihn dann auf der Bühne als König sah, in einem Duft von Hochmut, Wahn, Erhabenheit und Trauer schreitend wie ein Blinder, der mißtrauisch tastet und nicht ahnt, daß am Rande seines Thrones sich ein Abgrund hinunterstürzt, des Lebens so gierig und so müde, daß man meinte, das alte grünliche Königsblut in den Adern seiner Hände zu erkennen, der glaubte, daß er erst jetzt in der Vermummung des Theaters die Maske abgeworfen habe und sein Wesen zeige. Vielleicht war es so, vielleicht war er deshalb Republikaner, weil er von königlicher Art war. Wie hätte der Mann, der mit seiner Stimme, seiner Miene, seinen Gebärden Menschen schuf, der uns zwang, ihn wechselnd zu hassen, zu verehren, zu fürchten, anzubeten, der in unsrer Brust unsre Tränen, unser Lachen, unsern Jubel und unsre Begeisterung regierte, sich in der Herde verlieren können? Wenn er die Anklage schleuderte und die Rache drohte, so entbrannte, wenn auch nur auf Minuten, in dem Raume, den seine lodernde Stimme erfüllte, die Revolution. Wenn er ein paar Abendstunden lang geherrscht hatte, dankte er freiwillig ab und gern; aber er wußte, daß sich ihm alle wieder unterwerfen würden, wenn er das Zepter wieder in die Hand nähme. Er hätte sich den Fürsten, die der Zufall des Weltganges auf den Thron geworfen und die sich durch Tyrannenkünste darauf festzuhalten suchen, nicht beugen mögen, und an andre glaubte er nicht, da er zu viele von diesen gesehen hatte. Ich glaube, daß, wenn die Republik geworden wäre, er gefunden hätte, daß auch dort nicht Raum wäre für die majestätische Gebärde, von der er träumte. Abseits zu stehen war sein Los, seine Hoheit, sein königliches Laster. Das große Jahrhundert der Revolution hat ihn gekrönt und nimmt ihn mit sich, nun er von uns geht. Die wir hoffend in eine Zeit der Erfüllung, des Friedens und der Versöhnung blicken, zürnen ihm nicht, daß er unversöhnlich war, sondern wir danken ihm, daß er seine jähe Bahn sich selbst treu vollendete.

Ständest du hier statt meiner, Gustavo Modena, wie anders würdest du von deiner Seele zu sprechen vermögen! Du würdest alle, die hier zusammengekommen sind, weil sie dich als Freund liebten oder als Künstler bewunderten, Männer und Frauen verschiedenster Sinnesart, zusammenschmelzen zu einem Gefühl banger Ehrfurcht vor der Herrlichkeit, Macht und Gebrechlichkeit des Menschentums, wovon du ein Bild bist.«

Cavour, der, da er sich selbst mit Ausdauer zum Redner erzogen hatte, die Beredsamkeit als Kenner schätzte, war mit dieser Rede sehr und mehr als mit den andern, die gehalten wurden, einverstanden; Salvini, der versprechendste Schüler Modenas, verschmähte das theatralische Pathos und wußte mit Kunst sich so einfach zu fassen, daß es war, wie wenn die Natur selbst aus einem empfindenden Menschen spräche. Daneben unterhielt es den Grafen, sich die Männer zu betrachten, die den Sarg des Vereinsamten umstanden: da war Mordini, der im Namen Garibaldis Sizilien regiert hatte, der alte Ripari, Garibaldis Arzt und Gefährte bei allen Feldzügen, Crispi, Felice Scifoni, ein bekannter römischer Republikaner, Männer, die viel Mühsal erduldet, Schlachten geschlagen und in fremden Ländern sich ein karges Brot erarbeitet hatten. Sie gefielen ihm ausnehmend, wie sie da als ein trotziges Häuflein beieinanderstanden, und er dachte bei sich, indem er lächelte: ›Das monarchische Brot wird darum nicht schlechter schmecken, weil die republikanischen Esel das Mehl zur Mühle tragen geholfen haben.‹

Überhaupt war der Graf in vorzüglicher Stimmung, wie er gewöhnlich nach einem Begräbnis zu sein pflegte; es war ihm dann, nachdem die anfängliche mehr oder weniger starke Erschütterung überstanden war, zumute, als habe sich der geheimnisvolle Schlund, der von Zeit zu Zeit durch ein Menschenopfer abgespeist werden müsse, für einmal wieder geschlossen und man könne einstweilen unbehelligt seinen Weg fortsetzen. Während Medici, der ihn auf dem Heimweg begleitete, mit Wärme von dem Verstorbenen sprach, beklagte, daß seine Neigung zum Trinken in den besten Jahren seine Gesundheit zerstört und den Umgang mit ihm schwierig gemacht habe und daß manche Menschen es für Festigkeit des Charakters hielten, wenn sie bei den Vorurteilen ihrer Jugend verharrten, nickte Cavour nur und summte eine undeutliche Melodie vor sich hin. Der Tag habe ihm, sagte er, mit einem gu=

ten Vorzeichen angefangen, so daß selbst die Begräbnisfeier seine gute Laune nicht habe verdüstern können; es sei ihm nämlich jener Bruder Giacomo begegnet, der ihm versprochen habe, wenn er einmal ans Sterben käme, ihn mit den Sakramenten zu versehen, allen Bannflüchen des Papstes zum Trotz, so daß er also gewiß sei, sein Leben im Frieden der Kirche zu endigen. Er glaube zwar nicht, daß die Tröstungen der Religion das Sterben erleichtern oder seinen Wert vor Gott erhöhen könnten; aber das vorschriftsmäßige, durch den Segen uralter Formen geheiligte Ende betrachte er als Symbol dafür, daß er überhaupt erreicht habe, was sein Streben gewesen sei: das neue Italien auf den alten Ruinen aufzubauen. Es sei wohl wahr, daß man ein Gebiß nicht einsetzen könne, bevor die faulen Zähne ausgerissen seien; aber das beste wäre doch, von den eignen Zähnen so viele zu erhalten, wie möglich sei. Oder um es anders auszudrücken: wenn eine Kloake auszumisten sei, solle man erstens die Verbreitung des übeln Geruches zu verhüten und zweitens den Mist als Dünger zu verwerten suchen.
Medici erkundigte sich vorsichtig, ob Cavour Hoffnung habe, die römische Frage auf dem Wege der Unterhandlung zu lösen. Die Aussichten wären nicht übel, sagte Cavour; ein großer Teil der Geistlichkeit, namentlich der niederen, neige zu der Ansicht, der Papst müsse auf die weltliche Herrschaft verzichten, und vielleicht übe diese Meinung einen Druck auf ihn aus. Jedenfalls habe sich Antonelli bei den Vorverhandlungen, die er eingeleitet habe, ziemlich weit eingelassen, wenn sich das alles auch am Schluß als Spiegelfechterei erweisen könne. Medici sagte, ein Erfolg sei um so wünschenswerter, als Garibaldi im Hinblick auf ebendiese Unterhandlungen des Ministers von dem geplanten Handstreich auf Rom abgestanden sei, wodurch gefährliche Verwicklungen vermieden würden.
Er freue sich, sagte Cavour, daß Garibaldi wiederum die Einsicht und Selbstbeherrschung zeige, die er immer an ihm geschätzt habe. Auch daß er die Wahl ins Parlament nicht angenommen habe, sei des höchsten Lobes würdig. Er müsse gestehen, während die meisten Menschen desto mehr Schwächen verrieten, je länger und besser man sie kenne, überrasche Garibaldi bei jeder neuen Wendung seines Lebens durch ungeahnte Weisheit und Seelengröße. Ja, erwiderte Medici, er sei klug genug, zu wissen, daß er kein Redner

und kein Politiker sei; auch hätten wohlmeinende Freunde ihm geraten, sich nicht auf ein Feld zu begeben, auf dem er nicht heimisch sei und nur Enttäuschungen ernten würde. Für den Soldaten sei es immer das beste, sich von der Politik soviel wie möglich zurückzuhalten, eine Regel, die Garibaldi zu seinem Unglück nicht immer befolgt habe. Immerhin, sagte Cavour, hätten doch diejenigen unrecht, die Garibaldi nur als Feldherrn wollten gelten lassen und ihm besonders die Fähigkeit, ein Land zu verwalten, absprächen. Während seiner Regierung in Palermo und Neapel habe er wohl Fehler begangen, wie das unter so außerordentlichen Umständen nicht zu verwundern sei; aber er habe bei allem Großes und Gutes im Sinne gehabt, und es zeige sich bereits, daß diejenigen, die ihn getadelt hätten, nun sie selbst am Steuer ständen, weit mehr Irrtümer begingen als er, so daß sich die Zustände in den neuen Provinzen nicht verbesserten, sondern verschlimmerten.
Medici stimmte bei. Wenn Garibaldi einen Fehler beginge, so wäre es der, den Menschen zuviel Gutes zuzutrauen, wozu er insofern berechtigt wäre, als unter seinem Einfluß die Menschen wirklich des Guten fähiger als sonst wären.
Es sei so, sagte Cavour, er sei ein Mann, der das Edle der menschlichen Natur anziehe, so daß ihm das Gemeine weniger sichtbar würde. Es kränke ihn, daß er so wenig tun könne, ihn in der Angelegenheit der Freiwilligen zu befriedigen. Fanti würdige zwar Männer wie Medici und Bixio nach Verdienst, im allgemeinen aber habe er unleugbar eine Abneigung gegen die Garibaldiner, und diese, noch mehr die Bevorzugung der bourbonischen Offiziere vor denen des freiwilligen Heeres, müsse jeden Wohlwollenden empören und das Gewissen des Volkes verwirren. Er tue, was er könne, um Ungerechtigkeiten zu verhindern, und es wäre ihm lieb, wenn Garibaldi das erführe; er wäre der erste, der ihm gefällig sein möchte, wenn es mit dem, was er für das allgemeine Beste halte, verträglich sei.
Bald nach diesem Gespräche zeigte es sich, daß manche Verhältnisse weniger günstig lagen, als es Cavour hatte scheinen wollen: die Unterhandlungen mit dem Papste zerschlugen sich, und es blieb zweifelhaft, ob er jemals ernstlich daran gedacht hatte, auf irgendeinen der Vorschläge der italienischen Regierung einzugehen. Dadurch wurde die einzige Möglichkeit hinfällig, auf friedlichem Wege in den Besitz Roms zu gelangen, und alle die

mit dieser Frage verbundenen Schwierigkeiten drängten sich wieder vor. Auch Garibaldi änderte seine Haltung, indem er das Mandat der Stadt Neapel, die ihn zu ihrem Vertreter im Parlamente wählte, annahm. Er tat es, um für das Schicksal seines Heeres einzutreten, dessen Auflösung unzweifelhaft bevorstand, was ihn nicht nur wegen der dadurch bewiesenen Undankbarkeit und Ungerechtigkeit entrüstete, sondern als ein Zeichen, daß zunächst an die Befreiung Venedigs und Roms nicht gedacht werde; nach seiner Meinung war es die dringendste Aufgabe der Regierung, das ganze Volk zu rüsten, damit der große Krieg zu Ende geführt würde.

Das Erscheinen Garibaldis in Turin rief Schrecken und Unruhe hervor; es wurde als Vorzeichen stürmischer Ereignisse aufgefaßt. In einer Zeitung las man die Erklärung Garibaldis, daß das Gerücht, er sei auf den Wunsch des Grafen Cavour gekommen, falsch sei; er wolle nicht leiden, daß jemand glauben könne, es sei etwas Gemeinsames zwischen ihm und dem Minister. Obwohl diese Gesinnung Cavour bekannt war, hatte doch Garibaldi es dem ihm so befreundeten und ergebenen Bertani nicht verziehen, daß derselbe im Parlament von einer möglichen und zu hoffenden Versöhnung des Generals mit dem Minister gesprochen hatte, verursachte ihm diese förmliche Ankündigung seiner Feindschaft dennoch eine peinliche Empfindung. Sein Wunsch wäre es gewesen, das Einvernehmen, das früher zwischen ihm und Garibaldi bestanden hatte, wiederherzustellen. Er mißtraute Garibaldis unbedingter Anhänglichkeit an das monarchische Programm nicht mehr und sah also keinen Grund mehr, ihm entgegenzuarbeiten; er traute sich zu, die Dinge so zu führen, daß Garibaldi einsähe, er dürfe die Vollendung Italiens ruhig abwartend ihm, Cavour, überlassen. Daß es seine Pflicht war, sich auf die Möglichkeit vorzubereiten, daß Garibaldi unselbständiger oder selbstsüchtiger gewesen wäre und gehandelt hätte, als er wirklich tat, hätte dieser nach seiner Ansicht begreifen müssen. Trotzdem mißfiel ihm die ungestüme Offenheit, mit der Garibaldi ihm seinen Haß ins Gesicht warf, nicht ganz; sie entsprang nicht der Heftigkeit eines zügellosen Temperaments, sondern dem Stolz eines Mächtigen, der nicht gewohnt ist, sich zu verbergen, und der will, daß sein Volk wisse, wen er liebt und haßt. Cavour dachte, daß, wenn alle Menschen wären wie Garibaldi und die Welt ihm angemessen, das Recht ganz auf seiner, auf Garibaldis Seite wäre; da jedoch, was geschähe, das Ergebnis von Selbstsucht und blinder, persönlicher Leidenschaft sei, müsse einer regieren, der dies Getriebe durchschaue.

Im Parlament wurde während der ersten Sitzungen, bei denen Garibaldi nicht anwesend war, öfters von seinem bevorstehenden Auftreten gesprochen. »Das beste wäre,« sagte einer der Herren, »wir lösten uns auf wie die bourbonische Armee; denn er ist an solche Naturereignisse gewöhnt und erwartet sie vielleicht.« »Solange das Heilige Kardinalskollegium standhält, ziemt es auch uns, fest zu bleiben«, erwiderte Farini, würdevoll lächelnd. Es komme ihm vor, meinte Urbano Rattazzi, als erbleichten die herrschenden Götter, weil die Titanen unten sich in ihren Ketten rührten und die Erde erschütterten. »Ich denke,« entgegnete Cavour gemütlich, »wir sind sicher auf unsern Stühlen, wenn sie auch nicht von Gold sind und wir noch nicht lange darauf sitzen.« Cavour hatte Ursache, so zu sprechen; denn er hatte noch niemals das Parlament, das bei weitem zum größten Teile aus seinen Anhängern zusammengesetzt war, so unbedingt beherrscht. Selbst Garibaldis Freunde hätten es lieber gesehen, wenn er nicht gekommen wäre, da sie fanden, er passe nicht in Sitzungen, wo politische und persönliche Gegensätze in geordneter Form sich äußern sollten. Dennoch war Cavours Gemüt unruhiger, als er selbst gerechtfertigt fand und andre merken ließ. Eine öffentliche Auseinandersetzung mit Garibaldi, der den Schein wahren weder wollen noch können würde, war ihm in jedem Falle unangenehm, auch der Gedanke, daß er auf den Verlust Nizzas zu sprechen kommen könnte, hatte für ihn etwas Aufregendes. In der Hauptsache jedoch schob er seinen reizbaren Zustand auf eine nervöse Verstimmung, die ihn schon seit mehreren Tagen quälte, und bemühte sich, darüber hinwegzukommen.

Garibaldi erschien zum ersten Male an dem Tage, als die Frage der südlichen Armee auf der Tagesordnung stand. Er trug das rote Hemd und den weißen Mantel, den er als Führer der Tausend getragen hatte, und schien damit herausfordernd an die Wundertaten seines Schwertes erinnern zu wollen. Cavour blickte mit komischer Bedenklichkeit an seinem schwarzen Rock herunter und fragte seinen Nachbar, ob er glaube, daß es nützen könne, wenn er seinen Pelz aus dem Vorzimmer hole und anlege; der antwortete, es würde umsonst sein, dagegen sei nicht aufzukommen. »Schrei=

ben wir wieder 1848?« flüsterte ein Herr dem andern zu. Einige verbissen ein Lächeln, andre maßen Garibaldi mit einem kalten Blick. Er ging auf seinen Platz, ohne etwas davon zu bemerken; aber er hatte das Gefühl, feindliches Gebiet betreten zu haben, obwohl ihn lauter Beifall auf der Tribüne und auch in der Kammer empfing. Unwillkürlich suchten seine Augen den Grafen Cavour, dessen Gesicht den Ausdruck selbstzufriedener und wohlwollender Ruhe trug, der ihm eigentümlich war, und die unbestimmte Unlust, die in ihm war, verdichtete sich sofort zu bewußter Abneigung gegen den Minister. Wie er so dasaß, schien er ganz der gute Haushalter zu sein, der die Taten andrer in Münze umwandelte, damit wucherte und spekulierte und eine Schar von Dienern und Klienten an sich fesselte. Er dachte daran, wie er diesen Mann, den er für den berufenen Retter Italiens ansah, verehrt und bewundert, wie er sich ihm rückhaltlos hingegeben hatte mit einem Vertrauen, das jenem vielleicht lächerlich erschienen war. Insofern hatte er sich nicht geirrt, als Cavour ungemeine Klugheit, Tatkraft und Ausdauer wirklich besitzen mußte; wie hätte er sonst den König und das Parlament beherrschen können? Aber es schien ihm etwas Teuflisches zu sein, wenn diese Eigenschaften in einem Menschen nicht mit Großherzigkeit und hohen Absichten verbunden waren, sondern nur der Herrschsucht dienten.
Er mußte sich sammeln, um den Worten des Barons Ricasoli folgen zu können, der als Präsident die Sitzung eröffnet hatte; plötzlich jedoch wurde seine Aufmerksamkeit dadurch gefesselt, daß Ricasoli auf ihn selbst, ohne ihn übrigens mit Namen zu nennen, zu sprechen kam. Anknüpfend an einen Umstand, der den meisten bekannt war, daß nämlich Garibaldi sich verächtlich über die bestehende Regierung, König und Parlament geäußert haben sollte, weil sie lässig in der Befreiung Italiens wären, sagte er, daß er das Gerücht für eine Verleumdung halte, fügte aber wie einen Tadel oder eine Drohung hinzu, daß kein Bürger, habe er noch soviel für Italien getan, das Recht habe, sich über den König oder über andre gleichfalls verdiente Männer zu erheben. Dann spielte er darauf an, daß Italien durch das Zerwürfnis zwischen Cavour und Garibaldi feindlich gespalten sei, in einer Weise, als wäre die Schuld daran Garibaldi beizumessen. Schließlich forderte er den Kriegsminister Fanti auf, seine Mitteilungen und Vorschläge, die südliche Armee betreffend, vorzubringen.

Von dem nun folgenden langen und eintönigen Vortrage, in welchem Fanti begründete, warum er die Freiwilligen nicht in das reguläre Heer aufnehmen wollte, hörte Garibaldi nur den Schall: die Worte fielen wie Strahlen durch ein durchsichtiges Glas, das nicht spiegelt, unverstanden in sein Ohr. Er fühlte quälend die Gegenwart unzähliger Menschen, denen es eine Genugtuung war, daß einer es gewagt hatte, ihn öffentlich zu maßregeln und ihm einen bescheidenen Platz unter den übrigen Untertanen anzuweisen; zugleich kamen ihm eine Menge von Vorstellungen aus seinem Leben, eine die andre drängend, fremdartig an diesem Ort, die sein Herz unerträglich voll machten. Er dachte an die Nächte, wo er mit sich gerungen hatte, ob er aufbrechen sollte, um mit tausend ein Königreich zu erobern oder mit tausend unterzugehen; er dachte an viele zertretene Fluren in Italien, die das Grab von Männern und Jünglingen waren, die er liebgehabt hatte, an die keiner mehr dachte, an den Herbstmorgen in Teano, als er Viktor Emanuel als König von Italien begrüßte, der ihn entließ wie einen begnadigten Missetäter, und daß er geschwiegen hatte; an den fernen Tag auf den rauschenden Höhen von Tivoli, wo er geschworen hatte, wiederzukehren und Rom zu befreien, und daß er darauf verzichtet hatte, damit der König es täte, der es nun nicht tat. Diese Gedanken rasten durch seine Brust wie Sturm, den man nachts aus tiefer Ferne kommen und näher und näher hört, und er hatte ein Gefühl, wie wenn die Mauern seines Herzens wankten.
Als die Reihe an ihn kam zu sprechen, faßte er sich gewaltsam und stand auf, um, im Einklang mit den Formen, die hier herrschten, der Aufgabe nachzukommen, die ihn hergeführt hatte. Er hatte mit Freunden, die besser als er in der Kunst parlamentarischer Rede und der Begründung des Gesagten durch Statuten und Gesetze bewandert waren, das, was er sagen wollte, ausgearbeitet, denn man hatte ihm gesagt, daß er nur auf diese Weise etwas erreichen würde. Man wollte wissen, daß Urbano Rattazzi, dem jeder gegen Cavour und sein Regiment gerichtete Angriff erwünscht war, dabei beteiligt gewesen sei. Die ersten Sätze las Garibaldi ruhig in unauffallender Weise; plötzlich indessen fiel ihm ein, daß er auf die Beschuldigungen, die gegen ihn erhoben worden waren, antworten wolle, nicht zwar auf die Verleumdung, daß er sich verächtlich über König und Parlament geäußert habe, sondern auf das, was sein Verhältnis zu Cavour betraf, und er unterbrach sich selbst, um

sofort dazu überzugehen. Cavour, sagte er, nicht er, habe den Zwiespalt in das neue Reich gebracht; Cavour habe den Grundsatz der Einheit Italiens nicht geachtet, indem er ein Stück davon abgerissen und verhandelt habe, er habe der Eroberung des Südens entgegengearbeitet, nicht mit seiner Hilfe, sondern gegen seinen Willen habe sich die Einigung Italiens vollzogen. Er richtete bei diesen Worten den Blick fest auf den Grafen, der seinerseits ihn ansah; die vielen Gesichter und Gestalten, die den Saal füllten und die ihn vorher belästigt hatten, rückten jetzt in ungewisse Ferne, und er fühlte sich allein dem Gehaßten gegenüber. Man bemerkte, daß die Papiere, von denen er anfangs abgelesen hatte, aus seinen Händen fielen und daß seine Stimme einen andern Klang annahm, und ein unwillkürliches Erschrecken ging durch die Versammlung. Es war, wie wenn ein entsprungener Löwe in das Haus gedrungen wäre, zunächst noch von der Gewohnheit des Käfigs beherrscht ohnmächtig dagestanden hätte, nun aber sich seiner Freiheit bewußt würde, drohend umblickte und die furchtbare Stimme triumphierend erhöbe. »Damals,« sagte er, »vor zwei Jahren, als meine Freiwilligen fast ohne Kleider und Waffen in den Krieg geschickt wurden, habe ich an das Vaterland gedacht und geschwiegen. Ich habe geschwiegen, als die Kreaturen des Ministers schlimmer als je die Carbonari und das Junge Italien konspirierten, damit Neapel nicht in meine Hände fiele. Ich habe geschwiegen, als im Namen des Königs gefertigte Manifeste mich vor aller Welt als Rebellen brandmarkten, und alle Bitterkeit mein eignes Herz verzehren lassen. Nicht um den Jünglingen zu danken, die ihr Leben für Italien einsetzten, als niemand es wagte, mischte sich der Minister in die große Begebenheit, sondern um ihnen Steine auf den Weg zu werfen und den verdienten Lohn zu entwinden. Dennoch, wenn er mit erheuchelter Wärme sich mir näherte, während er mich insgeheim bekämpfte, bin ich nicht ausgewichen, obwohl es mir graute, die Hand zu fassen, welche die Freiheit Italiens dem Tyrannen von Frankreich auslieferte und sich nicht gescheut hätte, den Bürgerkrieg zu entfesseln, um einen Napoleon nicht zu erzürnen!« Bei diesen Worten brach der Schrecken, der sich der Versammlung bemächtigt hatte, laut hervor. Die meisten Herren hatten einen derartigen Ausbruch an dieser Stelle so wenig für möglich gehalten, daß das bloße Erstaunen sie eine Weile gelähmt hatte. Sie sahen Cavour erbleichen und seine Miene sich schrecklich verändern und hatten das Gefühl, als müßten sie ihm beispringen und seinen Gegner gewaltsam zum Schweigen bringen; auch die Freunde Garibaldis waren in peinlicher Verlegenheit und wünschten, er möge sich mäßigen. Indessen hielt er seinen Feind mit den durchbohrenden Augen fest und wiederholte lauter, da die Hälfte des letzten Satzes durch den Sturm des Unwillens, der laut wurde, übertönt worden war: »... sich nicht gescheut hätte, den Bruderkrieg zu entfesseln, um einen Napoleon nicht zu erzürnen!« Seine herrliche Stimme durchbrach das Getöse und machte Raum für die Anklage; es schien sie ein Blitz mit unvertilgbarer Feuerschrift leserlich auf die Mauern geschleudert zu haben. Die Versammlung löste sich auf, alles drängte sich zu Cavour, um ihm Teilnahme und Verehrung zu bezeigen. Cavour wäre in diesem Augenblick lieber unbehelligt, am liebsten allein mit Garibaldi geblieben, aber er bemühte sich, gefaßt und verbindlich auf die Beflissenen einzugehen. Als die Ruhe wiederhergestellt war, vollendete Garibaldi seine Rede, in der er anstatt Entlassung der Freiwilligen Bewaffnung des ganzen Volkes forderte; dann erwiderte Cavour. Er sagte, daß er den Schmerz Garibaldis um Nizza begriffe, da er ihn an seinem eignen messen könne, daß es eben der Verzicht auf Nizza sei, das Opfer, das er dem ganzen Italien gebracht habe, das Garibaldi von ihm getrennt, ihn blind und ungerecht gegen ihn, Cavour, gemacht habe. Dann erinnerte er daran, daß er es gewesen sei, der im Jahre 1859 Garibaldi gerufen und an die Spitze der Freiwilligen gestellt habe, trotzdem es ihm von vielen Seiten verdacht und vorgeworfen sei; denn er habe die außerordentlichen Gaben des Generals erkannt und nicht an seiner Vaterlandsliebe gezweifelt. Obwohl er mit Selbstbeherrschung sprach, konnte man spüren, daß er im Innersten erschüttert war und den Inhalt seiner Rede nicht wie sonst bemeisterte. Seine Anhänger waren insofern enttäuscht, als sie etwas Schärferes erwartet hatten und daß Garibaldi ordentlich heimgeleuchtet würde; immerhin hatte man den Eindruck, daß er durch die vornehm gemäßigte Erwiderung den Sieg über seinen Angreifer davongetragen habe. Da indessen die unheilvolle Stimmung durch die Worte des Ministers nicht aufgehoben war, niemand aber den Mut einzugreifen und die Fortsetzung des Kampfes zu verhüten zu haben schien, erhob sich Nino Bixio und beschwor Garibaldi, zurückzunehmen, Cavour zu vergessen, damit der Welt nicht das Schauspiel gegeben würde, daß die beiden Männer, die am meisten für die Befreiung Italiens getan hätten, sich befehdeten und das kaum befreite Italien nicht durch innere Kämpfe von neuem zerrissen würde; beide, Garibaldi und Cavour, wären zu groß, um nicht auch des Gegners Wert zu erkennen und anzuerkennen. Die Worte des berühmten Soldatenführers, mehr ein leidenschaftliches Stammeln als eine Rede, ergriffen die Zuhörer; auch diejenigen, die dem Gefühl in parlamentarischen Verhandlungen nicht gerne Geltung einräumten, wurden von dem starken, aus einem warmen, übervollen Herzen über jedes Bedenken hin sich ergießenden Strome gerührt und hingerissen. Cavour erklärte sich sogleich bereit, die gegen ihn gerichteten Angriffe zu vergessen, Garibaldi allein verriet keine Bewegung. Er sprach nochmals zur Sache der südlichen Armee in maßvollem Tone, ohne sich aber einer versöhnlichen oder nur einlenkenden Wendung zu bedienen; sein Blick war düster und voll Verachtung.

Inmitten einer Schar von Anhängern, die ihn wegen des davongetragenen Sieges beglückwünschten, verließ Cavour den Saal. Man beklagte in Worten, die etwas Hämisches hatten, daß ein in vieler Hinsicht so hervorragender Mann wie Garibaldi ein so unbezähmbares Temperament und eine so mangelhafte Bildung habe und daß er, trotzdem er den parlamentarischen Formen nicht gewachsen sei, den Mißgriff begangen habe, im Parlament aufzutreten und dort eine Rolle spielen zu wollen. Einige berieten, ob es nicht angezeigt sei, dem Übermütigen, der noch immer den Diktator spielen wolle, in einem offenen Briefe zu sagen, daß er die Achtung seiner Mitbürger, in der er sonst so hoch gestanden sei, durch seine Überhebung verscherzt habe. Cavour beeilte sich, nach Hause zu kommen, um allein zu sein; das Gespräch mit den Menschen, die sich seine Freunde nannten, war ihm mühsam und widerwärtig. Es reizte ihn, daß Leute, deren er sich bei seinen Unternehmungen bedient hatte, die blindlings ausgeführt hatten, was er getan haben wollte, sich einbildeten, ihm mehr als ihre Brauchbarkeit zu gelten; es müsse geistige Instrumente geben, dachte er, die man wie andres Handwerkszeug, wenn man genug damit hantiert hatte, beiseite legte, um es nicht mehr anzurühren. Die Vorstellung peinigte ihn, daß Garibaldi ihm nachsähe und ihn von dem Pöbel, der ihn umgab, nicht unterscheiden könne. Er hätte ihnen gern zu verstehen gegeben, daß ihre überflüssigen Gesichter vor dem

Löwenhaupte des Einzigen erloschen, der, wo er auch war, allein war in einem ungeheuern Raume, den seine Seele beherrschte.
Er atmete auf, als er in seinem Arbeitszimmer allein war und ungestört das häßliche Erlebnis in sich klären konnte. Daß der Vorfall ihm zum Siege geworden war, fand er so gut wie seine Anhänger, ja er sagte sich, wenn es ihm darauf ankäme, sich Garibaldi überlegen zu fühlen, so müsse er vollkommen mit sich zufrieden sein; anstatt dessen war sein Gleichgewicht mehr als jemals erschüttert gewesen. Kränkte es ihn so sehr, daß Garibaldi ihn mißverstand und unterschätzte? Daß er ihn vielleicht niemals würde zwingen können, ihm Gerechtigkeit widerfahren zu lassen, so wie er, Cavour, ihm tat? Er war in dieser Zeit erschienen wie ein Geist der Vorzeit, dessen übermenschlicher Wuchs und heldenhaftes Schreiten mit den Maßen der verfeinerten Gegenwart nicht in Einklang zu bringen war und das kunstvoll verschlungene Triebwerk ihrer Verhältnisse zerreißen mußte. Er ging mit Groll und ohne Verständnis durch die entfremdete Welt, in der er unrecht hatte und die doch den Äthergeruch der Ewigkeit um ihn her spürte und schauderte oder taumelte, wenn er vorüberging. Es verlangte ihn, ihm zu sagen, daß er ihn kenne und würdige und daß die Wärme, die er ihm oft entgegengebracht hätte, nicht erheuchelt gewesen sei; daß, wenn er, Garibaldi, die Welt kennte wie er selbst, er wissen würde, daß man die Formen des Lebens für die Schwäche der Menschen, nicht für die Güte und Größe berechnen müsse. Bei reiflichem Nachdenken jedoch verwarf er solche Antriebe. Er überlegte sich, daß er Mittel habe, Garibaldi durch Taten zur Anerkennung zu zwingen, wenn es ihm nämlich gelänge, Rom und Venedig für Italien zu gewinnen. Der Gedanke an diese Möglichkeit erfrischte ihn, er fing an, im Zimmer auf und ab zu gehen, während sein Geist sich mit allerlei schon gefaßten Entwürfen beschäftigte. Es würde so schnell nicht gehen, wie Garibaldis Ungestüm forderte, daß er es aber einmal erreichen würde, daran zweifelte er nicht. Sein Selbstgefühl wuchs, indem er mit seinen weitausgreifenden Plänen umging: die Zukunft war sein, die wollte er ausnützen und sich von niemand, wer es auch sei, die Netze zerreißen lassen. Dahin mußte er es bringen, daß Garibaldi ihm vertraute und nicht ohne ihn handelte; denn das hielt er jetzt für die größte Gefahr, daß der Ungeduldige durch einen auf eigne Hand unternommenen Gewaltstreich Krieg mit Frankreich oder Österreich herbeiführte.

Würde Garibaldi auch nicht aufhören, ihn zu hassen, so würde er sich doch versöhnen lassen, um den für Italiens Geschick verhängnisvollen Zwiespalt aufzuheben und in der Einsicht, daß kein andrer da wäre, ihn als Minister zu ersetzen. Er traute sich zu, ihm beizubringen, daß es ihm mit der Gewinnung Roms und Venedigs Ernst sei; so würde er den Löwen in Güte fesseln und unschädlich machen.

Bald hatte Cavour seine Ruhe und Zuversicht wiedergefunden; allein ohne daß ein Anlaß dazu vorgelegen hätte, wiederholten sich Anfälle von Müdigkeit und Niedergeschlagenheit. Er hatte Stunden, wo er sich einsam fühlte; dann sagte er sich, der König habe ihn nie geliebt, die Verdammung des Papstes habe doch, wie man auch über das Mittelalter lächelte, auf viele gerade unter seinen Standesgenossen Eindruck gemacht, so daß sie, schon früher seine Richtung mißbilligend, aus Freunden seine Feinde geworden wären. Freilich war er des Beifalls des gebildeten und freisinnigen Standes sicher, aber was lag überhaupt an Beifall und vollends am Beifall solcher, deren Interessen er vertreten und gefördert hatte? Er hatte oft mit Genugtuung daran gedacht, daß es zum großen Teil ihm zu verdanken sei, wenn Piemont, und damit sei wohl nun Italien gesagt, künftig in den Verkehr der andern europäischen Kulturstaaten wetteifernd eintreten könne, und er hatte sich gesagt, daß ein Mann, der in die allgemeinen Begebenheiten einzugreifen vermöchte, nichts Dankenswerteres tun könne, als Formen zu schaffen, in denen das Leben sich seinem veränderlichen Gehalte gemäß entfalten könne; aber nun hatte er Augenblicke, wo ihm alles zweifelhaft war, ob er das getan hätte und ob es die Arbeit eines Lebens wert sei. Indessen schob er solche ihm ungewöhnlichen Traurigkeiten auf die Abspannung nach vorangegangener Erregung und überwand sie glücklich, indem er sich mit Eifer an die großen, ihm obliegenden Aufgaben machte.

Inzwischen hatte der General Cialdini einen Brief an Garibaldi verfaßt und veröffentlicht, in welchem er, gewissermaßen als Vertreter des Heeres, ihm die Verehrung, die er bisher für ihn empfunden, aufkündigte, da er ihn als derselben unwert erkannt habe. Garibaldi, hieß es da, wolle in seiner Selbstüberhebung mehr als der König, mehr als die Minister, mehr als das Parlament und die parlamentarischen Gebräuche sein, da er in einem theatralischen Aufzuge daselbst erschiene, mehr als das ganze Volk, das er treiben wolle, wohin es ihm beliebe. Er habe Italien nicht allein befreit, am Volturno würde er ohne die piemontesische Armee besiegt worden sein. Ferner habe er gesagt, daß er die Piemontesen mit Flintenschüssen empfangen wolle, aber er, Cialdini, sei ein Feind jeder Art von Tyrannei und würde auch die Garibaldis zu bekämpfen wissen. Durch die Unverschämtheit und Geschmacklosigkeit dieses Briefes, der gleichsam um ihn zu rächen geschrieben war, fühlte sich Cavour auf das peinlichste bloßgestellt, und es war ihm zweifelhaft, ob Garibaldi nach solcher Beschimpfung noch zur Versöhnung bereit sein würde. Indessen begnügte sich Garibaldi damit, die Herausforderung, die seinen Gleichmut nicht sonderlich störte, mit wenigen zurechtweisenden Worten zu erwidern und dadurch zu erledigen. Auf den Wunsch des Königs erklärte er sich bereit, dem Grafen bei einer Begegnung in Viktor Emanuels Gegenwart die Hand zur Versöhnung zu reichen, wobei er allerdings durch seine Miene und sein Betragen merken ließ, daß sein Herz nichts davon wisse.

Um so mehr überraschte den Minister ein Brief Garibaldis, der ein gewisses Zutrauen ausdrückte und die Möglichkeit eines gemeinsamen Handelns in der Zukunft hoffen ließ. Cavour, der es darauf angelegt hatte, Garibaldi dahin zu bringen, daß er sich seiner Politik einordnete, las ihn mit Genugtuung; da es undenkbar war, daß der General sein Gefühl gegen ihn so schnell sollte geändert haben, erklärte er sich den entgegenkommenden Schritt dadurch, daß seine nachdrücklich eingeleiteten Unterhandlungen mit dem päpstlichen Stuhl und dem Kaiser von Frankreich ihn befriedigten und überzeugten, daß Cavour mit der Erwerbung Roms nunmehr Ernst machen wolle. Wenn es ihm gelänge, Rom und Venedig zu befreien, würde Garibaldi vermutlich der erste sein, ihn als größten Mann und Wohltäter Italiens zu feiern. Je länger Cavour darüber nachdachte, desto mehr schien ihm in diesem Ausschalten der persönlichen Empfindung und Beziehung ein unsägliches Verachten zu liegen; denn mit derselben Art von Anerkennung hätte Garibaldi den verworfensten Menschen behandelt, wenn derselbe etwas für Italien hätte tun können. Es fiel ihm ein, daß er hatte erzählen hören, wie Garibaldi im Jahre 1849 eine Schar gewalttätiger Frevler, Mörder und Brandstifter, die die republikanische Regierung ins Gefängnis führen wollte, eigenmächtig befreit hatte, weil er fand, daß die starken, verwegenen Männer bei der Verteidigung Roms gute Dienste tun könnten. Man müsse annehmen, dachte er lä=chelnd, daß er für diese sogar ein weit sympathischeres Gefühl ge=habt habe als für ihn, da er die schöngewachsenen, heißblütigen Geschöpfe der Romagna liebte, während er Männern, die mit der Brille, der Feder und diplomatischen Subtilitäten arbeiteten, leicht mißtraute. Man sagte, daß er auch Mazzini nicht liebe; hatte er überhaupt einen Freund, den er seiner selbst wegen schätzte, einen, den er schätzen würde, wenn er sich um Italien nicht kümmerte? Dennoch regierte seine Stimme die Herzen, und nach seinem Lächeln begierig weihten sich Legionen dem Tode.

Immerhin war das Zugeständnis Garibaldis, daß er ohne ihn Ita=lien nicht machen könne und daß er jetzt ihm die Vorhand lassen wolle, eine Befriedigung. Auch wollte er sich dies Vorrecht, zu handeln, von keinem, sei er König oder Rebell, nehmen lassen. Er wollte kein Reich für Helden und Halbgötter, Schwärmer und Abenteurer, sondern für Bürger in schwarzem Gehrock und ge=bügeltem Kragen, die zu höflich, zu geschmackvoll und reinlich wären, um Verbrechen zu begehen; das würde nüchtern, aber nütz=lich sein, und mit entsprechenden Mitteln wollte er es begründen. Mitten im Schwung verheißungsvoller Arbeit ergriff ihn eine Krankheit, der er nach kurzer Zeit erlag. Es war eine Entzündung des Gehirns, das in den Stunden hohen Fiebers in gesteigerter Weise an den Gegenständen fortarbeitete, die es zuletzt beschäftigt hatten. Damals fingen an Klagen aus dem Süden über das neue Regiment einzulaufen, aus Sizilien namentlich wegen der Härte, mit der diejenigen bestraft wurden, die sich dem Militärdienst zu entziehen suchten, aus Neapel wegen der Grausamkeit, der sich piemontesische Soldaten gegen die Räuber und ihre wirklichen oder vermeintlichen Helfer schuldig machten, welche, da sie der Ausfluß systematischer Strenge und eingewurzelter Abneigung des nördlichen Stammes war, über die berüchtigte Roheit der Bour=bonen hinauszugehen schien. Schon drohten Aufstandsversuche und Abfall; trotzdem mahnte Garibaldi vergeblich, sich Verständ=nis für den Charakter der Südländer und Einsicht in ihre noch auf niedriger Stufe befindlichen Kulturverhältnisse anzueignen. An diese Dinge dachte Cavour auf dem Sterbebette und sagte mehr=mals erregter und eindringlicher, als er gesund zu tun pflegte, man solle auf Garibaldi hören und Nachsicht üben. Sein letztes Wort, das er angstvoll und beschwörend ausrief, offenbar vom Gefühl des Scheidenmüssens in so schwankend schwerer Zeit gepeinigt, war ›Italien‹.

Mit dem Dampfschiff, das jeden Freitag vom Festlande kommend bei Caprera anlegte, pflegten Menschen der verschiedensten Art Garibaldi zu besuchen, Italiener und Ausländer, die ihn sehen und ihm huldigen wollten. Unter diesen waren im Sommer einige junge Amerikaner, die zur Gesandtschaft der Vereinigten Staaten in Brüssel gehörten, um im Auftrage des Präsidenten der großen Republik Garibaldi zu fragen, ob er geneigt wäre, in dem Kriege, der zwischen den nördlichen und südlichen Staaten entstanden war, den Oberbefehl über die Armee des Nordens zu übernehmen. Der Mann, so sagten die Herren, der in der Alten und Neuen Welt für die Sache der Freiheit und Unabhängigkeit gekämpft habe, könne bei diesem Kriege nicht gleichgültig bleiben, in dem die nördlichen Staaten die Menschlichkeit gegen die Barbarei verträten; denn es handelte sich um die Aufhebung der Sklaverei, von der die südlichen Provinzen nicht lassen wollten, weil ihr wirtschaftliches Übergewicht darauf begründet war. Wenn demnach die feindlichen Parteien im Grunde jede ihren Vorteil suchten, so war doch die Befreiung einer ganzen, bisher rechtlosen Menschenrasse das Feldgeschrei und im Falle, daß der Norden siegte, das Ergebnis des Krieges, so daß einer, der mehr die großen Gedanken der Geschichte als die Interessen des Augenblicks sah, wohl aus Begeisterung in dem Kampfe Partei ergreifen und sein Schwert in die Waage hätte werfen können. Garibaldi fragte nach dem augenblicklichen Stande der Dinge und ließ seinen lebhaften Anteil und die Freude, die er über den Antrag des Präsidenten empfand, ohne Rückhalt merken; aber eine Zusage gab er nicht. Sein Herz, sagte er, ziehe ihn zu dem freien Volke Amerikas und dem ruhmvollen Unternehmen, doch gebe es vielerlei zu bedenken, wozu er einer kurzen Frist bedürfe.
Mitten in der Nacht, die diesem Tage folgte, wachte Garibaldi mit dem klaren Bewußtsein auf, daß er nach Amerika gehen und den Bürgerkrieg zu Ende führen müsse. Ein stolzes Glücksgefühl überströmte ihn warm und glänzend; es war ihm zumute, als habe der Weg seines Lebens sich plötzlich gegen eine neue Weite, Gipfel und Meere, gewendet, seinen Schritt und Blick aus engen Schluchten ins Unendliche führend. Wie er die Augen schloß und von draußen her das Tönen des Meeres hörte, wurde ihm so, als wäre

er schon auf dem Schiffe und triebe nach Westen. Während das Meer endlos auseinanderwogte, versank Italien: Italien mit Rom und Palermo, der Berg Vesuv, der die bewegliche Rauchsäule ausatmete, die Kaffeehäuser auf den Plätzen voll schmausender und schwatzender Wichtigtuer und Tagediebe, die Klöster voll Mönche, das Parlament, der König, der Papst, die Offiziere, deren Brust, mit Orden ausgeputzt, dem Rad eines Pfauen glich; kein Hauch dieses Getümmels erreichte mehr sein Ohr. Es schien ihm, als wäre Italien in seiner eignen Brust versunken und ein Ozean decke es; wie eine Insel würde es wieder auftauchen, wenn er es beim Namen riefe, um ihn wieder aufzunehmen, damit er ihm Hilfe brächte, wenn es seiner bedürfe, oder ins Grab stiege. Vor ihm indessen lag die Neue Welt, einen gigantischen Schatten über die alte werfend, mit ihren wimmelnden Städten, deren Betriebsamkeit den Reichtum erzeugte, der Europa blendete, mit ihren Steppen und ihren Urwäldern, die Strecken, größer als Länder des Ostens, überwucherten. Die Republik, die einst von stolzen, die Freiheit mehr als das Leben liebenden Männern gegründet war, hatte er immer verehrt; er liebte die englische Sprache und den Charakter des englischen Volkes, dessen Willensstärke und Selbstzucht er überzeugt war drüben gesteigert wiederzufinden. Dort würde er nicht um Soldaten betteln müssen, wie er in Italien getan hatte: jenes unerschöpfliche Land würde ihm seine Söhne bei Tausenden, bei Millionen geben, wie die Erde Berge, Bäume, Früchte und Getreide ungeheuer und im Überfluß hervorbrachte.
Indessen waren Garibaldis nächste Freunde mit diesem fremdartigen Plane nicht einverstanden. Nuvolari sagte, die Erde müsse einmal bebaut werden, in Amerika seien die Bauern schwarz und würden Sklaven genannt, das sei der ganze Unterschied, es könne einmal nicht allen Menschen gut gehen. Vielleicht, wenn die Schwarzen frei wären, würden sie über die Weißen herfallen und sie umbringen, schon die Sizilianer wären wilde Menschen, weiter dem Äquator zu möchte es noch ärger sein. Keinesfalls gehe die Sache Garibaldi etwas an. Nächstens würde das Rindvieh ein paar Ochsen an ihn abordnen, damit er sie befreite, weil sie nicht länger wollten geschlachtet werden. Auch der alte Ripari schüttelte den Kopf. Wer außer Landes müsse, meinte er, solle froh über den ehrenvollen Ruf einer fremden Regierung sein, mutwillig aber solle keiner, der daheim sein Brot finden und etwas Nützliches tun

könne, sich vom Vaterlande so weit entfernen, geschweige denn Garibaldi. Die Amerikaner sollten ihre Händel allein ausmachen.
Garibaldi entgegnete, das wäre falsch und kleinlich gedacht; denn ihn ginge jeder, der seiner Hilfe bedürfe, gleich viel an, da alle Menschen Brüder, nämlich Kinder Gottes und der Erde wären. Freilich würde es töricht sein, einen nahebei Ertrinkenden untergehen zu lassen, um einem beizuspringen, der in der Ferne um Hilfe riefe, und so sei jeder dem Volke, unter dem er aufgewachsen sei und das er kenne, am innigsten verpflichtet; anderseits sei jeder zu tadeln, der nur seine Landsleute wolle gelten lassen. Er wolle die heilige Elisabeth von Ungarn nicht verteidigen, die unter Anleitung ihres Beichtvaters ihre eignen Kinder verlassen habe, um kranke Bettelkinder zu pflegen; aber ebenso sei die Mutter zu mißbilligen, die ihre eignen Kinder verwöhne und fremde, die sie anriefen, hilflos darben lasse.
Da sähe man, sagte Ripari, was für einen Satan ein Pfaffe aus einem überspannten Weibsbilde machen könne.
Dann erinnerte Garibaldi an die Deutschen, Polen, Franzosen und Ungarn, die im Jahre 1848 und jetzt für Italien, ein fremdes Land, gekämpft hätten. Das wären edle Männer gewesen, die sich Dank und Bewunderung und Heimatrecht in Italien verdient hätten.
Ripari schnitt ein grimmiges Gesicht, und Nuvolari sagte, der General wisse nicht, wieviel Unfrieden daraus entstanden sei, daß er die Fremden im Heere so sichtlich bevorzugt habe. Im Grunde möge sie keiner leiden, das liege im Blute; das Blut habe keinen Verstand, sondern sei ein Tier und könne nur mit seiner Art hausen. Hätten jene Leute zu Hause einen guten Platz gehabt, so würden sie ihre Waffen nicht ins Ausland getragen haben. Auch die vielen Italiener, die als Verbannte in Spanien und Griechenland gekämpft hätten, wären schleunig heimgekommen, sowie es möglich gewesen sei, und hätten recht gehabt; denn in die Heimat gehöre man, vorzüglich wenn dieselbe Italien sei, wo einem unter dem blauesten Himmel der reichlichste, schmackhafteste und feinste Tisch gedeckt sei.
Hingegen waren viele andre für das amerikanische Projekt außerordentlich eingenommen. Die Schüler Mazzinis waren von dem Gedanken erfüllt, daß alle Völker sich einander nähern und gemeinsame Interessen miteinander fördern sollten, nicht abgelöst von ihrer Nationalität, vielmehr jedes in der seinen stark und

eigentümlich. Manche dachten hauptsächlich daran, daß Garibaldi seinem Namen durch neue Taten in der Ferne noch mehr Glanz und Wohlklang verleihen würde, was allenfalls auf vielen Umwegen wieder Italien zugute kommen könnte. Schließlich glaubten einige, unter ihnen Medici und Bixio, daß es für die Ruhe Italiens und für Garibaldi selbst besser wäre, wenn er sich eine längere Zeit im Ausland aufhielte, als daß er durch irgendeinen verhängnisvollen Schritt Krieg oder Revolution im Vaterlande hervorriefe.

In diesen Tagen streifte Garibaldi viel allein durch die Wildnis Capreras. Wenn er auf dem höchsten Berge, dem Teggiolone, stand und die Felswand der Insel im Norden und Süden zugespitzt ins Meer schneiden sah, schien sie ihm die Form eines Schiffes zu haben, von dessen Mast er in die Runde blickte. Es lag noch verankert im Hafen, so daß er die schöne Küste des geliebten Landes als ein lila Band das blaue Meer begrenzen sehen konnte. Er fühlte am Schlagen seines Herzens, daß sein Körper Erde von jener Erde sei und daß es ihn dahin ziehen müsse, wohin er auch gehe. Doch fiel ihm ein, daß die Frau, die er geliebt hatte, Anita, ihm folgend, weit von ihrem Vaterlande gestorben und von Fremdlingshänden in fremder Erde verscharrt sei, so daß ihr Staub sich mit dem Staube des italienischen Landes mischte. Vielleicht, dachte er, sei es der Wille der Gottheit, daß der Mensch, was er am meisten liebe, verlassen und überwinden solle, um in immer weiteren Kreisen zu ihr selbst emporzuwachsen, und so wie er jetzt mit seiner Kraft dem unbekannten Erdteil dienen wollte, so würde er einst zu entfernten Sternen geführt werden, um dort gewaltigere Kämpfe zu bestehen und höheren Zielen zuzustreben.

Immerhin beunruhigte es ihn, daß er Italien in einem Zustande der Unruhe und Unzufriedenheit zurückließe, der nicht andauern konnte und dessen Ende doch nicht abzusehen war. Die Briefe, die er aus Sizilien und Neapel von seinen Freunden erhielt, sprachen fortwährend von der Enttäuschung und Erbitterung, die die rücksichtslose Einführung der piemontesischen Gesetze hervorrief; man mußte mit der Möglichkeit eines Abfalls der kaum erworbenen Provinzen rechnen. Die bourbonische Reaktion wurde vom benachbarten Kirchenstaate begünstigt, so daß Raub, Überfall und kriegerische Bewegung im Neapolitanischen nicht aufhörten. Das schlimmste war, daß die Regierung, nachdem sie Rom und Vene=

dig als Italien zugehörig proklamiert hatte, doch nichts tat, um die Absicht wirklich zu machen, wodurch das Volk in unruhiger Spannung gehalten wurde und das Gefühl eines dauerhaft befestigten Zustandes sich nicht ausbilden konnte. Wenn Garibaldi das bedachte, stieg in ihm die Frage auf, ob es nicht besser sei, das Werk der Einigung aller Gefahr zum Trotz mit einem Male gewaltsam zu Ende zu führen; aber er hatte dem Könige zugesagt, sich ruhig zu verhalten, bis dieser selbst den Krieg ausriefe, und wenn er auch zuweilen ungeduldig und an dem ehrlichen Willen der Regierung irre wurde, so hatte er sich doch vorgenommen, zu warten, solange es möglich sei.

In diesem Zwiespalt entschied er sich plötzlich dafür, dem Könige die Frage vorzulegen, ob er die ehrenvolle Berufung ins Ausland annehmen oder in Italien bleiben solle, in der Meinung, daß der König, wenn er Krieg für die nächste Zukunft plane, ihn nicht würde gehen lassen. Als er dem alten Ripari erzählte, was er getan hatte, während sie in der Zypressenallee vor dem Hause auf und ab gingen, sagte dieser, er hätte sich die Frage sparen können; denn was der König antworten würde, könne er ihm vorher sagen: daß er ihm Urlaub mit Freuden auf unbegrenzte Zeit gewähre. Garibaldi entgegnete erstaunt und unwillig, wenn die Antwort so ausfiele, sei das ein Zeichen, daß in absehbarer Zeit an Krieg nicht zu denken sei, und in dem Falle tue er vielleicht wirklich besser, fortzugehen, da es ihm schwerfallen würde, ein stiller Zuschauer des heimischen Elends zu bleiben.

Natürlich denke der König nicht an Krieg, sagte Ripari. Er würde Rom vielleicht einstecken, wenn der Papst und der Kaiser Napoleon es ihm aufnötigten, sonst aber ein Kreuz schlagen und ein Knie beugen und vorbeigehen. König und Papst seien zwei Köpfe einer Schlange und bissen einander nicht. Die Nähe Garibaldis sei beiden gleich unangenehm, sie sei dem einen eine Drohung, dem andern Vorwurf und Mahnung, und gerade weil der König überhaupt keinen Krieg wolle, würde er gern sehen, wenn Garibaldi übers Meer ginge und womöglich nicht wiederkäme.

Garibaldi blickte betroffen vor sich nieder und bekämpfte ein krampfhaftes Schmerzgefühl, das in ihm aufstieg. Er brach das Gespräch ab und kam nicht darauf zurück, obwohl er beständig daran dachte. Mit Unruhe erwartete er die Antwort des Königs und wünschte so inständig, er möge ihm raten, sich nicht weit von

Italien zu entfernen, daß er anfing zu glauben, es müsse so kommen; anstatt dessen lautete sie, wie Ripari vorhergesagt hatte, schlechthin, er möge gehen, der König habe nichts dagegen einzuwenden.
Garibaldis Freunde fanden ihn in diesen Tagen ernst und schweigsam; von Amerika sprach er nicht mehr, und es zeigte sich, daß er den Gedanken, hinzugehen, aufgegeben hatte. Je mehr Tage und Wochen vergingen, ohne daß irgend etwas geschah, um den vielfachen Übeln abzuhelfen, die Italien bedrohten, desto mehr verdüsterte sich seine Stimmung. Die Regierung suchte ihn dadurch zu zerstreuen, daß sie ihn einlud, die Schützengesellschaft einzuweihen, welche damals als Ausdruck des nationalen Gefühls gegründet wurde und in allen Städten des neuen Reichs vertreten war. Die Reise, die er zu diesem Zweck unternahm, fand im Frühjahr 1862 statt.

Im Sommer, als Garibaldi als Gast im Hause Caïroli sich aufhielt, erhielt er einen Brief von Mazzini, in welchem dieser ihn beschwor, die Aktion fortzusetzen, und zwar so, daß er zunächst Venedig angriffe, während es Rom anbelangend besser wäre, zu warten, bis die französischen Truppen, die es noch immer seit dem Jahre 1849 besetzten, von dort zurückgezogen wären. Gerade jetzt, schrieb er, dürfe man nicht nachlassen, wo in einem großen Teile Italiens die Wünsche der Unzufriedenen erfüllt wären; nun trete, so sei der Mensch, nach den Erregungen und Anstrengungen der letzten Jahrzehnte Abspannung ein, Behaglichkeit und Vergnügungssucht verbreite sich unter denen, die früher zu den erhabensten Opfern bereit gewesen seien. Ausgegangen sei die Revolution von den höheren Ständen, diese hätten, ein glänzendes Leben preisgebend, ohne Hoffnung auf Erfolg ihr Blut vergossen. Jetzt predige diese Klasse Mäßigung, es sei gemein geworden, rebellisch zu sein, und Königstreue und festliche Sattheit seien die Abzeichen der feinen Menschen geworden. Diejenigen, die bisher die Anführer der Kämpfe gewesen seien, sollten wachsam sein, daß das Feuer nicht ganz erlösche, sollten nicht nachlassen zu erinnern, daß noch etwas zu tun übrig sei. Wenn die Nation nicht sofort und mit Nachdruck zeige, daß sie selbst den jetzigen Zustand noch nicht für vollendet halte, würde sich ein europäischer Kongreß beeilen, die bestehenden Verhältnisse zu sanktionieren.

Garibaldi las den Brief mit unbestimmtem Mißtrauen; er wollte nichts davon hören, daß zuerst Venedig erobert werden sollte; eben weil durch den Angriff auf Rom Napoleon gereizt wurde, wollte er es angreifen. Es empörte ihn, überall dieser Rücksicht auf Napoleon zu begegnen; auf Augenblicke fühlte er mehr das Bedürfnis, dem Kaiser zu zeigen, daß nicht alle Italiener ihn fürchteten, als Rom zu befreien. Wenn er trotzdem zögerte, war es, weil er begriffen hatte, daß es Viktor Emanuel zukäme, selbst Vollender seines Reiches zu sein, und daß es ihm zieme, zur Seite zu stehen. Er liebte es an Viktor Emanuel, daß er nicht nur den Namen des Königs tragen, sondern auch königliche Taten tun wollte, und wenn diese nur getan wären, hätte er sich gern, so glaubte er, mit dem Teil des gehorchenden Soldaten begnügt; aber daß der König sich mit Menschen umgab, die ihn daran hinderten, statt ihn darin zu fördern, erbitterte ihn und ließ ihn immer wieder zweifeln, ob er nicht dennoch selbst handeln müsse, wenn dem Volke sein Vaterland werden sollte. Daß er zum Schwerte greifen würde, wenn das Maß der Geduld voll wäre, stand ihm fest; aber er fühlte noch nicht, daß der Augenblick da sei, und wollte sich ihn nicht von Mazzini vorschreiben lassen. Es mißfiel ihm an Mazzini, daß ihm jeder Zeitpunkt zum Handeln gleich gut galt, und er sah es für einen Beweis an, daß er, außerhalb der Geheimnisse des Lebens stehend, etwas Fruchtbares zu schaffen nicht fähig sei. Auch daran wollte er nicht glauben, daß die Menschen sich verändert hätten und daß eine Zeit kommen könnte, wo nicht Begeisterung und Opferwilligkeit genug mehr in Italien aufzubringen wäre, um den Befreiungskampf zu Ende zu kämpfen. Er wußte wohl, daß die Männer, die in den hohen Ämtern saßen, die, welche regierten und sich in die Beute der Freiheitskriege geteilt hatten, den Frieden zu erhalten wünschten; aber er dachte, das sei im Grunde niemals anders gewesen. Er erinnerte sich, wie er im Jahre 1848 bei Fürsten und Ministern um die Erlaubnis, Italien zu befreien, betteln gegangen war und wie sie mit nichts als Bedenken und Ausflüchten darauf geantwortet hatten. Er hatte Cavour wie einen Heiland verehrt, weil er willens gewesen war, zu handeln, freilich mit der Macht Napoleons zum Schutze hinter ihm. Was kümmerte es ihn, da er aller dieser Menschen nicht bedurfte? Nur das Volk, das mit dem Frieden keine Genüsse zu verlieren hatte, sei immer bereit, so schien es ihm, Großes zu wagen, und daran ändere sich nichts. Er dachte an die Reise durch Ober-italien zurück, die er im Frühling wegen der Schützengesellschaft unternommen hatte, und welche Beweise von Anhänglichkeit und kriegerischer Gesinnung das Volk ihm freiwillig gegeben hatte. Der ungeheure Jubel, der ihn in Mailand, Monza, Como, Lodi, Cremona umflutet hatte, strömte in seinem Gedächtnis zusammen, so daß es war, als woge die lombardische Ebene von Männern und Frauen, die seine Stimme mit einem überschwenglichen Echo zurückgaben: ›Wir sind dein! Nimm uns selbst und unsre Kinder! Aber führe uns nach Rom!‹ Wie er oft, wenn er am Meere saß, in das Wühlen des Wassers starrte, das sein Herz schaukelte und seine Gedanken verschlang, ließ er sich in die Bilder versinken, die vor ihm abrollten. Er sah die Fluren Italiens von Schwertern blitzen, die alten Straßen der Römer durchgossen von der strahlenden Jugend des neuen Reiches, eine unerschöpfliche, unbesiegbare, weltbeherrschende Macht. Darum, dachte er, warf sich das Volk, wenn er erschien, zu seinen Füßen, fast wie vor einem Gotte anbetend, weil sie wußten, daß er ihre Sehnsucht, kräftig und frei zu sein, erfüllen wollte; weil er die Schätze an Mut, Stolz und Todesverachtung, die sie in ihrer Brust bargen, kannte und darauf vertraute, darum ließen sie ihn zum äußersten damit schalten. Da Jahrhunderte der Knechtschaft den Heldenmut des Volkes nicht zu ersticken vermocht hatten, würde er auch jetzt derselbe bleiben, ob er in Monaten oder Jahren das Zeichen gäbe: ›Kommt, es ist Zeit.‹ Noch konnte er warten, davon war er überzeugt, und wollte es; er wollte dem Könige Zeit lassen, sich den Lorbeer vom Kapitole mit eigner Hand zu brechen, wie schwer es ihm auch fiele. In dieser Stimmung beschloß er, nach Caprera zurückzukehren; denn es kam ihm vor, als sei er auf der Insel mehr geschützt vor den Menschen, die seine Sicherheit störten, indem sie ihn nach ihrem Gutdünken treiben oder zurückhalten wollten.

Unterwegs hielt er sich in Turin auf und besuchte den König und den Minister Rattazzi. Sein Gespräch mit dem König war kurz; derselbe versicherte, daß er Rom und Venedig nicht aus den Augen verliere, daß er am liebsten beide sofort mit dem Schwerte erobern würde, daß es aber der politischen Verhältnisse halber nicht angehe und daß Garibaldi sich wie er selbst bescheiden und warten möge. Dagegen hielt Rattazzi den General lange mit liebenswürdigen Reden fest. Er begriffe wohl, sagte er mit einem Seufzer, warum Garibaldi für die Diktatur sei, damit freilich ließe sich etwas erreichen. In Italien dünke sich jeder ein wenig Diktator sein zu können; da sei Cavour gewesen, da seien Ricasoli, Farini und andre, von denen jeder meinte, er allein vermöge das Heil zu bringen. Er habe den Trieb nicht, alle zu beherrschen, seine Absicht sei, den Volkswillen zu vertreten; freilich müsse er auch manche Rücksicht nehmen, aber er hoffe doch, das Notwendige zu erreichen, wenn auch langsamer, als ein imperatorischer Wille vermocht hätte. Garibaldi fragte, wie er sich verhalten würde, wenn ihm einer Rom und Venedig bedingungslos als Geschenk überreiche, so wie es mit Sizilien gewesen sei. Ja, antwortete Rattazzi, Wunder geschähen nicht alle Tage. Freilich, eine schönere Lösung könne man sich nicht denken, als wenn plötzlich ein Gott die Hand durch die Wolken streckte und das Ersehnte so ordnete, daß alle sich beugen müßten. Der Gedanke tauchte in Rattazzi auf, daß man nicht wissen könne, ob Garibaldi nicht wider Erwarten noch einmal einen glücklich wundervollen Fischzug tun könne, und daß es ihm zur Unehre würde angerechnet werden, wenn er sich ihm widersetzt hätte. Es sei schwer für einen andern, fuhr er fort, sich da einzumischen; denn das Wunder könne niemand regieren, wenn es da sei, müsse man sich dazu fassen. Garibaldi solle nicht glauben, daß er die Franzosen fürchte, seine Unabhängigkeit habe er dadurch bewiesen, daß er gegen die Abtretung Nizzas gestimmt habe. Dem Könige sei es Herzenssache, sich gegen den Kaiser als seinen Verbündeten dankbar zu zeigen und das sittliche Gefühl des Volkes nicht zu verwirren, indem er es in Feindschaft zu der Nation bringe, die ihm in der Not geholfen habe; schließlich sei diese Dankbarkeit Viktor Emanuels ein Trieb, den man schonen und ehren müsse. Übrigens möge Garibaldi überzeugt sein, daß er sich mit dem Schicksal der unbefreiten Provinzen fortwährend beschäftige und daß er auf des Generals Beistand rechne; vielleicht sei der Tag nicht fern, an dem er ihn bitten würde, die alten Heldentaten zu erneuern. Umgekehrt könne auch Garibaldi auf ihn zählen; sie wollten beide dasselbe, und er wisse, daß Garibaldi nichts für Italien Verderbliches beginnen werde.

Als er geendigt hatte, kam es ihm vor, als sei er zu weit gegangen und habe Garibaldi vielleicht zu Taten ermuntert, die ihm Verlegenheiten bereiten würden. Immerhin schien ihm die Gefahr nicht groß zu sein; da er selbst zwar stets geschäftig war und seine Hand in vielerlei Betrieben hatte, aber niemals etwas so Abschließendes und Folgentragendes tat, daß man es Handeln hätte nennen müssen, glaubte er nicht an Ereignisse der Willkür, von wie vielen er auch schon Zeuge gewesen war, sondern meinte, es werde sich schon alles geben und im Sande verlaufen, besonders wenn er da sei, um aufzupassen. Auch machte Garibaldi ihm einen so angenehmen Eindruck, daß er nicht anders konnte als ihm sagen, was er gern hörte. Das bescheidene Auftreten des vor kurzem gewaltigen Mannes hatte für ihn etwas Rührendes; er hatte etwas von einem Kinde an sich, das die Verständigen sprechen läßt und auf seine Art darüber phantasiert. Dazu kam, daß er sich sagen konnte, es sei die Hauptsache, ihn bei guter Laune zu erhalten und sich sein Vertrauen zu sichern; weswegen er denn am Ende überzeugt war, die richtige Sprache geführt zu haben.

Garibaldi kam in unzufriedener Stimmung nach Caprera zurück. An einem der nächsten Nachmittage spielte er mit seinen Söhnen und mehreren jungen Männern, die zu Besuch auf der Insel waren, Boccia, ein Spiel, welches darin besteht, daß mit Kugeln nach einer festliegenden Kugel, die als Ziel dient, geworfen wird. Er hatte einen Platz am Strande dafür hergerichtet, weil ihm das Spiel besonderes Vergnügen machte, so daß er Stunden dabei zubringen konnte. Allein an diesem Tage ließ er die Gesellschaft bald allein und warf sich etwas abseits in den Sand, wohin ihm niemand folgte. Er konnte von dort aus das Treiben der jungen Leute beobachten, aber er wendete sich dem Meere zu und dachte an andre Dinge; erst allmählich wurde seine Aufmerksamkeit wider seinen Willen dorthin gezogen. Die Freunde hörten nämlich auf zu spielen, tranken Kaffee, rauchten und plauderten, wobei ein ausgelassenes Gelächter oft die Worte übertönte. Ein junger Mann aus Udine, der in Sizilien und Neapel tapfer mitgekämpft hatte, besaß die Gabe, Menschen nachzumachen, und belustigte die übrigen, indem er eine Reihe von Leuten, die an dem Kaffeehause vorübergingen, wo er täglich ein paar Stunden zu sitzen pflegte, auf diese Weise vorführte. Dann schilderte er einen Priester, einen eifrigen Anhänger des Papstes und Feind des neuen Italiens, der infolge großer Schwächen des Geistes und Charakters sich zur Zielscheibe von Neckereien eignete und dessen Umgang aus diesem Grunde gepflogen wurde. Er, der Erzähler, und mehrere Freunde hatten dem Priester Briefe geschrieben, wie wenn sie von einer Dame herrührten, ihn bald hierhin, bald dorthin bestellt und in die Irre geführt und abends, nachdem er getrunken hatte, sich die gehabten Enttäuschungen und neu erregten Hoffnungen erzählen lassen, was er nun mit den Grimassen und Gebärden des Gefoppten darstellte.

Wie Garibaldi Bruchstücke dieser Unterhaltung auffing, verfinsterte sich seine Laune. Es schien ihm unbegreiflich, daß sich junge Männer auf so rohe und alberne Weise belustigten, und unmöglich, daß sie zu großen Dingen noch fähig sein sollten. Waren solche Menschen etwas andres als Tiere, die schwatzen konnten? Wenn er mit einem Hammer auf ihre Herzen schlüge, würde Fett herausspritzen, nicht Feuer herausschlagen. Es fiel ihm ein, ob vielleicht doch die Muße des Friedens verderblich entnervend auf die Menschen wirke? Er stand auf und ging zwischen ein paar Hügeln hindurch in das Innere der Insel hinein, bis er von den jungen Leuten nichts mehr sehen und hören konnte. Auf einer Felsenhöhe blieb er und blickte, im braunen Gestrüpp des Ginsters liegend, auf das blendende Meer.

Es würde ihm jetzt wohler sein, dachte er, wenn er von Italien fort wäre; auf weiten Fahrten hatte sich oft in Zeiten des Unmuts sein Herz geheilt. An Gelegenheit fehlte es nicht; denn nicht nur, daß er nach Griechenland gerufen war, es war auch davon die Rede gewesen, daß er die Unruhen in den Donauländern unterstützen solle, wodurch Österreich geschadet, mittelbar also Italien geholfen würde. Indessen hatte er, als er den Gedanken an Amerika aufgab, zugleich auf alle andern Pläne, die ihn von Italien entfernten, verzichtet und, was dieser Art an ihn gelangte, abgelehnt; auch bereute er es nicht, aber es ging ihm wieder durch den Sinn. Er träumte sich auf ein Schiff, das rauschend das blanke Wasser durchschnitte und in die flimmernde Ferne vorstürzte: das war wie auf ungezähmtem Pferde die Prärie zu durchjagen. Sein Herz schlug leichter; er schloß die Augen halb, so daß von der Oberfläche des Meeres her wie von einem besonnten Diamanten Blitze durch seine Lider zucken konnten. Als er sie endlich ganz schloß, war er weit von Caprera und sah aus dem blauen Bade die weißen Paläste von Palermo aufsteigen, wie ein Diadem gebogen, eine stille, schöne Erscheinung. Er blieb eine lange Weile mit ge=

schlossenen Augen liegen, um von dem Frieden und Schimmer, in dem das Bild schwebte, sich überfließen zu lassen.
In heiterer Stimmung gesellte er sich wieder zu den jungen Leuten und teilte ihnen mit, daß er eine Seereise vorhabe; wer ihn begleiten wolle, möge sich bereit machen, denn es gehe schon in den nächsten Tagen fort. Sie waren überrascht und hätten gern gefragt, welches das Ziel der Reise sei, aber selbst Menotti, Garibaldis Sohn, hatte nicht den Mut, seinen Vater danach zu fragen. Als sie unter sich waren, sahen sie sich betroffen an und fragten Menotti, ob er wisse, was im Werke sei; er antwortete, daß er es nicht ahne und ebenso bestürzt sei wie sie selbst. Auch als man unterwegs war, äußerte sich Garibaldi gegen niemand über seine Absichten; er war sehr heiter und wohlwollend, aber meistens schweigsam und in sich vertieft. Eines Abends, da die Freunde auf dem Verdeck zusammen saßen, sagte Guerzoni, ein junger Offizier, ihn lasse die Furcht nicht los, daß es nach Rom gehe; er fürchte es, denn die Regierung werde es nicht dulden, so könne nur Unheil daraus entstehen. Menotti entgegnete, Rom liege wohl seinem Vater immer im Sinn, aber er denke doch jetzt nicht daran, zu handeln, erst kürzlich habe er gesagt, er lasse sich nicht binden, aber er wolle sich auch nicht treiben lassen; freilich könne er auch nicht erraten, wohin es jetzt gehe. Missori, einer der Kühnsten und Tüchtigsten von den Tausend, sagte, er kümmere sich nicht darum; Garibaldi sei wie das Leben, das einem tapferen Mann, der sich ihm ergeben habe, Kampf und Glück und leuchtende Augenblicke verleihe, und Schlimmeres nicht als ehrenvollen Tod; was ihn betreffe, er folge ihm, sei es gegen die Türken oder nach dem Pole.
Nicht einmal der alte Ripari, der mit war, kannte das Ziel der Fahrt; er beobachtete Garibaldi, so gut er konnte, ohne daß es diesem auffiel, wenn er mit den Matrosen verkehrte oder selbst zugriff; oft stand er allein auf der Schiffsbrücke in seinem Mantel, der um ihn wehte, so still, als wäre sein Körper untätig, während seinen Geist ein Traumbild bezauberte. Die fortwährend eingehaltene südliche Richtung ließ Ripari endlich die Möglichkeit erwägen, daß es nach Griechenland gehe, und er enthielt sich nun nicht mehr, Garibaldi zu fragen, ob es sich so verhalte; denn seine Sorge, der General könne Italien auf unberechenbare Zeit verlassen, überwog die Zurückhaltung. Garibaldi erwiderte, er denke

nicht an Griechenland, es handle sich um einen Besuch in Sizilien; er habe Sehnsucht dahin gehabt und beschlossen, hinzureisen, da er zu Hause nichts versäume und seine Gegenwart der Insel nutzen könne.

Man sagt, als Garibaldis Fuß die sizilische Erde betreten habe, erbebte sie, ihr Glutherz kochte und ihr goldener Atem schlug aus den Vulkanen. Wie wenn ein Löwe, der gefangen war, wieder in die Wüste kommt und die Hügel unter dem Tritt ihres Königs zittern, der Wind aufflammt und den siedenden Sand singend durch die Luft jagt, der Heimgekehrte aber, seiner Kraft und Wildheit sich entsinnend, die Mähne schüttelt und mit todbringenden Augen den Umkreis mustert, so, sagt man, hätten die Insel und ihr Herr sich erkannt und berauscht.

Er zog auf derselben Straße in Palermo ein, die er vor zwei Jahren mit den Tausend gekommen war; vor dem Tore bei der Admiralsbrücke, wo der Kampf am heftigsten und blutigsten gewesen war, ließ er den Wagen halten, in dem er fuhr, und sah sich um. Die Brücke, in vergangenen Jahrhunderten von den Sarazenen erbaut, stieg in spitzen Bogen über den ausgetrockneten Boden; das gelbliche Gestein, aus dem sie besteht, wies im grellen Lichte Spuren des Alters, das sie aber nicht zerstört, sondern dauernder gemacht zu haben schien: sie glich dem versteinerten Gerippe eines aus Fabelzeiten übrig gebliebenen Geschöpfes, durch dessen morsche Poren die Sonne sickerte. Von den Bergen, welche die Stadt umkränzen, schimmerten einige im stärksten Lichte, die andern, die im Schatten standen, waren kalt unter der Bläue des Himmels; die Götter des Lebens und des Todes schienen an dieser Stelle Wache zu halten und feierlich jubelnde Töne gegeneinander zu singen. Nun war es, als führe die Brücke in ein Reich, das durch einen himmlischen Balsam unverweslich gemacht und der Vergänglichkeit entrissen sei. Garibaldi ließ den Wagen langsam fahren. Als er des Tores ansichtig wurde, das sie erstürmt hatten, dachte er an Tuköry, den edeln und tapferen Ungarn, der ihm teuer gewesen war und der dort von der Kugel getroffen worden war, an der er nach einigen Tagen in Palermo starb; ihm war zumute, als würde er ihm dort begegnen.

Der Platz, wo er damals haltgemacht, die Berichte der Offiziere in Empfang genommen und Weisungen gegeben hatte, trug noch

Spuren der Geschosse, die ihm gegolten hatten. Er erinnerte sich, wie er dort am Brunnen stand, allein mit wenigen Getreuen in der großen, unbekannten Stadt, mit einem Gefühl, wie er es in Stürmen auf dem Meere gehabt hatte: daß die Bretter unter ihm zerbrechen und alle seine Gefährten neben ihm untergehen könnten, daß er stehen werde, bis die letzte Planke weggerissen sein würde, bis sein Herz erlahmte und das Licht erlöschte. Dann hatten plötzlich die Glocken, das Herz der gefangenen Stadt, angefangen zu läuten und die Häuser gesprengt, die wie Gräber dagestanden hatten, wonach der Todeskampf begann, der mit Sieg geendet hatte.

Garibaldi saß still sinnend im Wagen. Das Blau des Himmels über ihm war fast so schwarz wie Blut, ein Abgrund, aus dem die Ewigkeit in stillen Strömen herunterflutete. Der Jubel des Volkes, das seinen Wagen umdrängte, klang ihm wie ein ferner Gesang, der lautete: Wir haben dich erwartet, du Bringer großer Tage! Unsere Herzen rauchen wie Altäre, die Blätter unsrer Bäume klirren wie Schwerter, unser Meer rauscht von Göttern und Helden!

Die königlichen Prinzen, die sich, ohne daß Garibaldi es gewußt hatte, in Palermo aufhielten, verließen am folgenden Tage die Stadt in dem Gefühl, daß es ihnen nicht anstehen würde, zuzusehen, wie das Volk von Sizilien seinem Imperator huldigte. Garibaldi wurde belagert: alte Freunde und neue Verehrer eilten zu ihm und trugen ihm Klagen über die italienische Regierung zu, die wohl grausam genug sei, jede Widerspenstigkeit gegen die neuen, unverstandenen Gesetze mit Härte zu bestrafen, aber nicht kräftig genug, um die Anmaßungen Frankreichs und Österreichs abzuwehren und Rom und Venedig zu befreien. Er antwortete allen begütigend: es werde sich zeigen, daß der König Mut habe und Italien liebe; inzwischen solle sich ein jeder zu neuen Gefahren und Opfern bereithalten; denn man solle nichts von andern, alles von sich erwarten und verlangen.

Seit es bekannt geworden war, daß Garibaldi Caprera verlassen hatte, herrschte Unruhe in Italien; die Garibaldiner, die gewohnt und gewillt waren, ihrem Führer überall zu folgen, warteten auf seinen Ruf, doch nicht ohne Besorgnis; die Anhänger der herrschenden Politik fürchteten eine Unterbrechung des Friedens, verwünschten den Eigenmächtigen und hofften im stillen seinen Sturz als Folge seines noch unbekannten Vorhabens. Seine Ankunft in

Sizilien schien zwar zu beweisen, daß es auf einen unmittelbaren Angriff auf Rom oder Venedig nicht abgesehen sei, aber die Spannung und Ahnung aufregender Ereignisse blieb in den Gemütern. Die Berichte über die in Palermo herrschende Begeisterung las man mit Unwillen, einmal müsse es doch, so fand man, mit der Ausnahmestellung, die Garibaldi innehabe, ein Ende haben. Größte Bestürzung rief vollends das Bekanntwerden einer Rede hervor, die der General bei Gelegenheit einer Parade der Nationalgarde gehalten hatte, in der er das Volk aufforderte, Rom aus den Händen Napoleons zu befreien, der es unter heuchlerischen Vorwänden aus Herrschsucht und Habgier besetzt halte und gegen den, wenn es nötig sei, eine neue Vesper müsse entfesselt werden. Ohne einen erkennbaren Anlaß war plötzlich der verhaßte Name aus einer seiner kurzen Ansprachen hervorgeschossen, beleidigende Ausdrücke des Zornes und Hasses nach sich ziehend. Hier schien eine unbezähmbare aufspringende Flamme und jähe Erschütterung das Bevorstehen einer Katastrophe zu verraten, und ein angstvolles Gefühl, Vorkehrungen zum Schutze treffen zu müssen, griff in den Kreisen der Regierung um sich.

Napoleon zwar, als er von dem Vorfall hörte, war so gestimmt, daß er mit kaiserlicher Gelassenheit erklärte, der Angriff von seiten einer Privatperson, wie Garibaldi sei, könne keinen Einfluß auf seine Politik haben. Nichtsdestoweniger beschäftigte sich das Parlament nur noch mit dieser Angelegenheit, denn es war klar, daß der Kaiser anders denken würde, sowie Garibaldi von kränkenden Worten zu kriegerischen Taten überginge. Urbano Rattazzi, der Ministerpräsident, blieb kühl unter den Aufgeregten und Besorgten und begegnete den stürmisch auf ihn eindringenden Forderungen, dies oder das zur Vorsorge zu tun, mit beinahe spöttischem Gleichmute. Er hatte eine so große Meinung von der Überlegenheit seines Verstandes, daß er die Notwendigkeit, ihn auch wirken zu lassen, leicht vergaß und an und für sich schon alles damit getan glaubte. Außerdem dachte er, der Weg von Sizilien nach Rom sei weit genug, daß sich darauf vieles zerschlagen und im Sande verlaufen könne; jedenfalls wolle er nicht, ohne daß es nötig sei, einen öffentlichen Aufruhr machen und Garibaldi vor den Kopf stoßen, den er schließlich immer noch von einer Torheit oder Verwegenheit zurückhalten könne.

Statthalter Siziliens war zu der Zeit der alte Pallavicino, der den

Sizilianern durch seine Freundschaft mit Garibaldi empfohlen war, eben dadurch aber dessen offenen und versteckten Gegnern verdächtig. Es wurde ihm bitter verargt, daß die leidenschaftlichen Worte gegen Napoleon in seiner Gegenwart hatten ausgesprochen werden können, und er schien der beunruhigten Regierungspartei keine Bürgschaft für den Frieden mehr zu sein. Die einlaufenden Nachrichten bestätigten die Befürchtungen mehr und mehr: Garibaldi unternahm eine Reise mitten durch Sizilien und besuchte die Orte, durch die er auf seinem Zuge mit den Tausend gekommen war, getragen von hoher Flut anbetender Ergebenheit. Man fragte sich, wohin das Volk, das die Gegenwart des tatenbrütenden Mannes außer sich versetzte, mit seiner rasenden Begeisterung ziele; was er selbst mit diesen Massen vorhabe, die sich ihm blind mit Gut und Blut anboten. Eines Tages geschah es, daß jemand aus der Menge, die Garibaldi zujubelte, gleichsam seine Anrede beantwortend, ausrief: »Roma o morte, Rom oder Tod!«, vielleicht ohne der Tragweite dieser Worte sich bewußt zu sein; es war, wie wenn die Erde selbst, von ihres Befreiers Füßen zauberkräftig berührt und entzündet, das Geheimnis seiner Seele geweissagt hätte. Dieser Ruf wurde sofort von zahllosen Lippen wiederholt, als wären die Herzen längst davon voll gewesen, und Garibaldi nahm ihn als eine Darbringung vom Munde des Volkes.

Nun konnte auch Rattazzi die schwebende Vermutung nicht länger abweisen; es begannen schon freiwillige Soldaten nach Sizilien zu eilen. Er sandte Briefe über Briefe an den Statthalter und die Behörden von Palermo mit Befehlen, die Umtriebe Garibaldis zu verhindern, aber in Wendungen und mit Zusätzen, welche die ausgesprochenen Anweisungen abschwächten; der plötzlich auftauchende Gedanke machte ihn unsicher, daß Garibaldi doch vielleicht im Begriff sei, ein Wunder zu tun, und daß spätere Richter ihm vorwerfen könnten, es sei nicht auf sein Betreiben, sondern ihm zum Trotze geschehen. Auf das Gebot, Garibaldi an dem, was er vorhabe, im Notfalle mit Gewalt zu verhindern, antwortete Pallavicino, man könne ihm, der Garibaldis Freund sei, nicht zumuten, Mittel wie gegen Räuber und Rebellen gegen den Helden Italiens anzuwenden, und dankte ab.

Inzwischen gingen die Freiwilligen ungehindert durch die Straßen Palermos, von den Bewohnern ausgezeichnet; die Warnungen und Verbote der Regierung wurden in ganz Sizilien weniger ver=

achtet und unbeachtet gelassen, wie wenn sie zu einer verabredeten Komödie gehörten. Denn konnte man glauben, daß der König und das Land einen andern Willen hätten als Garibaldi? Das geängstete Parlament bewog bei der zunehmenden Gefährlichkeit der unerhörten Erscheinung den König, ein Manifest zu erlassen, in dem er Garibaldi und alle, die an diesem gegen seinen Willen unternommenen Feldzug teilnehmen würden, für Rebellen erklärte.

Garibaldi befand sich in Mezzajuso, einem kleinen Orte arabischen Ursprungs, etwa eine Tagereise von Palermo, als der Baron Torrearsa, den er seit 1860 kannte, ihm die Nachricht von dem Erlasse des Königs brachte. Der Baron hatte sich selbst anerboten, Garibaldi zum Verzicht auf das nunmehr zum Untergange verdammte Unternehmen zu bewegen; denn er wollte nicht, daß der General gerade durch eine von Sizilien ausgehende Bewegung sich unglücklich machte. Er fühlte sich persönlich und im Namen seines Vaterlandes Garibaldi so sehr verpflichtet, daß er es fast wie den Druck einer Sklavenkette empfand, um so mehr, als er vor zwei Jahren als Anhänger des unmittelbaren Anschlusses an Piemont gewissermaßen zu seinen Gegnern gehört hatte. Es schien ihm deshalb, als sei seine Ehre dabei verpfändet, daß Garibaldi Sizilien nicht verlasse, um einem tragischen Schicksal, dem er nach Ausführung der verhängnisvollen Tat verfallen müsse, entgegenzugehen, und damit er sicher wisse, daß das menschenmögliche in dieser Hinsicht versucht sei, wollte er selbst gehen und ihn zurückhalten. Da er nun gewöhnt war, teils durch seine Persönlichkeit, teils wegen seines Rufes und seines Namens die Menschen seinem Willen unterwürfig zu finden, dachte er nicht ernstlich an ein Mißlingen seiner Aufgabe; erst als er in einem Zimmer des Gasthofes, wo Garibaldi wohnte, sich ihm gegenüber befand, bemächtigte sich seiner Unsicherheit und ein ihm fremdes Gefühl der Ohnmacht.

Er begann damit, zu erzählen, daß nunmehr der neue Präfekt in Palermo eingetroffen sei, der von der Regierung mit weitgehenden Vollmachten ausgerüstet und angewiesen sei, die äußersten Mittel in Anwendung zu bringen, um Garibaldis Pläne zu hintertreiben. Es zeige sich, sagte er, daß die Regierung fest entschlossen sei, jetzt einen Zusammenstoß mit Frankreich zu vermeiden; man möge darüber denken, wie man wolle, es bleibe doch nichts übrig, als sich ihrem ausgesprochenen Willen zu fügen.

»Es war nicht immer wohlgetan, sich dem ausgesprochenen Willen der Regierung zu fügen«, antwortete Garibaldi. »Wer weiß denn, ob Napoleon oder mir das Manifest des Königs gilt?«

Der Baron schüttelte den Kopf; nach dem Eintreffen des neuen Präfekten sei nicht mehr daran zu zweifeln, daß es der Regierung Ernst sei, sagte er. Wäre er dessen nicht gewiß, würde er nicht gekommen sein. Garibaldi möge nicht den Bürgerkrieg über Italien bringen. Garibaldi richtete den Blick fest auf den Baron, indem er sagte: »Wer sich uns in den Weg stellt, wenn wir Rom befreien wollen, bringt den Bürgerkrieg über Italien, nicht ich!« Seine Züge hatten sich plötzlich verändert, sie schienen in einen ehernen Schild verwandelt zu sein, der Bitten und Drohungen gleicherweise zurückwerfen würde. Die erste Empfindung des Barons war, das Zimmer zu verlassen und sich keiner Niederlage auszusetzen; aber er überwand sich und sagte, er sei nicht gekommen, um mit Garibaldi über Recht und Unrecht zu streiten, sondern um zu bitten. Er habe nie einen Menschen um eine Gunst gebeten, nicht den König, in seiner Heimat leben zu dürfen: ihn wolle er bitten, den Zug auf Rom aufzugeben. Er fühle sich mit allem, was er habe, in Garibaldis Schuld und sei bereit, mit allem, was er habe, zu zahlen. Er möge es ihm, wie einem Flehenden eine Gnade, gewähren, daß er die Unglückstat nicht tue. Der Baron hatte sich im Sprechen aufgeregt, sein sonst blasses Gesicht war gerötet. Da Garibaldis Miene sich nicht veränderte, fuhr er heftiger fort, auch er und viele seiner Freunde seien nicht mit allem einverstanden, was die neue Regierung vornehme; aber sie bemeisterten ihren Unwillen und fügten sich, da sie dem Könige von Italien gehuldigt hätten. Garibaldi solle nicht minder tun als sie. Er habe die Monarchie gewählt, weil sie der Wille der Allgemeinheit gewesen sei, das habe er selbst gesagt; nun aber setze er sich einzelnen gegen den Willen des Landes. Garibaldi unterbrach ihn mit starker Stimme: »Ich tue den Willen des Volkes! Das Volk will Rom. Ihr habt die Revolution gepriesen, als sie euch Befreiung brachte, nun sie andern das gleiche tun will, möchtet ihr sie in Ketten legen. Wenn ihr das vermöchtet, hätte ich nicht angefangen.«

Nach einer Pause, während welcher er mit finstrer Miene an dem Baron vorüber aus dem Fenster sah, sagte dieser langsam: »Man merkt wohl, daß Ihr gewohnt seid, mit den Elementen zu kämpfen, und menschliche Gegner, seien es gute oder schlechte, geringachtet.« Garibaldi horchte auf, wendete sich dem Baron zu und erwiderte: »Ihr wollt mich mahnen, daß ich ein Matrose gewesen bin? Ihr habt recht; aber Ihr werdet auch wissen, daß wir vom Meere, wenn wir auch ungestüm und rücksichtslos sein können, doch gerade und warme Herzen haben. Um Garibaldis willen, dessen seid gewiß, sollen keine Schlachten mehr zwischen Italien und Italien geschlagen werden.« Er lächelte bei diesen Worten auf eine zugleich stolze und kindliche Art so gewinnend, daß Torrearsa ihm die Hand bot und mit Beschämung sagte: »Ich bin gekommen, Euch zu überreden, und Ihr überwindet mich. Dennoch bin ich nicht ruhig: über Euch oder über Italien muß Unheil kommen, wenn Ihr Euern Willen nicht opfert!«

Garibaldi öffnete das Fenster, an dem er stand und das auf den Marktplatz des kleinen Ortes hinausging. Vor dem Gemeindehause war eine Menge Menschen versammelt und im Begriff, das eben angeschlagene Manifest des Königs zu lesen; die Munizipalbeamten, die es befestigt hatten, standen noch daneben und beantworteten an sie gerichtete Fragen in augenscheinlich guter Laune; denn man hörte vergnügtes Lachen. Bald jedoch wendete sich die Aufmerksamkeit wieder dem Gasthofe zu, den Garibaldi bewohnte, und als es bemerkt wurde, daß er ein Fenster öffnete und ein Zeichen machte, als wolle er reden, strömten sofort alle über den in der Mittagssonne brennenden Platz zu ihm hinüber. Er sagte einige Worte, die das Volk an die großen Tage der Vergangenheit erinnern und zu künftigen großen Taten entflammen sollten; ihnen folgten begeisterte Zurufe, indem durcheinander »Evviva Garibaldi!«, »Evviva l'Italia!«, »Roma o morte, Rom oder Tod!« geschrien wurde. Der Lärm war so betäubend, daß es dem Baron, der still dabeistand, vorkam, als zitterten die Häuser und neigten sich, um zu Füßen des Zauberers, der winkte, in Staub zusammenzustürzen. Er hatte den Auftritt mit Befremden und fast mit Grauen verfolgt, obwohl er in Palermo ähnliche in weit größerem Maßstabe mitangesehen hatte. Dort aber hatte irgendein Anlaß vorgelegen, irgendein eben geschehenes oder bevorstehendes Ereignis, eine inhaltreiche Ansprache Garibaldis hatte den Taumel entzündet; jetzt hingegen, wo die wenigsten Garibaldis Worte verstanden haben mochten, wo sie soeben durch den König selbst vor ihm gewarnt waren, handelte es sich nur um ein unbewußtes jubelndes Mittönen, hervorgerufen durch das geliebte

Antlitz, das sich zeigte, durch die Stimme ohnegleichen, die an die Herzen schlug. Um das Manifest bekümmerte sich niemand mehr; es war da und doch nicht da, wie ein Nachtlämpchen, das am Morgen vergessen wurde zu löschen, im herabstürzenden Strome des Sonnenlichtes untergeht.

Während des Tages war Garibaldi mit dem Empfange von Deputationen und andern Dingen, die die Gelegenheit erforderte, beschäftigt. Gegen Abend kehrte er in Begleitung mehrerer Freunde, unter denen Nuvolari war, von einer Musterung der Truppen zurück. Es war von der Beschaffenheit derselben die Rede; Nuvolari fragte, was Garibaldi mit den bettelhaften Kerlen auszurichten gedenke? Das seien Galgenvögel, die nur deshalb noch nicht gehenkt wären, weil sie keinen Strick wert wären. Man habe im Jahre 1860 genug üble Erfahrungen mit den Insulanern gemacht; man könne nicht einmal in seiner Muttersprache mit ihnen reden, deren Kauderwelsch vielleicht von den Türken, sicher nicht von Italienern stamme. Garibaldi entgegnete ruhig, er teile die Abneigung gegen die Sizilianer nicht; sie seien zäh und gutwillig, es ließen sich gute Soldaten aus ihnen machen. Wenn diese Leute arm und schlecht gekleidet wären, so wären sie dafür sicherlich abgehärtet und könnten viel aushalten, auch ließe sich dem vielleicht mit der Zeit abhelfen. Übrigens rechne er darauf, daß noch Freiwillige aus Oberitalien kämen. Die Häfen wären gesperrt, brummte Nuvolari. Immerhin, sagte Garibaldi, könnte es einzelnen gelingen, sich zu ihm durchzuschlagen; er glaube nicht, daß die Maßregel so strenge würde gehandhabt werden. Vor dem Gasthause trennte man sich; aber Garibaldi wollte vor dem Nachtessen noch spazierengehen und bog in eine der schmalen Straßen, die vom Platze aus nach allen Richtungen führten. Nach einer Weile kam er zu einem unregelmäßigen, mit Gras bewachsenen Platze, an den mehrere alte, niedrige, halbverfallene Häuser grenzten, und setzte sich auf den Rand einer Zisterne, die er dort bemerkte. Die Sonne stand tief, der Berg, an dessen Fuße der Ort liegt, glühte rosig in die veilchenfarbige Luft. Weit und breit rührte sich nichts als ein kleines Kind, das noch nicht gehen konnte und an der steinernen Treppe des einen der alten Häuser hinauf- und herunterkroch.

Die Vorgänge des Tages tauchten wieder in Garibaldi auf; er bedachte zum erstenmal, daß das Manifest des Königs dennoch

seine wirkliche Meinung und seinen wirklichen Willen ausdrükken konnte. Es konnte sein, daß er seinen Dienern nachgegeben hatte, es konnte wahr sein, daß er Napoleon mehr fürchtete, als er Italien liebte und ihm, Garibaldi, vertraute. Dann wäre Italien mit seinem italienischen Könige, den sich das Volk mit unerhörten Blutopfern erkauft hatte, nicht weniger von Fremden abhängig als früher unter der Herrschaft Österreichs. Es kam ihm in den Sinn, daß er im Grunde niemals etwas andres gewesen sei als ein Rebell; man hatte ihm geschmeichelt und gedroht und ihn benutzt; aber auf eigne Gefahr hatte er Sizilien erobert, sein allein war die Tat gewesen. So war es jetzt nicht anders als je: er war nicht dem Worte des Königs oder seiner Minister, noch auch dem Drängen des Volkes gefolgt, sondern einem Stern, den er kannte.
In seinen Gedanken störte ihn das Kind, das eben auf der höchsten Stufe der Treppe angelangt und so weit nach vorn gerutscht war, daß es im nächsten Augenblick herunterfallen konnte; er stand auf, ging hin und ergriff es, das ihn bestürzt ansah und weinen wollte, dann aber zu lächeln begann und sich an ihn klammerte. Seine Fragen beantwortete es mit einem leisen freundlichen Lallen, da es noch nicht sprechen konnte; so beschloß er, sich wieder auf seinen Platz zu setzen und zu warten, bis jemand käme, dem er es übergeben könnte.
Jetzt fielen ihm Nuvolaris Worte über die mangelhafte Beschaffenheit der Truppe wieder ein, und er dachte, daß es freilich nicht die Tausend wären, von denen nur eine kleine Anzahl bei ihm war. Wohin war die stolze Schar zerstreut? Einige, glaubte er, würden doch noch kommen; viele waren tot. Der brave Montanari, der immer kampflustig war und den Ungestüm so weit trieb, daß er lieber ein paar Unschuldige niederhaute, als daß er einen Vaterlandsverräter am Leben ließ, übrigens aber das treueste und wärmste Herz besaß, war schon bei Calatafimi gefallen. Den jungen Ippolito Nievo, dessen schöne Augen etwas Erinnerungsschweres hatten wie die eines alten Mannes, hatten die Schlachten verschont; aber er war auf der Fahrt nach Genua, wo er über die Verwaltung der Kriegskasse Rechenschaft ablegen wollte, denn er war wie alle die Seinigen auf niedrige Weise verdächtigt worden, bei einem Schiffbruch umgekommen. Das Mädchen, das er geliebt hatte, starb ihm bald nach, eingehüllt im Sterben und bestattet in dem roten Hemde, das er als Garibaldiner getragen

hatte. Tuköry, der erfahrene, weise und ruhige Mann, der ihm mehr als hundert tapfere Soldaten gegolten hatte, war vor Palermo verwundet und nach schweren Tagen gestorben. Am Volturno war Pilade Bronzetti gefallen, sich opfernd als ein Held, ein Jahr nach seinem Bruder Narciso.
Es wäre besser, dachte er, wenn alle diese noch bei ihm wären, aber es würden andre kommen, die ebenso tüchtig wären. Nuvolari begehe den Irrtum, zu glauben, daß die Menschen unersetzlich seien, wie er selbst vor vielen Jahren in Amerika, als alle seine Genossen im Meere umgekommen waren, zuerst nicht glauben konnte, daß er jemals wieder so brave Gefährten finden würde. Es machte ihn betroffen, wie lange das her zu sein schien und daß die Toten von damals ihm so unendlich fern waren, als ob er sie niemals lebend gekannt hätte; denn seitdem waren viele dazugekommen. Er stützte den Kopf in die Hand und staunte vor sich hin. ›Wie viele ihrer geworden sind‹, dachte er; und ein Gefühl von Einsamkeit überlief ihn, wie einen wohl plötzlich ein Schauder ankommt, ohne daß es kälter geworden oder sonst eine Ursache ersichtlich wäre.
In diesem Augenblick ertönte von weit her, aus dem Lager der Soldaten, das Lied, das der Hymnus Garibaldis genannt wurde, unter dessen Klängen die Tausend in ihre Schlachten gezogen waren und ihre wunderbaren Märsche gemacht hatten. Die Sonne war inzwischen untergegangen, die Luft leuchtete schneidend hell um die schwarze Masse des Berges. Garibaldi horchte: die Töne schienen ihn zu suchen, daß er sie, eine Flamme, als Sturm zu großer Brunst anbliese und weiterjagte, über das Meer, über die Berge, bis Rom. Sein Sinn wurde heiter; es sollte ihm schon gelingen, dachte er, die königlichen Truppen zu umgehen, begegneten sie ihm aber, so wäre es nicht unmöglich, daß sie, vom Augenblick ergriffen, anstatt ihm zu wehren, sich ihm anschlössen, um gemeinsam mit ihren Brüdern Italien zu vollenden. Indessen hörte er Stimmen und hastige Schritte: Frauen und Kinder kamen gelaufen, die bei der Musterung der Truppen zugesehen und sich verspätet hatten. In einer der Frauen, die ängstlich umherblickte, vermutete er die Mutter des kleinen Kindes, das auf seinem Arme eingeschlafen war, ging auf sie zu und übergab es ihr, indem er sie tadelte, es allein gelassen zu haben, noch dazu in so später Stunde, und ihr empfahl, künftig besser Sorge zu tragen. Wäh-

rend die Frau, das Kind erschrocken an sich drückend, ihn anstarrte, halb ahnend, wer er sei, doch zu erregt und scheu, um es auszusprechen, grüßte er und entfernte sich rasch.
In der Frühe des folgenden Tages brach er mit seinem Heere auf und erreichte nach vier Tagen, von den königlichen Truppen verfolgt und belästigt, aber nicht ernstlich aufgehalten, Catania, wo er sich nach dem Festland einschiffte.

In Kalabrien waren von der Regierung Vorkehrungen getroffen, um Garibaldis Unternehmen zu vereiteln. General Cialdini besetzte die wichtigsten Plätze an der Küste mit zahlreichen Truppen und schärfte den Behörden ein, dem Rebellen keinerlei Vorschub zu leisten. Sein Äußeres sowie sein Auftreten waren geeignet, Eindruck zu machen und einzuschüchtern; er war ein schöner Mann und immer voll Feuer und Selbstgefühl, ganz besonders bei dieser Gelegenheit, wo er sich als Rächer der Ehre des Königs und des ganzen Landes und als Vertreter heiliger Ordnung gegenüber blinder Zügellosigkeit fühlte. Er hielt Reden, in denen er erklärte, daß der Wille des Königs durchaus auf die Erwerbung Roms und Venedigs gehe, daß er aber das Blut des Volkes nicht umsonst vergießen, sondern eine Gelegenheit abwarten wolle, wo auf Erfolg gerechnet werden könne. Garibaldi scheine wohl erhaben und heldenhaft zu sein, wer aber näher zusehe, müsse erkennen, daß er, von einem gefährlichen Rausch und Ruhmbegier getrieben, vorwärtsrase, um sich selber zu sättigen, ohne das Sterben der Jugend, die ihm folge, zu bedenken, noch weniger, daß dabei das neugegründete Reich aufs Spiel gesetzt werde. Ihm seien große Wagnisse geglückt, er habe sich im Besitze der Macht, freilich nicht ohne inneres Schwanken, mäßig und königstreu bewiesen, das solle ihm unvergessen sein; da er nun aber, tyrannischer als je ein Fürst, der italische Provinzen knechtete, sich anmaße, nach seinem Gutdünken den Krieg über Italien entfesseln zu können, so müsse das Volk das Joch, das es aus Liebe und Dankbarkeit auf sich genommen, stolz von sich abschütteln. Es gebe andre Männer in Italien, die ebenso tapfer wären und ebenso gern etwas Großes wagten, sich aber deswegen nicht mehr als ihre Mitbürger zu sein dünkten, sondern sich begnügten, das, wozu eigner Mut und eigne Begeisterung sie antrieben, bescheiden als eine Pflicht gegen den König und ihr Land zu tun.

Als Garibaldi in der Morgendämmerung des vierundzwanzigsten August gelandet war, marschierte er zuerst nach Melito, dessen Bürgermeister ihm entgegenkam und ihn mit vielen Äußerungen der Ehrerbietung und Ergebenheit willkommen hieß. Er war ein hagerer Mann mit sehr traurigem Gesicht und von pathetischer Beredsamkeit, an der er selbst Gefallen zu finden schien. Er erzählte, wie die kalabrische Bevölkerung in Bewegung sei, um sich Garibaldi anzuschließen; wie sich im Gebirge mehrere Banden aufhielten, ebenso in Catanzaro, Cosenza und andern Städten, und ihn erwarteten. Rom oder Tod, das sei der Herzschlag eines jeden Patrioten in Kalabrien. Freilich hielten die königlichen Truppen das Land so fest, daß die Gesinnung sich nicht offen zeigen könne, im Innern der Brust aber sei der Name Garibaldis unauslöschlich. Da Garibaldi den Wunsch aussprach, daß sein Heer in Melito verpflegt würde, überströmte sein Kummer: nicht ein Stück Brot, nicht ein Schluck Wein sei mehr vorhanden, nachdem die königlichen Truppen bis zum vorhergehenden Tage hier gelagert hätten. Im Gebirge jedoch würde alles zu finden sein, die Dörfer wären mit Proviant versehen, Ochsen und Schafe gebe es in Menge dort, Überfluß an allem.

Garibaldi hörte die Beteuerungen des Bürgermeisters nicht bis zum Ende an und schlug den Weg nach Reggio ein. Nuvolari sagte: »Es ist eigentümlich, daß der verstorbene Bombenkönig, der so viele niederschoß, einen Schurken wie diesen am Leben gelassen hat; er muß ein Reich voll Schelme einem voll braver Männer vorgezogen haben und hat denn auch ein ganzes Museum von Mißgeburten aller Art hinterlassen. Die Furchtsamkeit dieses Bürgermeisters war etwas Außerordentliches und Unvergeßliches, denn seine Zähne klapperten so, daß man das Getöse des Meeres davor nicht hören konnte. Schönes Land Kalabrien; nirgend sonst fände sich ein Beruf für einen solchen Mann, hier aber kann er ein Auge zukneifen, wenn die Räuber die andern bestehlen, und sich dafür von ihnen beköstigen lassen. O daß ich den Jammermenschen und ganz Melito, das ihn zum Bürgermeister gemacht hat, am Galgen könnte hängen sehen!« Auch Garibaldi und die andern Herren, die in seiner Begleitung waren, belustigten sich über die Furcht des Mannes und wie er sie hinter theatralischen Gebärden zu verbergen getrachtet hatte.

Die Straße führte am Meere entlang, das nicht aufhörte, mit un-

ersättlicher Leidenschaft neben den Marschierenden zu rauschen; zwischen blauschwarzen, mächtig in den Himmel schwellenden Wolken glühte die Sonne wie ein Karfunkel, zuweilen fast verschwindend, wie vom Sturm ausgelöscht. Die Zacken des Aspromonte standen fest und ungeheuer da, als wären sie eben aus dem Meere heraufgetaucht und die Luft wiche mit Grauen vor ihnen zurück. Die Zeichen deuteten auf starken Regen und Unwetter, sagte Nuvolari, dabei könne man nicht ins Gebirge gehen, besonders nicht bei der mangelhaften Ausrüstung der Leute. Überhaupt sei er von Anfang an gegen diesen Feldzug gewesen und werde nun umkehren und nach Hause gehen, er möge die Unannehmlichkeiten nicht länger mit ansehen. Zu essen würde man auch nichts bekommen; wie käme er aber dazu, zu hungern, damit die Italiener Rom erhielten, das sie gar nicht wollten? Ja, für die königlichen Truppen wäre gesorgt, denen gehe nichts ab, für sie wäre das Kriegführen ein Spaziergang und Zeitvertreib. Nichts ärgere ihn mehr, als daß Garibaldi ihnen Gelegenheit gegeben habe, sich hier breitzumachen. Seiner Meinung nach müsse man sich sogleich mit ihnen schlagen, in dem Falle wolle er dableiben, sonst sei sein Entschluß, heimzureisen, gefaßt.
Er denke nicht daran, sich zu schlagen, sagte Garibaldi, und nehme an, daß auch die Königlichen es nicht täten. Wäre es ihr Ernst, ihn zurückhalten zu wollen, so würden sie nicht zugelassen haben, daß er Sizilien verließe; auch habe Rattazzi ihm sein Wort gegeben, daß er ihn nicht im Stiche lassen werde. Nuvolari lachte höhnisch; es gebe trotz des Bürgermeisters von Melito im Norden so gut Lügner und Feiglinge wie im Süden. Er habe genug; sowie er etwas zu essen gefunden habe, kehre er um.
Ob man denn zum Vergnügen ausgezogen sei? fragte der alte Ripari scharf. Ihm sei es gleich, ob man dem Siege oder dem Tode oder sonst einer Fatalität entgegengehe. Er habe auch kein Vertrauen zu diesem Feldzuge gehabt; da es aber einmal angefangen sei, müsse es durchgeführt werden. Ripari möge recht haben; aber in das Gebirge würde er nicht gehen, beharrte Nuvolari.
Bei einer kleinen Meierei vor Reggio kamen Garibaldi der Bürgermeister und mehrere angesehene Herren aus der Stadt entgegen und baten, ihn begrüßen und ihm eine Bitte vortragen zu dürfen. Dem Bürgermeister war ein behäbiges und vergnügliches Wesen anzusehen, das, hervorgehend aus guter Gesundheit und sorg-

losem Leben, sich nicht verleugnen ließ, obwohl er sich Mühe gab, von Sorgen bedrückt zu erscheinen. Er begann damit, wie glücklich die Einwohner von Reggio und insbesondere er selbst sich geschätzt haben würden, Garibaldi, den größten Mann Italiens, in ihren Mauern zu empfangen; nun aber müsse, fuhr er fort, da Reggio von königlichen Truppen besetzt sei, notwendig eine Schlacht sich entspinnen, wenn der General darauf bestehe, einzuziehen. Er werde aber gewiß, da er nicht weniger gut als groß sei, dem schuldlosen Volke das schreckliche Schauspiel eines Kampfes zwischen Brüdern ersparen.

Garibaldi blickte nach den weißen Häusern von Reggio hinüber, die aus braunen und grünen Gebüschen leuchteten, und schwieg; dann sagte er, seine Soldaten seien ohne Lebensmittel und müßten sich verproviantieren, sie hätten den ganzen Tag über noch nicht gespeist, weiter wolle er nichts in Reggio. Wenn es nur das wäre, sagte der Bürgermeister aufatmend, im Gebirge gebe es Vorräte genug von allem, was das Herz begehre. Das unglückliche Reggio könne kaum aufbringen, was die Königlichen verlangten, keine Maus könne sich von dem sättigen, was sie übrigließen, und Garibaldi in seiner Güte würde ihnen eher austeilen als ihnen nehmen mögen. Im Gebirge dagegen, das er bald erreicht haben würde, könnten die Soldaten ihre Bedürfnisse reichlich befriedigen.

»Dieses Gebirge«, flüsterte Nuvolari seinem Nachbar zu, »scheint das eigentliche Schlaraffenland zu sein, und ich wundere mich nur, warum nicht jung und alt dahin auswandert, besonders diese Hungerleider von Reggio.« Garibaldis Stirne faltete sich, während er forschend nach dem Aspromonte hinsah, so daß ein ernstliches Unbehagen über den Bürgermeister kam und die Herren, die mit ihm gekommen waren, seine Aussage mit kläglichen Worten zu bestätigen anhuben. Mitten in ihre Reden hinein fragte Garibaldi, der sie nicht bemerkt hatte, nach dem Weg ins Gebirge, worauf der Bürgermeister, wieder fröhlich, schwur, daß man nach wenigen Stunden in begüterte Dörfer komme und daß er ihm einen kundigen und zuverlässigen Mann augenblicklich herbeischaffen könne, der ihm als Führer dienen würde. Während Garibaldi sich mit diesem Manne, der in der Nähe war, besprach, schimpfte Nuvolari laut über die Bevölkerung von Kalabrien, indem er sie heuchlerisch, wortbrüchig, feige und nur auf ihren Vorteil bedacht

nannte, welche Vorwürfe die Herren aus Reggio mit betrübtem Lächeln höflich von sich abwiesen.
Nach kurzem Besinnen entschloß sich Garibaldi, den Weg über das Gebirge zu nehmen, um ein Zusammentreffen mit den königlichen Truppen zu vermeiden. In der Nacht tobte der Sturm, aber gegen Morgen ließ er nach, und es fing an zu regnen, stark und gleichmäßig, wie wenn die Schläuche der Wolken geöffnet wären und sich ohne Ende ergössen. Der lange Zug war in einen silbernen Regendunst eingehüllt, in dem man kaum die nächsten erkennen konnte; das unveränderliche Rauschen hatte etwas Ermüdendes und Betäubendes. Die Fußgänger, ohnehin vom Hunger erschöpft, hatten Mühe, in dem Geröll des immer steiler werdenden Weges vorwärtszukommen, um so mehr, als die meisten nicht mit gutem Schuhwerk versehen waren; von vielen Stiefeln lösten sich die Sohlen. Es wurde wenig gesprochen, nur der Führer, der dicht hinter Garibaldi ging, erzählte unaufhörlich. Es war ein zierliches Männchen mit einem kleinen Gesicht, das von einem struppigen schwarzen Barte so überwachsen war, daß man nur die Spitze seiner Nase und ein Paar funkelnder Augen sehen konnte, die sich ruhelos drehten und an schwirrende Stechmücken erinnerten. Er war in ausgezeichneter Laune und schien weder die Unbill des Wetters noch die Härte des Weges zu bemerken, noch von Hunger oder Durst zu leiden, auch ließen seine Stimme und seine Einfälle trotz des unermüdlichen Erzählens nicht nach.
Er hatte seit seinem zehnten Jahre an sämtlichen revolutionären Bewegungen des Landes teilgenommen, ohne irgendeine politische Richtung zu haben, meist im Solde des Königs, den er übrigens niemals gesehen hatte. Für gewöhnlich hatte seine Tätigkeit darin bestanden, verdächtige Liberale auszuspionieren, was ihm oft gelang, da es ihm leichtfiel, die Menschen zutraulich und redselig zu machen. Er sprach von seinen Opfern mit Wohlwollen und guter Auffassung, als ob er aus Lust an menschlichen Erscheinungen mit ihnen umgegangen wäre; dazu hatte er eine außerordentliche Darstellungsgabe, so daß er seine Zuhörer unwiderstehlich fesselte. Wie viele Menschen er umgebracht hatte, wußte er selbst nicht zu sagen, und berichtete nur von den besonderen Fällen, die er im Gedächtnis behalten hatte. In den letzten Jahren hatte er auf seiten der Garibaldiner gestanden, weil er glaubte, daß bei ihnen das Glück wäre, doch, sagte er, maße er sich keine Grundsätze an, da

er nicht gelehrt erzogen sei; er habe nie aus Haß, Rachsucht oder Eifersucht gemordet, sondern gegen Lohn und im Auftrage andrer, welche die Verantwortung treffe.
Nuvolari hörte mit wachsender Aufmerksamkeit zu und klopfte dann und wann, hingerissen von Vergnügen, dem kleinen Mann auf die Schulter, indem er ihn Schelm und Gauner und abgefeimte Christenseele nannte; überwog jedoch, je nach dem Inhalt des Erzählten, die Entrüstung, so überhäufte er ihn mit Scheltworten und wünschte ihn an den Galgen, worauf dieser schlau lächelnd abwinkte und einen Talisman zeigte, den er zum Schutze bei sich trug. Zuweilen kam Nuvolari in ein Lachen, das laut und angenehm rollte und nicht enden wollte, und rief Garibaldi zu, er müsse auch zuhören, er sei überzeugt, das Männlein führe sie geradeswegs in die Hölle, wo sie aber gewiß um seinetwillen gut aufgenommen würden.
Nachdem der Marsch, nur selten durch kurze Rast unterbrochen, etwa vierzig Stunden gedauert hatte, näherte man sich dem Dorfe San Stefano; man sah es von weitem unter den dunkeln Regenwolken um eine graue Kirche herum leblos wie einen Friedhof liegen. Garibaldi wollte mit seinen Begleitern darauf zueilen, wurde aber durch einen Köhler aufgehalten, der vor seiner Hütte hockte und die herannahenden Reiter mit Spannung betrachtete. Garibaldi blieb stehen und fragte den Mann, ob das San Stefano sei und ob er glaube, daß dort Lebensmittel zur Verpflegung seiner Truppen aufzutreiben wären. Der Köhler schüttelte den Kopf; wozu sie in der Einöde so viele Eßwaren brauchen sollten? um die Bäume und die Steine damit zu füttern? Er hatte eine gelbliche Hautfarbe und war so außerordentlich mager, daß man die Knochen seines Gesichtes wie an einem Totenkopfe erkennen konnte; da er fortwährend lächelte mit einem Ausdruck, der bald Blödsinn, bald Spott zu bedeuten schien, sah man seine großen gelben Zähne. Einer der andern Herren fragte nach der nächsten Ortschaft; die Soldaten wären zwei Tage und zwei Nächte marschiert ohne zu essen, es müßten um jeden Preis Nahrungsmittel geschafft werden. Woher sie denn kämen? fragte der Mann, und als Garibaldi antwortete, von Reggio, sagte er, daß von dort bis San Stefano zwölf Stunden zu gehen wären, daß sie also einen falschen Weg genommen haben müßten. Dabei lachte er, daß man seine großen Zähne alle sehen konnte; so belustigend schien er das

überflüssige Irren in dem öden Gebirge beim Regen zu finden. Garibaldi schwieg: ein Unglück weissagendes Gefühl berührte ihn leise, in allen Nerven spürbar. Er drehte sich um, nach dem Führer zu fragen; seit Tagesanbruch hatte ihn niemand gesehen, so daß man annehmen mußte, er habe sich bei Nacht davongemacht. Stillschweigend setzte Garibaldi den Weg fort, auch seine Begleiter waren still; nach einer Weile empfahl er ihnen, das Verschwinden des Führers nach Möglichkeit geheimzuhalten, damit das Bewußtsein, verraten zu sein, die Soldaten nicht vollends entmutige.

Was es in San Stefano an Lebensmitteln gab, wurde von den Freiwilligen verschlungen, ohne sie zu sättigen. Um Mitternacht wurde aufgebrochen und unter fortwährendem Regen bis zum folgenden Nachmittage marschiert. Sie waren jetzt auf der bewaldeten Hochebene angekommen, von der aus der Gipfel, der eigentlich den Namen Aspromonte trägt, aufsteigt; dort floß ein fast ausgetrockneter Bach durch ein steiles, steiniges Bett, aber nirgend weit und breit war eine Behausung von Menschen zu sehen. Der Regen hatte nachgelassen und hörte endlich ganz auf, von den Zweigen der alten Eichen, die wie Klauen dämonischer Tiere durch die neblige Luft griffen, troff es unablässig, so daß ein dünnes, müdes Rieseln durch die Einsamkeit lief. Der Fuß glitt auf den nassen Wurzeln aus, die das Erdreich durchkrochen und zum Teil von den abgefallenen, fest aneinander klebenden Blättern bedeckt waren. In dieser Höhe herrschte bei der fortwährend verdampfenden Feuchtigkeit eine empfindliche Kälte, und die Soldaten, von denen viele keinen Mantel hatten und die noch dazu durch Hunger erschöpft waren, schlotterten; nicht wenige hatten Fieber. Die meisten waren in ihrer Entkräftung so abgestumpft, daß sie sich auf den Boden warfen, wo sie standen, und die Augen schlossen, ohne Anteil an ihrer Umgebung zu zeigen. Als Garibaldi die, welche ihm zunächst waren, aufforderte, Reisig zu sammeln, damit Feuer entzündet würden, an denen sie sich wärmen könnten, rührte sich niemand; sie sahen die wohlbekannte und geliebte Gestalt in der grauen Luft der trüben Wildnis, ohne daß ihre Gedanken die Kraft hatten, sie mit der Wirklichkeit zu verbinden. Garibaldi stand einen Augenblick wartend; »so will ich euch vorangehen«, sagte er dann, indem er sich anschickte, mit seinem Schwerte Zweige aus dem Gehölz zu schneiden. Die Er=

matteten sahen die Augen, in deren Macht sich zu fühlen sie gewohnt waren, mit gebieterischem Ernst und unergründlicher Trauer auf sich gerichtet und sprangen auf, plötzlich zu sich gekommen und belebt, um ihm zu folgen. Der Ruf: »Evviva Garibaldi!« und »Roma a morte!« schallte durch die Einsamkeit; es war, als ob ein Sterbender sich noch einmal aufrichtete, um dem Anruf eines Geliebten zu antworten.

Um die Feuer herum schliefen die Soldaten ein; einige lagen wie Tote, andre wälzten sich rastlos, von Fieber, Hunger und Kälte gequält. Garibaldi saß in seinen Mantel gewickelt und dachte schmerzvolle Gedanken. Er zweifelte nicht mehr daran, daß das königliche Heer ihm den Weg verlegen und eine Schlacht anbieten wollte; denn zu diesem Zweck mußten sie ihn in das Gebirge gedrängt haben, wo die unwirtliche Natur ihn zugleich bekämpfte. Niemals wäre eine Schlacht so sehr Lust und Erlösung gewesen nach den Tagen des Ausbiegens und untätigen Leidens. Zwar hatte er beinahe die Hälfte seiner Truppen verloren: im Anfang des Marsches, bald hinter Reggio, waren die besten Abteilungen mit den Königlichen, die sie verfolgten, in ein Gefecht geraten, ohne daß er es hatte hindern können, und hatten Verluste an Gefangenen und Toten gehabt; von den Verwundeten waren die meisten zurückgeblieben. Andre hatten sich später von der Masse des Heeres getrennt in der Hoffnung, etwas zu essen aufzutreiben, oder dann, weil sie an einem guten Ausgange überhaupt zweifelten, und schließlich waren einige, deren Körper so außerordentlichen Anstrengungen und Entbehrungen nicht gewachsen war, unterwegs gestorben. Allein so wenige ihrer noch waren und wie sie auch der Hunger und langes Marschieren entkräftet hatte, so glaubte er doch, daß er den Kampf hätte aufnehmen können: sie hätten mit seinem Atem geatmet, mit seinem Marke standgehalten, mit seinem Blute geblutet, er wußte, daß er genug für alle hatte. Was für Augenblicke wären das gewesen, wenn er mit seinem siegreichen Heere die umzingelnden Truppen durchbrechend in das neapolitanische Land, das sich ihm schon einmal jubelnd unterworfen hatte, hinabgestiegen und von da auf freien Wegen nach Rom vorgedrungen wäre! Nicht die vereinigten Armeen Österreichs und Frankreichs hätten ihn zurückgehalten; aber die Fahne Italiens in der Hand der Soldaten Viktor Emanuels, das Zeichen, das ihm die Erfüllung seiner heiligsten Träume be=

deutet hatte, machte ihn zum Sklaven. Die Nacht schien ihm lang, und doch fürchtete er den Tag, der ihm das Heer seines Königs, ein italienisches Heer, feindlich gegenüberstellen konnte. Er blickte nach dem Himmel, ob er sich klärte; aber er glich noch immer einer Steppe voll schmutzigen Schnees, durch die graue Wolken sich langsam den Weg wühlten, jenseits welcher tief unten die glänzenden Sterne sein mochten. Die einsamen Gedanken drückten sich so schwer in seine Brust, daß er einen Augenblick willens war, einen seiner Freunde zu wecken, doch unterließ er es; denn was hätte er ihm sagen sollen? Seine Traurigkeit war wie ein Geist, nur dem einen erscheinend, dessen Schicksalsstunde der Zeiger näher rückt.

Der Morgen brachte den Erwachenden keine Ermutigung. Garibaldi redete sie an, indem er sagte, die Umstände seien so, daß er die Zucht, die in einer Armee herrschen solle, von ihnen nicht fordern könne. Dies jedoch werde vorübergehen; der unheilvolle Weg werde bald hinter ihnen liegen, so daß sie hoffen könnten, ihr Ziel zu erreichen. Inzwischen sollten sie Mut und Hoffnung zu bewahren suchen. Da es in der Nähe Kartoffelfelder gab, von denen einzelne schon leergerodet waren, während andre das von Sonne und Regen schwarze und aufgeweichte Kraut wie Schlamm bedeckte, zerstreuten sich die Hungrigen, um etwa noch Kartoffeln auszugraben. Einige von diesen kamen etwa um zehn Uhr mit der Meldung zurück, daß feindliche Truppenkörper in Sicht seien, worauf Garibaldi augenblicklich sein Heer zu ordnen begann. Er benutzte dabei die Vorteile, die der Boden, durch den ein Gebirgswasser in tief ausgehöhltem Bette abwärts schoß, und seine vielen hügeligen Erhebungen ihm boten, durchaus nicht, woraus den meisten Offizieren ersichtlich wurde, daß er an keine Schlachtentwicklung dachte. Die, welche ihm ferner standen, wagten keine Äußerung zu tun, seine Freunde jedoch drängten sich erschreckt und entrüstet an ihn heran, um ihm Vorstellungen zu machen. »Willst du uns den Judasknechten ausliefern?« fragte Nuvolari, indem er mit der Faust auf den Kopf seines Pferdes schlug. Garibaldi entgegnete: »Wolltet ihr mit euern Brüdern kämpfen?« und nahm ihnen durch die Unnahbarkeit seiner Miene den Mut zu weiteren Versuchen, ihn umzustimmen. Doch fuhren sie fort, unter sich zu brummen, und auch die Truppen, denen er im Vorbeireiten zurief, sie sollten nicht kämpfen, wurden unruhig. Unter

ihnen war die Mehrzahl Sizilianer, für deren Gefühl die erwarteten Gegner in Wahrheit Fremde und Feinde waren, Piemontesen, die ihnen ihre Herrschaft aufzwingen wollten, die ihnen an hingebender Vaterlandsliebe nachstanden und sich dennoch für die Besseren hielten, die sie in das wüste Gebirge gelockt hatten, um sie durch Hunger zu verderben, und an ihnen Rache zu nehmen war ihr heißestes Gelüsten. Daß sie anstatt dessen sich von denen sollten niederschießen lassen, die sie nicht gleicherweise als Brüder, Söhne des einen Italiens, anerkannten und achteten, schien ihnen eine unerhörte, unfaßbare Zumutung zu sein. Auch die Offiziere, die Garibaldis Gedanken besser verstanden, fühlten sich doch, als er ihnen den Befehl erteilte, um jeden Preis den Kampf zu verhindern, in der Freudigkeit des Gehorsams erschüttert und unsicher, ob sie den Wirkungen eines Angriffs von seiten des Feindes auf ihre Truppen vorbeugen und die eigne Erregung bemeistern könnten.
Inzwischen rückten die königlichen Truppen, geführt von dem Obersten Pallavicini, näher und schickten sich an, die Garibaldiner einzuschließen, was aber bei der Ausdehnung der Strecke, die diese besetzten, und bei der Unebenheit des Bodens schwerlich zur Ausführung hätte kommen können, wenn Garibaldi es hätte verhindern wollen. Als die regulären Truppen sich den Garibaldinern, nämlich der Abteilung, welche Menotti, Garibaldis Sohn, anführte, auf dreihundert Schritt genähert hatten, blieben sie stehen und gaben Feuer. Noch immer wiederholte Garibaldi, an den Reihen entlang reitend, den Befehl, nicht zu schießen; die Stimme, die sonst auch dem Schwächsten und Elendesten Kraft einflößte, daß sie sich, als wären sie Götter, des Sieges gewiß und vom Tode frei, in das Feuer stürzten, wollte jetzt das in Rache und Kampflust empörte Blut aufhalten. Wie ein Renner, der mitten im Galoppieren stehen soll, schaudert und sich bäumt, so zitterte das Heer zwischen dem Triebe, zu kämpfen und sich zu wehren, und dem andern, seinem Herrn zu gehorchen. Im allgemeinen siegte der Gehorsam, da aber in der vordersten Abteilung einige durch die feindlichen Schüsse getötet, andre nur verwundet fielen, wurden plötzlich dort, wie in einer unwillkürlichen Bewegung der Abwehr, mehrere Schüsse abgefeuert. Das Gefecht, das sich an dieser Stelle unaufhaltsam entspann, mochte etwa zehn Minuten gedauert haben, als Garibaldi, der, von mehreren

seiner Adjutanten unterstützt, sich bemühte, den Seinigen Einhalt zu gebieten, ohne darauf zu achten, wie sehr er selbst sich dabei aussetzte, von einer Kugel am rechten Fuße getroffen wurde, so daß er nach einem vergeblichen Versuch, sich aufrechtzuhalten, zusammensank. Sowie die Verwundung des Generals bemerkt wurde, hörte das Gefecht auf; alles übrige vergessend, drängte sich sein erschrockenes Gefolge um den Baum, unter den man ihn getragen und niedergelegt hatte. Nachdem Waffenstillstand vereinbart war, kamen auch die Offiziere der königlichen Armee näher, von denen einige vor zwei Jahren unter Garibaldis Befehl gestanden hatten, und sahen nicht ohne Grauen den Mann Italiens von italienischem Geschosse blutend liegen. Indessen, als dieser Augenblick verwunden war, gewährte es den meisten ein Hochgefühl, den Rebellen, der für unüberwindlich galt, zum Gefangenen gemacht zu haben, und sie empfingen die Auszeichnungen, mit denen der König die Sieger von Aspromonte überhäufte, als etwas Verdientes mit Genugtuung. General Cialdini selbst überwachte die Einschiffung des Verwundeten an der Küste von Kalabrien, von wo er unter Bewachung nach La Spezia gebracht wurde, um, wie es hieß, vor ein Kriegsgericht gestellt zu werden. Dies jedoch war wohl niemals des Königs ernstliche Absicht gewesen; jedenfalls zeigte die Regierung soviel Einsicht, es dazu nicht kommen zu lassen.

Um den Felsen Caprera, wo Garibaldi an der ungeheilten Wunde krank in Schmerzen lag, wogte das Wintermeer und kreisten Sturmvögel, die Toten Italiens. Die Toten winkten und riefen: ›Garibaldi, sei unser! Deine Taten sind getan, sie leuchten ruhmvoll wie Gold und Blut. Du hast die Kronen der Menschheit getragen, der Liebe, des Sieges und der Schmerzen, tauche nun dein Haupt in den leichten Äther der Ewigkeit. Trinke mit uns aus der Schale des Raumes von den Fluten der Welt, in denen Sonnen und Sterne wie schäumende Perlen steigen, berausche dich, bis du vergissest! Versinke mit uns in die Nacht deiner Seele, bis ihre tiefsten Gräber sich öffnen und Weihrauch der Erinnerung aushauchen. O Adler, deine Flügel sind gebrochen; laß nicht die herrlichen, die dich wolkenhoch trugen, im Staube schleifen. Laß dich nicht von den Augen betasten, die, vom Lichte geblendet, dir in die Lüfte nicht folgen konnten. Zerreiße die Kette, die an deinem

Fuße hängt, stoße die Erde zurück und ströme frei mit uns durch das strahlende All. Wir sind die ewig Siegenden, sei unser Führer. Wenn sie dein Schwert in Wolken blitzen sehen, werden die Menschen sich niederwerfen und Feuer auf Altären hüten, dich anzubeten, Heros!‹
Aber das Leben, das den Ruf der Toten hörte, antwortete mit der Stimme des Meeres: ›Ich will euch meinen Löwen nicht lassen. Noch lasse ich Garibaldi nicht, meinen Geliebten! Ich habe ihn mit Rosen und Lorbeer bekränzt, ich ließ meine Meere um ihn rauschen und meine Feuer um ihn lodern, um mich an seiner Schönheit zu weiden. Ich habe mein Füllhorn über ihn ausgegossen, um seine Stirne glänzen und seine Lippen lächeln zu sehen. Ich schenkte und nahm ihm überschwenglich, um ihn elend und hoffnungslos die Hände ringen und wieder das Haupt erheben und überwinden zu sehen. Sollte ich die Frucht, die ich schwellen und golden erglühen ließ, an euch verlieren, weil sie euch reif dünkt? Ich will mich satt an meinem Löwen sehen, bis sein Blut zur Neige geht und seine Stimme verendet. Ich will sehen, wie Enttäuschung und Gram und Bitterkeit und Sorgen sich in seine Schönheit graben und sie zerreißen. Ich will ihn stöhnen hören in der Einsamkeit. Ich will ihn kämpfen sehen mit Krankheit, Alter und Schmerzen, ihn unterliegen und sich bäumen und königlich herrschen sehen. Ich will ihn ans Kreuz schlagen, um den Krampf in seinem Körper und das Sterben in seinem Antlitz zu sehen, und ihn herablassen, um die Spuren der Marter an seinem geliebten Leibe zu verfolgen. Alle meine Schwerter sollen ihn durchbohren, den alle meine Rosen bekränzten. Mein Baum, mein stolzer, ich ließ das Licht um deine Krone fluten, ich ließ Vögel und Wolken um deine Stirn spielen; nun will ich die Blätter von deinen Zweigen reißen und Sturm und Regen an deinem morschen Stamme rütteln lassen, bis er zerbricht und dein Blut aus unheilbaren Wunden in die Erde rinnt.‹
Die Toten antworteten: ›Er ist unser! Der Duft der Unsterblichkeit durchdrang sein Fleisch und zog uns aus allgegenwärtigen Weiten an diese Küste.‹
Aber das Leben sagte mit der Stimme des Meeres: ›Sollte ich meine Harfe lassen, die mir am schönsten spielte, solange sie tönen kann? Ich spielte Siegesmärsche und Jubellieder auf ihr, nun will ich sie träumen und grollen und klagen und sich selber zerreißen

hören. Fülle meine Seele mit Tönen, meine Harfe, gib mir deine letzten Akkorde, gib mir deinen letzten Schrei, wenn deine Melodien zu Ende sind. Ich lasse euch meinen Geliebten nicht. Ich will seine Seele pressen, bis ich alle ihre Wohlgerüche in meinem Busen fühle. Wenn die Zauber seiner Schönheit erloschen sind, will ich das Volk an seinem Atem sich berauschen sehen. Aus den Trümmern seines Leibes noch sollen mir Rosen wuchern.‹

Rund um die Insel hob sich das Meer brandend wie eine springende Mauer, bis die Geister sich verhüllten und dem Leben wichen.

NACHWORT

Betrachtet man die Zeit des Risorgimento, die Zeit von 1815 bis 1860/70, so begegnet man unter den führenden Männern dieser ›Wiedererhebung‹ Italiens Persönlichkeiten von hohem menschlichem Rang: Aristokraten wie Federigo Confalonieri, Giorgio Pallavicino, Daniele Manin, – Dichtern wie Silvio Pellico und Piero Maroncelli, – einem bürgerlichen Demokraten von eminenter Geistigkeit und nicht erlahmendem revolutionärem Elan wie Giuseppe Mazzini, – Priestern, die unter Soutane oder Kutte das rote Hemd der Freischärler trugen, – Studenten. Die meisten von ihnen haben Ruin der Existenz, Verfolgung, Kerker, Verbannung oder auch schimpflichen Tod auf sich genommen; sie sind aus dem Risorgimento nicht wegzudenken. Sie waren jedoch ohne Verbindung mit dem Volke; ob Aristokraten oder bürgerliche Demokraten, sie lehnten eine Revolutionierung der bäuerlichen Massen – ein eigentliches städtisches Proletariat entstand erst im Gefolge der Industrialisierung namentlich Norditaliens in den letzten Dezennien des neunzehnten Jahrhunderts – unbedingt ab und suchten ihr Ziel, die nationale Unabhängigkeit und Einheit Italiens, durch Geheimbünde und Verschwörungen oder – wie der sardinisch-piemontesische Minister Graf Camillo Cavour – durch eine raffinierte Diplomatie zu erreichen. Einen wahren revolutionären Volkshelden, einen Mann, der sich dem Volke verbunden fühlte und von diesem auch als ihm zugehörig anerkannt und geliebt wurde, findet man unter ihnen nicht. Ein solcher Mann tritt erst in der Spätzeit des Risorgimento auf: es ist Giuseppe Garibaldi. Mit ihm erhält die italienische Einigungsbewegung ein Element, das, bei manchen sonstigen Ähnlichkeiten, der deutschen fehlt; Bismarck und Wilhelm I. hatten keinen volkstümlichen Gegenspieler vom Range dieses Mannes. –

Die vorliegenden ›Geschichten von Garibaldi‹ bestehen aus zwei Teilen: ›Die Verteidigung Roms‹ und ›Der Kampf um Rom‹. Sei es nun, daß – wofür manches spricht – die Verfasserin sich bewußt auf die Darstellung zweier hervorragender Ausschnitte aus der Laufbahn Garibaldis: eben jene Verteidigung der Römischen Republik von 1848/49 gegen die klerikale und absolutistische Reaktion und den Kampf um die Vollendung der nationalen Einigung Italiens durch Einbeziehung Roms in den Jahren 1859 bis 1862, beschränkt hat, sei es, daß eine Fortsetzung beabsichtigt war, zu der es dann nicht gekommen ist: das Heldenlied von Garibaldi entbehrt, wie es vorliegt, der Introduktion und des Nachspieles und weist dazu eine die Jahre 1849 bis 1859 umfassende Fermate auf. Die Frage, woher Garibaldi kam und wie es nach 1862 mit ihm weiterging, bleibt, von gelegentlichen Andeutungen abgesehen, offen. Im folgenden soll versucht werden, die Teile des Lebens Garibaldis, die außerhalb der Darstellung Ricarda Huchs geblieben sind, wenigstens in Umrissen zu schildern und dadurch das Verständnis für das Werk der Dichterin zu vertiefen.

Giuseppe Garibaldi erblickt das Licht der Welt am 4. Juli 1807 in Nizza, der Stadt, die fünfzig Jahre später, zum unauslöschlichen Zorn und Kummer ihres Sohnes, der Preis sein wird, den die italienische Nation für die Form ihrer Einigung durch Cavour und Viktor Emanuel II. an Frankreich zu zahlen haben wird. Der Vater ist Seemann, und der Sohn folgt ihm darin. »Ich bin ein Arbeiter, stamme aus einer Arbeiterfamilie und bin stolz darauf«, wird er auf der Höhe seines Ruhmes sagen. Den Angehörigen der sardinischen Marine ergreift die Politik. Garibaldi wird in die Verschwörung Mazzinis von 1834 verwickelt, muß fliehen und wird in Abwesenheit zum Tode verurteilt. Zuerst bringt er sich als Navigationslehrer in Marseille durch, dann tritt er als Kapitän in die Dienste des Beis von Tunis. 1836 verläßt er das heimatliche Mittelmeer und macht sich in den folgenden Jahren in den Kämpfen südamerikanischer Republiken gegen das Kaiserreich Brasilien einen gefürchteten Namen. Als im Frühjahr 1848 auch in Italien revolutionäre Erhebungen aufflammen und der Tag der Unabhängigkeit und Einheit nahe scheint, eilt er nach Europa zurück. Von dem bigott-reaktionären Karl Albert von Sardinien, dem er seine Dienste anbietet, als verurteilter Empörer abgewiesen, greift Garibaldi an der Spitze einer Legion von Freiwilligen auf eigene Faust in den Gang der Dinge ein. Das Glück ist ihm nicht hold. Die Österreicher schlagen die Piemontesen und zwingen sie zum Waffenstillstand; als Garibaldi sich damit nicht abfindet und den Kampf fortsetzt, wird er nach der Schweiz abgedrängt. Doch ihm steht eine größere Aufgabe bevor. – Hier halten wir ein, denn was nun folgt, bildet den Inhalt des ersten Teiles des vorliegenden Werkes.

Nach dem Zusammenbruch von 1849 habe Garibaldi, da der König seines Landes – es ist jetzt, nach der Abdankung Karl Alberts, dessen Sohn Viktor Emanuel II. – von seiner Vaterlandsliebe verlangt habe, daß er Italien meide, ›sich wieder auf das Meer geworfen und jahrelang mit Alltagsarbeit das Brot für sich und seine Kinder verdient‹, sagt Ricarda Huch. Das sieht, anders ausgedrückt, so aus: Garibaldi wird zum Verlassen Italiens gezwungen und wendet sich zunächst wieder nach Tunis; von dort auf französische diplomatische Intervention hin verdrängt, wird er auf der Insel Maddalena nördlich von Sardinien so gut wie interniert. Garibaldi erträgt die Untätigkeit und Unfreiheit nicht. Da für Italien vorerst nichts zu hoffen ist, geht er wieder über den Ozean und erwirbt mit einer Seifen- und Kerzenfabrik in New York, sodann als Kapitän im Pazifik ein bescheidenes Vermögen. Zurückgekehrt – denn es leidet den glühenden Patrioten auf die Dauer nicht fern von Italien –, kauft er sich 1854 auf Caprera, nahe bei Maddalena, an; auf diese ›Ziegeninsel‹ wird er sich, freiwillig oder gezwungen, in den kommenden Jahren immer wieder zurückziehen. Entscheidend für Garibaldi – und für die Zukunft Italiens – wird das Jahr 1856. Cavour, seit 1852 leitender Minister, steuert mit ebensoviel unbedenklicher Diplomatie wie Beharrlichkeit der Verwirklichung seiner Konzeption für die Einigung Italiens zu. Wie Bismarck von Anfang an das übrige Deutschland zu einem Anhängsel Preußens machen will, so will Cavour ganz Italien ›piemontisieren‹; wie Bismarck trägt er kein Bedenken, zeitweise auch die bürgerlich-demokratischen Kräfte zu benutzen. Bei Mazzini hat er kein Glück mit dem Versuch, ihn vor den Wagen der Dynastie Savoyen zu spannen. Wohl aber bei Garibaldi; der bisherige Mazzinist läßt sich einfangen, als Vizepräsident einer von Cavour gelenkten ›Italienischen Nationalen Liga‹ und – als 1859 der Krieg gegen Österreich ausbricht – als piemontesischer General an die Kette legen. So will es wenigstens Cavour, den die Furcht beherrscht, die Entfesselung der nationalen Leidenschaften könne eine demokratisch-soziale Revolution nach sich ziehen, die ihn, seinen König von Italien und den piemontesischen Dominat hinwegfegt. ›Italien schaffen, ohne uns von der Revolution beherrschen zu lassen‹, das ist sein Ziel. Den anderen Weg zeigt, als der Krieg von 1859 zunächst nur eine Teil-Einigung Italiens gebracht hat und die zweideutige Rolle Napoleons III. offenbar geworden ist, Karl Marx, indem er schreibt: ›In die Angelegenheit kann die italienische Revolution eingeschaltet werden.‹ – Wieder brechen wir ab, denn das Geschehen der Jahre 1859 bis 1862 wird im zweiten Teil der ›Ge-

schichten von Garibaldi‹ geschildert; es sei nur auf einige wesentliche Punkte hingewiesen:
Die Dinge spitzen sich in diesen Jahren zu einem Duell zwischen Cavour und den volkstümlich-demokratischen Elementen, deren Repräsentant Garibaldi bleibt, zu, zu einem dramatischen Wettlauf zwischen der Einigung Italiens ›von oben‹ und der ›Gefahr‹ einer solchen unter demokratischen Vorzeichen. Anknüpfend an eine Äußerung Cavours, die Dynastie Savoyen könne nicht dulden, daß ›ein einfacher Condottiere‹ das Werk des Risorgimento durchführe, Garibaldi müsse auf die Rolle eines ›heldenhaften Abenteurers‹ beschränkt werden, hat der französische Diplomat und Historiker Maurice Paléologue ein Kapitel seiner Biographie des Ministers ›Der Staatsmann und der Condottiere‹ überschrieben. Dazu ist zu sagen: Wenn Garibaldi eines *nicht* gewesen ist, dann ein Condottiere. Er gleicht in nichts den von eigensüchtigen Motiven geleiteten Söldnerführern der Renaissance; was ihn auszeichnet, ist gerade, daß bei ihm alle möglichen eigennützigen Beweggründe der großen Idee untergeordnet werden. Er hat nichts für sich gewollt, vielmehr alles für Italien, und er hat sich in keinem Moment seiner Laufbahn persönlich bereichert. Derselbe Paléologue, der ihn zum Condottiere stempelt, sagt, Garibaldi sei, als ihn 1860 nach der Einnahme Neapels Cavour und Viktor Emanuel als den Mohren, der seine Schuldigkeit getan, abschieben, ›von einer sehr edlen Größe‹. Auf alle äußeren Ehrungen habe er verzichtet, und ›nach sechs Monaten einer völlig unkontrollierten Diktatur führt er nichts mit sich als einen Sack Mehl, eine Schachtel geräucherter Heringe, vier Taler, ein Stück Käse und eine Brotkruste‹.
Wir haben für die hohe Menschlichkeit Garibaldis, für seine schlichte Würde — jene, die heute noch dem Italiener ›aus dem Volke‹ so wohl ansteht — ein gewichtiges Zeugnis, das Alexander Herzens. Der russische revolutionäre Demokrat, der Garibaldi schon aus den fünfziger Jahren kennt, sieht ihn 1864 in England wieder, und er findet in dem ›italienischen Heros‹ den ›gutherzigen Seemann‹ von ehedem. ›Er sah imponierend aus‹, besser als auf seinen Bildern, die dem Ausdruck des Gesichtes nicht gerecht werden: ›Auf diesen Ausdruck kommt es aber an; in ihm spricht sich das ganze Geheimnis nicht nur seines Antlitzes, sondern seiner Person und seiner Kraft aus, jene anziehende und ausstrahlende

Kraft, mit der er stets alle, die mit ihm in Berührung kamen, bezwungen hatte... Jeder Zug in seinem Gesicht ist überaus lebendig und von einer grenzenlosen Liebe und Güte durchdrungen... Dieselbe Güte liegt auch in seinem Blick und in seiner Stimme. Zugleich spürt man eine große Begeisterungsfähigkeit, eine unbeugsame sittliche Festigkeit und eine tiefe Selbstbesinnung.‹ Herzen rühmt weiter, wie Garibaldi inmitten des Trubels, den die für die Freiheit der Völker – theoretisch – begeisterten englischen Liberalen um ihn entfesseln, der bescheidene Mensch bleibt, der ›große Plebejer‹, aber ohne ›plebejische Roheit‹ und ohne die ›Manieren eines sich aufspielenden Volkshelden‹. In London ist es auch, daß Garibaldi sich einen Arbeiter nennt, und auf einem Fest zu seinen Ehren spricht er die denkwürdigen Worte: »Und jetzt trinken wir auf das junge Rußland, das leidet und kämpft wie wir und das siegen wird wie wir! Auf ein neues Volk, das, befreit von der Zarenknute, in der Zukunft eine große Rolle in Europa spielen wird!«

Es wurde gesagt, manches spräche dafür, daß Ricarda Huch es mit Absicht bei der Darstellung der Jahre 1848/49 und 1859/62 hat bewenden lassen. Der gewichtigste Grund wäre, daß der Höhepunkt im Leben Garibaldis 1860 zweifellos erreicht, wenn nicht überschritten ist; was folgt, ist unverkennbar Abstieg. Wir kennen den Ausgang, den die Truppen des jungen Königreiches Italien 1862 dem Versuch Garibaldis, durch Eroberung des päpstlich gebliebenen Roms vollendete Tatsachen zu schaffen, bereiten. Schwer verwundet wird Garibaldi nach La Spezia gebracht, allerdings von Viktor Emanuel, der ein allzu schroffes Vorgehen gegen den unbequemen Mann angesichts der Stimmung großer Teile des Volkes nicht riskieren kann, alsbald entlassen. 1866 ruft der Krieg gegen Österreich, der Italien – freilich nur durch Bismarcks Beistand – Venedig einbringt, Garibaldi wieder auf den Plan. Aber wie die reguläre Armee hat auch er mit seinen Freiwilligen keine Erfolge gegen die Österreicher. Wieder ist seine Zuflucht Caprera. Doch noch brennt die schwerste Wunde: Rom in den Händen der gehaßten, von Napoleon III. beschützten Priester. So läßt sich Garibaldi im Herbst 1867 zu einem neuen Unternehmen gegen den Kirchenstaat hinreißen. Die italienische Regierung will es verhindern, läßt ihn verhaften und nach Caprera bringen. Doch der alte Seemann entweicht, gelangt in verwegener Fahrt mitten durch die königliche Flotte auf das Festland und sammelt seine Freischaren. Wieder zittert der Vatikan vor den Rothemden. Doch am 3. November 1867 erliegen sie bei Mentana den französischen Okkupationstruppen; die Truppen des Königs lassen die Schmach geschehen. Wieder muß Garibaldi nach kurzer Haft nach Caprera zurück. Weshalb scheitern jetzt alle seine Unternehmungen? Ist es, weil er den Glauben an sich verloren hat? Wird auch bei ihm der angeborenen Farbe der Entschließung des Gedankens Blässe angekränkelt? Herzen bemerkt 1864 bei Garibaldi ›nachdenkliche und wehmütige Einkehr in sich selbst‹ und einen ›melancholischen Zug‹, der ihm früher fremd gewesen ist. Oder ist es, weil er es jetzt nicht mehr mit den Söldlingen des verrotteten Bourbonenregimes in Neapel zu tun hat, sondern mit gut disziplinierten Truppen? Er ist ja von Hause aus kein Militär, liebt auch das ›Soldatenhandwerk‹ nicht: »Ich habe nur zur Waffe gegriffen, um die Räuber, die mein väterliches Haus besetzt hielten, zu vertreiben.« Herzen sagt: ›Ob er nun ein Schwert der Vorsehung ist oder nicht, auf alle Fälle ist er kein Heerführer von Beruf, kein General.‹ Gleichviel – Garibaldi läßt nicht nach in seinem Kampfe gegen die beiden Mächte, die er so glühend haßt: das Papsttum und Habsburg. Da man ihm das Schwert entwunden hat, geht er dem Vatikan und jenem Österreich, das noch immer über Italiener gebietet, als Publizist und Redner zu Leibe. Da bricht im Juli 1870 der Deutsch-Französische Krieg aus, und nach wenigen Wochen stürzt das Second Empire, das so verräterisch an Italien gehandelt hat. Doch die Republik, die an seine Stelle getreten ist, gerät in Gefahr, von dem Sieger erdrückt zu werden. Eine junge Republik in Not! Noch einmal erhebt sich der alte Löwe und eilt mit seinen Getreuen zur Hilfe herbei. Jedoch auch diesmal erwarten ihn militärischer Mißerfolg und Enttäuschung. Die Priester hetzen die französischen Bauern gegen den Gottesleugner und Kirchenfeind auf, und die Advokaten und Börsianer der Dritten Republik wissen dem im Felde Erfolglosen wenig Dank. Angewidert geht Garibaldi nach Caprera zurück und greift nur noch mit Kundgebungen zugunsten der Pariser Kommune in das Geschehen ein. Mittlerweile hat sich das lange schwankende Geschick Roms entschieden. Bei Kriegsbeginn ist die französische Besatzung zurückgezogen worden, am 20. September 1870 sind italienische Truppen in die Ewige Stadt eingezogen. Die ›weltliche‹ Herrschaft des Papsttums ist gefallen, Rom ist die Hauptstadt Italiens.

Es wird still um Garibaldi. Noch erhebt er dann und wann seine Stimme im Parlament, dessen Mitglied er, mit Unterbrechungen, seit 1860, seit 1874 als Abgeordneter Roms ist. Es sind die alten Anliegen, die er vertritt: der Protest gegen die Abtretung Nizzas und Savoyens und die Erinnerung an die ›unerlösten Brüder‹ unter Österreichs Herrschaft. 1875 leistet er den Eid auf die monarchische Verfassung. Die letzten Jahre verdüstern physische Leiden; am 2. Juni 1882 stirbt Garibaldi auf Caprera und findet sein Grab hinter dem bescheidenen Hause, das so oft seine Zuflucht gewesen ist. –

Es erhebt sich die Frage nach der historischen Bedeutung Garibaldis. Die ältere Geschichtsschreibung hat sie vor allem darin sehen wollen, daß Garibaldi die Masse des italienischen Volkes durch sein Beispiel zur Versöhnung mit der Monarchie gebracht habe. Das Thema der ›fabelhaften Verschmelzung von Revolution und Königtum‹ wird auch bei Ricarda Huch berührt; ebenso ist bei ihr und sonst von der persönlichen Sympathie die Rede, die Viktor Emanuel II. für den großen Volksmann empfunden habe. Der Ton dürfte auf ›fabelhaft‹ im Sinne von unwirklich, nur in der Fabel existierend zu legen sein. Aus welchen Gründen und mit welchen Mitteln Garibaldi von dem Minister des Königs aus der Einigungsbewegung hinausmanövriert worden ist, ›fortgeschickt, wie man einen Kutscher entläßt, der einen ans Ziel gebracht hat‹ (Herzen), wissen wir. Und Viktor Emanuel selbst hat durchaus nach dem Gesetz gehandelt, nach dem er als Angehöriger einer der ältesten Dynastien Europas angetreten war. Die ihm nachgesagte Biederkeit und Geradsinnigkeit haben den ›re gentiluomo‹, den ›Edelmann-König‹ nicht gehindert, an Garibaldi wie ein faux bonhomme, mehr noch, geradezu verräterisch zu handeln; man weiß von einer Depesche an den König von Neapel: ›Tun Sie Ihr möglichstes, um Garibaldi zu schlagen, und dann lassen Sie ihn hängen, denn solange er lebt, wird es keine Ruhe in Italien geben.‹ Die Sympathie Viktor Emanuels ist nichts weiter als eine Fable convenue. In Wahrheit ist Garibaldi von dem Manne, dem er entscheidend, vor allem durch die Gewinnung Siziliens und Unteritaliens, zu der Krone des geeinten Italiens verholfen hat, nicht nur düpiert, vielmehr skrupellos verraten worden. Das Opfer seiner republikanischen Gesinnung, das Garibaldi gebracht hat, ist in jeder Hinsicht vergeblich gewesen; Italien krankt an der Form, in der es seine Einheit erhalten hat, heute noch. Die wahre historische Bedeutung Garibaldis besteht, ungeachtet seiner Taten, in erster Linie darin, daß er so lange eine Art lebendiges Gewissen seines Volkes gewesen ist, daß er das Feuer der nationalen Leidenschaft am Brennen erhalten und durch sein mitreißendes Beispiel immer neu angefacht hat: »Wo ich auch bin, ich bin auf dem Wege nach Rom.« Und: »Ich tue den Willen des Volkes! Das Volk will Rom.« Danach gehandelt zu haben ist Garibaldis Größe, und darüber hinaus, daß er einer der hervorragendsten Vertreter jener übernationalen Solidarität gewesen ist, die so viele bürgerliche Demokraten seiner Generation und Zeit in Begeisterung für Freiheit und Unabhängigkeit der Völker, wo es auch sei: in Griechenland, in Polen, in Italien, vereinigt hat. Wie wieder Alexander Herzen sagt: ›Er war zum ungekrönten Herrscher der Völker geworden, zu ihrer Hoffnung, zu ihrer lebendigen Sagengestalt, zu ihrem Heros, und dies von der Ukraine und von Serbien bis nach Andalusien und Schottland, von Südamerika bis zu den Nordstaaten.‹ So verstanden, hat auch sein – praktisch wenig glückliches – Eingreifen in den Deutsch-Französischen Krieg seinen Sinn gehabt, und in diesem Geiste, dem des Eintretens für Freiheit und Demokratie, wo immer in der Welt, hat in unseren Tagen in Spanien ein italienisches ›Garibaldi-Bataillon‹ gegen die Faschisten gekämpft. –

Was nun das Werk Ricarda Huchs angeht, so darf zunächst daran erinnert werden, daß es 1906 und 1907 zuerst erschienen ist, daß seine Konzeption also in das erste Jahrfünft unseres Jahrhunderts fällt. Ferner daran, daß Ricarda Huch (1864–1947) als lyrische Dichterin begann und eine der führenden Erscheinungen der sogenannten Neuromantik, der Reaktion auf den am Ausgang des neunzehnten Jahrhunderts in der deutschen Literatur dominierenden Naturalismus, wurde. Nachdem der Lyrik ihrer Anfänge Romane – der bekannteste, die ›Erinnerungen von Ludolf Ursleu dem Jüngeren‹, berührt sich in manchem mit Thomas Manns ›Buddenbrooks‹ – gefolgt waren, erschienen 1899 und 1902 die ersten historisch bestimmten Werke Ricarda Huchs: ›Die Blütezeit der Romantik‹ und ›Ausbreitung und Verfall der Romantik‹. Daß die intensive Beschäftigung mit der deutschen Romantik nachgewirkt und in den weiteren historisch bestimmten Werken Ricarda Huchs deutliche Spuren hinterlassen hat, kann nicht überraschen, und gerade die ›Geschichten von Garibaldi‹ legen davon unverkennbar

Zeugnis ab. Weisen somit die geschichtlich bestimmten Werke Ricarda Huchs – es wird mit Absicht nicht gesagt: die geschichtlichen Werke; wir kommen noch darauf – zweifellos starke romantische Elemente auf, so besteht zwischen ihnen und den Werken anderer Vertreter der Neuromantik doch ein großer Unterschied. Bei Ricarda Huch ist von den wirklichkeitsfernen, ästhetisierenden, ja häufig dekadenten Zügen, die jene in ihrer Mehrzahl aufweisen, nichts zu spüren; Ricarda Huch stößt, je länger, desto mehr, zur Gestaltung der Wirklichkeit vor. Von den ›Geschichten von Garibaldi‹ über die Werke ›Menschen und Schicksale aus dem Risorgimento‹ und ›Das Leben des Grafen Federigo Confalonieri‹, 1908 und 1910, die zusammen mit jenen das Epos des Kampfes um die Unabhängigkeit und Einheit Italiens ergeben, spannt sich der Bogen zu der großen Darstellung des Dreißigjährigen Krieges (zuerst: ›Der große Krieg in Deutschland‹), die 1912 bis 1914 erschien. Ist bei diesem Werke schon durch den Titel markiert, daß es sich nicht um Leben und Taten einer Einzelpersönlichkeit handelt, sondern um das Gesamtbild einer geschichtlichen Epoche, so sind auch die ›Geschichten von Garibaldi‹ weniger eine biographische Darstellung als vielmehr ein Gesamtbild. Wie in ihrem ›Dreißigjährigen Krieg‹ sucht Ricarda Huch auch hier die Totalität des Geschehens zu erfassen und zu gestalten, setzt sie aus Einzelzügen und Episoden ein mosaikartiges Bild zusammen – und wie dort ist es ihr auch hier nicht völlig gelungen, ist sie der Gefahr, der Überfülle des zu bewältigenden Stoffes zu erliegen, nicht ganz entgangen. Das soll nicht verschwiegen werden, ebensowenig, daß beiden historischen Epen, dem von der Not Deutschlands im Dreißigjährigen Kriege wie dem vom Ringen um Italiens Freiheit und Einheit, bestimmte Elemente fehlen, die heute bei geschichtlichen Darstellungen als unerläßlich zu gelten haben, so die ökonomischen Hintergründe und Zusammenhänge. Dennoch: welcher Reichtum an Gestalten verschiedenster gesellschaftlicher Provenienz und charakterlicher Prägung, an bedeutenden historischen Geschehnissen und privat-menschlichen Episoden breitet sich in den ›Geschichten von Garibaldi‹ vor uns aus! Zahllose Einzelzüge von Todesmut und Opferbereitschaft, von kühler Besonnenheit und wilder Leidenschaft, von Übermut und Verzagen, von Grausamkeit und zartestem menschlichem Empfinden vereinigen sich hier, bald in fast trocken berichtender, bald in dichterischer Sprache von verhaltener Glut und vor den grandiosen Hintergrund Roms und der italienischen Landschaft gestellt, zu einem Gesamtbilde von unwiderstehlicher Eindringlichkeit, machen die ›Geschichten von Garibaldi‹ zu einer in ihrer Art einmaligen Darstellung eines nationalen Befreiungskampfes. Und: Mag man hier und da etwas vermissen, mögen Unklarheiten – sie sind bei der Schilderung von Persönlichkeiten und Begebenheiten, die unserem Bewußtsein ferner stehen als etwa diejenigen des Dreißigjährigen Krieges, naturgemäß empfindlicher als bei dem anderen großen Werk – und gewisse Bruchstellen vorhanden sein, man wird immer wieder beeindruckt von dem Humanismus, der in Ricarda Huch lebendig war und der sie, wie er sie bis zum Ende ihres langen Lebens begleitet hat, auch in diesem frühen Werke für die Unterdrückten und Erniedrigten Partei nehmen ließ. –

Es sei noch die Frage nach Wahrheit und Dichtung bei Ricarda Huch berührt. Wir sprachen von ihren historisch *bestimmten* Werken, nicht von historischen, und es wurde mit Bezug auf Ricarda Huch schon an anderer Stelle gesagt, das Wort Goethes, Historiker und Dichter konkurrierten so wenig miteinander wie der Wettläufer und der Faustkämpfer, sei auf sie nicht oder nur sehr bedingt anwendbar. Der Dichter genießt, auch wenn er historische Stoffe gestaltet, dichterische Freiheit, der Historiker ist an das Tatsächliche gebunden. Daß Ricarda Huch eine Synthese des Dichterischen und des Historischen versucht, macht ihre Eigenart aus, hat aber zugleich eine gewisse Problematik ihrer Werke zur Folge. So erwecken Teile der ›Geschichten von Garibaldi‹ durchaus den Eindruck einer rein historischen Darstellung; andere dagegen haben unverkennbar das Gepräge romanhafter Erfindung, und das hat in ein und demselben Werke seine Bedenken. Es sei ›die Force des Dichters,‹ sagt Goethe, ›aus Wahrheit und Lüge ein Drittes zu bilden, dessen erborgtes Dasein uns bezaubert‹. Die Stärke des *Dichters* ist das, nicht die des Historikers. In diesem Sinne tut man, was die ›Geschichten von Garibaldi‹ betrifft, gut, nicht zu vergessen, daß das Schaffen Ricarda Huchs mindestens ebensostark vom Dichterischen wie vom Historischen bestimmt ist.

Christfried Coler

Weißes Programm: Im Jahrhundert der Frau

Ingeborg Bachmann
Malina
Roman

Djuna Barnes
Nachtgewächs
Roman

Tania Blixen
Ehrengard

Rosario Castellanos
Die Neun Wächter
Roman

Colette
Diese Freuden

Catherine Colomb
Das Spiel der Erinnerung
Roman

Ding Ling
Das Tagebuch der Sophia

Marguerite Duras
Heiße Küste
Roman

Marieluise Fleißer
Eine Zierde für den Verein
Roman vom Rauchen, Sporteln, Lieben und Verkaufen

Natalia Ginzburg
Caro Michele
Der Roman einer Familie

Lillian Hellman
Eine unfertige Frau
Ein Leben zwischen Dramen

Ricarda Huch
Die Geschichten von Garibaldi

Marie Luise Kaschnitz
Eisbären
Ausgewählte Erzählungen

Gertrud von le Fort
Die Magdeburgische Hochzeit

Weißes Programm: Im Jahrhundert der Frau

Clarice Lispector
Nahe dem wilden Herzen
Roman

Elsa Morante
Lüge und Zauberei
Roman

Grace Paley
Adieu und viel Glück
Geschichten

Sylvia Plath
Die Glasglocke
Roman

Mercè Rodoreda
Auf der Plaça del Diamant
Roman

Monique Saint-Hélier
Morsches Holz
Roman

Rahel Sanzara
Das verlorene Kind
Roman

Gertrude Stein
Ida
Ein Roman

Deutsche Gedichte
Von Hildegard von Bingen bis Ingeborg Bachmann
Herausgegeben von Elisabeth Borchers

Deutsche Essays
Herausgegeben von Marlis Gerhardt

Deutsche Briefe
Von Liselotte von der Pfalz bis Rosa Luxemburg
Herausgegeben von Claudia Schmölders

Spectaculum
Mit einem Nachwort von Anke Roeder

Im Jahrhundert der Frau
Ein Lesebuch
Herausgegeben von
Elisabeth Borchers, Hans-Ulrich Müller-Schwefe
und Rainer Weiss